**Lernbücher Jura**

Gesellschaftsrecht

Sebastian Mock

# Gesellschaftsrecht

Grundlagen
Recht der Personengesellschaften
Grundzüge des Kapitalgesellschaftsrechts

von

**Dr. Sebastian Mock, LL.M. (NYU)**
*Attorney-at-Law (New York)*
*Privatdozent an der Universität Hamburg*

2015

C.H.BECK

Zitiervorschlag:
*Mock* GesR Rn. …

**www.beck.de**

ISBN 978 3 406 65225 7


Wilhelmstraße 9, 80801 München

Druck und Bindung: Nomos Verlagsgesellschaft
In den Lissen 12, 76547 Sinzheim

Satz: Fotosatz H. Buck
Zweikirchener Str. 7, 84036 Kumhausen

Gedruckt auf säurefreiem, alterungsbeständigem Papier
(hergestellt aus chlorfrei gebleichtem Zellstoff)

# Vorwort

Das Gesellschaftsrecht ist von den zivilrechtlichen Prüfungsgegenständen der Juristischen Staatsprüfung eines der schwierigsten. Dies ist vor allem darauf zurückzuführen, dass sich in einer Gesellschaft die Rechtsbeziehungen der Gesellschafter untereinander mit den Rechtsbeziehungen der Gesellschaft und der Gesellschafter mit Dritten vereinen und auf vielfältige Weise vermengen.

Das vorliegende Lehrbuch soll den examensrelevanten Pflichtfachstoff vermitteln. Es steht dabei in der Tradition der übrigen, bereits erschienenen Lehrbücher der Reihe Lernbücher Jura und hat sich daher nicht nur die Darstellung des Pflichtfachstoffes zum Ziel gesetzt. Vielmehr soll durch zahlreiche Merksätze, Beispielsfälle, Klausurhinweise und Prüfungsschemata die Auseinandersetzung mit dem Gesellschaftsrecht und eine Vorbereitung auf die Prüfung im Rahmen einer Klausur erleichtert werden. Vor allem hinsichtlich der Prüfungsschemata sei an dieser Stelle noch einmal auf deren beschränkten Nutzen hingewiesen. Denn diese dienen mehr als Ausgangspunkt für die Falllösung, können diese aber nicht vollständig ersetzen.

Mein Dank gilt vor allem Frau Marleen Bunk für die Beratung hinsichtlich der Konzeption des Werkes und für die zahlreichen Hinweise. Zudem möchte ich mich bei Frau Bettina Miszler für die verlagsseitige Betreuung des Werkes bedanken.

Hamburg, im Februar 2015 *Sebastian Mock*

# Inhaltsverzeichnis

## Kapitel 2. Die Personengesellschaften

## Antworten zu den Kontrollfragen

# Abkürzungsverzeichnis

| | |
|---|---|
| aA | anderer Ansicht |
| Abs. | Absatz |
| AcP | Archiv für die civilistische Praxis (Zeitschrift) |
| ADHGB | Allgemeines Deutsches Handelsgesetzbuch |
| aE | am Ende |
| AEUV | Vertrag über die Arbeitsweise der Europäischen Union |
| aF | alte Fassung |
| AG | Aktiengesellschaft bzw. Die Aktiengesellschaft (Zeitschrift) |
| AGB | Allgemeine Geschäftsbedingungen |
| AktG | Aktiengesetz (Schönfelder Nr. 51) |
| Alt. | Alternative |
| Anh. | Anhang |
| Anm. | Anmerkung |
| AO | Abgabenordnung (Steuergesetze I Nr. 800) |
| ArbGG | Arbeitsgerichtsgesetz (Schönfelder Nr. 83) |
| Art. | Artikel |
| Aufl. | Auflage |
| Ausn. | Ausnahme |
| BaFin | Bundesanstalt für Finanzdienstleistungsaufsicht |
| BAG | Bundesarbeitsgericht |
| BayObLG | Bayerisches Oberstes Landesgericht |
| BB | Der Betriebs-Berater (Zeitschrift) |
| Bd. | Band |
| BetrVG | Betriebsverfassungsgesetz (Wirtschaftsgesetze Nr. 65) |
| BeurkG | Beurkundungsgesetz (Schönfelder Nr. 23) |
| BFH | Bundesfinanzhof |
| BGB | Bürgerliches Gesetzbuch (Schönfelder Nr. 20) |
| BGBl. | Bundesgesetzblatt |
| BGH | Bundesgerichtshof |
| BGHZ | Entscheidungen des Bundesgerichtshofes in Zivilsachen |
| BNotO | Bundesnotarordnung (Schönfelder-Ergänzungsband Nr. 98a) |
| BRAO | Bundesrechtsanwaltsordnung |
| BR-Drs. | Drucksachen des Bundesrates |
| BT-Drs. | Drucksachen des Deutschen Bundestages |
| BVerfG | Bundesverfassungsgericht |
| bzw. | beziehungsweise |
| ca. | circa |
| c.i.c. | culpa in contrahendo |
| CR | Computer und Recht (Zeitschrift) |
| DB | Der Betrieb (Zeitschrift) |
| DepotG | Depotgesetz (Schönfelder-Ergänzungsband Nr. 59) |

| | |
|---|---|
| ders. | derselbe |
| dh | das heißt |
| DIS | Deutsche Institution für Schiedsgerichtsbarkeit |
| DNotZ | Deutsche Notar-Zeitschrift (Zeitschrift) |
| DRiG | Deutsches Richtergesetz (Schönfelder-Ergänzungsband Nr. 97) |
| DStR | Deutsches Steuerrecht (Zeitschrift) |
| DStRE | Deutsches Steuerrecht-Entscheidungsdienst (Zeitschrift) |
| EDV | Elektronische Datenverarbeitung |
| EG | Europäische Gemeinschaft |
| eG | eingetragene Genossenschaft |
| EGHGB | Einführungsgesetz zum Handelsgesetzbuch (Schönfelder Nr. 50a) |
| e.K./e.Kfm. | eingetragener Kaufmann |
| e.Kfr. | eingetragene Kauffrau |
| endg. | endgültig |
| etc | et cetera |
| EU | Europäische Union |
| EuGH | Europäischer Gerichtshof |
| EuZW | Europäische Zeitschrift für Wirtschaftsrecht (Zeitschrift) |
| e.V. | eingetragener Verein |
| EWG | Europäische Wirtschaftsgemeinschaft |
| EWiR | Entscheidungen zum Wirtschaftsrecht (Zeitschrift) |
| EWIV | Europäische Wirtschaftliche Interessenvereinigung |
| f./ff. | folgende Seite/Seiten |
| FamFG | Gesetz über das Verfahren in Familiensachen und in den Angelegenheiten der Freiwilligen Gerichtsbarkeit (Schönfelder Nr. 112) |
| FG | Finanzgericht |
| FGPrax | Praxis der freiwilligen Gerichtsbarkeit (Zeitschrift) |
| FS | Festschrift |
| GBO | Grundbuchordnung (Schönfelder Nr. 114) |
| GbR | Gesellschaft bürgerlichen Rechts |
| GBV | Verordnung zur Durchführung der Grundbuchordnung |
| gem. | gemäß |
| GenG | Gesetz betreffend die Erwerbs- und Wirtschaftsgenossenschaften (Schönfelder Nr. 53) |
| GenRegV | Verordnung über das Genossenschaftsregister |
| GewO | Gewerbeordnung (Sartorius I Nr. 800) |
| GG | Grundgesetz für die Bundesrepublik Deutschland (Sartorius Nr. 1/ Schönfelder-Ergänzungsband Nr. 1) |
| ggf. | gegebenenfalls |
| GmbH | Gesellschaft mit beschränkter Haftung |
| GmbHG | Gesetz betreffend die Gesellschaften mit beschränkter Haftung (Schönfelder Nr. 52) |
| GmbHR | GmbH-Rundschau (Zeitschrift) |
| GoB | Grundsätze ordnungsmäßiger Buchführung |
| GS | Gedächtnisschrift |
| GVG | Gerichtsverfassungsgesetz (Schönfelder Nr. 95) |
| GWB | Gesetz gegen Wettbewerbsbeschränkungen (Schönfelder Nr. 74) |
| GWR | Gesellschafts- und Wirtschaftsrecht (Zeitschrift) |

HGB ........................ Handelsgesetzbuch (Schönfelder Nr. 50)
hL ........................ herrschende Lehre
hM ........................ herrschende Meinung
HRefG ........................ Handelsrechtsreformgesetz 1998
hrsg. ........................ herausgegeben
HRV ........................ Handelsregisterverordnung (früher Handelsregisterverfügung; Baumbach/Hopt, Anh. 4)
Hs ........................ Halbsatz

iA ........................ im Auftrag
IAS ........................ International Accounting Standards
idF ........................ in der Fassung
idR ........................ in der Regel
IDW ........................ Institut der Wirtschaftsprüfer in Deutschland e.V.
iE ........................ im Ergebnis
ieS ........................ im engeren Sinne
IFRS ........................ International Financial Reporting Standards
inkl. ........................ inklusive
InsO ........................ Insolvenzordnung (Schönfelder Nr. 110)
IPR ........................ Internationales Privatrecht
iSd ........................ im Sinne des/der
iSv ........................ im Sinne von
iV ........................ in Vertretung
iVm ........................ in Verbindung mit
iwS ........................ im weiteren Sinne

JA ........................ Juristische Arbeitsblätter (Zeitschrift)
Jura ........................ Juristische Ausbildung (Zeitschrift)
JuS ........................ Juristische Schulung (Zeitschrift)
JVKostO ........................ Justizverwaltungskostenordnung
JW ........................ Juristische Wochenschrift (Zeitschrift)
JZ ........................ Juristenzeitung (Zeitschrift)

Kap. ........................ Kapitel
KfH ........................ Kammer für Handelssachen
KG ........................ Kommanditgesellschaft bzw. Kammergericht Berlin
KGaA ........................ Kommanditgesellschaft auf Aktien
KostO ........................ Gesetz über die Kosten in Angelegenheiten der freiwilligen Gerichtsbarkeit (Schönfelder Nr. 119)
krit. ........................ kritisch
KWG ........................ Kreditwesengesetz (Sartorius-Ergänzungsband Nr. 856)

LG ........................ Landgericht
lit. ........................ littera (Buchstabe)
LKW ........................ Lastkraftwagen

MDR ........................ Monatsschrift für Deutsches Recht (Zeitschrift)
mwN ........................ mit weiteren Nachweisen

nF ........................ neue Fassung
NJW ........................ Neue Juristische Wochenschrift (Zeitschrift)
NJW-RR ........................ NJW-Rechtsprechungsreport (Zeitschrift)

| | |
|---|---|
| NotBZ | Zeitschrift für die notarielle Beratungs- und Beurkundungspraxis (Zeitschrift) |
| Nr. | Nummer |
| NVwZ | Neue Zeitschrift für Verwaltungsrecht (Zeitschrift) |
| NZA-RR | Neue Zeitschrift für Arbeitsrecht, Rechtsprechungs-Report (Zeitschrift) |
| NZG | Neue Zeitschrift für Gesellschaftsrecht (Zeitschrift) |
| oHG | offene Handelsgesellschaft |
| OLG | Oberlandesgericht |
| PartGG | Gesetz über Partnerschaftsgesellschaften Angehöriger Freier Berufe (Schönfelder Nr. 50b) |
| PartRegV | Partnerschaftsregisterverordnung |
| ppa. | per procura |
| PublG | Gesetz über die Rechnungslegung von bestimmten Unternehmen und Konzernen (Wirtschaftsgesetze Nr. 43) |
| RabelsZ | Rabels Zeitschrift für ausländisches und internationales Privatrecht (Zeitschrift) |
| RG | Reichsgericht |
| RGZ | Entscheidungen des Reichsgerichts in Zivilsachen |
| RIW | Recht der internationalen Wirtschaft (Zeitschrift) |
| Rn. | Randnummer |
| RNotZ | Rheinische Notar-Zeitschrift (Zeitschrift) |
| ROHG | Reichsoberhandelsgericht |
| ROHGE | Entscheidungen des Reichsoberhandelsgerichts |
| Rom-I-VO | Verordnung (EG) Nr. 593/2008 des Europäischen Parlaments und des Rates vom 17. Juni 2008 über das auf vertragliche Schuldverhältnisse anzuwendende Recht (Rom I) |
| RPflG | Rechtspflegergesetz (Schönfelder Nr. 96) |
| S. | Seite |
| SCE | Societas Cooperativa Europaea/Europäische Genossenschaft |
| SE | Societas Europaea/Europäische Aktiengesellschaft |
| SGB | Sozialgesetzbuch |
| s.o. | s. Rn. oben |
| sog. | sogenannt(e, er, es) |
| StG | Stille Gesellschaft |
| StGB | Strafgesetzbuch (Schönfelder Nr. 85) |
| str. | streitig |
| st. Rspr. | ständige Rechtsprechung |
| TUG | Transparenzrichtlinie-Umsetzungsgesetz |
| ua | unter anderem |
| UmwG | Umwandlungsgesetz (Schönfelder Nr. 52a) |
| UN | United Nations/Vereinte Nationen |
| UNCITRAL | United Nations Commission on International Trade Law/Kommission der UN für internationales Handelsrecht |
| US-GAAP | US-Generally Accepted Accounting Principles/Allgemein anerkannte Rechnungslegungsgrundsätze der Vereinigten Staaten |
| UStG | Umsatzsteuergesetz |

| | |
|---|---|
| usw | und so weiter |
| uU | unter Umständen |
| UWG | Gesetz gegen den unlauteren Wettbewerb (Schönfelder Nr. 73) |
| va | vor allem |
| vgl. | vergleiche |
| VO | Verordnung(en) |
| WiPrO | Wirtschaftsprüferordnung |
| Wistra | Zeitschrift für Wirtschafts- und Steuerstrafrecht (Zeitschrift) |
| WM | Wertpapier-Mitteilungen (Zeitschrift) |
| WpHG | Wertpapierhandelsgesetz (Schönfelder-Ergänzungsband Nr. 58) |
| WRP | Wettbewerb in Recht und Praxis (Zeitschrift) |
| zB | zum Beispiel |
| ZEuP | Zeitschrift für Europäisches Privatrecht (Zeitschrift) |
| ZGR | Zeitschrift für Unternehmens- und Gesellschaftsrecht (Zeitschrift) |
| ZGS | Zeitschrift für das gesamte Schuldrecht (Zeitschrift) |
| ZHR | Zeitschrift für das gesamte Handels- und Wirtschaftsrecht (Zeitschrift) |
| ZIP | Zeitschrift für Wirtschaftsrecht (Zeitschrift) |
| ZNotP | Zeitschrift für die Notarpraxis (Zeitschrift) |
| ZPO | Zivilprozessordnung (Schönfelder Nr. 100) |
| ZRP | Zeitschrift für Rechtspolitik (Zeitschrift) |
| zT | zum Teil |
| ZVglRWiss | Zeitschrift für Vergleichende Rechtswissenschaft (Zeitschrift) |
| ZZP | Zeitschrift für Zivilprozess (Zeitschrift) |

# Literaturverzeichnis

## I. Lehrbücher und systematische Darstellungen


*Bitter, Georg,* Gesellschaftsrecht, 2. Aufl. 2013
*Drygala/Staake/Szalai,* Kapitalgesellschaftsrecht – mit Grundzügen des Konzern- und Umwandlungsrechts, 2012
*Eisenhardt/Wackerbarth,* Gesellschaftsrecht I – Recht der Personengesellschaften, 15. Aufl. 2013
*Förster, Christian,* Gesellschaftsrecht – eine Einführung mit Fällen, 2012
*Grunewald, Barbara,* Gesellschaftsrecht, 9. Aufl. 2014
*Hirte, Heribert,* Kapitalgesellschaftsrecht, 7. Aufl. 2012
*Hüffer/Koch,* Gesellschaftsrecht. Fälle und Erläuterungen zu Verein und Gesellschaft, 8. Aufl. 2011
*Jung, Peter,* Handelsrecht, 10. Aufl. 2014
*Kindler, Peter,* Grundkurs Handels- und Gesellschaftsrecht, 7. Aufl. 2014
*Kübler/Assmann,* Gesellschaftsrecht, 6. Aufl. 2006
*Langenbucher, Katja*: Aktien- und Kapitalmarktrecht – ein Studienbuch, 3. Aufl. 2015
*Raiser/Veil,* Recht der Kapitalgesellschaften – ein Handbuch für Praxis und Wissenschaft, 5. Aufl. 2010
*Roth/Weller,* Handels- und Gesellschaftsrecht, 8. Aufl. 2013
*Saenger, Ingo,* Gesellschaftsrecht, 2. Aufl. 2013
*Schäfer, Carsten,* Gesellschaftsrecht, 3. Aufl. 2013
*Schmidt, Karsten,* Gesellschaftsrecht, 4. Aufl. 2002
*Wackerbarth/Eisenhardt,* Gesellschaftsrecht II – Recht der Kapitalgesellschaften, 2013
*Wiedemann, Herbert,* Gesellschaftsrecht Band I (Grundlagen), 1980 (zit.: *Wiedemann* GesR I)
*Wiedemann, Herbert,* Gesellschaftsrecht Band II (Recht der Personengesellschaften), 2004 (zit.: *Wiedemann* GesR II)
*Windbichler, Christine,* Gesellschaftsrecht – ein Studienbuch, 23. Aufl. 2013


## II. Kommentare

### 1. BGB (zur Gesellschaft bürgerlichen Rechts)


*Bamberger/Roth* (Hrsg.), Kommentar zum BGB, Band 2, 3. Aufl. 2012
*Erman* (Hrsg.: Westermann), Handkommentar zum BGB, 14. Aufl. 2014
*Jauernig, Othmar,* Bürgerliches Gesetzbuch, 15. Aufl. 2014
*Kropholler, Jan,* Studienkommentar zum BGB, 14. Aufl. 2013
Münchener Kommentar zum BGB, Band 5, 6. Aufl. 2013 (zit.: MüKoBGB/*Bearbeiter*)
*Palandt*, Bürgerliches Gesetzbuch, 74. Aufl. 2015
*Soergel*, Kommentar zum BGB – Band 11/1, 13. Aufl. 2011
*Staudinger*, Kommentar zum Bürgerlichen Gesetzbuch, §§ 705–740, Neubearbeitung 2003

### 2. HGB (zu den Handelsgesellschaften und zur stillen Gesellschaft)

*Baumbach/Hopt,* Kommentar zum Handelsgesetzbuch, 36. Aufl. 2014
*Ebenroth/Boujong/Joost/Strohn* (Hrsg.), Kommentar zum HGB, Band I, 3. Aufl. 2013 (zit.: EBJS/*Bearbeiter*)
*Ensthaler* (Hrsg.), Gemeinschaftskommentar zum HGB, 7. Aufl. 2007
*Heidel/Schall* (Hrsg.), Kommentar zum Handelsgesetzbuch, 2011
Heidelberger Kommentar zum Handelsgesetzbuch, 7. Aufl. 2007 (zit.: HK-HGB/*Bearbeiter*)
*Koller/Kindler/Roth/Morck,* Handelsgesetzbuch. Kommentar, 8. Aufl. 2014
Münchener Kommentar zum Handelsgesetzbuch, Band 2 und 3, 3. Aufl. 2011 f. (zit.: MüKoHGB/*Bearbeiter*)
*Oetker* (Hrsg.), Kommentar zum Handelsgesetzbuch, 3. Aufl. 2013
*Röhricht/Graf von Westphalen/Haas* (Hrsg.), Kommentar zum Handelsgesetzbuch, 4. Aufl. 2014
*Staub,* Großkommentar zum HGB (Hrsg.: Canaris/Habersack/Schäfer), Band 3 und 4, 5. Aufl. 2009, 2015

### 3. GmbHG (zur Gesellschaft mit beschränkter Haftung)

*Baumbach/Hueck* (Hrsg.), Kommentar zum GmbHG, 20. Aufl. 2012
*Bork/Schäfer* (Hrsg.), Kommentar zum GmbHG, 2. Aufl. 2012
*Lutter/Hommelhoff* (Hrsg.): Kommentar zum GmbHG, 18. Aufl. 2012
*Michalski* (Hrsg.), Kommentar zum GmbHG, 2. Aufl. 2010
Münchener Kommentar zum GmbHG, 2010 ff. (zit.: MüKoGmbHG/*Bearbeiter*)
*Rowedder/Schmidt-Leithoff* (Hrsg.), Kommentar zum GmbHG, 5. Aufl. 2013
*Scholz* (Hrsg.), Kommentar zum GmbHG, 11. Aufl. 2012 ff.
*Ulmer/Habersack/Löbbe* (Hrsg.), Kommentar zum GmbHG, 2. Aufl. 2013 ff.

## III. Fallsammlungen und Repetitorien

*Käpplinger, Markus,* Fälle zum GmbH-, Aktien- und Konzernrecht, 4. Aufl. 2014
*Lettl, Tobias,* Fälle zum Gesellschaftsrecht, 2. Aufl. 2013
*Timm/Schöne,* Fälle zum Handels- und Gesellschaftsrecht, Band 1 (Pflichtfachstoff), 9. Aufl. 2014 (zit.: *Timm/Schöne* GesR I)
*Timm/Schöne,* Fälle zum Handels- und Gesellschaftsrecht, Band 2 (Schwerpunktbereichsstoff), 8. Aufl. 2014 (zit.: *Timm/Schöne* GesR II)
*Wiedemann/Frey,* Gesellschaftsrecht (Prüfe dein Wissen), 8. Aufl. 2012

# Kapitel 1. Grundlagen und Grundbegriffe

## § 1. Der Gegenstand des Gesellschaftsrechts

### A. Der Begriff der Gesellschaft

Das Gesellschaftsrecht beschäftigt sich mit den Rechtsverhältnissen von privatrechtlichen Zusammenschlüssen zur Erreichung eines gemeinsamen Zwecks (*Grunewald* Einl. Rn. 2; *Wiedemann* GesR I § 1 I 1). Dabei handelt es sich nicht um eine gesetzliche, sondern vielmehr um eine aus den einzelnen gesellschaftsrechtlichen Regelungen (→ Rn. 15 ff.) abgeleitete Definition. Der Begriff der Gesellschaft wird dabei nicht immer einheitlich verwendet und dient in diesem Zusammenhang eher als allgemeiner Oberbegriff, der insbesondere im Zusammenhang mit einigen Gesellschaftsformen weitere Ausdifferenzierungen erfährt (zur weiteren Begriffsbildung in diesem Zusammenhang → Rn. 24 ff.). 1

Die **wesentlichen Merkmale** der Gesellschaft sind anhand der allgemeinen Definition, 2

– die Begründung durch ein (privatrechtliches) Rechtsgeschäft,
– die Freiwilligkeit des Zusammenschlusses und
– die Verfolgung eines gemeinsamen Zwecks.

Aufgrund dieser Merkmale sind zunächst die **öffentlich-rechtlichen Zusammenschlüsse des öffentlichen Rechts** wie etwa Gemeinden, Universitäten oder Berufskammern nicht als Gesellschaften einzuordnen. Diesen öffentlich-rechtlichen Zusammenschlüssen des öffentlichen Rechts fehlt es an einer privatrechtlichen Begründung, da diese in der Regel durch einen Hoheitsakt gegründet werden. Dies schließt allerdings nicht aus, dass auch die öffentliche Hand sich an Gesellschaften beteiligt oder diese sogar selbst gründet. In diesen Fällen handelt es sich dann um Gesellschaften, da diese durch ein privatrechtliches Rechtsgeschäft begründet wurden. Die Rechtsnatur oder der rechtliche Hintergrund der Gesellschafter ist dabei irrelevant. 3

Ebenfalls nicht zu den Gesellschaften zählen die **familienrechtlichen Gemeinschaften**. Bei diesen fehlt es – wie etwa bei der Eltern-Kind-Gemeinschaft – häufig schon an einer Begründung durch Rechtsgeschäft. Auch wenn die Ehe selbst durch Rechtsgeschäft begründet wird, erfüllt sie nicht die Anforderungen an eine Gesellschaft, da sie nicht der Verfolgung eines bestimmten Zwecks dient, sondern eine umfassende Lebensgemeinschaft begründet (§§ 1353 ff. BGB). Diese fehlende Erfassung familienrechtlicher Gemeinschaften durch das Gesellschaftsrecht bedeutet allerdings nicht, dass 4 familienrechtliche Beziehungen nicht auch durch Gesellschaften überlagert werden können. So ist es den Mitgliedern einer Familie unbenommen, eine Gesellschaft zu gründen, bei der lediglich Familienmitglieder Gesellschafter sind. Diese Gesellschafterstellung hat ihren Ursprung dann aber nicht in dem familiären Verhältnis, sondern vielmehr in dem privatautonom veranlassten Zusammenschluss der Familienmitglieder.

5 Keine Gesellschaft stellt zudem die **Bruchteilsgemeinschaft** der §§ 741 ff. BGB dar. Zwar handeln auch bei dieser mehrere Personen zusammen. Diese verfolgen allerdings keinen gemeinsamen Zweck, sondern ihnen steht ein Recht vielmehr gemeinschaftlich zu. Wichtigster Unterschied ist dabei die bei der Bruchteilsgemeinschaft bestehende freie Veräußerbarkeit des auf den Einzelnen entfallenen Anteils (§ 747 S. 1 BGB). Diese Möglichkeit besteht bei den juristischen Personen bereits aufgrund der alleinigen privatrechtlichen Zuordnung des Gesellschaftsvermögens an diese und bei den Personengesellschaften aufgrund der Gesamthand (→ Rn. 193 ff.) nicht.

6 Weiterhin handelt es sich bei der **Erbengemeinschaft** ebenfalls nicht um eine Gesellschaft. Denn diese entsteht schon nicht durch Rechtsgeschäft, sondern per Gesetz aufgrund des Todes des Erblassers (§§ 1922, 2032 Abs. 1 BGB). Darüber hinaus ist die Erbengemeinschaft nicht auf die Verfolgung eines gemeinsamen Zwecks ausgerichtet, sondern dient allein der Auseinandersetzung (§§ 2042 ff. BGB).

**Merksatz:** Bei Gesellschaften handelt es sich um privatrechtliche Zusammenschlüsse, die zur Erreichung eines gemeinsamen Zwecks durch Rechtsgeschäft begründet werden. Öffentlich-rechtliche Zusammenschlüsse des öffentlichen Rechts, familienrechtliche Gemeinschaften, Bruchteils- und Erbengemeinschaften zählen nicht dazu.

## B. Die Abgrenzung des Gesellschaftsrechts von anderen Rechtsgebieten

7 Zahlreiche Querverbindungen sind zunächst zwischen dem Gesellschafts- und dem Arbeitsrecht auszumachen. Dies gilt für das **Individualarbeitsrecht**, da dieses grundsätzlich auch auf die Geschäftsleiter einer Gesellschaft Anwendung findet. Dabei erfährt dieses allerdings nicht unerhebliche Modifikationen, da der Geschäftsleiter einer Gesellschaft oftmals nicht nur deren Angestellter ist, sondern häufig auch deren Gesellschafter (→ Rn. 599 ff.). Darüber hinaus spielt das **Kollektivarbeitsrecht** eine große Rolle im Gesellschaftsrechts, ist dabei aber im Wesentlichen auf die Organisationsverfassung der Kapitalgesellschaften beschränkt.

8 Eine unmittelbare Wechselwirkung besteht zudem zwischen dem Gesellschaftsrecht und dem **Kapitalmarktrecht**. Letzteres wird allgemein verstanden als die

„Gesamtheit der Grundsätze und Normen …, die sich mit dem öffentlichen Vertrieb und Umlauf von Unternehmensbeteiligungen und verbrieften bzw. öffentlich registrierten Geldforderungstiteln befassen" (*Hopt* ZHR 141 (1977), 389, 341).

Der Zusammenhang mit dem Gesellschaftsrecht besteht dabei darin, dass Gesellschaften häufig den Kapitalmarkt nutzen, um Kapital für ihre unternehmerische Tätigkeit zu sammeln. Diese Kapitalsammlung kann dabei entweder durch die Einwerbung neuer Gesellschafter oder durch die Ausgabe von Fremdkapitalinstrumenten – vereinfacht ausgedrückt durch die Aufnahme von Darlehen bei den Anlegern – erfolgen. Diese Finanzierungsfunktion des Kapitalmarktes für Unternehmen hat inzwischen eine enorme Bedeutung eingenommen, so dass es ein öffentliches Anliegen ist, das Funktionieren des Kapitalmarktes zu gewährleisten und die Marktteilnehmer zu schützen. Daher können Gesellschaften, die eine Finanzierung ihrer unternehmerischen Tätigkeit über den Kapitalmarkt durchgeführt haben, zahlreichen kapitalmarktrechtlichen Beschränkungen unterliegen, die oftmals eine unmittelbare Rückwirkung auf das Gesellschaftsrecht haben. Da das Kapitalmarktrecht inzwischen erheblich an Komplexität gewonnen hat, stellt es heute ein eigenständiges Rechtsgebiet dar. **9**

In ähnlicher Weise ist das Gesellschaftsrecht mit dem **Insolvenzrecht** verbunden. Das Insolvenzverfahren hat nach § 1 InsO das Ziel, die Gläubiger des Schuldners gemeinschaftlich zu befriedigen, indem das Vermögen des Schuldners verwertet und der Erlös verteilt oder in einem Insolvenzplan eine abweichende Regelung insbesondere zum Erhalt des Unternehmens getroffen wird. Die Wechselwirkung von Gesellschafts- und Insolvenzrecht besteht dabei in zweierlei Hinsicht. Zum einen muss bei den haftungsbeschränkten Kapitalgesellschaften sichergestellt werden, dass bei diesen zum Schutz der Gläubiger rechtzeitig ein Insolvenzantrag gestellt wird (→ Rn. 579 ff.). Darüber hinaus werden die meisten Rechts- und Haftungsinstitute des Gesellschaftsrechts in der Regel erst im Insolvenzverfahren tatsächlich durchgesetzt (→ Rn. 83). Zum anderen nimmt das eröffnete Insolvenzverfahren einen direkten Einfluss auf die Organisationsverfassung der Gesellschaft und ermöglicht die gesamte Struktur der Gesellschaft im Rahmen einer Sanierung zu verändern. Dabei handelt es sich um eine relativ junge Rechtsentwicklung, da das Insolvenzrecht den Rechtsträger des Unternehmens ursprünglich unberührt gelassen und sich darauf beschränkt hat, die Kompetenzen der Geschäftsleiter zum Schutz der Gläubiger und zur Gewährleistung der gemeinschaftlichen Gläubigerbefriedigung einzuschränken. Die zunehmende Betonung des Sanierungsgedankens im Insolvenzrecht stellt das Gesellschaftsrecht somit vor eine Reihe neuer Herausforderungen, da in der Sanierung neben die Gesellschafter die Gläubiger als weitere Akteure mit einem Einfluss auf die Gesellschaft treten. **10**

Eine eigenständige Bedeutung hat das **Rechnungslegungs- bzw. Bilanzrecht** erlangt, das die Aufstellung, Prüfung und Publizität von Handelsbüchern und Bilanzen zum Gegenstand hat. Auch wenn die Handelsgesellschaften als **11**

Kaufleute (§ 6 Abs. 1 HGB) zur Buchführung und Bilanzierung verpflichtet sind (§ 238 Abs. 1 HGB), handelt es sich dabei nicht um eine originär gesellschaftsrechtliche Problematik. Vielmehr besteht diese Pflicht für alle Kaufleute. Für das Gesellschaftsrecht hat das Rechnungslegungs- bzw. Bilanzrecht aber eine besondere Bedeutung, da eine ganze Reihe gesellschaftsrechtlicher Regelungen tatbestandlich auf dem Rechnungslegungsrecht aufbauen. Dies gilt etwa für die Frage der Gewinnverteilung (→ Rn. 200, 324 ff. und 422) oder das Kapitalschutzsystem bei den Kapitalgesellschaften (→ Rn. 560 ff.). Darüber hinaus überlagert das Gesellschaftsrecht das Rechnungslegungs- bzw. Bilanzrecht in vielfältiger Weise. So gelten für die Kapitalgesellschaften teilweise strengere bzw. weitergehende Regelungen für die Aufstellung (§§ 264 ff. HGB) und die Veröffentlichung (§§ 325 ff. HGB) des Jahresabschlusses. Darüber hinaus regelt das Gesellschaftsrecht die Erstellung, Prüfung und Feststellung der Rechnungslegungsunterlagen, da diese Aufgaben im Rahmen der Gesellschaft auf die verschiedenen Gesellschaftsorgane verteilt werden müssen.

12 Keine unmittelbare Beziehung hat das Gesellschaftsrecht zum **Kartell- und Wettbewerbsrecht**. Zwar regelt auch das Kartellrecht die Folgen des Zusammenwirkens mehrerer Personen zur Erreichung eines gemeinsamen Zwecks in Form der Marktbehinderung. Allerdings ist in diesen Fällen eher das **Kartell- und Wettbewerbsrecht** und weniger das Gesellschaftsrecht angesprochen, auch wenn der Zusammenschluss meist in Form einer Gesellschaft bürgerlichen Rechts erfolgt.

13 **Beispielsfall:** A und B sind die einzigen Hersteller eines bestimmten Produktes. Da der Wettbewerb in den vergangenen Jahren zu erheblichen Preissenkungen geführt hat, verabreden A und B, zukünftig die Preise miteinander abzustimmen und nicht mehr zu senken.

Durch ihren Zusammenschluss haben A und B eine (Innen-)Gesellschaft bürgerlichen Rechts begründet, da sie sich zur Erreichung eines gemeinsamen Zwecks (Preisabsprache und -kontrolle) zusammengeschlossen haben. Dieser Vertrag ist allerdings wegen des Verstoßes gegen § 1 GWB, Art. 101 AEUV nach § 134 BGB nichtig (→ Rn. 124). Diese Nichtigkeit ergibt sich dabei zwar aus § 134 BGB, hat ihren normativen Ursprung aber in den § 1 GWB, Art. 101 AEUV. Mit der Nichtigkeit sind die gesellschaftsrechtlichen Fragestellungen in diesem Zusammenhang im Wesentlichen geklärt, zumal sich aufgrund des Vorliegens einer bloßen (Innen-)Gesellschaft bürgerlichen Rechts keine Frage nach einer Abwicklung der Gesellschaft stellt. Aus dem Kartellrecht können sich allerdings noch weitere Rechtsfolgen wie etwa eine Schadenersatzpflicht nach § 33 GWB ergeben.

14 Integraler Teil des Gesellschaftsrechts ist schließlich das **Konzernrecht**, das sich mit der Verbindung mehrerer Gesellschaften zu einer Unternehmensgruppe beschäftigt. Da die Rechtsquellen des Gesellschaftsrechts nahezu ausschließlich auf die einzelne Gesellschaft ohne eine Verbindung zu anderen Gesellschaften Bezug nehmen, tragen diese den sich aus der Zugehörigkeit zu einer Unternehmensgruppe ergebenden Problemen nicht hinreichend Rech-

nung. Allein im Aktienrecht findet sich eine Reihe von Regelungen (§§ 15 ff., 291 ff. AktG), die sich dieser Frage annehmen. Da das Konzernrecht nahezu jede einzelne Regelung des Gesellschaftsrechts hinterfragt, hat sich dieses inzwischen als eigenständiges Rechtsgebiet entwickelt.

## C. Rechtsquellen

### I. Nationale Regelungen

Das Gesellschaftsrecht ist nicht in einer einheitlichen Kodifikation zusammengefasst. Vielmehr ist es auf eine ganze Reihe **verschiedener Gesetze** verteilt, die dabei wiederum teilweise aufeinander aufbauen. Für die einzelnen Rechtsformen lassen sich dabei folgende Rechtsquellen zuordnen, die die einzelnen Gesellschaftsformen aber nicht abschließend regeln: 15

16

| | |
|---|---|
| **Gesellschaft bürgerlichen Rechts (GbR, → Rn. 101 ff.)** | §§ 705–740 BGB |
| **Offene Handelsgesellschaft (oHG, → Rn. 308 ff.)** | §§ 105–160 HGB |
| **Kommanditgesellschaft (KG, → Rn. 404 ff.)** | §§ 161–177a HGB |
| **Stille Gesellschaft (→ Rn. 480 ff.)** | §§ 230–236 HGB |
| **(eingetragener) Verein** | §§ 21–79 BGB |
| **Gesellschaft mit beschränkter Haftung (GmbH, → Rn. 526 ff.)** | Gesetz betreffend die Gesellschaften mit beschränkter Haftung (GmbHG) |
| **Aktiengesellschaft (AG)** | Aktiengesetz (AktG) |
| **Genossenschaft** | Gesetz betreffend die Erwerbs- und Wirtschaftsgenossenschaften (GenG) |
| **Stiftung** | §§ 80–88 BGB |
| **Partnerschaftsgesellschaft** | Partnerschaftsgesellschaftsgesetz (PartG) |

Neben den eigentlichen gesellschaftsrechtlichen Regelungen finden sich noch eine Reihe weiterer Regelungen in anderen Normzusammenhängen, die unmittelbare Rückwirkungen auf das Gesellschaftsrecht haben. Dabei handelt es sich vor allem um die Regelungen des Kapitalmarktrechts (zB WpHG, WpÜG) oder des Insolvenzrechts (InsO). Darüber hinaus finden teilweise die allgemeinen zivilrechtlichen Vorschriften im Gesellschaftsrecht Anwendung, 17 auch wenn diese etwa in Form des Mängelgewährleistungsrechts nur eingeschränkt oder modifiziert herangezogen werden können (→ Rn. 133 ff.).

18 Schließlich hat auch das Verfassungsrecht einen unmittelbaren Einfluss auf das Gesellschaftsrecht. Dies gilt vor allem für das Grundrecht auf **Vereinigungsfreiheit** (Art. 9 Abs. 1 GG) und die **Eigentumsgarantie** (Art. 14 Abs. 1 GG). Während die Vereinigungsfreiheit vor allem im Rahmen der Gründung einer Gesellschaft von Bedeutung ist (→ Rn. 29 ff.), spielt die Eigentumsgarantie unter anderem im Zusammenhang mit dem zwangsweisen Ausscheiden eines Gesellschafters eine Rolle (→ Rn. 79). Schließlich kann auch die **Berufsfreiheit** (Art. 12 Abs. 1 GG) relevant werden.

## II. Europäische Rechtsquellen

19 Neben dem nationalen Recht hat vor allem das europäische Recht einen erheblichen Einfluss auf das Gesellschaftsrecht. Dies gilt zunächst für die beiden Grundfreiheiten der **Niederlassungsfreiheit** (Art. 49–55 AEUV) und die **Kapitalverkehrsfreiheit** (Art. 63–66 AEUV), die vor allem im Rahmen des internationalen Gesellschaftsrechts – also der Bestimmung des auf eine Gesellschaft anwendbaren Rechts (→ Rn. 23 ff.) – eine große Rolle spielen.

20 Darüber hinaus hat der europäische Gesetzgeber durch eine große Anzahl von **Richtlinien** das nationale Gesellschaftsrecht in großen Teilen harmonisiert. Diese Harmonisierungsbemühungen konzentrierten sich dabei vor allem auf das Recht der Aktiengesellschaft und weniger auf das GmbH-Recht (→ Rn. 526 ff.) oder das Personengesellschaftsrecht (→ Rn. 101 ff.).

21 Schließlich hat der europäische Gesetzgeber auch eine Reihe von Gesellschaftsformen selbst geschaffen, die als **supranationale Gesellschaften** bezeichnet werden. Diese Bezeichnung ist auf den Umstand zurückzuführen, dass diese Gesellschaftsformen ihre normative Verankerung vor allem im europäischen Sekundärrecht haben und nur teilweise auf nationales Recht zurückgreifen. Die wichtigsten supranationalen Gesellschaftsformen sind bisher die Europäische Aktiengesellschaft (*Societas Europaea* – SE), die Europäische Genossenschaft (*Societas Cooperativa Europaea* – SCE) und die Europäische Wirtschaftliche Interessenvereinigung (EWIV). Neben den sekundärrechtlichen Rechtsquellen gelten für diese supranationalen Gesellschaftsformen aber auch eine Reihe nationaler Durchführungsbestimmungen.

22

| | | |
|---|---|---|
| **Europäische Aktiengesellschaft (*Societas Europaea* – SE)** | Verordnung (EG) Nr. 2157/2001 des Rates v. 8. Oktober 2001 über das Statut der Europäischen Gesellschaft (SE), ABl. EG Nr. L 294 v. 10. November 2001, S. 1 ff. | SE-Ausführungsgesetz (SEAG)<br>SE-Beteiligungsgesetz (SEBG) |

| | | |
|---|---|---|
| **Europäische Genossenschaft (*Societas Cooperativa Europaea* – SCE)** | Verordnung (EG) Nr. 1435/2003 des Rates v. 22. Juli 2003 über das Statut der Europäischen Genossenschaft (SCE), ABl. EG Nr. L 207 v. 18. August 2003, S. 1 ff. | SCE-Ausführungsgesetz (SCEAG) SCE-Beteiligungsgesetz (SCEBG) |
| **Europäische Wirtschaftliche Interessenvereinigung (EWIV)** | Verordnung (EWG) Nr. 2137/85 des Rates v. 25. Juli 1985 über die Schaffung einer Europäischen wirtschaftlichen Interessenvereinigung (EWIV), Abl. Nr. L 199 S. 1) | EWIV-Ausführungsgesetz |

## III. Internationale Übereinkommen

Eine verhältnismäßig geringe Bedeutung für das Gesellschaftsrecht haben internationale Abkommen. Dies ist vor allem darauf zurückzuführen, dass das Gesellschaftsrecht traditionell als eine rein nationale Angelegenheit begriffen wird, zumal Gesellschaften zwangsläufig immer primär in einer Rechtsordnung verankert sind. Eine Ausnahme bildet in diesem Zusammenhang lediglich das europäische Recht (→ Rn. 19 ff.), dessen teilweise massiver Einfluss auf das nationale Gesellschaftsrecht aber eher dem Umstand der Schaffung eines gemeinsamen Binnenmarktes geschuldet ist. Eines der wenigen, im Gesellschaftsrecht relevanten internationalen Übereinkommen ist der Freundschafts-, Handels- und Schiffahrtsvertrag zwischen der Bundesrepublik Deutschland und den Vereinigten Staaten von Amerika vom 29. Oktober 1954 (BGBl. 1956 II S. 487), der unter anderem die gegenseitige Anerkennung von Gesellschaften regelt. Eine darüber hinausgehende Bedeutung kommt ihm im Gesellschaftsrecht aber nicht zu. 23

# § 2. Die Grundfragen des Gesellschaftsrechts

Das deutsche Gesellschaftsrecht kennt ebenso wie die meisten Gesellschaftsrechte der Welt nicht nur eine bestimmte Gesellschaftsform, sondern vielmehr eine ganze Reihe verschiedener Arten von Gesellschaften, mit denen unterschiedliche Zwecke verfolgt werden können (→ Rn. 97 f.). Trotz dieser Artenvielfalt kommt das Gesellschaftsrecht bei jeder dieser Gesellschaftsformen zu den gleichen Grundfragen zurück, die teilweise unterschiedlich beantwortet werden. 24

## A. Anwendbarkeit des (nationalen) Gesellschaftsrechts

25 Ein zentraler Aspekt des Gesellschaftsrechts ist die Frage nach der Bestimmung des nationalen Gesellschaftsrechts, das zur Anwendung kommen soll. Im deutschen Gesellschaftsrecht wird dieser Aspekt nicht ausdrücklich geregelt. Vielmehr wurden die insofern geltenden Grundsätze von der Rechtsprechung entwickelt.

26 Ursprünglich galt in Deutschland die sog. **Sitztheorie**, wonach sich das auf eine Gesellschaft anwendbare Recht nach dem Recht des Staates bestimmt, in dem diese ihren tatsächlichen Verwaltungssitz hat. Als Verwaltungssitz gilt dabei der Ort, an dem tatsächlich die maßgeblichen Entscheidungen der Gesellschaft getroffen werden. Die Sitztheorie hatte zunächst zur Folge, dass eine in einem anderen Staat gegründete Gesellschaft bei der Verlegung ihres Verwaltungssitzes nach Deutschland nach deutschem Gesellschaftsrecht behandelt wurde. Damit handelte es sich bei den ausländischen Gesellschaften mit Verwaltungssitz in Deutschland um Gesellschaften bürgerlichen Rechts oder – bei Betrieb eines Handelsgewerbes – um offene Handelsgesellschaften. Darüber hinaus hatte die Sitztheorie zur Folge, dass deutsche Gesellschaften ihren Verwaltungssitz nicht in einen anderen Staat verlegen konnten bzw. eine solche Verlegung die Auflösung der Gesellschaft (→ Rn. 82) zur Folge hatte.

27 Das wesentliche Gegenmodell zur Sitztheorie ist die vor allem ursprünglich im anglo-amerikanischen Rechtskreis vertretene **Gründungstheorie**, wonach sich das auf eine Gesellschaft anwendbare Recht immer nach dem Recht des Staates bestimmt, in dem die Gesellschaft gegründet wurde. Dies hat zur Folge, dass die Gesellschaft ihren tatsächlichen Verwaltungssitz auch in andere Staaten verlegen kann, ohne dass es zu einer Anwendbarkeit eines anderen Gesellschaftsrechts kommt.

28 Da die Anwendung der Sitztheorie eine Verlegung des tatsächlichen Verwaltungssitzes innerhalb des europäischen Binnenmarktes unter Wahrung des anwendbaren Gesellschaftsrechts und damit der rechtlichen Identität der Gesellschaft unmöglich machte, betrachtete der EuGH die Anwendung der Sitztheorie als mit der **europäischen Niederlassungsfreiheit** (Art. 43 ff. AEUV) für unvereinbar (grundlegend EuGH NJW 1999, 2027 – Centros; NZG 2002, 1164 – Überseering; NZG 2003, 1064 – Inspire Art). Dies hatte zur Folge, dass auch das deutsche Gesellschaftsrecht im Grundsatz zur Gründungstheorie übergehen musste, so dass diese nunmehr auch in Deutschland grundsätzlich im Verhältnis zu Gesellschaften zur Anwendung kommt, die unter die Niederlassungsfreiheit fallen. Die Sitztheorie bleibt hingegen für Gesellschaften aus nicht-europäischen Staaten anwendbar, soweit mit diesen Staaten kein völkerrechtliches Abkommen besteht, aus dem sich die Pflicht zur Anerkennung der Gesellschaften ergibt (BGHZ 178, 192 = NJW 2009, 289).

**Merksatz:** Die Anwendbarkeit des deutschen Gesellschaftsrechts richtet sich innerhalb des europäischen Binnenmarktes nach der Gründungstheorie, so dass es nur zu dessen Anwendung kommt, wenn die Gesellschaft ihren satzungsmäßigen Sitz in Deutschland hat. Zudem findet das deutsche Gesellschaftsrecht auch dann Anwendung, wenn eine Gesellschaft aus einem Drittstaat ihren tatsächlichen Verwaltungssitz nach Deutschland verlegt, soweit kein völkerrechtliches Abkommen zwischen Deutschland und diesem Drittstaat besteht, wonach die Gesellschaft anzuerkennen und das Recht des Gründungsstaates anzuwenden ist.

## B. Die Gründung und die (rechtliche) Anerkennung von Gesellschaften

### I. Anforderungen an die Entstehung der Gesellschaft

Eine entscheidende Grundfrage des Gesellschaftsrechts ist zunächst, welche Anforderungen an die Gründung und die rechtliche Anerkennung einer Gesellschaft gestellt werden. Dies richtet sich im deutschen Gesellschaftsrecht maßgeblich nach der **Schutzbedürftigkeit des Rechtsverkehrs bzw. der Gläubiger**. Je weniger diese durch die Gründung (und die spätere wirtschaftliche Tätigkeit) der Gesellschaft beeinträchtigt werden können, desto weniger Anforderungen stellt die Rechtsordnung an die Gründung. Daher erfolgt bei den Personengesellschaften (oHG, KG, GbR) aufgrund der grundsätzlich bestehenden persönlichen Haftung der Gesellschafter (→ Rn. 251 ff., 354 ff.) die Gründung auch durch einen bloßen Vertragsschluss, ohne dass dieser einer bestimmten notariellen oder behördlichen Kontrolle unterworfen wird (→ Rn. 115 ff., 175 ff. 317 ff. und 412 ff.). Da eine solche persönliche Haftung der Gesellschafter bei den Kapitalgesellschaften (eingetragener Verein, Gesellschaft mit beschränkter Haftung, Aktiengesellschaft) nicht besteht (→ Rn. 618), unterliegen diese bei der Gründung einer Reihe von Beschränkungen und einer notariellen und gerichtlichen Kontrolle (→ Rn. 534 ff.). Die Überzeugungskraft dieser an die persönliche Haftung anknüpfende Unterscheidung hinsichtlich der Anforderungen an die Gründung einer Gesellschaft ist bei einer genaueren Betrachtung aber eher gering. Denn der bloße Umstand einer persönlichen Haftung stellt noch nicht sicher, dass diese Haftung auch tatsächlich realisiert werden kann. Zur Frage der fehlenden Beachtung der Anforderungen an die Gründung einer Gesellschaft → Rn. 33 ff. 29

Darüber hinaus knüpft die Rechtsordnung an die Gründung einer Gesellschaft aber **keine weiteren Voraussetzungen**, was allerdings nicht bedeutet, dass die Gesellschaft nach ihrer Gründung nicht auch anderen Einschränkungen hinsichtlich der Ausübung ihrer wirtschaftlichen Tätigkeit unterliegen kann. Insofern gelten die allgemeinen Vorschriften des Wirtschaftsrechts. Dieser Grundsatz ist allerdings nicht selbstverständlich und in einer histori- 30 schen Rückschau auch nicht zwingend. Denn vor allem bei den Kapitalgesellschaften können aufgrund der grundsätzlich fehlenden persönlichen Haftung der Gesellschafter hohe wirtschaftliche Risiken eingegangen werden, die bei Verwirklichung die Gläubiger oder sogar die Allgemeinheit insgesamt treffen können. Dieser Aspekt wird im modernen Gesellschaftsrecht allerdings vernachlässigt und vielmehr – jedenfalls bei einer Reihe bestimmter Risiken – in anderen Regelungszusammenhängen einer Lösung zugeführt.

31 **Beispielsfall:** A und B wollen gemeinsam ein Restaurant betreiben. Zu diesem Zweck gründen A und B die Restaurant X-oHG. Als Investitionskapital stehen A und B allerdings nur ca. 5.000 EUR zur Verfügung, von dem sie bereits 4.000 EUR für die Miete und die Mietkaution für die Räumlichkeiten des Restaurants aufbringen müssen.

Auch wenn das Kapital von A und B für den Betrieb des Restaurants offensichtlich nicht ausreichen wird, schränkt die Rechtsordnung die Möglichkeit der Gründung einer Gesellschaft (hier in Form der oHG → Rn. 317 ff.) nicht ein. Vielmehr bleibt es A und B selbst überlassen, die fehlende Tragfähigkeit ihres Geschäftsmodells zu erkennen. Daraus ergeben sich für den Rechtsverkehr oder die Allgemeinheit auch keine spezifischen Gefahren bzw. wird diesen durch andere Rechtsgebiete Rechnung getragen. So wird der Restaurant X-oHG bei einer fehlenden Erfüllung der gaststättenrechtlichen oder brandschutzrechtlichen Vorgaben bereits die Erlaubnis zum Betrieb des Restaurants nicht erteilt werden, wovon aufgrund des geringen Investitionsvolumens von A und B auszugehen sein wird. Sollte es A und B allerdings gelingen, diesen Anforderungen zu entsprechen, steht einem Betrieb des Restaurants durch die Restaurant X-oHG nichts entgegen. Derartige Fragen kann das Gesellschaftsrecht oder ein Registergericht aber nicht beantworten, so dass es insofern konsequent ist, wenn diese Aspekte bei der Gründung einer Gesellschaft keiner rechtlichen Kontrolle unterliegen.

**Merksatz:** Das Gesellschaftsrecht regelt im Rahmen der Gründung der Gesellschaft nur deren Entstehung und lässt die allgemeinen Vorschriften für die Ausübung der wirtschaftlichen Tätigkeit einer Gesellschaft unberührt.

## II. Gestaltungsfreiheit und der *numerus clausus*

32 Das Gesellschaftsrecht wird ebenso wie etwa das Sachenrecht vom Grundsatz des *numerus clausus* geprägt. Daher ist es den Gründern einer Gesellschaft nicht möglich, eine neue, vom Gesetzgeber nicht vorgesehene Gesellschaftsform zu schaffen. Hintergrund dieser Beschränkung ist auch im Gesellschaftsrecht der Schutz des Rechtsverkehrs, da dieser in seiner Erwartungshaltung hinsichtlich der Form und der Charakteristika von Gesellschaften geschützt werden soll. Der Grundsatz des *numerus clausus* bezieht sich allerdings nur auf die Schaffung neuer Gesellschaftsformen, steht aber grundsätzlich nicht der individuellen Ausgestaltung der bestehenden Gesellschaftsformen entgegen. Denn auch für den Gesellschaftsvertrag gilt der **Grundsatz der Vertragsfreiheit**. Die Gestaltungsfreiheit ist dabei einerseits bei den einzelnen Gesellschaftsformen und andererseits bei den verschiedenen Regelungsaspekten des Gesellschafts-

rechts unterschiedlich ausgeprägt. Eine tatsächliche Systematisierung fällt dabei schwer. Grundsätzlich gilt, dass bei den Außenbeziehungen einer Gesellschaft und dabei insbesondere bei den Haftungsfragen (→ Rn. 42 ff.) weniger bis kein Gestaltungsfreiraum existiert. Das Innenverhältnis der Gesellschaft ist hingegen grundsätzlich für eine nähere Ausgestaltung durch die Gesellschafter offen. Eine Ausnahme bildet in diesem Zusammenhang die Aktiengesellschaft, bei der im Grundsatz nicht von den gesetzlichen Vorschriften abgewichen werden darf, wenn das Aktienrecht eine solche Abweichung nicht ausdrücklich vorsieht (Grundsatz der sog. Satzungsstrenge – § 23 Abs. 5 AktG).

**Merksatz:** Im Gesellschaftsrecht gilt der *numerus clausus*, der allerdings nur die Schaffung neuer Gesellschaftsformen verbietet, der Vertragsfreiheit bei der Gestaltung des Gesellschaftsvertrags ansonsten aber grundsätzlich nicht entgegensteht.

## III. Die fehlerhafte Gründung einer Gesellschaft und der fehlerhafte Beitritt zu einer Gesellschaft

Ein besonderes Problem des Gesellschaftsrechts im Zusammenhang mit der Gründung einer Gesellschaft ist die fehlende Beachtung der gesetzlichen Anforderungen an die Gründung. Während die allgemeine Rechtsgeschäftslehre diesem Aspekt durch die Annahme oder Anordnung einer Unwirksamkeit oder einer Nichtigkeit des jeweiligen Rechtsgeschäfts Rechnung trägt, steht das Gesellschaftsrecht vor dem Dilemma, dass eine fehlerhaft gegründete Gesellschaft oftmals am Rechtsverkehr teilnimmt, ohne dass diese oder die Gesellschafter selbst bemerken, dass die Gesellschaft schon fehlerhaft gegründet wurde. Würde man nun das Konzept der allgemeinen Rechtsgeschäftslehre anwenden und den Gesellschaftsvertrag als unwirksam oder als nichtig betrachten, würde den Rechtsgeschäften, die von oder mit der Gesellschaft vorgenommen wurden, sozusagen nachträglich der Boden entzogen werden. Da dies zu einer Reihe meist nicht lösbarer Folgeprobleme führen würde, hat sich im Gesellschaftsrecht die sog. **Lehre von der fehlerhaften Gesellschaft** (teilweise auch als **Lehre vom fehlerhaften Verband** bezeichnet) entwickelt (vgl. dazu etwa *Grunewald* § 1 Rn. 166 ff.; *Maultzsch* JuS 2003, 544 ff.). 33

**Beispielsfall:** A und B wollen gemeinsam ein Restaurant betreiben. Zu diesem Zweck gründen A und B die Restaurant-GbR, bei der A als Geschäftsführer fungiert. Für den Restaurantbetrieb mietet die Restaurant-GbR vertreten durch A eine Gewerbefläche von V. Einige Wochen später stellt B fest, dass er von A vorsätzlich hinsichtlich verschiedener Aspekte bei der Gründung getäuscht wurde. So verfügt A entgegen seiner eigenen Angaben über keinerlei Erfahrung zum Betrieb eines Restaurants und kann auch die vereinbarten 50.000 EUR Einlage nicht aufbringen, da er faktisch vermögenslos ist. B hatte seine Einlage hingegen schon erbracht und auf dem Konto der Restaurant-GbR eingezahlt. B möchte daraufhin die Zusammenarbeit mit A beenden und erklärt die Anfechtung wegen arglistiger Täuschung. 34

Eine Anfechtung der Willenserklärung des A im Rahmen des Abschlusses des Gesellschaftsvertrages wegen arglistiger Täuschung nach § 123 Abs. 1 BGB würde dazu führen, dass die Willenserklärung des A nach § 142 Abs. 1 BGB von Anfang an als nichtig anzusehen wäre. Damit würde es nicht zu einem Abschluss des Gesellschaftsvertrages kommen und die Restaurant-GbR nicht entstehen. Auch wenn damit das Rechtsverhältnis zwischen A und B einer sachgerechten Lösung zugeführt werden würde, wäre auch das Rechtsverhältnis zwischen der Restaurant-GbR und V betroffen. V hätte keinen Vertragspartner mehr und könnte weder A noch B als Gesellschafter der Restaurant-GbR in Anspruch nehmen (s. dazu Rn. 251 ff.). Um V und damit den gesamten Rechtsverkehr zu schützen, wird das Anfechtungsrecht von A durch die Grundsätze der fehlerhaften Gesellschaft ausgeschlossen. Damit bleibt V die Restaurant-GbR als Schuldner und damit auch die persönliche Haftung von deren Gesellschaftern (→ Rn. 251 ff.) erhalten.

35 Nach den Grundsätzen der fehlerhaften Gesellschaft berührt die fehlerhafte Gründung einer Gesellschaft nicht deren wirksame Entstehung, wenn die Gesellschaft nach ihrer fehlerhaften Gründung bereits in Vollzug gesetzt wurde und der Anerkennung der Gesellschaft keine Interessen des Allgemeinwohls entgegenstehen. Hintergrund dieser damit verbundenen Unbeachtlichkeit der fehlerhaften Gründung ist die **fehlende Rückabwicklungsmöglichkeit** einer bereits in Vollzug gesetzten Gesellschaft. Denn die im allgemeinen Zivilrecht vorgesehenen Vorschriften für die Rückabwicklung eines Leistungsaustauschs im Zusammenhang mit einem nichtigen oder unwirksamen Rechtsgeschäft passen nicht auf diese Fälle bzw. führen zu nicht vertretbaren Ergebnissen. Die fehlende Rückabwicklungsmöglichkeit besteht aber nur dann, wenn die Gesellschaft bereits in Vollzug gesetzt wurde. Dies ist dann der Fall, wenn sie bereits aktiv am Rechtsverkehr teilgenommen hat. Soweit bei der Gründung die Eintragung im Handelsregister konstitutive Wirkung hat, ist diese in diesem Zusammenhang schon ausreichend (→ Rn. 319). Schließlich sind die Grundsätze der fehlerhaften Gesellschaft nicht anzuwenden, wenn die Fehlerhaftigkeit auf Normen beruht, die **höherrangigen Interessen der Allgemeinheit dienen oder bestimmte Personen** schützen sollen (BGHZ 153, 214 (222); BGH NJW 2005, 1784 (1785)). Dies ist vor allem bei Minderjährigen, nicht aber bei einer arglistigen Täuschung eines Gesellschafters der Fall.

36 Die Unbeachtlichkeit der Fehlerhaftigkeit der Gründung der Gesellschaft bedeutet allerdings nicht, dass die Gesellschafter dauerhaft an diese fehlerhafte Gesellschaft gebunden sind. Vielmehr steht ihnen ein **Kündigungsrecht** zu (BGHZ 3, 285 (291); BGH NJW 1976, 894), so dass sie entweder aus der Gesellschaft ausscheiden oder diese aber aufgelöst, abgewickelt und beendet wird (→ Rn. 81 ff.). Damit wird den Interessen des Rechtsverkehrs Rechnung getragen. Denn die bereits durch die fehlerhaft gegründete Gesellschaft begründeten Rechtsverhältnisse werden im Rahmen der Abwicklung der Gesellschaft nach den allgemeinen Regeln beendet (→ Rn. 82).

Somit ergeben sich aus den Grundsätzen des Rechts der fehlerhaften Gesellschaft **zwei konkrete Rechtsfolgen**. Zunächst gilt die Gesellschaft als wirksam gegründet, so dass die Tatbestände vor allem der allgemeinen Rechtsgeschäftslehre zu den Folgen der Fehlerhaftigkeit und zu deren Geltendmachung keine Anwendung finden. Daher kann die Willenserklärung des einzelnen Gesellschafters nicht angefochten werden, auch wenn ein Anfechtungsgrund vorliegt. Darüber hinaus kann jeder Gesellschafter bzw. bei einem fehlerhaften Beitritt der fehlerhaft beitretende Gesellschafter die Gesellschaft kündigen. Die Einzelheiten dieser Grundsätze der fehlerhaften Gesellschaft sind bei den **verschiedenen Gesellschaftsformen** unterschiedlich ausgeprägt. Allerdings lässt sich folgende allgemeine Prüfungsreihenfolge entwickeln: 37

**Prüfungsreihenfolge:** 38

1. Vorliegen einer fehlerhaften Gründung einer Gesellschaft oder eines fehlerhaften Beitritts.
2. Invollzugsetzung der fehlerhaften Gesellschaft.
3. Kein Entgegenstehen höherrangiger Interessen der Allgemeinheit oder der Schutzbedürftigkeit bestimmter Personen.

**Rechtsfolge:** Wirksame Gründung der Gesellschaft bzw. wirksame Änderung des Gesellschaftsvertrags bei einem fehlerhaften Beitritt und Bestehen eines Sonderkündigungsrechts für die/den Gesellschafter.

**Merksatz:** Nach den Grundsätzen der fehlerhaften Gesellschaft ist eine fehlerhafte Gründung einer Gesellschaft oder der fehlerhafte Betritt zu dieser unbeachtlich, wenn die Gesellschaft bereits in Vollzug gesetzt wurde und keine überwiegenden Interessen der Allgemeinheit entgegenstehen.

**Klausurhinweis:** Die Grundsätze der fehlerhaften Gesellschaft sind ein absoluter Klassiker der gesellschaftsrechtlichen Klausurpraxis und sollten daher sicher beherrscht werden. Da es sich insofern um allgemeine Rechtsgrundsätze handelt, sollten diese bei der Subsumtion im Klausurfall zunächst einzeln herausgearbeitet werden, um somit die konkrete Prüfung der einzelnen Punkte zu erleichtern.

## C. Das (fehlende) Auftreten der Gesellschaft im Rechtsverkehr

Der Zusammenschluss mehrerer Personen zur Erreichung eines gemeinsamen Zwecks muss nicht zwangsläufig den (übrigen) Rechtsverkehr betreffen. Vielmehr kann der Zusammenschluss in Form der Gesellschaft auch auf die Weise erfolgen, dass die Gesellschaft lediglich der Koordination von Interessen der Gesellschafter untereinander dient, ohne dass die Gesellschaft selbst 39 am Rechtsverkehr teilnimmt. Bei einer solchen Gesellschaft handelt es sich um eine Innengesellschaft. In Abgrenzung zu dieser handelt es sich bei einer Außengesellschaft um eine Gesellschaft, die selbst **am Rechtsverkehr teilnehmen** kann, ohne dies freilich zu müssen. Dieser Unterscheidung zwischen Innen- und Außengesellschaft liegt dabei kein Rangverhältnis oder eine Abfolge zugrunde. Vielmehr bietet das Gesellschaftsrecht beide Arten von Gesellschaften an. Bei der Mehrzahl der Gesellschaften handelt es sich allerdings um Außengesellschaften. Lediglich bei der stillen Gesellschaft (→ Rn. 220 ff.) handelt es sich immer um eine Innengesellschaft.

40 Die Ausgestaltung als Innen- oder Außengesellschaft steht dabei **nicht im Belieben der Gesellschafter** bei der Gründung der Gesellschaft. Vielmehr hat der Gesetzgeber diese Entscheidung für die einzelnen Gesellschaftsformen getroffen. Eine Ausnahme bildet insofern lediglich die GbR, da diese sowohl als Innen- als auch als Außengesellschaft ausgestaltet sein kann (→ Rn. 113 ff. und 175 ff.).

41 Das Auftreten im Rechtsverkehr ist dabei stets an die Rechtsfähigkeit der Gesellschaft gebunden, so dass diese selbst Träger von Rechten und Pflichten sein kann. Dieser Grundsatz ist für das deutsche Gesellschaftsrecht dabei aber nicht selbstverständlich, da – jedenfalls bis zur Anerkennung der Rechtsfähigkeit durch die höchstrichterliche Rechtsprechung (s. Rn. 235 ff.) – die GbR am Rechtsverkehr teilnehmen konnte, ohne selbst rechtsfähig zu sein, was eine Reihe von Folgeproblemen für die **Vertretung der Gesellschaft und die Haftung der Gesellschafter** auslöste (→ Rn. 251 ff.).

**Merksatz:** Im Gesellschaftsrecht wird zwischen Innen- und Außengesellschaften unterschieden. Zentraler Unterschied ist die Rechtsfähigkeit. Während Außengesellschaften stets rechtsfähig sind, fehlt es Innengesellschaften an der Rechtsfähigkeit.

## I. Haftungsverhältnisse der Gesellschaft und Schutz der Gläubiger

42 Einer der zentralsten Regelungsaspekte des Gesellschaftsrechts ist die Frage nach der Haftung für die Verbindlichkeiten der Gesellschaft und damit nach dem Schutz der Gläubiger. Denn durch die Entstehung der Gesellschaft und deren Auftreten im Rechtsverkehr (→ Rn. 39 ff.) tritt die Gesellschaft als eigener Rechtsträger auf und kann somit selbst Verpflichtungen eingehen. Mit der Schaffung dieser Möglichkeit ist dann zwangsläufig die Frage verbunden, wer für die Erfüllung dieser Verbindlichkeiten einsteht. Für die **Innengesellschaften** kann sich dieses Problem nicht stellen, da diese aufgrund ihrer fehlenden Rechtsfähigkeit bereits keine Verbindlichkeiten begründen können.

43 Dabei gilt für alle Gesellschaftsformen, dass zunächst das **Gesellschaftsvermögen selbst** als Haftungsmasse zur Verfügung steht. Die Gläubiger

können daher in das Gesellschaftsvermögen vollstrecken. Dabei unterliegen die Gläubiger der Gesellschaft keinen rechtlichen Beschränkungen und zwar unabhängig davon, ob neben der Gesellschaft auch weitere Personen wie etwa der Geschäftsleiter (→ Rn. 44) oder die Gesellschafter (→ Rn. 45) haften.

Daneben kommt eine **Haftung der bei Begründung der Verpflichtung handelnden Person** – meist der Geschäftsleiter – in Betracht. Soweit die Verpflichtung der Gesellschaft rechtsgeschäftlich begründet wurde, ist eine persönliche Haftung des für die Gesellschaft Handelnden in der Regel – soweit nicht ein weiterer Haftungsgrund vorliegt – nicht gegeben, da nur die Gesellschaft selbst verpflichtet wird. Dies entspricht im Grundsatz der Rechtslage im allgemeinen Stellvertretungsrecht der §§ 164 ff. BGB, bei dem auch nicht der Vertreter, sondern nur der Vertretene verpflichtet wird. Für deliktische Ansprüche gilt dies allerdings nicht, so dass auch im Gesellschaftsrecht der für eine Gesellschaft handelnde Geschäftsleiter persönlich in Anspruch genommen werden kann, was allerdings nicht ausschließt, dass einerseits auch die Gesellschaft selbst haftet und andererseits der Geschäftsleiter gegenüber der Gesellschaft eine Freistellung von der Haftung gegenüber einem Dritten verlangen kann. 44

Schließlich kommt eine **Haftung der Gesellschafter** der Gesellschaft in Betracht. Diese Haftung ist bei den einzelnen Gesellschaftsformen allerdings sehr unterschiedlich ausgestaltet. Während bei der (Außen-)GbR, der oHG und der KG die persönliche Haftung der Gesellschafter grundsätzlich besteht, ist diese bei den Kapitalgesellschaften (eingetragener Verein, GmbH, AG) gerade ausgeschlossen. Diese abweichende Haftungsverfassung hat unmittelbare Auswirkungen auf die Gründung (→ Rn. 29) und die Gestaltungsfreiheit (→ Rn. 32) bei diesen Gesellschaftsformen. 45

46

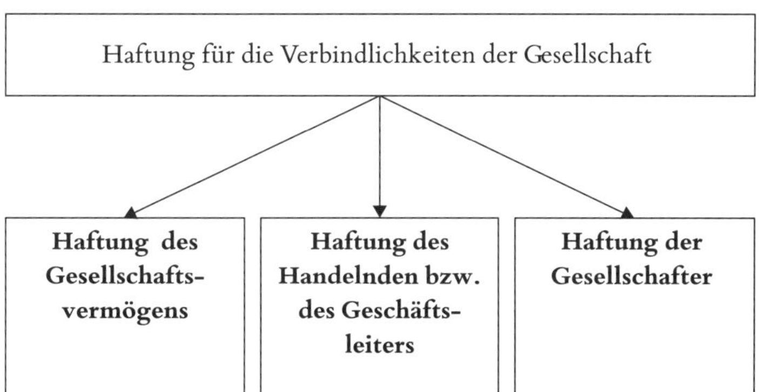


**Merksatz:** Bei der Haftung für Verbindlichkeiten muss zwischen der Haftung der Gesellschaft selbst, der Haftung des jeweils Handelnden bzw. des Geschäftsleiters und der Haftung der Gesellschafter unterschieden werden. Die genaue Trennung dieser drei möglichen Haftungsadressaten ist elementare Voraussetzung für die Fallprüfung.

## II. Vertretung der Gesellschaft

47 Eine unmittelbare Folgefrage der Entstehung der Gesellschaft und deren Auftreten im Rechtsverkehr ist die Frage, wer die Gesellschaft vertreten darf. Das allgemeine Stellvertretungsrecht der §§ 164 ff. BGB gibt darauf keine Antwort, da es das Rechtsinstitut der Stellvertretung nur allgemein regelt. Dieser Aspekt wird vielmehr vom Gesellschaftsrecht selbst geregelt und ist dabei für die einzelnen Gesellschaftsformen durchaus unterschiedlich ausgestaltet. Allerdings baut auch das Gesellschaftsrecht auf den allgemeinen Vorgaben des Stellvertretungsrechts der §§ 164 ff. BGB auf, so dass diese auch in gesellschaftsrechtlichen Zusammenhängen zur Anwendung kommen. Als spezifisch gesellschaftsrechtliche Probleme des (Stell-)Vertretungsrechts lassen sich im Wesentlichen zwei Aspekte ausmachen.

48 Zum einen geht es um die Frage der **Entstehung oder Begründung der Vertretungsmacht**. Auch bei den Gesellschaften kommt die rechtsgeschäftliche Erteilung einer Vertretungsmacht in Betracht, für die die allgemeinen Vorschriften der §§ 164 ff. BGB gelten. Daneben kennt das Gesellschaftsrecht aber noch die sog. organschaftliche Vertretungsmacht. Dabei handelt es sich um eine Vertretungsmacht, die nicht rechtsgeschäftlich erteilt wird, sondern die aufgrund einer Organstellung innerhalb der Gesellschaft besteht. Das Bestehen der Vertretungsmacht ist dann sozusagen eine Art Nebenfolge der Bestellung als Organ der Gesellschaft. Die organschaftliche Vertretungsmacht besteht dabei grundsätzlich bei jeder Gesellschaftsform (→ Rn. 239 ff., 348 ff. und 436).

49 Darüber hinaus unterscheidet das Gesellschaftsrecht hinsichtlich der **Modalitäten der Ausübung der Vertretungsmacht** und differenziert dabei zwischen **Einzel- und Gesamtvertretungsmacht**. Dabei geht es um die Frage, ob mehrere zur Vertretung einer Gesellschaft berechtigte Personen diese Vertretungsmacht nur gemeinsam oder auch allein ausüben dürfen.

50 Bei Vorliegen einer **Gesamtvertretungsmacht** bedeutet dies, dass nur alle Personen **gemeinsam Willenserklärungen für die Gesellschaft abgegeben** dürfen. Handeln sie trotz einer Gesamtvertretungsmacht allein, sind sie Vertreter ohne Vertretungsmacht (§§ 177 ff. BGB). Für die **Passivvertretung** – also die Entgegennahme von Willenserklärungen – ist ein gemeinsames Empfangen der Willenserklärung durch eine Personengruppe hingegen nicht praktikabel und würde den Rechtsverkehr über Gebühr erschweren. Daher reicht es bei der Gesamtvertretung beim Empfang einer Willenserklärung aus, wenn einer der zur Gesamtvertretung ermächtigten Personen die Willenserklärung zugeht. Diese Problematik kann zwar auch im Rahmen der Vollmacht der §§ 164 ff. BGB auftreten, gleichwohl handelt es sich typischerweise um eine gesellschaftsrechtliche Fragestellung, da eine rechtsgeschäftliche Erteilung einer Vertretungsmacht an eine Mehrheit von Personen untypisch ist.

51 Die Frage, ob Einzel- oder Gesamtvertretungsmacht vorliegt, wird vom Gesellschaftsrecht für die einzelnen Gesellschaftsformen nicht einheitlich

beantwortet. So ist häufig Gesamtvertretungsmacht vorgesehen (→ Rn. 241), von der allerdings allein aus Gründen der Praktikabilität häufig abgewichen wird.

**Merksatz:** Das Gesellschaftsrecht kennt neben der rechtsgeschäftlich erteilten Vertretungsmacht die organschaftliche Vertretungsmacht. Darüber hinaus muss zwischen Einzel- und Gesamtvertretungsmacht unterschieden werden.

## III. Publizität und Anonymität der Gesellschafter

Während die Geschäftsleiter einer Gesellschaft stets nach außen mit dem Rechtsverkehr in Berührung kommen und – jedenfalls bei registerpflichtigen Gesellschaften – auch aus dem Handelsregister für jedermann (§ 9 HGB) erkennbar sind, besteht für die Gesellschafter nicht in jedem Fall eine solche Publizität. Vielmehr unterscheiden sich die verschiedenen Gesellschaftsformen hier teilweise massiv voneinander. Hinsichtlich der Personalität und Anonymität der Gesellschafter muss dabei differenziert werden, ob die Gesellschafterstellung für die Gesellschaft selbst, die übrigen Gesellschafter bzw. Mitglieder und schließlich den Rechtsverkehr besteht. 52

Während bei der **oHG** (→ Rn. 308 ff.) und der **KG** (→ Rn. 404 ff.) die Gesellschafter im Handelsregister eingetragen werden und somit für jedermann erkennbar sind, besteht eine solche Publizität für andere Gesellschaftsformen nicht oder nur unter bestimmten Voraussetzungen. Dies gilt insbesondere für die **GbR**, bei der schon generell keine Registerpublizität besteht. Auch wenn somit für den Rechtsverkehr der Gesellschafterbestand bei einer GbR nicht erkennbar ist, kann dieser durch die Geschäftsleitung und meist auch von den Gesellschaftern ohne weiteres bestimmt werden. Bei den Kapitalgesellschaften zeichnet sich vor allem die **GmbH** (→ Rn. 526 ff.) durch eine Publizität der Gesellschafter aus, da diese in einer Gesellschafterliste eingetragen werden müssen (§ 16 GmbHG), die im Handelsregister frei zugänglich ist. Bei der **Aktiengesellschaft** besteht im Grundsatz eine vollständige Anonymität, so dass weder die Aktiengesellschaft selbst noch die übrigen Gesellschafter erkennen können, wer zu einem bestimmten Zeitpunkt Gesellschafter ist. Allerdings kann diese Anonymität bei der Aktiengesellschaft durch die Aufgabe von Namensaktien durchbrochen werden, da die (Namens-)Aktionäre dann in einem Aktienregister geführt werden (§§ 67 f. AktG). Schließlich besteht auch beim **eingetragenen Verein** grundsätzlich eine Anonymität der Mitgliedschaft nach außen. Damit ergibt sich für die Frage der Publizität und Anonymität der Gesellschafter folgende **Übersicht**: 53

54

| | Erkennbarkeit für die Gesellschaft | Erkennbarkeit für die anderen Gesellschafter/ Mitglieder | Erkennbarkeit für den Rechtsverkehr |
|---|---|---|---|
| **Gesellschaft bürgerlichen Rechts (GbR)** | ja | ja (Bestehen eines Auskunftsanspruchs, → Rn. 199) | nein |
| **Offene Handelsgesellschaft (oHG)** | ja | ja | ja |
| **Kommanditgesellschaft (KG)** | ja | ja | ja |
| **Stille Gesellschaft** | ja | ja (Bestehen eines Auskunftsanspruchs → Rn. 505) | nein |
| **Verein** | ja | ja (Bestehen eines Auskunftsanspruchs) | nein |
| **Gesellschaft mit beschränkter Haftung (GmbH)** | ja | ja | ja |
| **Aktiengesellschaft** | nein (Ausnahme Namensaktien, § 67 AktG) | nein (Ausnahme Namensaktien, § 67 AktG) | nein |

55 Die Anonymität der Gesellschafter ist für diese häufig von großem Interesse, da die Publizität einer Gesellschafterstellung negative Folgen haben kann, die sich allerdings meist auf wirtschaftliche oder private Nachteile wie etwa der öffentlichen Bekanntheit der Beteiligung an einer bestimmen Gesellschaft mit einem negativen Image beschränken. Umgekehrt kann aber auch die Gesellschaft bzw. deren Geschäftsleitung ein Interesse an einer Anonymität der Gesellschafter haben, da sich aus dieser Anonymität in der Regel auch eine geringere Kontrolle der Geschäftsleitung durch die Gesellschafter ergibt. Eine besondere Problematik ergibt sich dann, wenn zwar die Geschäftsleitung Kenntnis vom Gesellschafterbestand hat, die Gesellschafter selbst aber keine Kenntnis davon haben. Dies ist vor allem für Publikumspersonengesellschaften von Bedeutung (→ Rn. 409). Daher spielt die bei der jeweiligen Gesellschaftsform bestehende Publizität oder Anonymität der Gesellschafter bei der Wahl der Rechtsform häufig eine nicht zu unterschätzende Rolle.

## IV. Schädigung der Gesellschaft und Schaden der Gesellschafter

Die Teilnahme einer Gesellschaft am Rechtsverkehr bringt es mit sich, dass die Gesellschaft durch Handlungen von Gesellschaftern, Geschäftsführern oder Dritten geschädigt werden kann und dann gegen diese Gesellschafter, Geschäftsführer oder Dritte möglicherweise entsprechende Schadenersatzansprüche bestehen. Auch wenn sich die Rechtslage für eine am Rechts- bzw. Deliktsverkehr teilnehmende Gesellschaft somit nicht von der Rechtslage für natürliche Personen unterscheidet, ergibt sich bei den Gesellschafter das zusätzliche Problem des sog. **Reflexschadens**. Denn mit der Schädigung der Gesellschaft geht auch immer eine Beeinträchtigung der Stellung eines Gesellschafters einher, da der Unternehmenswert der Gesellschaft durch die Schädigung insgesamt und damit auch der Wert der einzelnen Beteiligung sinkt. Dieser beim Gesellschafter eintretende Schaden ist grundsätzlich nicht ersatzfähig, da es sich um einen Reflexschaden handelt. In einem solchen Fall kann vielmehr nur die Gesellschaft Ersatz von dem schädigenden Gesellschafter oder Dritten verlangen, wodurch im Fall eines Ausgleichs des Schadens nicht nur der ursprüngliche Unternehmenswert, sondern auch der ursprüngliche Wert der Beteiligung des Gesellschafters wiederhergestellt wird. Der Gesellschafter ist daher darauf angewiesen, dass die Gesellschaft für den Ausgleich des Schadens sorgt. **56**

Dieser Grundsatz des Reflexschadens findet allerdings im Rahmen des deliktischen Schutzes der Mitgliedschaft eine bedeutende Ausnahme. Denn bei der Mitgliedschaft in einer Gesellschaft kann es sich um ein **sonstiges Recht iSv § 823 Abs. 1 BGB** handeln (BGHZ 110, 323; BGH ZIP 1990, 1552). Dabei kann der deliktische Schutz der Mitgliedschaft aber nicht schon bei jeder schuldhaften Beeinträchtigung eingreifen, da dies ansonsten auf einen Ersatz eines Vermögensschadens hinauslaufen würde, der durch § 823 Abs. 1 BGB gerade nicht erfasst werden soll. Erforderlich ist daher – ebenso wie bei den anderen sog. Rahmenrechten nach § 823 Abs. 1 BGB – ein unmittelbar gegen den Bestand der Mitgliedschaft gerichteter und nicht nur unerheblicher Eingriff (Eingriff in den **Kernbereich** der Mitgliedschaft). Nur wenn ein solcher Eingriff vorliegt, ist ein deliktischer Schutz nach § 823 Abs. 1 BGB gegeben. **57**

**Beispielsfall:** A, B, C und D gründen als gleichberechtigte Gesellschafter die E-GmbH, mit der sie gemeinsam eine Kfz-Reparaturwerkstatt betreiben. Als Autofahrer X eines Tages keinen Parkplatz findet, parkt dieser kurzerhand vor der einzigen Einfahrt der Kfz-Reparaturwerkstatt der E-GmbH, obwohl an der Einfahrt ein klar erkennbares Schild angebracht ist, mit dem darauf hingewiesen wird, dass die Einfahrt freizuhalten ist. X kehrt erst wenige Stunden später zurück und entfernt sein Auto. A hatte als Geschäftsführer der E-GmbH bereits vergeblich versucht, ein Abschleppunternehmen zu organisieren. Durch das Zuparken der Einfahrt durch X entgeht der E-GmbH ein Gewinn von 1.000 EUR. Welche Ansprüche haben die E-GmbH und A gegen X? **58**

**I. Anspruch der E-GmbH gegen X auf Zahlung von 1.000 EUR aus § 823 Abs. 1 BGB**

Die E-GmbH könnte gegen X einen Anspruch auf Zahlung von 1.000 EUR aus § 823 Abs. 1 BGB haben. Dies setzt zunächst eine Rechtsgutsverletzung bei der E-GmbH voraus. Diese ist vorliegend in Form eines Eingriffs in den eingerichteten und ausgeübten Gewerbebetrieb gegeben. Denn durch das Zuparken der einzigen Einfahrt der E-GmbH hat X einen betriebsbezogenen Eingriff in den eingerichteten und ausgeübten Gewerbebetriebs der E-GmbH vorgenommen. Dadurch ist der E-GmbH auch ein Schaden in Form eines entgangenen Gewinns von 1.000 EUR entstanden. X handelte auch schuldhaft. Die E-GmbH hat daher gegen X einen Anspruch auf Zahlung von 1.000 EUR aus § 823 Abs. 1 BGB.

**II. Anspruch von A gegen X auf Zahlung von 1.000 EUR aus § 823 Abs. 1 BGB**

A könnte gegen X einen Anspruch auf Zahlung von 1.000 EUR aus § 823 Abs. 1 BGB haben. Dies setzt zunächst eine Rechtsgutsverletzung bei A durch eine Handlung von X voraus. Eine direkte Schädigungshandlung hat X gegenüber A allerdings nicht vorgenommen. Eine solche kann auch nicht in dem Zuparken der Einfahrt der E-GmbH und dem sich daraus ergebenden entgangenen Gewinn der E-GmbH gesehen werden. Denn auch wenn der E-GmbH durch diese Handlung des X ein Vermögenszufluss von 1.000 EUR entgangen ist und auf den A als Gesellschafter der E-GmbH aufgrund seiner Beteiligung mit ¼ an dieser davon 250 EUR entfallen, kann darin keine Rechtsgutsverletzung gesehen werden. Vielmehr handelt es sich um einen nicht ersatzfähigen Reflexschaden. Eine Rechtsgutsverletzung ergibt sich vorliegend auch nicht aus einem Eingriff in die Mitgliedschaft des A bei der E-GmbH, da es dafür an einem unmittelbar gegen den Bestand der Mitgliedschaft gerichteten und nicht nur unerheblichen Eingriff fehlt. Eine Rechtsgutsverletzung ist daher nicht gegeben. A hat daher gegen X keinen Anspruch auf Zahlung von 1.000 EUR aus § 823 Abs. 1 BGB.

## D. Das Innenverhältnis der Gesellschaft

### I. (Geschäfts-)Führung der Gesellschaft

59 Ein spezifisch im Gesellschaftsrecht auftretendes Problem des Innenverhältnisses der Gesellschaft ist die Geschäftsführung. Denn im Gegensatz zu natürlichen Personen treten Gesellschaften nicht im Rechtsverkehr mit anderen Personen nur im Rahmen von Rechtsgeschäften in Verbindung. Vielmehr muss eine **Gesellschaft auch intern organisiert und geleitet werden**. Diese im deutschen Gesellschaftsrecht als Geschäftsführung bezeichnete Problematik ist grundsätzlich von der Vertretung der Gesellschaft (→ Rn. 47 ff.) abzugrenzen.

60 Die Geschäftsführung ist dabei eine Art Sammelbegriff, unter den **alle Entscheidungen innerhalb der Gesellschaft** fallen, die nicht bereits durch die Vertretungsmacht erfasst oder auf andere Weise wie etwa die Änderung des Gesellschaftsvertrages geregelt sind. Einer der wichtigsten Fälle der Geschäftsführung ist dabei das Weisungsrecht gegenüber den Arbeitnehmern der Gesellschaft. Aber auch rein tatsächliche Handlungen, wie die Verwaltung

des eigenen Vermögens oder Erbringungen von Dienstleistungen zählen dazu. Das besondere Problem der Geschäftsführungsbefugnis ist, dass diese meist tatsächliche Maßnahmen betrifft, deren Folgen unmittelbar eintreten und die man – im Gegensatz etwa zum Vertretungsrecht (→ Rn. 47) – nicht durch eine fehlende Zurechnung zu Lasten der Gesellschaft verhindern kann. Dies hat zur Folge, dass eine fehlende Geschäftsführungsbefugnis oder ein Verstoß gegen diese von der Gesellschaft bzw. von den übrigen Gesellschaftern kaum zu verhindern ist, so dass diese dahingehend auf eine bloße Rückgängigmachung oder einen Schadenersatzanspruch beschränkt sind.

Auch wenn Geschäftsführung und Vertretung zwei unterschiedliche Be- **61** reiche betreffen, entfallen diese beiden Kompetenzen häufig auf die gleiche Person. Auch die gesetzlichen Regelungen des deutschen Gesellschaftsrechts gehen in weiten Teilen von einem **Gleichlauf dieser beiden Aspekte** aus (→ Rn. 240 f.), was allerdings nicht zwingend ist. Dies wird auch in der Terminologie des Gesetzes deutlich. Denn so verwendet etwa das GmbH-Recht den Begriff des Geschäftsführers, der sowohl Geschäftsführungs- als auch Vertretungsbefugnis hat (§ 35 GmbHG). Im Personengesellschaftsrecht wird der Begriff des Geschäftsführers hingegen im normativen Zusammenhang nicht verwendet. Dort wird stattdessen wegen des Grundsatzes der Selbstorganschaft (→ Rn. 90) vom geschäftsführenden Gesellschafter gesprochen, was insofern präziser ist, auch wenn sich dadurch nur Abweichungen ergeben.

**Beispielsfall:** A und B sind alte Freunde und haben gemeinsam die Limo-GbR (zur **62** insofern vorliegenden (Außen-)GbR → Rn. 175 ff.) gegründet, die verschiedene Limonadengetränke herstellt und vertreibt. Bei der Gesellschaft sind mehrere Angestellte beschäftigt. Zudem betreibt die Limo-GbR ein kleines Ladengeschäft, in dem die Produkte auch gekauft werden können.

Im Rahmen der Limo-GbR stellen sich zahlreiche Geschäftsführungsfragen, die allein deren Innenverhältnis und -organisation betreffen und die durch das allgemeine Zivilrecht nicht adressiert werden. So muss etwa entschieden werden, welche Arten von Limonade man herstellt. Zudem müssen die Angestellten im Rahmen ihres Angestelltenverhältnisses konkret angewiesen werden, welche Aufgaben sie erfüllen sollen. Schließlich ist zu entscheiden, wie das Ladengeschäft einzurichten ist, wann dieses geöffnet sein soll und welche Produkte dort verkauft werden sollen. Alle diese Maßnahmen sind (in der Regel) keine Rechtsgeschäfte, so dass sich nicht die Frage stellt, ob diese der Limo-GbR zugerechnet werden können oder nicht. Es stellt sich insofern lediglich die Frage, wer diese Entscheidungen treffen darf und welche Folgen es hat, wenn die Entscheidungen ohne eine entsprechende Entscheidungsmacht getroffen und durchgeführt werden.

**Merksatz:** Die Vertretung der Gesellschaft muss von der Geschäftsführung unterschieden werden. Während die Vertretungsmacht die Frage regelt, wer in welchem Umfang rechtsgeschäftliche Erklärungen für die Gesellschaft abgeben und entgegennehmen kann, bezieht sich die Geschäftsführung auf die Frage, wer die Gesellschaft leitet.

**Klausurhinweis:** Die klassischen Fallkonstellationen setzen sich weniger mit der Geschäftsführung als vielmehr mehr mit der Vertretung auseinander. Nichtsdestotrotz erfordert die Fallprüfung häufig eine Auseinandersetzung mit beiden Aspekten, da die Vertretungsmacht in der gesetzlichen Konzeption häufig der Geschäftsführungskompetenz folgt. Insofern sollte der Unterschied zwischen diesen beiden Konzepten sicher beherrscht und in der Fallprüfung genau voneinander abgegrenzt werden.

## II. Haftung der Geschäftsführer

63 Da mit der Geschäftsführung die Geschicke der Gesellschaft untrennbar verbunden sind, stellt sich die Frage, welche Folgen eine unsachgemäße oder fehlerhafte Geschäftsführung nach sich zieht. Das deutsche Gesellschaftsrecht nähert sich auf normativer Ebene hinsichtlich dieser – sich grundsätzlich bei allen Gesellschaftsformen stellenden – Frage nur unzureichend. Lediglich das Aktienrecht enthält mit § 93 Abs. 1 S. 2 AktG eine ausdrückliche Regelung, die allerdings in dieser Form für nahezu alle Gesellschaftsformen Geltung beansprucht. Danach liegt eine Pflichtverletzung nicht vor, wenn der Geschäftsführer bei einer unternehmerischen Entscheidung vernünftigerweise annehmen durfte, auf der Grundlage angemessener Informationen zum Wohle der Gesellschaft zu handeln. Hintergrund dieser auch als ***business judgment rule*** bezeichneten Regelung ist, dass der Geschäftsführer einer Gesellschaft grundsätzlich auch riskante Geschäfte eingehen können soll, ohne dabei der stetigen Gefahr einer eigenen Haftung ausgesetzt zu sein. Denn würde eine solche Haftung bei allen Entscheidungen drohen, würde der Geschäftsführer nur noch solche Entscheidungen treffen, die keinerlei Risiko enthalten, was im Wirtschaftsverkehr faktisch ausgeschlossen ist. Allerdings kann die Rechtsordnung den Geschäftsführer auch nicht vollständig von jeglicher Verantwortung freistellen, da dies einseitig zu Lasten der Gesellschaft gehen würde. Hinzu kommt, dass man in der Regel erst später erfährt, ob eine unternehmerische Entscheidung richtig oder vertretbar gewesen ist. Aus diesen Gründen zieht sich das Gesellschaftsrecht auf eine Position zurück, bei der er nicht um die tatsächliche inhaltliche Bewertung einer unternehmerischen Entscheidung geht, sondern vielmehr allein um die Frage, ob die Art und Weise, wie diese Entscheidung zustande gekommen ist, den allgemeinen Anforderungen entspricht. Daher wird grundsätzlich nur überprüft, ob die Geschäftsführung **ausreichend Informationen** hatte, **um diese Entscheidung zu treffen** und ob er annehmen durfte, zum **Wohl der Gesellschaft** zu handeln. Ein derartig geringer Prüfungsmaßstab ist auch in anderen Rechtsgebieten nicht ungewöhnlich. Dies gilt etwa für das Verwaltungsrecht und die dort ebenfalls nur verfahrensbedingt vorgenommene Überprüfung des Ermessens der handelnden Behörde (§ 114 VwGO). Diese Grundsätze gelten für alle Gesellschaftsformen (→ Rn. 225, 343 ff. und 603).

64 Sofern eine Pflichtverletzung des Geschäftsführers vorliegt, kann sich ein Schadenersatzanspruch ergeben. **Inhaber dieses Schadenersatzanspruchs** ist –

außer bei der (Innen-)GbR – die Gesellschaft selbst und nicht die Gesellschafter. Denn die Verletzung der Pflicht zur Geschäftsführung begeht der Geschäftsführer gegenüber der Gesellschaft. Teilweise enthalten die gesellschaftsrechtlichen Regelungen ausdrückliche **Anspruchsgrundlagen** für den Fall einer Pflichtverletzung (vgl. für die GmbH § 43 GmbHG und für die AG § 93 Abs. 2 AktG), teilweise muss allerdings – vor allem bei den Personengesellschaften (→ Rn. 147, 225 und 343 ff.) – auf das allgemeine Schuldrecht zurückgegriffen werden. Schließlich besteht zwischen den Personen- und den Kapitalgesellschaften ein Unterschied hinsichtlich des Verschuldensmaßstabs. Während bei den Kapitalgesellschaften generell der allgemeine **Verschuldensmaßstab** des § 276 BGB gilt, die Geschäftsführer also für Vorsatz und Fahrlässigkeit einzustehen haben, beschränkt sich dieser bei den Personengesellschaften auf die eigentümliche Sorgfalt (*diligentia quam in suis*), wonach der (geschäftsführende) Gesellschafter bei der Erfüllung der ihm obliegenden Verpflichtungen nur für diejenige Sorgfalt einzustehen hat, welche er in eigenen Angelegenheiten anzuwenden pflegt (§ 708 BGB). Dieser Unterschied hinsichtlich des Verschuldensmaßstabs rechtfertigt sich aus dem Umstand, dass die Gesellschafter bei den Personengesellschaften enger miteinander verbunden sind.

Schließlich kann die Verletzung von Geschäftsführerpflichten auch eine 65
**Schadenersatzpflicht der Geschäftsführer gegenüber Dritten** auslösen. Dies ist allerdings in der Regel nicht der Fall, da die Geschäftsführung nur das Innenverhältnis der Gesellschaft betrifft und Dritte bei einer möglichen Schädigung durch diese Geschäftsführungsmaßnahmen auf eine Inanspruchnahme der Gesellschaft beschränkt sind, soweit ihnen ein Schaden entsteht. Wichtigste (Ausnahme-)Fälle sind unter anderem die deliktische Haftung des Geschäftsführers gegenüber Dritten (→ Rn. 268 ff.) und die Haftung nach *culpa in contrahendo* (§§ 311 Abs. 3, 280 Abs. 1 BGB) im Recht der GmbH (→ Rn. 614).

**Merksatz:** Eine Pflichtverletzung eines Geschäftsführers einer Gesellschaft liegt grundsätzlich nicht vor, wenn der Geschäftsführer bei einer unternehmerischen Entscheidung vernünftigerweise annehmen durfte, auf der Grundlage angemessener Informationen zum Wohle der Gesellschaft zu handeln. Ein Schadenersatzanspruch wegen einer Pflichtverletzung steht dabei grundsätzlich nur der Gesellschaft selbst und nicht den Gesellschaftern zu. Eine Schadenersatzpflicht gegenüber Dritten wegen der Verletzung von Geschäftsführerpflichten kommt nur in Ausnahmefällen in Betracht.

## III. Pflichten der Gesellschafter

Da es sich bei einer Gesellschaft um einen Zusammenschluss mehrere Per- 66
sonen zur Erreichung eines gemeinsamen Zwecks handelt, besteht für die Gesellschafter die **Pflicht, diese Zweckerreichung zu unterstützen**. Vor allem bei der Gründung der Gesellschaft spielt dieser Aspekt eine große Rolle. Die Unterstützung der Zweckerreichung kann grundsätzlich auf sehr unter-

schiedliche Weise, etwa in der Leistung von Bargeld, der Einbringung von Gegenständen oder dem Versprechen der Erbringung von Dienstleistungen, erfolgen. Für die einzelnen Gesellschaftsformen gelten dabei teilweise nicht unerhebliche Restriktionen. Vor allem das Kapitalgesellschaftsrecht kennt eine Reihe derartiger Restriktionen bei der Ausgestaltung der Beitragspflicht (→ Rn. 563 ff.).

67 Pflichten der Gesellschafter bestehen aber nicht nur bei der Gründung der Gesellschaft, sondern erstrecken sich oftmals auch auf den gesamten Zeitraum von deren Existenz. Diese Pflichten können dabei sehr unterschiedlich ausgestaltet und von der konkreten Gesellschaftsform abhängig sein. So können sich die Gesellschafter etwa verpflichten, der Gesellschaft auch nach der Gründung noch weiteres Kapital zur Verfügung zu stellen, etwa in Form einer **Nachschusspflicht** (→ Rn. 304, 334). Darüber hinaus kann sie aber auch die (einfache) Pflicht treffen, auf die Belange und Interessen der Gesellschaft Rücksicht zu nehmen und sich dieser gegenüber loyal zu verhalten (**Treuepflicht** → Rn. 206 f.).

## IV. Rechte der Gesellschafter

68 Zentraler Gegenstand des Innenverhältnisses der Gesellschafter sind deren Rechte. Diese lassen sich grundsätzlich in Verwaltungs- oder Mitwirkungsrechte und in Vermögensrechte unterteilen. Während die Vermögensrechte vor allem in Form einer Beteiligung am Gewinn oder Verlust der Gesellschaft bestehen (→ Rn. 69 f.), beziehen sich die **Verwaltungs- oder Mitwirkungsrechte** auf eine aktive Gestaltung des Innenverhältnisses der Gesellschaft. Der Umfang dieser Rechte ist bei den einzelnen Gesellschaftsformen dabei sehr unterschiedlich ausgestaltet, was darauf zurückzuführen ist, dass das Interesse an einer tatsächlichen Wahrnehmung der Verwaltungs- oder Mitwirkungsrechte nicht bei allen Personen auf die gleiche Weise ausgeprägt ist. Denn so kann eine Beteiligung an einer Gesellschaft etwa mit dem Ziel einer aktiven Mitarbeit in der Gesellschaft oder aber mit dem bloßen Ziel einer Geldanlage oder Investition begründet werden. Der unterschiedliche Umfang der Verwaltungs- oder Mitwirkungsrechte der Gesellschafter ist aber nicht nur für den einzelnen Gesellschafter selbst, sondern auch für die übrigen Gesellschafter und die Geschäftsführung von entscheidender Bedeutung. Denn eine zu intensive Einmischung einzelner Gesellschafter in die Angelegenheiten der Gesellschaft kann diese auf nicht unerhebliche Weise lähmen.

## V. Beteiligung am Gewinn und am Verlust

69 Die Erreichung eines gemeinsamen Zwecks ist bei der Mehrzahl der Gesellschaften auf den **Betrieb eines (Handels-)Gewerbes mit Gewinnerzielungsabsicht** gerichtet, ohne dass dies allerdings eine zwingende Voraussetzung

ist. Denn so können die GbR (→ Rn. 101 ff.) sowie die Kapitalgesellschaften (eingetragener Verein, Gesellschaft mit beschränkter Haftung, Aktiengesellschaft) grundsätzlich auch ohne Gewinnerzielungsabsicht betrieben werden. Wird ein Handelsgewerbe betrieben, stellt sich zwangsläufig die Frage nach der Verteilung des Gewinns und des Verlusts der Gesellschaft. Dieser Aspekt ist bei den einzelnen Gesellschaftsformen äußerst unterschiedlich ausgestaltet und einer der zentralen Aspekte bei der Wahl der Rechtsform bei der Gründung einer Gesellschaft (→ Rn. 97 f.). Gemeinsam ist allen Rechtsformen aber dabei die Unterscheidung zwischen der Entstehung eines Gewinns oder Verlusts, der Beteiligung des Gesellschafters an diesem Gewinn- oder Verlust und der Ausschüttung eines etwaigen Gewinns. Die Frage, ob eine Gesellschaft überhaupt einen Gewinn oder Verlust erwirtschaftet hat, wird durch das Rechnungslegungsrecht beantwortet. Erst wenn danach ein Gewinn ermittelt wurde, stellt sich die Frage, ob und in welchem Verhältnis dieser unter den Gesellschaftern zu verteilen ist. Davon abzugrenzen ist sodann, ob dieser Gewinn auch an die Gesellschafter ausgeschüttet werden kann bzw. diese ihn entnehmen können.

**Merksatz:** Im Gesellschaftsrecht muss zwischen der Ermittlung eines Gewinns oder Verlusts durch Rechnungslegung, der Verteilung des Gewinns oder Verlusts zwischen den Gesellschaftern und schließlich der Ausschüttung bzw. Entnahme des Gewinns unterschieden werden.

Keine Gewinnbeteiligung besteht allerdings für die **Gläubiger der Gesellschaft**. Diese können von der Gesellschaft lediglich die Erfüllung ihrer Forderung verlangen. Somit entsteht für die Gläubiger die Situation, dass sie bei einer positiven wirtschaftlichen Entwicklung der Gesellschaft nicht über den Erfüllungsbetrag ihrer Forderung partizipieren, bei einer negativen wirtschaftlichen Entwicklung aber der Gefahr einer fehlenden Erfüllung ihrer Forderungen ausgesetzt bzw. auf eine mögliche Haftung der für die Gesellschaft handelnden bzw. Geschäftsführer (→ Rn. 44) oder Gesellschafter (→ Rn. 45) angewiesen sind. Da eine solche Haftung bei den Kapitalgesellschaften gegenüber den Gläubigern grundsätzlich nicht besteht, sind bei diesen weitere Instrumente des Gläubigerschutzes vorgesehen (→ Rn. 554 ff.). 70

**Merksatz:** Die Gläubiger einer Gesellschaft werden an deren Gewinnen nicht beteiligt.

## VI. Willensbildung der Gesellschafter (Beschlussfassung)

Der Umstand, dass Gesellschaften in der Regel über eine Vielzahl von Gesellschaftern verfügen, wirft zwangsläufig die Frage nach den Machtverhältnissen der Gesellschafter untereinander auf. Diese Betrachtungsweise greift allerdings zu kurz, da diese Frage nur ein Teilaspekt der gesamten Problematik der Willensbildung der Gesellschafter untereinander ist. Dabei lassen sich im 71

Wesentlichen **vier verschiedene Rechtsfragen** voneinander abgrenzen, die grundsätzlich bei jeder Gesellschaftsform auftreten.

72

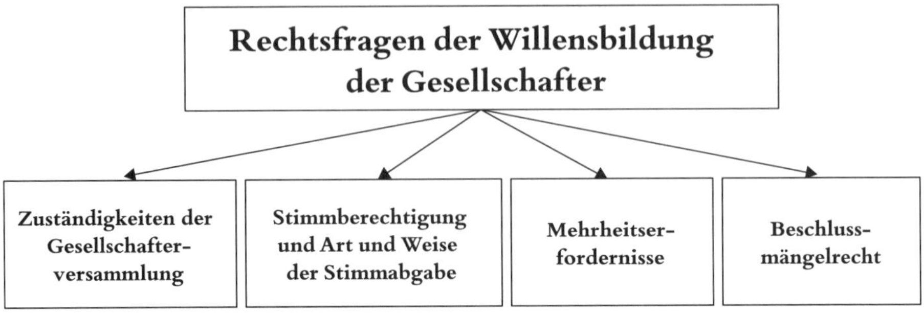


73 Zunächst stellt sich die Frage nach der **Zuständigkeit der Gesellschafter bzw. der Gesellschafterversammlung** in Angelegenheiten der Gesellschaft. Das Gesellschaftsrecht regelt diese Frage für die einzelnen Gesellschaftsformen sehr unterschiedlich und macht dies – jedenfalls in der Vorstellung des Gesetzgebers hinsichtlich der Ausgestaltung bzw. Verwendung der verschiedenen Gesellschaftsformen – von der Struktur der Gesellschaftsform abhängig. Auch in diesem Zusammenhang gilt, dass die Zuständigkeiten bei kleineren Gesellschaften mit einem überschaubaren Gesellschafterkreis in der Regel sehr umfangreich sind. Bei größeren Gesellschaften mit einer Vielzahl von Gesellschaftern ist hingegen meist eine Reduzierung der Zuständigkeiten festzustellen, was typischerweise mit organisatorischen Erwägungen begründet wird.

74 Von der Frage der Zuständigkeit der Gesellschafterversammlung muss die der **Stimmberechtigung und die Art und Weise der Stimmabgabe** abgegrenzt werden. Auch für diese Problematik sieht das Gesellschaftsrecht verschiedene Regelungsansätze für die einzelnen Gesellschaftsformen vor. Dies hängt vor allem mit der Struktur der Gesellschaft zusammen. Denn bei kleineren Gesellschaften mit einem überschaubaren Gesellschafterkreis kann auf umfassende Formalien für die Stimmabgabe oft verzichtet werden, während sich dies bei größeren Gesellschaften mit oftmals einer nahezu unüberschaubaren Anzahl von Gesellschaftern aus organisatorischen Gründen nicht vermeiden lässt. Bei der Ausübung der Willensbildung der Gesellschafter muss zudem zwischen der **Stimmabgabe** und der **Beschlussfassung** unterschieden werden. Während die Stimmabgabe die einzelne Willenserklärung des abstimmenden Gesellschafters darstellt, handelt es sich bei dem Beschluss um das von den abstimmenden Gesellschaftern vorgenommene Rechtsgeschäft eigener Art.

Diese unterschiedliche Klassifizierung hat zur Folge, dass für die Stimmabgabe grundsätzlich die allgemeinen Vorschriften über Willenserklärungen (§§ 105 ff. BGB) zur Anwendung kommen, während die Vorschriften über Rechtsgeschäfte beim Beschluss nicht unerhebliche Einschränkungen erfahren. In diesem Zusammenhang gilt es allerdings zu beachten, dass diese allgemeinen Vorschriften des BGB vor allem bei den Kapitalgesellschaften durch Sondervorschriften zum Beschlussmängelrecht (§§ 241 ff. AktG) überlagert werden können.

Zentraler Aspekt der Willensbildung sind zudem die **Mehrheitserfordernisse**. Das Gesellschaftsrecht sieht dabei keine einheitliche Regelung vor, sondern unterscheidet auch dahingehend zwischen den verschiedenen Gesellschaftsformen. Ausgangspunkt ist dabei die Einstimmigkeit. Diese ist allerdings selbst bei kleinen Gesellschaften kaum praktikabel, da sich eine Einstimmigkeit zum einen häufig nicht erreichen lässt und zum anderen einem opponierenden Gesellschafter unverhältnismäßig viel Stimmgewicht zukommen lässt, was vor allem dann der Fall ist, wenn die Gesellschafter ein unterschiedlich starkes Interesse an der Entwicklung der Gesellschaft haben oder in unterschiedlichem Umfang von dieser wirtschaftlich abhängig sind. Eine Alternative zur Einstimmigkeit ist die Entscheidung per Mehrheit. Das Gesellschaftsrecht kennt dabei eine Reihe verschiedener Arten von Mehrheitsbegriffen, die der unterschiedlichen Interessenlage der Gesellschafter Rechnung tragen sollen. So gibt es neben einfachen und qualifizierten Mehrheiten wie etwa einer ¾-Mehrheit auch Mehrheiten, die auf alle existierenden Gesellschafter, lediglich auf der Gesellschafterversammlung erschienen Gesellschafter oder an der Abstimmung teilnehmenden Gesellschafter abstellen. 75

**Beispielsfall:** A, B und C gründen die X-oHG, mit der sie gemeinsam ein Restaurant betreiben wollen. Jeder Gesellschafter bringt bei der Gründung der Gesellschaft einen Betrag von 50.000 EUR auf. Während es sich bei A und B dabei um die gesamten Ersparnisse handelt, verfügt C über ein deutlich größeres Privatvermögen. Im Gesellschaftsvertrag wird festgehalten, dass alle Entscheidungen nur einstimmig gefasst werden sollen. 76

Auch wenn sich die Gesellschafter in gleichem Umfang an der X-oHG beteiligt haben, ist ihr Interesse an deren wirtschaftlicher Entwicklung unterschiedlich. Denn während A und B wirtschaftlich auf die X-oHG angewiesen sind, besteht diese Abhängigkeit für C nicht. C könnte sich daher bei Entscheidungen der X-oHG seine Zustimmung durch Sondervorteile „abkaufen" lassen, da er auch bei einem vollständigen wirtschaftlichen Scheitern der X-oHG hinreichend wirtschaftlich abgesichert ist. Derartige Erwägungen sollten bei der Gründung der Gesellschaft angestellt und offen von den Gesellschaftern diskutiert werden, da häufig unterschiedliche Vorstellungen über die Entwicklung der Gesellschaft bestehen, die erst später relevant werden und über die nach einer erfolgten Gründung nur schwer Einigkeit erzielt werden kann.

Eine von der Frage der Entscheidung per Einstimmigkeit oder durch eine Mehrheit abzugrenzende Frage ist die Rechtmäßigkeitskontrolle der **Beschlussfassung der Gesellschafter (Beschlussmängelrecht)**. Denn im Rahmen der Beschlussfassung kann auf vielfältige Weise gegen gesetzliche Vorschriften oder Vorgaben des Gesellschaftsvertrages verstoßen werden. Auch wenn die Überprüfung der Rechtmäßigkeit der Beschlussfassung im Gesellschaftsrecht grundsätzlich für jeden Gesellschafter möglich ist, haben 77 daran meist nur Minderheitsgesellschafter ein Interesse, da die Mehrheit bereits in der Lage ist, eine ordnungsgemäße Beschlussfassung in ihrem Sinne herbeizuzuführen. Da die Rechtmäßigkeitskontrolle der Beschlussfassung der Gesellschafter typischerweise kosten- und zeitintensiv ist, ergibt sich aus dieser aber auch ein Druckpotential für die Minderheitsgesellschafter, dem das Gesellschaftsrecht begegnen muss.

**78** Mit der Willensbildung der Gesellschafter bzw. der Gesellschafterversammlung ist schließlich untrennbar die Frage nach der Macht der Mehrheit über die Minderheit verbunden. Denn das Bestehen eines Mehrheitsgesellschafters oder einer organisierten Mehrheit von Gesellschaftern begründet stets die Gefahr, dass diese die Geschicke der Gesellschaft nachhaltig und gegen den Willen der Minderheit beeinflusst. Diese Konfliktsituation ist eine der zentralen Regelungsaspekte des Gesellschaftsrechts, da die Minderheit in die Lage versetzt werden muss, jedenfalls eine **unzulässige Einflussnahme des Mehrheitsgesellschafters** zu verhindern. Die Abgrenzung zwischen zulässigen und unzulässigen Einflussnahmen des Gesellschafters ist dabei allerdings meist sehr schwierig und stellt das Gesellschaftsrecht häufig vor das Problem eines nahezu unlösbaren Interessenausgleichs.

**Klausurhinweis:** Die Willensbildung der Gesellschafter ist typischerweise kein Gegenstand gesellschaftsrechtlicher Klausuren, da diese Materie bei den meisten Gesellschaftsformen kaum geregelt ist und oftmals eher technisch anmutet. Nichtsdestotrotz kann auch dieser Regelungsaspekt Gegenstand einer gesellschaftsrechtlichen Klausur sein (vgl. dazu etwa den Beispielsfall → Rn. 478 ff.).

## E. Die Fortentwicklung der Gesellschaft und der Wechsel der Gesellschafter

**79** Da Gesellschaften mit Ausnahme von Gelegenheitsgesellschaften (→ Rn. 107) in der Regel für einen sehr langen Zeitraum eingegangen werden, müssen diese häufig in ihrer Struktur angepasst werden. Dies gilt vor allem für den Gesellschafterbestand. Denn im Laufe der Zeit können einzelne Gesellschafter das Interesse an der Gesellschaft verlieren **(Kündigung oder Übertragung der Gesellschafterstellung)**, sterben **(Tod des Gesellschafters)** oder es kann notwendig werden, neue Gesellschafter aufzunehmen, um neues Kapital zu erhalten **(Aufnahme neuer Gesellschafter)**. Zudem kann es erforderlich sein, einzelne Gesellschafter aus der Gesellschaft auszuschließen, da diese etwa ihre Pflichten gegenüber der Gesellschaft (→ Rn. 66 f.) nicht mehr erfüllen **(Ausschluss eines Gesellschafters)**. Auch wenn alle Gesellschaftsformen im Grundsatz auf diese Herausforderungen eingestellt sind, ergeben sich bei der Durchführung eines solchen Wechsels der Gesellschafter teilweise erhebliche Unterschiede. Denn während einige Gesellschaftsformen – wie etwa die Personengesellschaften (→ Rn. 101 ff.) – im Grundsatz auf einer persönlichen Bindung der Gesellschafter basieren, sind andere Gesellschaftsformen wie etwa die Aktiengesellschaft von vornherein nicht auf einen bestimmten Gesellschafterbestand zugeschnitten.

## F. Die Besteuerung von Gesellschaft und Gesellschaftern

Gesellschaften können der Besteuerung unterliegen. Allerdings ergeben **80** sich für die verschiedenen Gesellschaftsformen dabei teilweise erhebliche Abweichungen hinsichtlich der Art der Besteuerung, die vor allem auf die Wahl der Rechtsform bei der Gründung der Gesellschaft erheblichen Einfluss haben (→ Rn. 97 f.).

## G. Die Abwicklung, Beendigung und Insolvenz der Gesellschaft

Das Gesellschaftsrecht muss sich schließlich auch mit der Frage der Been- **81** digung der Gesellschaft auseinandersetzen. Denn auch wenn Gesellschaften grundsätzlich für eine unbestimmte Zeit eingegangen werden können, kann es aufgrund verschiedener Ereignisse notwendig sein, die Gesellschaft zu beenden. Das Gesellschaftsrecht kennt dabei eine ganze Reihe von Gründen, die zu einer **Beendigung der Gesellschaft** führen können und die für die einzelnen Gesellschaftsformen sehr unterschiedlich ausgestaltet sind. Zentrale Aspekte sind dabei die freiwillige Beendigung der Gesellschaft aufgrund einer entsprechenden Beschlussfassung der Gesellschafter, das Ausscheiden von Gesellschaftern oder die Insolvenz der Gesellschaft.

Mit der Entstehung der Gesellschaft und deren Auftreten im Rechtsverkehr **82** (→ Rn. 39 ff.) begründet diese in der Regel eine ganze Reihe von Rechtsbeziehungen, die bei einer Beendigung der Gesellschaft nicht ohne weiteres wegfallen können. Daher unterscheidet das Gesellschaftsrecht grundsätzlich zwischen der **Auflösung der Gesellschaft, deren Abwicklung oder Liquidation und deren Vollbeendigung**. Die Auflösung markiert dabei lediglich den Übergang von einer sog. werbenden (also am Rechts- und Wirtschaftsverkehr teilnehmenden) Gesellschaft zu einer Gesellschaft, deren Zweck es nur noch ist, die Rechtsbeziehungen zu beenden. Der Begriff der Auflösung ist dabei etwas verwirrend, da die Gesellschaft als solche nicht tatsächlich aufgelöst wird, sondern lediglich ihre Zweckbestimmung verändert. Die mit der Auflösung angestrebte Beendigung der Rechtsbeziehungen geschieht dann im Rahmen der Abwicklungs- oder Liquidationsphase, in der im Wesentlichen das bestehende Gesellschaftsvermögen veräußert, die Gläubiger befriedigt und der verbleibende Überschuss an die Gesellschafter ausgeschüttet wird. Den

Schlusspunkt setzt dann die Vollbeendigung der Gesellschaft, so dass diese aufhört zu existieren. Dieser Ablauf der Beendigung einer Gesellschaft ist dabei bei allen Gesellschaftsformen weitgehend gleich, auch wenn sich im Einzelnen kleine Unterschiede ergeben. Eine Ausnahme gilt insofern für die (Innen-) GbR (→ Rn. 101 ff.) und die stille Gesellschaft (→ Rn. 480 ff.), da bei diesen aufgrund der jedenfalls bei letzterer fehlenden Bildung eines Gesellschaftsvermögens ein eigenständiger Abwicklungsprozess nicht notwendig ist, so dass sich an die Auflösung sogleich die Vollbeendigung anschließt.

83 Von der Auflösung der Gesellschaft, deren Abwicklung oder Liquidation und deren Vollbeendigung zwingend abzugrenzen ist die **Insolvenz der Gesellschaft.** Zwar führt die Eröffnung des Insolvenzverfahrens über das Vermögen einer Gesellschaft immer zu deren Auflösung (→ Rn. 307, 403 und 476). Allerdings gilt für die Insolvenz ein eigenständiges Abwicklungs- oder Liquidationsverfahren, das sich nicht unerheblich von dem gesellschaftsrechtlichen Abwicklungsverfahren unterscheidet. Zudem besteht im Rahmen des Insolvenzverfahrens immer die grundsätzliche Möglichkeit einer Sanierung des Unternehmens, so dass am Ende des Insolvenzverfahrens mit dessen Aufhebung die Gesellschaft weiter am Rechts- oder Wirtschaftsverkehr teilnehmen kann. Kommt es hingegen nicht zu einer Sanierung, erfolgt die Abwicklung- oder Liquidation, so dass am Ende des Insolvenzverfahrens die Gläubiger soweit befriedigt sind, wie die Insolvenzmasse dies zugelassen hat. Kein Bestandteil des Insolvenzverfahrens ist schließlich die Vollbeendigung der Gesellschaft. Diese erfolgt erst im Anschluss an das Insolvenzverfahrens.

**Merksatz:** Im Rahmen der Beendigung der Gesellschaft muss zwischen der Auflösung der Gesellschaft, deren Abwicklung oder Liquidation, deren Vollbeendigung sowie der Eröffnung des Insolvenzverfahrens unterschieden werden.

## § 3. Die Grundtypen des Gesellschaftsrechts

### A. Arten von Gesellschaften

84 Das Gesellschaftsrecht kennt eine relativ **große Anzahl von Gesellschaftsformen**. Dabei handelt es sich um

- die Gesellschaft bürgerlichen Rechts (GbR oder BGB-Gesellschaft), → Rn. 101 ff.
- die offene Handelsgesellschaft (oHG), → Rn. 308 ff.
- die Kommanditgesellschaft (KG), → Rn. 404 ff.
- die stille Gesellschaft, → Rn. 480 ff.
- die Partnerschaftsgesellschaft (PartG)
- den eingetragenen Verein (eV)

- den nicht rechtsfähigen Verein
- die Gesellschaft mit beschränkter Haftung (GmbH), → Rn. 526 ff.
- die Aktiengesellschaft (AG)
- die (eingetragene) Genossenschaft (eG)
- die Stiftung
- die Partenreederei (§§ 489 ff. HGB)
- die Europäische Aktiengesellschaft (*Societas Europaea* – SE)
- die Europäische Genossenschaft (*Societas Cooperativa Europaea* – SCE)
- die Europäische Wirtschaftliche Interessenvereinigung (EWIV)

## B. Die Systematisierung der Gesellschaftsformen

Aufgrund der großen Anzahl der Gesellschaftsformen stellt sich zwangsläu- **85**
fig die Frage nach deren Systematisierung. Dabei können im Wesentlichen zwei verschiedene Arten der Systematisierung vorgenommen werden.

### I. Ausmaß der (rechtlichen) Selbstständigkeit

Zunächst kann man die Gesellschaften nach dem Ausmaß ihrer (rechtlichen) **86**
Selbstständigkeit unterscheiden und die drei folgenden Kategorien bilden:

- (reine) Innengesellschaften
- rechtsfähige Personengesellschaften
- juristische Personen (Körperschaften)

Während die reinen **Innengesellschaften** nicht aktiv am Rechtsverkehr **87**
teilnehmen (→ Rn. 39), ist dies bei den rechtsfähigen Personengesellschaften und den juristischen Personen (Körperschaften) der Fall. Der Unterschied zwischen den letzten beiden besteht dabei darin, dass die **rechtsfähigen Personengesellschaften** nur vermittelt über ihren konkreten Gesellschafterbestand am Rechtsverkehr teilnehmen, weswegen sie in anderen Regelungszusammenhängen auch als Gesellschaften ohne Rechtspersönlichkeit (§ 11 Abs. 2 Nr. 1 InsO) bezeichnet werden. Bei den **juristischen Personen (Körperschaften)** besteht hingegen eine vom konkreten Gesellschafterbestand unabhängige Rechtsfähigkeit und damit eine umfassende rechtliche Selbstständigkeit.

### II. Unterscheidung zwischen Gesellschaften (im engeren Sinne) und Körperschaften

Darüber hinaus kann man die in Rn. 84 genannten Gesellschaftsformen auch **88**
in Gesellschaften (im engeren Sinne) (Personengesellschaften) und in Körperschaften (Kapitalgesellschaften) einteilen. Diese Form der Systematisierung hat

den Vorteil, dass man für beide Formen die folgenden **Abgrenzungsmerkmale** entwickeln kann.

89

| **Gesellschaft im engeren Sinne** (Personengesellschaften) | | **Körperschaft** (Kapitalgesellschaften) |
|---|---|---|
| Selbstorganschaft | ↔ | Fremdorganschaft |
| unbeschränkte Haftung | ↔ | beschränkte Haftung |
| Abhängigkeit vom Personenbestand | ↔ | Unabhängigkeit vom Personenbestand |
| Einstimmigkeitserfordernis | ↔ | Mehrheitsprinzip |
| Gesellschafter als Steuersubjekt | ↔ | Gesellschaft als Steuersubjekt |

90 Nach dem Grundsatz der **Selbstorganschaft** dürfen bei einer Gesellschaft im engeren Sinne nur die Gesellschafter selbst die Geschäftsführung und die Vertretung der Gesellschaft übernehmen, während dies bei den Körperschaften auch eine dritte Person sein kann, die kein Gesellschafter ist **(Fremdorganschaft)**. Die tatsächliche Begründung des Grundsatzes der Selbstorganschaft fällt allerdings nicht leicht. So wird regelmäßig angeführt, dass sich die Selbstorganschaft aus dem Grundsatz der Einheit von Vertretung und Haftung ableite. Denn der Gesellschafter – so die Vertreter dieses Ansatzes – könne nur dann unbeschränkt haften, wenn er auch selbst Einfluss auf den Umfang der Haftung durch das Bestehen von Geschäftsführungsbefugnissen und Vertretungsmacht habe. Diese Begründung ist – wie nicht zuletzt eine rechtsvergleichende Betrachtung zeigt – allerdings keinesfalls zwingend, zumal sie sich ohnehin nur auf die organschaftliche Geschäftsführungsbefugnis und Vertretungsmacht beschränkt und es der Gesellschaft unbenommen ist, einem gesellschaftsfremden Dritten – wenn auch nur unter Einschränkungen – Vollmacht zu erteilen (→ Rn. 243).

Hinsichtlich der **Haftung** unterschieden sich beide Gesellschaftstypen dahingehend, dass bei den Personengesellschaften grundsätzlich eine persönliche Haftung der Gesellschafter besteht, während eine solche für die Gesellschafter einer Kapitalgesellschaft gerade nicht gegeben ist, da bei dieser den Gläubigern grundsätzlich nur das Gesellschaftsvermögen haftet. 91

Ein Unterschied besteht ferner hinsichtlich der **Abhängigkeit vom Personenbestand**. Während die Kapitalgesellschaft unabhängig von ihrem aktuellen Gesellschafterbestand ist, zeichnen sich die Personengesellschaften gerade dadurch aus, dass diese immer daran gebunden sind. Daher kann eine Veränderung des Gesellschafterbestands auch nur durch eine Änderung des Gesellschaftsvertrages erfolgen, während dies bei den Kapitalgesellschaften ohne eine solche Änderung möglich ist. 92

Zudem zeichnen sich Personengesellschaften im Grundsatz dadurch aus, dass bei diesen Änderungen des Gesellschaftsvertrages und die sonstige Beschlussfassung nur einstimmig vorgenommen werden können. Für die Kapitalgesellschaft ist die **Einstimmigkeit** hingegen nicht vorgegeben. Vielmehr sehen die gesetzlichen Regelungen generell eine **Beschlussfassung durch eine Mehrheit** vor, auch wenn dabei verschiedene Mehrheitsbegriffe verwendet werden. 93

Letzter Unterschied ist schließlich die **Besteuerung**, da bei den Personengesellschaften nicht die Gesellschaft selbst, sondern deren Gesellschafter Steuersubjekte sind, während bei den Kapitalgesellschaften diese Steuersubjekte sind. 94

**Klausurhinweis:** Die vorangestellte Systematik der Gesellschaftsformen ist eher akademischer Natur und hat keine direkten praktischen Auswirkungen. Auch im Rahmen der Klausurlösung spielt diese Systematik keine eigenständige Rolle. Allerdings eignet sie sich zur Veranschaulichung einiger wesentlicher Eigenschaften der Gesellschaftsformen.

## III. Das Phänomen der Vermischung der Gesellschaftsformen

Die in Rn. 88 dargestellte Systematik der Gesellschaftsformen erfährt in der gesellschaftsrechtlichen Praxis eine Reihe von Durchbrechungen bzw. Relativierungen. So lassen sich die Personengesellschaften durch eine entsprechende **Gestaltung des Gesellschaftsvertrages** hinsichtlich einzelner Aspekte weitgehend an die Kapitalgesellschaften angleichen. Umgekehrt können auch die Kapitalgesellschaften deutlich personalistischer ausgestaltet und an die Personengesellschaften angeglichen werden. 95

**Beispiel:** So kann der Gesellschaftsvertrag einer Personengesellschaft etwa auch das Mehrheitsprinzip vorsehen. Umgekehrt kann bei einer GmbH der Gesellschaftsvertrag auch das Einstimmigkeitsprinzip für die Beschlussfassung festlegen. Ebenso kann die Aufnahme neuer Gesellschafter durch eine entsprechende Vertragsgestaltung umfassend angeglichen werden.

96 Zudem lassen sich einzelne Eigenschaften verschiedener Gesellschaftsformen auch durch eine Kombination miteinander verbinden. Ein typisches Beispiel dafür ist die **GmbH & Co. KG**, bei der die Rolle des persönlich haftenden Gesellschafters in einer KG durch eine GmbH eingenommen wird, deren Gesellschafter oftmals zugleich auch Kommanditisten sind (dazu ausführlich → Rn. 408). Diese Art der Typenvermischung ist dem Gesetzgeber allerdings nicht verborgen geblieben und hat dazu geführt, dass diese Mischformen inzwischen in Einzelaspekten ausdrücklich geregelt wurden (vgl. §§ 125a, 130a, 177a HGB), so dass sich inzwischen auch die Frage nach der Zulässigkeit dieser Typenvermischung nicht mehr stellt. Für diese Typenkombination hat sich inzwischen – in Abgrenzung zur „gesetzeskonformen" KG – der Begriff der *kapitalistischen KG* etabliert.

## C. Die Wahl der passenden Rechtsform

97 Die zahlreichen verschiedenen Rechtsformen des deutschen Gesellschaftsrechts werfen zwangsläufig die Frage nach der Wahl der richtigen oder passenden Rechtsform auf. Diese Frage kann dabei nicht pauschal beantwortet werden, sondern muss immer die **individuellen Hintergründe der Gesellschafter** berücksichtigen. Zentrale Aspekte der Rechtsformwahl sind dabei vor allem das Risiko der eigenen Haftung, die Verteilung der Kompetenzen zwischen den ursprünglichen Gesellschaftern und eventuell später hinzutretenden Gesellschaftern, die kurz- und langfristigen Ziele der Gesellschaft (Abwerfen kurzfristiger Gewinne oder langfristiger Aufbau eines Unternehmens), das Eintreten oder Ausscheiden von Gesellschaftern oder steuerrechtliche Aspekte. Bei der Wahl der Rechtsform kommt es allerdings nicht nur auf die Interessen der (derzeitigen) Gesellschafter an, da diese meist auf weitere Investoren angewiesen sind. Insofern muss die Rechtsformwahl auch berücksichtigen, welche Folgen die jeweilige Rechtsform für Investoren und damit meist künftige Gesellschafter hat. Auch diese Frage kann nicht pauschal beantwortet werden, sondern hängt von den jeweiligen Umständen und vor allem der Risikobereitschaft der Investoren ab.

98 **Beispielsfall:** A und B sind alte Freunde und haben gemeinsam die Idee für ein neues alkoholfreies Getränk auf Mate-Basis entwickelt, für das sie einen wachsenden Absatzmarkt sehen. Dabei verfügen weder A noch B über nennenswertes Kapital. Nachdem sie ihre Idee bei einer örtlichen Bank vorgestellt haben und ihre Kreditanfrage negativ beschieden wurde, überlegen sie, welche Gesellschaftsform für ihr Projekt sinnvoll ist, um dafür vor allem Investoren zu gewinnen.

Bei ihren Überlegungen wird ihnen schnell klar, dass sie zwar bereit sind, ihr derzeit vorhandenes Vermögen in dieses Projekt zu investieren, darüber hinaus aber nicht haften wollen. Zudem wollen sie den Investoren keine zu weitreichenden Befugnisse zuerkennen, da sie ihr Projekt in Eigenregie durchführen wollen und sich auf diese Weise den größten Erfolg versprechen. Auch eine direkte Beteiligung von externen Investoren an ihrem Projekt erscheint A und B nicht sinnvoll, da sie davon ausgehen, dass dessen Wert nach nur wenigen Jahren erheblich gewachsen sein wird und sie diesen Wertzuwachs nicht mit externen Investoren teilen möchten, zumal das Projekt ihre eigene Idee gewesen ist. Schließlich werden sich A und B auch schnell darüber einig, dass das Projekt jedenfalls kurz- und mittelfristig mit ihnen beiden individuell verbunden sein soll, so dass sie dieses nur zusammen oder gar nicht durchführen wollen. Hinsichtlich der langfristigen Entwicklung des Projekts erhoffen sich A und B, dass sie dieses schließlich an einen großen Investor zu einem sehr hohen Betrag verkaufen können, um sich anschließend zur Ruhe zu setzen.

Zur Umsetzung dieser Vorgaben vgl. die Kontrollfragen bei den einzelnen Gesellschaftsformen.

## § 4. Das Gesellschaftsrecht in der Fallprüfung

Das Gesellschaftsrecht eignet sich aufgrund der zahlreichen Regelungs- 99
aspekte und der Vermengung verschiedener Rechtsbeziehungen auf besondere Weise für die Fallbearbeitung. Die Schwierigkeit besteht dabei meist darin, neben dem Auffinden der richtigen Anspruchsgrundlage auch den richtigen Aufbau für die Falllösung zu wählen. Letzterer Aspekt wird dadurch erschwert, dass der gesellschaftsrechtlichen Fallprüfung **kein einheitliches Schema für die Fallbearbeitung** zugrunde liegt. Die Struktur für die Fallbearbeitung ist daher stets in dem jeweiligen Regelungszusammenhang zu entwickeln. Im Rahmen der vorliegenden Darstellung wird an den geeigneten Stellen für die Fallprüfung auf einen möglichen Aufbau der Falllösung hingewiesen, der im Rahmen einer jeden Falllösung allerdings einer kritischen Prüfung bedarf.

Keine tatsächlich eigenständige Bedeutung in der Fallbearbeitung hat die 100
Frage nach dem anwendbaren Gesellschaftsrecht (→ Rn. 25 ff.). Denn auch wenn das anwendbare Recht immer der erste Aspekt der Fallprüfung ist, kommt es darauf nur an, wenn tatsächlich ein Sachverhalt mit **(qualifizierter) Auslandsberührung** vorliegt. Soweit dies nicht der Fall ist, kann auf entsprechende Ausführungen verzichtet und die Anwendbarkeit deutschen Gesellschaftsrechts unterstellt werden. Dies gilt insbesondere für die Prüfung von Gesellschaftsrechtsfällen in Klausuren, da diese typischerweise prüfungsrechtlich auf eine Erörterung deutschen Gesellschaftsrechts angelegt sind und eine Prüfung ausländischen Rechts ohnehin nicht – oder jedenfalls nicht ohne die Bereitstellung zusätzlicher Materialien – erfolgen kann. Eine Ausnahme gilt insofern für die supranationalen Gesellschaftsformen (→ Rn. 22).

# § 5. Wiederholung

## A. Zusammenfassung

I. Das **Gesellschaftsrecht** beschäftigt sich mit den Rechtsverhältnissen von privatrechtlichen Zusammenschlüssen zur Erreichung eines gemeinsamen Zwecks.

II. Zu den **Rechtsquellen** des Gesellschaftsrechts gehören:
- die eigenständigen gesellschaftsrechtlichen Kodifikationen (GmbHG, AktG, GenG, PartG),
- die Regelungen zu den Handelsgesellschaften im HGB,
- die Regelungen zur Gesellschaft bürgerlichen Rechts im BGB,
- Europäische Richtlinien und Verordnungen,
- die europäische Niederlassungs- und Kapitalverkehrsfreiheit und
- internationale Übereinkommen.

III. Bei den **Grundfragen** des Gesellschaftsrechts handelt es sich um
- die Anwendbarkeit des (nationalen) Gesellschaftsrechts – das internationale Gesellschaftsrecht,
- die Gründung und die (rechtliche) Anerkennung von Gesellschaften,
- das (fehlende) Auftreten der Gesellschaft im Rechtsverkehr,
- das Innenverhältnis der Gesellschaft,
- die Fortentwicklung der Gesellschaft und der Wechsel der Gesellschafter,
- die Besteuerung von Gesellschaft und Gesellschaftern und
- die Abwicklung, Beendigung und Insolvenz der Gesellschaft.

IV. Die Gesellschaftsformen lassen sich anhand folgender **Kriterien** unterscheiden:
- Ausmaß der (rechtlichen) Selbstständigkeit ((reine) Innengesellschaften, rechtsfähige Personengesellschaften und juristische Personen (Körperschaften))
- Differenzierung nach Gesellschaften (im engeren Sinne) und Körperschaften

## B. Kontrollfragen

1. Was sind die Wesensmerkmale einer Gesellschaft und womit setzt sich das Gesellschaftsrecht auseinander?
2. Welche Fragen stellen sich typischerweise im Rahmen der Gründung einer Gesellschaft?
3. Welche Aspekte spielen im Rahmen des Innenverhältnisses einer Gesellschaft typischerweise eine Rolle?
4. Was ist ein Reflexschaden und auf welche Weise ist dieser ersatzfähig?
5. Worin unterscheiden sich Auflösung, Abwicklung und Vollbeendigung bei einer Gesellschaft?
6. Wie lassen sich die Gesellschaftsformen typisieren? Was sind die jeweiligen Kriterien der Typisierung?
7. Welche Fragen spielen für die Wahl der Rechtsform eine wichtige Rolle?

# Kapitel 2. Die Personengesellschaften

## § 6. Die BGB-Gesellschaft

### A. Grundlagen

#### I. Begriff und Konzeption

101 Die Gesellschaft bürgerlichen Rechts **(GbR)** wird in § 705 BGB – im Gegensatz zu den meisten anderen Gesellschaftsformen im jeweiligen Regelungszusammenhang (→ Rn. 308, 404, 480) – nicht definiert, sondern eher hinsichtlich ihres **(Mindest-)Vertragsinhalts** umschrieben. Danach verpflichten sich die Gesellschafter durch den Gesellschaftsvertrag gegenseitig, die Erreichung eines gemeinsamen Zweckes in der durch den Vertrag bestimmten Weise zu fördern, insbesondere die vereinbarten Beiträge zu leisten. Zentrale Eigenschaften der GbR sind daher die gegenseitige **Bindung durch einen Gesellschaftsvertrag** (→ Rn. 102), die **Verfolgung eines gemeinsamen Zwecks** (→ Rn. 103) und die **Förderung dieses Zwecks** (→ Rn. 105). Nicht zwingend erforderlich ist hingegen die Bildung eines Gesellschaftsvermögens oder die Teilnahme am Rechtsverkehr. Letzterer Aspekt spielt aber als Unterscheidungsmerkmal für die beiden Grundformen der GbR eine wichtige Rolle (→ Rn. 107 ff.).

Als Bezeichnung für die Gesellschaft bürgerlichen Rechts wird auch der Begriff der BGB-Gesellschaft verwendet. Dabei handelt es sich aber lediglich um ein Synonym. Auch wenn weder der Begriff der Gesellschaft bürgerlichen Rechts noch der BGB-Gesellschaft – jedenfalls in den §§ 705 ff. BGB – verwendet wird, haben sich diese Begriffe durchgesetzt, um die in den §§ 705 ff. BGB geregelte *Gesellschaft* hinreichend von den übrigen Gesellschaftsformen abzugrenzen. In der jüngeren Zeit verwendet allerdings auch der Gesetzgeber nicht mehr den Begriff der *Gesellschaft*, sondern greift auf die Bezeichnung Gesellschaft bürgerlichen Rechts zurück (vgl. etwa § 11 Abs. 2 Nr. 1 InsO). Für die Falllösung sollte aus Vereinfachungsgründen auf die Bezeichnung *GbR* zurückgegriffen werden.

102 Die GbR bedarf zunächst eines **Gesellschaftsvertrages** (dazu ausführlich → Rn. 121 ff. und 171 ff.). Auch wenn das Vorliegen eines solchen Vertrages häufig unproblematisch ist, können sich insbesondere Schwierigkeiten in der Abgrenzung zu Gefälligkeitsverhältnissen ergeben. Zentrales Kriterium ist in diesem Zusammenhang das Vorliegen eines Rechtsbindungswillens der vertragsschließenden Gesellschafter, der sich meist anhand der Bedeutung des gemeinsam verfolgten Zwecks für die Parteien und der Folgen der fehlenden Erreichung dieses Zwecks bestimmen lässt.

So wird es etwa bei der Verabredung zu gemeinsamen Spaziergängen an einem solchen Rechtsbindungswillen fehlen, da die Interessen der Parteien an der Durchführung des Spaziergangs bzw. die Folgen der fehlenden Durchführung eines solchen kaum ins Gewicht fallen. Das gleiche gilt etwa für eine **Gruppe bei Facebook** (AG Menden NZG 2014, 661). Etwas anderes kann sich aber bei der Verabredung zu einer gemeinsamen **Teilnahme an einer Sportveranstaltung** ergeben (BGHZ 39, 156 (158)), da dies in der Regel umfangreiche Vorbereitungsmaßnahmen erfordert und Aussichten auf den Gewinn eines Preises eröffnet, auch wenn es sich bei diesem nicht immer um einen monetären Vorteil handeln muss. Die Schwierigkeit bei der Bestimmung eines Rechtsbindungswillens zeigt sich etwa auch bei der Fahrgemeinschaft. Während man dabei einen Rechtsbindungswillen bei der Bildung einer Fahrgemeinschaft im innerstädtischen Verkehr mit ausreichend öffentlich-rechtlichen Beförderungsalternativen noch ablehnen wird, kann ein solcher etwa bei einer gemeinsamen längeren Reise ohne weiteres gegeben sein.

**Beispielsfall:** A, B und C planen gemeinsam von Hamburg eine Autourlaubsreise an den Bodensee zu unternehmen. Während A das Auto stellt, soll B die Kosten für Benzin und C die Kosten für die Übernachtungen auf den Campingplätzen übernehmen. Kurz vor Beginn der Fahrt kommt es zum Streit und A weigert sich, sein Auto für die Fahrt zur Verfügung zu stellen. Können B und C von A die Bereitstellung des Autos verlangen? 103

B und C könnten gegen A einen Anspruch auf Bereitstellung des Autos aus dem Gesellschaftsvertrag haben. Voraussetzung dafür ist allerdings, dass ein Gesellschaftsvertrag wirksam abgeschlossen wurde, was vor allem einen Rechtsbindungswillen von A, B und C erfordert. A, B und C haben sich geeinigt, die Autourlaubsreise an den Bodensee gemeinsam zu unternehmen und jeweils einen Beitrag hierzu zu leisten. Dabei handelt es sich nicht um ein bloßes Gefälligkeitsverhältnis, da A, B und C umfangreiche Dispositionen von einem nicht völlig unerheblichen Wert getroffen haben bzw. bereit sind im Rahmen der Autourlaubsreise an den Bodensee zu übernehmen. Zudem würde die fehlende Erbringung der versprochenen Leistungen A, B und C insbesondere nach Antritt der Reise beeinträchtigen, da sie auf andere Weise an den Bodensee reisen oder sogar die Rückreise antreten müssten, was im Zweifel höhere Kosten verursachen würde. Somit ist nicht von einem bloßen Gefälligkeitsverhältnis auszugehen, so dass A, B und C vorliegend mit Rechtsbindungswillen gehandelt und somit eine (Innen-) GbR (→ Rn. 107) gegründet haben. Daher haben B und C gegen A einen Anspruch auf Bereitstellung des Autos aus dem Gesellschaftsvertrag.

Darüber hinaus muss die GbR der **gemeinsamen Zweckverfolgung** dienen. 104
Welche Art von Zweck dabei verfolgt werden kann, wird durch die §§ 705 ff. BGB selbst nicht vorgegeben, so dass grundsätzlich alle Arten von wirtschaftlichen, ideellen, religiösen oder karitativen Zwecken in Betracht kommen. Einschränkungen ergeben sich aber, soweit die Verfolgung eines bestimmten Zwecks durch ein Verbotsgesetz (§ 134 BGB) untersagt ist, wie dies etwa bei dem gemeinsamen Anbau und der Vermarktung von Drogen oder aber auch der Bildung eines Kartells zur Behinderung des Wettbewerbs der Fall sein kann. Eine weitere Einschränkung ergibt sich bei der Verfolgung wirtschaftlicher Zwecke dann, wenn diese in dem Betrieb eines Handelsgewerbes bestehen, da dann nicht mehr eine GbR, sondern eine oHG (→ Rn. 308 ff.) vorliegt (§ 105 Abs. 1 HGB). Zudem ist

es für die GbR nicht erforderlich, dass alle Gesellschafter in gleicher Weise von der gemeinsamen Zweckverfolgung profitieren.

Einen Sonderfall stellt in diesem Zusammenhang die sog. **Löwengesellschaft** (*societas leonina*) dar, bei der sich mehrere Personen nicht zur gemeinsamen Zweckverfolgung zusammenschließen, sondern der Zusammenschluss ausschließlich dem Interesse einem der Gesellschafter dient. Da es in diesem – nur sehr selten vorkommenden Fall – an einer gemeinsamen Zweckverfolgung fehlt, handelt es sich dabei nicht um eine GbR. An einer gemeinsamen Zweckverfolgung fehlt es zudem bei den sog. partiarischen Rechtsverhältnissen, bei denen es sich um einfache Austauschverträge handelt, bei denen die eine Seite allerdings am Gewinn oder Verlust der anderen Seite beteiligt ist. Diese Abgrenzungsfrage stellt sich etwa im Zusammenhang mit der stillen Gesellschaft (→ Rn. 480 ff.).

**105** Für das Vorliegen einer GbR ist es zudem erforderlich, dass die einzelnen Gesellschafter einer **Förderpflicht** unterliegen, die in ihrer Art von den §§ 705 ff. BGB nicht vorgegeben wird. In Betracht kommen daher alle Arten von Sachleistungen, Dienstleistungen oder aber auch einfache Geldleistungen.

**Merksatz:** Eine GbR setzt eine gegenseitige Bindung durch einen Gesellschaftsvertrag, die Verfolgung eines gemeinsamen Zwecks und die Pflicht der Gesellschafter zur Förderung dieses Zwecks voraus.

**106** Die GbR wird in ihrer gesetzlichen Konzeption der §§ 705 ff. BGB einheitlich geregelt, tatsächlich haben sich in der gesellschaftsrechtlichen Praxis aber **zwei Grundtypen der GbR** herausgebildet, die zwar beide auf den §§ 705 ff. BGB aufbauen, auf diese aber nur sehr unterschiedlich Bezug nehmen. Dabei handelt es sich zum einen um die sog. (Innen-)Gesellschaft bürgerlichen Rechts (**(Innen-)GbR**, dazu ausführlich → Rn. 107 f.) und zum anderen um die sog. (Außen-)Gesellschaft bürgerlichen Rechts (**(Außen-)GbR**, dazu ausführlich → Rn. 109 ff.).

### 1. Die (Innen-)Gesellschaft bürgerlichen Rechts

**107** Bei der **(Innen-)GbR** handelt es sich um eine Gesellschaft bürgerlichen Rechts, die selbst als solche nicht am Rechtsverkehr teilnimmt. Bei diesen **(Innen-)Gesellschaften bürgerlichen Rechts** geht es vor allem um eine Koordination der Gesellschafter untereinander, ohne dass der Rechtsverkehr damit in Berührung kommt oder kommen soll. Dies muss dabei nicht zwangsläufig bedeuten, dass die Gesellschafter einer solchen (Innen-)GbR nicht dennoch mit dem Rechtsverkehr in Angelegenheiten in Berührung treten, die auch durch die (Innen-)GbR betroffen sind. Keine Eigenschaft einer (Innen-)GbR ist in der Regel die Bildung eines Gesellschaftsvermögens (→ Rn. 126). Im Grundsatz folgen die (Innen-)Gesellschaften bürgerlichen Rechts weitgehend den vom Gesetzgeber für sie vorgesehenen §§ 705 ff. BGB und unterscheiden sich unter anderem in dieser Hinsicht nicht unerheblich von der **(Außen-)GbR**.

(Innen-)GbR stellen häufig sog. **Gelegenheitsgesellschaften** dar, bei denen sich mehrere Personen zusammenschließen, um durch die Zusammenlegung oder Teilung bestimmter Ressourcen einen bestimmten Erfolg zu erreichen. Hierzu zählen etwa Fahr- oder Lotto-Tipp-Gemeinschaften. (Innen-)Gesellschaften bürgerlichen Rechts können aber auch in anderen Zusammenhängen gebildet werden und dabei von erheblicher wirtschaftlicher Bedeutung sein. Dies gilt etwa für die Bildung von einer **Stimmrechtspool-Gemeinschaft** zur Koordinierung der Ausübung von Stimmrechten bei anderen Gesellschaften oder aber die Bildung einer **stillen Gesellschaft** (→ Rn. 480 ff.), bei der es sich auch um eine (Innen-)GbR handelt. Die wirtschaftliche Bedeutung der (Innen-)GbR kann dabei nicht überschätzt werden, auch wenn genaue statistische Daten insofern fehlen.

**Beispielsfall 1:** A, B und C planen gemeinsam von Hamburg eine Autourlaubsreise an den Bodensee. Während A das Auto stellt, soll B die Kosten für Benzin und Maut und C die Kosten für die Übernachtungen übernehmen. **108**

Durch die Gründung der (Innen-)GbR besteht für A, B und C der Vorteil, dass sie sich nicht nur unverbindlich verabredet haben, sondern rechtlich verbindliche Verpflichtungen eingegangen sind, die einerseits gerichtlich durchsetzbar und andererseits bei einer Verletzung unter Umständen zu einem Schadenersatzanspruch etwa für die Kosten einer alternativen Beförderung führen können (→ Rn. 48 ff.). Voraussetzung ist insofern natürlich, dass A, B und C auch mit Rechtsbindungswillen handeln, da ansonsten keine (Innen-)GbR entsteht (→ Rn. 113 f.).

**Beispielsfall 2:** X, Y und Z sind mit einer Beteiligung von jeweils 20% Aktionäre der W-AG. Da die Hauptversammlung in den vergangenen Jahren turbulent verlaufen ist und die Ergebnisse nicht vorhersehbar waren, entschließen sich X, Y und Z, sich zukünftig vor der Hauptversammlung zu treffen und die dort zu fassenden Beschlüsse schon vorab zu koordinieren, um dann auf der Hauptversammlung entsprechend abzustimmen. Sollte X, Y oder Z sich nicht an diese Absprache halten, soll er den jeweils anderen einen Vertragsstrafe von 50.000 EUR zahlen.

Auch X, Y und Z haben eine (Innen-)GbR gegründet, die für sie den Vorteil bietet, dass sie mit ihrer Beteiligung von insgesamt 60% die Geschicke auf der Hauptversammlung bestimmen können, da dafür grundsätzlich nur eine einfache Mehrheit erforderlich ist. Die Aufnahme einer Vertragsstrafe bei einer Verletzung der Abrede ist letztlich erforderlich, da den Gesellschaftern ansonsten kein tatsächlicher rechtlicher Durchsetzungsmechanismus zur Verfügung steht. Denn wenn einer der Gesellschafter auf der Hauptversammlung entgegen der Absprache abstimmt, können die anderen ihn nicht mehr rechtzeitig gerichtlich zwingen, gemäß der Absprache abzustimmen sofern die Abstimmung nicht wiederholt werden kann.

## 2. Die (Außen-)Gesellschaft bürgerlichen Rechts

Im Gegensatz dazu nimmt die **(Außen-)GbR** aktiv am Rechtsverkehr als solche teil, was vor allem für deren Rechtsfähigkeit, die Vertretung und die Haftungsverhältnisse eine Reihe von Folgefragen aufwirft (→ Rn. 239 ff., 251 ff.), die durch die §§ 705 ff. BGB nur teilweise adressiert werden. Keine zwingende Eigenschaft einer (Außen-)GbR ist hingegen die Bildung eines Gesellschaftsvermögens (→ Rn. 190 ff.). Darüber hinaus ist die (Außen-)GbR vor allem hinsichtlich der Organisationsfragen weitgehend mit der (Innen-)GbR identisch. **109**

Die (Außen-)GbR hat vor allem im Bereich der **Klein- und Kleinstgewerbetreibenden** eine große Bedeutung. Diese können sich in Form einer (Außen-)GbR zusammenschließen, um ein unter § 1 Abs. 2 HGB fallendes Handelsgewerbe zu betreiben, das nach Art oder Umfang einen in kaufmännischer Weise eingerichteten Geschäftsbetrieb nicht erfordert. Darüber hinaus spielt die (Außen-)GbR auch für die **freien Berufe** eine nicht zu unterschätzende Rolle, da diesen aufgrund der fehlenden Ausübung eines Handelsgewerbes (s. *Jung* § 5 Rn. 14) die Bildung einer oHG (→ Rn. 308 ff.) oder einer KG (→ Rn. 404 ff.) verwehrt ist. Schließlich kann eine (Außen-)GbR auch als bloßer zeitweiser Zusammenschluss von einzelnen Unternehmen auftreten, was etwa bei der Durchführung eines größeren Projektes im Rahmen eines gemeinsam erhaltenen Großauftrages der Fall sein kann.

110 **Beispielsfall 1:** A, B und C planen den Betrieb eines kleinen Kiosks in ihrer Nachbarschaft. A und B erklären sich bereit, dafür jeweils ein Startkapital von 20.000 EUR aufzubringen. C ist Eigentümer einer geeigneten Ladenfläche, die er für den Kiosk zur Verfügung stellen will.

Für den Betrieb des Kiosks steht A, B und C zwar nicht nur die (Außen-)GbR als Rechtsform zur Verfügung. Allerdings lässt sich diese sehr einfach gründen und bedarf keiner weiteren Eintragungen. Ein weiterer Vorteil für A, B und C besteht darin, dass sie bei einem wirtschaftlichen Erfolg alle partizipieren (→ Rn. 200), während A und B bei einer entsprechenden Darlehensgewährung an C lediglich eine Rückzahlung ihres Kapitals erhalten hätten. Dafür tragen sie allerdings auch gemeinsam mit C das Risiko des Scheiterns des Kiosks. Das Gesellschaftsvermögen umfasst bei dieser (Außen-)GbR neben dem Kapital von A und B in Höhe von insgesamt 40.000 EUR auch das Nutzungsrecht (nicht aber das Eigentum!; zu dieser Problematik → Rn. 202 f.) an der Ladenfläche des C.

**Beispielsfall 2:** X, Y und Z sind Bauunternehmen und haben sich gemeinsam für den Bau einer Autobahnbrücke beworben und dafür auch den Zuschlag erhalten. Während X die eigentliche Brücke errichten soll, ist Y für den Straßenbelag und Z für die Aufbauten und die Elektronik zuständig. Da der Auftraggeber nichts mit den einzelnen Unternehmen zu tun haben möchte, war Voraussetzung für den Auftrag, dass diese Leistungen alle von einem Unternehmen erbracht werden.

Der Zusammenschluss mehrerer Bauunternehmen für die Realisierung eines einzelnen Bauprojekts ist ein typischer Fall einer (Außen-)GbR ohne Gesellschaftsvermögen. Dies hat für den Auftraggeber den Vorteil, dass er nicht selbst für die Koordination der einzelnen Bauunternehmen verantwortlich ist. Die Bildung eines Gesellschaftsvermögens ist dabei nicht erforderlich, da jedes Bauunternehmen seinen Teil der Bauleistungen selbstständig erbringt und sich die Verfolgung des gemeinsamen Zwecks in einer Koordination der Bauarbeiten erschöpft. Ein Gesellschaftsvermögen wird in diesem Fall auch nicht durch die Zahlung des Werklohns für die Errichtung der Brücke gebildet, da die Zahlung in diesen Vertragsgestaltungen direkt an die einzelnen Gesellschafter erfolgt.

Damit ergibt sich für die Typen der GbR folgendes Bild: **111**

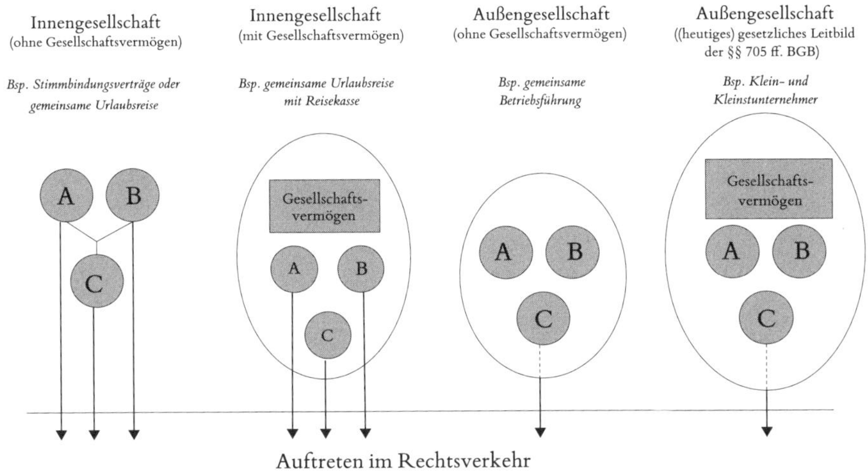


**Merksatz:** Bei der BGB-Gesellschaft muss zwingend zwischen der (Innen-)GbR und der (Außen-)GbR unterschieden werden.

## II. Rechtsquellen

Das Recht der GbR wird durch die §§ 705 ff. BGB determiniert. Dabei stellt **112** sich allerdings das Problem, dass die §§ 705 ff. BGB vor allem im Hinblick auf den Unterschied zwischen der (Innen-)GbR und der (Außen-)GbR nicht hinreichend differenzieren bzw. letztere teilweise nur noch bedingt den Vorgaben der §§ 705 ff. BGB entspricht. Dies ist vor allem auf die **umfangreiche Rechtsprechung in Bezug auf die Vertretungs- und die Haftungsverhältnisse** bei der (Außen-)GbR zurückzuführen (→ Rn. 239 ff. und 251 ff.). Auch wenn sich diese Modifikationen der §§ 705 ff. BGB im Einzelnen methodisch begründen lassen, zeichnen sich die Rechtsprechung und große Teile des Schrifttums dadurch aus, dass diese methodischen Fragestellungen meist nur unzureichend untersucht werden.

**Lernhinweis:** Auch wenn die §§ 705 ff. BGB das Recht der GbR umfassend regeln, bedürfen diese vor allem in Bezug auf die (Außen-)GbR weitgehenden Modifikationen. Daher muss bei der Auseinandersetzung mit der GbR die oftmals eingeschränkte Bedeutung der §§ 705 ff. BGB beachtet werden.

## B. Die (Innen-)Gesellschaft bürgerlichen Rechts

### I. Gründung

113 Die Gründung der (Innen-)GbR setzt lediglich den **Abschluss eines Gesellschaftsvertrages** voraus, so dass es bei dieser – anders als bei der oHG (→ Rn. 319) – **keiner Eintragung in das Handelsregister** bedarf oder eine solche erfolgen kann. Der Vertragsschluss kann auch **konkludent** erfolgen, wenn die Umstände darauf deuten, dass die Parteien tatsächlich einen Gesellschaftsvertrag abschließen wollten.

114 **Beispielsfall 1:** A, B und C sind Arbeitskollegen und füllen gemeinsam einen Lottoschein aus, den A danach bei der Lottoannahmestelle abgeben soll. Die Kosten sollen von A, B und C gemeinsam getragen werden.

**Beispielsfall 2:** M, N und O sind Nachbarn und arbeiten bei dem gleichen Unternehmen. Da M jeden Morgen mit seinem geräumigen Auto zur Arbeit fährt, nimmt er N und O regelmäßig mit.

In beiden Fällen sind sich die Handelnden nicht bis zur letzten Konsequenz bewusst, dass sie einen Gesellschaftsvertrag abgeschlossen haben. Dennoch lässt ihr Handeln darauf schließen (RGZ 43, 148 für die Lotto-Gemeinschaft und BGHZ 46, 313 für die Fahrgemeinschaft), zumal aufgrund der in beiden Fällen involvierten Vermögensgegenstände auch ein Rechtsbindungswille anzunehmen ist. (→ Rn. 102).

#### 1. Form- und Genehmigungsvorbehalte

115 Der Abschluss des Gesellschaftsvertrages bedarf **keiner Beachtung einer bestimmten Form**. Eine Ausnahme gilt für § 518 Abs. 1 BGB für den Fall der Schenkung der Beteiligung an der (Innen-)GbR. Denn das Erfordernis der Unentgeltlichkeit wird insbesondere nicht durch eine mit der Gründung verbundenen Haftungsübernahme ausgeschlossen, da eine solche bei der (Innen-) GbR nicht besteht (→ Rn. 149 f.). Die Beachtung dieser Form durch die notarielle Beurkundung des Gesellschaftsvertrags wird allerdings in den seltensten Fällen erfolgen, was aber meist unschädlich ist, da die Formnichtigkeit (§ 125 BGB) mit der Begründung der Gesellschafterstellung aufgrund des damit verbundenen Schenkungsvollzugs nach § 518 Abs. 2 BGB geheilt wird (BGH NZG 2012, 222).

116 **Beispielsfall:** A, B und C planen gemeinsam von Hamburg eine Autourlaubsreise an den Bodensee. Während A das Auto stellt, soll B die Kosten für Benzin und Maut übernehmen. C soll hingegen als Freund von A keinerlei Kosten tragen. Vor der ersten Tankstelle kommt es zum Streit, da sich B weigert, die Tankrechnung selbst und ohne Beteiligung von C zu bezahlen. Können A und C von B Zahlung der Tankrechnung verlangen?

A und C könnten gegen B einen Anspruch auf Zahlung der Tankrechnung aus dem Gesellschaftsvertrag haben. Voraussetzung dafür ist allerdings, dass ein Gesellschaftsvertrag wirksam abgeschlossen wurde. Auch wenn der Gesellschaftsvertrag zunächst wirksam abgeschlossen wurde (vgl. zum Vorliegen eines Rechtsbindungswillens den Beispielsfall → Rn. 103), könnte dieser nach §§ 125, 518 Abs. 1 BGB formnichtig sein. Dies setzt voraus, dass im Rahmen des Gesellschaftsvertrags eine Leistung schenkweise versprochen wurde. C muss vorliegend keinerlei Leistungen erbringen, ist aber gleichwohl als Gesellschafter an der Gesellschaft beteiligt, da ihm diese Beteiligung schenkweise zugewendet wurde. Aufgrund der fehlenden notariellen Beurkundung des Schenkungsversprechens ist der Gesellschaftsvertrag formnichtig. Allerdings wurde die Formnichtigkeit durch die Einräumung der Gesellschafterstellung gegenüber C nach § 518 Abs. 2 BGB geheilt. Der Gesellschaftsvertrag ist daher wirksam zustande gekommen. A und C haben daher gegen B einen Anspruch auf Zahlung der Tankrechnung aus dem Gesellschaftsvertrag.

Die allgemeinen **Formerfordernisse für die Übertragung bestimmter Sachen oder Rechte bzw. die Verpflichtung hierzu** – wie etwa § 311b Abs. 1 BGB (Formbedürftigkeit von Grundstücksgeschäften) oder § 15 Abs. 3, 4 GmbHG (Formzwang für die Verpflichtungsgeschäfte über GmbH-Geschäftsanteile und deren Abtretung, → Rn. 628) – können insofern nicht zur Anwendung kommen, da die (Innen-)GbR gerade kein Gesellschaftsvermögen bildet (→ Rn. 126) und es daher auch nicht zur Übertragung von Sachen oder Rechten kommt, bei denen die Übertragung selbst oder die Verpflichtung hierzu einem Formerfordernis unterliegt. Für die (Außen-)GbR ist dies allerdings anders zu bewerten (→ Rn. 178).

Keine Anwendung auf die (Innen-)GbR finden schließlich die **Genehmigungsvorbehalte des Familienrechts**, da die Gründung einer (Innen-)GbR nicht auf das Betreiben eines Erwerbsgeschäfts (§§ 1643 Abs. 1, 1822 Nr. 3 BGB) ausgerichtet ist. **117**

**Merksatz:** Die Gründung einer (Innen-)GbR erfordert grundsätzlich weder die Beachtung einer bestimmten Form noch einer Genehmigung.

## 2. Die fehlerhafte (Innen-)Gesellschaft bürgerlichen Rechts

Soweit die Gründung der (Innen-)GbR fehlerhaft erfolgt, stellt sich die Frage nach den Auswirkungen dieser Fehlerhaftigkeit. Auch wenn im Gesellschaftsrecht allgemein die **Grundsätze der fehlerhaften Gesellschaft** zur Anwendung kommen (→ Rn. 33 ff.), gelten diese Grundsätze nicht für die (Innen-)GbR, da es bei dieser aufgrund der fehlenden Teilnahme am Rechtsverkehr schon an einer Invollzugsetzung fehlt. Dies stellt die Rechtsordnung nicht vor unlösbare Probleme, da die (Innen-)GbR keine Rechtsbeziehungen zu Dritten eingeht, so dass sich die Rückabwicklungsproblematik als Begründung für die Anwendung der Grundsätze der fehlerhaften Gesellschaft (→ Rn. 35) bei der (Innen-)GbR nicht stellt. Kommt es daher zu einer fehlerhaften Gründung einer (Innen-)GbR, gelten insofern die allgemeinen Vorschriften der Rechtsgeschäftslehre. **118**

119 **Beispielsfall:** X, Y und Z sind mit einer Beteiligung von jeweils 20% Aktionäre der W-AG. Da die Hauptversammlung in den vergangenen Jahren turbulent verlaufen ist und die Ergebnisse nicht vorhersehbar waren, entschließen sich X, Y und Z sich zukünftig vor der Hauptversammlung zu treffen und die dort zu fassenden Beschlüsse schon vorab zu koordinieren, um dann auf der Hauptversammlung entsprechend abzustimmen. Sollte X, Y oder Z sich nicht an diese Absprache halten, soll er den jeweils anderen eine Vertragsstrafe von 50.000 EUR zahlen. Kurz nach der Gründung der Gesellschaft zwischen X, Y und Z stellt sich heraus, dass X den Y und den Z über seine Beteiligung an der W-AG bewusst getäuscht hat, da er schon seit einigen Monaten kein Aktionär der W-AG mehr ist. Als Y und Z dies erfahren, treffen sie sich ohne den X und koordinieren ihre Stimmrechtsausübung für die anstehende Hauptversammlung der W-AG ohne X. Zudem erklären die beiden sofort gegenüber X, dass sie sich aufgrund seiner Täuschung nicht mehr an die ursprüngliche Vereinbarung gebunden fühlen. X verlangt kurz darauf zunächst von Y die Zahlung von 50.000 EUR. Zu Recht?

X könnte gegen Y einen Anspruch auf Zahlung von 50.000 EUR aus dem Gesellschaftsvertrag haben. Voraussetzung dafür ist zunächst, dass der Gesellschaftsvertrag wirksam zustande gekommen ist. Der Gesellschaftsvertrag zwischen X, Y und Z wurde zunächst wirksam geschlossen. Allerdings könnte der Gesellschaftsvertrag durch eine Anfechtung von Y und Z nach §§ 123, 142 BGB nichtig sein. Der dafür erforderliche Anfechtungsgrund in Form einer arglistigen Täuschung nach § 123 BGB liegt vor, da X die anderen beiden Vertragspartner über den Bestand seiner Beteiligung an der W-AG getäuscht hat, obwohl er wusste, dass diese bei Kenntnis von der wahren Lage den Gesellschaftsvertrag nicht abgeschlossen hätten. Die Anfechtung wurde auch von Y und Z rechtzeitig gegenüber X erklärt. Der Gesellschaftsvertrag ist daher nichtig. Diese Nichtigkeit wird auch nicht durch die Grundsätze der fehlerhaften Gesellschaft eingeschränkt. Denn auch wenn die Gesellschaft vorliegend fehlerhaft gegründet wurde, fehlt es jedenfalls an der notwendigen Invollzugsetzung der Gesellschaft. Somit bleibt es bei der Nichtigkeit des Gesellschaftsvertrages. X hat daher gegen Y keinen Anspruch auf Zahlung von 50.000 EUR aus dem Gesellschaftsvertrag.

120 Diese fehlende Anwendung der Grundsätze der fehlerhaften Gesellschaft auf die (Innen-)GbR wird allerdings von der Rechtsprechung vor allem für die **fehlerhafte stille Gesellschaft** nicht konsequent durchgehalten, so dass bei dieser die fehlende Rückabwicklungsmöglichkeit nicht der tatsächliche Rechtfertigungsgrund ist (→ Rn. 495 ff.).

## II. Beziehungen der Gesellschafter untereinander (Innenverhältnis)

### 1. Der Gesellschaftsvertrag

121 Der Gesellschaftsvertrag ist **maßgebliche Grundlage für die Rechtsbeziehungen der Gesellschafter** untereinander, der einer weiten Gestaltungsfreiheit unterliegt. Diese ist dabei deutlich weniger Einschränkungen als bei der (Außen-)GbR (→ Rn. 177 ff.) ausgesetzt, da sich die Schranken für die Gestaltungsfreiheit meist in Bezug auf die Regelung der Beziehungen zu Dritten ergeben. Dies schließt allerdings nicht die Möglichkeit einer Inhaltskontrolle

als solche aus (→ Rn. 124 f.). Auf den Gesellschaftsvertrag finden zudem die **allgemeinen Vorschriften über Rechtsgeschäfte** Anwendung.

*a) Auslegung*

Dies gilt vor allem für dessen **Auslegung**, die sich nach den §§ 133, 157 BGB richtet. Da es sich bei der (Innen-)GbR häufig um eine auf Dauer angelegte Gesellschaft handelt, sind bei der Auslegung Besonderheiten zu berücksichtigen, die etwa für lediglich zweiseitige und auf einen bloßen einmaligen Leistungsaustausch angelegte Verträge weniger Bedeutung haben. Dies gilt etwa für die stärkere Bedeutung der Grundtendenz des Vertrages, die häufig durch dessen Präambel zum Ausdruck kommt und der oftmals ein größeres Gewicht als dem Wortlaut zuerkannt werden muss (vgl. MüKoBGB/*Ulmer/Schäfer* § 705 Rn. 173). Damit kann sich allerdings über einen eindeutigen Wortlaut des Gesellschaftsvertrages nicht bzw. nicht ohne weiteres hinweggesetzt werden. 122

Weiterhin kann auch bei der (Innen-)GbR eine **ergänzende Vertragsauslegung** notwendig sein, für die im Grundsatz auf die §§ 705 ff. BGB zurückzugreifen ist. Eine nur eingeschränkte Bedeutung hat schließlich § 139 BGB. Denn aus der Nichtigkeit eines Teils des Gesellschaftsvertrags würde sogleich dessen gesamte Nichtigkeit folgen, was meist nicht sachgerecht ist. Wird hingegen – was in der Gestaltungspraxis typischerweise der Fall ist – eine salvatorische Klausel in den Gesellschaftsvertrag aufgenommen, findet § 139 BGB insgesamt keine Anwendung (BGH ZIP 2010, 925). 123

**Merksatz:** Die Auslegung eines Gesellschaftsvertrages einer (Innen-)GbR richtet sich nach den allgemeinen Grundsätzen zur Auslegung von Verträgen (§§ 133, 157 BGB).

*b) Inhaltskontrolle*

Der Gesellschaftsvertrag der (Innen-)GbR unterliegt der Inhaltskontrolle nach den Vorschriften des allgemeinen Zivilrechts. Insofern kann der Gesellschaftszweck zunächst ein **Verstoß gegen ein gesetzliches Verbot (§ 134 BGB)** darstellen, wie dies etwa bei einem Zusammenschluss mehrerer Personen zur wiederholten Begehung von Einbruchsdiebstählen (Verstoß des Gesellschaftszwecks gegen § 244 Abs. 1 Nr. 2 und 3 StGB, § 134 BGB) der Fall sein kann. 124

Darüber hinaus erlangt die **Inhaltskontrolle über § 138 Abs. 1 BGB** große Bedeutung, die sich vor allem daraus ergibt, dass eine AGB-Inhaltskontrolle gerade nicht stattfindet, da eine solche nach § 310 Abs. 4 BGB ausgeschlossen ist. Die Anwendung von § 138 Abs. 1 BGB kann dabei aber nur in Einzelfällen bei der Verletzung elementarer Mindeststandards in Betracht kommen. Für die (Innen-)GbR sind in diesem Zusammenhang allerdings nur wenige Fälle denkbar, in denen eine solche Verletzung anzunehmen ist. In Betracht kommt etwa die Verletzung des Grundsatzes der Verbandssouveränität, was dann der Fall ist, wenn Nichtgesellschaftern durch den Gesellschaftsvertrag die Kompetenz für besonders bedeutsame Entscheidungen eingeräumt wird. 125

**Merksatz:** Der Gesellschaftsvertrag einer (Innen-)GbR kann der Inhaltskontrolle nach §§ 134, 138 BGB unterliegen. Die Inhaltskontrolle im Rahmen des AGB-Rechts ist nach § 310 Abs. 4 BGB ausgeschlossen.

### 2. Das Gesellschaftsvermögen

126 Die (Innen-)GbR zeichnet sich typischerweise dadurch aus, dass sie **nicht über Gesellschaftsvermögen** verfügt. Denn durch die fehlende Teilnahme am Rechtsverkehr ist die Bildung eines solchen meist auch nicht notwendig. Dies schließt allerdings nicht aus, dass auch die (Innen-)GbR über ein Gesellschaftsvermögen verfügen kann (vgl. MüKoBGB/*Ulmer/Schäfer* § 718 Rn. 10). Dem steht auch nicht entgegen, dass dem Gesellschaftsvermögen dann aufgrund der fehlenden Rechtsfähigkeit der (Innen-)GbR (→ Rn. 149 f.) ein rechtsfähiger Rechtsträger fehlt. Denn die Bildung eines Gesellschaftsvermögens setzt nicht zwingend voraus, dass dessen Bestandteile einem neuen Rechtsträger zugeordnet werden. Gleichwohl bleiben diese Konstellationen selten.

127 **Beispielsfall:** A, B und C planen gemeinsam von Hamburg eine Autourlaubsreise an den Bodensee. Während A das Auto stellt, soll B die Kosten für Benzin und C die Kosten für die Übernachtungen auf den Campingplätzen übernehmen. Für A, B und C kommen für die „vermögensrechtliche Organisation" ihrer Autourlaubsreise an den Bodensee letztlich drei verschiedene Varianten in Betracht:

So können sie zunächst die versprochenen Leistungen in Form der Überlassung des Autos, des Benzingeldes und des Geldes für die Übernachtungen vor Beginn der Fahrt in einem Gesellschaftsvermögen vereinen. Dazu müsste für B und C die voraussichtliche Höhe der Kosten für das Benzin und der Übernachtungen ermittelt werden. Darüber hinaus müssten sie dieses Vermögen dann aber auch einem Rechtsträger zuweisen bzw. auf einen solchen übertragen, wofür vor allem die Bildung einer (Außen-)GbR in Betracht kommt. Weiterhin könnten sie die voraussichtlichen Beiträge auch einem der Gesellschafter übergeben, der diese als geschäftsführender Gesellschafter bis zur Beendigung der Reise und der Endabrechnung verwaltet, womit eine (Innen-)GbR mit einem Gesellschaftsvermögen vorliegen würde. Schließlich können A, B und C aber auch auf die Bildung eines Gesellschaftsvermögens verzichten und die Beiträge in Form der Benzin- und Übernachtungskosten immer jeweils aus ihrem eigenen Vermögen leisten und bei der Beendigung ihrer Reise eine Gesamtabrechnung vornehmen. Hinsichtlich der Ausgestaltung ihrer Gesellschaft sind A, B und C dahingehend völlig frei, so dass sie sich für jede der genannten Varianten entscheiden können. Aus Praktikabilitätsgründen empfiehlt sich allerdings die letztere Variante.

### 3. Die Rechte und Pflichten der Gesellschafter

#### *a) Die Pflicht zur Leistung der Beiträge*

128 Die Gesellschafter trifft zunächst die **Pflicht zur Erbringung der im Gesellschaftsvertrag versprochenen Leistungen**. § 705 Abs. 1 BGB verwendet dabei den Begriff des Beitrages, während dies bei den Handelsgesellschaften als Einlage (→ Rn. 334 ff., 429) bezeichnet wird, ohne dass insofern aber ein Unterschied

besteht. Als Beiträge kommen Leistungen aller Art in Betracht, so dass neben einfachen Geldzahlungen auch die Einbringung von Sachen oder Rechten oder aber die Erbringung von Dienstleistungen oder die Vornahme oder das Unterlassen bestimmter Handlungen in Betracht kommt. Je nach Art der versprochenen Beitragsleistung kann es bei der (Innen-)GbR zur Bildung eines Gesellschaftsvermögens (→ Rn. 126 f.) kommen, was aber in keiner Weise der Fall sein muss.

Der Umfang der zu leistenden Beiträge bestimmt sich nach dem Gesell- 129
schaftsvertrag. Reichen die Beiträge zur vereinbarten Zweckerreichung nicht aus, kann eine **weitergehende Leistungspflicht der Gesellschafter** nur durch eine Änderung des Gesellschaftsvertrages begründet werden (§ 707 BGB). Kommt eine solche Änderung des Gesellschaftsvertrages nicht zustande, muss die (Innen-)GbR gegebenenfalls aufgelöst werden (→ Rn. 165 ff.). Da bei der Gründung einer (Innen-)GbR häufig nicht absehbar ist, in welchem Umfang die Beiträge notwendig sind, kann der Gesellschaftsvertrag auch die Erhöhung der Beiträge vorsehen. Davon zu unterscheiden ist die Erhöhung durch einen Mehrheitsbeschluss, was ebenfalls im Gesellschaftsvertrag vorgesehen werden kann, wenn dies eindeutig hinsichtlich der Obergrenze und anderer das Risiko der Gesellschafter begrenzenden Kriterien festgelegt ist (BGH ZIP 2009, 864 (865) und 1373 (1375)).

**Beispielsfall:** A, B und C planen gemeinsam von Hamburg eine Autourlaubsreise an 130
den Bodensee. Während A das Auto stellt, soll B die Kosten für Benzin und C die Kosten für die Übernachtungen auf den Campingplätzen übernehmen. Soweit auf den Campingplätzen kein freier Platz mehr vorhanden sein sollte, soll C auch für die Hotelkosten aufkommen. Da im Laufe der Reise die Campingplätze immer ausgebucht sind, müssen A, B und C fast immer in Hotels übernachten. C werden diese Kosten zu hoch und er weigert sich, diese weiter zu übernehmen. Während der Reise kommen zudem A und B auf die Idee, auf einem großen See ein Boot für einen Ausflug zu mieten. Die Kosten dafür sollen von allen geteilt werden. Nach kurzer Diskussion sprechen sich A und B dafür und C dagegen aus. C macht geltend, dass die für die Urlaubsreise vereinbarte Kostenteilung sich nicht auch auf Bootsfahrten erstreckt. Können A und B von C die Übernahme der Hotelkosten und die Beteiligung für die Kosten der Bootsfahrt verlangen?

**I. Anspruch von A und B gegen C auf Übernahme der Kosten für die Hotelübernachtung aus dem Gesellschaftsvertrag**

A und B könnten gegen C einen Anspruch auf Übernahme der Kosten für die Hotelübernachtung aus dem Gesellschaftsvertrag haben. Eine derartige Beitragspflicht sieht der Gesellschaftsvertrag nur für den Fall vor, dass eine Übernachtung auf Campingplätzen nicht möglich ist. Dies ist vorliegend der Fall, so dass sich die Beitragspflicht des C auch auf die Kostenübernahme für die Hotelübernachtung erstreckt. Dagegen spricht auch nicht, dass sich die Beitragspflicht des C dadurch stark erhöht, da diese Kostenübernahmepflicht im Gesellschaftsvertrag hinreichend bestimmt ist.

**II. Anspruch von A und B gegen C auf Kostenbeteiligung an der Anmietung des Boots**

A und B könnten gegen C einen Anspruch auf Kostenbeteiligung an der Anmietung des Boots aus dem Gesellschaftsvertrag haben. Der Gesellschaftsvertrag sieht eine derartige Kostenbeteiligung allerdings nicht vor. Fraglich ist aber, ob die A und B gegen die Stimme des C die Verpflichtung begründen können. Grundsätzlich können Nachschusspflichten der Gesellschafter auch durch Mehrheitsbeschluss gefasst werden, was allerdings voraussetzt, dass diese Möglichkeit im Gesellschaftsvertrag bereits vorgesehen ist. Fehlt es hingegen an einer solchen Regelung, kommt für die Begründung einer weitergehenden Beitragspflicht nur eine Änderung des Gesellschaftsvertrages in Betracht. Daran fehlt es vorliegend allerdings, da diese nur mit Zustimmung aller Gesellschafter möglich ist. A und B haben daher keinen Anspruch gegen C auf Kostenbeteiligung an der Anmietung des Boots.

131 Auch die **Ausgestaltung der konkreten Einbringung der versprochenen Leistung** können die Gesellschafter im Gesellschaftsvertrag frei festlegen. So können Sachen oder Rechte im Wege der Übereignung bzw. Abtretung oder aber durch eine vorübergehende Gebrauchsüberlassung wie etwa im Rahmen einer Miete oder Pacht eingebracht werden. Trifft der Gesellschaftsvertrag dahingehend keine Regelung, ist nach § 706 Abs. 2 S. 1 BGB im Zweifel bei vertretbaren oder verbrauchbaren Sachen anzunehmen, dass diese zu übereignen und nicht nur zu überlassen sind. Diese Auslegungsregel gilt auch für den Fall, dass nicht vertretbare oder nicht verbrauchbare Sachen eingebracht werden, soweit diese nach einer Schätzung beizutragen sind (§ 706 Abs. 2 S. 2 BGB). Schließlich müssen die Gesellschafter gleiche Beiträge leisten, soweit nichts anderes vereinbart ist (§ 706 Abs. 1 BGB).

132 **Beispielsfall:** A, B und C planen gemeinsam von Hamburg eine Autourlaubsreise an den Bodensee. Während A das Auto stellt, soll B die Kosten für Benzin und C die Kosten für die Übernachtungen auf den Campingplätzen übernehmen.

Für die Beitragsleistung haben sich A, B und C von einer von § 706 Abs. 1 BGB abweichenden Regelung entschieden, da die von ihnen jeweils übernommenen Pflichten weder von der gleichen Art sind noch den gleichen Umfang haben. Aufgrund der Disponibilität von § 706 Abs. 1 BGB ist dies aber unproblematisch. Hinsichtlich des Autos ist aufgrund der beschränkten Dauer der Gesellschaft entgegen § 706 Abs. 2 S. 1 BGB von einer bloßen Überlassung des Gebrauchs auszugehen, da A kaum das Eigentum an seinem Auto verlieren möchte.

133 Die Erbringung der Leistungen durch die Gesellschafter kann mangelhaft erfolgen, so dass sich ebenso wie im allgemeinen und besonderen Schuldrecht die **Frage der Mängelgewährleistung** stellt. Aufgrund einer fehlenden Spezialregelung in den §§ 705 ff. BGB kommt somit zunächst grundsätzlich das Leistungsstörungsrecht des allgemeinen Schuldrechts zur Anwendung. Dieser Grundsatz bedarf allerdings – wie auch bei den besonderen Vertragstypen des besonderen Schuldrechts – einer Einschränkung dahingehend, dass das allgemeine Leistungsstörungsrecht durch die §§ 705 ff. BGB nach dem Grundsatz *lex specialis derogat legi generali* verdrängt werden kann. Dies ist insbesondere für die Beendigungstatbestände des allgemeinen Leistungsstörungsrechts (§§ 320 ff. BGB) der Fall, da für die Beendigung der (Innen-)GbR durch die Kündigung mit

§ 723 BGB eine Sonderregelung (→ Rn. 174) existiert (vgl. *Grunewald* § 1 Rn. 13; MüKoBGB/*Ulmer/Schäfer* § 705 Rn. 157; offen lassend BGHZ 10, 44 (51); BGH WM 1959, 53 (54 f.); 1967, 419 (429); NJW 1983, 1188 (1189)). Diese nimmt zwar nicht ausdrücklich auf die Erbringung einer mangelhaften Einlage Bezug, regelt aber die Beendigung der (Innen-)GbR umfassend. Eine abweichende Regelung sieht zudem § 708 BGB für den Verschuldensmaßstab in Form der eigentümlichen Sorgfalt (*diligentia quam in suis*) vor (→ Rn. 64). Fehlt es hingegen an einer Sonderregelung in den §§ 705 ff. BGB kommen die Vorschriften des allgemeinen Schuldrechts insofern uneingeschränkt zur Anwendung.

Problematisch ist auch die Anwendbarkeit der **Mängelgewährleistungsrechte des besonderen Schuldrechts** (§§ 434 ff., 536 ff., 633 ff. BGB). Denn auch wenn diese die Leistung einer mangelhaften Sache, eines Rechts oder einer Dienstleistung adressieren, können damit nicht die Sonderregeln der §§ 705 ff. BGB umgangen werden. Insofern kann es nur zu einer analogen Anwendung kommen, wenn die §§ 705 ff. BGB keine abweichende Regelung enthalten. Dies ist vor allem bei den Regelungen zur nochmaligen Leistungserbringung (Nacherfüllung) und zum Schadenersatz der Fall. Denn durch diese Rechtsfolgen wird der Bestand der GbR in keiner Weise berührt.

**Beispielsfall:** A, B und C planen gemeinsam von Hamburg eine Autourlaubsreise an den Bodensee. Während A das Auto stellt, soll B die Kosten für Benzin und C die Kosten für die Übernachtungen auf den Campingplätzen übernehmen. Zu diesem Zweck haben sie eine Reisekasse gebildet, in die B und C jeweils 500 EUR eingezahlt haben und die von A verwaltet wird. Kurz nach Beginn der Reise zeigt sich, dass das Fahrzeug des A schon seit mehreren Monaten nicht verkehrstauglich ist und nicht benutzt werden kann. Da sich A weigert, dass Auto reparieren zu lassen und um diese Reise dennoch durchführen zu können, mietet B auf eigene Kosten ein Auto für 200 EUR. Welche Ansprüche haben B und C gegen A? **134**

**I. Anspruch von B und C gegen A auf Herstellung der Verkehrstauglichkeit des Autos aus § 535 Abs. 1 S. 2 BGB (analog)**

B und C könnten gegen A einen Anspruch auf Überlassung des mangelfreien Autos aus § 535 Abs. 1 S. 2 BGB (analog) haben. Dies setzt allerdings zunächst voraus, dass die Voraussetzungen für eine analoge Anwendung gegeben sind. Während dies für die erforderliche Regelungslücke aufgrund der fehlenden Adressierung der Erbringung mangelhafter Beitragsleistungen angenommen werden kann, erweist sich die Feststellung einer vergleichbaren Interessenlage als schwieriger. Ansatzpunkt ist dabei, dass A der Gesellschaft lediglich den Gebrauch seines Autos überlassen und dieses gerade nicht an sie übereignen wollte. Zwar ist nach § 706 Abs. 1 S. 1 BGB im Zweifel anzunehmen, dass eine Übereignung stattfindet, allerdings entspricht dies nicht der Interessenlage der Gesellschafter (→ Rn. 131 f.). Für die vorübergehende Gebrauchsüberlassung sieht das besondere Schuldrecht neben der Miete (§§ 535 ff. BGB) auch die Leihe (§§ 598 ff. BGB) vor. Vorliegend ist aber auf das Miet- und nicht das Pachtrecht abzustellen, da die vorübergehende Gebrauchsüberlassung durch A nicht unentgeltlich erfolgt. Denn A wird durch die vorübergehende Gebrauchsüberlassung des Autos die Gesellschafterstellung und damit der Zugang zu den Leistungen der übrigen Gesellschafter gestattet. Somit ist von einer analogen Anwendung der §§ 535 ff. BGB auszugehen. Die fehlende Verkehrstauglichkeit des Autos begründet einen Mangel, der für die Dauer der Überlassung an die Gesellschaft von A zu beseitigen ist. B und C haben daher gegen A einen Anspruch auf Herstellung der Verkehrstauglichkeit des Autos aus § 535 Abs. 1 S. 2 BGB (analog).

**II. Anspruch von B und C gegen A auf Rückzahlung von jeweils 500 EUR aus §§ 346 Abs. 1, 323 BGB iVm dem Gesellschaftsvertrag**

B und C könnten gegen A einen Anspruch auf Rückzahlung der 500 EUR aus §§ 346 Abs. 1, 323 BGB iVm dem Gesellschaftsvertrag haben. Ein wirksamer Gesellschaftsvertrag wurde zwischen A, B und C geschlossen (→ Rn. 121 ff.). Fraglich ist allerdings, ob die Rücktrittsvorschriften in Form der §§ 346 Abs. 1, 323 BGB überhaupt Anwendung finden. Das Recht der Gesellschafter bürgerlichen Rechts sieht mit der Kündigung (§ 723 BGB) einen gesonderten Beendigungstatbestand vor, der unter anderem auch auf die Verletzung einer durch den Gesellschaftsvertrag übernommenen Pflicht aufbaut. Damit handelt es sich um eine Spezialregelung, so dass die allgemeineren Vorschriften der §§ 346 Abs. 1, 323 BGB insofern keine Anwendung finden können. Ein Rücktritt ist somit nicht möglich. B und C haben daher gegen A keinen Anspruch auf Rückzahlung von jeweils 500 EUR aus §§ 346 Abs. 1, 323 BGB iVm dem Gesellschaftsvertrag.

**Hinweis:** Grundsätzlich kommt vorliegend noch ein Kündigungsrecht von B und C mit anschließender Auflösung und Auseinandersetzung der Gesellschaft in Betracht (→ Rn. dazu 174 und 165).

**III. Anspruch von B gegen A auf Zahlung von 200 EUR aus § 536a Abs. 1 Alt. 1 BGB iVm dem Gesellschaftsvertrag**

B könnte gegen A einen Anspruch auf Zahlung von 200 EUR aus § 536a Abs. 1 Alt. 1 BGB iVm dem Gesellschaftsvertrag haben. Dies setzt zunächst die Anwendbarkeit von § 536a Abs. 1 Alt. 1 BGB in diesem Zusammenhang voraus, die aber nach den oben genannten Grundsätzen gegeben ist. Auch die Voraussetzungen von § 536a Abs. 1 Alt. 1 BGB sind gegeben, da es sich bei der fehlenden Verkehrstauglichkeit des Autos um einen anfänglichen Mangel handelt. Bei den Kosten für die Anmietung eines anderen Fahrzeugs handelt es sich auch um einen Schaden. Ein Verschulden ist bei § 536a Abs. 1 Alt. 1 BGB nicht erforderlich. B hat daher gegen A einen Anspruch auf Zahlung von 200 EUR aus § 536a Abs. 1 Alt. 1 BGB iVm dem Gesellschaftsvertrag.

**Hinweis:** Während der Anspruch auf Herstellung der Verkehrstauglichkeit des Autos aus § 535 Abs. 1 S. 2 BGB (analog) für B und C als Mitgesellschafter besteht, kommt der Anspruch auf Schadenersatz aus § 536a Abs. 1 Alt. 1 BGB iVm dem Gesellschaftsvertrag nur B zu, da nur bei diesem eine konkrete Schadensposition eingetreten ist.

#### *b) Die Treuepflicht*

**135** Für die Gesellschafter gilt zudem eine Treuepflicht und zwar sowohl untereinander als auch gegenüber der (Innen-)GbR (vgl. MüKoBGB/*Ulmer/Schäfer* § 705 Rn. 221 ff.). Deren Umfang hängt dabei entscheidend von der konkreten Ausgestaltung der (Innen-)GbR ab und kann kaum abstrakt bestimmt werden. Die Intensität der Treuepflicht bestimmt sich nach dem jeweiligen **Gesellschaftszweck**, kann sich zudem aber auch an Kriterien wie der Größe des Gesellschafterkreises oder dem Einfluss der Gesellschafter auf die (Innen-)GbR orientieren. Aus der Treuepflicht lassen sich eine Reihe konkreter Handlungs- und Unterlassungspflichten ableiten, deren tatsächliches Bestehen im jeweiligen Einzelfall aber einer Überprüfung bedarf. Liegt eine Verstoß gegen die Treuepflicht vor, kann der gegen diese verstoßende Gesellschafter auf Erfüllung (meist in Form der Unterlassung) oder auf Schadenersatz (§ 280 BGB) in Anspruch genommen werden. Ein wichtiger Unterfall der Treuepflicht ist schließlich das Wettbewerbsverbot, das vor allem bei der (Außen-)GbR eine wichtige Rolle spielt (→ Rn. 206 f.).

*c) Das Gleichbehandlungsgebot*

Als Ausprägung des Grundsatzes von Treu und Glauben (§ 242 BGB) dürfen die Gesellschafter nicht willkürlich ungleich behandelt werden. Der eigenständige Anwendungsbereich dieses Grundsatzes ist allerdings sehr eingeschränkt. Denn zum einen findet er in den §§ 705 ff. BGB selbst mehrfach Niederschlag (§§ 706 Abs. 1, 709 Abs. 1 und 2, 722 Abs. 1 BGB) und zum anderen wird er durch die **Privatautonomie** eingeschränkt, da es den Gesellschaftern im Grundsatz unbenommen ist, eine ungleiche Behandlung innerhalb der Gesellschaft zu vereinbaren. Insofern kann das Gleichbehandlungsgebot nur zur Anwendung kommen, wenn der Gesellschaftsvertrag keine abweichende Regelung enthält und aus diesem im Wege der Auslegung auch kein Einverständnis des Gesellschafters mit der Ungleichbehandlung abgeleitet werden kann (BGH NJW 1965, 1284 (1286)). Bedeutung erlangt der Gleichbehandlungsgrundsatz etwa im Rahmen von Geschäftsführungsmaßnahmen (→ Rn. 147 f.), wenn diese in diskriminierender Weise erfolgen (zB Ausschluss eines Gesellschafters von der Nutzung von Einrichtungen der Gesellschaft). **136**

*d) Die eigentümliche Sorgfalt der Gesellschafter*

Eine von den Vorschriften des allgemeinen Schuldrechts abweichende Sonderregelung besteht für die (Innen-)GbR hinsichtlich des Sorgfaltsmaßstabes der Gesellschafter. Denn diese haben nach § 708 BGB im Rahmen ihrer Gesellschafterstellung nur für diejenige Sorgfalt einzustehen, welche sie in eigenen Angelegenheiten pflegen ***(diligentia quam in suis)***, womit insofern der auch in den §§ 690, 1359, 1664, 2131 BGB angeordnete Maßstab gilt. **137**

**Beispielsfall:** A, B und C planen gemeinsam von Hamburg eine Autourlaubsreise an den Bodensee. Während A das Auto stellt, soll B die Kosten für Benzin und C die Kosten für die Übernachtungen auf den Campingplätzen übernehmen. A soll während der gesamten Fahrt als Fahrer fungieren. A ist allerdings als notorischer Raser bekannt, der sich eigentlich nie an die Geschwindigkeitsbeschränkungen hält. Aufgrund einer Überschreitung der Höchstgeschwindigkeit kommt es zu einem Unfall, bei dem sich B verletzt. Kann B von A Ersatz der ärztlichen Behandlungskosten verlangen? **138**

B könnte gegen A einen Anspruch auf Ersatz der ärztlichen Behandlungskosten aus § 280 Abs. 1 BGB iVm dem Gesellschaftsvertrag haben. Voraussetzung dafür ist zunächst der Abschluss eines Gesellschaftsvertrages, was vorliegend der Fall ist. Weiterhin müsste A eine Pflichtverletzung begangen haben. Zwar haben die A, B und C nicht ausdrücklich vereinbart, welche Regeln für das Führen des Fahrzeuges im Rahmen der

Urlaubsreise gelten sollen. Es ist aber davon auszugehen, dass sie sich für die Geltung der allgemeinen Straßenverkehrsvorschriften entschlossen haben. Durch die Überschreitung der Höchstgeschwindigkeitsbegrenzung hat A somit eine Pflichtverletzung begangen. Fraglich ist allerdings, ob auch ein Verschulden vorliegt. Dies könnte nach § 708 BGB ausgeschlossen sein, da A typischerweise immer die Höchstgeschwindigkeitsbegrenzung überschreitet und damit vorliegend die Sorgfalt angewendet hat, die er auch in eigenen Angelegenheiten pflegt. Allerdings findet § 708 BGB im Straßenverkehr keine Anwendung, da die besonderen Risiken des Straßenverkehrs für derartige Relativierungen des Sorgfaltsmaßstabs keinen Raum lassen (BGHZ 46, 313, 317 f.; BGHZ 54, 352, 355). Insofern kommt es daher auf den allgemeinem Sorgfaltsmaßstab des § 276 BGB an. A hat durch das Überschreiten der Höchstgeschwindigkeitsbegrenzung die im Verkehr erforderliche Sorgfalt außer Acht gelassen und damit fahrlässig gehandelt. Dadurch ist B auch ein Schaden in Form der Behandlungskosten entstanden. B hat daher gegen A einen Anspruch auf Ersatz der ärztlichen Behandlungskosten aus § 280 Abs. 1 BGB iVm dem Gesellschaftsvertrag.

**Merksatz:** Die Gesellschafter einer (Innen-)GbR haben im Rahmen ihrer Gesellschafterstellung nur für diejenige Sorgfalt einzustehen, welche sie in eigenen Angelegenheiten pflegen (*diligentia quam in suis*).

*e) Das Einsichts- und Auskunftsrecht der Gesellschafter*

**139** Der Gesellschafter einer (Innen-)GbR hat nach § 716 BGB das Recht, sich von den Angelegenheiten der (Innen-)GbR persönlich zu unterrichten, die **Geschäftsbücher und die Papiere der Gesellschaft** einzusehen und sich aus ihnen eine Übersicht über den **Stand des Gesellschaftsvermögens** anzufertigen. Dieses Recht kann der Gesellschaftsvertrag allerdings auch ausschließen, was die Gesellschafter aber dann nicht von dessen Geltendmachung ausschließt, wenn Grund zur Annahme einer unredlichen Geschäftsführung besteht (§ 716 Abs. 2 BGB). Keine eigenständige Regelung hat allerdings das **Auskunftsrecht** gefunden, das sich vom Einsichtsrecht des § 716 Abs. 1 BGB dadurch unterscheidet, dass der Gesellschafter die Erteilung einer konkreten Information geltend macht, während er sich diese beim Einsichtsrecht selbst aus den Unterlagen der Gesellschaft beschaffen muss. Trotz der fehlenden Regelung des Auskunftsrechts wird ein solches aber angenommen, wenn der Gesellschafter ein berechtigtes Informationsinteresse hat und die Einsichtnahme dieses berechtigte Informationsinteresse nicht befriedigen kann. Kein Einsichtsrecht nach § 716 Abs. 1 BGB kommt hingegen dem **ausgeschiedenen Gesellschafter** zu, da er nicht mehr Gesellschafter ist. Allerdings kann dieser das Einsichtsrecht nach § 810 BGB geltend machen, soweit er ein rechtliches Interesse an der Einsicht hat (BGH NZG 2008, 623 (628)).

**Beispielsfall:** A, B, C und D planen gemeinsam von Hamburg eine Autourlaubsreise an den Bodensee. Während A das Auto stellt, soll B die Kosten für Benzin und C und D die Kosten für die Übernachtungen auf den Campingplätzen übernehmen. Im Anschluss an die Reise sollen die verauslagten Kosten zusammengerechnet und gleichmäßig auf B, C und D verteilt werden. Um dies zu gewährleisten, soll C die Belege sammeln und aufbewahren. Nach einer Woche kommt es zum Streit und A, B, C und D entscheiden sich, diese Reise fortan ohne D fortzusetzen. Kurz vor Ende der Reise wendet sich B, der die meisten Auslagen getätigt hat, an C und verlangt von diesem Auskunft darüber, in welcher Höhe er inzwischen von den übrigen Gesellschaftern eine Erstattung verlangen kann. Auch D wendet sich mit der gleichen Bitte an C. **140**

**I. Anspruch B gegen C auf Einsichtnahme in die Reisebelege aus § 716 Abs. 1 BGB**

B könnte gegen C einen Anspruch auf Einsichtnahme in die Reisebelege aus § 716 Abs. 1 BGB haben. Dieser Anspruch ist ohne weiteres gegeben, da B Gesellschafter ist und es sich bei den Reisebelegen um Papiere der Gesellschaft handelt. B hat daher gegen C einen Anspruch auf Einsichtnahme in die Reisebelege aus § 716 Abs. 1 BGB.

**II. Anspruch B gegen C auf Auskunft über die Höhe der Auslagenerstattungsansprüche aus § 242 BGB iVm dem Gesellschaftsvertrag**

B könnte gegen C einen Anspruch auf Auskunft über die Höhe der Auslagenerstattungsansprüche aus § 242 BGB haben. Ein Gesellschaftsvertrag liegt vor. Fraglich ist allerdings, ob B ein über § 716 Abs. 1 BGB hinausgehendes Auskunftsrecht zukommt. Ein solches wird bei der GbR nur dann angenommen, wenn der Gesellschafter ein berechtigtes Informationsinteresse hat und die Einsichtnahme für ihn nicht möglich ist. Dies ist vorliegend aber nicht der Fall, da B ohne weiteres seinen Anspruch auf Einsichtnahme in die Reisebelege aus § 716 Abs. 1 BGB geltend machen kann, was für ihn allerdings auch bedeutet, dass er die Höhe der Auslagenerstattung selbst berechnen muss.

**III. Anspruch D gegen C auf Einsicht in die Reisebelege aus § 716 Abs. 1 BGB**

D könnte gegen C einen Anspruch auf Einsichtnahme in die Reisebelege aus § 716 Abs. 1 BGB haben. Dieser Anspruch scheidet allerdings aus, da D schon kein Gesellschafter mehr ist. Insofern kann sich D auch nicht darauf berufen, dass dieser Anspruch schon zu einem Zeitpunkt entstanden ist, als er noch Gesellschafter war. Denn dieser kann nur als Gesellschafter geltend gemacht werden, was D im Zeitpunkt seiner Geltendmachung gegenüber C nicht mehr war. D hat daher gegen C keinen Anspruch auf Einsichtnahme in die Reisebelege aus § 716 Abs. 1 BGB.

**IV. Anspruch D gegen C auf Einsicht in die Reisebelege aus § 810 BGB**

D könnte gegen C einen Anspruch auf Einsichtnahme in die Reisebelege aus § 810 BGB haben. Das dafür erforderliche rechtliche Interesse ist bei D gegeben, da er möglicherweise selbst Erstattungsansprüche gegen B und C geltend machen kann bzw. solchen selbst möglicherweise ausgesetzt ist. Die Reisebelege betreffen auch ein Rechtsverhältnis, das zwischen ihm und C bestand. D hat daher gegen C einen Anspruch auf Einsichtnahme in die Reisebelege aus § 810 BGB.

*f) Die Vermögensrechte der Gesellschafter*

Keine eigenständige Regelung haben in den §§ 705 ff. BGB die Vermögensrechte der Gesellschafter erfahren, obwohl sich etwa bei den Personen- **141** handelsgesellschaften dazu umfangreiche Regelungen finden (→ Rn. 323 ff.). Diese fehlende Regelung bedeutet allerdings nicht, dass den Gesellschaftern keine Vermögensrechte zukommen. Diese bestehen vor allem für den Fall der Auflösung der (Innen-)GbR (→ Rn. 165 ff.). Darüber hinaus ist es den Gesellschaftern aber auch unbenommen, andere Vermögensrechte im **Gesellschaftsvertrag** festzulegen, was vor allem bei der (Außen-)GbR eine große Rolle spielt (→ Rn. 197 ff.).

### 4. Die Willensbildung der Gesellschafter (Beschlussfassung)

142 Die Willensbildung der Gesellschafter einer (Innen-)GbR hat in den §§ 705 ff. BGB kaum eine Regelung gefunden. Vielmehr wird diese in einzelnen Maßnahmen, die die Gesellschafter treffen können, vorausgesetzt (vgl. etwa zur Entziehung der Geschäftsführung § 712 BGB). Diese geringe Regelungsdichte wirft eine Reihe von Rechtsfragen auf, deren Lösung oftmals nur anhand **allgemeiner Rechtsgrundsätze oder -institute** erfolgen kann. Der Umstand, dass die (Innen-)GbR nicht am Rechtsverkehr teilnimmt (→ Rn. 107 f.) und meist auch kein Gesellschaftsvermögen bildet (→ Rn. 126), hat in diesem Zusammenhang keine Bedeutung, da die Willensbildung eine rein innergesellschaftliche Angelegenheit darstellt.

143 Hinsichtlich der **Zuständigkeit der Gesellschafter** gilt, dass diese zunächst für die Änderung des Gesellschaftsvertrags zuständig sind. Darüber hinaus weisen die §§ 705 ff. BGB den Gesellschaftern teilweise ausdrücklich Kompetenzen zu. Dabei handelt es sich um die Entziehung der Geschäftsführung (§ 712 BGB, → Rn. 217 ff.) und den Ausschluss eines Gesellschafters (§ 737 BGB, → Rn. 155 f.). Der in § 715 BGB vorgesehene Entzug der Vertretungsmacht ist für die (Innen-)GbR aufgrund der fehlenden Teilnahme am Rechtsverkehr (→ Rn. 107 f.) hingegen ohne Bedeutung. Die Gesellschafter können neben diesen Zuständigkeitsregelungen im Gesellschaftsvertrag weitere Kompetenzen vorsehen.

144 Zur **Stimmabgabe** ist bei der (Innen-)GbR jeder Gesellschafter berechtigt. Welches Stimmgewicht dabei jedem einzelnen Gesellschafter zukommt, können die Gesellschafter im Gesellschaftsvertrag selbst regeln. Fehlt es an einer solchen Regelung ist im Zweifel davon auszugehen, dass jedem Gesellschafter das gleiche Stimmgewicht zukommt. Die Abgabe der Stimme muss dabei durch jeden Gesellschafter selbst erfolgen. Die Stellvertretung ist insofern nur möglich, wenn dies im Gesellschaftsvertrag ausdrücklich vorgesehen ist oder die übrigen Gesellschafter dies zulassen (vgl. MüKoBGB/*Schäfer* § 709 Rn. 77).

145 Die Beschlussfassung erfolgt bei der (Innen-)GbR im Grundsatz einstimmig, so dass stets alle Gesellschafter zustimmen müssen. Da dies die Arbeitsweise der (Innen-)GbR oftmals aber über Gebühr einschränkt, sehen die Gesellschaftsverträge oft sog. **Mehrheitsklauseln** vor, bei deren konkreter Ausgestaltung grundsätzlich Vertragsfreiheit gilt. Diese Mehrheitsklauseln können sich dabei auch auf die Änderung des Gesellschaftsvertrags beziehen, was allerdings nicht unproblematisch ist, da dann der Mehrheit letztlich die Möglichkeit gegeben

wird, die Grundlagen der (Innen-)GbR gegen den Willen einer Minderheit zu ändern.

Die Zulässigkeit derartiger Mehrheitsklauseln im Zusammenhang mit der Änderung des Gesellschaftsvertrages war stets umstritten. Die höchstrichterliche Rechtsprechung wendete in diesem Zusammenhang zunächst den sog. **Bestimmtheitsgrundsatz** an, wonach eine Änderung des Gesellschaftsvertrages durch Mehrheitsbeschluss nur dann möglich war, wenn der jeweilige Beschlussgegenstand im Gesellschaftsvertrag konkret bezeichnet gewesen ist (BGHZ 48, 251 (253); 66, 82 (85); BGH NJW 1987, 411 (412)). Dies wurde damit begründet, dass die Gesellschafter eine Änderung des Gesellschaftsvertrags gegen ihren Willen nur dann hinnehmen wollen, wenn dies im Gesellschaftsvertrag ausdrücklich vereinbart ist. Eine allgemeine Mehrheitsklausel, wonach die Gesellschaft in allen Angelegenheiten stets per Mehrheit beschließen können soll, wurde danach jedenfalls hinsichtlich einer Änderung des Gesellschaftsvertrags für unzulässig erachtet. Dieses Konzept hat die höchstrichterliche Rechtsprechung inzwischen allerdings aufgegeben (BGH ZIP 2012, 515 (517); BGHZ 179, 13) und sich insofern auf eine allgemeine Rechtmäßigkeitskontrolle hinsichtlich des Zustandekommens des Beschlusses zurückgezogen. Daneben findet allerdings auch noch die sog. **Kernbereichslehre** Anwendung, wonach dem Gesellschafter elementare Rechte wie Stimm- oder Informationsrechte nicht ohne seine Zustimmung entzogen werden können (MüKoBGB/*Schäfer* § 709 Rn. 87 ff.). Schließlich gibt es auch Mitgliedschaftsrechte, die dem Gesellschafter generell nicht entzogen werden können, wozu vor allem das Recht auf eine gerichtliche Überprüfung von Beschlüssen zählt (BGH NJW 1995, 1218 (1219)).

Kommt ein Beschluss der Gesellschafter unter Verletzung der gesetzlichen Vorschriften oder der Bestimmungen des Gesellschaftsvertrags zustande, stellt sich zum einen die Frage nach dessen Wirksamkeit und zum anderen nach der Möglichkeit einer gerichtlichen Geltendmachung der Fehlerhaftigkeit. Für das **Beschlussmängelrecht der (Innen-)GbR** gelten dabei die allgemeinen Regeln der Rechtsgeschäftslehre und des Zivilprozessrechts. Dies bedeutet, dass ein rechtswidriger Beschluss zunächst nichtig ist. Allerdings wird davon für den Fall der Verletzung bloßer Verfahrensvorschriften eine Ausnahme dahingehend gemacht, dass der Beschluss zunächst als wirksam gilt, was aber nicht ausschließt, dass die Rechtswidrigkeit gerichtlich festgestellt werden kann. Derartige Verfahrensfehler sind etwa die unrichtige Feststellung eines Abstimmungsergebnisses oder kleinere Ungenauigkeiten in der Ladung zur Gesellschafterversammlung (BGH ZIP 1995, 1355 (1365)). Ein inhaltlicher Fehler liegt etwa bei einem Verstoß gegen die Treuepflicht (→ Rn. 135) vor. Die fehlende Wirksamkeit eines Beschlusses kann von Gesellschaftern gerichtlich geltend gemacht werden. Dieser Rechtsstreit ist aber nicht zwischen der (Innen-)GbR und den Gesellschaftern, sondern nur zwischen den Gesellschaftern auszutragen (BGH NJW 1981, 2565; 1984, 2104; 1995, 1218) und erfolgt meist in Form einer **Feststellungsklage** (§ 256 ZPO). **146**

### 5. Die Geschäftsführung

Die Geschäftsführung steht bei der (Innen-)GbR nach § 709 BGB allen Gesellschaftern gemeinschaftlich zu. Zudem kann diese auch im Gesellschaftsvertrag **147** auf einen einzelnen Gesellschafter übertragen werden, wodurch sogleich alle anderen Gesellschafter von der Geschäftsführung ausgeschlossen sind (§ 710 BGB). Aufgrund des **Grundsatzes der Selbstorganschaft** (→ Rn. 90) kann die Geschäftsführung dabei nur auf einen Gesellschafter und nicht auf einen Dritten übertragen werden. Da die (Innen-)GbR nicht am Rechtsverkehr (→ Rn. 107 f.) teilnimmt und auch kein Gesellschaftsvermögen bildet (→ Rn. 126), ist der Aufgabenbereich der Geschäftsführung entsprechend gering.

148 **Beispielsfall:** X, Y und Z sind mit einer Beteiligung von jeweils 20% Aktionäre der W-AG. Da die Hauptversammlung in den vergangenen Jahren turbulent verlaufen ist und die Ergebnisse nicht vorhersehbar waren, entschließen sich X, Y und Z sich zukünftig vor der Hauptversammlung zu treffen und die dort zu fassenden Beschlüsse schon vorab zu koordinieren, um dann auf der Hauptversammlung entsprechend abzustimmen. Sollte X, Y oder Z sich nicht an diese Absprache halten, soll er den jeweils anderen eine Vertragsstrafe von 50.000 EUR zahlen.

Die Geschäftsführung beschränkt sich in diesem Beispiel auf die Koordination der Gesellschaft in Form der Einberufung der Treffen vor den Hauptversammlungen und der Leitung dieser Treffen. Bei einem Gesellschafterbestand von drei Personen dürfte dabei in der Regel keine Abweichung von § 709 BGB vorgenommen werden, so dass alle Gesellschafter diese organisatorischen Fragen gemeinschaftlich wahrnehmen. Bei einer größeren Zahl von Gesellschaftern kann es allerdings auch bei dieser Form der (Innen-)GbR erforderlich werden, einem Gesellschafter allein die Geschäftsführung zu übertragen, da die Gesellschaft sonst an organisatorische Grenzen stößt.

## III. Die (fehlenden) Beziehungen zu Dritten

149 Da die (Innen-)GbR – im Gegensatz zur (Außen-)Gesellschaft (→ Rn. 175 ff.) – **nicht am Rechtsverkehr** als solche teilnimmt, stellt sich bei dieser auch nicht das Problem der Regelung der Beziehungen zu Dritten. Dieser Aspekt hat bei der (Außen-)GbR (→ Rn. 235 ff.) eine ungleich größere Bedeutung.

150 **Beispielsfall:** A, B und C planen gemeinsam von Hamburg eine Autourlaubsreise an den Bodensee. Während A das Auto stellt, soll B die Kosten für Benzin und C die Kosten für die Übernachtungen auf den Campingplätzen übernehmen. Zu diesem Zweck haben sie eine Reisekasse gebildet, in die B und C jeweils 500 EUR eingezahlt haben und die von A verwaltet wird.

Die von A, B und C gegründete GbR ist eine reine Innengesellschaft, da diese in keiner Weise am Rechtsverkehr teilnimmt. Denn während der gesamten Reise werden A, B und C keine Verträge im Namen der Gesellschaft abschließen, sondern stets im eigenen Namen handeln. Dies ist natürlich nicht zwingend. So könnten A, B und C die jeweiligen Verträge auch im Namen der Gesellschaft abschließen, was zum einen allerdings wenig praktikabel ist und zum anderen auch keinen großen Unterschied machen würde, da die auf einer Urlaubsreise abgeschlossenen Verträge häufig Vorkasse erfordern. Aber selbst bei den Verträgen, bei denen das nicht der Fall ist, bliebe es bei einer unmittelbaren Haftung der Gesellschafter für die sich aus diesen Verträgen ergebenden

Verpflichtungen (→ Rn. 251 ff.). Aufgrund des geringen Umfangs der bei einer solchen Urlaubsreise entstehenden Kosten, fällt aber auch dieser Aspekt nicht tatsächlich ins Gewicht. Daher handelt es sich bei derartigen Urlaubsgesellschaften in der Regel um (Innen-)GbR.

## IV. Wechsel von Gesellschaftern

Bei der (Innen-)GbR kann der Wechsel von Gesellschaftern bei gleichzeitiger Fortführung der (Innen-)GbR durch das **Ausscheiden eines (alten) Gesellschafters** (→ Rn. 152 ff.), den **Eintritt eines (neuen) Gesellschafters** (→ Rn. 160 f.) und die **Übertragung der Gesellschafterstellung** (→ Rn. 162 ff.) erfolgen. 151

### 1. Ausscheiden eines Gesellschafters

Der Gesellschafter einer (Innen-)GbR kann zunächst aus dieser ausscheiden, wofür entweder eine Änderung des Gesellschaftsvertrages (→ Rn. 154) oder ein **Beschluss der (übrigen) Gesellschafter** (§ 737 BGB, → Rn. 155 ff.) notwendig ist. Der Tod des Gesellschafters (§ 727 BGB), die Eröffnung des Insolvenzverfahrens über sein Vermögen (§ 728 Abs. 2 BGB) und die Kündigung der Gesellschaft (§§ 723 ff. BGB) führt bei der (Innen-)GbR zu deren Auflösung (→ Rn. 165 ff.), sofern der Gesellschaftsvertrag keine abweichende Regelung enthält. Damit ergibt sich für die Gründe eines Ausscheidens eines Gesellschafters aus einer (Innen-)GbR folgendes Bild: 152

153

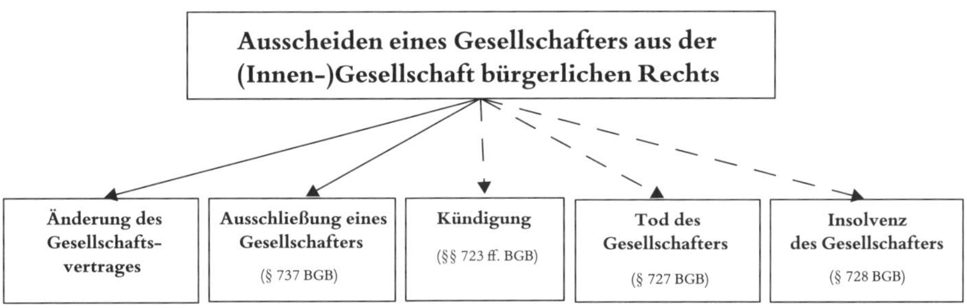


**Merksatz:** Bei der (Innen-)GbR kann ein Gesellschafter nur im Wege der Änderung des Gesellschaftsvertrages oder durch eine Ausschließung aus dieser ausscheiden.

#### *a) Änderung des Gesellschaftsvertrages*

Ein Ausscheiden eines Gesellschafters kann zunächst durch eine Änderung des Gesellschaftsvertrages herbeigeführt werden. Diese Möglichkeit ist bei der (Innen-)GbR zwar nicht ausdrücklich geregelt, steht den Gesellschaftern aber dennoch jederzeit im Rahmen der **Vertragsfreiheit** offen. Die Änderung erfordert allerdings eine Mitwirkung aller Gesellschafter. 154

*b) Ausschluss eines Gesellschafters*

155 Der – jedenfalls in der gesetzlichen Konzeption vorgesehene – weitere Fall für ein Ausscheiden eines Gesellschafters ist der Ausschluss des Gesellschafters. Voraussetzung ist dafür allerdings zunächst, dass der Gesellschaftsvertrag vorsieht, dass die (Innen-)GbR für den Fall der Kündigung der Gesellschaft durch einen Gesellschafter fortgesetzt werden soll (→ Rn. 174). Zudem ist es erforderlich, dass ein **wichtiger Grund** vorliegt (§§ 737 S. 1, 723 Abs. 1 S. 2 BGB). Ein solcher ist etwa dann anzunehmen, wenn die Fortsetzung der Gesellschaft für die übrigen Gesellschafter aufgrund einer vorsätzlichen oder grob fahrlässigen Verletzung von wesentlichen Pflichten des Gesellschaftsvertrags nicht zumutbar ist.

156 **Beispielsfall:** X, Y und Z sind mit einer Beteiligung von jeweils 20 % Aktionäre der W-AG. Da die Hauptversammlung in den vergangenen Jahren turbulent verlaufen ist und die Ergebnisse nicht vorhersehbar waren, entschließen sich X, Y und Z sich zukünftig vor der Hauptversammlung zu treffen und die dort zu fassenden Beschlüsse schon vorab zu koordinieren, um dann auf der Hauptversammlung entsprechend abzustimmen. Sollte X, Y oder Z sich nicht an diese Absprache halten, soll er den jeweils anderen eine Vertragsstrafe von 50.000 EUR zahlen. Da X in den vergangenen Jahren wiederholt entgegen der Absprache abgestimmt hat, wollen Y und Z ihn aus der Gesellschaft ausschließen.

Der Ausschluss von X aus der (Innen-)GbR scheitert bereits daran, dass diese kein Kündigungsrecht für die Gesellschafter vorsieht, was aber neben dem zweifellos vorliegenden wichtigen Grund zwingende Voraussetzung für einen Ausschluss ist (§ 737 S. 1 BGB). Allerdings können sowohl Y als auch Z die Gesellschaft kündigen und diese damit beenden (→ Rn. 174). Im Anschluss daran steht es ihnen offen, die vorher bestandene Stimmbindung durch den Abschluss eines neuen Gesellschaftsvertrages wieder herzustellen. Diese Möglichkeiten berühren dabei nicht den Anspruch von Y und Z gegen X auf Zahlung der Vertragsstrafen wegen der abredewidrigen Abstimmung in der Hauptversammlung.

157 Da über das Vorliegen eines wichtigen Grundes Streit bestehen kann, sehen Gesellschaftsverträge oftmals weitergehende Regelungen vor, um einen Gesellschafter auszuschließen. Diese gehen dabei teilweise soweit, dass der Ausschluss eines Gesellschafters in das freie Ermessen der übrigen Gesellschafter bzw. der Geschäftsführer gestellt wird. Da derartige **Gestaltungen des Gesellschaftsvertrages** die Gefahr eines Missbrauchs oder jedenfalls einer missbräuchlichen Nutzung begründen, sieht die höchstrichterliche Rechtsprechung diese nur dann als wirksam an, wenn sie durch einen sachlichen Grund gerechtfertigt sind (BGHZ 125, 74 (79) für die stille Gesellschaft). Soweit der Gesellschaftsvertrag allerdings den Ausschluss an klar umrissene Tatbestandsmerkmale knüpft, bestehen keine Bedenken gegen die Zulässigkeit derartiger Gestaltungen.

*c) Abweichende gesellschaftsvertragliche Regelungen für den Fall der Kündigung, des Todes oder der Insolvenz des Gesellschafters*

Im Gegensatz zum Recht der oHG (→ Rn. 375 ff.) ist für die (Innen-)GbR weder die Kündigung durch einen Gesellschafter (§§ 723 ff. BGB), noch dessen Tod (§ 727 BGB) oder die Eröffnung des Insolvenzverfahrens über sein Vermögen (§ 728 Abs. 2 BGB) ein Grund für ein Ausscheiden aus der Gesellschaft. Vielmehr wird die (Innen-)GbR in diesen Fällen aufgelöst. Da diese Gründe nicht im Einflussbereich der übrigen Gesellschafter liegen und diese oftmals ein Interesse an einer Fortführung der Gesellschaft trotz des Eintretens dieser Gründe haben, kann der Gesellschaftsvertrag entsprechend abweichende Regelungen enthalten und die Folgen des Eintritts dieser Gründe auf ein Ausscheiden des betroffenen Gesellschafters beschränken. 158

*d) Rechtsfolge des Ausscheidens*

Da eine (Innen-)GbR in der Regel über **kein Gesellschaftsvermögen** verfügt (→ Rn. 126), kann bei dieser auch kein Abfindungsanspruch für den ausscheidenden Gesellschafter nach § 738 BGB entstehen. Mit dem Ausscheiden endet vielmehr lediglich die rechtliche Bindung des ausgeschiedenen Gesellschafters und die (Innen-)GbR wird im Übrigen unter den verbleibenden Gesellschaftern fortgesetzt. Bestand bei der (Innen-)GbR hingegen ein Gesellschaftsvermögen, muss auch bei dieser eine Auseinandersetzung stattfinden, die sich aufgrund der bloßen gesamthänderischen Bindung des Gesellschaftsvermögens oder eine Eigentumsstellung der (Innen-)GbR (→ Rn. 126) aber nur auf eine Rückgewähr der Beiträge beschränkt. 159

## 2. Eintritt in eine bestehende Gesellschaft

Die (Innen-)GbR ist in ihrer Gesellschafterstruktur nicht fixiert. Diese kann daher auch neue Gesellschafter aufnehmen, wofür die Änderung des Gesellschaftsvertrages notwendig ist. Dafür ist grundsätzlich die Zustimmung aller Gesellschafter erforderlich. Allerdings kann der Gesellschaftsvertrag auch vorsehen, dass die Entscheidung über die Aufnahme neuer Gesellschafter per Mehrheitsbeschluss oder aufgrund der Entscheidung eines einzelnen Gesellschafters getroffen wird. Derartige Klauseln sind in den Gesellschaftsverträgen von (Innen-)Gesellschaften bürgerlichen Rechts aber eher selten anzutreffen. 160

**Beispielsfall:** X, Y und Z sind mit einer Beteiligung von jeweils 20% Aktionäre der W-AG. Da die Hauptversammlung in den vergangenen Jahren turbulent verlaufen ist und die Ergebnisse nicht vorhersehbar waren, entschließen sich X, Y und Z sich zukünftig vor der Hauptversammlung zu treffen und die dort zu fassenden Beschlüsse schon vorab zu koordinieren, um dann auf der Hauptversammlung entsprechend abzustimmen. Sollte X, Y oder Z sich nicht an diese Absprache halten, soll er den jeweils anderen eine Vertragsstrafe von 50.000 EUR zahlen. Als der Aktionär A der W-AG davon erfährt, möchte er gern auch an dieser Koordinierung der Stimmabgabe teilnehmen. 161

A kann der (Innen-)GbR ohne weiteres beitreten, was allerdings die Zustimmung von X, Y und Z erfordert. Nur wenn alle Gesellschafter zustimmen, kann A aufgenommen werden. Die fehlende Zustimmung von X, Y oder Z hat dabei auch keinerlei weitere rechtlichen Folgen, da die Gesellschafter frei darin sind, den Gesellschaftsvertrag auch hinsichtlich der Aufnahme eines neuen Gesellschafters zu verändern. Insofern besteht vor allem kein Kontrahierungszwang.

### 3. Übertragung der Gesellschafterstellung

162 Grundsätzlich ist die Gesellschafterstellung nicht übertragbar, da die (Innen-)Gesellschaften bürgerlichen Rechts als Vertrag nur zwischen den ursprünglichen Gesellschaftern geschlossen wurden. Allerdings kann der Gesellschaftsvertrag eine Übertragbarkeit ermöglichen. Dabei sind grundsätzlich **zwei verschiedene Konstellationen** denkbar.

163 Zunächst kann sich der Gesellschafterwechsel durch den **Austritt eines Gesellschafters und den gleichzeitigen Eintritt eines anderen Gesellschafters** vollziehen. Auch wenn dies im Ergebnis einem Gesellschafterwechsel gleichkommt, handelt es sich bei genauere Betrachtung nicht um einen solchen, da der neue Gesellschafter nicht in die vollständig identische Rechtsposition des alten Gesellschafters eintritt.

164 Darüber hinaus kann der Gesellschafterwechsel auch durch eine **tatsächliche Übertragung der Gesellschafterstellung** erfolgen. Voraussetzung dafür ist allerdings, dass eine solche Übertragung im Gesellschaftsvertrag auch vorgesehen ist oder die übrigen Gesellschafter ihre Zustimmung erteilen. Die Übertragung erfolgt nach §§ 413, 398 BGB im Wege der Abtretung.

**Merksatz:** Die Übertragung der Gesellschafterstellung erfolgt bei einer (Innen-)GbR im Wege der Abtretung (§§ 413, 398 BGB), wenn der Gesellschaftsvertrag eine solche Übertragung zulässt oder alle Gesellschafter zugestimmt haben.

## V. Beendigung der (Innen-)Gesellschaft bürgerlichen Rechts

165 Auch die Beendigung der (Innen-)GbR folgt den allgemeinen Grundsätzen für die Beendigung einer Gesellschaft (→ Rn. 81 ff.), so dass zunächst zwischen der **Auflösung**, der **Auseinandersetzung** und der (**Voll-)Beendigung** unterschieden werden muss. Da die (Innen-)GbR allerdings in der Regel kein Gesellschaftsvermögen bildet (→ Rn. 126), bedarf es keiner Auseinandersetzung, so dass mit der Auflösung sogleich die (Voll-)Beendigung der Gesellschaft verbunden ist.

166 Als **Gründe für die Auflösung** einer (Innen-)GbR kommen neben dem Zeitablauf (→ Rn. 168), das Unmöglichwerden oder Erreichen des Zwecks der Gesellschaft (→ Rn. 169), der Tod eines Gesellschafters (→ Rn. 172), die entsprechende Beschlussfassung der Gesellschafter (→ Rn. 173) und die Kündigung in Betracht (→ Rn. 174).

167

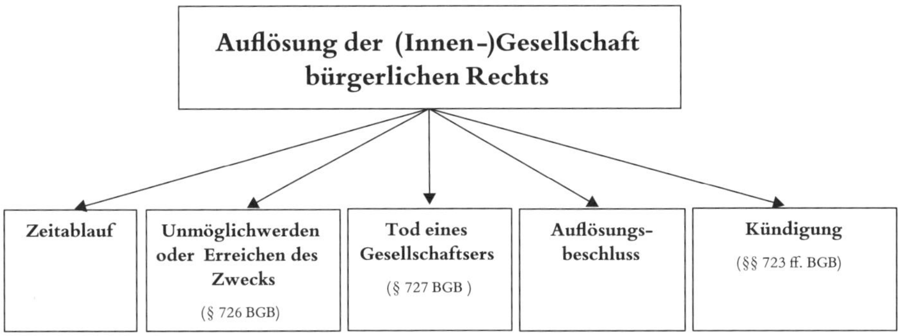


168 Die (Innen-)GbR kann zunächst durch bloßen **Zeitablauf** aufgelöst werden, wenn der Gesellschaftsvertrag eine entsprechende Befristung vorsieht.

169 Darüber hinaus kann auch das **Unmöglichwerden oder Erreichen des Zwecks der Gesellschaft** (§ 726 BGB) zur Auflösung und damit (Voll-)Beendigung der (Innen-)GbR führen.

170 Beide Fälle sind in der Praxis eher selten anzutreffen. Hinsichtlich des Zeitablaufs ergibt sich dies daraus, dass der erforderliche Zeitraum für die Existenz der (Innen-)GbR oftmals im vornherein nicht sicher bestimmt werden kann. Hinzu kommt, dass eine auf eine bestimmte Zeit eingegangene (Innen-)GbR grundsätzlich nicht durch einen Gesellschafter gekündigt werden kann (→ Rn. 174). Bei dem Unmöglichwerden oder Erreichen des Zwecks der Gesellschaft stellt sich hingegen das Problem, dass über das tatsächliche Eintreten dieser Voraussetzungen Unklarheit und Streit zwischen den Gesellschaftern bestehen kann.

171 **Beispielsfall:** X, Y und Z sind mit einer Beteiligung von jeweils 20% Aktionäre der W-AG. Da die Hauptversammlung in den vergangenen Jahren turbulent verlaufen ist und die Ergebnisse nicht vorhersehbar waren, entschließen sich X, Y und Z sich zukünftig vor der Hauptversammlung zu treffen und die dort zu fassenden Beschlüsse schon vorab zu koordinieren, um dann auf der Hauptversammlung entsprechend abzustimmen. Im Jahr 2013 meldet die W-AG Insolvenz an und wird im weiteren Verlauf aufgelöst und später im Handelsregister gelöscht.

Die (Innen-)GbR wird durch die Löschung der W-AG automatisch aufgelöst und vollbeendet, da der gemeinsame Zweck in Form der Koordinierung der Stimmrechtsabgabe auf der Hauptversammlung nicht mehr erreicht werden kann. Daher stellt es auch keine Pflichtverletzung von X, Y oder Z dar, wenn sich diese zukünftig nicht mehr wie bisher einmal jährlich treffen. Die Auflösung und Vollbeendigung der (Innen-)GbR erfolgt dabei ohne dass es einer weiteren Aktivität der Gesellschafter bedarf.

172 Zudem führt der **Tod eines Gesellschafters** nach § 727 BGB zur Auflösung und damit (Voll-)Beendigung der (Innen-)GbR. Dies gilt auch dann, wenn noch weitere Gesellschafter in der (Innen-)GbR verbleiben. Hintergrund dieser Regelung ist die persönliche Bindung der Gesellschafter untereinander und deren Interesse, die (Innen-)GbR mit dem ursprünglich vereinbarten

Personenbestand fortzuführen. Da die Gesellschafter oftmals aber auch ein Interesse an einer Fortführung der Gesellschaft ohne den verstorbenen Gesellschafter haben können, gestattet § 727 Abs. 1 BGB eine abweichende Regelung im Gesellschaftsvertrag (→ dazu ausführlich Rn. 158).

**173** Darüber hinaus kann die (Innen-)GbR auch durch einen entsprechenden **Beschluss der Gesellschafter** aufgelöst und damit beendet werden. Diese Möglichkeit wird in den §§ 705 ff. BGB zwar – im Gegensatz zur Rechtslage bei der oHG (→ Rn. 397) – nicht ausdrücklich erwähnt, ergibt sich aber aus der Vertragsautonomie der Gesellschafter.

**174** Schließlich kann die (Innen-)GbR auch durch eine **Kündigung** aufgelöst und damit beendet werden (§ 723 BGB). Voraussetzung dafür ist das Vorliegen eines wichtigen Grundes und die fehlende Befristung der (Innen-)GbR (dazu ausführlich im Rahmen der (Außen-)GbR → Rn. 299). Zwar sieht § 725 BGB auch die **Kündigung durch einen Pfändungspfandgläubiger** vor. Allerdings setzt dies die Pfändung des Anteils des Gesellschafters am Gesellschaftsvermögen voraus, was bei der (Innen-)GbR aufgrund der fehlenden Bildung eines Gesellschaftsvermögens (→ Rn. 126) meist schon nicht der Fall ist.

**Merksatz:** Die Auflösung der (Innen-)GbR führt automatisch zu deren Vollbeendigung. Als Auflösungsgründe kommen der Zeitablauf, das Unmöglichwerden oder Erreichen des Zwecks der Gesellschaft, der Tod eines Gesellschafters, die entsprechende Beschlussfassung der Gesellschafter und die Kündigung in Betracht.

## VI. Wiederholung

### 1. Zusammenfassung

a) Die **Gründung** einer (Innen-)GbR erfordert
  - den Abschluss eines Gesellschaftsvertrags und
  - grundsätzlich keiner Beachtung von Form- und Genehmigungsvorbehalten.

b) Der **Gesellschaftsvertrag** einer (Innen-)GbR
  - wird nach den allgemeinen Grundsätzen der §§ 133, 157 BGB ausgelegt und
  - unterliegt der Inhaltskontrolle nach §§ 138, 242 BGB, nicht aber nach den §§ 305 ff. BGB.

c) Die **Gesellschafter** einer (Innen-)GbR
  - haben die Pflicht zur Leistung der im Gesellschaftsvertrag vereinbarten Beiträge
  - unterliegen der Treuepflicht und dem Gleichbehandlungsgebot
  - haben einander nur für die eigentümliche Sorgfalt einzustehen (§ 709 BGB) und
  - haben ein Einsichtsrecht nach § 716 BGB.

d) Die **Willensbildung** der (Innen-)GbR erfolgt durch einen Beschluss,
   - der sich aus den einzelnen Stimmabgaben der Gesellschafter zusammensetzt,
   - der grundsätzlich einstimmig zustande kommen muss,
   - der bei lediglich formalen Fehlern zunächst wirksam und bei inhaltlichen Fehlern nichtig ist und
   - der im Wege der Feststellungsklage überprüft werden kann.
e) Die (Innen-)GbR ist **nicht rechtsfähig** und tritt nicht im Rechtsverkehr auf.
f) Die Gesellschafter einer (Innen-)GbR können durch eine Änderung des Gesellschaftsvertrags oder durch Beschluss der übrigen Gesellschafter bei Vorliegen eines wichtigen Grundes **ausscheiden**. Die Kündigung, der Tod oder die Insolvenz eines Gesellschafters führen zur Auflösung der (Innen-)GbR. Darüber hinaus wird die (Innen-)GbR durch Zeitablauf, das Unmöglichwerden oder Erreichen des Zwecks der Gesellschaft oder durch Beschlussfassung der Gesellschafter aufgelöst. Die **Auflösung** der (Innen-)GbR führt zu deren **Vollbeendigung**.

### 2. Kontrollfragen

a) Welche Vor- und Nachteile birgt die (Innen-)GbR als Beteiligungsform für das Projekt von A und B (→ Rn. 98) für die Gewinnung externer Investoren?
b) Welche Erscheinungsformen gibt es typischerweise bei der GbR?
c) Warum finden die Grundsätze der fehlerhaften Gesellschaft bei der (Innen-)GbR im Gegensatz zur (Außen-)GbR grundsätzlich keine Anwendung?
d) Auf welche Weise wird ein Gesellschaftsvertrag einer (Innen-)GbR ausgelegt?
e) Welche Rechte und Pflichten bestehen für einen Gesellschafter einer (Innen-)GbR?
f) Welche Gründe führen zu einem Ausscheiden eines Gesellschafters aus einer (Innen-)GbR und was sind die Rechtsfolgen?
g) Welche Besonderheiten gelten bei der Beendigung der (Innen-)GbR?

# C. Die (Außen-)Gesellschaft bürgerlichen Rechts

## I. Gründung

Ebenso wie die (Innen-)GbR (→ Rn. 113 ff.) erfordert auch die (Außen-) **175**
GbR für die Gründung den Abschluss eines Gesellschaftsvertrages. Auch wenn dieser **keinen besonderen Formerfordernissen** unterliegt, können sich diese ergeben, soweit sich die Gesellschafter der (Außen-)GbR im Rahmen des Gesellschaftsvertrags zur Leistung von Sachen oder Rechten verpflichten, wenn die Begründung einer solchen Verpflichtung selbst formbedürftig ist. Auch die

eigentliche Leistung der Einlage stellt keine Schenkung dar, so dass auch bei dieser § 518 Abs. 1 BGB keine Anwendung findet (→ Rn. 178 f.).

176 Soweit die (Außen-)GbR auf den Betrieb eines Erwerbsgeschäfts gerichtet ist, können **familienrechtliche Genehmigungserfordernisse** zu beachten sein (→ Rn. 181).

**Klausurhinweis:** In der gesellschaftsrechtlichen Fallprüfung spielt die wirksame Gründung der Gesellschaft eine nicht unbedeutende Rolle. Denn viele Klausuren enthalten neben einem spezifischen Problem aus dem „Leben der Gesellschaft" auch ein weiteres Problem im Zusammenhang mit deren Gründung. Auch wenn das wirksame Entstehen der Gesellschaft für die weiteren gesellschaftsrechtlichen Fragestellungen meist denknotwendige Voraussetzung ist, sollte nicht vorschnell über etwaige Probleme im Zusammenhang mit der Gründung der Gesellschaft hinweggegangen werden oder gar die wirksame Gründung der Gesellschaft schlicht unterstellt werden. Denn häufig können etwaige Fehler bei der Gründung der Gesellschaft aufgrund der Anwendung der Grundsätze der fehlerhaften Gesellschaft (→ Rn. 187 ff.) irrelevant sein.

## II. Beziehungen der Gesellschafter untereinander (Innenverhältnis)

### 1. Der Gesellschaftsvertrag

177 Auch bei der (Außen-)GbR ist der Gesellschaftsvertrag das **Herzstück der Gesellschaft** und regelt die wesentlichen Aspekte der Rechtsbeziehungen der Gesellschafter.

#### *a) Formerfordernisse*

178 Ebenso wie bei der (Innen-)GbR (→ Rn. 115 ff.) oder der oHG (→ Rn. 318) bestehen für den Gesellschaftsvertrag der (Außen-)GbR grundsätzlich keine **Formerfordernisse**. Etwas anderes gilt nur dann, wenn durch den Gesellschaftsvertrag die Verpflichtung zur Übertragung oder zum Erwerb von Eigentum an einem Grundstück begründet wird, da dann auch für den Gesellschaftsvertrag das Formerfordernis von § 311b Abs. 1 BGB gilt (BGH NJW 1978, 2505; 1996, 1279). Dies rechtfertigt sich daraus, dass auch in einem solchen Fall die mit § 311b Abs. 1 S. 1 BGB verfolgte Warnfunktion betroffen ist. Das Formerfordernis von § 311b Abs. 1 BGB kommt allerdings nicht zur Anwendung, wenn die vertragliche Verpflichtung zur Übertragung oder zum Erwerb eines Anteils an einer (Außen-)GbR begründet wird (zum Erwerb → Rn. 286 ff.).

179 **Beispielsfall:** A und B sind Eigentümer zweier nebeneinander liegender und unbebauter Grundstücke. Aufgrund des hohen Parkplatzbedarfs in ihrer Stadt entscheiden sich A und B eine Parkplatz GbR zu gründen, die auf den beiden Grundstücken einen Parkplatz betreiben soll. Der handschriftlich verfasste Gesellschaftsvertrag sieht vor, dass A und B das Eigentum an den Grundstücken in die Parkplatz GbR einbringen.

Kurz darauf möchte A an dem Projekt nicht mehr mitwirken und weigert sich, sein Grundstück an die Gesellschaft zu übereignen. Zu Recht?

Die Parkplatz GbR könnte gegen A einen Anspruch auf Übergabe und Übereignung des Grundstücks aus dem Gesellschaftsvertrag haben. Dies setzt allerdings voraus, dass der Gesellschaftsvertrag wirksam abgeschlossen wurde. A und B haben den Gesellschaftsvertrag abgeschlossen. Dieser Gesellschaftsvertrag könnte allerdings nach §§ 125, 311b Abs. 1 S. 1 BGB formnichtig sein. Das wäre dann der Fall, wenn der Abschluss des Gesellschaftsvertrags einer besonderen Form bedurft hätte und diese nicht beachtet wurde. Grundsätzlich bedürfen Gesellschaftsverträge für eine GbR keiner besonderen Form. Etwas anderes gilt allerdings dann, wenn durch den Gesellschaftsvertrag die Verpflichtung zur Übertragung oder zum Erwerb von Eigentum an einem Grundstück begründet wird, da dann auch für den Gesellschaftsvertrag das Formerfordernis von § 311b Abs. 1 BGB gilt. Dies ist vorliegend der Fall. Aufgrund der bloßen handschriftlichen Abfassung des Gesellschaftsvertrages genügt dieser nicht den Anforderungen von § 311b Abs. 1 S. 1 BGB und ist daher nach § 134 BGB nichtig. Eine Verpflichtung für A zur Übergabe und Übereignung des Grundstücks besteht daher nicht.

**Klausurhinweis:** Bei der Prüfung von Ansprüchen aus einem Gesellschaftsvertrag wird von den meisten Kandidaten der Fehler begangen, den Gesellschaftsvertrag selbst nicht als Anspruchsgrundlage zu erkennen. Stattdessen wird häufig auf § 433 BGB zurückgegriffen, der aber gerade nicht anwendbar ist, da es sich beim Gesellschaftsvertrag nicht um einen Kaufvertrag handelt.

Ein Formerfordernis für den Gesellschaftsvertrag folgt auch nicht aus § 518 **180**
Abs. 1 BGB. Denn bei dem Abschluss des Gesellschaftsvertrages fehlt es schon an einer **unentgeltlichen Leistung**, da der Gesellschafter zum einen der Beitragspflicht unterliegt und zum anderen auch die persönliche Mithaftung übernimmt. Diese Argumentation ist allerdings nicht zwingend, da man die Unentgeltlichkeit auch auf die Begründung der Gesellschafterstellung als solche beziehen und die Beitragspflicht und die persönliche Haftung als bloße Folgen der Begründung der Gesellschafterstellung betrachten kann. Eine derartige Differenzierung ist allerdings nicht überzeugend. Zur abweichenden Rechtslage bei der (Innen-)GbR → Rn. 115.

**Merksatz:** Der Gesellschaftsvertrag der (Außen-)GbR bedarf grundsätzlich keiner besonderen Form. Eine Formbedürftigkeit kann sich allerdings dann ergeben, wenn durch den Gesellschaftsvertrag Verpflichtungen eingegangen werden, für deren Begründung Formerfordernisse gelten.

*b) Genehmigungserfordernisse*

Der Gesellschaftsvertrag der (Außen-)GbR ist grundsätzlich nicht geneh- **181**
migungsbedürftig. Etwas anderes gilt nur dann, wenn die (Außen-)GbR auf das Betreiben eines Erwerbsgeschäfts ausgerichtet ist und der Gesellschafter

in seiner Geschäftsfähigkeit beschränkt ist. In diesem Fall muss das Familiengericht zustimmen (§§ 1643 Abs. 1, 1822 Nr. 3 BGB). Darüber hinaus hat der Minderjährige bei Eintritt seiner Volljährigkeit die Möglichkeit, seine Haftung zu beschränken (§ 1629a BGB). Schließlich ist die Genehmigung auch erforderlich, wenn der (künftige) Gesellschafter unter Betreuung steht (§ 1908i BGB). Soweit der gesetzliche Vertreter oder der Betreuer selbst an der Gesellschaft beteiligt ist, muss zudem ein Pfleger bestellt werden (§§ 1629 Abs. 2, 1795 Abs. 2, 1908i Abs. 1 BGB).

**Klausurhinweis:** Der Minderjährige hat in der Klausurpraxis des Gesellschaftsrechts eine im Vergleich zum allgemeinen Zivilrecht untergeordnete Rolle, da sich die Genehmigung des Familiengerichts in der Regel schlecht in einen Klausursachverhalt einbauen lässt. Dennoch sollte auch bei einer Gesellschaftsrechtsklausur auf eine etwaige Minderjährigkeit eines Gesellschafters geachtet werden.

*c) Auslegung des Gesellschaftsvertrags*

**182** Die Auslegung des Gesellschaftsvertrags richtet sich – ebenso wie bei der (Innen-)GbR (→ Rn. 122 f.) – nach den §§ 133, 157 BGB. Dabei gilt auch in diesem Zusammenhang, dass der Grundtendenz des Vertrages eine große Bedeutung zuzuerkennen ist. Dies gilt sowohl für eine zeitlich befristete als auch auf eine unbestimmte Zeit eingegangene (Außen-)GbR, da dieser Aspekt für die Frage der Rechte und Pflichten der Gesellschafter typischerweise von großer Bedeutung ist.

**183** Weiterhin kann auch bei der (Außen-)GbR eine **ergänzende Vertragsauslegung** notwendig sein, für die im Grundsatz auf die §§ 705 ff. BGB zurückzugreifen ist. Eine nur eingeschränkte Bedeutung hat schließlich § 139 BGB. Denn aus der Nichtigkeit eines Teils des Gesellschaftsvertrags würde sogleich dessen gesamte Nichtigkeit folgen, was meist nicht sachgerecht ist. Wird hingegen – was in der Gestaltungspraxis typischerweise der Fall ist – eine salvatorische Klausel in den Gesellschaftsvertrag aufgenommen, findet § 139 BGB insgesamt keine Anwendung (BGH ZIP 2010, 925).

Eine Ausnahme von diesen Auslegungsgrundsätzen gilt allerdings für **Gesellschaften mit einem großen Mitgliederbestand**. Denn bei diesen ist die von §§ 133, 157 BGB vorgesehene Berücksichtigung der individuellen Verhältnisse der einzelnen Gesellschafter nicht sachgerecht. Vielmehr finden dann die Grundsätze der objektiven Auslegung Anwendung, die auch für die Körperschaften gelten (für die GmbH → Rn. 589). Ähnliches gilt für Gesellschaften, die von vornherein auf einen ständigen Wechsel von Gesellschaftern ausgerichtet sind (BGH NZG 2013, 738 (740)).

**Merksatz:** Die Auslegung des Gesellschaftsvertrages der (Außen-)GbR richtet sich grundsätzlich nach §§ 133, 157 BGB.

*d) Inhaltskontrolle des Gesellschaftsvertrags*

184 Auch bei der (Außen-)GbR kann der Gesellschaftsvertrag der Inhaltskontrolle nach den Vorschriften des allgemeinen Zivilrechts unterliegen. Insofern kann der Gesellschaftszweck zunächst ein **Verstoß gegen ein gesetzliches Verbot (§ 134 BGB)** darstellen.

185 Darüber hinaus erlangt die **Inhaltskontrolle über § 138 Abs. 1 BGB** große Bedeutung. Der Vergleichsmaßstab ist dabei weniger die allgemeine Sittenwidrigkeit, sondern vielmehr eine Verletzung elementarer Grundsätze und Mindeststandards des Gesellschaftsrechts. Einer der wichtigsten Fälle ist dabei etwa die Verletzung des Grundsatzes der Verbandssouveränität, was immer dann gegeben ist, wenn Nichtgesellschaftern durch den Gesellschaftsvertrag die Kompetenz für besonders bedeutsame Entscheidungen eingeräumt wird (→ Rn. 214). Ein weiterer wichtiger Aspekt der Inhaltskontrolle sind die Folgen des Ausscheidens eines Gesellschafters (→ Rn. 273 ff.).

186 Keine Bedeutung hat schließlich die **AGB-Inhaltskontrolle**, da das Gesellschaftsrecht insgesamt nach § 310 Abs. 4 BGB vom AGB-Recht ausgenommen ist.

**Merksatz:** Der Gesellschaftsvertrag einer (Außen-)GbR kann der Inhaltskontrolle nach §§ 134, 138 BGB unterliegen. Die Inhaltskontrolle im Rahmen des AGB-Rechts ist nach § 310 Abs. 4 BGB ausgeschlossen.

*e) Die fehlerhafte (Außen-)Gesellschaft bürgerlichen Rechts*

187 Im Gegensatz zur (Innen-)GbR (→ Rn. 118 ff.) finden auf die (Außen-)GbR die Grundsätze der fehlerhaften Gesellschaft Anwendung (→ Rn. 33 ff.). Die insofern erforderliche **Invollzugsetzung der (Außen-)GbR** besteht dabei in der Aufnahme ihres Geschäftsbetriebs und der Teilnahme am Rechtsverkehr. Die bloße Bildung eines Gesellschaftsvermögens (→ Rn. 190 ff.) kann hingegen noch nicht ausreichen, da damit eine fehlende Rückabwicklungsmöglichkeit der (Außen-)GbR noch nicht begründet wird.

188 **Beispielsfall:** A, B, C und D wollen gemeinsam einen Kiosk in der Rechtsform einer (Außen-)GbR betreiben. Dabei soll A den Betrag von 30.000 EUR, B geeignetes Mobiliar für den Kiosk und C das eigentliche Kioskgebäude beisteuern. Der Gesellschaftsvertrag sieht dabei vor, dass das Mobiliar und das Kioskgebäude der Kiosk-GbR nur für einen Zeitraum von zunächst einem Jahr ohne Übertragung des Eigentums überlassen bleiben sollen. D soll den Kiosk als Verkäufer betreiben und für den Einkauf, die Buchführung und die steuerrechtlichen Fragen verantwortlich sein. Kurz nach dem Vertragsschluss stellt D fest, dass das Kioskgebäude entgegen den Angaben von C deutlich kleiner ist und über erheblich weniger Verkaufsfläche verfügt. C hatte diese Umstände beim Abschluss des Gesellschaftsvertrags bewusst falsch angegeben, da er fürchtete, dass die übrigen Gesellschafter sonst von der Gründung der Kiosk-GbR Abstand nehmen würden. D entschließt sich gleichwohl, den Kiosk wie geplant zu eröffnen. Drei Wochen nach der Eröffnung erscheint B am Kiosk und ist über dessen

wahre Größe entsetzt. Er verfasst daraufhin ein Schreiben an alle Gesellschafter und erklärt darin, mit der Angelegenheit nichts mehr zu tun haben zu wollen und verlangt von D Herausgabe des Mobiliars. Zu Recht?

B könnte von der Kiosk-GbR Herausgabe des Mobiliars nach § 985 BGB verlangen. Dies setzt voraus, dass B Eigentümer und die Kiosk-GbR Besitzer des Mobiliars ist und die Kiosk-GbR kein Recht zum Besitz hat. Ursprünglich war B Eigentümer des Mobiliars. Durch die Gründung der Kiosk-GbR hat er das Eigentum auch nicht verloren, da er es der Kiosk-GbR nur vorübergehend überlassen hat. B ist daher Eigentümer. Die Kiosk-GbR ist auch durch den geschäftsführenden Gesellschafter D Besitzer des Mobiliars. Fraglich ist allerdings, ob die Kiosk-GbR nach der Erklärung durch B mit dieser nichts mehr zu tun haben zu wollen überhaupt wirksam gegründet wurde. Denn durch seine Erklärung könnte B seine Willenserklärung zur Gründung der Kiosk-GbR erfolgreich nach §§ 123 Abs. 1, 142 Abs. 1 BGB angefochten haben. Ein Anfechtungsgrund in Form einer arglistigen Täuschung (§ 123 Abs. 1 BGB) liegt aufgrund der bewussten Falschangaben von C gegenüber den übrigen Gesellschaftern und damit auch gegenüber B vor. Die Anfechtung wurde auch innerhalb der Anfechtungsfrist erklärt. Fraglich ist allerdings, ob die Anfechtung vorliegend überhaupt zulässig ist. Dem könnten die Grundsätze der fehlerhaften Gesellschaft entgegenstehen. Danach berührt die fehlerhafte Gründung die (Außen-)GbR nicht, wenn diese bereits in Vollzug gesetzt wurde. Vorliegend hat die Kiosk-GbR nach ihrer Gründung ihre Geschäftstätigkeit aufgenommen und wurde dadurch in Vollzug gesetzt. Der Anwendung der Grundsätze der fehlerhaften Gesellschaft stehen auch nicht höherrangige Interessen der Allgemeinheit oder der Schutz bestimmter Personen entgegen. Denn insbesondere die Anfechtung wegen arglistiger Täuschung nach § 123 Abs. 1 BGB berührt diese Schutzinteressen nicht. Die Grundsätze der fehlerhaften Gesellschaft finden daher vorliegend Anwendung, so dass die Anfechtung der Willenserklärung des B zur Gründung der Kiosk-GbR nicht erfolgreich angefochten wurde. Allerdings könnte A durch sein Schreiben die Kiosk-GbR gekündigt haben. Die dafür erforderliche Kündigungserklärung liegt in Form des Schreibens vor. Zwar hat A insofern nicht den Begriff der Kündigung verwendet. Allerdings ist seine Erklärung dahingehend auszulegen, zumal bei dieser deutlich zum Ausdruck kommt, dass er die Kiosk-GbR beenden möchte. Weiterhin müsste ein Kündigungsgrund gegeben sein. Dieser ergibt sich vorliegend aus der Anwendung der Grundsätze der fehlerhaften Gesellschaft (→ Rn. 36). Mit der Kündigung der Kiosk-GbR erlischt diese allerdings nicht, sondern wird lediglich aufgelöst (→ Rn. 292). Allerdings sind die von den Gesellschaftern überlassenen Vermögensgegenstände dann an diese zurückzugewähren (§ 732 BGB). Ein Recht zum Besitz der Kiosk-GbR besteht daher nicht. B kann daher von der Kiosk-GbR Herausgabe des Mobiliars nach § 985 BGB verlangen.

**Hinweis:** Neben dem Anspruch aus § 985 BGB wäre vorliegend noch ein Anspruch aus § 732 BGB zu prüfen.

**Klausurhinweis:** In den Fällen zur fehlerhaften (Außen-)GbR ist – wie im vorstehenden Beispielsfall – häufig das Problem mit der Henne und dem Ei anzutreffen. Denn typischerweise richtet sich der Anspruch des die Fehlerhaftigkeit geltend machenden Gesellschafters – wie vorliegend – gegen die (Außen-)GbR, die bei einer tatsächlich fehlerhaften Entstehung – unter Außerachtlassung der Grundsätze der fehlerhaften Gesellschaft – schon nicht existiert, womit es an einem Anspruchsgegner aufgrund fehlender Passivlegitimation fehlt. Macht man umgekehrt den Anspruch nicht gegen die (Außen-)

GbR geltend, sondern gegen die Gesellschafter (vorliegend also gegen den D als Besitzer), scheitert dieser bei Anwendung der Grundsätze der fehlerhaften Gesellschaft an deren Passivlegitimation, da die (Außen-)GbR dann Anspruchsgegner ist. Auch wenn es für die Lösung dieses Problems keinen Königsweg gibt, sollte man sich im Klausuraufbau daran orientieren, ob die Voraussetzungen der Grundsätze der fehlerhaften Gesellschaft vorliegen. Wenn dies der Fall ist, sollten die Ansprüche gegen diese geprüft werden.

**Prüfungsreihenfolge:** 189

**I. Voraussetzungen:**
1. Fehlerhafte Gründung einer (Außen-)GbR
2. Invollzugsetzung der fehlerhaften (Außen-)GbR
3. Kein Entgegenstehen höherrangiger Interessen der Allgemeinheit oder der Schutzbedürftigkeit bestimmter Personen

**II. Rechtsfolgen:**
1. Wirksame Gründung der (Außen-)GbR
2. Ausschluss aller Rechtsbehelfe, die einer wirksamen Gründung der (Außen-)GbR entgegenstehen (insbesondere Anfechtung nach §§ 119 ff. BGB)
3. (Sonder-)Kündigungsrecht für alle Gesellschafter bzw. für die Gesellschafter, die an der Gründung fehlerhaft mitgewirkt haben

**Klausurhinweis:** Die verschiedenen Rechtsfolgen der Grundsätze der fehlerhaften Gesellschaft spielen in Klausursachverhalten oftmals nicht alle eine Rolle. Daher muss im Anspruchsaufbau immer darauf geachtet werden, dass die Grundsätze der fehlerhaften Gesellschaft nur im Hinblick auf die Rechtsfolge geprüft werden, auf die es in der Klausur auch tatsächlich ankommt.

## 2. Das Gesellschaftsvermögen

Die (Außen-)GbR kann – ebenso wie die (Innen-)GbR (→ Rn. 126) – ein Gesellschaftsvermögen bilden, was bei der (Außen-)GbR allerdings weitaus häufiger vorkommt, auch wenn es bei dieser keine Voraussetzung ist (→ Rn. 109). Dies kommt in der Legaldefinition für den Begriff des Gesellschaftsvermögens in § 718 Abs. 1 BGB zum Ausdruck. Bei dem Gesellschaftsvermögen einer (Außen-)GbR besteht allerdings die Besonderheit der sog. gesamthänderischen Bindung des Gesellschaftsvermögens (§ 719 BGB), die in einem mittelbaren Zusammenhang mit der Frage der Rechtsfähigkeit der (Außen-)GbR steht. Diese **drei Aspekte** (Bestandteile des Gesellschaftsvermögens, gesamthänderische Bindung und Rechtsfähigkeit der (Außen-)GbR) sind streng voneinander zu trennen und für das Verständnis der Vermögensordnung der (Außen-)GbR von entscheidender Bedeutung (→ Rn. 191 f., 193 ff. und 196). 190

Nach § 718 Abs. 1 BGB besteht das Gesellschaftsvermögen aus den **Beiträgen der Gesellschafter** (→ Rn. 202 ff.) und aus den durch die **Geschäftsfüh-** 191

**rung erworbenen Gegenständen** (→ Rn. 209 ff.). Darüber hinaus werden nach § 718 Abs. 2 BGB auch die Fälle der **Surrogation** erfasst, so dass dasjenige dazu zählt, was aufgrund eines zu dem Gesellschaftsvermögen gehörenden Rechts oder als Ersatz für die Zerstörung, Beschädigung oder Entziehung des Gesellschaftsvermögens erworben wird. Die in § 718 BGB enthaltende Aufzählung ist dabei nicht abschließend, so dass auch andere Arten des Erwerbs von Rechten oder Gegenständen zum Gesellschaftsvermögen zählen können.

**192** **Beispielsfall:** A, B, C und D wollen gemeinsam einen Kiosk in der Rechtsform einer (Außen-)GbR betreiben. Dabei sollen A und B jeweils 30.000 EUR und C das eigentliche Kioskgebäude beisteuern. D soll den Kiosk als Verkäufer betreiben und für den Einkauf, die Buchführung und die steuerrechtlichen Fragen verantwortlich sein. Zur Eröffnung des Kiosks erwirbt D beim Großhändler G im Namen der Kiosk-GbR Ware im Wert von 20.000 EUR, die an den Kiosk geliefert wird. Der erste Tag der Eröffnung des Kiosks steht unter keinem guten Stern. Zunächst stellt sich heraus, dass ein Teil der Ware des Großhändlers G verdorben ist. Zudem ereignet sich bei Baumaßnahmen am Nachbarhaus des Kiosk aufgrund der Unachtsamkeit des Bauunternehmens B ein Unfall, was dazu führt, dass der Zugang zum Kiosk für zwei Tage versperrt ist und dieser nicht öffnen kann.

Zum Gesellschaftsvermögen der Kiosk-GbR zählen nach § 718 Abs. 1 BGB zunächst die Einlageleistungen der Gesellschafter in Form der Bareinlage von jeweils 30.000 EUR durch A und B sowie das Nutzungsrecht an dem Kioskgebäude (zur im Zweifel fehlenden Übereignung des Grundstücks und Gebäudes des Kiosks → Rn. 131). Auch die von D versprochenen Dienste als Verkäufer bzw. Geschäftsführer der Kiosk-GbR zählen zum Gesellschaftsvermögen, auch wenn diese nicht übertragen werden können (§ 613 S. 2 BGB). Weiterhin gehört die bei G erworbene Ware zum Gesellschaftsvermögen (§ 718 Abs. 1 BGB). Dies gilt auch für etwaige Schadenersatzansprüche wegen der Mangelhaftigkeit der Ware (§ 718 Abs. 2 BGB). Schließlich muss auch der Schadenersatzanspruch der Kiosk-GbR gegen B aus § 823 Abs. 1 BGB wegen eines Eingriffs in den eingerichteten und ausgeübten Gewerbebetrieb aufgrund der notwendigen Schließung des Kiosks zum Gesellschaftsvermögen gezählt werden, auch wenn dieser Anspruch bei § 718 BGB nicht erwähnt wird.

**193** Das Gesellschaftsvermögen der (Außen-)GbR unterliegt nach § 719 BGB einer **gesamthänderischen Bindung**. Dabei handelt es sich um eine besondere Form der Vermögensbindung, wie sie im deutschen Zivilrecht vor allem bei den Personengesellschaften vorkommt (für die oHG → Rn. 322 und für die KG → Rn. 420). Danach kann ein Gesellschafter über seinen Anteil am Gesellschaftsvermögen und an den einzelnen dazu gehörenden Gegenständen nicht verfügen (§ 719 Abs. 1 Hs. 1 BGB). Zudem kann er keine Teilung verlangen (§ 719 Abs. 1 Hs. 2 BGB). Diese Beschränkung besteht allerdings nur hinsichtlich des Gesellschaftsvermögens und nicht hinsichtlich seiner Beteiligung als solcher, da diese – unter bestimmten Voraussetzungen (→ Rn. 420) – übertragen werden kann. Weiterhin schließt § 719 Abs. 2 BGB die Aufrechnung durch den Inhaber einer Forderung gegen einen Gesellschafter gegen eine Forderung der (Außen-)GbR aus. Schließlich setzt sich die gesamthänderische Bindung auch im Zwangsvollstreckungsrecht fort, da der Anteil eines Gesellschafters an den einzelnen zu dem Gesellschaftsvermögen gehörenden Gegenständen nicht der Pfändung unterworfen ist (§ 859 ZPO) und aus einem Urteil gegen einen Gesellschafter nicht in das Gesellschaftsvermögen vollstreckt werden kann (§ 736 ZPO).

**Beispielsfall:** A, B, C und D betreiben gemeinsam einen Kiosk in der Rechtsform einer (Außen-)GbR. Dabei haben A und B jeweils 30.000 EUR und C das eigentliche Kioskgebäude beigesteuert. D betreibt den Kiosk allein als Verkäufer und ist für den Einkauf, die Buchführung und die steuerrechtlichen Fragen verantwortlich. Alle Gesellschafter sollen zu jeweils einem Viertel an der Gesellschaft beteiligt sein. Kurz nach der Eröffnung kommt es zum Streit zwischen den Gesellschaftern. Da A finanzielle Probleme hat und einen neuen Kredit bei K aufnehmen muss, vereinbart er mit K eine Sicherungsübereignung für ¼ der Ware des Kiosks, da er sonst über keine Sicherheiten verfügt. Auch B hat zunehmend Geldsorgen und geht dazu über, hin und wieder selbst Ware aus dem Kiosk nach Ladenschluss im eigenen Namen und auf eigene Rechnung zu verkaufen. Nachdem B an L eine Packung hochwertiger Zigarren verkauft hat und D davon erfährt, verlangt D am Folgetag von L die Zigarren zurück. Als D schließlich die Zahlung von Außenständen in Höhe von 200 EUR bei dem Stammkunden M geltend macht, erklärt dieser, dass sich die Sache erledigt hätte, da C ihm ebenfalls 200 EUR schulden würde und er dies mit ihm auch schon geklärt hätte. Hat A ¼ der Ware des Kiosk-GbR wirksam an K sicherungsübereignet? Kann die Kiosk-GbR von L Herausgabe der Zigarren und von M Zahlung von 200 EUR verlangen? 194

**I. Sicherungsübereignung eines Viertels der Ware von A an K**

Die Wirksamkeit der Sicherungsübereignung setzt voraus, dass A überhaupt verfügungsberechtigt gewesen ist. Daran fehlt es vorliegend allerdings, da A als Gesellschafter der Kiosk-GbR über seinen Anteil am Gesellschaftsvermögen nach § 719 Abs. 1 BGB nicht verfügen kann.

**Hinweis:** Bei der Sicherungsübereignung ist zudem fraglich, ob den Bestimmtheitsanforderungen für eine solche entsprochen wird, da durch die Bezeichnung „¼ der Ware" sich diese nicht hinreichend abgrenzen lässt. Auch wenn A vorliegend nicht ¼ der Ware im Rahmen einer Sicherungsübereignung an K aufgrund von § 719 Abs. 1 BGB übereignen konnte, kann daraus nicht der Schluss gezogen werden, dass A stattdessen seinen Gesellschaftsanteil an der Kiosk-GbR sicherungsübereignen wollte. Denn zum einen sieht der Gesellschaftsvertrag eine solche Übertragung nicht vor (zu diesem Erfordernis → Rn. 131) und zum anderen entspricht eine solche Auslegung nicht dem Willen der Parteien, da der Gesellschaftsanteil an der Kiosk-GbR von einem ¼ der Ware der Kiosk-GbR wesensverschieden ist.

**II. Herausgabeanspruch der Kiosk-GbR gegen L hinsichtlich der Zigarren**

Die Kiosk-GbR könnte von L Herausgabe der Zigarren aus § 985 BGB verlangen. Voraussetzung dafür ist, dass die Kiosk-GbR Eigentümerin der Zigarren und L deren Besitzer ohne Recht zum Besitz ist. Ursprünglich war die Kiosk-GbR Eigentümerin der Zigarren. Diese könnte ihr Eigentum allerdings durch eine Übereignung der Zigarren durch B an L verloren haben. Die dafür erforderliche Einigung zwischen B und L und die Übergabe der Zigarren haben stattgefunden. Fraglich ist allerdings, ob B überhaupt verfügungsberechtigt gewesen ist. Eine Verfügungsberechtigung könnte sich aus seiner Gesellschafterstellung ergeben. Nach § 719 Abs. 1 BGB ist der Gesellschafter allerdings hinsichtlich einzelner Gegenstände des Gesellschaftsvermögens nicht verfügungsberechtigt. Zudem war B von der Geschäftsführung und Vertretung der Kiosk-GbR ausgeschlossen, so dass sich auch dahingehend keine Verfügungsberechtigung ergeben konnte. B hat somit also als Nichtberechtigter verfügt. Vorliegend ist auch ein gutgläubiger Erwerb nach § 932 BGB ausgeschlossen, da die Zigarren nach § 935 BGB abhandengekommen waren. Zwar war B Gesellschafter der Kiosk-GbR, als solcher aber nach dem Gesellschaftsvertrag von der Geschäftsführung ausgeschlossen. Somit hat die Kiosk-GbR den unmittelbaren Besitz an den Zigarren gegen ihren Willen verloren. Die Kiosk-GbR hat daher das Eigentum an den Zigarren nicht verloren und ist somit noch Eigentümer. L ist auch Besitzer der Zigarren und hat kein Recht zum Besitz. Die Kiosk-GbR kann daher von L Herausgabe der Zigarren aus § 985 BGB verlangen.

**III. Anspruch der Kiosk-GbR auf Zahlung von 200 EUR gegen M**

Die Kiosk-GbR könnte von M Zahlung von 200 EUR aus § 433 Abs. 2 BGB verlangen. Der dafür erforderliche Kaufvertrag wurde zwischen M und der Kiosk-GbR abgeschlossen. Allerdings könnte die Kaufpreisforderung der Kiosk-GbR durch eine Aufrechnung durch M gegenüber C nach § 389 BGB erloschen sein. Dies setzt allerdings voraus, dass überhaupt eine Aufrechnungslage bestanden hat. An einer solchen fehlt es vorliegend aber, da M lediglich eine Forderung gegen C und nicht die Kiosk-GbR hatte. Aus dem Umstand, dass C auch Gesellschafter der Kiosk-GbR ist, ergibt sich nichts Gegenteiliges, da für diesen Fall eine Aufrechnung nach § 719 Abs. 2 BGB ausgeschlossen ist. Die Forderung der Kiosk-GbR gegen M ist daher nicht nach § 387 BGB erloschen. Die Kiosk-GbR kann daher von M Zahlung von 200 EUR aus § 433 Abs. 2 BGB verlangen.

**195** Die Folgen der gesamthänderischen Bindung stellen sich im Überblick folgendermaßen dar:

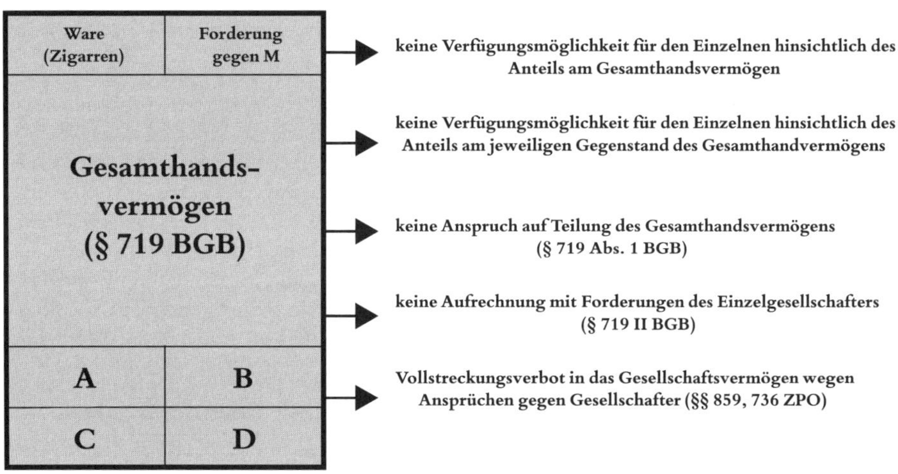


**196** Die Bildung eines Gesellschaftsvermögens und dessen gesamthänderischer Bindung steht in einem engen Zusammenhang mit der Frage der **Rechtsfähigkeit einer GbR** (→ Rn. 235 ff.), ist dafür aber keine zwingende Voraussetzung. Denn insofern sind sowohl rechtsfähige als auch nicht rechtsfähige Gesellschaften bürgerlichen Rechts mit und ohne Gesellschaftsvermögen denkbar (zur (Innen-)GbR mit einem Gesellschaftsvermögen → Rn. 126). Der häufigste

Fall ist bei der Bildung eines Gesellschaftsvermögens allerdings die (Außen-) GbR, bei der dann auch eine Rechtsfähigkeit gegeben ist.

**Merksatz:** Das Gesellschaftsvermögen einer (Außen-)GbR unterliegt einer gesamthänderischen Bindung.

### 3. Die Rechte und Pflichten der Gesellschafter

*a) Die Rechte der Gesellschafter*

Den Gesellschaftern einer (Außen-)GbR erwachsen eine Reihe von Rechten, die sich zunächst aus den §§ 705 ff. BGB und zusätzlich aus dem Gesellschaftsvertrag ergeben können. Der Umfang und die Ausgestaltung dieser Rechte hängen dabei häufig von dem konkreten Zweck ab, den die (Außen-) GbR verfolgt. Allerdings lassen sich allgemein das Recht auf Aufwendungsersatz (→ Rn. 198), das Stimmrecht bzw. das Recht auf Teilnahme an der Gesellschafterversammlung (→ Rn. 208 ff.) und das Informationsrecht (→ Rn. 199) definieren. Hinzu kommt – bei einer Gewinnerzielungsabsicht der (Außen-) GbR – das Gewinnrecht (→ Rn. 200 f.). **197**

Dem Gesellschafter einer (Außen-)GbR kommt zunächst das Recht auf **Aufwendungsersatz** zu. Hinsichtlich der konkreten Anspruchsgrundlage wird dabei zwischen dem geschäftsführenden und den übrigen Gesellschaftern unterschieden. Während sich der Aufwendungsersatzanspruch des geschäftsführenden Gesellschafters nach §§ 713, 669, 670 BGB richtet (BGH NZG 2011, 502), kommt für die übrigen Gesellschafter – vor allem im Hinblick auf einen Aufwendungsersatzanspruch wegen der Zahlung auf die Verbindlichkeit der (Außen-)GbR (→ Rn. 264 ff.) – § 110 HGB analog zur Anwendung. **198**

Ein zentrales Recht eines jeden Gesellschafters ist das **Informations- oder Kontrollrecht** (§ 716 BGB). Danach kann der Gesellschafter sich von den Angelegenheiten der Gesellschaft persönlich unterrichten, die Geschäftsbücher und die Papiere der Gesellschaft einsehen und sich aus ihnen eine Übersicht über den Stand des Gesellschaftsvermögens anfertigen. Dabei handelt es sich allerdings nur um ein Einsichtsrecht, was nicht mit einem Auskunftsrecht verwechselt werden darf. Denn der Gesellschafter kann nach § 716 BGB gerade nicht eine konkrete Auskunft verlangen, sondern muss sich diese sozusagen selbst aus den Geschäftsbüchern und Papieren erarbeiten. Das Informations- oder Kontrollrecht nach § 716 BGB erstreckt sich zudem auch nur auf die Gesellschafter. Sobald diese aus der Gesellschaft ausgeschieden sind (→ Rn. 273 ff.), kommt als Anspruchsgrundlage für ein Einsichtsrecht nur noch § 810 BGB in Betracht, bei dem beim ausgeschiedenen Gesellschafter allerdings ein rechtliches Interesse vorliegen muss. **199**

Das Informations- oder Kontrollrecht ist in der in § 716 BGB vorgesehen Form insbesondere für die unternehmerisch tätige (Außen-)GbR wenig praktikabel. Denn zum einen würde eine theoretisch jederzeitig mögliche Einsichtnahme durch einen Gesellschafter den Geschäftsbetrieb erheblich stören. Zum anderen haben gerade die von der

Geschäftsführung ausgeschlossenen Gesellschafter meist kein Interesse daran, sich die notwendigen Informationen selbst aus den Geschäftsbüchern und den Papieren der Gesellschaft herauszusuchen. Daher sehen Gesellschaftsverträge in der Regel ein eigenständiges Informations- und Auskunftsregime vor, womit diesen Interessen eher entsprochen wird.

200 Schließlich besteht für die Gesellschafter einer (Außen-)GbR das **Gewinnrecht**. Dabei unterscheidet § 721 BGB zwischen Gesellschaften von längerer Dauer (§ 721 Abs. 2 BGB) und letztlich allen übrigen Gesellschaften (§ 721 Abs. 1 BGB). Bei den Gesellschaften von längerer Dauer kann der Gesellschafter im Zweifel am Schluss eines jeden Geschäftsjahres von der (Außen-)GbR die Auszahlung des Gewinns verlangen. Dieser Anspruch wird durch einen Anspruch auf Rechnungsabschluss flankiert, da der Gesellschafter ansonsten nicht nachvollziehen und überprüfen kann, in welcher Höhe die (Außen-)GbR einen Gewinn oder einen Verlust erwirtschaftet hat. Bei Gesellschaften, die nicht von längerer Dauer sind, kann der Rechnungsabschluss und die Verteilung des Gewinns oder des Verlusts erst nach Auflösung der Gesellschaft verlangt werden (§ 721 Abs. 1 BGB). Der Umfang der Beteiligung am Gewinn- und Verlust richtet sich dabei nach der Anzahl der Gesellschafter und ist im Grundsatz für jeden gleich (§ 722 Abs. 1 BGB). Die Regelungen der §§ 721 f. BGB sind allerdings nur sehr rudimentär und entsprechen in der Regel nicht den Anforderungen einer unternehmerisch tätigen (Außen-)GbR. Aus diesem Grund wird in den Gesellschaftsvertrag auch meist eine genauere Regelung aufgenommen.

201 **Beispielsfall:** A, B, C und D betreiben gemeinsam einen Kiosk in der Rechtsform einer (Außen-)GbR. Dabei haben A 30.000 EUR, B 5.000 EUR und C das eigentliche Kioskgebäude beigesteuert. D betreibt den Kiosk allein als Verkäufer und ist für den Einkauf, die Buchführung und die steuerrechtlichen Fragen verantwortlich. Im ersten Jahr macht die Kiosk-GbR einen Gewinn von 20.000 EUR. B möchte möglichst schnell seine ursprüngliche Investition zurück und verlangt Auszahlung von 5.000 EUR, da dies seinem Anteil an dem Gewinn entspräche. Kann B von der Kiosk-GbR Auszahlung von 5.000 EUR verlangen?

B könnte von der Kiosk-GbR Zahlung von 5.000 EUR aus § 721 Abs. 2 BGB verlangen. Bei der Kiosk-GbR handelt es sich um eine GbR. Diese ist auch auf längere Dauer angelegt, da der Gesellschaftsvertrag keine zeitliche Befristung vorsieht und auch nicht mit einer kurzfristigen Erreichung des vereinbarten Zwecks in Form des Betriebs des Kiosks zu rechnen ist. Die Kiosk-GbR hat einen Gewinn erwirtschaftet. Fraglich ist jedoch, in welcher Höhe B an diesem zu beteiligen ist. Nach § 722 Abs. 1 BGB ist jeder Gesellschafter in gleichem Umfang am Gewinn zu beteiligen, wenn der Gesellschaftsvertrag keine gegenteilige Regelung enthält. Der Gesellschaftsvertrag der Kiosk-GbR trifft keine Regelung zur Gewinnverteilung. Aufgrund der Tatsache, dass die Kiosk-GbR über vier Gesellschafter verfügt, entfallen auf den B 5.000 EUR. Dem steht auch nicht entgegen, dass B einen deutlich geringeren Beitrag zur Kiosk-GbR geleistet hat. Denn § 722 Abs. 1 BGB stellt insofern eindeutig klar, dass die Art und die Größe des Beitrags für den Gewinnverteilungsschlüssel unbeachtlich ist, solange der Gesellschaftsvertrag keine andere Regelung enthält. B kann daher von der Kiosk-GbR Zahlung von 5.000 EUR aus § 721 Abs. 2 BGB verlangen.

**Hinweis:** Der vorliegende Fall zeigt, dass die Anwendung der Gewinnverteilungsregelung des § 722 Abs. 1 BGB oft zu unsachgemäßen Ergebnissen führt. Denn vorliegend hat A den sechsfachen Betrag bei der Gründung der Kiosk-GbR geleistet. Zudem haben auch die anderen Gesellschafter deutlich höhere Beiträge geleistet. In einem solchen Fall enthält der Gesellschaftsvertrag meist eine genauere Regelung über die Gewinnverteilung, bei der dann konkrete Beteiligungsquoten bestimmt werden.

**Merksatz:** Die Gesellschafter einer (Außen-)GbR haben neben dem Recht auf Aufwendungsersatz nach §§ 713, 669, 670 BGB bzw. § 110 HGB analog ein Informations- oder Kontrollrecht nach § 716 BGB und gegebenenfalls ein Gewinnrecht nach §§ 721 f. BGB.

*b) Die Pflichten der Gesellschafter*

*aa) Leistung der Einlage*

Die Gesellschafter sind zunächst zur Leistung ihres Beitrags verpflichtet. 202
Dabei ist für die (Außen-)GbR – im Gegensatz zur GmbH (→ Rn. 563 ff.) – ein bestimmter Umfang oder eine bestimmte Art der Beitragsleistung nicht vorgeschrieben. Vielmehr können die Gesellschafter die Beitragsleistung im Gesellschaftsvertrag selbst bestimmen. In Betracht kommen dabei **alle Arten von Leistungen** wie etwa die Übereignung von Sachen oder Rechten oder aber auch die Erbringung von Dienstleistungen (§ 706 Abs. 3 BGB). Aufgrund dieser Gestaltungsfreiheit ist es den Gesellschaftern auch unbenommen, das Eigentum oder auch nur das Nutzungsrecht an Gegenständen als Beitrag zu leisten. § 706 Abs. 2 S. 1 BGB enthält in diesem Zusammenhang eine Auslegungsregel, wonach bei vertretbaren oder verbrauchbaren Sachen im Zweifel anzunehmen ist, dass als Einlage tatsächlich die Übertragung des Eigentums an diesen geschuldet ist. Bei der Anwendung dieser Auslegungsregel ist allerdings Zurückhaltung geboten, da es der Gesellschaftszweck oftmals nicht erforderlich macht, dass das Eigentum übertragen wird.

**Beispielsfall:** A, B und C planen den Betrieb eines kleinen Kiosks in ihrer Nachbar- 203
schaft. A und B erklären sich bereit, dafür jeweils ein Startkapital von 20.000 EUR zur Verfügung zu stellen. C ist Eigentümer einer geeigneten Ladenfläche, die er für den Kiosk zur Verfügung stellen will.

Auch wenn es sich bei dem Ladenlokal um eine vertretbare Sache handelt, ist bei der Kiosk-GbR nicht davon auszugehen, dass C als Einlage die Übereignung dieser Ladenfläche schuldet. Dies ergibt sich schon aus dem Umstand, dass der Wert der Ladenfläche im Zweifel um ein vielfaches über der Höhe der Einlageverpflichtung der übrigen Gesellschafter liegt. Darüber hinaus ist die Übertragung des Eigentums für den Betrieb des Kiosks auch nicht zwingend erforderlich, da insofern nur das Recht auf Nutzung der Fläche notwendig ist. Andererseits haben die Gesellschafter nicht spezifiziert, wie lange die Kiosk-GbR die Ladenfläche nutzen können soll, was wieder zugunsten einer Auslegung angeführt werden kann, die zur Annahme einer Pflicht zur Übertragung des Eigentums gelangt.

**Klausurhinweis:** Diese Frage wird im Rahmen der Vertragsgestaltung typischerweise ausdrücklich geregelt, so dass die Auslegungsregel des § 706 Abs. 2 S. 1 BGB oft nicht zur Anwendung kommt. Sollte diese Frage in einem Klausurfall tatsächlich einmal eine Rolle spielen, sollte im Ausgangspunkt auf § 706 Abs. 2 S. 1 BGB abgestellt und anschließend eine umfassende Untersuchung der Interessen der Gesellschafter und der Gesellschaft vorgenommen werden. Entscheidender Aspekt ist bei derartigen Fragestellungen weniger das konkrete Ergebnis als vielmehr die argumentative Auseinandersetzung mit der Problematik.

**204** Der Umfang der Beitragspflicht richtet sich nach der Parteivereinbarung. Dabei ist allerdings zusätzlich die Auslegungsregelung des § 706 Abs. 1 BGB zu berücksichtigen, wonach die Gesellschafter in Ermangelung einer anderen Vereinbarung **gleiche Beiträge** zu leisten haben. Hinsichtlich der **Folgen einer mangelhaften oder verspäteten Leistung der Einlage** gelten die bei der (Innen-)GbR dargestellten Grundsätze (→ Rn. 133 f.). Schließlich kann auch bei der (Außen-)GbR eine **Erhöhung der vereinbarten Beitrags** grundsätzlich nur durch eine Änderung des Gesellschaftsvertrags begründet werden (dazu bei der (Innen-)GbR → Rn. 129). Für die Pflicht zur Erbringung der Einlage ergibt sich somit folgendes Prüfungsschema:

**205** **Prüfungsreihenfolge:**

**1. Wirksame Gründung der bzw. wirksamer Beitritt zur (Außen-) GbR**

„reguläre" Prüfungsreihenfolge für die Gründung der (Außen-)GbR bzw. der Änderung des Gesellschaftsvertrags im Fall eines Beitritts (→ Rn. 283 ff.) mit etwaiger Prüfung der Grundsätze der fehlerhaften Gesellschaft (→ Rn. 187 ff.)

**Rechtsfolge:** Entstehung der Beitragsverpflichtung der Gesellschafter

**2. Untergang des Anspruchs**

- Prüfung einer tatsächlichen Erfüllung durch Leistung (→ Rn. 202), Aufrechnung, Drittleistung
- Erlass der Einlageverpflichtung
- Ausschluss der Einlageverpflichtung nach § 275 BGB, aber: Prüfung eines Ersatzanspruchs nach §§ 283, 311a BGB

**Klausurhinweis:** Auch wenn sich die klassischen Klausursachverhalte eher mit der Frage der Haftung der Gesellschafter gegenüber den Gläubigern (→ Rn. 251 ff.) auseinandersetzen, kann auch die Beitragspflicht der Gesellschafter selbst Gegenstand einer Klausur sein.

*bb) Treuepflicht und Wettbewerbsverbot*

**206** Zudem unterliegen die Gesellschafter einer (Außen-)GbR ebenso wie die Gesellschafter einer (Innen-)GbR der Treuepflicht (dazu schon → Rn. 135).

Eine konkrete Ausgestaltung erfährt diese bei der (Außen-)GbR in Form des **Wettbewerbsverbots**, das aber in den §§ 705 ff. BGB – im Gegensatz zu den Personenhandelsgesellschaften (→ Rn. 335 ff.) – keine ausdrücklich Regelung erfahren hat und vielmehr aus der Treuepflicht abgeleitet wird. Danach ist es den Gesellschaftern untersagt, selbst konkrete Geschäftschancen der (Außen-)GbR wahrzunehmen (BGH NZG 2013, 216 (218)). Kommt es dabei zu einer Schädigung der (Außen-)GbR und der einzelnen Gesellschafter, kann nach den Grundsätzen des Reflexschadens (→ Rn. 57) nur die Gesellschaft den Schadenersatzanspruch geltend machen.

**Beispielsfall:** A, B und C haben die Kiosk-GbR gegründet. Da die Geschäfte sehr gut laufen, möchte A den Kiosk gern erweitern, was von B und C aber abgelehnt wird. Daher entschließt sich A einen weiteren, von ihm selbst betriebenen Kiosk direkt gegenüber zu eröffnen. Können B und/oder die Kiosk-GbR den A auf Unterlassung in Anspruch nehmen? Kann B den A auf Schadenersatz in Anspruch nehmen, wenn der Kiosk-GbR durch den zweiten Kiosk ein Gewinn von 3.000 EUR entgangen ist? **207**

**I. Anspruch von B auf Unterlassen des Betriebs des (zweiten) Kiosks gegen A**

B könnte gegen A einen Anspruch auf Unterlassen des Betriebs des (zweiten) Kiosks haben. Als Anspruchsgrundlage kommt dafür der Gesellschaftsvertrag der Kiosk-GbR in Betracht. Dieser wurde wirksam zwischen den Gesellschaftern geschlossen. In diesem haben die Gesellschafter zwar kein ausdrückliches Wettbewerbsverbot vereinbart, allerdings ergibt sich ein solches aus der Treuepflicht. Diese besteht allerdings in Form eines Wettbewerbsverbots nur gegenüber der Kiosk-GbR selbst und nicht gegenüber den übrigen Gesellschaftern. Dies ergibt sich daraus, dass die Kiosk-GbR und nicht die Gesellschafter den unternehmerischen Zweck des Betriebs eines Kiosks verfolgt. Daher kann B keinen eigenen Anspruch gegen A auf Unterlassen des Betriebs des (zweiten) Kiosks aus dem Gesellschaftsvertrag ableiten.

**II. Anspruch der Kiosk-GbR auf Unterlassen des Betriebs des (zweiten) Kiosks gegen A**

Die Kiosk-GbR könnte gegen A einen Anspruch auf Unterlassen des Betriebs des (zweiten) Kiosks haben. Als Anspruchsgrundlage kommt dafür der Gesellschaftsvertrag der Kiosk-GbR in Betracht. Dieser wurde wirksam zwischen den Gesellschaftern geschlossen. In diesem haben die Gesellschafter zwar kein ausdrückliches Wettbewerbsverbot vereinbart, allerdings ergibt sich ein solches aus der Treuepflicht. Eine Verletzung der Treuepflicht kann dabei aber nur dann angenommen werden, wenn ein Gesellschafter in direkten Wettbewerb mit der (Außen-)GbR tritt, was dann der Fall ist, wenn der Gesellschafter auf dem gleichen regionalen und gegenständlichen Markt tätig wird. Vorliegend hat A einen Kiosk in unmittelbarer Nachbarschaft zum Kiosk der Kiosk-GbR eröffnet und tritt somit auf dem gleichen Markt auf, so dass der Kiosk-GbR erhebliche Einbußen drohen. Eine Verletzung der Treuepflicht in Form des Wettbewerbsverbots liegt somit vor. Daher hat die Kiosk-GbR gegen A einen Anspruch auf Unterlassen des Betriebs des (zweiten) Kiosks.

**III. Anspruch von B gegen A auf Zahlung von 1.000 EUR aus § 823 Abs. 1 BGB**

B könnte gegen A einen Anspruch auf Zahlung von 1.000 EUR aus § 823 Abs. 1 BGB haben. Dies setzt zunächst eine Rechtsgutsverletzung bei B durch eine Handlung von A voraus. Eine direkte Schädigungshandlung hat A gegenüber B allerdings nicht vorgenommen. Eine solche kann auch in der Eröffnung des zweiten Kiosks und dem sich daraus ergebenden entgangenen Gewinn der Kiosk-GbR gesehen werden. Denn auch wenn der Kiosk-GbR durch diese Handlung des A ein Vermögenszufluss von 3.000 EUR entgangen ist und auf den B als Gesellschafter der Kiosk-GbR davon 1.000 EUR entfallen, kann darin keine Rechtsgutsverletzung im Rahmen von § 823 Abs. 1 BGB gesehen werden. Vielmehr handelt es sich um einen nicht ersatzfähigen Reflexschaden. Eine Rechtsgutsverletzung ergibt sich vorliegend auch nicht aus einem Eingriff in die Mitgliedschaft des B bei der Kiosk-GbR, da es dafür an einem unmittelbar gegen den Bestand der Mitgliedschaft gerichteten und nicht nur unerheblichen Eingriff fehlt. Eine Rechtsgutsverletzung ist daher nicht gegeben. B hat daher gegen A keinen Anspruch auf Zahlung von 1.000 EUR aus § 823 Abs. 1 BGB.

**Klausurhinweis:** Da Treuepflicht und Wettbewerbsverbot nicht ausdrücklich geregelt sind, fällt es den Bearbeitern in Klausuren typischerweise schwer, mit diesem Komplex umzugehen. Entscheidender Aspekt bei der Bearbeitung ist zunächst die Herausarbeitung der Voraussetzungen und der Reichweite von Treuepflicht und Wettbewerbsverbot. Dabei muss auf den Gesellschafterbestand, den Zweck der Gesellschaft und wenn auch in kleinem Umfang auf die Vorhersehbarkeit der Entstehung der konkreten Konfliktsituation abgestellt werden. Unter Berücksichtigung dieser Umstände ist dann eine Interessenabwägung vorzunehmen. Auch in diesem Zusammenhang gilt dabei, dass es weniger auf das konkrete Ergebnis, sondern vielmehr auf die Abwägung und die Erörterung ankommt.

### 4. Die Willensbildung der Gesellschafter (Beschlussfassung)

208 Die Willensbildung der Gesellschafter erfolgt auch bei der (Außen-)GbR im **Beschlusswege**. Insofern gelten die für die (Innen-)GbR dargestellten Grundsätze (→ Rn. 142 ff.).

### 5. Die Geschäftsführung

#### *a) Arten der Geschäftsführung*

209 Bei der Geschäftsführung (→ Rn. 59 ff.) muss auch bei der (Außen-)GbR zwischen der **organschaftlichen Geschäftsführung** (→ Rn. 210 ff.) und der **vertraglichen Geschäftsführung** (→ Rn. 214) unterschieden werden, auch wenn von der letzteren Möglichkeit nur eingeschränkt Gebrauch gemacht werden kann.

210 Die Geschäftsführung obliegt nach § 709 Abs. 1 Hs. 1 BGB bei der (Außen-)GbR allen Gesellschaftern gemeinsam (sog. **Gesamtgeschäftsführung**). Daher müssen für jede Maßnahme der Geschäftsführung alle Gesellschafter zustimmen (§ 709 Abs. 1 Hs. 2 BGB). Die Zustimmung kann dabei auch klageweise erzwungen werden, was allerdings voraussetzt, dass diese von dem betroffenen Gesellschafter aus sachfremden Erwägungen verweigert wurde oder er sich oder mit ihm verbundenen Personen dadurch einen Vorteil sichern will (*Grunewald* § 1 Rn. 39).

Da die Gesamtgeschäftsführung die Tätigkeit der Gesellschaft aufgrund der dann immer notwendigen Koordinierung aller Gesellschafter erheblich erschweren kann, kann der Gesellschaftsvertrag auch vorsehen, dass lediglich eine **Mehrheit für die Durchführung der Geschäftsführungsmaßnahme** notwendig ist. Dabei sieht § 709 Abs. 2 BGB vor, dass sich die Mehrheit bei einer solchen Abstimmung im Zweifel nach der Zahl der Gesellschafter richtet. 211

Zudem kann der Gesellschaftsvertrag aber auch vollständig von einer Koordinierung der Gesellschafter bei Geschäftsführungsmaßnahmen ab- und eine **Einzelgeschäftsführungsbefugnis** vorsehen. In einem solchen Fall kann dann jeder Gesellschafter allein und ohne Abstimmung mit den übrigen Gesellschaftern die Geschäftsführungsmaßnahme durchführen. Zudem sind in einem solchen Fall die übrigen Gesellschafter von der Geschäftsführung ausgeschlossen (§ 710 S. 1 BGB). Bei der Einzelgeschäftsführungsbefugnis haben die übrigen, von der Geschäftsführung ausgeschlossenen Gesellschafter die Geschäftsführungsmaßnahmen des geschäftsführenden Gesellschafters hinzunehmen und können diese grundsätzlich nicht verhindern. Die einzige Möglichkeit der Verhinderung bestimmter Maßnahmen ist für sie die entsprechende Beschlussfassung. 212

Weiterhin kann die Geschäftsführungsbefugnis auch an **mehrere (aber nicht alle) Gesellschafter gemeinsam** übertragen werden, so dass eine Art Kombination von Einzel- und Gesamtgeschäftsführungsbefugnis vorliegt. Da die Koordination der Geschäftsführung in einem solchen Fall vor dem Hintergrund divergierender Ansichten Schwierigkeiten bereiten kann, so steht jedem an der Geschäftsführung beteiligten Gesellschafter ein Widerspruchsrecht nach § 711 BGB zu. Dieses Widerspruchsrecht wird flankiert von der Pflicht der geschäftsführenden Gesellschafter, die übrigen Gesellschafter von bedeutenden oder kontroversen Geschäften zu unterrichten (*Grunewald* § 1 Rn. 40). Unterlässt ein geschäftsführender Gesellschafter dies und nimmt das Geschäft allein vor, handelt es sich um eine rechtswidrige Maßnahme, aus der sich möglicherweise eine Haftung des betreffenden Gesellschafters ergibt (→ Rn. 225 ff.). Wird hingegen ein Widerspruch erteilt, darf die Maßnahme nicht durchgeführt werden (§ 711 S. 2 BGB) oder ist rückgängig zu machen. 213

Schließlich kann die Geschäftsführung auch auf **rechtsgeschäftlicher Ebene** eingeräumt werden. Dafür besteht häufig eine Notwendigkeit, da bei einer (Außen-)GbR die Geschäftsführung häufig auch Nichtgesellschaftern eingeräumt werden muss. Gegen die Übertragung von Geschäftsführungsbefugnissen auf gesellschaftsfremde Dritte bestehen dabei grundsätzlich keine Bedenken (BGH ZIP 2005, 1361, 2011, 909 (911)). In einem solchen Fall handelt es sich dann nicht um eine organschaftliche, sondern vielmehr um eine rechtsgeschäftliche Geschäftsführungsbefugnis. Dem steht – jedenfalls generell – auch nicht der Grundsatz der Selbstorganschaft (→ Rn. 90) entgegen. Hinsichtlich eines möglichen Schutzes der Gläubiger der (Außen-)GbR kann dies deshalb nicht überzeugen, da die Geschäftsführungsbefugnis nur die innere Organisation 214 und Leitung der (Außen-)GbR betrifft und sich aus einer Einräumung einer rechtsgeschäftlichen Geschäftsführungsbefugnis keine unmittelbaren Folgen für die Gläubiger ergeben können (*Grunewald* § 1 Rn. 43). Einschränkungen können sich insofern nur unter dem Gesichtspunkt des Schutzes der Gesellschafter ergeben, was insbesondere dann der Fall ist, wenn ein Nichtgesellschafter die Geschäftsführungsbefugnis unter Ausschluss aller Gesellschafter übertragen bekommt, da die Gesellschafter dann keinen Einfluss mehr auf die (Außen-)GbR nehmen können, obwohl sie für deren Verbindlichkeiten unbeschränkt haften (zur Haftung → Rn. 251 ff.). Damit ergibt sich für die verschiedenen Arten der Geschäftsführungsbefugnis folgende **Übersicht**:

215

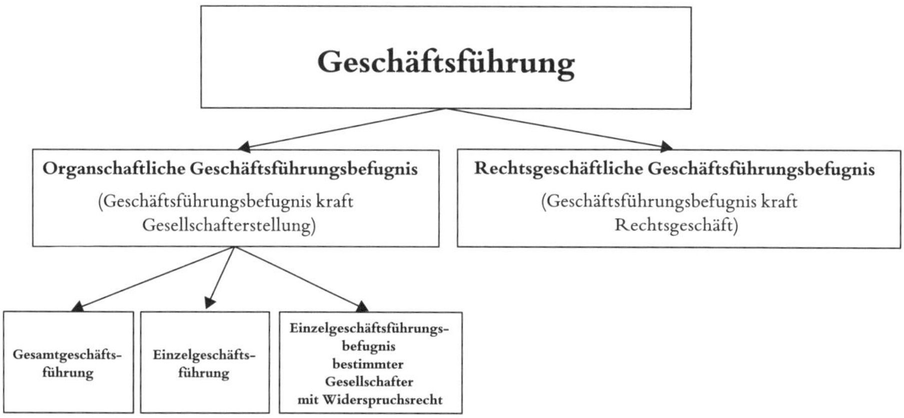


216 **Beispielsfall:** A, B, C und D wollen gemeinsam einen Kiosk betreiben. Dabei sollen A und B jeweils 30.000 EUR und C das eigentliche Kioskgebäude beisteuern. D soll den Kiosk als Verkäufer im abwechselnden Schichtbetrieb mit E betreiben. Den Einkauf, die Buchführung und die steuerrechtlichen Fragen sollen ebenfalls von D verantwortet werden.

Wenn A, B, C und D den Gesellschaftsvertrag über die Kiosk-GbR abschließen, ohne in diesem zur Frage der Geschäftsführungsbefugnis Stellung zu nehmen, liegt der gesetzliche Regelfall der Gesamtgeschäftsführung vor. Dann müssten A, B, C und D sich stets miteinander koordinieren, wenn sie einzelne Geschäftsführungsmaßnahmen treffen wollen. Dies ist bei der Kiosk-GbR besonders wenig sinnvoll, da letztlich nur D aktiv im Tagesgeschäft der Kiosk-GbR eingebunden ist, während die übrigen Gesellschafter lediglich als Investoren auftreten. Daher wäre es sinnvoller, dem D eine Einzelgeschäftsführungsbefugnis einzuräumen. Dies birgt allerdings die Gefahr, dass D möglicherweise Entscheidungen trifft, die nicht unbedingt im Interesse der anderen Gesellschafter sind. Daher könnte es sinnvoll sein, einem weiteren Gesellschafter Geschäftsführungsbefugnis einzuräumen. Dieser müsste dann auch nicht zwingend stets vor Ort sein, sondern könnte von D nur bei – im Gesellschaftsvertrag aufgeführten – einzelnen Geschäftsführungsmaßnahmen konsultiert werden. Keine Geschäftsführungsbefugnis bei der Kiosk-GbR hat schließlich E. Denn auch wenn diese als Verkäuferin auftritt und dabei aufgrund des Schichtbetriebs allein im Kiosk arbeitet, ist nicht erkennbar, dass ihr im Anstellungsvertrag Geschäftsführungsbefugnisse eingeräumt werden sollten. Etwas anderes würde allerdings gelten, wenn etwa mehrere Angestellte bei der Kiosk-GbR beschäftigt wären und E eine Leistungsfunktion diesen gegenüber innehätte.

Damit ergeben sich für die Kiosk-GbR folgende Möglichkeiten:
- Einräumung einer Gesamtgeschäftsführungsbefugnis (für A, B, C und D)
- Einräumung einer Einzelgeschäftsführungsbefugnis zugunsten von D
- Einräumung einer Einzelgeschäftsführungsbefugnis an D und einen weiteren Gesellschafter
- Einräumung einer Geschäftsführungsbefugnis zugunsten von E

**Klausurhinweis:** Auch wenn die Geschäftsführungsbefugnis bei der (Außen-)GbR durchaus schwierig ausgestaltet sein kann, ist sie eher selten Gegenstand der Klausurpraxis. Allerdings kann sie für die Frage der Vertretungsverhältnisse eine wichtige Vorfrage darstellen oder in Haftungskonstellationen einzelner Gesellschafter eingebaut sein.

*b) Entzug und Kündigung der Geschäftsführungsbefugnis*

Die Einräumung einer Einzelgeschäftsführungsbefugnis zugunsten eines 217
Gesellschafters kann sich im Leben der (Außen-)GbR oftmals als Fehler herausstellen, weil der Gesellschafter zur Einzelgeschäftsführungsbefugnis tatsächlich nicht in der Lage ist oder diese Aufgabe aus anderen Gründen nicht hinreichend wahrnimmt. Dem dann notwendig werdenden Entzug der Geschäftsführungsbefugnis sind allerdings dahingehend Grenzen gesetzt, dass für den Entzug ein **wichtiger Grund** und ein – je nach den im Gesellschaftsvertrag vorgesehenen Mehrheitsverhältnissen getroffener – **Gesellschafterbeschluss** vorliegen muss (§ 712 Abs. 1 BGB). Bei der Beschlussfassung ist der betroffene Gesellschafter aber nach § 34 BGB nicht stimmberechtigt. Der Entzug der Geschäftsführungsbefugnis stellt oftmals eine Art milderes Mittel gegenüber einem Ausschluss des Gesellschafters (→ Rn. 276 f.) dar, zumal an letzteres deutlich höhere Anforderungen gestellt werden.

**Beispielsfall:** A, B, C und D wollen gemeinsam einen Kiosk betreiben. Dabei sollen A 218
und B jeweils 30.000 EUR und C das eigentliche Kioskgebäude beisteuern. D soll den Kiosk als Verkäufer im abwechselnden Schichtbetrieb mit E betreiben. Den Einkauf, die Buchführung und die steuerrechtlichen Fragen sollen ebenfalls von D verantwortet werden. Die Kiosk-GbR soll zunächst für einen Zeitraum von einem Jahr bestehen. Nachdem die Geschäfte zunächst gut angelaufen waren, verschlechtert sich die wirtschaftliche Lage der Kiosk-GbR, was vor allem darauf zurückzuführen ist, dass D den Kiosk immer häufiger später öffnet und früher schließt, was zu Umsatzeinbußen führt.

In diesem Fall bleibt den übrigen Gesellschaftern letztlich nichts anderes übrig, als dem D die Einzelgeschäftsführung zu entziehen (und sie einem anderen Gesellschafter einzuräumen). Der dafür erforderliche wichtige Grund liegt in der fortwährenden fehlenden ordnungsgemäßen Wahrnehmung der Einzelgeschäftsführungsführungsbefugnis durch D. Dieser Grund würde aber nicht ausreichen, den D aus der Kiosk-GbR auszuschließen.

Durch den Entzug der (Einzel-)Geschäftsführungsbefugnis bei D stellt sich nun aber die Frage, wer zur Geschäftsführung noch berechtigt ist. Da die durch den Gesellschaftsvertrag dem D eingeräumte Einzelgeschäftsführungsbefugnis nicht der gesetzlich vorgesehene Regelfall ist und nach dem Entzug kein Gesellschafter mehr die Geschäftsführungsbefugnis hätte, muss davon ausgegangen werden, dass nunmehr wieder alle Gesellschafter gemeinsam Geschäftsführungsbefugnis haben.

Eine andere Frage ist schließlich, welche Sanktionen dem D aufgrund der fehlenden ordnungsgemäßen Wahrnehmung der Einzelgeschäftsführungsbefugnis drohen. Dabei kommt zunächst eine Schadenersatzpflicht wegen der Verletzung der Geschäftsführungsbefugnis in Betracht (→ Rn. 225 ff.). Darüber hinaus kann sich aber auch eine Schadenersatzpflicht daraus ergeben, dass D die bei der Gründung der Kiosk-GbR versprochene Einlage in Form der Wahrnehmung der Geschäftsführung nicht richtig erbracht hat (→ Rn. 202).

219 Diese Anforderungen gelten dabei aber nicht nur für den Fall des Vorliegens einer Einzelgeschäftsführungsbefugnis eines oder mehrerer Gesellschafter, sondern auch für den Fall der **Gesamtgeschäftsführungsbefugnis** (→ Rn. 210), da es den übrigen Gesellschaftern nicht zumutbar ist, in einem solchen Fall keine Abhilfe schaffen zu können (MüKoBGB/*Schäfer* § 712 Rn. 5).

220 Schließlich kann der Gesellschafter die Geschäftsführungsbefugnis auch kündigen. Nach § 712 Abs. 2 BGB ist dafür Voraussetzung, dass ein **wichtiger Grund** vorliegt. Dies gilt dabei unabhängig davon, ob der Gesellschafter allein oder mit anderen Gesellschaftern zusammen zur Geschäftsführung berechtigt war.

*c) Inhalt der Geschäftsführungsbefugnis*

221 Bei der Geschäftsführung müssen die Gesellschafter **im Interesse der (Außen-)GbR** handeln. Dies wird zwar in den §§ 705 ff. BGB nicht ausdrücklich angeordnet, ergibt sich aber aus dem Verweis des § 713 BGB in das Auftragsrecht (§§ 664 ff. BGB). Für die Bestimmung des Interesses der (Außen-)GbR muss in der Regel auf den Gesellschaftsvertrag oder allgemein auf den Zweck der (Außen-)GbR abgestellt werden. Gerade bei unternehmerisch tätigen (Außen-)Gesellschaften bürgerlichen Rechts kann dies aber Schwierigkeiten bereiten, da der Zweck der Erwerbstätigkeit bzw. der Betrieb eines Unternehmens für die Bestimmung des Gesellschaftszwecks in der Regel wenig Aufschluss gibt. Dieser Aspekt spielt vor allem bei der Frage einer möglichen Schadenersatzpflicht des geschäftsführenden Gesellschafters eine wichtige Rolle (→ Rn. 225 ff.).

222 Darüber hinaus trifft den geschäftsführenden Gesellschafter die Pflicht zur **Beachtung der allgemeinen rechtlichen Vorgaben**, die sich etwa aus dem Steuerrecht, dem Wirtschaftsverwaltungsrecht oder auch aus sonstigen öffentlich-rechtlichen Vorschriften ergeben. Diese auch als **Legalitätsgrundsatz** bezeichnete Pflicht besteht dabei unabhängig davon, ob die fehlende Beachtung für die (Außen-)GbR einen wirtschaftlichen Vorteil bringt, weil etwa das drohende Bußgeld oftmals geringer als der zu erwartende Gewinn ausfällt.

**Beispielsfall:** A, B, C und D wollen gemeinsam einen Kiosk betreiben. Dabei sollen A und B jeweils 30.000 EUR und C das eigentliche Kioskgebäude beisteuern. D soll den Kiosk als Verkäufer betreiben. Den Einkauf, die Buchführung und die steuerrechtlichen Fragen sollen ebenfalls von D verantwortet werden. Nachdem die Geschäfte des Kiosks zunächst gut angelaufen sind, verliert D das Interesse und ändert die Öffnungszeiten dahingehend ab, dass der Kiosk bereits eine Stunde früher schließt. Zudem nimmt er einen Schokoriegel eines bestimmten Anbieters aus dem Angebot, da er ihm persönlich nicht zusagt, obwohl sich dieser sehr gut verkauft. 223

Die Konkretisierung der inhaltlichen Anforderungen an die Geschäftsführungsbefugnisse des D fällt vorliegend schwer. Stellt man auf den Gesellschaftszweck in Form des Betriebs des Kiosks als Interesse der Kiosk-GbR ab, ist im Prinzip kaum etwas gewonnen. Denn durch die Reduzierung der Öffnungszeiten und der Beschränkung des Angebots wird der Zweck der Kiosk-GbR nicht übermäßig beeinträchtigt. Auch der bloße Umstand des mit diesen Maßnahmen verbundenen Umsatzrückgangs kann insofern nicht uneingeschränkt angeführt werden, da das Interesse der Kiosk-GbR auf den Betrieb eines Kiosks gerichtet ist, ohne dass dabei spezifiziert wird, dass dieser umsatzmaximierend tätig sein soll, auch wenn das eine verständige Auslegung nahe legt. Diese Unsicherheiten führen dazu, dass in der Praxis zentrale Fragen der Geschäftsführung entweder im Gesellschaftsvertrag der Gesellschafterversammlung übertragen oder aber im Gesellschaftsvertrag oder in einem gegebenenfalls bestehenden Anstellungsvertrag des geschäftsführenden Gesellschafters näher spezifiziert werden. Dies gilt insbesondere für die Frage der Öffnungszeiten. Andere Detailfragen wie etwa die Frage, welche einzelnen Schokoriegel im Angebot des Kiosks enthalten sein sollen, lassen sich letztlich kaum im Einzelnen regeln. Insofern müssen die Gesellschafter letztlich auf das unternehmerische Geschick des D vertrauen bzw. einem anderen die Geschäftsführungsbefugnis übertragen.

### *d) Folgen der Verletzung der Geschäftsführungsbefugnis*

Für die Verletzung der Geschäftsführungsbefugnisse sehen die §§ 705 ff. BGB keine einheitliche Rechtsfolge vor. Vielmehr ergibt sich aus diesen eine Anzahl verschiedener Rechtsfolgen bzw. -behelfe. So können aufgrund der Verletzung der Geschäftsführungsbefugnisse diese **entzogen werden** (→ Rn. 217 ff.) und sogar der **Ausschluss aus der (Außen-)GbR** (→ Rn. 276 f.) drohen. Darüber hinaus kann der geschäftsführende Gesellschafter auch im Rahmen der Geltendmachung eines **Leistungs- oder Unterlassungsanspruchs** zu entsprechenden Handlungen angehalten werden, was aufgrund der Tatsache, dass sich der geschäftsführende Gesellschafter im Namen der (Außen-)GbR nicht selbst in Anspruch nehmen wird, meist nur im Rahmen der *actio pro socio* (→ Rn. 229 ff.) erfolgen wird. 224

Zudem kann die Verletzung der Geschäftsführungsbefugnisse einen **Schadenersatzanspruch der Gesellschaft** aus § 280 Abs. 1 BGB begründen. Bei einem solchen Schadenersatzanspruch ergeben sich allerdings zwei Besonderheiten. Zum einen ist es in der Regel schwer zu bestimmen, ob überhaupt eine Pflichtverletzung vorliegt. Während dies bei einem Verstoß gegen klare Kompetenzzuweisungen (im Gesellschaftsvertrag) noch meist unproblematisch ist, ergeben 225 sich vor allem bei wirtschaftlichen Entscheidungen Schwierigkeiten, die zum Zeitpunkt der Vornahme vernünftig erschienen, sich im Nachhinein allerdings als falsch oder jedenfalls wirtschaftlich nachteilig für die (Außen-)GbR herausstellen. Das Problem liegt dabei darin, dass der geschäftsführende Gesellschafter einerseits die notwendigen (und dabei auch problematischen) Entscheidungen im Rahmen der Geschäftsführung der (Außen-)GbR treffen soll. Darüber hinaus soll er aber auch keine unvertretbar hohen Risiken eingehen. Zur Lösung dieser Problematik wird auch im Recht der (Außen-)GbR von der Geltung der sog. *business judgment rule* ausgegangen, die einen normativen Niederschlag im deutschen Gesellschaftsrecht nur im Aktienrecht in § 93 Abs. 1 Satz 2 AktG gefunden hat. Danach liegt eine Pflichtverletzung nicht vor, wenn der geschäftsführende Gesellschafter bei einer **unternehmerischen Entscheidung** vernünftigerweise annehmen durfte, auf der **Grundlage angemessener Informationen** zum **Wohle der Gesellschaft** gehandelt zu haben. Die Anwendung dieser Grundsätze ist aber nur dann möglich, wenn das Handeln des geschäftsführenden Gesellschafters insgesamt rechtmäßig ist. Verstößt der geschäftsführende Gesellschafter daher gegen die Kompetenzordnung der (Außen-)GbR oder gegen allgemeine Vorschriften – vor allem öffentlich-rechtliche Ge- und Verbote – ist stets von einer Pflichtverletzung auszugehen, da keine unternehmerische Entscheidung vorliegt.

**226** Zum anderen besteht die Besonderheit, dass sich der Haftungsmaßstab des Gesellschafters nach § 708 BGB auf die **eigentümliche Sorgfalt** (*diligentia quam in suis*) beschränkt, was sich mit der persönlichen Verbundenheit der Gesellschafter einer (Außen-)GbR rechtfertigt. Der Gesellschafter hat daher nur für diejenige Sorgfalt einzustehen, die er in eigenen Angelegenheiten anzuwenden pflegt. Auch wenn damit eine nicht unerhebliche Einschränkung für die Haftung des Gesellschafters verbunden ist, bleibt der Anwendungsbereich meist klein, da der Nachweis der tatsächlich abweichenden eigentümlichen Sorgfalt meist nicht gelingt bzw. der Gesellschaftsvertrag von diesem Grundsatz abweicht.

**227** **Prüfungsreihenfolge:**

1. Bestehen einer (Außen-)GbR
2. Vorliegen einer Pflichtverletzung (Grundsätze der ordnungsgemäßen Geschäftsführung: *business judgment rule*)
   a) Vorliegen einer unternehmerischen Entscheidung (Ausschluss bei rechtswidrigem Handeln)
   b) Handeln auf Basis angemessener Informationen
   c) Handeln zum Wohl der Gesellschaft
3. Vorliegen eines Verstoßes gegen die eigentümliche Sorgfalt (§ 708 BGB)
4. Vorliegen eines kausalen Schadens

**Rechtsfolge:** Bestehen eines Schadenersatzanspruchs der (Außen-)GbR gegen den geschäftsführenden Gesellschafter aus § 280 Abs. 1 BGB iVm dem Gesellschaftsvertrag.

**Beispielsfall:** A, B, C und D wollen gemeinsam einen Kiosk betreiben. Dabei sollen A und B jeweils 30.000 EUR und C das eigentliche Kioskgebäude beisteuern. D soll den Kiosk als Verkäufer betreiben. Den Einkauf, die Buchführung und die steuerrechtlichen Fragen sollen ebenfalls von D verantwortet werden, obwohl dieser schon in seinen privaten steuerlichen Angelegenheiten regelmäßig mit diesen Aufgaben überfordert ist und sich um diese nicht hinreichend kümmert. Nachdem die Geschäfte des Kiosks zunächst gut angelaufen sind, nimmt D eine Reihe von Änderungen im Kiosk vor, um den Umsatz weiter zu steigern. Zunächst nimmt er die an sich gut laufenden Schokoriegel kurzerhand vollständig aus dem Verkaufsangebot des Kiosks, da er diese nicht mag und er der Ansicht ist, dass diese ohnehin ungesund seien. Zudem verkürzt er die Öffnungszeiten eigenmächtig, obwohl der Gesellschaftsvertrag dafür einen einstimmigen Beschluss der Gesellschafter vorsieht. Weiterhin verkauft er zur Steigerung des Umsatzes wiederholt alkoholische Getränke an Minderjährige, weswegen die Kiosk-GbR ein Bußgeld von 10.000 EUR zahlen muss. Schließlich versäumt es D immer wieder die Fristen für die Abgabe der Steuererklärungen einzuhalten, so dass der Kiosk-GbR auch in diesem Zusammenhang ein Bußgeld von 20.000 EUR auferlegt wird. 228

### I. Anspruch der Kiosk-GbR aus § 280 Abs. 1 BGB iVm dem Gesellschaftsvertrag wegen der Veränderung des Angebots des Kiosks

Die Kiosk-GbR könnte gegen D einen Anspruch aus § 280 Abs. 1 BGB iVm dem Gesellschaftsvertrag wegen der Veränderung des Angebots des Kiosks haben. Dies setzt voraus, dass D eine Pflichtverletzung begangen hat. Eine solche könnte darin gesehen werden, dass D die Schokoriegel aus dem Angebot des Kiosks genommen hat. Dies wäre aber dann nicht der Fall, wenn diese Entscheidung von der business judgement rule gedeckt wäre. Es handelt sich zunächst um eine unternehmerische Entscheidung. Weiterhin müsste D auf der Basis angemessener Informationen gehandelt haben. Dies erscheint vorliegend zweifelhaft, da er die Entscheidung spontan getroffen hat, ohne die tatsächlichen Auswirkungen auf den Geschäftsbetrieb des Kiosks zu ermitteln. Jedenfalls fehlt es aber an einem Handeln zum Wohl der Kiosk-GbR, da D die Schokoriegel nur aus dem Angebot nimmt, weil er diese persönlich nicht mag und sie für gesundheitsschädlich hält. Der Umstand, dass letzterer Aspekt auch tatsächlich zutrifft, ist dabei unbeachtlich, da das Unternehmensinteresse der Kiosk-GbR nicht auf die Verbesserung der allgemeinen Gesundheit der Bevölkerung, sondern auf den Betrieb eines Kiosks gerichtet ist. Daher ist vorliegend eine Pflichtverletzung anzunehmen. D hat diese auch schuldhaft begangen. Schließlich ist der Kiosk-GbR dadurch ein Schaden in Höhe des dadurch entgangenen Gewinns entstanden. Die Kiosk-GbR hat daher gegen D einen Anspruch auf Schadenersatz aus § 280 Abs. 1 BGB iVm dem Gesellschaftsvertrag wegen der Veränderung des Angebots des Kiosks.

### II. Anspruch der Kiosk-GbR aus § 280 Abs. 1 BGB iVm dem Gesellschaftsvertrag wegen der Veränderung der Öffnungszeiten des Kiosks

Die Kiosk-GbR könnte gegen D einen Schadenersatzanspruch aus § 280 Abs. 1 BGB iVm dem Gesellschaftsvertrag wegen der Veränderung der Öffnungszeiten des Kiosks haben. Dies setzt voraus, dass D eine Pflichtverletzung begangen hat. Eine solche könnte sich daraus ergeben, dass D die Öffnungszeiten des Kiosks eigenmächtig geändert hat. Die Kompetenz zur Änderung der Öffnungszeiten des Kiosks ist nach dem Gesellschaftsvertrag der Gesellschafterversammlung zugewiesen, so dass D diese Än derung selbst nicht vornehmen durfte. Eine Pflichtverletzung liegt somit vor. D hat diese auch schuldhaft begangen. Schließlich ist der Kiosk-GbR dadurch auch ein Schaden in

Höhe des dadurch entgangenen Gewinns entstanden. Die Kiosk-GbR hat daher gegen D einen Schadenersatzanspruch aus § 280 Abs. 1 BGB iVm dem Gesellschaftsvertrag wegen der Veränderung der Öffnungszeiten des Kiosks.

**Hinweis:** Das Vorliegen der Voraussetzungen der *business judgement rule* war vorliegend nicht zu prüfen, da es sich um einen Fall der Kompetenzüberschreitung bzw. -verletzung durch D gehandelt hat. Bei derartigen Entscheidungen kommt dem D kein Ermessen zu.

### III. Anspruch der Kiosk-GbR aus § 280 Abs. 1 BGB iVm dem Gesellschaftsvertrag wegen des Bußgeldes in Höhe von 10.000 EUR

Die Kiosk-GbR könnte gegen D einen Anspruch auf Zahlung von 10.000 EUR aus § 280 Abs. 1 BGB iVm dem Gesellschaftsvertrag wegen des Bußgeldes aufgrund des Verkaufs von alkoholischen Getränken an Minderjährige in Höhe von 10.000 EUR haben. Dies setzt voraus, dass D eine Pflichtverletzung begangen hat. Eine solche könnte sich daraus ergeben, dass D alkoholische Getränke an Minderjährige veräußert hat und dies zur Festsetzung eines Bußgeldes gegen die Kiosk-GbR geführt hat. Zwar ist der Verkauf von Getränken im Interesse der Kiosk-GbR, da sie dadurch grundsätzlich einen Gewinn erwirtschaften kann. Allerdings verstößt dieser Verkauf gegen den Legalitätsgrundsatz, da der Verkauf alkoholischer Getränke an Minderjährige in Deutschland verboten ist. Somit liegt eine Pflichtverletzung vor. Der Kiosk-GbR ist dadurch auch ein kausaler Schaden entstanden, da sie aufgrund des Verkaufs ein Bußgeld in Höhe von 10.000 EUR zahlen musste. D handelte auch schuldhaft. Die Kiosk-GbR hat somit gegen D einen Anspruch auf Zahlung von 10.000 EUR aus § 280 Abs. 1 BGB iVm dem Gesellschaftsvertrag.

**Hinweis:** Auch in diesem Fall war das Vorliegen der Voraussetzungen der *business judgement rule* nicht zu prüfen. Denn ein Verstoß gegen die (allgemeinen) gesetzlichen Vorschriften ist aufgrund des Legalitätsgrundsatzes stets als eine Pflichtverletzung einzustufen, so dass dem geschäftsführenden Gesellschafter kein Ermessen zukommt. Insofern war es jedenfalls für die Annahme der Pflichtverletzung unbeachtlich, dass gegen die Kiosk-GbR ein Bußgeld verhängt wurde, da dieses nur den Schaden für die Kiosk-GbR begründet.

### IV. Anspruch der Kiosk-GbR aus § 280 Abs. 1 BGB iVm dem Gesellschaftsvertrag wegen des Bußgeldes in Höhe von 20.000 EUR

Die Kiosk-GbR könnte gegen D einen Anspruch aus § 280 Abs. 1 BGB iVm dem Gesellschaftsvertrag wegen des Bußgeldes aufgrund der verspäteten Abgabe der Steuererklärungen in Höhe von 20.000 EUR haben. Dies setzt voraus, dass D eine Pflichtverletzung begangen hat. Als geschäftsführenden Gesellschafter trifft den D auch die Pflicht, die Steuererklärungen für die Kiosk-GbR rechtzeitig einzureichen. Diese Pflicht hat D vorliegend verletzt. Fraglich ist allerdings, ob den D auch ein Verschulden trifft. Im Rahmen der (Außen-)GbR kann sich der die Pflichtverletzung begangene Gesellschafter auf die eigentümliche Sorgfalt berufen (§ 708 BGB). Da D in seinen eigenen Angelegenheiten ebenfalls sehr nachlässig mit seinen steuerrechtlichen Pflichten ist, schuldet er diesen Maßstab auch nur im Rahmen der Kiosk-GbR. Ein Verschulden liegt daher nicht vor. Die Kiosk-GbR hat daher gegen D keinen Anspruch auf Zahlung von 20.000 EUR aus § 280 Abs. 1 BGB iVm dem Gesellschaftsvertrag wegen des Bußgeldes aufgrund der verspäteten Abgabe der Steuererklärungen.

**Klausurhinweis:** Der Sachverhalt gibt vor, dass D im Rahmen seiner eigenen steuerrechtlichen Angelegenheiten recht nachlässig ist, so dass ein Fall der (abweichenden) eigentümlichen Sorgfalt vorliegt. In der Klausurpraxis wird auf diesen Aspekt meist ausdrücklich hingewiesen, da eine eigentümliche Sorgfalt ansonsten nicht angenommen werden kann. Daher sollte man bei der Klausurlösung stets auf derartige Ausführungen achten. Finden sich diese nicht im Sachverhalt, muss von der Geltung des allgemeinen Maßstabs des § 276 BGB ausgegangen werden, auch wenn es bei der Anwendbarkeit von § 708 BGB bleibt.

### 6. Die *actio pro socio* als Sonderfall der Durchbrechung der Geschäftsführungsbefugnisse

Eine Sonderkonstellation im Innen- bzw. Außenverhältnis der Gesellschafter einer (Außen-)GbR ist die sog. *actio pro socio* (Gesellschafterklage). **Hintergrund dieser Problematik** ist, dass im Rahmen einer (Außen-)GbR nur die vertretungsberechtigen Gesellschafter (→ Rn. 239 ff.) oder andere zu deren Vertretung ermächtigte Personen zur Geltendmachung von Ansprüchen der Gesellschaft berechtigt sind. Dabei besteht allerdings das Problem, dass die jeweiligen Gesellschafter diese Ansprüche nicht geltend machen, weil sie davon selbst etwa im Rahmen der Leistung der Einlage betroffen wären oder ein Interesse daran haben, dass der Anspruch nicht geltend gemacht wird. Da die nicht vertretungsberechtigten Gesellschafter selbst nicht zur Geltendmachung berechtigt sind, müssten diese dann sozusagen zusehen, wie die Ansprüche verjähren oder aus anderen Gründen nicht mehr geltend gemacht werden können. Zwar stünde ihnen die Möglichkeit offen, den vertretungsberechtigten Gesellschafter durch einen Gesellschafterbeschluss die Vertretungsmacht zu entziehen und diese einem anderen Gesellschafter zu überantworten. Dafür wäre allerdings eine entsprechende Mehrheit erforderlich, über die der nicht vertretungsberechtigte Gesellschafter möglicherweise nicht verfügt. Aus den gleichen Gründen scheitert auch eine Inanspruchnahme des vertretungsberechtigten Gesellschafters, auch wenn dieser durch die fehlende Durchsetzung der Ansprüche eine Pflichtverletzung begeht, die grundsätzlich zu einer Schadenersatzpflicht führen kann (→ Rn. 225 ff.). 229

Um diesem Problem zu begegnen, wurde die *actio pro socio* (Gesellschafterklage) entwickelt, bei der auch ein nicht geschäfts- bzw. vertretungsberechtigter Gesellschafter die **Prozessführungsbefugnis** erlangen kann, die entsprechenden Ansprüche im eigenen Namen mit Leistung an die Gesellschaft geltend zu machen. 230

Auch wenn die *actio pro socio* inzwischen weitestgehend anerkannt ist, besteht vor allem hinsichtlich der Herleitung von dieser Uneinigkeit. Vor allem die Rechtsprechung verstand die *actio pro socio* im Rahmen der Personengesellschaften zunächst als einen materiellrechtlichen Anspruch des Gesellschafters (BGHZ 10, 91 (101); 25, 47 (49); BGH WM 1956, 87 (88); NJW 1960, 964 (964 f.); 1973, 2198 (2199)). Dieser materiell-rechtliche Anspruch wurde damit begründet, dass die einzelnen Gesellschafter bei Eingehung der Verpflichtung gegenüber der Gesellschaft sich zugleich auch gegenüber jedem einzelnen Gesellschafter verpflichten wollten. Die Prozessführungsbefugnis des einzelnen Gesellschafters ergab sich somit unmittelbar aus der Sachlegitimation des Gesellschafters in Bezug auf den Anspruch. Die herrschende Auffassung des Schrifttums hat diesen Begründungsansatz allerdings abgelehnt und die *actio pro socio* als einen Fall der Prozessstandschaft angesehen (vgl. nur *Bork/Oepen* ZGR 2001, 515 (519); MüKoBGB/*Ulmer/Schäfer* § 705 Rn. 207 ff.). Diese Begründung wurde im Ansatz auch von der Rechtsprechung zwischenzeitlich übernommen (BGH NJW 1985, 2830). Die Annahme einer Prozessstandschaft gründet sich dabei auf das zwischen den einzelnen Mitgliedern bestehende Rechtsverhältnis, das aber nicht darüber hinweghelfen kann, dass die Vermögensrechte und -pflichten bei der Gesellschaft gebündelt werden und in die ausschließliche Zuständigkeit des gesamthänderischen Vermögensträgers fallen. Dabei handelt es sich um einen Fall der gesetzlichen und nicht der gewillkürten Prozessstandschaft. Die *actio pro socio* ist zwar nicht ausdrücklich normiert, jedoch ist sie – trotz der in ihrer Entwicklung bestehenden Streitigkeiten hinsichtlich ihrer Voraussetzungen und Rechtsfolgen – in ihrem grundsätzlichen Bestand zwischenzeitlich gewohnheitsrechtlich anerkannt und somit als ein Fall der gesetzlichen Prozessstandschaft anzusehen. Zudem lässt sich die Annahme einer gewillkürten Prozessstandschaft oftmals nicht mit einer Auslegung der Gesellschafterverträge begründen.

**231** Zentrale Voraussetzung der *actio pro socio* ist – neben dem Vorliegen einer (Außen-)GbR – zunächst, dass der Anspruch durch einen **Gesellschafter** geltend gemacht wird. Dritten ist die Geltendmachung von Ansprüchen der (Außen-)GbR nicht gestattet. Darüber hinaus muss der diesen Anspruch geltend machende Gesellschafter von der Geschäftsführung bzw. Vertretung der (Außen-)GbR ausgeschlossen sein, was eigentlich keine tatsächliche Voraussetzung ist, da sich bei Bestehen der entsprechenden Befugnisse die Frage nach der *actio pro socio* nicht stellt. Weiterhin darf die Geltendmachung des Anspruchs der (Außen-)GbR nicht gegen die **Treuepflicht** (→ Rn. 135) verstoßen. Dies ist dann nicht der Fall, wenn der Gesellschafter die (Außen-)GbR bzw. den geschäftsführenden Gesellschafter vergeblich zur Durchsetzung dieses Anspruchs aufgefordert hat und dieser aus willkürlichen oder sachfremden Gründen von einer Durchsetzung absieht. Auf diese Weise soll der Organisationsstruktur der Gesellschaft Rechnung getragen werden, indem die eigentlich für die Geltendmachung zuständigen Organe auch tatsächlich Kenntnis von dem geltend zu machenden Anspruch haben und eine *letzte Chance* erhalten, diesen auch selbst geltend zu machen. Schließlich können von einem nicht geschäfts- bzw. vertretungsberechtigten Gesellschafter nur sog. **Sozialansprüche** geltend gemacht werden. Dabei handelt es sich um Ansprüche, die sich aus dem Innenverhältnis der Gesellschafter ergeben. Typischer Anwendungsfall ist die Geltendmachung von Beitragsforderungen. Darüber hinaus können aber auch Schadenersatzansprüche wegen der Verletzung der Geschäftsführungsaufgaben oder sogar Ansprüche auf Vornahme oder auf Unterlassen bestimmter Geschäftsführungsmaßnahmen geltend gemacht werden. Von der *actio pro socio* nicht erfasst werden hingegen Ansprüche der Gesellschaft gegen Dritte. Für diese bleibt allein der vertretungsberechtigte Gesellschafter zuständig. Hintergrund dieser Beschränkung ist, dass sich der nicht vertretungsberechtigte Gesellschafter im Rahmen der *actio pro socio* nur im Innenverhältnis der Gesellschafter über seine fehlende Vertretungsmacht hinwegsetzen können soll. Dritte sollen hingegen weiterhin auf die Zuständigkeitsordnung der Gesellschaft vertrauen können.

**Prüfungsreihenfolge:** 232
1. Vorliegen eines Anspruchs der (Außen-)GbR
2. Gesellschafterstellung des diesen Anspruch geltend machenden Gesellschafters
3. Fehlende Geschäftsführungs- bzw. Vertretungsmacht des diesen Anspruch geltend machenden Gesellschafters
4. Fehlender Ausschluss der Geltendmachung aufgrund der Treuepflicht
   a) Fehlende sachliche Rechtfertigung der Untätigkeit des geschäftsführenden Gesellschafters und
   b) Erfolglose Aufforderung der Gesellschaft zur Klageerhebung
5. Einordnung des Anspruchs der (Außen-)GbR als Sozialanspruch

**Rechtsfolge:** Bestehen einer Prozessführungsbefugnis des Gesellschafters mit dem Recht zur Geltendmachung des Anspruchs im eigenen Namen mit Leistung an die Gesellschaft.

**Klausurhinweis:** Da es sich bei der *actio pro socio* – außer im Aktienrecht (§ 148 AktG) – nicht um ein normativ niedergelegtes Rechtsinstitut handelt, bedarf es vor der Prüfung der einzelnen Tatbestandsmerkmals einer Begründung. Dabei sollte allerdings nicht nur auf die gewohnheitsrechtliche Herleitung hingewiesen, sondern das der *actio pro socio* zugrundeliegende Problem kurz dargestellt werden. Eine intensive Herleitung und Darstellung der verschiedenen Begründungsansätze wird dabei in der Regel nicht erwartet, kann allerdings gleichwohl zum Nachweis des tieferen Verständnisses dieses Rechtsinstituts vorgenommen werden.

**Merksatz:** Die *actio pro socio* (Gesellschafterklage) ist eine Form der Prozessstandschaft, bei der ein Gesellschafter einer (Außen-)GbR einen Anspruch der Gesellschaft im eigenen Namen gegen einen anderen Gesellschafter geltend machen kann, sofern er die Gesellschaft zuvor vergeblich zur Geltendmachung des Anspruchs aufgefordert hat und der Geltendmachung keine sachfremden Erwägungen entgegenstehen.

**Beispielsfall:** A, B, C und D wollen gemeinsam einen Kiosk betreiben. Dabei sollen A und B jeweils 30.000 EUR und C das eigentliche Kioskgebäude beisteuern. D soll den Kiosk als Verkäufer allein und ohne weiteres Personal betreiben. Bereits kurz nach der Gründung der Kiosk-GbR kommt es zum Streit zwischen den Gesellschaftern. Dieser ist zunächst darauf zurückzuführen, dass A seine Einlage schlicht nicht leistet. Darüber hinaus verkürzt D die Öffnungszeiten eigenmächtig, obwohl der Gesellschaftsvertrag dafür einen einstimmigen Beschluss der Gesellschafter vorsieht. Dies führt zu einem Gewinnrückgang von 5.000 EUR. Zudem kündigt D gegenüber den anderen Gesellschaftern an, den Verkauf im Kiosk künftig nicht mehr selbst durchzuführen, sondern dafür einen Angestellten einzustellen. Weiterhin erklärt D, dass das Warenangebot des Kiosks deutlich beschränkter ausfallen müsse, da die erforderlichen Waren aufgrund der fehlenden Einlageleistung des A nicht angeschafft werden können. Eine Inanspruchnahme des A lehnt D auf Anfrage von B gleichwohl ab, da er seinen alten Schulfreund zur Zahlung der Einlage nicht zwingen wolle. Schließlich hat der Dauerkunde X, 233 der ebenfalls ein alter Schulfreund des D ist, bei der Kiosk-GbR Außenstände von 1.000 EUR, die D aufgrund der freundschaftlichen Verbundenheit ebenfalls nicht eintreibt. Auch wegen der anderen Punkte winkt D auf Anfrage des B ab, da den B diese Fragen aufgrund von dessen fehlender Geschäftsführungsbefugnis schlicht nichts angingen. Schließlich sei ja D und nicht B geschäftsführender Gesellschafter der Kiosk-GbR. Kann B die Zahlung der Einlage durch A, die Zahlung der Außenstände durch X und die Zahlung eines Schadenersatzanspruchs wegen der Verkürzung der Öffnungszeiten durch D durchsetzen? Kann B die Einstellung eines Angestellten verhindern?

## I. Durchsetzung eines Anspruchs der Kiosk-GbR durch B gegen A auf Zahlung von 30.000 EUR

B könnte nach den Grundsätzen der *actio pro socio* das Recht haben, einen Anspruch der Kiosk-GbR gegen A auf Zahlung von 30.000 EUR durchzusetzen. Voraussetzung dafür ist zunächst, dass ein Anspruch der Kiosk-GbR gegen A vorliegt. A ist nach dem Gesellschaftsvertrag verpflichtet, eine Einlage von 30.000 EUR zu zahlen, was bisher nicht erfolgt ist. B ist auch Gesellschafter der Kiosk-GbR und von der Geschäftsführung ausgeschlossen. Die Geltendmachung des Anspruchs durch B widerspricht auch nicht der Treuepflicht, zumal B den D als geschäftsführenden Gesellschafter auch vergeblich zur Geltendmachung des Einlageanspruchs aufgefordert hat. Die bisherige Untätigkeit des D als geschäftsführendem Gesellschafter beruht auch auf unsachlichen und willkürlichen Gründen, da er von einer Geltendmachung des Anspruchs auf Leistung der Einlage bisher nur aufgrund der Freundschaft zu A abgesehen hat. Schließlich handelt es sich bei dem Anspruch auf Leistung der Einlage auch um einen Sozialanspruch der Kiosk-GbR. B ist daher nach den Grundsätzen der *actio pro socio* zur Geltendmachung dieses Anspruchs auf Leistung der Einlage gegen A im eigenen Namen berechtigt.

## II. Durchsetzung eines Anspruchs der Kiosk-GbR durch B gegen X auf Zahlung von 1.000 EUR

B könnte nach den Grundsätzen der *actio pro socio* das Recht haben, einen Anspruch der Kiosk-GbR gegen X auf Zahlung von 1.000 EUR durchzusetzen. Voraussetzung dafür ist zunächst, dass ein Anspruch der Kiosk-GbR gegen X vorliegt. X hat bei der Kiosk-GbR Außenstände von 1.000 EUR, so dass ein Anspruch der Kiosk-GbR gegen X gegeben ist. B ist auch Gesellschafter der Kiosk-GbR und von der Geschäftsführung ausgeschlossen. Die Geltendmachung des Anspruchs durch B widerspricht auch nicht der Treuepflicht, zumal B den D als geschäftsführenden Gesellschafter auch vergeblich zur Geltendmachung des Anspruchs aufgefordert hat. Die bisherige Untätigkeit des D als geschäftsführendem Gesellschafter beruht auch auf unsachlichen und willkürlichen Gründen, da er von einer Geltendmachung des Anspruchs auf Zahlung des Kaufpreises bisher nur aufgrund der Freundschaft zu X abgesehen hat. Allerdings handelt es sich bei dem Anspruch gegen X nicht um einen Sozialanspruch, sondern um einen Anspruch der Gesellschaft gegen einen Dritten. Für die Durchsetzung dieser Ansprüche bleibt es bei der organisationsrechtlichen Grundstruktur der Gesellschaft, so dass dieser Anspruch nur durch D durchgesetzt werden kann. B ist daher nicht zur Geltendmachung dieses Anspruchs gegen X auf Zahlung von 1.000 EUR im eigenen Namen berechtigt.

**Hinweis:** Trotz der fehlenden Möglichkeit der Durchsetzung des Anspruchs durch B bleibt dieser nicht schutzlos. Denn die fehlende Durchsetzung des Anspruchs der Kiosk-GbR gegen X stellt eine Pflichtverletzung des D dar, die zu einem Schadenersatzanspruch führen kann. Für einen solchen fehlt es bisher aber an einem Schaden der Kiosk-GbR. Erst wenn ein solcher Schaden eingetreten ist, kann dann B von D nach den Grundsätzen der *actio pro socio* im eigenen Namen einen Schadenersatzanspruch geltend machen.

### III. Durchsetzung eines Anspruchs der Kiosk-GbR durch B gegen D auf Zahlung des Schadenersatzes in Höhe von 5.000 EUR

B könnte nach den Grundsätzen der *actio pro socio* das Recht haben, einen Anspruch der Kiosk-GbR gegen D auf Zahlung des Schadenersatzes in Höhe von 5.000 EUR durchzusetzen. Voraussetzung dafür ist zunächst, dass ein Anspruch der Kiosk-GbR gegen D vorliegt. Ein solcher Anspruch ergibt sich vorliegend aus der Verletzung der Geschäftsführungsbefugnis des D (→ Rn. 224 ff.). B ist auch Gesellschafter der Kiosk-GbR und von der Geschäftsführung ausgeschlossen. Zudem hat B den D als geschäftsführenden Gesellschafter auch vergeblich zur Geltendmachung des Anspruchs aufgefordert. Die Geltendmachung des Anspruchs durch B widerspricht auch nicht der Treuepflicht, da die bisherige Untätigkeit des D als geschäftsführendem Gesellschafter auf unsachlichen und willkürlichen Gründen beruht. D hat von der Erfüllung des Schadenersatzanspruchs bisher Abstand genommen, weil er das Bestehen dieser Ansprüche zu Unrecht bestreitet und mit einer Geltendmachung durch D nicht mehr zu rechnen ist. Schließlich handelt es sich bei dem Anspruch auf Zahlung des Schadenersatzes in Höhe von 5.000 EUR auch um einen Sozialanspruch der Kiosk-GbR. B ist daher nach den Grundsätzen der *actio pro socio* zur Geltendmachung dieses Anspruchs auf Zahlung des Schadenersatzes in Höhe von 5.000 EUR gegen D im eigenen Namen berechtigt.

### IV. Durchsetzung eines Anspruchs der Kiosk-GbR durch B gegen D auf Unterlassung der Einstellung eines Angestellten

B könnte nach den Grundsätzen der *actio pro socio* das Recht haben, den Anspruch der Kiosk-GbR gegen D auf Unterlassen der Einstellung einer Angestellten durchzusetzen. Voraussetzung dafür ist zunächst, dass ein Anspruch der Kiosk-GbR gegen D vorliegt. Ein solcher Anspruch ergibt sich vorliegend aus der Verletzung der Geschäftsführungsbefugnis des D, da der Gesellschaftsvertrag ausdrücklich vorsieht, dass die Kiosk-GbR über keine Angestellten verfügen und der Verkauf im Kiosk allein durch D erfolgen soll. B ist auch Gesellschafter der Kiosk-GbR und von der Geschäftsführung ausgeschlossen. Die Geltendmachung des Anspruchs durch B widerspricht auch nicht der Treuepflicht, zumal B den D als geschäftsführenden Gesellschafter auch vergeblich zur Unterlassung aufgefordert hat. Da D bereits angekündigt hat, einen Angestellten einzustellen, ist auch nicht zu erwarten, dass er dies unterlassen wird. Schließlich handelt es sich bei dem Anspruch auf Unterlassen der Einstellung einer Angestellten auch um einen Sozialanspruch der Kiosk-GbR. B ist daher nach den Grundsätzen der *actio pro socio* zur Geltendmachung dieses Anspruchs auf Unterlassen der Einstellung einer Angestellten gegen D im eigenen Namen berechtigt.

**Hinweis:** Wie der vorliegende Fall zeigt, spielt die *actio pro socio* häufig in Gesellschaften eine Rolle, bei denen das Verhältnis zwischen den Gesellschaftern generell schwer belastet ist. Daher ist die *actio pro socio* oft nur ein Vorspiel für den Ausschluss oder das freiwillige Ausscheiden eines Gesellschafters und wird dazu genutzt, diesen Ausschluss oder das freiwillige Ausscheiden zu beschleunigen. Nichtsdestotrotz ist die *actio pro socio* ein wichtiges Kontrollinstrument für die nicht an der Geschäftsführung beteiligten Gesellschafter, da es eine präventive Wirkung hat.

234 Die dem vorstehenden Beispielsfall zugrundeliegende Konstellation stellt sich daher folgendermaßen dar:

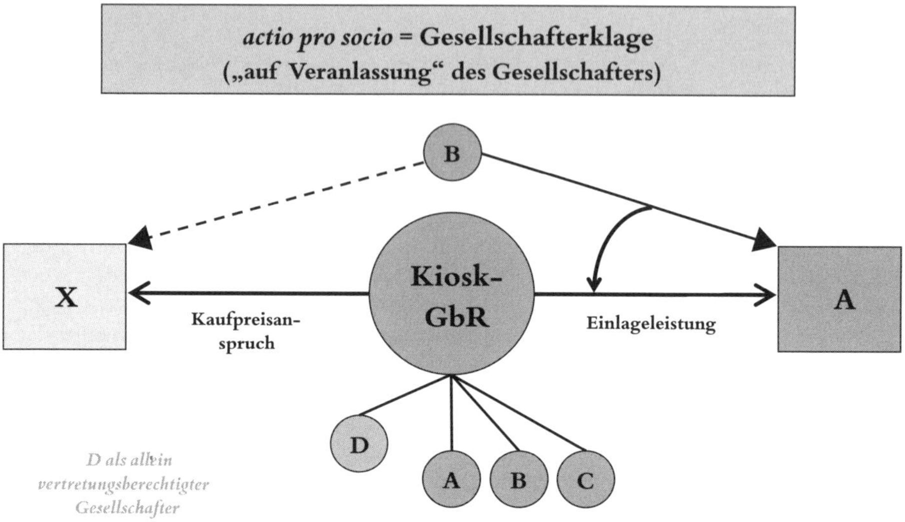


## III. Beziehungen zu Dritten (Außenverhältnis)

### 1. Die (Außen-)Gesellschaft bürgerlichen Rechts als Rechtssubjekt

235 Da die (Außen-)GbR – im Gegensatz zur (Innen-)GbR (→ Rn. 149 f.) – am Rechtsverkehr teilnimmt, stellt sich die Frage nach deren Rechtsfähigkeit. Diese Rechtsfähigkeit der (Außen-)GbR ist dabei inzwischen **allgemein anerkannt** (grundlegend BGHZ 146, 341 = NJW 2001, 1056; BGHZ 179, 10 = NJW 2009, 1071; vgl. auch MüKoBGB/*Ulmer/Schäfer* § 705 Rn. 303 ff.), ohne dabei allerdings in den §§ 705 ff. BGB ausdrücklich – im Gegensatz zum Recht der oHG (→ Rn. 316) – geregelt zu sein. Vielmehr verhält es sich sogar so, dass die §§ 705 ff. BGB und § 736 ZPO eigentlich von einer fehlenden Rechtsfähigkeit ausgehen, was allerdings inzwischen zugunsten der Anerkennung der Rechtsfähigkeit ausgeblendet wird, da die Vorstellung des historischen Gesetzgebers inzwischen als überholt gilt.

Die Rechtsfähigkeit der (Außen-)GbR zählte zu einem der umstrittensten Probleme des Personengesellschaftsrechts, was vor allem darauf zurückzuführen war, dass der historische Gesetzgeber die GbR in der Konzeption der §§ 705 ff. BGB als bloßes Schuldverhältnis zwischen den Gesellschaftern betrachtet hat. Dies hatte zur Folge, dass lediglich die Gesellschafter als Zuordnungsobjekt für die Rechte und Pflichten in Betracht kamen. Da die GbR – jedenfalls in Form der (Außen-)GbR – aber auch im Rechtsverkehr auftrat und sich insofern rechtlich verselbständigte, waren damit aber eine Reihe von Problemen verbunden, die durch die gesellschaftsrechtliche Praxis nur bedingt aufgefangen werden konnten. Dies betraf etwa die Frage der gerichtlichen Durchsetzung von Forderungen und Rechten gegen die (Außen-)GbR, da in diesem Fall nicht die (Außen-)GbR selbst, sondern alle Gesellschafter gemeinsam verklagt werden mussten. Zudem stellte sich im Rahmen der Haftungsverfassung der (Außen-)GbR (→ Rn. 251 ff.) eine Reihe von Fragen, die sich ohne eine Anerkennung der Rechtsfähigkeit nur bedingt lösen ließen. Diese Aspekte führten schließlich zu einer Anerkennung der Rechtsfähigkeit der (Außen-)GbR durch die höchstrichterliche Rechtsprechung (grundlegend BGHZ 146, 341), was auch im Schrifttum überwiegend Zustimmung erfahren hat (vgl. nur MüKoBGB/*Ulmer/Schäfer* § 705 Rn. 303 ff. mwN). Auch wenn der grundlegende Streit über die Rechtsfähigkeit weitgehend beigelegt ist, bleiben einzelne Folgeprobleme wie etwa die Frage der Bildung eines Gesellschaftsvermögens bei der (Innen-)GbR (→ Rn. 126).

Durch die Rechtsfähigkeit wird die (Außen-)GbR allerdings nicht zur **juristischen Person**. Denn die Entstehung juristischer Personen (des Privatrechts) erfordert im deutschen Gesellschaftsrecht die Eintragung in ein Register. Diese konstitutive Eintragung ist dabei mit einer jedenfalls formalen Prüfung durch das Registergericht verbunden, so dass insofern höhere Anforderungen als bei den Personengesellschaften bestehen. Zwar müssen auch die oHG und die KG im Handelsregister eingetragen werden (→ Rn. 319). Allerdings ist die Eintragung bei diesen nicht konstitutiv, sondern lediglich deklaratorisch (→ Rn. 412). Diese Sichtweise ist – wie etwa die Partnerschaftsgesellschaft zeigt (§ 7 Abs. 1 PartGG) – zwar nicht zwingend, jedoch weitgehend anerkannt. Die Abgrenzung zwischen juristischer Person und rechtfähiger (Außen-)GbR rechtfertigt sich zudem durch die deutlich unterschiedliche Regelung hinsichtlich des Wechsels der Gesellschafter (→ Rn. 272 ff.) und hinsichtlich des Gläubigerschutzes (→ Rn. 554 ff.). 236

Mit der Rechtsfähigkeit der (Außen-)GbR stellt sich sogleich eine Reihe von Folgefragen hinsichtlich der genauen Ausgestaltung der Rechtsfähigkeit in einzelnen Zusammenhängen. Aus der Rechtsfähigkeit folgt zunächst, dass die (Außen-)GbR auch **Gesellschafterin bei anderen Gesellschaftsformen** sein kann. Zudem ist die (Außen-)GbR auch **prozessfähig**, da § 50 Abs. 1 ZPO für diese Frage an die Rechtsfähigkeit anknüpft. Daraus ergibt sich auch die Möglichkeit, **Zwangsvollstreckungsmaßnahmen** gegen die (Außen-)GbR und entgegen § 736 ZPO nicht nur gegen alle Gesellschafter durchzuführen. Schließlich kann die (Außen-)GbR auch im **Grundbuch** eingetragen werden (arg. § 899a BGB; vgl. auch BGHZ 179, 10 = NJW 2009, 1071; BGHZ 189, 274 = NJW 2011, 1958). Auch wenn hinsichtlich dieser Folgefragen der Rechtsfähigkeit weitestgehend Einigkeit bestehen, können sich in der konkreten Ausprägung allerdings Schwierigkeiten ergeben (vgl. etwa zu den sich aus der Grundbuchfähigkeit ergebenden Problemen *Schäfer* § 19 Rn. 4). 237

Schließlich darf die Frage der Rechtsfähigkeit der (Außen-)GbR nicht mit der **gesamthänderischen Bindung des Gesellschaftsvermögens** (→ Rn. 193 ff.) oder der **Haftung der Gesellschafter für die Verbindlichkeiten der (Außen-)GbR** (→ Rn. 252 ff.) verwechselt werden. Denn diese beiden Aspekte stehen in keiner zwingenden Wechselwirkung mit der Rechtsfähigkeit der (Außen-)GbR, auch wenn sie im Rahmen der (Außen-)GbR zusammentreffen. 238

**Klausurhinweis:** Die Rechtsfähigkeit der (Außen-)GbR stellt sicherlich eines der schwierigsten Probleme des Personengesellschaftsrechts dar und verursacht bei der Falllösung typischerweise eine Reihe von Schwierigkeiten. Auch wenn die Frage nach der Rechtsfähigkeit der (Außen-)GbR von jedem Studierenden sicher beherrscht werden sollte, ist bei Darstellung dieser Thematik im Rahmen einer Klausur grundsätzlich Zurückhaltung geboten. Denn häufig liegt der Schwerpunkt einer Klausur nicht auf der Rechtsfähigkeit. Daher sollte vor einem Verfassen von langen Ausführungen zur Rechtsfähigkeit der (Außen-)GbR stets kritisch überprüft werden, inwiefern die Klausurlösung dies erfordert und ob der Schwerpunkt der Klausur tatsächlich auf dieser Problematik liegt.

### 2. Vertretung der Gesellschaft durch die Gesellschafter

#### *a) Arten der Vertretungsmacht*

**239** Auch bei der (Außen-)GbR muss zwischen der rechtsgeschäftlichen und der organschaftlichen Vertretungsmacht unterschieden werden (→ Rn. 47 ff.). Während sich die rechtsgeschäftliche Vertretungsmacht nach den allgemeinen Grundsätzen der §§ 164 ff. BGB regelt, orientiert sich die Frage der organschaftlichen Vertretungsmacht im Recht der (Außen-)GbR im Wesentlichen an der **Geschäftsführungsbefugnis.** Denn nach § 714 BGB sind im Zweifel diejenigen Gesellschafter zur Vertretung der (Außen-)GbR berechtigt, denen die Befugnis zur Geschäftsführung (→ Rn. 209 ff.) zusteht. Dabei gilt auch für die organschaftliche Vertretungsmacht der Grundsatz der Selbstorganschaft (→ Rn. 90), so dass nur Gesellschaftern der (Außen-)GbR organschaftliche Vertretungsmacht eingeräumt werden kann, was allerdings nicht ausschließt, dass Dritten auch im Einzelfall rechtsgeschäftliche Vertretungsmacht erteilt werden kann (→ Rn. 243).

**240** Die **Gleichlauf von Geschäftsführungsbefugnis und Vertretungsmacht** entspricht im Wesentlichen der Rechtslage bei den übrigen Gesellschaftsformen und ist darauf zurückzuführen, dass sich diese beiden Aspekte in der Regel kaum trennen lassen, auch wenn diese durch eine entsprechende Regelung im Gesellschaftsvertrag ohne weiteres möglich ist.

**241** Aufgrund des Verweises auf die Geschäftsführungsbefugnis in § 714 BGB gelten die dort dargestellten Grundsätze (→ Rn. 209 ff.) weitestgehend auch im Zusammenhang mit der organschaftlichen Vertretungsmacht. Daher liegt im Ausgangspunkt **Gesamtvertretungsmacht** vor (§§ 709 Abs. 1, 714 BGB), so dass nur alle Gesellschafter zusammen die (Außen-)GbR vertreten können. Darüber hinaus ist es den Gesellschaftern aber unbenommen – ebenso wie bei der Geschäftsführungsbefugnis (→ Rn. 214) – **Einzelvertretungsmacht** festzulegen, wovon vor allem bei unternehmerisch tätigen (Außen-)GbR Gebrauch gemacht wird, da eine Teilnahme am Rechtsverkehr im Rahmen einer Gesamtvertretungsmacht meist nur sehr schwer möglich ist. Aufgrund des Verweises in § 714 BGB auf die Geschäftsführungsbefugnisse können die Gesellschafter auch im Gesellschaftsvertrag vorsehen, dass auch schon eine

**Mehrheit** die (Außen-)GbR vertreten kann (§§ 709 Abs. 2, 714 BGB), worauf sich ein Dritter in der Regel aber wegen der damit verbundenen Unsicherheiten nicht einlassen wird.

Keine Anwendung findet allerdings im Rahmen der organschaftlichen Vertretungsmacht das **Widerspruchsrecht nach § 711 BGB** (BGHZ 16, 394 (398); BGH ZIP 2008, 1582 (1586); MüKoBGB/*Schäfer* § 711 Rn. 14). Zwar verweist § 714 BGB auf die Geschäftsführungsbefugnis, die bei einem Widerspruch eines Gesellschafters entfallen kann (→ Rn. 213). Allerdings würde eine solche Möglichkeit die Rechtssicherheit erheblich belasten, da ein Dritter, dem gegenüber ein Rechtsgeschäft im Namen der (Außen-)GbR vorgenommen werden soll, meist nicht sicher abschätzen kann, ob ein solcher Widerspruch tatsächlich erfolgt ist. 242

Zudem ist es den Gesellschaftern unbenommen, eine **rechtsgeschäftliche Vertretungsmacht** einzuräumen. Diese kann dabei allerdings nicht so weit gehen, dass damit eine (faktische) Einzelvertretungsmacht begründet wird (BGH NZG 2005, 345). 243

Schließlich kann die Vertretungsmacht ebenso wie die Geschäftsführungsbefugnis wieder **entzogen werden**, da § 715 BGB auf die entsprechende Regelung für das Geschäftsführungsrecht in § 712 Abs. 1 BGB verweist (→ Rn. 217 ff.). Damit ergibt sich für die verschiedenen Arten der Vertretungsmacht folgende **Übersicht**: 244

245

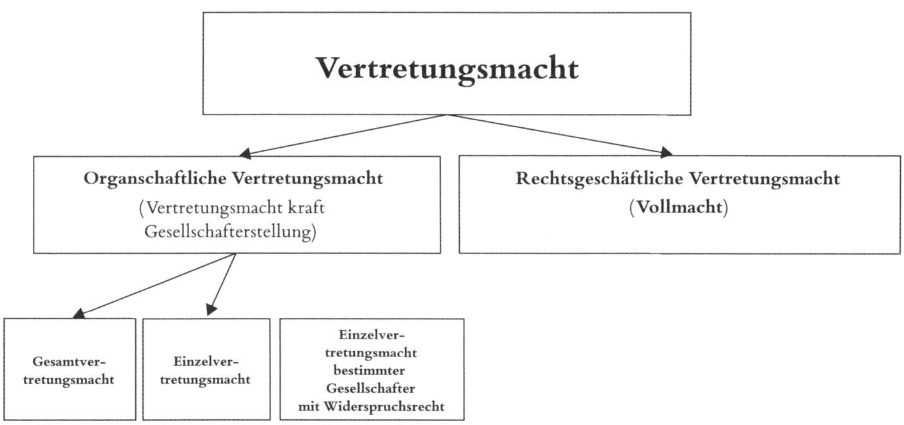


*b) Vertretenenstellung der (Außen-)Gesellschaft bürgerlichen Rechts*

Auch wenn § 714 BGB von einer Vertretung der anderen Gesellschaftern gegenüber Dritten spricht, ist bei der (Außen-)GbR immer diese selbst Vertretene, soweit eine Willenserklärung in deren Namen mit Vertretungsmacht abgegeben oder entgegengenommen wird. Der insofern scheinbar entgegenstehende Wortlaut von § 714 BGB erklärt sich aus dem Umstand, dass die nunmehr für die (Außen-)GbR angenommene **Rechtsfähigkeit** (→ Rn. 235 ff.) 246

bei der Schaffung des BGB nicht selbstverständlich gewesen ist. Dies schließt allerdings nicht aus, dass neben der (Außen-)GbR auch die Gesellschafter selbst verpflichtet werden sollen, was aber im Grundsatz die Ausnahme von der Regel der alleinigen Verpflichtung der (Außen-)GbR darstellt (dazu ausführlich → Rn. 247 ff.).

**Merksatz:** Durch die organschaftliche Vertretungsmacht wird grundsätzlich nur die (Außen-)GbR und nicht deren Gesellschafter verpflichtet.

### 3. Haftung der (Außen-)Gesellschaft bürgerlichen Rechts

247 Da die (Außen-)GbR aufgrund ihrer Rechtsfähigkeit selbst Träger von Rechten und Pflichten sein kann (→ Rn. 235 ff.), haftet diese zunächst auch selbst für ihre Verbindlichkeiten. Dies gilt dabei unabhängig von der Frage der persönlichen Haftung ihrer Gesellschafter (dazu ausführlich → Rn. 251 ff.).

248 Die eigenständige Haftung der (Außen-)GbR ergibt sich bei den **vertraglichen Primäransprüchen** ohne weiteres aus der (direkten) vertraglichen Verpflichtung der (Außen-)GbR durch die organ- oder rechtsgeschäftlichen Vertreter (→ Rn. 239 ff.).

249 Bei den vertraglichen Sekundäransprüchen ist hingegen oftmals eine **Zurechnung** der diese jeweils (soweit erforderlich) auslösenden Handlungen vornehmenden Personen erforderlich, da die (Außen-)GbR selbst keine Handlungen vornehmen kann. Dabei muss hinsichtlich der Zurechnungsnormen zwischen den geschäftsführungs- und/oder vertretungsberechtigten Gesellschafter und anderen von der (Außen-)GbR eingeschalteten Dritten unterschieden werden. Während im ersten Fall eine Zurechnung über eine analoge Anwendung von § 31 BGB erfolgt (BGHZ 154, 88), kann bei den von der (Außen-)GbR eingeschalteten Dritten nur eine **Zurechnung über § 278 BGB als Erfüllungsgehilfe** erfolgen, was dann entsprechend voraussetzt, dass es sich bei diesen um Erfüllungsgehilfen handelt. Hinsichtlich deliktischer Ansprüche kommt es hingegen wieder zu einer analogen Anwendung von § 31 BGB, was aber eine Handlung der geschäftsführenden Gesellschafter erfordert (→ Rn. 209 ff.). Deliktische Handlungen Dritter muss sich die (Außen-)GbR wie auch andere Gesellschaftsformen nicht zurechnen lassen. Allerdings können diese Handlungen Dritter eine Haftung nach § 831 BGB auslösen.

Die analoge Anwendung von § 31 BGB ist allerdings nicht unproblematisch, da diese im Vereinsrechts und damit im Recht der Körperschaften geregelt ist. Daher wurde in der älteren höchstrichterlichen Rechtsprechung auch von einer fehlenden Anwendbarkeit von § 31 BGB auf die (Außen-)GbR ausgegangen. Diese Betrachtungsweise trägt allerdings der rechtlichen Verselbständigung der (Außen-)GbR und der damit verbundenen Organisation nicht hinreichend Rechnung. Darüber hinaus würde eine fehlende Anwendung von § 31 BGB bei der (Außen-)GbR vor allem zu Lasten von deren gesetzlichen Gläubiger gehen, da dann eine Zurechnung von Handlungen des geschäftsführenden Gesellschafters gerade nicht stattfinden würde und nur dieser den Gläubigern haften würde.

**Beispielsfall:** A, B, C und D betreiben gemeinsam die Kiosk-GbR. Dabei steuern A und B jeweils 30.000 EUR und C das eigentliche Kioskgebäude bei. D soll den Kiosk als Verkäufer betreiben. Zu seiner Unterstützung wird E angestellt, der bereits mehrere Jahre in einem anderen Kiosk gearbeitet und sich stets als äußerst zuverlässig und sorgfältig herausgestellt hat. 250

**Variante 1 – Zurechnung von Willenserklärungen, §§ 164 ff. BGB:** D begibt sich am 2.1.2014 zum Großmarkthändler G und erwirbt dort Ware zum Kaufpreis von 1.000 EUR. Von dem kann G Zahlung des Kaufpreises verlangen?

G könnte gegen die Kiosk-GbR einen Anspruch auf Zahlung von 1.000 EUR aus § 433 Abs. 2 BGB haben. Dies setzt den Abschluss eines Kaufvertrages voraus. Ein solcher wurde vorliegend zwischen der Kiosk-GbR und G geschlossen. Zwar hat die Kiosk-GbR nicht selbst gehandelt, allerdings muss sich diese die Willenserklärung des D aufgrund von dessen organschaftlicher Vertretungsmacht in Form der Einzelvertretung zurechnen lassen (§§ 709, 714 BGB). G kann daher von der Kiosk-GbR Zahlung von 1.000 EUR aus § 433 Abs. 2 BGB verlangen.

Ein Anspruch von G gegen D ist vorliegend nicht gegeben, da D lediglich als Vertreter der Kiosk-GbR aufgetreten ist und nur diese wirksam verpflichtet hat.

**Variante 2 – Zurechnung des Verschuldens Dritter, § 278 BGB:** X ruft bei der Kiosk-GbR an und bestellt 30 belegte Brötchen für ein Meeting in seinem Unternehmen, die er am Folgetag abholt. Nach dem Meeting muss X mit einer Salmonellenvergiftung ins Krankenhaus gebracht werden. Dies ist darauf zurückzuführen, dass der Angestellte E beim Belegen der Brötchen aus Unachtsamkeit die Hygienevorschriften nicht beachtet hatte. Von wem kann X Ersatz der Behandlungskosten von 500 EUR verlangen?

X könnte gegen die Kiosk-GbR einen Anspruch auf Ersatz der Behandlungskosten nach §§ 437 Nr. 3, 280 BGB haben. Der dafür erforderliche Kaufvertrag wurde zwischen E und der Kiosk-GbR vertreten durch D geschlossen. Das Brötchen war auch mangelhaft iSv § 434 BGB. Das weiterhin erforderliche Verschulden ergibt sich vorliegend aber nur in der Person der E, da diese die im Verkehr erforderliche Sorgfalt beim Belegen der Brötchen nicht beachtet hat. Dieses Verschulden muss sich die Kiosk-GbR nach § 278 BGB zurechnen lassen, da es sich bei E um einen Erfüllungsgehilfen handelt. Schließlich liegt auch ein kausaler Schaden vor. X hat daher gegen die Kiosk-GbR einen Anspruch auf Ersatz der Behandlungskosten nach §§ 437 Nr. 3, 280 BGB.

X könnte auch den E selbst nach § 823 Abs. 1 BGB in Anspruch nehmen, die dann allerdings einen arbeitsrechtlichen Freistellungsanspruch gegen die Kiosk-GbR hätte.

**Variante 3 – Haftung für Handlungen des geschäftsführenden Gesellschafters, § 31 BGB analog:** D begibt sich mit dem Lieferwagen der Kiosk-GbR auf dem Weg zum Großhändler G, um dort Waren für den Kiosk einzukaufen. Auf dem Weg dorthin fährt er aufgrund einer Unachtsamkeit den Passanten P an und verletzt diesen, dem daraufhin Behandlungskosten von 500 EUR entstehen. Von wem kann P Ersatz der Behandlungskosten verlangen? (straßenverkehrsrechtliche Ansprüche bleiben außer Betracht)

P könnte gegen die Kiosk-GbR einen Anspruch auf Ersatz der Behandlungskosten nach § 823 Abs. 1 BGB haben. Vorliegend hat allerdings nicht die Kiosk-GbR selbst, sondern lediglich D den Unfall verursacht. Allerdings muss sich die Kiosk-GbR die schuldhafte Handlung von D nach § 31 BGB analog zurechnen lassen, da es sich bei der Kiosk-GbR um eine (Außen-)GbR handelt. Diese Handlung war auch kausal für den bei P entstehenden Schaden in Form der Behandlungskosten. P kann daher von der Kiosk-GbR Ersatz der Behandlungskosten nach § 823 Abs. 1 BGB verlangen.

Die eigene deliktische Haftung des D wird durch die Haftung der Kiosk-GbR nicht ausgeschlossen und besteht daneben. Allerdings hat der D dann einen Freistellungsanspruch gegen die Kiosk-GbR (→ Rn. 264 ff.).

**Variante 4 – Haftung für Verrichtungsgehilfen, § 831 BGB:** Beim Aufstellen der Warenständer vor dem Kiosk durch die Angestellte E fährt diese versehentlich mit einem Warenständer den vorbeilaufenden Passanten W an, der sich daraufhin verletzt und im Krankenhaus behandelt werden muss. Von wem kann W Ersatz der Behandlungskosten verlangen?

W könnte gegen die Kiosk-GbR einen Anspruch auf Ersatz der Behandlungskosten nach § 831 Abs. 1 BGB haben. Die dafür erforderliche widerrechtliche Schädigung des W durch E liegt vor. Bei E handelt es sich auch um einen Verrichtungsgehilfen der Kiosk-GbR, da diese von D als geschäftsführender Gesellschafter für die Kiosk-GbR eine Tätigkeit übertragen worden ist und E von D bzw. der Kiosk-GbR weisungsabhängig ist. Allerdings kann sich die Kiosk-GbR vorliegend nach § 831 Abs. 1 S. 2 BGB exkulpieren, da sie E sorgfältig ausgesucht und überwacht hat. W hat daher gegen die Kiosk-GbR keinen Anspruch auf Ersatz der Behandlungskosten nach § 831 Abs. 1 BGB.

W könnte auch den E selbst nach § 823 Abs. 1 BGB in Anspruch nehmen, die dann allerdings einen arbeitsrechtlichen Freistellungsanspruch gegen die Kiosk-GbR hätte.

### 4. Haftung der Gesellschafter für die Verbindlichkeiten der (Außen-) Gesellschaft bürgerlichen Rechts

**251** Die (Außen-)GbR zeichnet sich – ebenso die oHG (→ Rn. 355 ff.) und die KG (→ Rn. 437) – dadurch aus, dass für deren Verbindlichkeiten nicht nur das Gesellschaftsvermögen (→ Rn. 247 ff.), sondern auch deren Gesellschafter haften. Die Begründung einer solchen Haftung der Gesellschafter begegnet allerdings Schwierigkeiten, da eine solche in den §§ 705 ff. BGB nicht vorgesehen ist, sondern im Wege einer analogen Anwendung von §§ 128 ff. HGB begründet werden muss (→ Rn. 252 ff.). In unmittelbaren Zusammenhang damit steht die Frage, ob die Gesellschafter ihrer Haftung beschränken können (→ Rn. 260 ff.). Schließlich ist auf etwaige Rückgriffmöglichkeiten der in Anspruch genommenen Gesellschafter einzugehen (→ Rn. 264 ff.).

*a) Haftung nach §§ 128, 129 f. HGB analog*

Zentrale Haftungsnormen für die Gesellschafter einer (Außen-)GbR sind §§ 128, 129 f. HGB, die aufgrund ihrer Stellung im Recht der oHG allerdings auf die (Außen-)GbR keine direkte Anwendung finden. Grundlage für die analoge Anwendung von §§ 128, 129 f. HGB ist dabei nach der höchstrichterlichen Rechtsprechung (grundlegend dazu BGHZ 142, 315 bzw. BGH NZG 2011, 662 (für § 129 HGB); MüKoBGB/*Schäfer* § 714 Rn. 31 ff.), dass mit diesen der allgemeine Grundsatz zum Ausdruck kommt, dass jeder, der am Geschäftsverkehr teilnimmt, für die daraus entstehenden Schulden auch persönlich und unbeschränkt haftet. Dies gilt dabei unabhängig davon, ob diese Teilnahme am Rechtsverkehr durch eine einzelne (natürliche) Person oder durch eine Gesellschaft erfolgt. Die Möglichkeit der Teilnahme der (Außen-)GbR ergibt sich dabei letztlich aus deren Rechtsfähigkeit (→ Rn. 235 ff.), da durch diese grundsätzlich nur die (Außen-)GbR selbst und nicht auch alle Gesellschafter mit verpflichtet werden. Eine Abweichung vom Grundsatz der persönlichen Haftung ist daher nur dann denkbar, wenn eine solche Haftung gesetzlich ausgeschlossen ist – wie dies etwa bei der GmbH der Fall ist (→ Rn. 618 f.) – oder individuell mit den Vertragspartner vereinbart wird (→ Rn. 260 ff.). 252

Diese – aufgrund der Abhängigkeit der Haftung der Gesellschafter vom Bestand der Verbindlichkeiten der (Außen-)GbR – auch als **Akzessorietätstheorie** bezeichnete Haftungssystematik bei der (Außen-)GbR ist allerdings keineswegs selbstverständlich und wurde von der höchstrichterlichen Rechtsprechung auch erst Ende der 90er Jahre des 20. Jahrhunderts anerkannt. Zuvor vertrat vor allem die höchstrichterliche Rechtsprechung, die sog. **Doppelverpflichtungslehre**, die im Wesentlichen an die Regelungen zur Vertretungsmacht in § 714 BGB anknüpfte. Danach wurde angenommen, dass der mit Vertretungsmacht handelnde geschäftsführende Gesellschafter bei einem Vertragsschluss für die (Außen-)GbR mit einem Dritten nicht nur die Gesellschafter in ihrer gesamthänderischen Bindung mit dem gemeinschaftlichen Vermögen, sondern zugleich auch alle Gesellschafter einzeln verpflichtete. Mit dieser doppelten Verpflichtung war eine (analoge) Anwendung von §§ 128, 129 f. HGB nicht erforderlich, da der Vertragspartner der (Außen-)GbR die Gesellschafter aus deren eigenen Verpflichtung in Anspruch nehmen konnte. 253

**Beispielsfall:** A, B, C und D betreiben gemeinsam einen Kiosk in der Rechtsform einer (Außen-)GbR. Dabei haben A und B jeweils 30.000 EUR und C das eigentliche Kioskgebäude beigesteuert. D betreibt den Kiosk allein als Verkäufer und ist für den Einkauf, die Buchführung und die steuerrechtlichen Fragen verantwortlich. Da die Kiosk-GbR nicht mehr über genügend Kapital verfügt, schließt D im Namen der Kiosk-GbR einen Darlehensvertrag mit X über einen Betrag von 10.000 EUR. Als die Kiosk-GbR den Betrag später nicht zurückzahlen kann, nimmt X den Gesellschafter A direkt in Anspruch. Kann X von A Zahlung von 10.000 EUR verlangen? 254

**Variante 1 – Lösung unter Zugrundelegung der Doppelverpflichtungslehre:** X könnte von A Zahlung von 10.000 EUR aus § 488 Abs. 1 S. 2 BGB verlangen. Voraussetzung dafür wäre, dass zwischen X und A ein Darlehensvertrag zustande gekommen ist.

Vorliegend wurde der Darlehensvertrag zwischen X und D abgeschlossen. Da D aber für die Kiosk-GbR gehandelt hat muss aufgrund der Doppelverpflichtungslehre davon ausgegangen werden, dass D dadurch nicht nur die Gesellschafter in ihrer gesamthänderischen Bindung mit dem gemeinschaftlichen Vermögen, sondern zugleich auch alle Gesellschafter einzeln verpflichtet hat. Die dafür erforderliche Vertretungsmacht wurde dem D durch A durch den Abschluss des Gesellschaftsvertrags eingeräumt. Somit wurde der Darlehensvertrag auch zwischen X und A abgeschlossen. Der Rückzahlungsanspruch aus dem Darlehensvertrag ist auch mit Ablauf der Laufzeit des Darlehens fällig. X kann daher von A Zahlung von 10.000 EUR aus § 488 Abs. 1 S. 2 BGB verlangen.

**Variante 2 – Lösung unter Zugrundelegung der Akzessorietätstheorie:** X könnte von A Zahlung von 10.000 EUR aus § 128 HGB analog iVm § 488 Abs. 1 S. 2 BGB verlangen. Voraussetzung dafür ist, dass eine entsprechende Forderung des X gegen die Kiosk-GbR besteht und A Gesellschafter der Kiosk-GbR ist.

Durch den Abschluss des Darlehensvertrages zwischen X und D im Namen der Kiosk-GbR wurde die Rückzahlungspflicht für die Kiosk-GbR nach § 488 Abs. 1 S. 2 BGB begründet. Dieser Rückzahlungsanspruch ist auch mit Ablauf der Laufzeit des Darlehens fällig. Eine Forderung des X gegen die Kiosk-GbR liegt daher vor. Weiterhin müsste A auch Gesellschafter der Kiosk-GbR sein. Dies ist vorliegend der Fall. X kann daher von A Zahlung von 10.000 EUR aus § 128 HGB analog verlangen.

**Hinweis:** Da es sich bei der Haftung der Gesellschafter um eine unmittelbare Haftung handelt, ist es für X nicht erforderlich, sich zur Geltendmachung seiner Forderung zunächst an die Kiosk-GbR zu halten. Er kann vielmehr direkt die Gesellschafter in Anspruch nehmen (zur konkreten Ausgestaltung der Haftung nach §§ 128, 129 f. HGB → Rn. 355 ff.).

**Hinweis:** Auch wenn der Unterschied zwischen der Doppelverpflichtungslehre und der Akzessorietätstheorie erheblich und für die Haftungsverfassung der (Außen-)GbR entscheidend ist, muss diese Probleme in einer Klausur nicht zwingend in allen Einzelheiten dargestellt werden. Vielmehr sollte eine umfassende Darstellung auf die Fälle beschränkt bleiben, bei denen tatsächlich ein Unterschied zwischen beiden Ansichten besteht, was vor allem bei der Möglichkeit der Haftungsbeschränkung der Fall ist (→ Rn. 260 ff.).

**255** Der Unterschied zwischen der Doppelverpflichtungslehre und der Akzessorietätstheorie soll noch einmal an den folgenden beiden Übersichten verdeutlicht werden:

**früher Doppelverpflichtungslehre (§ 714 BGB)** 256

**BGH v. 30.4.1979 – II ZR 137/78, BGHZ 74, 240 = NJW 1979, 1821;**
**BGH v. 6.7.1971 – VI ZR 94/69, BGHZ 56, 355 = NJW 1981, 1801**

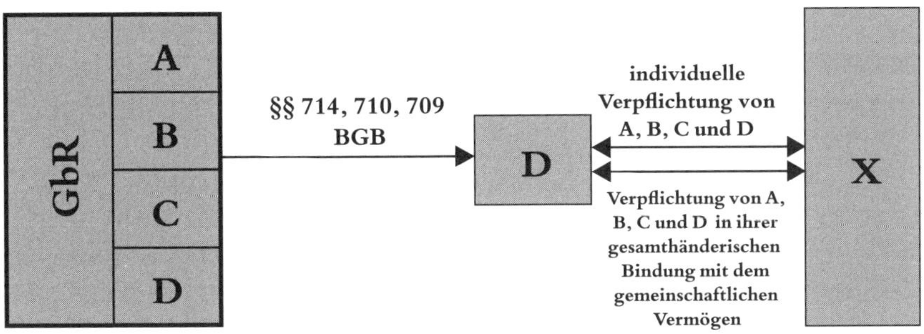


**Akzessorietätstheorie (§§ 128 ff. HGB analog)**

**BGH v. 29.1.2001 – II ZR 331/00, BGHZ 146, 341 = NJW 2001, 1056;**
**BGH v. 27.9.1999 – II ZR 371/98, BGHZ 142, 315 = NJW 1999, 3483**

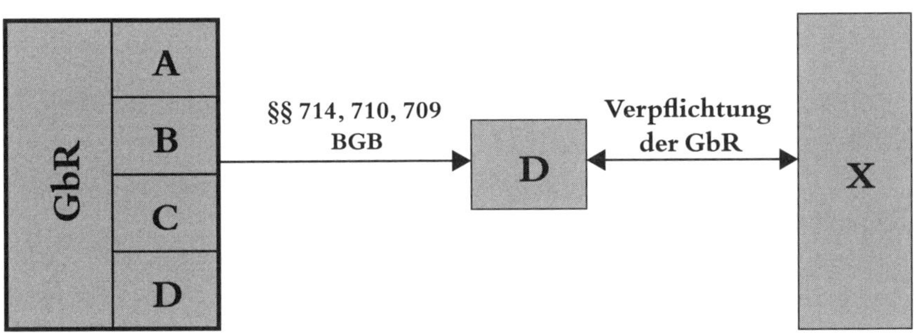


**Merksatz:** Die Haftung der Gesellschafter einer (Außen-)GbR richtet sich im Rahmen der Akzessorietätstheorie nach §§ 128 f. HGB analog, so dass die Gesellschafter unmittelbar, primär, gesamtschuldnerisch und unbeschränkt für die Verbindlichkeiten der (Außen-)GbR haften.

Hinsichtlich des **Umfangs der Haftung** gelten die für die oHG dargestell- 257
ten Grundsätze (→ Rn. 357 ff.).

Für die (Außen-)GbR kann insofern insbesondere nicht argumentiert werden, dass sich die Haftung nach §§ 128 f. HGB analog lediglich auf vertragliche Ansprüche gegen die (Außen-)GbR beschränkt. Zwar könnte man insofern anführen, dass ein Gesellschafter einer (Außen-)GbR mit seinem Privatvermögen nicht für die von dem geschäftsführenden Gesellschafter vorgenommenen unerlaubten Handlungen einstehen möchte. Dies trägt allerdings nicht hinreichend dem Umstand Rechnung, dass die Begehung unerlaubter Handlungen ebenso zum Geschäftsrisiko der (Außen-)GbR gehört wie die Begründung vertraglicher Ansprüche. Denn würde man eine solche Einschränkung tatsächlich annehmen, müsste man dann konsequenterweise auch eine Haftung jedenfalls für die verschuldensabhängigen Sekundäransprüche ausschließen, was aber ebenso wenig überzeugen kann. Insofern erstreckt sich die Haftung nach §§ 128 f. HGB auch auf Ansprüche aus unerlaubter Handlung (BGHZ 154, 88), aus ungerechtfertigter Bereicherung (BGH NZG 2012, 221) und auch aus Steuerschulden (BFH NJW 1993, 2893).

258 Abschließend ergibt sich somit folgendes **Prüfungsschema für die Haftung eines Gesellschafters einer (Außen-)GbR:**

259 **Prüfungsreihenfolge:**

1. **Entstehung und Bestand der Verbindlichkeit der (Außen-)GbR**
   „reguläre" Prüfungsreihenfolge für Ansprüche unter Beachtung der Entstehung von Ansprüchen gegen die (Außen-)GbR, zB wirksame Entstehung der (Außen-)GbR (→ Rn. 175 f.), deren wirksame Vertretung (→ Rn. 239 ff.) oder Zurechnungsprobleme (→ Rn. 249)
2. **Haftung des Gesellschafters für die unter 1. festgestellte Verbindlichkeit der (Außen-)GbR aus § 128 S. 1 HGB analog**
   – Prüfung der Voraussetzungen für die analoge Anwendung von § 128 HGB auf die (Außen-)GbR
   – Prüfung des wirksamen Beitritts (→ Rn. 283 ff.) oder fehlenden Austritts des jeweiligen Gesellschafters (→ Rn. 273 ff.) mit ggf. Prüfung einer Nachhaftung (→ Rn. 280)
   – Bestimmung des Inhalts der Haftung (ggf. Umwandlung einer Sach- in eine Geldleistung, → Rn. 357 f.) oder deren Ausschluss für Sozialverbindlichkeiten (→ Rn. 369 f.)
3. **Durchsetzbarkeit der Gesellschafterhaftung**
   a) Prüfung von Einreden und Einwendungen des Gesellschafters
   b) Geltendmachung von Einreden und Einwendung der (Außen-)GbR durch den Gesellschafter (§ 129 Abs. 1 bis 3 HGB)

**Klausurhinweis:** Bei einer analogen Anwendung von §§ 128 f. HGB sollte als Anspruchsgrundlage neben § 128 HGB immer auch die Norm genannt werden, aus der sich die Verpflichtung der (Außen-)GbR ergibt. Denn § 128 HGB ordnet insofern nur an, dass die Gesellschafter für die Verbindlichkeiten der Gesellschaft haften und trifft keine Regelung darüber, wann eine solche Verbindlichkeit gegen die Gesellschaft besteht.

*b) Möglichkeiten einer Haftungsbeschränkung*

260 Die persönliche Haftung der Gesellschafter einer (Außen-)GbR wirft zwangsläufig die Frage auf, ob diese Haftung durch entsprechende **Gestaltungen** vermieden werden kann.

Die praktische Bedeutung der Möglichkeit einer Haftungsbeschränkung sollte dabei nicht unterschätzt werden. Denn vor der Anerkennung der Akzessorietätstheorie durch die höchstrichterliche Rechtsprechung war es im Geschäftsverkehr teilweise nicht unüblich, das fehlende Bestehen der persönlichen Haftung der Gesellschafter einer (Außen-) GbR durch einen bloßen Verweis auf Visitenkarten, auf dem Briefpapier oder in den Allgemeinen Geschäftsbedingungen – etwa mit dem Zusatz „GbR mbH" – zu vereinbaren. Insofern ist diese Problematik in einer gewissen Weise mit dem *numerus clausus* der Gesellschaftsformen verbunden, da letztlich Vorteile der (Außen-)GbR in Form der einfachen und schnellen Gründung und Anonymität aufgrund der fehlenden Eintragung in einem Register mit denen einer Kapitalgesellschaft in Form der grundsätzlich fehlenden persönlichen Haftung der Gesellschafter verbunden werden.

Bei den Möglichkeiten einer Haftungsbeschränkung spielen die verschiedenen Ansichten für die Haftungsverfassung der (Außen-)GbR eine nicht ganz unwesentliche Rolle, auch wenn diese Problematik darauf nicht beschränkt ist. Denn unter Zugrundelegung der Doppelverpflichtungslehre (→ Rn. 253 ff.) könnte eine solche Haftungsbeschränkung dadurch erreicht werden, dass dem geschäftsführenden und vertretungsberechtigten Gesellschafter die Vertretungsmacht dahingehend eingeschränkt wird, dass er die einzelnen Gesellschafter der (Außen-)GbR nicht mehr verpflichten kann. Aber auch im Rahmen der Akzessorietätstheorie (→ Rn. 253 ff.) lässt sich eine Beschränkung der Haftung der Gesellschafter durch entsprechende Vereinbarungen mit den Vertragspartnern der (Außen-) GbR erreichen.

Im Grundsatz ist davon auszugehen, dass eine Beschränkung der persönli- **261**
chen Haftung der Gesellschafter einer (Außen-)GbR nur durch eine **individuelle Vereinbarung mit dem jeweiligen Vertragspartner oder Gläubiger** in Betracht kommt. Dies ist Ausfluss der Privatautonomie, da es den Parteien freisteht, eine Beschränkung hinsichtlich der Erfüllung des Anspruchs oder etwaiger Sekundäransprüche zu vereinbaren. Mit diesem Grundsatz sind im Wesentlichen drei verschiedene Einschränkungen verbunden. Zum einen kann eine solche Haftungsbeschränkung im Rahmen von allgemeinen Geschäftsbedingungen nicht vereinbart werden, da eine solche Klausel den Erwartungen des Rechtsverkehrs an die Haftungsverfassung der (Außen-)GbR widerspricht und nach § 307 Abs. 2 BGB unwirksam wäre. Zum anderen kann eine solche Haftungsbeschränkung nur im Verhältnis zwischen der (Außen-) GbR bzw. deren Gesellschaftern und dem jeweiligen Vertragspartner oder Gläubiger vereinbart werden, da andere, vor allem einseitige Beschränkungen der Haftung bei der Verpflichtungen zulasten des Gesellschaftsvermögens nach § 128 S. 2 HGB (analog) unwirksam sind. Schließlich kann eine Haftungsbeschränkung auch nicht dadurch erreicht werden, indem die Vertretungsmacht des geschäftsführenden Gesellschafters dahingehend eingeschränkt wird, dass die Gesellschafter nicht automatisch durch diesen (mit-)verpflichtet werden, da es auf eine solche Vertretungsmacht oder deren Einschränkung im Rahmen der Akzessorietätstheorie (→ Rn. 253 ff.) nicht ankommt.

262 Somit ergibt sich für die Haftungsbeschränkungen folgendes Gesamtbild:

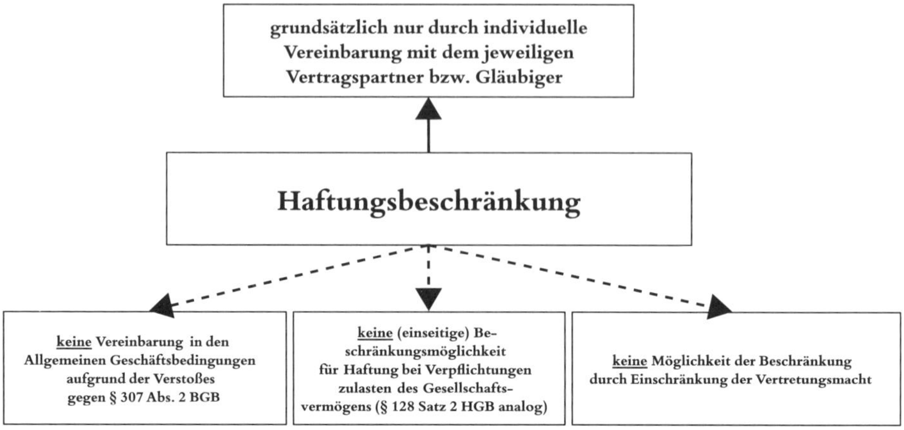


263 **Beispielsfall:** A, B, C und D betreiben gemeinsam einen Kiosk in der Rechtsform einer (Außen-)GbR. Dabei haben A und B jeweils 30.000 EUR und C das eigentliche Kioskgebäude beigesteuert. D betreibt den Kiosk allein als Verkäufer und ist für den Einkauf, die Buchführung und die steuerrechtlichen Fragen verantwortlich. Um die Haftung der Gesellschafter zu beschränken haben diese einige Vorkehrungen getroffen. Zum einen enthalten die AGB der Kiosk-GbR die Klausel, dass nur die Kiosk-GbR selbst und nicht deren Gesellschafter für deren Verbindlichkeiten haften. Weiterhin enthält der Gesellschaftsvertrag eine Regelung, wonach die Gesellschafter von der Haftung freigestellt sind. Schließlich räumt der Gesellschaftsvertrag D die Vertretungsmacht nur hinsichtlich der Kiosk-GbR ein und schließt eine Vertretungsmacht hinsichtlich der Gesellschafter aus. Kurz nach der Eröffnung des Kiosks bestellt D bei Großhändler G verschiedene Waren per Fax zum Preis von 10.000 EUR und verweist dabei auch auf die AGB der Kiosk-GbR, die er beifügt. Als die Kiosk-GbR den Kaufpreis nicht zahlt, wendet sich G an A und verlangt von diesem Zahlung von 10.000 EUR. Zu Recht?

G könnte von A Zahlung von 10.000 EUR aus § 128 HGB analog iVm § 433 Abs. 2 BGB verlangen. Dies setzt voraus, dass G einen Anspruch gegen die Kiosk-GbR hat und A Gesellschafter der Kiosk-GbR ist. G hat mit D im Namen der Kiosk-GbR einen Kaufvertrag geschlossen. Ein Anspruch von G gegen die Kiosk-GbR liegt daher vor. Weiterhin müsste A auch Gesellschafter der Kiosk-GbR sein. Das ist vorliegend der Fall.

Der persönlichen Haftung des A könnte allerdings zunächst die entsprechende Klausel in den AGB der Kiosk-GbR entgegenstehen. Die AGB-Klausel wurde wirksam in den Vertrag einbezogen. Fraglich ist allerdings, ob sie der Inhaltskontrolle standhält. In Betracht kommt insofern eine unangemessene Benachteiligung nach § 307 Abs. 2 BGB. Eine solche ist vorliegend anzunehmen, da eine solche Klausel den Erwartungen des Rechtsverkehrs an die Haftungsverfassung der (Außen-)GbR widerspricht und die Vertragspartner einer solchen unangemessen benachteiligt. Denn charakteristische Eigenschaft einer (Außen-)GbR ist gerade die persönliche Haftung der Gesellschafter. Die Klausel ist daher nach § 307 Abs. 1 BGB unwirksam und kann einer persönlichen Haftung von A nicht entgegenstehen.

Die persönliche Haftung des A könnte weiterhin durch die entsprechende Regelung im Gesellschaftsvertrag ausgeschlossen sein, da die Gesellschafter danach von der Haftung freigestellt sind. Diese Regelung könnte allerdings nach § 128 S. 2 HGB unwirksam sein. Dies ist vorliegend der Fall, da durch die Regelung die bei der (Außen-)GbR grundsätzlich bestehend persönliche Haftung der Gesellschafter nach § 128 S. 1 HGB ausgeschlossen wird. Diese Regelung im Gesellschaftsvertag kann daher einer persönlichen Haftung von A nicht entgegenstehen.

Schließlich könnte die persönliche Haftung des A weiterhin durch die Beschränkung der Vertretungsmacht des geschäftsführenden Gesellschafters D im Gesellschaftsvertrag ausgeschlossen sein. Eine derartige Beschränkung der Vertretungsmacht des geschäftsführenden Gesellschafters ist für die persönliche Haftung der Gesellschafter einer (Außen-)GbR aber unbeachtlich, da die Haftung nach § 128 HGB analog im Rahmen der Akzessorietätstheorie nicht an eine etwaige Vertretungsmacht anknüpft. Diese Regelung im Gesellschaftsvertag kann daher einer persönlichen Haftung von A nicht entgegenstehen.

G kann daher von A Zahlung von 10.000 EUR aus § 128 HGB analog iVm § 433 Abs. 2 BGB verlangen.

**Hinweis:** Eine Unwirksamkeit der Klauseln im Gesellschaftsvertrag kann sich vorliegend nicht aus § 307 BGB ergeben, da Gesellschaftsverträge nach § 310 Abs. 4 BGB nicht der AGB-Inhaltskontrolle unterliegen (→ Rn. 186). Dieser Aspekt muss in einer Klausur nicht zwingend angesprochen werden. Etwas anderes gilt allerdings, wenn auf diesen Aspekt ausdrücklich im Sachverhalt Bezug genommen wird.

*c) Rückgriffmöglichkeiten des in Anspruch genommenen Gesellschafters*

Da der Gläubiger der (Außen-)GbR bei einer möglichen fehlenden Realisierung seiner Forderungen gegen die Gesellschaft die einzelnen Gesellschafter regelmäßig nicht gleichmäßig in Anspruch nimmt, sondern seine Forderung gegen den Gesellschafter durchsetzen wird, bei dem die höchsten Realisierungschancen bestehen, stellt sich die Frage nach einem möglichen Rückgriff des leistenden Gesellschafters gegenüber den übrigen Gesellschaftern bzw. der (Außen-)GbR. **264**

Zunächst besteht für den Gesellschafter die Möglichkeit eines **Rückgriffs gegen die (Außen-)GbR** nach § 110 HGB, der zwar aufgrund seines Regelungsstandortes im Recht der oHG keine direkte aber eine analoge Anwendung findet (BGH NZG 2011, 502 und 1023 (1028); MüKoBGB/*Schäfer* § 714 Rn. 54). **265**

Darüber hinaus kann der an den Gläubiger leistende Gesellschafter aber auch die übrigen Gesellschafter in Anspruch nehmen. Dies setzt allerdings voraus, dass dieser Gesellschafter zunächst erfolglos den Versuch eines Rückgriffs gegen die (Außen-)GbR versucht hat, da der Gesellschaftsvertrag gerade bestimmt, dass zunächst die (Außen-)GbR selbst für ihre Verbindlichkeiten haften soll. Als Anspruchsgrundlage für einen **Rückgriff gegen die übrigen Gesellschafter** kommt § 426 BGB in Betracht (MüKoBGB/*Schäfer* § 714 Rn. 56). Danach haften die Gesellschafter der (Außen-)GbR für die Verbindlichkeiten **266**

(§ 426 Abs. 1 BGB) und die Forderung des Gläubigers gegen die (Außen-)GbR geht mit Zahlung durch einen Gesellschafter auf diesen über (§ 426 Abs. 2 BGB) (BGH ZIP 2007, 2313 (2314)). Hinsichtlich des Verhältnisses der Haftung untereinander gelten die Verlustanteilsregelungen des Gesellschaftsvertrags (→ Rn. 200 f.). Dabei haftet jeder Gesellschafter auf seine, auf ihn entfallende Quote, die sich nur dann erhöht, wenn einer der übrigen Gesellschafter ausfällt.

267 **Beispielsfall:** A, B, C und D betreiben gemeinsam einen Kiosk in der Rechtsform einer (Außen-)GbR. Dabei haben A und B jeweils 30.000 EUR und C das eigentliche Kioskgebäude beigesteuert. D betreibt den Kiosk allein als Verkäufer und ist für den Einkauf, die Buchführung und die steuerrechtlichen Fragen verantwortlich. Der Gesellschaftsvertrag sieht eine Gewinn- und Verlustbeteiligung von jeweils ¼ vor. Nachdem die Geschäfte der Kiosk-GbR mehrere Jahre schlecht liefen, verfügt diese nur noch über ein Vermögen in Form eines Kassenbestands von ca. 500 EUR. Großhändler G hat allerdings noch Außenstände gegen die Kiosk-GbR in Höhe von 12.000 EUR aus der Lieferung von Waren. Nachdem D ihn auf das geringe Vermögen der Kiosk-GbR hingewiesen hat, wendet er sich an A und verlangt von diesem Zahlung. A zahlt daraufhin den Betrag an G und verlangt nun Rückzahlung des Betrags von der Kiosk-GbR und/oder den anderen Gesellschaftern. B winkt daraufhin sofort ab, da er in den nächsten Tagen ohnehin die Eröffnung des Insolvenzverfahrens über sein Vermögen beantragen wird. Welche Ansprüche hat A gegen die Kiosk-GbR und/oder gegen B, C und D?

**I. Anspruch von A gegen die Kiosk-GbR auf Zahlung von 12.000 EUR aus § 110 HGB analog**

A könnte gegen die Kiosk-GbR einen Anspruch auf Zahlung von 12.000 EUR aus § 110 HGB analog haben. Dies setzt zunächst die analoge Anwendbarkeit von § 110 HGB voraus. Diese rechtfertigt sich daraus, dass die Haftungsverfassung der oHG und der (Außen-)GbR aufgrund der Geltung der Akzessorietätstheorie weitgehend angeglichen ist und es im Recht der (Außen-)GbR an einer mit § 110 HGB vergleichbaren Regelung fehlt. Weitere Voraussetzung ist, dass A Gesellschafter der Kiosk-GbR ist und eine Verbindlichkeit der Kiosk-GbR gegenüber einem Gläubiger erfüllt hat. A ist Gesellschafter der Kiosk-GbR. Für die Kiosk-GbR bestand auch eine Verbindlichkeit gegen G, die durch A beglichen wurde. Dies durfte A auch für erforderlich halten. A hat daher gegen die Kiosk-GbR einen Anspruch auf Zahlung von 12.000 EUR aus § 110 HGB analog.

**II. Anspruch von A gegen B auf Zahlung von 3.000 EUR aus §§ 426 Abs. 2, 433 Abs. 2 analog**

A könnte gegen B einen Anspruch auf Zahlung von 3.000 EUR aus §§ 426 Abs. 2, 433 Abs. 2 haben. Dies setzt voraus, dass A und B Gesamtschuldner sind und A den Gläubiger befriedigt hat. A und B sind Gesellschafter einer (Außen-)GbR und haften hinsichtlich der Verbindlichkeiten der (Außen-)GbR gegenüber deren Gläubigern als Gesamtschuldner nach § 128 HGB analog. A hat den Gläubiger G der Kiosk-GbR auch befriedigt, so dass dessen Forderung gegen die Kiosk-GbR nach § 426 Abs. 2 BGB auf A übergegangen ist. Allerdings kann A von B nicht Zahlung der gesamten Forderungshöhe, sondern nur den auf B entfallenden Anteil der Forderung verlangen. Die Höhe des Anteils bestimmt sich dabei nach der Höhe der Verlustbeteiligung, die im Gesellschaftsvertrag mit ¼ festgesetzt ist. Damit entfällt auf B ein Anteil von 3.000 EUR (¼ von 12.000 EUR der Forderung des G). A hat daher gegen B einen Anspruch auf Zahlung von 3.000 EUR aus §§ 426 Abs. 2, 433 Abs. 2 BGB.

**III. Anspruch von A gegen C auf Zahlung von 4.000 EUR aus §§426 Abs. 2, 433 Abs. 2 BGB nalog**

A könnte gegen C einen Anspruch auf Zahlung von 4.000 EUR aus §§426 Abs. 2, 433 Abs. 2 haben. Dies setzt voraus, dass A und C Gesamtschuldner sind und A den Gläubiger befriedigt hat. A und C sind Gesellschafter einer (Außen-)GbR und haften hinsichtlich der Verbindlichkeiten der (Außen-)GbR gegenüber deren Gläubigern als Gesamtschuldner nach § 128 HGB analog. A hat den Gläubiger G der Kiosk-GbR auch befriedigt, so dass dessen Forderung gegen die Kiosk-GbR nach §426 Abs. 2 BGB auf A übergegangen ist. Allerdings kann A von C nicht Zahlung der gesamten Forderungshöhe, sondern nur den auf C entfallenden Anteil der Forderung verlangen. Die Höhe des Anteils bestimmt sich dabei nach der Höhe der Verlustbeteiligung, die im Gesellschaftsvertrag mit ¼ festgesetzt ist. Somit würde auf den C ein Betrag von 3.000 EUR entfallen. Allerdings muss dieser Betrag entsprechend erhöht werden, wenn bei einem der übrigen Gesellschafter kein Rückgriff genommen werden kann, wie dies vorliegend bei B aufgrund von dessen bevorstehender Insolvenz der Fall ist. Ein Festhalten an den im Gesellschaftsvertrag vereinbarten Verlustquoten wäre unbillig, da dann der gegenüber dem Gläubiger leistende Gesellschafter das Insolvenzrisiko der übrigen Gesellschafter tragen müsste. Durch den Ausfall von B beläuft sich der auf C entfallende Betrag auf ⅓ der Forderung, so dass auf C ein Betrag von 4.000 EUR entfällt. A hat daher gegen C einen Anspruch auf Zahlung von 4.000 EUR aus §§ 426 Abs. 2, 433 Abs. 2 BGB.

**IV. Anspruch von A gegen die D auf Zahlung von 4.000 EUR aus §§426 Abs. 2, 433 Abs. 2 BGB analog**

Für den Anspruch von A gegen D auf Zahlung von 4.000 EUR aus §§426 Abs. 2, 433 Abs. 2 BGB analog ergeben sich gegenüber dem Anspruch von A gegen C auf Zahlung von 4.000 EUR aus §§426 Abs. 2, 433 Abs. 2 BGB analog keine Besonderheiten, so dass A gegen D einen entsprechenden Anspruch hat.

**Hinweis:** Der Umstand, dass weder die Kiosk-GbR noch B über ein ausreichendes Vermögen verfügen, bedeutet nicht, dass A gegenüber diesen keinen Rückgriffanspruch hat, da diese Frage nur für die Durchsetzbarkeit der Forderung von Bedeutung ist. Insofern muss ein solcher Anspruch auch bei einer entsprechenden Fallfrage geprüft werden.

**Merksatz:** Der Gesellschafter einer (Außen-)GbR kann bei einer eigenen Inanspruchnahme durch einen Gläubiger der Gesellschaft nach § 110 HGB analog bei dieser Rückgriff nehmen. Im Fall der Erfolglosigkeit des Rückgriffs kann er die übrigen Gesellschafter aus der auf ihn nach § 426 Abs. 2 BGB **übergegangenen** Forderung im Verhältnis der Verlustbeteiligung in Anspruch nehmen.

## 5. (Eigenständige) Haftung der geschäftsführenden und/oder vertretungsberechtigten Gesellschafter für die Verbindlichkeiten der (Außen-)GbR

Neben der allgemeinen Haftung der Gesellschafter für die Verbindlichkeiten der (Außen-)GbR stellt sich die Frage, inwiefern die geschäftsführenden Gesellschafter nicht nur von der (Außen-)GbR selbst (→ Rn. 225 ff.), sondern auch von Dritten in Anspruch genommen werden können. Da der zur Ge- 268 schäftsführung bzw. Vertretung der (Außen-)GbR berechtigte Gesellschafter in der Regel im Namen der (Außen-)GbR auftritt (→ Rn. 240), wird zwischen diesem um einem gesellschaftsfremden Dritten schon **keine vertragliche Beziehung** bestehen, so dass auch entsprechende Ansprüche ausgeschlossen sind. Allerdings kann sich eine Haftung des zur Geschäftsführung bzw. Vertretung der (Außen-)GbR berechtigten Gesellschafters gegen einen gesellschaftsfremden Dritten aus Vertrauenshaftung (→ Rn. 269) und aus Delikt (→ Rn. 270) ergeben.

**Klausurhinweis:** Die Frage der Haftung des geschäftsführenden und/oder vertretungsberechtigten Gesellschafters für die Verbindlichkeiten der (Außen-)GbR ist zwar aufgrund der ohnehin bestehenden Haftung als Gesellschafter praktisch ohne große Folgen, besteht aber dennoch auch bei der (Außen-)GbR. Da Aufgabenstellungen in Klausuren auch nicht immer zwingend praktischen Erwägungsgründen folgen, sollte diese Problematik sicher beherrscht werden. Der Schlüssel dazu liegt in der Trennung der einzelnen Rechtsverhältnisse zwischen der (Außen-)GbR, deren Gesellschaftern und etwaigen Dritten. Insofern ist die Anfertigung einer Skizze zu diesen verschiedenen Rechtsverhältnissen meist unverzichtbar.

*a) Vertrauenshaftung*

269 Eine Vertrauenshaftung des geschäftsführenden und/oder vertretungsberechtigten Gesellschafters kann sich vor allem aus ***culpa in contrahendo*** (§§ 280 Abs. 1, 311 Abs. 3 BGB) ergeben. Für die (Außen-)GbR sind dabei allerdings nur wenige Fälle denkbar, wenn etwa für den geschäftsführenden und/oder vertretungsberechtigten Gesellschafter ein erhebliches wirtschaftliches Eigeninteresse an einem Vertragsschluss besteht (§ 311 Abs. 3 S. 1 Alt. 2 BGB). Aufgrund der ohnehin bestehenden Haftung des Gesellschafters (→ Rn. 251 ff.), spielen diese Fälle im Recht der (Außen-)GbR kaum eine Rolle, sind aber gleichwohl für das GmbH-Recht von Bedeutung (→ Rn. 610).

*b) Deliktische Haftung*

270 Darüber hinaus kann sich eine deliktische Haftung des geschäftsführenden und/oder vertretungsberechtigten Gesellschafters ergeben. Dies ist immer schon dann der Fall, wenn der geschäftsführenden und/oder vertretungsberechtigten Gesellschafter schuldhaft eine deliktische Handlung gegenüber einem Dritten begeht und dieser dadurch einen Schaden erleidet. Der Umstand, dass die (Außen-)GbR in einem solchen Fall aufgrund der Zurechnung nach § 31 BGB (→ Rn. 249) auch selbst gegenüber dem Dritten haftet, ist dabei unbeachtlich, da diese die **deliktische (Eigen-)Verantwortlichkeit des handelnden Gesellschafters** nicht beseitigen kann. Allerdings hat der geschäftsführenden und/oder vertretungsberechtigten Gesellschafters dann in der Regel ein Freistellungsanspruch gegenüber der (Außen-)GbR, so dass diese ihn gegenüber dem Dritten haftungsrechtlich freistellen muss.

**Beispielsfall:** A, B, C und D wollen gemeinsam einen Kiosk betreiben. Dabei sollen A und B jeweils 30.000 EUR und C das eigentliche Kioskgebäude beisteuern. D soll den Kiosk als Verkäufer im abwechselnden Schichtbetrieb mit E betreiben. Den Einkauf, die Buchführung und die steuerrechtlichen Fragen sollen ebenfalls von D verantwortet werden. Für die Besorgungen des Kiosks hat die Kiosk-GbR einen Kleintransporter angeschafft. Auf dem Weg zum Großmarkt übersieht D aufgrund einer Unachtsamkeit beim Führen des Kleintransporters einen Fußgängerüberweg und fährt den Passanten P an, der daraufhin im Krankenhaus behandelt werden muss. P entsteht durch den Unfall ein Schaden von 1.000 EUR. Gegen wen kann P einen Anspruch aus § 823 Abs. 1 BGB geltend machen? Welche Ansprüche hat die Kiosk-GbR gegen D? 271

**I. Anspruch von P gegen die Kiosk-GbR aus § 823 Abs. 1 BGB**

P könnte gegen die Kiosk-GbR einen Anspruch auf Zahlung von 1.000 EUR auf § 823 Abs. 1 BGB haben. Dies setzt zunächst voraus, dass die Kiosk-GbR durch eine Handlung den P geschädigt hat. Eine solche Handlung hat die Kiosk-GbR vorliegend zwar nicht selbst begangen. Allerdings könnten sich die Kiosk-GbR die Handlung des D nach § 31 BGB zurechnen lassen. Dies setzt voraus, dass D den P als berufener Vertreter der Kiosk-GbR in Ausführung einer ihm zustehenden Verrichtung geschädigt hat. D hat den Kleintransporter gefahren, um Einkäufe für die Kiosk-GbR vorzunehmen, so dass er in Ausführung einer ihm zustehenden Verrichtung gehandelt hat. Die Voraussetzungen von § 31 BGB liegen daher vor. Die Handlung war auch wegen der fehlenden Beachtung des Fußgängerüberwegs und des damit vermittelten Vorrangs des P rechtswidrig. Zudem handelte D auch schuldhaft in Form der Fahrlässigkeit. Durch diese Handlung ist dem P auch ein kausaler Schaden entstanden. P hat daher gegen die Kiosk-GbR einen Anspruch auf Zahlung von 1.000 EUR auf § 823 Abs. 1 BGB.

**II. Anspruch von P gegen D aus § 823 Abs. 1 BGB**

P könnte gegen D einen Anspruch auf Zahlung von 1.000 EUR aus § 823 Abs. 1 BGB haben. Dies setzt zunächst voraus, dass D durch eine Handlung den P geschädigt hat. Eine solche Handlung ist vorliegend in dem Anfahren mit dem Kleintransporter zu sehen. Der Umstand, dass P bei dem Führen des Kleintransporters für die Kiosk-GbR gehandelt hat, ist in diesem Zusammenhang unbeachtlich, da diese nur für die Frage der Zurechnung zu Lasten der Kiosk-GbR eine Rolle spielt (→ Rn. 249), die Frage der eigenen Verantwortlichkeit des D aber unberührt lässt. Diese Handlung war auch wegen der fehlenden Beachtung des Fußgängerüberwegs und des damit vermittelten Vorrangs des P rechtswidrig. Zudem handelt es D auch schuldhaft in Form der Fahrlässigkeit. Durch diese Handlung ist dem P auch ein kausaler Schaden entstanden. P hat daher gegen D einen Anspruch auf Zahlung von 1.000 EUR auf § 823 Abs. 1 BGB.

**Hinweis:** Der Umstand, dass dem P (auch) die Kiosk-GbR haftet (→ Rn. 247 ff.) schließt einen Anspruch des P gegen D nicht aus. Allerdings kann der D gegen die Gesellschaft in der Regel einen Freistellungsanspruch geltend machen. Bei der Lösung dieses Falles übersehen die Bearbeiter regelmäßig die deliktische (Eigen-)Verantwortlichkeit des handelnden Gesellschafters und prüfen nicht die Ansprüche des geschädigten Dritten gegen diesen. Vor dem Hintergrund, dass es sich dabei meist um einen einfachen deliktischen Anspruch handelt, ist der damit verbundene Punkteverlust umso ärgerlicher.

Aus Vereinfachungsgründen wird vorliegend nur auf einen Schadenersatzanspruch aus § 823 Abs. 1 BGB abgestellt. Daneben kommen noch weitere deliktsrechtliche und verkehrsrechtliche Ansprüche in Betracht.

## IV. Wechsel von Gesellschaftern

272 Bei der (Außen-)GbR kann der Wechsel von Gesellschaftern durch das **Ausscheiden eines (alten) Gesellschafters** (→ Rn. 273 ff.), den **Eintritt eines (neuen) Gesellschafters** (→ Rn. 283 ff.) und die **Übertragung der Gesellschafterstellung** (→ Rn. 286 ff.) erfolgen.

### 1. Ausscheiden eines Gesellschafters

273 Der Gesellschafter einer (Außen-)GbR kann zunächst aus dieser ausscheiden, wofür entweder eine Änderung des Gesellschaftsvertrages (→ Rn. 275 f.) oder ein **Beschluss der (übrigen) Gesellschafter** (§ 737 BGB, → Rn. 276) notwendig ist. Der Tod des Gesellschafters (§ 727 BGB), die Eröffnung des Insolvenzverfahrens über sein Vermögen (§ 728 Abs. 2 BGB) und die Kündigung der Gesellschaft (§§ 723 ff. BGB) führt bei der (Außen-)GbR zu deren Auflösung (→ Rn. 297, 307 und 299 ff.), sofern der Gesellschaftsvertrag keine abweichende Regelung enthält. Damit ergibt sich für die Gründe eines Ausscheidens eines Gesellschafters aus einer (Außen-)GbR folgendes Bild:

274

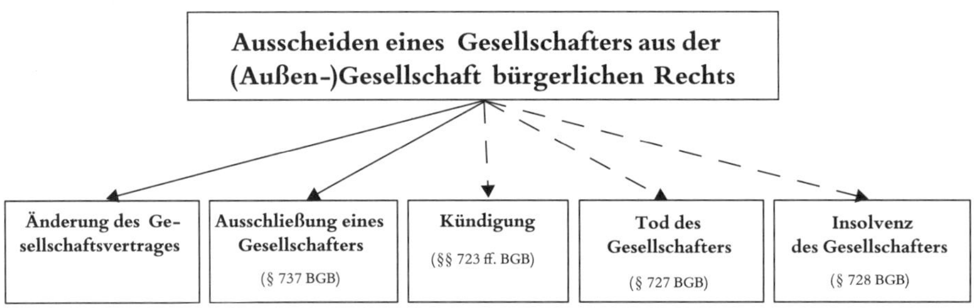


#### *a) Änderung des Gesellschaftsvertrages*

275 Ein Ausscheiden eines Gesellschafters kann zunächst durch eine Änderung des Gesellschaftsvertrages herbeigeführt werden. Diese Möglichkeit ist bei der (Außen-)GbR zwar nicht ausdrücklich geregelt, steht den Gesellschaftern aber dennoch jederzeit im Rahmen der **Vertragsfreiheit** offen. Die Änderung erfordert allerdings eine Mitwirkung aller Gesellschafter.

#### *b) Ausschluss eines Gesellschafters*

276 Darüber hinaus kann der Gesellschafter einer (Außen-)GbR auch aus dieser ausgeschlossen werden, sofern der Gesellschaftsvertrag vorsieht, dass die (Außen-)GbR im Fall der Kündigung durch einen Gesellschafter unter den übrigen Gesellschaftern fortgesetzt wird und ein zur Kündigung berechtigender Umstand eingetreten ist (§ 737 S. 1 BGB). Hintergrund dieser Beschränkung ist dabei, dass die Gesellschafter bei Vorliegen einer schwerwiegenden Verletzung der Gesellschafterpflichten durch einen Gesellschafter die (Außen-)

GbR nicht zwangsläufig auflösen und abwickeln müssen, sondern diese ohne den entsprechenden Gesellschafter fortsetzen können. Zentrale Voraussetzung ist damit, dass ein **wichtiger Grund** vorliegt, der nach § 723 Abs. 1 S. 3 BGB vor allem dann anzunehmen ist, wenn ein Gesellschafter wesentliche Pflichten aus dem Gesellschaftsvertrag vorsätzlichen oder grob fahrlässig verletzt hat oder ihm die Erfüllung einer solchen Pflicht unmöglich geworden ist. Bei der (Außen-)GbR können – ebenso wie bei der (Innen-)GbR (→ Rn. 157) – die Gründe für den Ausschluss eines Gesellschafters im **Gesellschaftsvertrag** näher bestimmt werden. Insofern gelten die bei der (Innen-)GbR dargestellten Grundsätze (→ Rn. 157).

**Beispielsfall:** A, B, C und D betreiben gemeinsam einen Kiosk in der Rechtsform einer (Außen-)GbR. Der Gesellschaftsvertrag sieht dabei vor, dass die Kiosk-GbR im Fall des Ausscheidens eines Gesellschafters mit den übrigen Gesellschaftern fortgeführt wird. Für die Kiosk-GbR haben A und B jeweils 30.000 EUR und C das eigentliche Kioskgebäude beigesteuert. D betreibt den Kiosk allein als Verkäufer und ist für den Einkauf, die Buchführung und die steuerrechtlichen Fragen verantwortlich. Da D zunehmende private Geldsorgen hat, entnimmt er immer wieder Teile der Einnahmen der Kiosk-GbR, ohne dies als Entnahmen zu verbuchen oder den anderen Gesellschaftern mitzuteilen. Als die anderen Gesellschafter davon erfahren, beschließen diese, D aus der Kiosk-GbR auszuschließen. D erklärt sich damit nicht einverstanden und macht geltend, dass es insofern ausreichen würde, ihm die Geschäftsführungsbefugnis zu entziehen. Ist der Ausschluss von D aus der Kiosk-GbR zulässig? 277

Der Ausschluss von D aus der Kiosk-GbR wäre rechtmäßig, wenn deren Gesellschaftsvertrag eine Fortsetzung der Kiosk-GbR für den Fall des Ausscheidens eines Gesellschafters vorsehen würde und ein wichtiger Grund vorliegt. Ersteres ist zunächst der Fall. Fraglich ist jedoch, ob ein wichtiger Grund vorliegt. Ein solcher ist dann anzunehmen, wenn die Fortsetzung der Gesellschaft für die übrigen Gesellschafter aufgrund einer vorsätzlichen oder grob fahrlässigen Verletzung von wesentlichen Pflichten des Gesellschaftsvertrags durch den auszuschließenden Gesellschafter unzumutbar ist. Vorliegend hat D wiederholt Geld der Kiosk-GbR unterschlagen bzw. veruntreut und die Kiosk-GbR damit nachhaltig geschädigt. Diese Pflichtverletzung wiegt auch so schwer, dass eine Fortsetzung der Kiosk-GbR für die übrigen Gesellschafter nicht zumutbar ist, da durch diese Handlungen des D das Vertrauensverhältnis der Gesellschafter untereinander beschädigt ist. Dem kann auch nicht entgegengehalten werden, dass man D auch nur die Geschäftsführungsbefugnis entziehen könnte. Denn auch wenn das vorliegend nach § 712 Abs. 1 BGB möglich wäre, bleibt es bei der Unzumutbarkeit der Fortsetzung der Kiosk-GbR für die anderen Gesellschafter. Der Ausschluss von D aus der Kiosk-GbR war daher rechtmäßig.

**Merksatz:** Der Ausschluss eines Gesellschafters einer (Außen-)GbR erfordert das Vorliegen eines wichtigen Grundes und eine Regelung im Gesellschaftsvertrag, dass die (Außen-)GbR im Fall der Kündigung durch einen Gesellschafter unter den übrigen Gesellschaftern fortgesetzt wird.

### *c) Abweichende gesellschaftsvertragliche Regelungen für den Fall der Kündigung, des Todes oder der Insolvenz des Gesellschafters*

278 Im Gegensatz zum Recht der oHG (→ Rn. 375, 380 f.) ist für die (Außen-) GbR weder die Kündigung durch einen Gesellschafter (§§ 723 ff. BGB), noch dessen Tod (§ 727 BGB) oder die Eröffnung des Insolvenzverfahrens über sein Vermögen (§ 728 Abs. 2 BGB) ein Grund für ein Ausscheiden aus der Gesellschaft. Vielmehr wird die (Außen-)GbR in diesen Fällen aufgelöst. Gerade bei der unternehmerisch tätigen (Außen-)GbR ist dies aber oftmals nicht praktikabel. Denn die Kündigung der (Außen-)GbR, der Tod eines Gesellschafters oder dessen Insolvenz betreffen die (Außen-)GbR nicht zwangsläufig in ihrer Funktionalität. Daher sehen die Gesellschaftsverträge oftmals eine Fortsetzung der (Außen-)GbR unter gleichzeitigem Austritt des jeweiligen Gesellschafters bei Eintritt dieser Gründe vor.

279 **Beispielsfall:** A, B, C und D betreiben gemeinsam einen Kiosk in der Rechtsform einer (Außen-)GbR. Der Gesellschaftsvertrag sieht dabei vor, dass die Kiosk-GbR im Fall der Kündigung eines Gesellschafters mit den übrigen Gesellschaftern fortgeführt wird. Für die Kiosk-GbR haben A und B jeweils 30.000 EUR und C das eigentliche Kioskgebäude beigesteuert. D betreibt den Kiosk allein als Verkäufer und ist für den Einkauf, die Buchführung und die steuerrechtlichen Fragen verantwortlich. Nachdem die Kiosk-GbR bereits mehrere Jahre hohe Gewinne erwirtschaftet, verstirbt B, der sein gesamtes Vermögen an seine Ehefrau E vermacht hat. Welche Auswirkungen hat dies auf die Kiosk-GbR?

Da der Gesellschaftsvertrag der Kiosk-GbR für den Fall des Todes eines Gesellschafters keine Fortsetzung vorsieht, tritt die Folge des § 727 BGB ein, so dass die Kiosk-GbR aufgelöst wird, auch wenn dies vorliegend wirtschaftlich wenig sinnvoll ist. Als Alternative bleibt den Gesellschaftern nur, die Fortsetzung der Kiosk-GbR zu vereinbaren, was allerdings an dem Abfindungsanspruch der E als Erbin des B nichts ändert. Dieser müsste zwar auch im Fall einer entsprechenden Fortsetzungsklausel für den Erbfall gezahlt werden. Allerdings besteht der Unterschied zur vorliegenden Rechtslage darin, dass sich die Gesellschafter A, C und D neu einigen müssen, was vor allem bei einem unterschiedlichen Interesse an dem Kiosk zu Problem führen kann. Denn während für D mit dem Fortbestehen der Kiosk-GbR seine berufliche Zukunft verbunden ist, könnte C das Kioskgebäude möglicherweise an ein anderes Unternehmen vermieten und A den Überschuss aus der Auflösung in andere Unternehmen investieren. Derartige Motive und Alternativszenarien müssen bei der Abfassung eines Gesellschaftsvertrags bei der Gründung einer (Außen-)GbR bedacht und in den Gesellschaftsvertrag im Rahmen von entsprechenden Klauseln aufgenommen werden. Eine spätere Einigung über diese Punkte scheitert hingegen an der meist bis dahin eingetretenen Verschiebung der Interessenschwerpunkte der Gesellschafter.

### *d) Rechtsfolge des Ausscheidens*

280 Das Ausscheiden eines Gesellschafters aus der (Außen-)GbR löst eine **Reihe von Rechtsfolgen** aus. Zunächst verliert der ausscheidende Gesellschafter seine Gesellschafterstellung. Darüber hinaus wächst der Anteil des ausscheidenden

Gesellschafters den übrigen Gesellschaftern zu (§ 738 Abs. 1 S. 1 BGB). Daher bedarf es keinerlei rechtsgeschäftlicher Übertragungsakte hinsichtlich des Gesellschaftsvermögens. Vielmehr bleibt dessen gesamthänderische Bindung für die verbleibenden Gesellschafter bestehen. Weiterhin hat der ausscheidende Gesellschafter einen Anspruch auf Rückgabe der zur Benutzung überlassenen Gegenstände, auf Befreiung von den gemeinschaftlichen Schulden und auf Zahlung einer Abfindung (§ 738 Abs. 1 S. 2 BGB). Schließlich unterliegt er für die bis dahin begründeten Verbindlichkeiten der Haftung, da diese Ansprüche bereits entstanden sind und durch sein Ausscheiden in ihrem Bestand nicht berührt werden. Aber auch die Nachhaftung kommt für den ausgeschiedenen Gesellschafter in Betracht (§ 736 Abs. 2 BGB, § 160 HGB; → Rn. 388).

Während die ersten beiden Punkte weitgehend unproblematisch sind, stellt 281
die **Berechnung des Abfindungsanspruchs** in der gesellschaftsrechtlichen Praxis ein großes Problem dar. Dies ist zum einen darauf zurückzuführen, dass § 738 Abs. 1 S. 2 BGB selbst keine Vorgaben für dessen Berechnung macht, sondern nur auf den Auseinandersetzungsanspruch verweist. Dies ist allerdings nicht weiterführend, da bei einem Ausscheiden eines Gesellschafters die (Außen-)GbR gerade fortbesteht und sich das Auseinandersetzungsguthaben nicht durch einen Abwicklungsvorgang ergibt (→ Rn. 304). Als Methode für die Berechnung des Abfindungsanspruchs hat sich die Ertragswertmethode etabliert, bei der im Wesentlichen die zukünftigen Erträge der (Außen-)GbR für einen bestimmten Zeitraum abgezinst und dann addiert werden. Um diesen Schwierigkeiten zu begegnen sehen viele Gesellschaftsverträge Beschränkungen für den Abfindungsanspruch vor bzw. reduzieren diesen auf einen leichter zu ermittelnden Wert. Derartige Beschränkungen sind nicht unproblematisch, da sie einseitig zu Lasten des ausscheidenden Gesellschafters gehen und diesen insbesondere in seinem Kündigungsrecht faktisch einschränken können, was nach § 723 Abs. 3 BGB nichtig sein kann. Eine solche unzulässige Beschränkung kann etwa die Reduzierung des Abfindungsanspruchs auf einen bloßen Buchwert (sog. **Buchwertklauseln**) darstellen (BGH ZIP 2002, 258 (259); vgl. dazu MüKoBGB/*Schäfer* § 738 Rn. 46).

**Beispielsfall:** A, B, C und D betreiben gemeinsam einen Kiosk in der Rechtsform 282
einer (Außen-)GbR. Der Gesellschaftsvertrag sieht dabei vor, dass die Kiosk-GbR im Fall der Kündigung eines Gesellschafters mit den übrigen Gesellschaftern fortgeführt wird. Zudem soll jeder Gesellschafter mit ¼ am Gewinn beteiligt werden. Da C das Interesse an der Kiosk-GbR verloren hat und das Kioskgebäude gern zugunsten eines Neubaus abreißen lassen will, kündigt er die Kiosk-GbR. Welche Rechtsfolgen hat das Ausscheiden von C aus der Kiosk-GbR?

Die Rechtsfolgen ergeben sich aus folgender Übersicht:

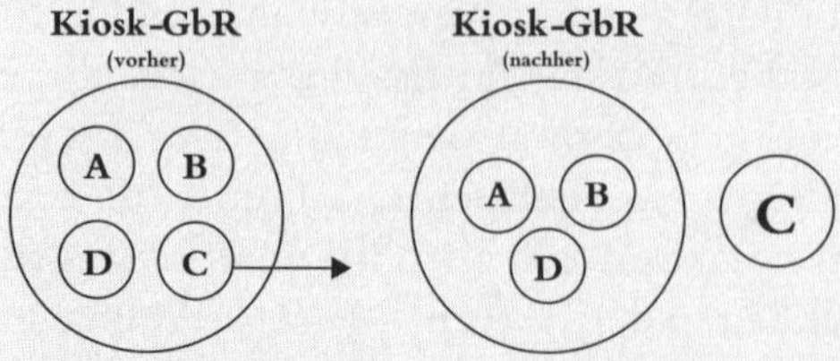


**Rechtsfolgen:**
- Verlust der Gesellschafterstellung für C
- Fortsetzung der Kiosk-GbR unter A, B und D
- Anspruch des C auf Rückgabe des Kioskgebäudes
- (Nach-)Haftung des C für die Verbindlichkeiten der Kiosk-GbR
- Anspruch des C auf Befreiung von den Verbindlichkeiten der Kiosk-GbR
- Anspruch des C auf Zahlung einer Abfindung

Wie hoch ist der Abfindungsanspruch von C, wenn man unterstellt, dass die Kiosk-GbR in jedem Fall einen Gewinn von 10.000 EUR macht und der sog. risikofreie Zinssatz (also der Zinssatz, der auf einem Markt für eine Geldanlage gezahlt wird, bei der nach allgemeiner Ansicht kein Risiko besteht [Staatsanleihen wirtschaftlich stabiler Staaten]), 2% beträgt?

Bei der Berechnung des Abfindungsanspruchs anhand der Ertragswertmethode muss der voraussichtliche Gewinn für einen bestimmten Zeitraum (zB zehn Jahre) um den risikofreien Zinssatz abgezinst und dann addiert werden. Damit ergibt sich bei einem risikofreien Zinssatz von 2% für einen Zeitraum von zehn Jahren ein Betrag von 89.820 EUR (= Jahr 1 [9.803] + Jahr 2 [9.611] + Jahr 3 [9.423] + Jahr 4 [9.238] + Jahr 5 [9.057] + Jahr 6 [8.879] + Jahr 7 [8.705] + Jahr 8 [8.534] + Jahr 9 [8.367] + Jahr 10 [8.203]). Dieser Betrag muss dann nach § 734 BGB anhand der Gewinnbeteiligung von jedem Gesellschafter in Höhe von vorliegend ¼ durch vier geteilt werden, so dass der Abfindungsanspruch 22.455 EUR beträgt.

**Hinweis:** Derartige Berechnungen stehen freilich gleich unter einer ganzen Reihe von Vorbehalten, die bei der Höhe des voraussichtlichen Gewinns beginnen, sich bei der Maßgeblichkeit bzw. Ermittlung des risikofreien Zinssatzes fortsetzen und schließlich bei dem maßgeblichen Zeitraum für die Berechnung aufhören. Dabei muss allerdings immer beachtet werden, dass derartige Berechnungen aufgrund ihrer Zukunftsorientierung immer Unsicherheiten ausgesetzt sind und schon der Sache nach niemals Anspruch auf absolute Richtigkeit erheben können. Nichtsdestotrotz sind sie bei derartigen Probleme der einzige Anknüpfungspunkt.

### 2. Eintritt in eine bestehende (Außen-)Gesellschaft bürgerlichen Rechts

283 Auch wenn sich die (Außen-)GbR als Personengesellschaft durch eine grundsätzliche Abhängigkeit von ihrem Personenbestand auszeichnet (→ Rn. 89, 92), schließt dies nicht die Aufnahme neuer Gesellschafter aus. Dafür ist allerdings die Änderung des Gesellschaftsvertrages erforderlich, die grundsätzlich der Zustimmung aller Gesellschafter bedarf. Da dies oftmals nur schwer zu erreichen ist, kann der Gesellschaftsvertrag die Aufnahme neuer Gesellschafter aber auch einem Mehrheitsbeschluss unterwerfen, was vor allem bei einer (Außen-)GbR mit einem großen Gesellschafterbestand von Bedeutung ist.

284 Rechtsfolge des Beitritts ist zunächst, dass der Beitretende Gesellschafter der (Außen-)GbR wird. Zudem wächst dem beitretenden Gesellschafter mit

seinem Beitritt das Gesellschaftsvermögen in der für ihn vorgesehenen Quote an, was dazu führt, dass sich die Quote der übrigen Gesellschafter entsprechend verringert. Auf das Gesellschaftsvermögen hat diese **Verschiebung der Beteiligungsquoten** hingegen keine Auswirkungen. Allerdings erhöht sich das Gesellschaftsvermögen meist, da der neu beitretende Gesellschafter ebenfalls einen **Beitrag** leistet. Weitere Folgen des Beitritts ist, dass der neue Gesellschafter auch für die **bisherigen Verbindlichkeiten der (Außen-)GbR** nach § 130 HGB analog haftet (BGHZ 154, 370; BGH ZIP 2010, 1590 (1592)). Dies ergibt sich daraus, dass die Haftungsverfassung der (Außen-)GbR der der oHG (→ Rn. 348 ff.) weitgehend angeglichen ist und daher nicht nur die §§ 128 f. HGB, sondern konsequenterweise auch § 130 HGB zur Anwendung kommen muss.

**Beispielsfall:** A, B und C betreiben gemeinsam einen Kiosk in der Rechtsform einer Kiosk-GbR. Da die Kiosk-GbR neues Kapital benötigt, entscheiden sich die Gesellschafter, D in die Kiosk-GbR aufzunehmen. A, B, C und D kommen dabei darüber überein, dass D einen Beitrag von 20.000 EUR leisten soll. 285

Die Rechtsfolgen ergeben sich aus folgender Übersicht:

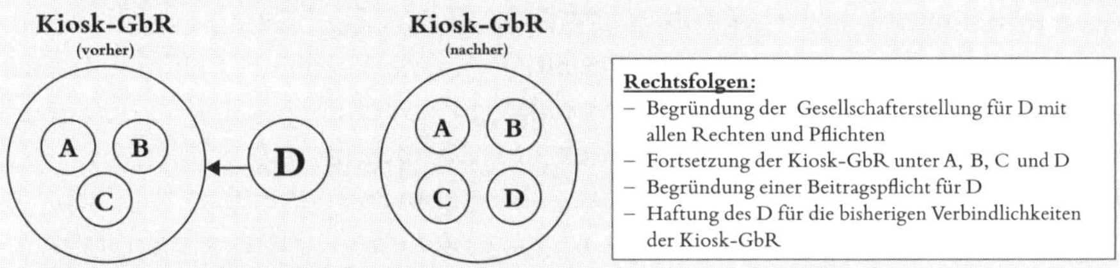


Der Großhändler G hatte der Kiosk-GbR vor dem Beitritt von D Waren geliefert. Die Kaufpreisforderung hat die Kiosk-GbR bisher allerdings nicht beglichen. G wendet sich daher nach dem Beitritt von D zur Kiosk-GbR an diesen und verlangt Zahlung des Kaufpreises. Zu Recht?

G könnte von D Zahlung des Kaufpreises aus § 130 HGB analog, § 433 Abs. 2 BGB verlangen. Dies setzt neben dem Bestehen einer Kaufpreisforderung des G gegen die Kiosk-GbR die Gesellschafterstellung des D voraus. Durch den Abschluss des Kaufvertrages zwischen der Kiosk-GbR und G ist die Kaufpreisforderung und somit eine Verbindlichkeit der Kiosk-GbR gegenüber G entstanden. D ist auch Gesellschafter der Kiosk-GbR. Dem steht auch nicht entgegen, dass D zum Zeitpunkt der Entstehung der Kaufpreisforderung noch nicht Gesellschafter der Kiosk-GbR gewesen ist. Denn nach § 130 HGB haftet der eintretende Gesellschafter auch für die bei seinem Beitritt bereits bestehenden Verbindlichkeiten einer Gesellschaft. Zwar handelt es sich bei § 130 HGB um eine Regelung aus dem Recht der oHG. Allerdings findet diese auch auf die (Außen-)GbR entsprechende Anwendung. G kann daher von D Zahlung des Kaufpreises aus § 130 HGB analog, § 433 Abs. 2 BGB verlangen.

### 3. Übertragung der Gesellschafterstellung

286 Schließlich kann die Gesellschafterstellung auch übertragen werden, wenn der Gesellschaftsvertrag dies gestattet. Fehlt es hingegen an einer Regelung im Gesellschaftsvertrag erfordert die Übertragung die Zustimmung aller Gesellschafter. Im Fall der Übertragung der Gesellschafterstellung bleibt die (Außen-) GbR bestehen und tauscht lediglich einen ihrer Gesellschafter aus, ohne dass diese aber Einfluss auf die anderen Gesellschafter hat. Der neue Gesellschafter tritt dabei in die Rechtsposition des alten Gesellschafters ein. Die Übertragung der Gesellschafterstellung ist allerdings nur dann möglich, wenn der Gesellschaftsvertrag die Übertragung des Gesellschaftsanteils gestattet oder die übrigen Gesellschafter einer solchen Übertragung zustimmen. Fehlt es an diesen Voraussetzungen kann eine Übertragung nicht erfolgen. Bei der Übertragung eines Gesellschaftsanteils muss auch zwischen dem Verpflichtungs- und dem Verfügungsgeschäft unterschieden werden. Das Verfügungsgeschäft erfolgt in Form der **Abtretung** (§§ 398, 413 BGB).

287 Die Rechtsfolgen der Übertragung der Gesellschafterstellung unterscheiden sich nicht unerheblich von einer ebenfalls möglichen **Kombination von Beitritt des neuen und Ausscheiden des alten Gesellschafters**. Denn auch wenn in beiden Fällen die (Außen-)GbR dann mit dem neuen Gesellschafter fortgeführt wird, sind die Rechte des alten Gesellschafters bei einer Übertragung der Gesellschafterstellung beschränkter. Zum einen hat der übertragende Gesellschafter schon keinen Anspruch auf Abfindung aus § 738 Abs. 1 S. 2 BGB, da aus Sicht der (Außen-)GbR schon kein Ausscheiden, sondern nur ein Austausch der Gesellschafter vorliegt. Zudem erhält der übertragende Gesellschafter von dem neuen Gesellschafter für die Abtretung der Gesellschafterstellung ein Entgelt in Form eines Kaufpreises. Ein Unterschied ergibt sich zudem dahingehend, dass der neue Gesellschafter – jedenfalls für den Fall der bereits erfolgten Beitragszahlung durch den übertragenden Gesellschafter – keinen Beitrag leisten muss. Dies ergibt sich aus dem Umstand, dass bereits der übertragende Gesellschafter die mit der Gesellschafterstellung verbundene Beitragspflicht erfüllt hat. Soweit die Beitragspflicht aber noch offen ist, muss danach differenziert werden, ob diese auch nach der Übertragung der Gesellschafterstellung durch den Altgesellschafter zu erbringen ist. Dies kann insbesondere dann der Fall sein, wenn der Neugesellschafter diese Beitragspflicht schon nicht erfüllen kann.

288 **Beispielsfall:** A, B, C und D betreiben gemeinsam einen Kiosk in der Rechtsform einer (Außen-)GbR. C verliert allerdings nach kurzer Zeit bereits das Interesse an der Kiosk-GbR. In einem Gespräch mit E zeigt dieser Interesse an der Kiosk-GbR. E und C vereinbaren kurz darauf, den Anteil von C auf E für einen Preis von 10.000 EUR zu übertragen. Die übrigen Gesellschafter der Kiosk-GbR stimmen dem zu. Welche Rechtsfolgen hat das Ausscheiden von C aus der Kiosk-GbR?

Die Rechtsfolgen ergeben sich aus folgender Übersicht:

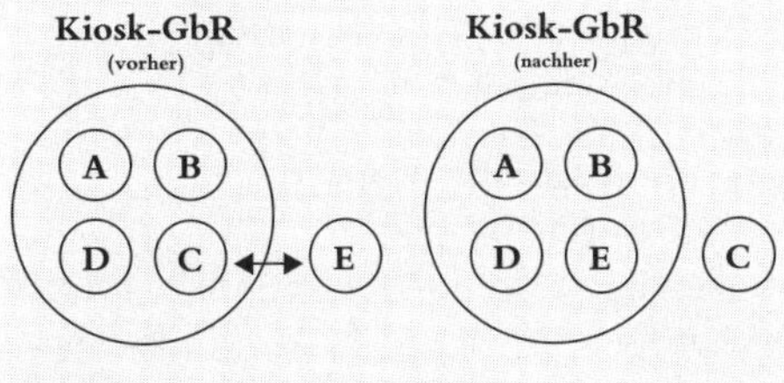


**Rechtsfolgen:**
- Fortsetzung der Kiosk-GbR unter A, B, D und E
- Begründung der Gesellschafterstellung für E mit allen Rechten und Pflichten
- keine Begründung einer Beitragspflicht für E
- Haftung des E für die bisherigen Verbindlichkeiten der Kiosk-GbR
- Verlust der Gesellschafterstellung für C
- kein Anspruch des C auf Rückgabe des Kioskgebäudes
- kein Anspruch des C auf Zahlung einer Abfindung

**Hinweis:** C hat vorliegend keinen Anspruch auf Rückgabe des Kioskgebäudes, da es sich dabei um eine noch offene Beitragspflicht handelt, die nur von C erbracht werden kann und von der ihn nur die übrigen Gesellschafter befreien können. C kann das Kioskgebäude daher nicht selbst nutzen, hat aber auch von E die 10.000 EUR für seinen Anteil an der Kiosk-GbR erhalten. Da C mit dem Verlust seiner Gesellschafterstellung natürlich ein Interesse hat, das Kioskgebäude so schnell wie möglich zurückzuerhalten, würde eine solche Übertragung seiner Gesellschafterstellung auf E letztlich nur Sinn machen, wenn ihn die übrigen Gesellschafter aus der Verpflichtung zur Überlassung des Kioskgebäudes entlassen. Dies kann C aber nur auf dem Verhandlungswege erreichen oder vor der Übertragung die Gesellschaft kündigen.

Die Übertragung des Gesellschaftsanteils an einer (Außen-)GbR ist schließ- 289
lich auch **nicht formbedürftig**. Die fehlende Formbedürftigkeit gilt dabei sowohl für das Verpflichtungs- als auch das Verfügungsgeschäft. Dies gilt selbst dann, wenn sich im Gesellschaftsvermögen Sachen oder Rechte befinden, deren Übertragung oder Verpflichtung dazu einem Formzwang – wie etwa bei § 311b Abs. 1 BGB (Formzwang für Verträge über Grundstücke und grundstücksgleiche Rechte) oder § 15 Abs. 3, 4 GmbHG (Formzwang für die Verpflichtungsgeschäfte über GmbH-Geschäftsanteile und deren Abtretung, → Rn. 627 f.) – unterliegt. Denn insofern wird keine Verpflichtung zur Übertragung einer Sache oder eines Rechts selbst, sondern vielmehr nur hinsichtlich des Gesellschaftsanteils begründet (BGHZ 86, 367 (369 f.)).

**Beispielsfall:** A und B sind Eigentümer zweier nebeneinander liegender und unbe- 290
bauter Grundstücke. Aufgrund des hohen Parkplatzbedarfs in ihrer Stadt entscheiden sich A und B eine Parkplatz GbR zu gründen, die auf den beiden Grundstücken einen Parkplatz betreiben soll. Nachdem sie den Gesellschaftsvertrag formwirksam abgeschlossen und das Eigentum an den Grundstücken auf die Parkplatz GbR übertragen haben, verliert A das Interesse an dem Projekt. Daher verkauf A seinen Anteil an der Parkplatz GbR an C für 20.000 EUR und tritt diesen an C ab, was auch in dieser Form mit B abgesprochen ist. Als C den vereinbarten Kaufpreis nicht zahlt, beruft sich dieser gegenüber A darauf, dass der Kaufvertrag über den Anteil schon nicht wirksam sei. Jedenfalls stünde C aber ein Leistungsverweigerungsrecht zu, da der Gesellschaftsanteil an der Parkplatz GbR nicht wirksam übertragen worden sei. Kann A von C Zahlung des Kaufpreises verlangen?

A könnte gegen C einen Anspruch auf Zahlung von 20.000 EUR aus § 433 Abs. 2 BGB haben. Dies setzt voraus, dass zwischen A und C ein wirksamer Kaufvertrag zustande gekommen ist. A und B haben einen Kaufvertrag über den Gesellschaftsanteil an der Parkplatz GbR geschlossen. Dieser könnte allerdings nach §§ 125, 311b Abs. 1 S. 1 BGB formnichtig sein. Das wäre dann der Fall, wenn der Kaufvertrag die Verpflichtung zur Übertragung oder zum Erwerb von Eigentum an einem Grundstück begründet hätte. Durch den Kaufvertrag hat sich A aber lediglich verpflichtet, C den Gesellschaftsanteil an der Parkplatz GbR zu übertragen, so dass die Voraussetzungen von § 311b Abs. 1 S. 1 BGB nicht vorliegen. Allerdings könnte eine analoge Anwendung von § 311b Abs. 1 S. 1 BGB in Betracht kommen, da sich im Gesellschaftsvermögen der Parkplatz GbR Grundstücke befinden. Denn wenn man eine Anwendung von § 311b Abs. 1 S. 1 BGB in diesem Fall ablehnen würde, könnte man das Formerfordernis von § 311b Abs. 1 S. 1 BGB umgehen, indem man ein Grundstück in eine (Außen-)GbR einbringt. Auch wenn diese Argumentation auf den ersten Blick überzeugend erscheint, muss eine analoge Anwendung von § 311b Abs. 1 S. 1 BGB im Ergebnis ausscheiden, da selbst in diesem Fall die Übertragung auf eine (Außen-)GbR noch immer formbedürftig wäre und dem Regelungszweck von § 311b Abs. 1 S. 1 BGB in Form der Warnfunktion entsprochen werden würde. Daher findet § 311b Abs. 1 S. 1 BGB auf den Kaufvertrag über den Gesellschaftsanteil an der Parkplatz GbR keine Anwendung. Dieser bedurfte somit nicht der Form des § 311b Abs. 1 S. 1 BGB und ist daher auch nicht nach § 125 BGB formnichtig. A kann daher von C Zahlung von 20.000 EUR verlangen.

Fraglich ist allerdings, ob C dem A die Einrede des nichterfüllten Vertrags nach § 320 Abs. 1 BGB entgegen halten kann. Bei dem Kaufvertrag über den Gesellschaftsanteil an der Parkplatz GbR handelt es sich um einen gegenseitigen Vertrag. Weiterhin müsste A seine Leistung noch nicht bewirkt haben. A hatte sich in dem Kaufvertrag verpflichtet, den Gesellschaftsanteil an der Parkplatz GbR an C zu übertragen. Zu diesem Zweck hat A den Anteil an C abgetreten. Diese Abtretung war auch wirksam, zumal B als weiterer Gesellschafter dieser Übertragung zugestimmt hat. Die Abtretung bedurfte auch keiner besonderen Form. Damit hat A seine Leistungspflicht aus dem Kaufvertrag über den Gesellschaftsanteil an der Parkplatz GbR bereits erfüllt. Die Voraussetzungen für die Einrede des nichterfüllten Vertrags nach § 320 Abs. 1 BGB sind somit nicht gegeben.

A hat daher gegen C einen Anspruch auf Zahlung von 20.000 EUR aus § 433 Abs. 2 BGB.

## V. Auflösung und Beendigung der (Außen-)Gesellschaft bürgerlichen Rechts

291 Bei der Beendigung der (Außen-)GbR muss ebenso wie bei der oHG (→ Rn. 393 ff.) grundlegend zwischen der **Auflösung** (→ Rn. 252 ff.), der **Auseinandersetzung** (→ Rn. 303 ff.) und der **(Voll-)Beendigung** (→ Rn. 304) unterschieden werden. Zudem muss der Fall der **Eröffnung des Insolvenzverfahrens** über das Vermögen der (Außen-)GbR abgegrenzt werden (→ Rn. 307).

### 1. Die Auflösung

292 Die Auflösung der (Außen-)GbR führt zunächst lediglich zu einer **Änderung des Gesellschaftszwecks**. Diese verfolgt fortan nicht mehr den Zweck einer werbenden Tätigkeit, sondern ist allein auf eine Auseinandersetzung ge-

richtet. Im Übrigen ergeben sich keine unmittelbaren Auswirkungen auf die (Außen-)GbR. Allerdings können die Ansprüche der Gesellschafter gegen die (Außen-)GbR nach der Auflösung nicht mehr selbständig geltend gemacht werden (→ Rn. 264 ff.), sondern werden nur noch als Rechnungsposten im Rahmen der Auseinandersetzung (→ Rn. 304) berücksichtigt (BGHZ 37, 299 (304); BGH NJW 1995, 188 (189); 1985, 1898). Dies bedeutet allerdings nicht, dass die Ansprüche der Gesellschafter nicht erfüllt werden. Vielmehr erhöht sich der Überschuss des jeweiligen Gesellschafters um den Betrag der Anspruchshöhe, wenn die (Außen-)GbR über ausreichend Vermögen verfügt, alle Gläubiger zu befriedigen.

## 2. Die Auflösungsgründe

Auch wenn die (Außen-)Gesellschaft bürgerlichen Recht in vielerlei Hinsicht der oHG (→ Rn. 308 ff.) ähnelt, ergeben sich bei den Auflösungsgründen eine Reihe von Unterschieden. 293

Die (Außen-)GbR kann zunächst durch bloßen **Zeitablauf** aufgelöst werden, wenn der Gesellschaftsvertrag eine entsprechende Befristung vorsieht. Diese Möglichkeit wird in den §§ 705 ff. BGB zwar nicht ausdrücklich vorgesehen, ergibt sich aber aus dem Grundsatz der Privatautonomie. Auch wenn die Eingehung einer (Außen-)GbR für einen bestimmten Zeitraum eher selten ist, kann dafür durchaus ein Interesse bestehen. 294

**Beispielsfall:** A hat früher einen Kiosk betrieben, den er altersbedingt aufgebeben hat. 295
Da ihm das betreffende Grundstück mit dem Kiosk-Gebäude noch gehört und er dieses nicht ungenutzt lassen will, spricht er den B an, der gern einen Kiosk betreiben will, aber nicht über ausreichend Startkapital verfügt. Dieses wollen aber C und D in Höhe von jeweils 30.000 EUR beisteuern. Daher gründen A, B, C und D die Kiosk-GbR, die von B als Geschäftsführer betrieben wird.

Bei der Gründung der Kiosk-GbR stehen die Gesellschafter vor dem Problem, dass A und B nur zeitlich begrenzte Werte nämlich in Form des Nutzungsrechts des Kiosks bzw. Dienste als Geschäftsführer als Beitrag leisten können. Würde die Kiosk-GbR nun unbegrenzte Zeit laufen, wäre dies für A und B nachteilhaft, da sie dann fortlaufend zur Erbringung dieser Leistungen verpflichtet wären, während C und D in ihrem Investment begrenzt sind. Dem könnte man dadurch begegnen, dass A und B ab einem bestimmten Zeitraum eine Vergütung für die Nutzung des Kiosks und die erbrachten Dienste erhalten. Alternativ kann die Kiosk-GbR aber auch für einen bestimmten Zeitraum eingegangen werden, der (idealerweise) dem Zeitraum entspricht, für den der Kiosk und die Dienste des B für jeweils 30.000 EUR in Anspruch genommen werden könnten. Dies hätte den weiteren Vorteil, dass die Gesellschafter nach Ablauf dieses Zeitraums neu überlegen könnten, ob sie den Kiosk wirklich langfristig zusammen betreiben wollen. Eine derartige zeitliche Befristung hat aber auch den Nachteil, dass die Fortsetzung der Gesellschaft – durch Aufhebung der zeitlichen Befristung im Gesellschaftsvertrag – nur mit Zustimmung aller Gesellschafter möglich ist. Denn dann könnten die Gesellschafter, die mehr als andere von der Fortführung der Kiosk-GbR abhängen bzw. bei der Auflösung der Kiosk-GbR mehr zu verlieren haben, zu größeren Zugeständnissen gezwungen werden. Somit bedarf es bei der Gründung einer (Außen-)GbR mit einer entsprechenden Befristung einer sorgsamen Abwägung der damit verbundenen Vor- und Nachteile.

296 Darüber hinaus kann auch das **Unmöglichwerden oder Erreichen des Zwecks der Gesellschaft** (§ 726 BGB) zur Auflösung der (Außen-)GbR führen. Beide Fälle sind in der Praxis eher selten anzutreffen. Beim Unmöglichwerden oder Erreichen des Zwecks der Gesellschaft stellt sich vor allem das Problem, dass über das tatsächliche Eintreten dieser Voraussetzungen Unklarheit und Streit zwischen den Gesellschaftern bestehen kann.

297 Zudem führt der **Tod eines Gesellschafters** nach § 727 BGB zur Auflösung. Dies gilt auch dann, wenn noch weitere Gesellschafter in der (Außen-) GbR verbleiben. Hintergrund dieser Regelung ist die persönliche Bindung der Gesellschafter untereinander und deren Interesse, die (Außen-)GbR mit dem ursprünglich vereinbarten Personenbestand fortzuführen. Da die Gesellschafter oftmals aber auch ein Interesse an einer Fortführung der Gesellschaft ohne den verstorbenen Gesellschafter haben können, gestattet § 727 Abs. 1 BGB eine abweichende Regelung im Gesellschaftsvertrag (dazu ausführlich → Rn. 278 f.). Weiterhin führt die **Eröffnung des Insolvenzverfahrens** über das Vermögen der Gesellschaft oder eines Gesellschafters zur Auflösung (§ 728 BGB).

298 Darüber hinaus kann die (Außen-)GbR auch durch einen entsprechenden **Beschluss der Gesellschafter** aufgelöst werden. Diese Möglichkeit wird in den §§ 705 ff. BGB zwar – im Gegensatz zur Rechtslage bei der oHG (→ Rn. 397) – nicht ausdrücklich erwähnt, ergibt sich aber aus der Vertragsautonomie der Gesellschafter.

299 Schließlich kann die (Außen-)GbR auch durch eine **Kündigung** aufgelöst werden (§ 723 BGB). Hinsichtlich der Anforderungen an die Kündigung folgt § 723 BGB dabei den allgemeinen Grundsätzen des BGB für Dauerschuldverhältnisse. Bei einer nicht auf eine bestimmte Zeit eingegangene (Außen-)GbR bzw. bei einer auf Lebenszeit eines Gesellschafter eingegangene (Außen-)GbR (§ 724 BGB) kann die Kündigung daher grundsätzlich jederzeit und ohne das Erfordernis eines wichtigen Grundes erfolgen (§ 723 Abs. 1 S. 1 BGB). Ist die (Außen-)GbR hingegen für einen bestimmten Zeitraum eingegangen worden, kann eine Kündigung nur bei Vorliegen eines wichtigen Grundes erfolgen (§ 723 Abs. 1 S. 2 BGB). Die wichtigen Gründe werden in § 723 Abs. 1 S. 3 BGB nicht abschließend definiert. Ein solcher ist unter anderem dann anzunehmen, wenn ein Gesellschafter eine ihm nach dem Gesellschaftsvertrag obliegende wesentliche Verpflichtung vorsätzlich oder aus grober Fahrlässigkeit verletzt hat oder wenn die Erfüllung einer solchen Verpflichtung unmöglich wird (§ 723 Abs. 1 S. 3 Nr. 1 BGB).

Diese – jedenfalls bei einer nicht auf eine bestimmte Zeit eingegangene (Außen-)GbR – relativ geringen Voraussetzungen sind für unternehmerisch tätige (Außen-)Gesellschaften bürgerlichen Rechts nicht praktikabel, weswegen der Gesellschaftsvertrag meist Beschränkungen des Kündigungsrechts vorsieht. Derartige Beschränkungen sind aber nach § 723 Abs. 3 BGB nichtig, wenn durch diese das Kündigungsrecht ausgeschlossen oder über Gebühr beschränkt wird. Für die Bestimmung der Anforderungen an derartige Beschränkungen können allerdings keine pauschalen Kriterien entwickelt werden. Vielmehr müssen diese vor allem vor dem Hintergrund des Gesellschaftszwecks bestimmt werden. Dabei handelt es sich letztlich um einen Abwägungsprozess zwischen den Interessen des einzelnen Gesellschafters an einer Beendigung der (Außen-)GbR und dem Interesse der übrigen Gesellschafter an deren Fortsetzung.

**Beispielsfall:** A, B, C und D wollen gemeinsam einen Kiosk in der Rechtsform einer (Außen-)GbR betreiben. Dabei soll A den Betrag von 30.000 EUR, B geeignetes Mobiliar für den Kiosk und C das eigentliche Kioskgebäude beisteuern. Der Gesellschaftsvertrag sieht dabei vor, dass das Mobiliar und das Kioskgebäude der Kiosk-GbR ohne Übertragung des Eigentums überlassen werden sollen. D soll den Kiosk allein als Verkäufer betreiben und für den Einkauf, die Buchführung und die steuerrechtlichen Fragen verantwortlich sein. Die Kiosk-GbR soll laut Gesellschaftsvertrag zunächst für ein Jahr bestehen. Nachdem der Kiosk in einem Feuer abgebrannt ist, sieht A in der Kiosk-GbR keine Zukunft mehr und erklärt die Kündigung. Die übrigen Gesellschafter wollen hingegen an dem Projekt festhalten und einen anderen Standort für den Kiosk suchen. Als D den A im Namen der Kiosk-GbR zur Zahlung seines Beitrags in Höhe von 30.000 EUR auffordert, weigert sich dieser zu zahlen und verweist auf seine Kündigung. Kann die Kiosk-GbR von A Zahlung von 30.000 EUR verlangen? **300**

Die Kiosk-GbR könnte von A Zahlung von 30.000 EUR aus dem Gesellschaftsvertrag verlangen. Voraussetzung dafür ist, dass der Gesellschaftsvertrag der Kiosk-GbR wirksam abgeschlossen wurde und die Kiosk-GbR nicht beendet wurde. Zwar wurde die Kiosk-GbR durch die Gesellschafter wirksam gegründet, womit auch der Anspruch der Kiosk-GbR gegen A auf Zahlung von 30.000 EUR entstanden ist. Allerdings könnte dieser Anspruch durch die Kündigung der Kiosk-GbR durch A wieder untergegangen sein. Eine Kündigung der Kiosk-GbR durch A wäre wirksam, wenn diese auf eine bestimmte Zeit eingegangen worden wäre und ein wichtiger Grund für die Kündigung vorliegt. Der Gesellschaftsvertrag der Kiosk-GbR sieht eine Laufzeit von einem Jahr vor, so dass eine auf Zeit eingegangene Gesellschaft vorliegt. Weiterhin müsste ein wichtiger Grund gegeben sein. Ein solcher liegt nach § 723 Abs. 1 S. 3 Nr. 1 BGB unter anderem dann vor, wenn für einen Gesellschafter die Erfüllung einer ihm nach dem Gesellschaftsvertrag obliegenden wesentlichen Verpflichtung unmöglich wird. Nach dem Gesellschaftsvertrag hat sich C verpflichtet, das Kioskgebäude für die Dauer der Kiosk-GbR zur Verfügung zu stellen. Durch die Zerstörung des Kioskgebäudes ist ihm die Erfüllung unmöglich geworden. Zwar könnte das Kioskgebäude auch wieder errichtet werden. Allerdings ändert dies nichts an der Unmöglichkeit der Überlassung des Gebäudes innerhalb der vereinbarten Laufzeit der Kiosk-GbR, da allein die Errichtung des Gebäudes einen erheblichen Teil der einjährigen Laufzeit der Kiosk-GbR in Anspruch nehmen dürfte. Die Unmöglichkeit der Überlassung des Gebäudes innerhalb der vereinbarten Laufzeit der Kiosk-GbR wird auch nicht dadurch ausgeschlossen, dass möglicherweise ein anderer Standort für den Kiosk in Betracht kommt. Denn bei verständiger Auslegung des Gesellschaftsvertrags der Kiosk-GbR haben sich die Gesellschafter nicht auf die Errichtung eines Kiosks an einem geeigneten Ort, sondern auf die Nutzung des Kioskgebäudes des C geeinigt. Daher kann der Kiosk nach der Zerstörung des ursprünglich vorgesehenen Kioskgebäudes nicht an einem anderen Ort errichtet werden. Somit ist die dem C obliegende Pflicht zur Überlassung des Kiosk-Gebäudes unmöglich geworden. Ein wichtiger Grund zur Kündigung der Kiosk-GbR lag daher vor. Die Kündigung durch A war daher wirksam. Der Anspruch der Kiosk-GbR auf Zahlung der 30.000 EUR gegen A besteht daher nicht mehr. Die Kiosk-GbR kann daher von A keine Zahlung von 30.000 EUR aus dem Gesellschaftsvertrag verlangen.

301 Schließlich besteht bei der (Außen-)GbR die Möglichkeit von deren **Kündigung durch einen Pfändungspfandgläubiger** (§ 725 BGB). Dieser kann die (Außen-)GbR kündigen und dann auf den Abfindungsanspruch des jeweiligen Gesellschafters zugreifen, wenn er einen nicht lediglich vorläufig vollstreckbaren Titel gegen den Gesellschafter erwirkt und den Gesellschaftsanteil gepfändet hat. Hintergrund dieser Kündigungsmöglichkeit ist, dass der Gläubiger ansonsten keine Möglichkeit hat, den Wert des Gesellschaftsanteils zu realisieren, da er selbst nicht Gesellschafter werden kann.

Damit ergibt sich für die **Auflösungsgründe der (Außen-)GbR** folgendes Bild:

302

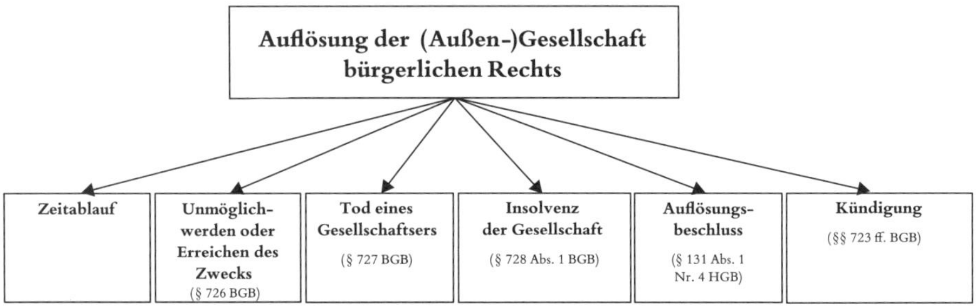


### 3. Das Auseinandersetzungsverfahren bis zur (Voll-)Beendigung der (Außen-)Gesellschaft bürgerlichen Rechts

303 Da mit der Auflösung der (Außen-)GbR nur die Änderung des Gesellschaftszwecks verbunden ist (→ Rn. 292), schließt sich der Auflösung das Auseinandersetzungsverfahren hat. In diesem wird die (Außen-)GbR abgewickelt, so dass sie anschließend vollbeendet werden kann (→ Rn. 304). Zur Abwicklung sind nach § 730 Abs. 2 S. 2 BGB alle Gesellschafter gemeinschaftlich berufen, da eine zuvor eingeräumte Geschäftsführungsbefugnis durch die Auflösung der (Außen-)GbR erlischt. Im Gegensatz zur Rechtslage bei der oHG (→ Rn. 400 f.) verzichten die §§ 705 ff. BGB auf die Bestellung gesonderter Liquidatoren, was im Wesentlichen auf die typischerweise geringere Komplexität der Auseinandersetzung der (Außen-)GbR zurückzuführen ist.

304 Dazu werden zunächst die von den Gesellschaftern der (Außen-)GbR überlassenen Gegenstände an diese zurückgegeben (§ 732 BGB), die Verbindlichkeiten der (Außen-)GbR gegenüber den Gläubigern beglichen (§ 733 Abs. 1 BGB) und die **Einlagen an die Gesellschafter** zurückgewährt (§ 733 Abs. 2 BGB). Soweit danach ein Überschuss vorhanden ist, wird dieser unter den Gesellschaftern im Verhältnis ihrer Gewinnbeteiligung verteilt. Reicht das Gesellschaftsvermögen hingegen nicht aus und verbleibt ein Fehlbetrag, trifft die Gesellschafter nach dem Verhältnis ihrer Verlustbeteiligung eine **Nachschusspflicht** (§ 735 BGB). Wenn dieser anteilige Fehlbetrag bei einem der Gesellschafter nicht realisiert werden kann, haben die übrigen Gesellschafter

den Ausfall nach gleichen Teilen zu tragen. Mit der Verteilung des Überschusses bzw. der Berichtigung des Fehlbetrages ist das Auseinandersetzungsverfahren abgeschlossen und die (Außen-)GbR wird (voll-)beendet. Damit stellt sich das Auseinandersetzungsverfahren der (Außen-)GbR folgendermaßen dar:

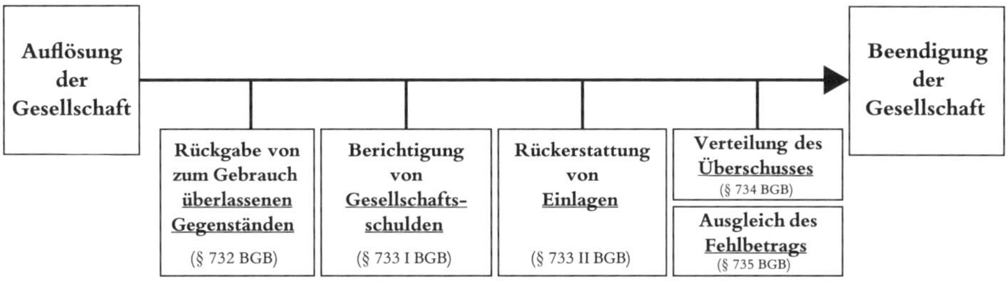

305

**Beispielsfall:** A, B, C und D betreiben gemeinsam einen Kiosk in der Rechtsform einer (Außen-)GbR. Dabei hat A den Betrag von 30.000 EUR, B das geeignete Mobiliar für den Kiosk und C das eigentliche Kioskgebäude beigesteuert. D soll den Kiosk allein als Verkäufer betreiben und für den Einkauf, die Buchführung und die steuerrechtlichen Fragen verantwortlich sein. Der Gesellschaftsvertrag sieht dabei vor, dass die Gesellschafter zu jeweils ¼ am Gewinn und Verlust beteiligt sind. Nach einigen Jahren beschließen die Gesellschafter, die Kiosk-GbR aufzulösen. 306

**Variante 1:** Bis zur Auflösung der Kiosk-GbR liefen deren Geschäfte gut, so dass diese neben einem Barbestand von 50.000 EUR noch über Ware im Wert von 30.000 EUR und über Verbindlichkeiten in Höhe von 10.000 EUR verfügt.

Im Rahmen der Auflösung der Kiosk-GbR ist zunächst B das Mobiliar und C das Kioskgebäude (nicht allerdings Ersatz für die Nutzung: § 733 Abs. 2 S. 3 BGB) zurück zu gewähren. Anschließend müssen die Verbindlichkeiten in Höhe von 10.000 EUR beglichen werden, wozu der Barbestand ausreicht. Zudem ist der restliche Warenbestand zu veräußern, wofür die Kiosk-GbR 30.000 EUR erhält. Zudem muss A seine Einlage in Höhe von 30.000 EUR zurückgewährt werden. Schwieriger ist die Einlagenrückgewähr gegenüber D. Der Gesellschaftsvertrag sieht zwar vor, dass D den Kiosk allein als Verkäufer betreiben und für den Einkauf, die Buchführung und die steuerrechtlichen Fragen verantwortlich sein soll. Allerdings können ihm diese bereits erbrachten Leistungen nicht zurückerstattet werden. Da D auch sonst keine Vergütung für diese Dienste erhalten hat, muss im Wege der ergänzenden Vertragsauslegung entgegen § 733 Abs. 2 S. 3 BGB ein Wert für die Dienste angesetzt werden, da D ansonsten als einziger Gesellschafter keine Einlagen zurückerhält, obwohl er in großem Umfang eine solche geleistet hat. Die Dienste des D sollen vorliegend mit 30.000 EUR angesetzt werden.

Damit verbleibt ein Überschuss von 10.000 EUR, der nun an die Gesellschafter zu jeweils ¼ verteilt wird, so dass jeder Gesellschafter 2.500 EUR erhält.

**Hinweis:** Die fehlende Regelung einer Vergütung für D im Gesellschaftsvertrag ist sehr unüblich. Typischerweise wird für einen solchen Fall eine ausdrückliche Regelung aufgenommen, um spätere Auseinandersetzungen zu verhindern.

**Variante 2:** Bis zur Auflösung der Kiosk-GbR liefen deren Geschäfte sehr schlecht, so dass diese neben einem Barbestand von 5.000 EUR noch über Ware im Wert von 30.000 EUR und über Verbindlichkeiten in Höhe von 50.000 EUR verfügt. Auch für den B hat sich die wirtschaftliche Situation stark verschlechtert, da er selbst kurz vor der Eröffnung des Insolvenzverfahrens steht.

Im Rahmen der Auflösung der Kiosk-GbR ist zunächst B das Mobiliar und C das Kioskgebäude (nicht allerdings Ersatz für die Nutzung: § 733 Abs. 2 S. 3 BGB) zurück zu gewähren. Dann sind nach einer Veräußerung der restlichen Ware die Verbindlichkeiten zu begleichen. Damit ergibt sich ein Fehlbetrag von 15.000 EUR. Hinzu kommt die noch nicht an A zurückgewährte Einlage von 30.000 EUR und die Vergütung für die von D geleisteten Dienste (30.000 EUR). Damit ergibt sich ein Gesamtfehlbetrag von 75.000 EUR. Da B wegen der drohenden Insolvenz selbst nicht leistungsfähig ist, muss der Fehlbetrag durch die übrigen Gesellschafter ausgeglichen werden (§ 735 S. 2 BGB). Damit entfällt auf die übrigen Gesellschafter ein Betrag von jeweils 25.000 EUR, der an die Kiosk-GbR zu leisten ist, um die Verbindlichkeiten und die Verpflichtung zur Einlagenrückgewähr zu erfüllen.

### 4. Die Insolvenz der (Außen-)Gesellschaft bürgerlichen Rechts

307 Auch über das Vermögen einer (Außen-)GbR kann das Insolvenzverfahren eröffnet werden (§ 11 Abs. 2 Nr. 1 InsO). Dies hat bei der (Außen-)GbR deren **Auflösung** zur Folge (§ 728 Abs. 1 S. 1 BGB). Die Eröffnung des Insolvenzverfahrens führt dann typischerweise dazu, dass der Insolvenzverwalter die Gesellschafter im Rahmen von deren persönlicher Haftung (→ Rn. 251 ff.) in Anspruch nimmt. Die Gläubiger können während des Insolvenzverfahrens ihre Forderungen gegen die Gesellschafter nicht durchsetzen, da § 93 InsO diese Aufgabe allein dem Insolvenzverwalter zuweist. Die **Geltendmachung dieser persönlichen Haftung der Gesellschafter** hat dabei meist – aber nicht zwingend – die Insolvenz der Gesellschafter zur Folge, da die Gesellschafter bei Vorliegen entsprechender Vermögenswerte ein Interesse an der Verhinderung der Eröffnung des Insolvenzverfahrens der (Außen-)GbR haben, da sie in dessen Rahmen vom Insolvenzverwalter in der Regel ohnehin in Anspruch genommen werden. Diese Insolvenzverfahren sind jedoch unabhängig vom Insolvenzverfahren über das Vermögen einer (Außen-)GbR.

## VI. Wiederholung

1. Zusammenfassung
   a) Die **Gründung** einer (Außen-)GbR erfordert
      – den Abschluss eines Gesellschaftsvertrags und
      – grundsätzlich keine Beachtung von Form- und Genehmigungsvorbehalten.
   b) Die **Grundsätze der fehlerhaften Gesellschaft** erfordern
      – die fehlerhafte Gründung der (Außen-)GbR,
      – deren Invollzugsetzung und

- kein Entgegenstehen höherrangiger Interessen der Allgemeinheit oder der Schutzbedürftigkeit bestimmter Personen

und führen zu einer
- wirksamen Gründung der (Außen-)GbR,
- einem Ausschluss aller Rechtsbehelfe, die einer wirksamen Gründung der (Außen-)GbR entgegenstehen (insbesondere Anfechtung nach §§ 119 ff. BGB) und
- einem (Sonder-)Kündigungsrecht für alle Gesellschafter bzw. für die Gesellschafter, die an der Gründung fehlerhaft mitgewirkt haben.

c) Der **Gesellschaftsvertrag** einer (Außen-)GbR
- wird nach den allgemeinen Grundsätzen der §§ 133, 157 BGB ausgelegt und
- unterliegt der Inhaltskontrolle nach §§ 138, 242 BGB nicht aber nach den §§ 305 ff. BGB.

d) Die **gesamthänderische Bindung** des Gesellschaftsvermögens führt zu einem Ausschluss
- der Verfügungsmöglichkeit für den Einzelnen hinsichtlich des Anteils am Gesamthandsvermögen,
- der Verfügungsmöglichkeit für den Einzelnen hinsichtlich des Anteils am jeweiligen Gegenstand des Gesamthandvermögens,
- des Anspruchs auf Teilung des Gesamthandsvermögens (§ 719 Abs. 1 BGB),
- der Aufrechnung mit Forderungen des Einzelgesellschafters (§ 719 Abs. 2 BGB) und
- der Vollstreckung in das Gesellschaftsvermögen wegen Ansprüchen gegen Gesellschafter (§§ 859, 736 ZPO).

e) Die **Gesellschafter** einer (Außen-)GbR
- haben die Pflicht zur Leistung der im Gesellschaftsvertrag vereinbarten Beiträge,
- unterliegen der Treuepflicht und dem Wettbewerbsverbot,
- haben einander nur für die eigentümliche Sorgfalt einzustehen (§ 709 BGB) und
- haben ein Einsichtsrecht nach § 716 BGB.

f) Die **Willensbildung** der (Außen-)GbR erfolgt durch einen Beschluss,
- der sich aus den einzelnen Stimmabgaben der Gesellschafter zusammensetzt,
- der grundsätzlich einstimmig zustande kommen muss,
- der bei lediglich formalen Fehlern zunächst wirksam und bei inhaltlichen Fehlern nichtig ist und
- der im Wege der Feststellungsklage überprüft werden kann.

g) Bei der **Geschäftsführung** muss zwischen
- der organschaftlichen und der vertraglichen Geschäftsführung und

- der Gesamt- und Einzelgeschäftsführungsbefugnis und Einzelgeschäftsführungsbefugnis bestimmter Gesellschafter mit einem Widerspruchsrecht

unterschieden werden.

h) Nach den Grundsätzen der ***actio pro socio*** kann auch ein von der Geschäftsführungsbefugnis ausgeschlossener Gesellschafter Sozialansprüche gegen andere Gesellschafter für die (Außen-)GbR im eigenen Namen geltend machen, soweit dem nicht die Treuepflicht entgegensteht.

i) Die (Außen-)GbR ist **rechtsfähig** und kann im Rahmen einer organschaftlichen oder rechtsgeschäftlichen Vertretungsmacht vertreten werden.

j) Für die **Verbindlichkeiten** der (Außen-)GbR haften
- das Gesellschaftsvermögen und
- die Gesellschafter im Rahmen der Akzessorietätstheorie nach §§ 128 f. HGB analog, soweit diese ihre Haftung nicht durch eine Individualabrede mit den Gläubigern beschränkt wurde.

k) Die Gesellschafter einer (Außen-)GbR können durch eine Änderung des Gesellschaftsvertrags oder durch Beschluss der übrigen Gesellschafter bei Vorliegen eines wichtigen Grundes **ausscheiden**.

l) Die Kündigung, der Tod oder die Insolvenz der (Außen-)GbR oder eines Gesellschafters führen zur Auflösung der (Außen-)GbR. Darüber hinaus wird die (Außen-)GbR durch Zeitablauf, das Unmöglichwerden oder Erreichen des Zwecks der Gesellschaft oder durch Beschlussfassung der Gesellschafter aufgelöst. Mit der **Auflösung** der (Außen-)GbR tritt diese in die Abwicklung ein, mit deren Abschluss die (Außen-)GbR vollbeendet ist.

2. Kontrollfragen

a) Welche Vor- und Nachteile birgt die (Außen-)GbR als Beteiligungsform für das Projekt von A und B (→ Rn. 98) für die Gewinnung externer Investoren?

b) Unter welchen Voraussetzungen kann eine fehlerhaft gegründete (Außen-)GbR als wirksam gegründet betrachtet werden?

c) Wer ist in einer (Außen-)GbR zur Geschäftsführung befugt, welche Anforderungen werden an diese gestellt und welche Folgen hat die Verletzung dieser Anforderungen?

d) Welche Bedeutung hat die *actio pro socio* und was sind ihre Voraussetzungen?

e) Wer vertritt die (Außen-)GbR im Rechtsverkehr?

f) Wer haftet für die Verbindlichkeiten der (Außen-)GbR?

g) Welche Ansprüche und gegen wen hat ein Gesellschafter einer (Außen-)GbR, wenn er eine Verbindlichkeit der (Außen-)GbR gegenüber einem Gläubiger erfüllt?

h) Welche Rechtsfolgen hat die Übertragung einer Gesellschafterstellung im Wege der Abtretung?
i) Welcher Unterschied besteht bei der Auflösung bzw. Abwicklung der (Außen-)GbR gegenüber der (Innen-)GbR?

# § 7. Die offene Handelsgesellschaft

## A. Grundlagen

### I. Begriff und Konzeption

Die offene Handelsgesellschaft **(oHG)** ist nach § 105 Abs. 1 HGB eine Gesellschaft, deren Zweck auf den Betrieb eines Handelsgewerbes unter gemeinschaftlicher Firma gerichtet ist, wenn bei keinem der Gesellschafter die Haftung gegenüber den Gesellschaftsgläubigern beschränkt ist. Damit zeichnet sich die oHG im Wesentlichen durch **vier Merkmale** aus, die teilweise sogleich die Frage der Abgrenzung zu anderen Gesellschaftsformen aufwerfen. **308**

Bei der oHG muss es sich zunächst um eine Gesellschaft also den **Zusammenschluss von mehreren Personen** handeln. Dafür sind schon zwei Personen ausreichend, aber auch mindestens erforderlich. Eine Ein-Personen-oHG ist nicht denkbar. **309**

Die oHG kann muss den **Betrieb eines Handelsgewerbes** (dazu *Jung* § 5 Rn. 13 ff.) zum Gegenstand haben (§ 105 Abs. 1 HGB). Fehlt es an dieser Voraussetzung liegt regelmäßig eine (Außen-)GbR vor (→ Rn. 104). Von diesem Grundsatz kennen die §§ 105 ff. HGB allerdings zwei Ausnahmen. Zunächst kann eine oHG auch für den Fall des § 1 Abs. 2 HGB betrieben werden, wenn deren Unternehmen also einen in kaufmännische Weise eingerichteten Gewerbebetrieb nicht erfordert. Voraussetzung ist dann allerdings, dass die Firma im Handelsregister eingetragen ist (§ 105 Abs. 2 S. 1 Alt. 1 HGB). Damit steht einer Kleingewerbe-Gesellschaft somit die gleichen Möglichkeit wie einem Kleingewerbetreibenden als Einzelperson offen. Beide können durch eine Eintragung im Handelsregister das Handelsrecht (in Form des *Handelsgesellschaftsrechts* für die Kleingewerbe-Gesellschaft und in Form des Rechts der *Kaufleute* für den Kleingewerbetreibenden) für sich zur Anwendung bringen (dazu *Jung* § 5 Rn. 18 ff.). Darüber hinaus kann eine oHG auch statt auf den Betrieb eines Handelsgewerbes auf die Verwaltung eigenen Vermögens angelegt sein, wofür ebenfalls eine Eintragung im Handelsregister zwingend notwendig ist (§ 105 Abs. 2 S. 1 alt. 2 HGB). **310**

Das in § 105 Abs. 1 HGB vorgesehene Auftreten der offenen Gesellschaft unter einer **gemeinschaftlichen Firma** hat als Tatbestandsmerkmal keine eigenständige Bedeutung. Denn soweit die Gesellschafter einer oHG nicht **311** unter einer gemeinschaftlichen Firma auftreten, kann die oHG – soweit sie denn unabhängig davon auch gegründet wurde – selbst nicht verpflichtet werden. Das Erfordernis einer gemeinschaftlichen Firma setzt daher lediglich voraus, dass die oHG auch als solche nach außen in Erscheinung tritt und am Rechtsverkehr teilnimmt. Fehlt es an einem solchen Auftreten unter einer gemeinschaftlichen Firma, liegt somit entweder schon keine oHG vor und es handelt sich dann um eine (Innen-)GbR (→ Rn. 113 ff.). Bei der Bildung der Firma einer oHG ist zudem § 19 Abs. 1 Nr. 2 HGB zu beachten, so dass diese stets des Zusatz „offene Handelsgesellschaft" oder die gebräuchliche Abkürzung „oHG" enthalten muss.

Die Sanktionen der **fehlenden Verwendung dieses Rechtsformzusatzes** sind allerdings sehr beschränkt, da sich die oHG mit ihrer unbeschränkten Haftung der Gesellschafter für ihre Verbindlichkeiten sozusagen ohnehin als „schlechteste" Variante für die Gesellschafter hinsichtlich einer Haftung auszeichnet. Insofern kann die Rechtsscheinhaftung bei der fehlenden Verwendung eines Rechtsformzusatzes in diesem Zusammenhang keine wirklich verschärfende Sanktion begründen. Davon unberührt bleibt allerdings die Sanktionsgewalt des Registergerichts (§ 37 HGB).

312 Zentrales Charakteristikum der oHG ist ferner, dass bei keinem der Gesellschafter die Haftung gegenüber den Gesellschaftsgläubigern beschränkt ist (§ 105 Abs. 1 HGB). Soweit diese **unbeschränkte Haftung** bei wenigstens einem der Gesellschafter auf einen bestimmte Vermögenseinlage beschränkt ist, handelt es sich um eine KG (→ Rn. 404 ff.). Dabei ist es für das Vorliegen einer oHG oder einer KG unbeachtlich, ob insbesondere letztere im Handelsregister eingetragen wurde. Dieser Aspekt spielt aufgrund von § 176 HGB nur für die bei einer fehlenden Eintragung im Handelsregister nicht bestehende Beschränkung der Haftung des Kommanditisten auf die Hafteinlage eine Rolle (→ Rn. 442 ff.).

**Merksatz:** Die oHG ist nach § 105 Abs. 1 HGB eine Gesellschaft, deren Zweck auf den Betrieb eines Handelsgewerbes unter gemeinschaftlicher Firma gerichtet ist, wenn bei keinem der Gesellschafter die Haftung gegenüber den Gesellschaftsgläubigern beschränkt ist.

## II. Erscheinungsformen

313 Die oHG hat in der gesellschaftsrechtlichen Praxis eine **stark rückläufige Bedeutung**, was einerseits vor allem auf das Erfordernis einer unbeschränkten Haftung der Gesellschafter und andererseits auf die inzwischen sehr geringen Kosten für die Gründung einer (Kapital-)Gesellschaft mit beschränkter Haftung (→ Rn. 526 ff.) zurückzuführen ist. So betrug die Anzahl von offenen Handelsgesellschaften in Deutschland im Jahr 2013 knapp 25.500, womit diese lediglich einen Anteil von 1,8 % aller Handelsgesellschaften ausmachte (*Kornblum* GmbHR 2013, 693 (699)).

Historisch betrachtet hatte die oHG allerdings eine deutlich größere Bedeutung, da die Gründung von Kapitalgesellschaften Ende des 19. und zu Beginn des 20. Jahrhunderts mit sehr hohen Kosten verbunden war. Der Betrieb eines Handelsgewerbes unter gemeinschaftlicher Firma für mehrere Personen war daher meist nur in Form der oHG möglich, sofern die Gesellschafter nicht eine KG gründen wollten, was aber auch nur mindestens einen von ihnen von einer unbeschränkten Haftung gegenüber den Gesellschaftsgläubigern (→ Rn. 405) befreien konnte.

Die geringe Zahl der noch existierenden offenen Handelsgesellschaften bzw. die stetige Abnahme von deren Anzahl wird der Bedeutung der §§ 105 ff. HGB allerdings nicht gerecht. Denn die §§ 105 ff. HGB spielen auch außerhalb des Rechts der oHG eine zentrale Rolle, da sie einerseits aufgrund von § 161 Abs. 2 HGB weitgehend die **Grundlage für die KG** bilden (→ Rn. 404 ff.) und andererseits für die (Außen-)GbR jedenfalls hinsichtlich der Haftungsverfassung (→ Rn. 251 ff.) eine zentrale Rolle spielen. **314**

Eine Sonderform der oHG stellt die sog. **kapitalistische offene Handelsgesellschaft** dar. Dabei handelt es sich um eine oHG, bei der alle Gesellschafter keine natürlichen Personen, sondern vielmehr Kapitalgesellschaften sind. Diese – vom Gesetzgeber sprachlich als solche allerdings nicht bezeichnete – kapitalistische oHG unterliegt teilweise eigenständigen Regelungen (§ 130a HGB), da das Grundkonzept der unbeschränkten persönlichen Haftung der Gesellschafter durch deren als Kapitalgesellschaft beschränkten Haftung relativiert wird. Der Hauptanwendungsfall der kapitalistischen Personengesellschaft ist allerdings die Kapitalgesellschaft & Co. KG, die wiederrum meist in Form der GmbH & Co. KG (→ Rn. 408) auftritt. **315**

### III. Die offene Handelsgesellschaft als Rechtssubjekt

Die oHG kann nach § 124 Abs. 1 HGB unter ihrer Firma Recht erwerben und Verbindlichkeiten eingehen, sowie Eigentum und andere dingliche Rechte an Grundstücken erwerben und schließlich vor Gericht klagen und verklagt werden. Damit ist die oHG lediglich **teilrechtsfähig** und keine juristische Person (zur Abgrenzung → Rn. 87). **316**

## B. Gründung der offenen Handelsgesellschaft

Die Gründung der oHG erfolgt durch den **Abschluss des Gesellschaftsvertrages** durch die Gesellschafter. Kommt es dabei zu einem fehlerhaften Abschluss des Gesellschaftsvertrages gelten auch bei der oHG die **Grundsätze der fehlerhaften Gesellschaft** (dazu ausführlich → Rn. 33 ff.). **317**

Bei Abschluss des Gesellschaftsvertrages können zudem die **allgemeinen Formerfordernisse** zu beachten sein, wenn sich einer der Gesellschafter etwa zur Einbringung eines Grundstücks (§ 311b Abs. 1 BGB) oder eines GmbH- **318**

Anteils (§ 15 Abs. 3 GmbHG) verpflichtet. Im Übrigen bedarf der Gesellschaftsvertrag keiner besonderen Form. Allerdings wird er aufgrund seiner Tragweite und Bedeutung typischerweise schriftlich abgeschlossen, wozu aber keine gesetzliche Verpflichtung besteht. Kein Formerfordernis kann sich schließlich aus § 518 Abs. 1 BGB ergeben, da eine Zuwendung einer Gesellschafterstellung in einer oHG aufgrund der Haftung der Gesellschafter schon nicht unentgeltlich erfolgen kann (BGHZ 112, 40 (44 ff.); BGH WM 1977, 864; NJW 1981, 1956 (1957); Baumbach/Hopt/*Roth* § 105 Rn. 56; aA aber etwa Röhricht/Graf von Westphalen/Haas/*Haas* § 105 Rn. 24; Staub/*Schäfer* § 105 Rn. 175). Da der Abschluss des Gesellschaftsvertrages an einer oHG stets einen Vertrag zur Eingehung eines Erwerbsgeschäfts darstellt, ist schließlich bei nicht voll geschäftsfähigen Gesellschaftern die Genehmigung des Familiengerichts erforderlich (§§ 1643, 1822 Nr. 3, 1908i BGB).

**319** Die oHG muss im Handelsregister eingetragen werden (§ 106 HGB). Dabei sind die Gesellschafter mit ihren persönlichen Daten anzumelden (§ 106 Abs. 2 Nr. 1 HGB). Die Eintragung im Handelsregister hat allerdings auch bei der oHG nur **deklaratorische Bedeutung**, so dass auch die oHG schon mit Abschluss des Gesellschaftsvertrages entsteht. Etwas anderes gilt nur für die Fälle, dass die oHG ein Kleingewerbe iSv § 1 Abs. 2 HGB betreibt (§ 105 Abs. 2 S. 1 Alt. 1 HGB) ist oder nur eigenes Vermögen verwalten soll (§ 105 Abs. 2 S. 1 Alt. 2 HGB); zu beiden Fällen → Rn. 310).

**Merksatz:** Die oHG wird durch Abschluss des Gesellschaftsvertrags gegründet, ohne dass dieser grundsätzlich besonderen Formanforderungen oder Genehmigungsvorbehalten unterliegt. Die notwendige Eintragung ins Handelsregister hat nur deklaratorische Wirkung.

## C. Beziehungen der Gesellschafter untereinander (Innenverhältnis)

### I. Der Gesellschaftsvertrag

**320** Der Gesellschaftsvertrag ist bei der oHG – wie § 109 HGB noch einmal ausdrücklich klarstellt – das Herzstück der Rechtsbeziehungen der Gesellschafter untereinander und unterliegt dabei der **Gestaltungsfreiheit**. Dies wird durch § 109 Hs. 2 HGB auch noch einmal ausdrücklich unterstrichen, da die §§ 109 bis 122 HGB danach nur dann Anwendung finden, wenn der Gesellschaftsvertrag keine abweichende Regelung enthält. Aus der durch § 109 HGB zum Ausdruck gebrachten generellen Disponibilität kann allerdings in einem Umkehrschluss abgeleitet werden, dass die übrigen Regelungen der §§ 105 ff. HGB zur oHG zwingend sind. Dies wird – vor allem bei den §§ 123 ff. HGB für das Verhältnis der Gesellschafter zu Dritten – aber teilweise angeordnet (zB § 130 Abs. 2 HGB), ergibt sich aber auch aus dem Normzusammenhang (→ Rn. 355). Die Gestaltungsfreiheit wird aber auch bei der oHG schließlich durch die **allgemeinen zivilrechtlichen Instrumente der Inhaltskontrolle** eingeschränkt (dazu die Ausführungen zur (Außen-)GbR → Rn. 260 ff.).

Für die **notwendigen Bestandteile des Gesellschaftsvertrages** einer **321** oHG gelten die für die (Außen-)GbR dargestellten Grundsätze (→ Rn. 175 ff.), so dass – neben der nach § 105 Abs. 1 HGB zusätzlich erforderlichen gemeinschaftlichen Firma (→ Rn. 311) – auch die von den Gesellschaftern zu leistenden Beiträge im Gesellschaftsvertrag festgelegt werden müssen (zur Einlageverpflichtung → Rn. 334 ff.). Auch hinsichtlich der **Auslegung** kann auf die für die (Außen-)GbR geltenden Grundsätze verwiesen werden (→ Rn. 182 f.).

**Merksatz:** Die Auslegung des Gesellschaftsvertrages der oHG richtet sich nach §§ 133, 157 BGB.

## II. Das Gesellschaftsvermögen

Die oHG ist nach § 124 Abs. 1 HGB selbst teilrechtsfähig und kann daher **322** auch ein Gesellschaftsvermögen bilden, das sich als **Gesamthandsvermögen** darstellt (dazu ausführlich bei der (Außen-)GbR → Rn. 190 ff.).

## III. Die Rechte und Pflichten der Gesellschafter

### 1. Kontroll- und Informationsrechte der Gesellschafter

Aufgrund der jedenfalls bei der gesetzestypischen oHG vorgesehenen un- **323** mittelbaren Beteiligung der Gesellschafter an der Geschäftsführung und der Vertretung der oHG, besteht insofern **kein Bedarf für bestimmte Kontrollrechte** der einzelnen Gesellschafter, da diese jederzeit vollständigen Einblick in die Angelegenheiten der oHG nehmen können. Dies ändert sich allerdings dann, wenn einzelne Gesellschafter insbesondere von der Geschäftsführung ausgeschlossen sind. Aus diesem Grund sieht § 118 HGB das Recht für jeden Gesellschafter vor, sich von den Angelegenheiten der oHG persönlich zu unterrichten, die Handelsbücher und die Papiere der oHG einzusehen und sich aus ihnen eine Bilanz und einen Jahresabschluss anzufertigen. Darüber hinaus kommt jedem Gesellschafter aber auch ein Auskunftsrecht zu, soweit er ein berechtigtes Interesse an einer Informationserteilung hat, was aber nur dann anzunehmen sein wird, wenn dem Informationsbedürfnis nicht auch auf andere Weise Rechnung getragen werden kann (BGH WM 1983, 910 (911)). Eine besondere Form des Kontrollrechts stellt schließlich die ***actio pro socio*** dar (dazu die ausführlich bei der (Außen-)GbR → Rn. 229 ff.).

## 2. Vermögensrechte der Gesellschafter

### *a) Die Beteiligung an Gewinn und Verlust*

324 Die Vermögensrechte der Gesellschafter einer oHG haben in den §§ 120 ff. HGB – im Gegensatz zur (Außen-)GbR (→ Rn. 200 f.) – eine konkrete Ausformung erfahren. Dabei muss zwischen der **Verteilung von Gewinn und Verlust** (→ Rn. 326 f.), deren **Verbuchung** (→ Rn. 328 f.) und dem **Entnahmerecht** (→ Rn. 330 f.) unterschieden werden. Dabei gilt – ebenso wie etwa bei der KG (→ Rn. 422 ff.) – auch für diesen Bereich der Grundsatz der Vertragsautonomie, so dass die Gesellschafter im Gesellschaftsvertrag von den §§ 120 ff. HGB abweichende Regelungen vereinbaren können, wovon in der Praxis auch häufig Gebrauch gemacht wird.

Dies ist darauf zurückzuführen, dass §§ 120 ff. HGB in ihrer Struktur darauf angelegt sind, den Gesellschaftern fortlaufend einen gegebenenfalls entstehenden Gewinn auszuzahlen. Damit fließt bei der oHG aber fortlaufend Kapital ab, das diese möglicherweise für **neue Investitionen** oder die allgemeine Geschäftstätigkeit benötigt. Zwar bleibt es den Gesellschaftern unbenommen, auf die Geltendmachung dieser Ansprüche zu verzichten und das Kapital in der oHG zu belassen. Allerdings kann sich die Einstellung der einzelnen Gesellschafter über mehrere Jahre ändern, so dass zur Absicherung im Gesellschaftsvertrag eine entsprechende Regelung aufgenommen werden sollte.

325 Durch § 120 Abs. 1 HGB wird zunächst angeordnet, dass für die Berechnung des Gewinns und des Verlusts bzw. des jeweiligen Anteils eines Gesellschafters die **Bilanz iSv § 242 HGB** maßgeblich ist. Dies ist nicht selbstverständlich, da die Begriffe Gewinn und Verlust nicht in der gesamten Rechtsordnung einheitlich verwendet werden und deutlich unterschiedliche Bedeutung haben können.

326 Für die **Verteilung des Gewinns und des Verlusts zwischen den Gesellschaftern** gilt nach § 121 Abs. 1 HGB, dass jeder Gesellschafter einen Anteil von 4 % seines Kapitalanteils erhält. Reicht der Gewinn hierzu nicht aus, erhält jeder Gesellschafter den entsprechend geringeren Betrag. Verbleibt hingegen nach Berücksichtigung der 4 % noch ein Restbetrag, ist dieser unter den Gesellschaftern nach Köpfen zu verteilen (§ 121 Abs. 3 HGB). Letzteres gilt ebenso für die Verteilung des Verlusts (§ 121 Abs. 3 HGB). Die Kopfregel des § 121 Abs. 3 HGB geht von einer Gleichberechtigung der Gesellschafter aus, was jedenfalls hinsichtlich der unbeschränkten Haftung ohne weiteres einleuchtet. Berücksichtigt man allerdings, dass möglicherweise einzelne Gesellschafter eine höhere Einlage geleistet oder sich jedenfalls zu deren Leistung verpflichtet haben, stößt die Kopfregel des § 121 Abs. 3 HGB schnell an ihre Grenzen und wird daher im Gesellschaftsvertrag zugunsten einer an dem Umfang der Einlage orientierten Verteilungsschlüssel ersetzt. Diese Grundsätze der Gewinn- und Verlustverteilung sollen an folgendem Beispiel veranschaulicht werden:

**Beispielsfall:** Die X-oHG wurde im Jahr 2012 gegründet. An dieser sind A mit einer Einlage von 200 EUR und B und C mit einer Einlage von jeweils 100 EUR beteiligt. Während A und B ihre Einlagen vollständig geleistet haben, hat C bisher nur den Betrag von 50 EUR geleistet. Der Gesellschaftsvertrag sieht keinerlei Regelung zur Gewinn- und Verlustverteilung vor. 327

**Variante 1:** Im Jahr 2013 weist die Bilanz der X-oHG einen Gewinn von 100 EUR aus.

Nach § 121 Abs. 1 HGB entfällt auf jeden Gesellschafter ein Betrag von 4% seines Kapitalanteils, so dass A 8 EUR und B 4 EUR erhalten. C erhält aufgrund der unvollständigen Einlageleistung nur 2 EUR (4% von 50 EUR), da sich der Kapitalanteil zunächst an der erbrachten Einlage orientiert. Damit verbleibt von dem Gewinn von ursprünglich 100 EUR ein Restbetrag von 86 EUR, der nun nach § 121 Abs. 3 HGB nach Köpfen zu verteilen ist, so dass auf jeden Gesellschafter 28,67 EUR entfallen. Bei C ist dabei unbeachtlich, dass die Einlage noch nicht vollständig geleistet wurde, da es in diesem Zusammenhang allein auf die Anzahl der Gesellschafter ankommt. Somit verteilt sich der Gewinn von 100 EUR folgendermaßen:

A = 8 EUR + 28,67 EUR = 36,67 EUR
B = 4 EUR + 28,67 EUR = 32,67 EUR
C = 2 EUR + 28,67 EUR = 30,67 EUR

**Variante 2:** Im Jahr 2013 weist die Bilanz der X-oHG einen Verlust von 150 EUR aus.

Nach § 121 Abs. 3 HGB muss der Verlust nach Köpfen verteilt werden. Somit entfallen auf A, B und C jeweils 50 EUR. Bei C ist dabei unbeachtlich, dass die Einlage noch nicht vollständig geleistet wurde, da es in diesem Zusammenhang allein auf die Anzahl der Gesellschafter ankommt.

Diese ermittelte Gewinn- und Verlustverteilung zwischen den Gesellschaf- 328
tern bedarf dann einer bilanziellen Verbuchung. Dabei gilt für die oHG der Grundsatz, dass ein Gewinn dem **Kapitalanteil des Gesellschafters** zu- und ein Verlust entsprechend abzuschreiben ist (§ 120 Abs. 2 HGB). Weist daher die Gesellschaft daher über mehrere Jahre einen Gewinn aus, kann dies zu signifikanten Erhöhungen des Kapitalanteils der Gesellschafter und damit des im Rahmen der Verzinsung mit 4% sich ergebenden absoluten Betrags bei § 121 Abs. 1 HGB führen. Damit erlangt die Kopfregel des § 121 Abs. 3 HGB – sofern von dieser im Gesellschaftsvertrag nicht abgewichen wurden – große Bedeutung, da damit langfristig eine Verschiebung der Gewinn- oder Verlustbeteiligung zwischen den Gesellschaftern verbunden ist. In Fortführung des in → Rn. 327 gebildeten Beispiels ergibt sich folgendes Bild:

329 **Fortsetzung Variante 1:** Im Jahr 2013 weist die Bilanz der X-oHG einen Gewinn von 100 EUR aus, von dem auf A 36,67 EUR, auf B 32,67 EUR und auf C 30,67 EUR entfallen, was sich aus der Verzinsung des Kapitalanteils mit 4 % (§ 121 Abs. 1 HGB) und der Verteilung nach Köpfen (§ 121 Abs. 3 HGB) ergibt (→ Rn. 327).

Dieser auf die einzelnen Gesellschafter verteilte Gewinn wird nun bei allen dem jeweiligen Kapitalanteil zugeschrieben (§ 120 Abs. 2 HGB). Daher erhöht sich der Kapitalanteil von A auf 236,67 EUR, der von B auf 132,67 EUR und der von C auf 80,67 EUR.

Unterstellt man nun, dass die X-oHG in den folgenden Jahren immer weitere Gewinn erwirtschaftet, würde sich der Unterschied zwischen den Kapitalkonten zwischen den einzelnen Gesellschaftern immer weiter marginalisierten, was auf die Kopf-Verteilungsregel des § 121 Abs. 3 HGB zurückzuführen ist, von der aus diesem Grund im Gesellschaftsvertrag auch typischerweise abgewichen wird.

**Fortsetzung Variante 2:** Im Jahr 2013 weist die Bilanz der X-oHG einen Verlust von 150 EUR aus, von dem auf A, B und C aufgrund der Kopfregel des § 121 Abs. 3 HGB jeweils 50 EUR entfallen.

Dieser auf die einzelnen Gesellschafter verteilte Verlust wird nun bei allen vom jeweiligen Kapitalanteil abgeschrieben (§ 120 Abs. 2 HGB). Daher vermindert sich der Kapitalanteil von A auf 150,00 EUR, der von B auf 50,00 EUR und der von C auf 0 EUR.

Unterstellt man nun, dass die X-oHG in den folgenden Jahren immer weitere Verluste erwirtschaftet, würde mittel- bis langfristig allein der Kapitalanteil von A einen positiven Betrag ausweisen, so dass er der Einzige wäre, der von der Verzinsung mit 4 % (§ 121 Abs. 1 HGB) profitieren würde. Dieser Effekt würde aber durch die fortlaufende Reduzierung seines Kapitalanteils durch die unterstellten Verluste immer kleiner werden.

330 Die auf die einzelnen Gesellschafter entfallenen Gewinne und Verluste und deren Verbuchung sind schließlich vom sog. **Entnahmerecht** der Gesellschafter zu unterscheiden. Denn insbesondere durch die Verbuchung der Gewinne hat der Gesellschafter noch nicht automatisch einen Anspruch auf Auszahlung gegenüber der oHG. Ein solches Entnahmerecht steht dem Gesellschafter aber zunächst in Höhe von 4 % bezogen auf den für das letzte Geschäftsjahr festgestellten Kapitalanteil zu (§ 122 Abs. 1 HGB). Darüber hinaus kann er aber auch seinen darüber hinausgehenden Gewinnanteil entnehmen, sofern dies nicht zum offenbaren Schaden der Gesellschaft gereicht (§ 122 Abs. 1 Hs. 2 HGB). Möchte der Gesellschafter schließlich darüber hinaus Entnahmen tätigen, was nur durch Reduzierung seines Kapitalanteils möglich ist, bedarf er dazu der Einwilligung der anderen Gesellschafter. In Fortführung des in → Rn. 327 gebildeten Beispiels ergibt sich folgendes Bild:

**Fortsetzung Variante 1:** Im Jahr 2013 weist die Bilanz der X-oHG einen Gewinn von 100 EUR aus, von dem auf A 36,67 EUR, auf B 32,67 EUR und auf C 30,67 EUR entfallen (→ Rn. 327). Damit betragen die Kapitalanteile nunmehr für A 236,67 EUR, für B 132,67 EUR und für C 80,67 EUR (→ Rn. 329). 331

A kann im Folgejahr nach § 122 Abs. 1 HGB den Betrag von 36,67 EUR entnehmen, soweit dies nicht zum Schaden der X-oHG gereicht. B kann seinen Gewinnanteil von 32,67 EUR entnehmen, soweit auch dies nicht zum Schaden der X-oHG gereicht. Auch C kann seinen Gewinnanteil von 30,67 EUR entnehmen, da sein Kapitalanteil dadurch nicht unter den auf die bedungene Einlage geleisteten Betrag von 50 EUR herabgemindert wird. Der Umstand, dass er seine Einlage bisher nicht vollständig erbracht hat, steht dem nicht entgegen.

**Fortsetzung Variante 2:** Im Jahr 2013 weist die Bilanz der X-oHG einen Verlust von 150 EUR aus, von dem auf A, B und C jeweils 50 EUR entfallen. Damit betragen die Kapitalanteile nunmehr für A 150,00 EUR, für B 50,00 EUR und für C 0 EUR. Im Folgejahr sind nach § 122 Abs. 1 HGB A und B trotz des Verlusts berechtigt, den Betrag von 6 EUR bzw. 2 EUR zu entnehmen, da dies 4 % ihrer im letzten Jahr festgestellten Kapitalanteils entspricht. C kann hingegen keine Verzinsung entnehmen, da sein Kapitalanteil einen Betrag von 0 EUR ausweist. Aufgrund des fehlenden Gewinns im Vorjahr ist eine darüber hinausgehende Entnahme nur bei Verminderung des Kapitalanteils mit Zustimmung aller Gesellschafter möglich (§ 122 Abs. 2 HGB).

**Merksatz:** Hinsichtlich der Vermögensrechte der Gesellschafter einer oHG muss zwischen der Verteilung von Gewinn und Verlust, deren Verbuchung und dem Entnahmerecht unterschieden werden.

*b) Der Anspruch auf Aufwendungsersatz*

Neben seiner Beteiligung am Gewinn und Verlust der oHG hat jeder Gesellschafter auch einen Anspruch auf Ersatz der Aufwendungen, die er in Angelegenheiten der oHG tätigt (§ 110 HGB). Dieser Ersatzanspruch beschränkt sich aber nur auf die Aufwendungen, die der Gesellschafter **außerhalb seiner Beitragspflicht** (→ Rn. 334 ff.) erbringt und die er für erforderlich halten durfte. Der wohl wichtigste Anwendungsfall dieses Aufwendungsersatzanspruchs ist der Rückgriff des Gesellschafters nachdem er gegenüber einem Gesellschaftsgläubiger auf die Verbindlichkeit der oHG geleistet hat (→ Rn. 364). Darüber hinaus kann der Gesellschafter von der oHG aber auch **Ersatz für Verluste** verlangen, die er im Rahmen seiner Geschäftsführung erlitten hat. Dieser Anspruch wird allerdings in der Regel durch den Gesellschaftsvertrag konkretisiert. Bei dem Ersatzanspruch des § 110 HGB ist schließlich zu beachten, dass es sich dabei um einen (einfachen) Aufwendungsersatzanspruch handelt, der – ebenso wie die allgemeinen zivilrechtlichen Ersatzansprüche – kein Verschulden voraussetzt. Allerdings kann eine Geschäftsführungsmaßnahme pflichtwidrig sein und damit einen Schadenersatzanspruch des Gesellschafters gegenüber der oHG begründen, bei dem dann der Aufwendungsersatzanspruch des Gesellschafters aus § 110 HGB als Schadensposition Berücksichtigung finden kann. 332

333 **Beispielsfall:** A, B und C sind Gesellschafter der L-oHG, die eine Kfz-Werkstatt betreibt. Bei der Reparatur eines Fahrzeuges unterläuft A aufgrund einer massiven Unachtsamkeit ein gravierender Fehler bei der Montage eines Reifens am Fahrzeug der X. Kurz nachdem X ihr Fahrzeug bei der Werkstatt abgeholt hat, bleibt das Fahrzeug aufgrund des Montagefehlers liegen. Da X, die zu einem wichtigen Termin muss, eine gute Kundin der L-oHG ist, der Schaden kurzfristig nicht repariert werden kann und kein anderes Ersatzfahrzeug verfügbar ist, überlässt A der X sein Privatfahrzeug für zwei Tage, was einem Nutzungswert von 500 EUR entspricht. Als A von der L-oHG Zahlung der 500 EUR verlangt, verweisen B und C ihn darauf, dass der L-oHG durch die fehlerhafte Montage ein Schaden von 500 EUR entstanden ist, da dieser Betrag notwendig war, um die fehlerhafte Montage durch A zu beheben. Kann A von der L-oHG Zahlung von 500 EUR verlangen?

A könnte gegen die L-oHG einen Anspruch auf Zahlung von 500 EUR aus § 110 HGB haben. Die L-oHG wurde wirksam durch A, B und C gegründet. Weiterhin müsste A nach § 110 HGB erforderliche Aufwendungen getätigt oder aber durch seine Geschäftsführung oder aus Gefahren, die mit ihr untrennbar verbunden sind, Verluste erlitten haben. Unter Aufwendungen werden im Rahmen von § 110 HGB – ebenso wie bei § 670 BGB – freiwillige Vermögensopfer verstanden. Durch die Überlassung seines Privatfahrzeuges an X hat A solche Aufwendungen getätigt. Diesen waren auch erforderlich, da die Reparatur des Fahrzeuges des X innerhalb der vereinbarten Zeit nicht ordnungsgemäß bewerkstelligt werden konnte und durch die Überlassung des Privatfahrzeuges von A an X ein weiterer Schaden von der L-oHG abgewendet wurde. Damit liegen die Voraussetzungen von § 110 HGB vor. In diesem Zusammenhang unbeachtlich ist der Umstand, dass A die fehlerhafte Reparatur des Fahrzeuges von X und damit die Notwendigkeit der Überlassung seines Privatfahrzeuges an X selbst verschuldet hat, da § der Aufwendungsersatzanspruch des § 110 HGB verschuldensunabhängig ist. A hat daher einen Anspruch gegen die L-oHG auf Zahlung von 500 EUR aus § 110 HGB.

**Klausurhinweis:** Grundsätzlich könnte in diesem Zusammenhang noch eine Aufrechnung der L-oHG gegen A wegen des Ersatzanspruchs geprüft werden, für die aber eine Aufrechnungserklärung notwendig wäre. Das gleiche gilt für ein mögliches Zurückbehaltungsrecht nach § 273 BGB, für das es aber an der Konnexität der beiden Ansprüche fehlt.

### 3. Pflichten der Gesellschafter

#### *a) Leistung der Einlage*

334 Eine zentrale Pflicht der Gesellschafter ist die **Leistung der im Gesellschaftsvertrag vereinbarten Einlage**, so dass auch bei der oHG – ebenso wie bei der (Außen-)GbR (→ Rn. 304) – keine Nachschusspflicht besteht, sofern eine solche nicht vereinbart wurde (§ 105 Abs. 3 HGB, § 707 BGB). Die Einlage muss dabei nicht zwangsläufig durch Zahlung eines Geldbetrages erfolgen, sondern kann auch als Sacheinlage geleistet werden, sofern der Gesellschaftsvertrag dies gestattet. Die sich vor allem bei der KG (→ Rn. 450) und den Kapitalgesellschaften (→ Rn. 564) stellende Bewertungsproblematik

bei Sacheinlagen stellt sich dabei bei der oHG aufgrund der unbeschränkten Haftung der Gesellschafter (→ Rn. 355 ff.) nicht, sofern die Gesellschafter diese ausdrücklich vereinbaren. Darüber hinaus trifft die Gesellschafter aber auch die **Treuepflicht** (dazu die Ausführungen zur (Außen-)GbR → Rn. 206 ff.). Für den Aufbau im Rahmen der Prüfung eines Anspruchs der oHG → Rn. 366.

*b) Wettbewerbsverbot*

Eine besondere (normative) Ausprägung hat das **Wettbewerbsverbot** in den §§ 112 f. HGB erfahren, so dass dieses – im Gegensatz zur (Außen-)GbR 206 f. – bei der oHG nicht aus der allgemeinen Treuepflicht abgeleitet werden muss. Danach darf ein Gesellschafter ohne eine Einwilligung der anderen Gesellschafter weder in dem Handelszweig der Gesellschaft Geschäfte machen noch an einer gleichartigen Handelsgesellschaft als persönlich haftender Gesellschafter teilnehmen. Damit wird die oHG gleich in doppelter Weise gegen eine Konkurrenztätigkeit ihrer Gesellschafter geschützt. Denn diese dürfen weder selbst noch im Rahmen einer Handelsgesellschaft im Handelszweig der Gesellschaft tätig sein. Ausgangspunkt für die Bestimmung der Reichweite dieses Verbots ist zunächst der im Gesellschaftsvertrag festgelegte Unternehmensgegenstand. Allerdings kann sich der Gesellschaftszweck nach der Gründung der oHG auch verändern, ohne dass die immer zwingend durch eine Anpassung des Gesellschaftsvertrages nachgezeichnet wird. Soweit darin eine jedenfalls konkludente Änderung des Gesellschaftsvertrages oder eine Einwilligung gesehen werden kann, verändert sich auch die Reichweite des Wettbewerbsverbots entsprechend. Das Wettbewerbsverbot ist aber nicht zwingend. Vielmehr können die Gesellschafter auch darin einwilligen, dass die Gesellschafter in dem Handelszweig der Gesellschaft Geschäfte machen oder an einer gleichartigen Handelsgesellschaft als persönlich haftender Gesellschafter teilnehmen. Nach § 112 Abs. 2 HGB ist von einer Erteilung einer solchen Einwilligung für die Teilnahme als persönlich haftender Gesellschafter an einer gleichartigen Handelsgesellschaft – nicht aber für die Vornahme eigener Geschäfte – auszugehen, wenn dies bereits bei der Gründung der oHG bereits der Fall und übrigen Gesellschafter auch bekannt war, ohne dass die Aufgabe der Beteiligung ausdrücklich vereinbart wurde. 335

Auch wenn § 112 HGB ausdrücklich die Möglichkeit einer Einwilligung vorsieht, wird davon im Gesellschaftsvertrag typischerweise dahingehend abgewichen, dass für die Einwilligung bereits ein **Mehrheitsbeschluss der Gesellschafter** ausreicht, bei dem der betroffene Gesellschafter allerdings selbst nicht mitwirken kann (BGHZ 80, 69 (71); Staub/*Schäfer* § 112 Rn. 31). Die Aufnahme einer solchen Klausel im Gesellschaftsvertrag ist allerdings nicht ungefährlich, da die oHG durch die Wettbewerbstätigkeit erhebliche Einbußen erleiden kann. Diese können sich vor allem daraus ergeben, dass der vom Wettbewerbsverbot freigestellte Gesellschafter Betriebs- und Geschäftsgeheimnisse an den Wettbewerber verrät. Letzterer Aspekt stellt zwar eine Verletzung der Treuepflicht dar (→ Rn. 206), ist aber in der Sanktionierung natürlich einer Reihe von faktischen Beschränkungen ausgesetzt. Auf der anderen Seite ist die Erteilung einer Einwilligung ohne eine einen Mehrheitsbeschluss gestattende Klausel im Gesellschaftsvertrag oftmals nahezu unmöglich bzw. nur mit weitreichenden Zugeständnissen des betroffenen Gesellschafters in anderen Angelegenheiten möglich, da letztlich jeder einzelne Gesellschafter die Möglichkeit hat, die Erteilung der Einwilligung zu verhindern.

336 **Rechtsfolge des Wettbewerbsverbots** ist eine Schadenersatzpflicht des Gesellschafters gegenüber der oHG, der das Wettbewerbsverbot verletzt hat (§ 113 Abs. 1 Hs. 1 HGB). Darüber hinaus kann die oHG aber auch verlangen, dass die von ihm getätigten Geschäfte als für Rechnung der oHG eingegangen gelten und er die bezogene Vergütung herausgibt bzw. den Vergütungsanspruch abtritt (§ 113 Abs. 1 Hs. 2 HGB). Zudem kann die oHG auch ein Unterlassen der gegen das Wettbewerbsverbot verstoßenden Tätigkeit verlangen. Ob und welche dieser Möglichkeiten von der oHG gewählt werden, muss im Wege der Beschlussfassung der Gesellschafter geklärt werden (§ 113 Abs. 2 HGB), bei der der betroffene Gesellschafter nicht mitstimmen darf. Die Geltendmachung eines Schadenersatzanspruchs ist dabei nur sinnvoll, wenn der oHG auch tatsächlich ein Schaden entstanden ist, was nicht zwingend der Fall sein muss. In einem solchen Fall kann es oftmals besser für die oHG sein, die von dem jeweiligen Gesellschafter getätigten Geschäfte als für Rechnung der oHG gelten zu lassen und die Vergütung zu beanspruchen. Schließlich kann die Verletzung des Wettbewerbsverbot auch eine Kündigung der oHG (→ Rn. 382 ff.) rechtfertigen, was durch § 113 Abs. 4 HGB nicht ausgeschlossen wird. Eine Kündigung ist aber nur in dem Fall einer nachhaltigen Beeinträchtigung der Geschäftstätigkeit der oHG denkbar.

337 **Beispiel:** Die von A, B und C gegründete X-oHG betreibt einen Kfz-Reparaturbetrieb in einer Kleinstadt. Aufgrund eines Großauftrages für ein Transportunternehmen ist die Werkstatt für mehrere Wochen komplett ausgelastet. Da die X-oHG daraufhin eine Reihe von anderen Kunden wegschicken muss, bietet sich A bei diesen an, die Fahrzeuge selbst und ohne Beteiligung seiner Mitgesellschafter zu reparieren.

**Variante 1:** Bei der Reparatur der Fahrzeuge macht A einen Gewinn von insgesamt 500 EUR.

In diesem Fall werden B und C sich im Zweifel dafür entscheiden, die von A getätigten Geschäfte als für Rechnung der oHG gelten zu lassen und die Vergütung geltend zu machen, so dass die X-oHG einen Anspruch auf Zahlung von 500 EUR gegen A hat (§ 112 Abs. 1 Hs. 2 HGB).

Die Geltendmachung eines Schadenersatzanspruchs nach § 112 Abs. 1 Hs. 1 HGB gegen A scheidet vorliegend hingegen aus, da es der X-oHG schon an einem ersetzbaren Schaden fehlt. Denn aufgrund der vollständigen Auslastung mit dem Großauftrag für das Transportunternehmen, hätte die X-oHG die Reparatur der übrigen Kunden nicht ausführen können.

**Variante 2:** Aufgrund einer Unaufmerksamkeit nimmt A die Reparatur des Fahrzeuges des Kunden L, die für ihn einen Gewinn von 500,00 EUR abwirft, mangelhaft vor, der kurz darauf deswegen einen Unfall verursacht. Es entsteht ein Schaden von 1.000,00 EUR.

In dieser Variante werden sich B und C hingegen nicht dafür entscheiden, die von A getätigten Geschäfte als für Rechnung der oHG gelten zu lassen und die Vergütung zu beanspruchen. Denn § 112 Abs. 1 Hs. 2 HGB erstreckt sich auch auf mögliche Verluste, so dass A dann von der X-oHG nach der Saldierung der Gewinne und Verluste dieses Geschäfts mit X Zahlung von 500,00 EUR verlangen könnte. Insofern werden B und C vorliegend davon Abstand nehmen.

Die Geltendmachung eines Schadenersatzanspruchs gegen A durch die oHG scheidet vorliegend hingegen aus, da es der X-oHG schon an einem ersetzbaren Schaden fehlt (vgl. Variante 1).

Die fehlende Geltendmachung von Ansprüchen gegen A bedeutet allerdings nicht automatisch, dass B und C eine Einwilligung gegenüber A zur Aufnahme einer wettbewerbsverbotswidrigen Tätigkeit erteilt haben. Von einer solchen konkludent erteilten Einwilligung wird erst dann auszugehen sein, wenn A über einen längeren Zeitraum mit Wissen von B und C gegen das Wettbewerbsverbot verstoßen hat, ohne dass B und C dagegen eingeschritten sind.

**Merksatz:** Die Gesellschafter einer oHG unterliegen nach §§ 112 f. HGB einem Wettbewerbsverbot, bei deren Verletzung sie der oHG nicht nur zum Schadenersatz verpflichtet sind, sondern diese auch verlangen kann, dass die von ihm getätigten Geschäfte als für Rechnung der oHG eingegangen gelten und die Gesellschafter die bezogene Vergütung herausgeben bzw. den Vergütungsanspruch abtreten. Zudem besteht ein Unterlassungsanspruch der oHG gegen den Gesellschafter.

## IV. Die Willensbildung der Gesellschafter (Beschlussfassung)

Die Beschlussfassung bei der oHG hat der historische Gesetzgeber lediglich 338
in § 119 HGB geregelt, der sich aber nur auf die Ermittlung der für die Beschlussfassung notwendigen **Stimmmehrheiten** beschränkt. Danach bedarf ein Beschluss der Gesellschafter der Zustimmung aller zur Mitwirkung bei der Beschlussfassung berufenen Gesellschafter (§ 119 Abs. 1 HGB). Sieht der Gesellschaftsvertrag eine Beschlussfassung durch eine Mehrheit vor, so soll diese im Zweifel nach der Zahl der Gesellschafter berechnet werden (§ 119 Abs. 2 HGB).

Der **Hintergrund** für diese fast schon stiefmütterliche Regelung dürfte in dem Umstand zu sehen sein, dass der historische Gesetzgeber die oHG als einen Zusammenschluss von nur wenigen Personen verstanden hat, die – wie etwa auch die Vorschriften zur Geschäftsführung (→ Rn. 343 ff.) und zur Vertretung (→ Rn. 348 ff.) zeigen – die oHG gemeinsam führen und somit in einem unmittelbaren und fortwährenden Kontakt miteinander stehen, so dass eine Beschlussfassung auf gesonderten Gesellschafterversammlungen selten oder nie notwendig ist. Die gesellschaftsrechtliche Praxis hat allerdings gezeigt, dass ein deutlich **größeres Regelungsbedürfnis** auch bei der oHG besteht, dem im Wesentlichen durch eine umfassende Gestaltungspraxis in den Gesellschaftsverträgen nachgekommen wird. Die dabei adressierten Aspekte sind nicht auf die oHG beschränkt, sondern stellen sich in mehr oder weniger gleicher Form auch bei anderen Gesellschaftsformen (für die KG → Rn. 433 und für die GmbH → Rn. 593 ff.). Dabei handelt es sich um die Frage der **Einberufung und Organisation der Gesellschafterversammlung** (→ Rn. 339), der **Zuständigkeitskompetenzen der Gesellschafterversammlung** (→ Rn. 340), der **Stimmabgabe im Vorfeld oder auf der Gesellschafterversammlung** (dazu ausführlich bei der GbR → Rn. 341), der **Mehrheitserfordernisse bei der Beschlussfassung** (→ Rn. 342) und schließlich um die Frage nach der **Behandlung fehlerhaft zustande gekommener Beschlüsse** (→ Rn. 342).

**339** Eine eigenständige Gesellschafterversammlung wird in den §§ 105 ff. HGB nicht erwähnt. Vielmehr wird mehrfach von einer **Beschlussfassung durch alle Gesellschafter** gesprochen. Von einer (eigenständigen) Gesellschafterversammlung ist aber in jedem Fall auszugehen, wenn eine solche im Gesellschaftsvertrag vorgesehen ist. Sobald dies der Fall ist, wird der Verfahren der Beschlussfassung formalisiert, so dass die vorgesehenen Verfahren zur Einberufung und Organisation der Gesellschafterversammlung zu beachten sind. Dies schließt zwar nicht aus, dass sich die Gesellschafter auch außerhalb dieser formalisierten Gesellschafterversammlung einfinden und einen Gesellschafterbeschluss fassen. Dessen Wirksamkeit hängt dann aber in der Regel davon ab, dass entweder alle Gesellschafter mitgestimmt haben oder sich nachträglich mit dem Beschluss einverstanden erklären.

**340** Die Frage der **Zuständigkeit der Gesellschafter** auf einer gegebenenfalls vorgesehenen Gesellschafterversammlung wird von den §§ 105 ff. HGB nur ansatzweise adressiert und ist im Grundsatz nur anzunehmen, wenn eine solche Beschlussfassung vorgesehen ist. Darüber hinaus bedarf vor allem die Änderung des Gesellschaftsvertrages der Zustimmung aller Gesellschafter, was in den §§ 105 ff. HGB zwar nicht ausdrücklich erwähnt, sich aber aus der Natur der Sache ergibt. Keine Zuständigkeit der Gesellschafter in ihrer Gesamtheit im Wege der Beschlussfassung ist die teilweise vorgesehene **Einwilligung der Gesellschafter** (§§ 112, 122 Abs. 2 HGB). Denn diese Einwilligung geben die Gesellschafter nicht als Beschluss, sondern vielmehr als Individualerklärung ab (Staub/*Schäfer* § 112 Rn. 26; aA aber *Grunewald* § 2 Rn. 28).

**341** Für die Mehrheitserfordernisse bei der Beschlussfassung kann bei der oHG auf § 119 HGB zurückgegriffen werden. Dabei ist im Grundsatz davon auszugehen, dass ein Gesellschafterbeschluss immer der Zustimmung aller Gesellschafter bedarf (§ 119 Abs. 1 HGB). Sieht der Gesellschaftsvertrag eine Beschlussfassung durch eine Mehrheit vor, so soll diese im Zweifel nach der Zahl der Gesellschafter berechnet werden (§ 119 Abs. 2 HGB). Diese Kopfregel ist aber – ebenso wie bei der Verteilung des Gewinns und des Verlusts (→ Rn. 324 ff.) – nicht unproblematisch, da sie nicht berücksichtigt, in welchem Umfang die einzelnen Gesellschafter eine Einlage geleistet haben. Daher wird in den Gesellschaftsverträgen meist eine **Mehrheitsberechnung nach Kapitalanteilen** vereinbart. Soweit dies nicht ausdrücklich der Fall ist, muss gegebenenfalls im Wege der Auslegung ermittelt werden, ob die Gesellschafter eher nach Köpfen oder nach Kapitalanteilen abstimmen wollten.

Schließlich sehen die §§ 105 ff. HGB **kein eigenständiges Beschlussmängelrecht** vor, wie dies etwa bei der Aktiengesellschaft (§§ 241 ff. AktG) der Fall ist. Es wird aber – ebenso wie bei der GbR (→ Rn. 71 ff.) – allgemein zwischen formellen und materiellen Fehlern unterschieden. Während formelle Fehler wegen eines Verstoßes gegen Ordnungs- oder Verfahrensvorschriften die Wirksamkeit des Beschlusses bis zur gerichtlichen Feststellung der Nichtigkeit unberührt lassen sollen, werden materielle Fehler wegen eines Verstoßes gegen das Gesetz oder sachlich-rechtliche Rechtspositionen der Gesellschafter als von Anfang an nichtig betrachtet, so dass die Nichtigkeit im Rahmen der Feststellungsklage nur festgestellt wird (vgl. dazu Röhricht/Graf von Westphalen/Haas/*Haas* § 119 Rn. 9 ff.). Die Geltendmachung der Fehlerhaftigkeit erfolgt im Wege der Feststellungsklage (§ 256 ZPO), die gegen die Gesellschafter und nicht gegen die Gesellschaft zu richten ist, womit sogleich eine *Inter-omnes*-Wirkung sichergestellt wird, so dass es nicht dazu kommen kann, dass der Beschluss einzelnen Gesellschaftern gegenüber für nichtig anderen gegenüber hingegen für wirksam erklärt wird. Darüber hinaus kann die Fehlerhaftigkeit der Beschlussfassung auch im Rahmen einer anderen Rechtsstreits festgestellt werden, was dann allerdings keine *Inter-omnes*-Wirkung entfaltet und nur die an diesem Rechtsstreit beteiligten Gesellschafter bindet. 342

## V. Die Geschäftsführung

Zur Geschäftsführung (zum Begriff → Rn. 59 ff.) sind bei der oHG alle Gesellschafter berechtigt und verpflichtet (§ 114 Abs. 1 HGB). Damit gilt bei der oHG im Gegensatz zur (Außen-)GbR (→ Rn. 209 ff.) der **Grundsatz der Einzelgeschäftsführungsbefugnis**. Mit dieser Regelung soll die oHG stets reagieren können, ohne zuvor eine Abstimmung zwischen den Gesellschaftern herbeiführen zu müssen, solange man jedenfalls davon ausgeht, dass einer der Gesellschafter verfügbar ist. Die Einzelgeschäftsführungsbefugnis eines jedes einzelnen Gesellschafters findet eine Beschränkung allerdings dann, wenn ein anderer (geschäftsführender) Gesellschafter der Vornahme der Handlung widerspricht, da die Handlung in diesem Fall dann nicht vorgenommen werden darf (§ 115 Abs. 1 HGB). 343

Dieses Konzept der Einzelgeschäftsführungsbefugnis erweist sich in der unternehmerischen Praxis allerdings in der Regel als wenig geeignet. Denn auch bei einer Handelsgesellschaft gilt, dass letztlich „viele Köche den Brei verderben", zumal der bloße Umstand der fehlenden Notwendigkeit einer Koordinierung zur Ausübung der Geschäftsführungsbefugnis im rechtlichen Sinne nicht sogleich bedeutet, dass eine derartige Abstimmung nicht vorgenommen werden muss. Anderenfalls droht der offenen Gesellschaft insbesondere ab einer bestimmten Größe tatsächlich Stillstand. Daher wird das Konzept der Einzelgeschäftsführungsbefugnis in der Regel auch nur bei offenen Handelsgesellschaften mit sehr wenigen Gesellschaftern beibehalten, die zudem aktiv in die unternehmerische Tätigkeit der oHG einbezogen sind. Erreicht die oHG hingegen eine bestimmte unternehmerische Größe, werden im **Gesellschaftsvertrag** typischerweise Zustimmungs- und Widerspruchsrechte der übrigen Gesellschafter vorgesehen oder den einzelnen Gesellschaftern bestimmte Geschäftsbereiche zugewiesen. Schließlich kann die Geschäftsführungsbefugnis auch allein auf einen Gesellschafter übertragen werden, was dann aufgrund von § 114 Abs. 2 HGB auch zugleich bedeutet, dass die übrigen Gesellschafter von der Geschäftsführung ausgeschlossen sind. Die Übertragung der Geschäftsführungsbefugnis lässt im Übrigen die dem einzelnen Gesellschafter aufgrund der **Grundsätze der *actio pro socio*** zukommende Befugnis zur Geltendmachung unberührt (→ Rn. 229 ff.).

Den Gesellschaftern ist es aber auch unbenommen, im Gesellschaftsvertrag vom Konzept der Einzelgeschäftsführungsbefugnis in die andere Richtung abzuweichen und eine **Gesamtgeschäftsführungsbefugnis** für mehrere (nicht notwendigerweise alle) Gesellschafter vorzusehen. In diesem Fall muss dann für jede Maßnahme der Zustimmung der geschäftsführenden Gesellschafter (§ 115 Abs. 2 HGB) eingeholt werden. Nur soweit Gefahr im Verzug ist, kann von der Zustimmung abgesehen werden (§ 115 Abs. 2 HGB aE). Diese Regelung ist in der praktischen Umsetzung freilich noch fragwürdiger als das Konzept der Einzelgeschäftsführungsbefugnis, da es letztlich die Funktionalität der Geschäftsführung der oHG erheblich einschränkt und das Zusammenwirken der Gesellschafter von einem generellen Misstrauen geprägt wird. Tatsächliche praktische Bedeutung kann die Gesamtgeschäftsführungsbefugnis allerdings dann erlangen, wenn sie nur für bestimmte Bereiche oder Aufgaben der unternehmerischen Tätigkeit der oHG vorgesehen wird. Dies sollte dann aber ausdrücklich und im Detail im Gesellschaftsvertrag festgehalten werden.

**344** Da auch bei der oHG der **Grundsatz der Selbstorganschaft** gilt (→ Rn. 90), kann die Geschäftsführungsbefugnis nur auf einen Gesellschafter, nicht aber auf einen Dritten übertragen werden. Die insofern angeführte Begründung für diesen Grundsatz der Selbstorganschaft wird bei der oHG augenfällig, da die Gesellschafter bei dieser einer unbeschränkten Haftung (§ 128 HGB) unterliegen (→ Rn. 355 ff.).

Der Grundsatz der Selbstorganschaft stellt für die Gesellschafter der oHG eine nicht unerhebliche Einschränkung dar, da sie letztlich auf die Übertragung organschaftlicher Geschäftsführungsbefugnisse auf einen Dritten verzichten müssen, der dazu möglicherweise geeigneter ist als die Gesellschafter. Diese **Kritik** kann allerdings nicht vollends überzeugen. Denn zum einen ist es den Gesellschaftern unbenommen, einen Dritten auf rechtsgeschäftliche Basis Geschäftsführungsbefugnisse zu übertragen. Zum anderen wird schon der Bedarf an der Übertragung einer rechtsgeschäftlichen Geschäftsführungsbefugnis auf einen Dritten meist nur dann bestehen, wenn die Gesellschafter selbst kein Interesse an deren Wahrnehmung haben und sich selbst in einer passivieren Rolle sehen. Für diesen Fall stellt die Rechtsform der Personenhandelsgesellschaft aber oft schon aus anderen Gründen nicht die passende Rechtsform dar.

**345** Die Einzelgeschäftsführungsbefugnis der Gesellschafter erstreckt sich jedoch nur auf Handlungen, die der gewöhnliche Betrieb des Handelsgewerbes der oHG mit sich bringt (§ 116 Abs. 1 HGB). Für darüber hinausgehende Handlungen ist hingegen ein Beschluss sämtlicher Gesellschafter erforderlich (§ 116 Abs. 2 HGB). Derartige **außergewöhnliche Maßnahmen** liegen etwa dann vor, wenn die oHG den Geschäftsbetrieb etwa durch die Eröffnung zahlreicher neuer Zweigniederlassungen erheblich erweitert, umfangreiche Kredite aufnimmt oder eine Finanzierung durch eine stille Beteiligung (→ Rn. 480 ff.) anstrebt (vgl. für weitere Beispiele Röhricht/Graf von Westphalen/Haas/*Haas* § 116 Rn. 2a). Alle diese Handlungen sind zwar in der Regel von dem Unternehmensgegenstand gedeckt, führen aber zu einer nachhaltigen Veränderung der geschäftlichen Tätigkeit der oHG und können als solche mittel- und langfristig auch existenzbedrohend sein. Diese Risiken soll die oHG nur dann eingehen, wenn sie auch von allen Gesellschaftern mitgetragen werden. Nimmt ein Gesellschafter diese (außergewöhnliche) Maßnahmen vor, so macht er gegenüber der oHG schadenersatzpflichtig, ohne dass es dann bei der Durchführung der Geschäftsführungsmaßnahme auf ein Verschulden ankommt (BGH NJW 1997, 314; Röhricht/Graf von Westphalen/Haas/*Haas* § 116 Rn. 5).

**Beispielsfall:** Die von A, B und C gegründete X-oHG betreibt eine Kfz-Reparaturwerkstatt. Der Gesellschaftsvertrag der X-oHG sieht für die Geschäftsführung keine Regelung vor. Während einer Abwesenheit von A und B entschließt sich C spontan zum Erwerb einer neuen Spezial-Hebebühne, mit der die X-oHG zukünftig auch in der Lage sein soll, größere Fahrzeuge zu reparieren und zu warten, was aufgrund der bisherigen Ausstattung und Ausrichtung der Werkstatt nicht möglich war. Zum Erwerb der neuen Hebebühne verwendet C nahezu das gesamte verfügbare Kapital der X-oHG. Nachdem die Hebebühne angeliefert und installiert wurde, möchte C diese in Betrieb nehmen. Dabei stürzt diese aufgrund eines für C nicht erkennbaren Konstruktionsfehlers aber ein und beschädigt ein neben ihr parkendes Betriebsfahrzeug der X-oHG. Welche Ansprüche hat die X-oHG gegen C? **346**

Die X-oHG könnte gegen C einen Anspruch aus § 280 Abs. 1 BGB iVm dem Gesellschaftsvertrag haben. Ein Gesellschaftsvertrag über die Gründung einer oHG wurde zwischen A, B und C wirksam geschlossen. Im Rahmen dieses Gesellschaftsvertrages müsste C eine Pflichtverletzung begangen haben. Anknüpfungspunkt für die Pflichtverletzung ist dabei nicht die Inbetriebnahme der Hebebühne, sondern schon deren Erwerb. Zwar war C als Gesellschafter nach § 114 Abs. 1 HGB zur Geschäftsführung berechtigt. Allerdings hat es sich bei dem Erwerb der Hebebühne um ein außergewöhnliches Geschäft nach § 116 Abs. 2 HGB gehandelt. Dies ergibt sich daraus, dass die Anschaffung eine umfangreiche und die Ausrichtung der Kfz-Werkstatt verändernde Investition gewesen ist, die zudem vor allem im Investitionsvolumen deutlich über die gewöhnlichen Geschäfte der X-oHG hinausging. Daher hätte C diese Anschaffung nur mit Zustimmung von A und B tätigen dürfen. Die Anschaffung der Hebebühne war auch kausal für die Beschädigung des Betriebsfahrzeuges. Fraglich ist allerdings, ob C auch ein Verschulden trifft. Ein solches ist zwar hinsichtlich der Inbetriebnahme aufgrund der fehlenden Erkennbarkeit von deren Instabilität nicht anzunehmen. Allerdings kommt es in diesem Zusammenhang nicht auf dieses Verschulden, sondern allein auf das insofern vorliegende Übernahmeverschulden bei dem Erwerb der Hebebühne an. Schließlich ist der X-oHG auch ein Schaden entstanden. Die X-oHG hat daher einen Anspruch auf Ersatz des durch die Hebebühne verursachten Schadens gegen C aus § 280 Abs. 1 BGB iVm dem Gesellschaftsvertrag.

Von den außergewöhnlichen Geschäften müssen die sog. **Grundlagengeschäfte** abgegrenzt werden. Bei diesen handelt es sich um Geschäfte, die das Gesellschaftsverhältnis selbst betreffen und somit schon außerhalb der Geschäftsführung stehen, da die Geschäftsführung nicht die Beziehungen der Gesellschafter untereinander verändern kann. Daher werden diese auch nicht von § 116 HGB erfasst, haben aber auch im Übrigen keine Regelung erfahren. Daraus folgt allerdings nicht, dass die Grundlagengeschäfte nicht vorgenommen werden können. Für sie ist vielmehr in der Regel die Änderung des Gesellschaftsvertrages erforderlich, womit sogleich die Frage nach der Sinnhaftigkeit dieser eigenständigen Kategorie der Grundlagengeschäfte verbunden ist.

**347** Schließlich kann die Geschäftsführungsbefugnis einem Gesellschafter auch durch gerichtliche Entscheidung entzogen werden, wofür ein wichtiger Grund erforderlich ist (§ 117 Hs. 1 HGB). Ein solcher liegt insbesondere dann vor, wenn der jeweilige Gesellschafter eine grobe Pflichtverletzung begangen hat oder unfähig zur ordnungsgemäßen Geschäftsführung ist (§ 117 Hs. 2 HGB). Daraus folgt im Umkehrschluss, dass eine **Entziehung der Geschäftsführungsbefugnis** durch einen bloßen Mehrheitsbeschluss nicht möglich ist. Die Klage zur Entziehung der Geschäftsführungsbefugnis muss dabei von allen Gesellschaftern (mit Ausnahme des Gesellschafters, dem die Geschäftsführungsbefugnis entzogen werden soll) und gerade nicht von der Gesellschaft selbst erhoben werden (BGHZ 64, 253 (255); 68, 81 (82)).

**Merksatz:** Bei der oHG gilt der Grundsatz der Einzelgeschäftsführung, so dass jeder Gesellschafter zur Geschäftsführung berechtigt ist, wenn es sich nicht um außergewöhnliche Maßnahmen handelt, da diese nach § 116 Abs. 2 HGB der Zustimmung aller Gesellschafter bedürfen. Die Entziehung der Einzelgeschäftsführungsbefugnis kann nur durch gerichtliche Entscheidung erfolgen.

## D. Beziehungen zu Dritten (Außenverhältnis)

### I. Vertretung der Gesellschaft durch die Gesellschafter

**348** Zur organschaftlichen Vertretung (zur Abgrenzung zur rechtsgeschäftlichen Vertretung → Rn. 48) ist bei der oHG – wie auch hinsichtlich der Geschäftsführung (→ Rn. 343 ff.) – jeder Gesellschafter ermächtigt (§ 125 Abs. 1 HGB). Dieses **Konzept der Einzelvertretung** ist aber nicht zwingend, so dass der Gesellschaftsvertrag auch eine echte **Gesamtvertretung** festlegen kann (§ 125 Abs. 2 HGB), so dass nur alle Gesellschafter gemeinsam die oHG vertreten können. Darüber hinaus kann auch eine **gemischte Gesamtvertretung** vorgesehen werden, so dass die Gesellschafter nur zusammen mit einem Prokuristen die oHG vertreten können (§ 125 Abs. 3 HGB). Die Gestaltungsfreiheit bei den Vertretungsverhältnissen der oHG findet ihre Grenze im **Grundsatz der Selbstorganschaft** (→ Rn. 90). Daher können nicht alle Gesellschafter von der Vertretungsmacht ausgeschlossen oder aber immer an die Zustimmung des Prokuristen gebunden sein (BGHZ 26, 330 (332); 41, 367 (369); jeweils für die KG). Welche konkrete Form der Vertretungsmacht für die oHG von den Gesellschaftern gewählt wurde, ist dem **Handelsregister** zu entnehmen, da die Vertretungsmacht eines jeden Gesellschafters bei der Anmeldung anzugeben ist (§ 106 Abs. 2 Nr. 4 HGB). Bei einer fehlerhaften oder unterlassenen Eintragung kommen die allgemeinen Grundsätze von § 15 HGB zur Anwendung (vgl. dazu *Jung* § 10 Rn. 12 ff.).

Die Bedenken gegen die praktische Durchführbarkeit einer echten oder gemischten Gesamtvertretung sind dabei nicht unbeachtlich. Denn auch wenn durch eine solche Gesamtvertretung zweifelsohne eine Art **immanente Überprüfung der Vertretungsmaßnahmen** der oHG stattfindet und sich der einzelne Gesellschafter nicht über den oder die anderen Gesellschafter hinwegsetzen kann, bleibt die Gefahr bestehen, dass die oHG nicht mehr handlungsfähig ist. Denn so können sich die zur Gesamtvertretung berufenen Gesellschafter sich entweder nicht einig sein oder es können Schwierigkeiten auftreten, diese zur Vornahme der jeweiligen Vertretungshandlung tatsächlich zusammenzubringen. Bedenken mag man ferner gegen den Grundsatz der Selbstorganschaft anbringen, da es den Gesellschaftern durch diesen verwehrt ist, einen Dritten mit organschaftlicher Vertretungsmacht auszustatten, der möglicherweise dafür geeigneter ist als die Gesellschafter. Tatsächlich zwingend sind diese Bedenken aber – ebenso wie bei der Geschäftsführung (→ Rn. 343 ff.) – auch in diesem Zusammenhang nicht.

Die Vertretungsmacht der Gesellschafter erstreckt sich nach § 126 Abs. 1 **349**
HGB auf **alle gerichtlichen und außergerichtlichen Geschäfte** und Rechtshandlungen einschließlich der Veräußerung und Belastung von Grundstücken sowie der Erteilung und des Widerrufs einer Prokura. Von diesem Grundsatz kann mit Wirkung für das Außenverhältnis nicht abgewichen werden (§ 126 Abs. 2 HGB). Daraus folgt aber nicht, dass der Gesellschaftsvertrag die Vertretungsmacht nicht dennoch einschränken kann, was im Grundsatz dann aber nur Auswirkungen im Innenverhältnis haben kann. Diese Grundsätze seien an den folgenden Beispielen erläutert:

**Beispielsfall 1:** A, B und C haben die X-oHG gegründet, ohne eine Regelung zur **350**
Vertretungsmacht in den Gesellschaftsvertrag aufzunehmen.

Am 1.7.2014 schließt A mit Z einen Vertrag im Namen der X-oHG zum Kauf von Maschinenteilen zum Preis von 200.000 EUR. Z verlangt nun Zahlung von der X-oHG.

**Beispielsfall 2:** A, B und C haben die X-oHG gegründet. Nach dem Gesellschaftsvertrag soll nur B zur Vertretung der X-oHG berechtigt sein, was auch so im Handelsregister eingetragen wurde.

Am 1.7.2014 schließt A mit Z einen Vertrag im Namen der X-oHG zum Kauf von Maschinenteilen zum Preis von 200.000 EUR. Z verlangt nun Zahlung von der X-oHG.

**Beispielsfall 3:** A, B und C haben die X-oHG gegründet. Im Gesellschaftsvertrag wurde vereinbart, dass kein Gesellschafter Verträge mit einem Wert von mehr als 100.000 EUR abschließen können soll.

Am 1.7.2014 schließt A mit Z einen Vertrag im Namen der X-oHG zum Kauf von Maschinenteilen zum Preis von 200.000,00 EUR.

**Beispielsfall 4:** A, B und C haben die X-oHG gegründet. Im Gesellschaftsvertrag wurde vereinbart, dass kein Gesellschafter Verträge mit einem Wert von mehr als 100.000 EUR abschließen können soll.

Am 1.7.2014 schließt A mit Z einen Vertrag im Namen der X-oHG zum Kauf von Maschinenteilen zum Preis von 200.000,00 EUR. Aufgrund seiner Freundschaft mit A wusste Z von der Beschränkung im Gesellschaftsvertrag der X-oHG.

**Lösungsansatz Grundfall:** Z könnte einen Anspruch aus § 433 Abs. 2 BGB gegen die X-oHG auf Zahlung von 200.000 EUR haben. Dies setzt zunächst den Abschluss eines Kaufvertrages voraus. Die dafür erforderliche Einigung liegt vor. Fraglich ist allerdings, ob sich die X-oHG die Willenserklärung des A auf Abschluss des Kaufvertrages zurechnen lassen muss. A hat eine eigene Willenserklärung im fremden Namen abgegeben.

**Lösung im Beispielsfall 1:** Aufgrund seiner Gesellschafterstellung war er hierzu auch ermächtigt (§§ 125 Abs. 1, 126 Abs. 1 HGB), so dass sich die X-oHG diese Willenserklärung zurechnen lassen muss. Ein Kaufvertrag ist daher zustande gekommen und Z kann von der X-oHG Zahlung des Kaufpreises aus § 433 Abs. 2 BGB verlangen.

**Lösung im Beispielsfall 2:** A hatte trotz seiner Gesellschafterstellung keine Vertretungsmacht, da er nach dem Gesellschaftsvertrag zur Vertretung der X-oHG nicht berechtigt war. Etwas anderes ergab sich auch nicht aus dem Handelsregister, so dass sich die X-oHG die Willenserklärung des A nicht zurechnen lassen muss. Ein Kaufvertrag ist daher nicht zustande gekommen und Z kann von der X-oHG keine Zahlung des Kaufpreises aus § 433 Abs. 2 BGB verlangen.

Allerdings kann Z gegen A aus § 179 BGB vorgehen, da dieser als Vertreter ohne Vertretungsmacht gehandelt hat. Dem steht auch nicht die fehlende Eintragung der Vertretungsmacht des A im Handelsregister entgegen, da das Vertrauen des Dritten im Rahmen von § 179 BGB nicht nur dann besteht, wenn eine Handelsregistereintragung vorliegt, da er sich dann bereits nach § 15 Abs. 1 HGB auf diese berufen könnte.

**Lösung im Beispielsfall 3:** Aufgrund seiner Gesellschafterstellung war er hierzu auch ermächtigt (§§ 125 Abs. 1, 126 Abs. 1 HGB). Die Beschränkung der Vertretungsmacht auf Verträge mit einem Wert von bis zu 100.000 EUR steht dem aufgrund von 126 Abs. 2 Hs. 1 HGB nicht entgegen. Daher muss sich die X-oHG diese Willenserklärung zurechnen lassen. Ein Kaufvertrag ist daher zustande gekommen und Z kann von der X-oHG Zahlung des Kaufpreises aus § 433 Abs. 2 BGB verlangen.

Allerdings hat A durch den Abschluss des Kaufvertrages mit Z eine Pflichtverletzung im Gesellschaftsverhältnis begangen, so dass er der X-oHG nach § 280 Abs. 1 BGB iVm dem Gesellschaftsvertrag zum Schadenersatz verpflichtet ist. Der Schaden der X-oHG beläuft sich dabei auf die Differenz zwischen dem Kaufpreis und dem Wert der Maschinenteile abzüglich der ggf. notwendigen Verkaufsaufwendungen.

**Lösung im Beispielsfall 4:** Aufgrund seiner Gesellschafterstellung war er hierzu auch ermächtigt (§§ 125 Abs. 1, 126 Abs. 1 HGB). Die Beschränkung der Vertretungsmacht auf Verträge mit einem Wert von bis zu 100.000 EUR steht dem aufgrund von 126 Abs. 2 Hs. 1 HGB nicht entgegen. Allerdings hatte Z positive Kenntnis von der Beschränkung der Vertretungsmacht des A und kann sich somit nach den Grundsätzen des Missbrauchs der Vertretungsmacht nicht auf diese berufen. Daher muss sich die X-oHG die Willenserklärung des A auch nicht zurechnen lassen. Ein Kaufvertrag ist daher nicht zustande gekommen und Z kann von der X-oHG keine Zahlung des Kaufpreises aus § 433 Abs. 2 BGB verlangen.

Die organschaftliche Vertretungsmacht erstreckt sich aber nicht auf die **Änderung des Gesellschaftsvertrages** oder die **Aufnahme neuer Gesellschafter**, da alle Gesellschafter selbst Vertragspartner des Gesellschaftsvertrages sind und diesen daher nur gemeinsam ändern können. Dies schließt allerdings nicht aus, dass die einzelnen Gesellschafter bei diesen Maßnahmen wiederrum anderen Gesellschaftern eine rechtsgeschäftliche Vertretungsmacht einräumen. **351**

Schließlich kann einem Gesellschafter die ihm nach § 125 Abs. 1 HGB zustehende Vertretungsbefugnis nach § 127 HGB – wie auch die Geschäftsführungsbefugnis (→ Rn. 343 ff.) – durch gerichtliche Entscheidung wieder entzogen werden. **Voraussetzung für die Entziehung** ist, das der jeweilige Gesellschafter eine grobe Pflichtverletzung begangen hat oder unfähig zur ordnungsgemäßen Vertretung ist (§ 127 Hs. 2 HGB). Daraus folgt auch in diesem Zusammenhang, dass einem Gesellschafter die Vertretungsbefugnis nicht durch einen bloßen Mehrheitsbeschluss entzogen werden kann. **352**

**Merksatz:** Bei der oHG besteht für jeden Gesellschafter Einzelvertretungsmacht. Dabei ist der Gesellschafter zur Vornahme aller gerichtlichen und außergerichtlichen Geschäfte ermächtigt, soweit es sich dabei nicht um Grundlagengeschäfte handelt.

## II. Die Haftungsverhältnisse der offenen Handelsgesellschaft

Die Haftungsverhältnisse der oHG werden im Wesentlichen durch die **unbeschränkte Haftung der Gesellschafter** gegenüber den Gesellschaftsgläubigern (§ 105 Abs. 1 HGB, → Rn. 312) geprägt. Dieser Aspekt umschreibt die Haftungsverhältnisse der oHG aber nur unvollständig. Denn neben den Gesellschaftern besteht auch eine **Haftung der oHG** gegenüber den Gesellschaftsgläubigern selbst (→ Rn. 354). Besonderheiten ergeben sich zudem bei der **Haftung der Gesellschafter untereinander** (→ Rn. 367 ff.). Kein Aspekt der Haftungsverhältnisse der oHG ist hingegen die Haftung der Gesellschafter gegenüber ihren sog. Privatgläubigern, da das Gesellschaftsverhältnis davon im Grundsatz nicht betroffen ist. Allerdings kann es zu einer Vermischung der beiden Sphären kommen, wenn dem Privatgläubiger ein Kündigungsrecht nach § 135 HGB zukommt (→ Rn. 385). **353**

### 1. Haftung der Gesellschaft gegenüber den Gesellschaftsgläubigern

354 Da die oHG aufgrund ihrer Teilrechtsfähigkeit selbst Rechtsträger ist (→ Rn. 316) und auch ein **Gesellschaftsvermögen** (→ Rn. 322) bilden kann, steht dieses Vermögen den Gesellschaftsgläubigern auch als Haftungsmasse zur Verfügung. Für die Frage, auf welche Weise insbesondere im Wege der Zurechnung Verbindlichkeiten gegen die oHG begründet werden können, gelten die gleichen Grundsätze wie bei der (Außen-)GbR (→ Rn. 247 ff.).

### 2. Haftung der Gesellschafter gegenüber den Gesellschaftsgläubigern

355 Die Gesellschafter der oHG haften nach § 128 S. 1 HGB für deren Verbindlichkeiten den Gläubigern als Gesamtschuldner persönlich. Damit handelt es sich um eine **unmittelbare, primäre, gesamtschuldnerische und unbeschränkte Haftung**. Diese Haftung ist dabei zwingender Natur und kann nicht durch eine Vereinbarung der Gesellschafter abbedungen werden (§ 128 S. 2 HGB).

Mit der Anordnung der Unwirksamkeit einer vom Grundsatz der unmittelbaren, primären, gesamtschuldnerischen und unbeschränkten Haftung des § 128 S. 1 HGB abweichenden Vereinbarung wird das **Vertrauen des Rechtsverkehrs** dahingehend geschützt, dass bei der oHG die Gesellschafter immer unmittelbar, primär, gesamtschuldnerisch und unbeschränkt haften. Inwiefern sich der Rechtsverkehr tatsächlich auf eine solche Haftung verlässt, ist allerdings schwer zu beurteilen. Denn soweit für den Vertragspartner die Haftungsverhältnisse tatsächlich eine Rolle spielen, wird es sich nicht allein auf die unmittelbare, primäre, gesamtschuldnerische und unbeschränkte Haftung des § 128 S. 1 HGB verlassen, da damit in keiner Weise sichergestellt ist, ob seine Forderungen auch tatsächlich erfüllt werden. Denn soweit die Gesellschafter weitgehend mittellos sind, geht diese Haftung oft faktisch ins Leere. Daher wird jeder Vertragspartner bei Bestehen eines Sicherungsinteresses hinsichtlich der Erfüllung der von der oHG auf die Begebung von Sicherheiten bestehen. Nichtsdestotrotz sollte die Ordnungsfunktion die § 128 S. 2 HGB und die Pflicht zur Führung des Rechtsformzusatzes (→ Rn. 311) nicht unterschätzt werden, da sie dem Rechtsverkehr dennoch eine erste Orientierung über die Haftungsverhältnisse gibt. Aus § 128 S. 2 HGB folgt aber nicht, dass die Gesellschafter und/oder die oHG die Haftung gegenüber den Gesellschaftsgläubigern nicht im Wege der Individualvereinbarung beschränken können (zur Frage der Beschränkung im Wege allgemeiner Geschäftsbedingungen → Rn. 260 ff.).

356 Die **Unmittelbarkeit der Haftung** wird zwar im Gegensatz zu den übrigen Merkmalen der Gesellschafterhaftung in § 128 S. 1 HGB nicht geregelt, wird aber von diesem selbst vorausgesetzt. Daher können die Gesellschaftsgläubiger die Gesellschafter für die Verbindlichkeiten der oHG direkt in Anspruch nehmen und können nicht auf eine vorherige Inanspruchnahme der oHG selbst verwiesen werden. Darüber hinaus haben sie die Möglichkeit, gleichzeitig auf die oHG und die Gesellschafter zuzugreifen. Die **primäre Haftung** der Gesellschafter bedeutet, dass die Gesellschaftsgläubiger nicht erst nach einer Mahnung oder einem erfolglosen Vollstreckungsversuch in das Vermögen der oHG auf deren Gesellschafter zugreifen können, sondern eine sofortige Befrie-

digung bei diesen suchen können. Zudem haften die Gesellschafter **gesamtschuldnerisch**, so dass jeder Gesellschaftsgläubiger auch jeden Gesellschafter in voller Höhe und nicht nur *pro rata* in Anspruch nehmen kann. Dies bedeutet allerdings nicht, dass der dann in vollem Umfang in Anspruch genommene Gesellschafter diese Verbindlichkeiten im Ergebnis tatsächlich vollständig allein tragen muss. Vielmehr besteht für ihn die Möglichkeit der Erstattung des jeweiligen Betrages von der oHG (→ Rn. 364) oder aber des Rückgriffs gegen die anderen Gesellschafter (→ Rn. 367 ff.). Schließlich ist die Haftung **unbeschränkt**, so dass die Gesellschaftsgläubiger den Gesellschafter in jeder beliebigen Höhe in Anspruch nehmen können.

*a) Umfang*

Nach § 128 S. 1 HGB haftet der Gesellschafter für die Verbindlichkeiten der oHG. Soweit es sich dabei um Geldforderungen handelt, stellt sich dies als unproblematisch dar, da der Gesellschafter gegenüber den Gesellschaftsgläubigern dann den gleichen Betrag wie die oHG selbst aufbringen muss. Schwieriger ist es allerdings bei Ansprüchen der Gesellschaftsgläubiger, die nicht auf die Zahlung eines Geldbetrages, sondern auf die Erbringung einer Sachleistung oder eines Tun oder Unterlassens gerichtet sind. Dabei stehen sich traditionell die **sog. Erfüllungstheorie** und die **sog. Haftungstheorie** gegenüber. Während der Gesellschafter bei ersterer Ansicht den Gesellschaftsgläubigern tatsächlich dasselbe wie die oHG schulden soll, braucht er nach der letzteren Ansicht nur Schadenersatz wegen Nichterfüllung zu leisten. Als Argument für die Erfüllungstheorie wird der Aspekt des Gläubigerschutzes angeführt, da sich der Gesellschaftsgläubiger bei einer Inanspruchnahme des Gesellschafters nicht auf einen Schadenersatz verweisen lassen muss, sondern sein Erfüllungsinteresse auch gegenüber dem Gesellschafter einer oHG durchzusetzen ist (BGHZ 23, 302 (306); 59, 64 (67); 73, 217 (221); 104, 76 (78)). Dieser Ansatz lässt sich allerdings nicht unbegrenzt durchhalten, da der Leistungserbringung durch den Gesellschafter natürliche Grenzen gezogen sind. Daher soll von der Erfüllungstheorie abgewichen und eine bloße Haftung auf Schadenersatz angenommen werden, wenn die Gesellschaftsverbindlichkeit in einer nicht vertretbaren Leistung besteht, der Gesellschafter nicht auch selbst gegenüber der oHG zur Leistung verpflichtet ist oder dem wenn dem Gläubiger bekannt war oder bekannt sein musste, dass die Erfüllung durch einen Gesellschafter nur durch einen Übergriff in seine Privatsphäre verbunden ist (zum Ganzen *Grunewald* § 2 Rn. 38 ff.; Röhricht/Graf von Westphalen/Haas/*Haas* § 128 Rn. 6 f.). 357

Die Einschränkungen der Erfüllungstheorie werden heute allerdings weitgehend durch die **allgemeinen schuldrechtlichen Grundsätze des Unmöglichkeitsrechts** überlagert. Soweit daher die Erfüllung derartige Ansprüche für den Gesellschafter unmöglich ist, entfällt auch seine Leistungspflicht (§ 275 BGB). Hat es die oHG etwa im Rahmen eines Werkvertrages übernommen, für einen Gesellschaftsgläubiger bestimmte Maschinenbauteile herzustellen, kann der einzelne Gesellschafter diese Leistung selbst nicht erbringen, da er selbst schon nicht über die erforderlichen Ressourcen zur Produktion der Maschinenbauteile verfügt. Dieser fehlenden Leistungspflicht steht dann allerdings die Schadenersatzpflicht des Gesellschafters nach § 311a Abs. 2 BGB gegenüber, so dass die auch für die Erfüllungstheorie entwickelte Ausnahme in diesem Fall nachgezeichnet wird. Diese Grundsätze lassen sich auch die Erbringung nicht vertretbarer Leistungen übertragen, da diese dem Gesellschafter in der Regel unmöglich sein werden, sofern man dabei nicht sogar einen vertraglichen Ausschluss der Haftung nach § 128 HGB annimmt.

358 **Beispielsfall:** A, B und C haben die X-oHG gegründet, die einen Autohandel betreibt und im Handelsregister eingetragen ist. Da die Geschäfte der X-oHG schlecht laufen und diese dringend neue Geldmittel benötigt, verkauft C im Namen der X-oHG ein seltenes Cabrio aus dem Privatbestand von A an M zum Preis von 150.000 EUR und verspricht diesem, dass er es einige Wochen später abholen könne. Dies kann die wirtschaftliche Situation der X-oHG aber nur kurzfristig verbessern. Denn kurz darauf wird die Rückzahlung des Darlehens an die B-Bank fällig. Da die X-oHG nicht über genügend Mittel verfügt, wendet sich die B-Bank an A und verlangt Zahlung der 50.000 EUR. Zudem erscheint M bei der X-oHG und verlangt Übergabe und Übereignung des Cabrios. Als er erfährt, dass sich dieses noch im Eigentum und Besitz von A befindet, wendet er sich an diesen. Können die B-Bank Zahlung von 50.000 EUR und M Übergabe und Übereignung des Cabrios von A verlangen?

**I. Anspruch der B-Bank gegen A auf Zahlung von 50.000 EUR aus § 488 Abs. 1 S. 2 BGB, § 128 HGB**

Die B-Bank könnte gegen A einen Anspruch auf Zahlung von 50.000 EUR aus § 488 Abs. 1 S. 2 BGB, § 128 HGB haben. Dies setzt voraus, dass die B-Bank eine Forderung gegen die X-oHG auf Zahlung von 50.000 EUR hat und A als Gesellschafter der X-oHG für diese Verbindlichkeit haftet. Der Anspruch auf Rückzahlung des Darlehens der B-Bank gegen die X-oHG ist entstanden und durch den Ablauf der Laufzeit des Darlehens auch fällig. Eine Forderung der B-Bank gegen die X-oHG liegt daher vor. Weiterhin müsste A als Gesellschafter der X-oHG auch für diese Verbindlichkeit haften. Nach § 128 HGB haften die Gesellschafter einer oHG den Gläubigern persönlich. Diese Voraussetzungen liegen vor. Die B-Bank hat daher gegen A einen Anspruch auf Zahlung von 50.000 EUR aus § 488 Abs. 1 S. 2 BGB, § 128 HGB.

**Klausurhinweis:** Soweit in einer Klausur nur die Haftung eines Gesellschafters für eine Geldforderung geprüft werden soll, sind – wie vorliegend – Ausführungen zur Erfüllungstheorie und zur Haftungstheorie entbehrlich. Die Erörterung dieses Aspekts ist zwar sachlich nicht falsch, wird aber regelmäßig im Rahmen einer falschen Schwerpunktsetzung negativ bewertet.

**II. Anspruch von M gegen A auf Übergabe und Übereignung des Cabrio aus § 433 Abs. 1 BGB, § 128 HGB**

M könnte von A die Übergabe und Übereignung des Cabrios aus § 433 Abs. 1 BGB, § 128 HGB verlangen. Dies setzt voraus, dass M einen Anspruch gegen die X-oHG auf Übergabe und Übereignung des Cabrios hat und A für diese Verbindlichkeit als Gesellschafter haftet. Der Anspruch auf Übergabe und Übereignung des Cabrios aus § 433 Abs. 1 BGB ist durch den Abschluss des Kaufvertrages zwischen M und der X-oHG vertreten durch C wirksam zustande gekommen. M hat daher einen Anspruch auf Übergabe und Übereignung des Cabrios aus § 433 Abs. 1 BGB. A ist auch Gesellschafter der X-oHG und haftet nach § 128 HGB für deren Verbindlichkeiten. Fraglich ist allerdings, ob A vorliegend auch die Übergabe und Übereignung des Cabrios schuldet. Im Rahmen der Haftung nach § 128 HGB schuldet der Gesellschafter einer oHG dem Gläubiger nach der Erfüllungstheorie grundsätzlich dasselbe wie die oHG. Davon wird aber unter anderem für den Fall eine Ausnahme gemacht, dass die Gesellschaftsverbindlichkeit in einer nicht vertretbaren Leistung besteht und der Gesellschafter nicht auch selbst gegenüber der oHG zur Leistung verpflichtet ist. Bei dem Cabrio handelt es sich aufgrund von dessen einzigartiger Beschaffenheit um eine nicht vertretbare Leistung. Zudem ist A im Rahmen seiner Gesellschafterstellung auch nicht verpflichtet, der X-oHG das Cabrio zu überlassen. Insofern beschränkt sich seine Haftung nach § 128 HGB nicht auf die Übergabe und Übereignung des Cabrios, sondern lediglich auf einen Schadenersatzanspruch. M kann daher nicht von A die Übergabe und Übereignung des Cabrios aus § 433 Abs. 1 BGB, § 128 HGB verlangen.

**Klausurhinweis:** Ein typischer Klausurfehler besteht darin, nun auch noch einen Schadenersatzanspruch gegen A bzw. dessen Haftung nach § 128 HGB für den Schadenersatzanspruch der X-oHG zu prüfen. Denn auch wenn ein solcher Anspruch dem Grunde nach besteht und A als Gesellschafter der X-oHG dafür haftet, beschränkt sich die Fallfrage auf die Prüfung eines Anspruchs auf Übergabe und Übereignung des Cabrios.

**Merksatz:** Besteht die Verbindlichkeit einer oHG gegenüber Dritten in der Erbringung einer Sachleistung oder einem Tun oder Unterlassen, müssen die Gesellschafter im Rahmen ihrer Haftung nach § 128 HGB diese Ansprüche im Grundsatz ebenfalls in der gleichen Art und Weise erfüllen, ohne dass sich diese Ansprüche in Geldforderungen umwandeln.

*b) Einwendungen und Einreden*

Gegen die persönliche Haftung kann der Gesellschafter Einwendungen und 359
Einreden geltend machen. Dabei ist generell zwischen denjenigen Einwendungen und Einreden **zu unterscheiden**, die von der oHG geltend gemacht werden könnten und denjenigen, die lediglich von dem Gesellschaft selbst geltend gemacht werden können, weil sie in seiner Person begründet sind.

Die **in der Person des Gesellschafters begründeten Einreden und** 360
**Einwendungen** sind eher selten. In Betracht kommt insofern etwa eine Vereinbarung des Gesellschafters mit dem jeweiligen Gesellschaftsgläubiger, den Gesellschafter nicht in Anspruch zu nehmen. Aufgrund von § 128 S. 2 HGB ist dabei eine Vereinbarung zwischen den Gesellschaftern aber nicht ausreichend. Eine solche Vereinbarung kann allerdings bei einem möglichen Rückgriff der Gesellschafter (→ Rn. 364) eine Rolle spielen.

**Beispielsfall:** A, B und C haben die X-oHG gegründet, die einen Autohandel betreibt 361
und im Handelsregister eingetragen ist. Im Gesellschaftsvertrag haben sie dabei vereinbart, dass sie nicht für die Verbindlichkeiten der X-oHG haften. Als die B-Bank einen fälligen Darlehensrückzahlungsanspruch gegen die X-oHG in Höhe von 10.000 EUR nicht realisieren kann, wendet sie sich an A und verlangt Zahlung von 10.000 EUR. Zu Recht?

Die B-Bank könnte gegen A einen Anspruch auf Rückzahlung des Darlehens in Höhe von 10.000 EUR aus § 488 Abs. 1 S. 2 BGB, § 128 HGB haben. Dies setzt voraus, dass die B-Bank eine Forderung gegen die X-oHG auf Zahlung von 10.000 EUR hat und A als Gesellschafter der X-oHG für diese Verbindlichkeit haftet. Der Anspruch auf Rückzahlung des Darlehens der B-Bank gegen die X-oHG ist entstanden und durch den Ablauf der Laufzeit des Darlehens auch fällig. Eine Forderung der B-Bank gegen die X-oHG liegt daher vor. A ist auch Gesellschafter der X-oHG und haftet nach § 128 HGB für deren Verbindlichkeiten. Dem steht auch die Vereinbarung im Gesellschaftsvertrag entgegen, wonach die Gesellschafter nicht für die Verbindlichkeiten der X-oHG haften sollen. Denn eine solche Vereinbarung ist Dritten gegenüber nach § 128 S. 2 HGB unwirksam.

**Hinweis:** Auch wenn die Vereinbarung im Gesellschaftsvertrag eine Haftung der Gesellschafter der X-oHG für deren Verbindlichkeiten offensichtlich nicht ausschließen kann, kann sie bei einem Anspruch des A gegen seine Mitgesellschafter von Bedeutung sein, da diese Vereinbarung im Zweifel so verstanden werden muss, dass der einem Gläubiger der Gesellschaft gegenüber leistende Gesellschafter bei den übrigen Gesellschaftern keinen Rückgriff nehmen kann.

**362** Deutlich größere Bedeutung haben hingegen die **Einwendungen und Einreden der oHG**. Da diese aufgrund ihrer Teilrechtsfähigkeit nur der oHG selbst und nicht dem Gesellschafter zustehen, kann sich der Gesellschafter auf diese eigentlich nicht berufen. Da damit aber die Gefahr begründet wird, dass die Gesellschaftsgläubiger Ansprüche gegen die Gesellschafter geltend machen, die sie gegen die oHG nicht oder nicht mehr durchsetzen können, ordnet § 129 Abs. 1 HGB an, dass sich auch der Gesellschafter auf diese Einwendungen berufen kann. Zu diesen Einwendungen zählen etwa die Erfüllung (§ 362 BGB), der Ausschluss der Leistungspflicht aufgrund der Unmöglichkeit der Leistung (§ 275 BGB), der Erlass (§ 397 BGB) oder die Einrede der Verjährung (§§ 195, 199 BGB). Allerdings ist es dem Gesellschafter grundsätzlich verwehrt, selbst Gestaltungsrechte geltend zu machen, da dies möglicherweise den vorgesehenen Vertretungsverhältnissen der oHG zuwiderlaufen würde. Davon macht § 129 Abs. 2 HGB allerdings für die Anfechtung dahingehend eine Ausnahme, dass der in Anspruch genommene Gesellschafter die Befriedigung des Gesellschaftsgläubiger verweigern kann, solange der oHG das Recht zusteht, das ihrer Verbindlichkeit zugrundeliegende Rechtsgeschäft anzufechten. Darüber hinaus kann der Gesellschafter die Befriedigung nach § 129 Abs. 3 HGB auch für den Fall verweigern, dass sich der Gesellschaftsgläubiger durch Aufrechnung gegen eine fällige Forderung der oHG befriedigen kann. In beiden Fällen handelt es sich aber nur um ein Leistungsverweigerungsrecht, so dass die Anfechtung und die Aufrechnung gerade nicht erklärt wird und ihre Gestaltungswirkungen somit nicht eintreten. Allerdings bleibt es dem Gesellschaft bei Vorliegen einer entsprechenden Vertretungsmacht (→ Rn. 348 ff.) unbenommen, diese Gestaltungsrechte im Namen der oHG auszuüben und somit eine eigenen Inanspruchnahme zu verhindern.

**Beispielsfall** (nach BGHZ 104, 76): A, B und C betreiben die X-oHG. Am 1.7.2010 schließt A im Namen der X-oHG einen Kaufvertrag mit V über eine Maschine zu einem Kaufpreis von 1.000 EUR. Da die X-oHG den Kaufpreis nicht zahlt, erhebt V am 30.11.2013 Klage gegen A auf Zahlung der 1.000 EUR, die A wenige Tage später zugestellt wird. A macht nun die Einrede der Verjährung geltend. Zwar sei der Anspruch gegen ihn aufgrund der Hemmung der Verjährung nach § 204 Abs. 1 Nr. 1 BGB nicht verjährt. Allerdings beruft sich A auf die Einrede der Verjährung der X-oHG nach § 129 Abs. 1 HGB. Kann V Zahlung des Kaufpreises von A verlangen? 363

V könnte gegen A einen Anspruch auf Zahlung des Kaufpreises nach § 128 S. 1 HGB, § 433 Abs. 2 BGB haben. Diese setzt zunächst voraus, dass ein solcher Anspruch gegen die X-oHG entstanden ist. A hat im Namen der X-oHG als deren Vertreter (§ 125 Abs. 1 HGB) am 1.7.2010 mit V einen Kaufvertrag geschlossen, so dass der Anspruch auf Zahlung des Kaufpreises entstanden ist. A haftet als Gesellschafter der X-oHG nach § 128 S. 1 HGB auch für deren Verbindlichkeiten. Fraglich ist allerdings, ob dieser Anspruch aus § 128 S. 1 HGB, § 433 Abs. 2 BGB auch durchsetzbar ist. Dem könnte die Einrede der Verjährung nach §§ 195, 199 BGB entgegenstehen, auf die sich A als Gesellschafter der X-oHG auch grundsätzlich berufen kann (§ 129 Abs. 1 HGB). Fraglich ist allerdings, ob die Verjährung des Kaufpreisanspruchs zum 31.12.2013 bzw. 1.1.2014 (§§ 195, 199 BGB) tatsächlich eingetreten ist, da die Verjährung nach § 204 Abs. 1 Nr. 1 BGB durch die Klageerhebung des V gehemmt worden sein könnte. Diese Klageerhebung erfolgte allerdings nicht gegenüber der X-oHG, sondern lediglich gegenüber A. Auch wenn dadurch eine Hemmung der Verjährung des Kaufpreisanspruchs gegenüber der X-oHG nicht eingetreten ist und der Anspruch somit verjährt ist, kann sich A über § 129 Abs. 1 HGB auf diese Einrede nicht berufen, da er von dem V als Gläubiger der X-oHG noch zu einem Zeitpunkt in Anspruch genommen wurde, als der Anspruch noch nicht verjährt gewesen ist. Somit hatte A ab diesem Zeitpunkt kein schützenswertes Interesse an einer fehlenden Inanspruchnahme mehr. Zudem würde die Gewährung einer Einrede zugunsten des A über § 129 Abs. 1 HGB dazu führen, dass ein Gesellschaftsgläubiger zur Sicherung der Hemmung der Verjährung durch Klageerhebung stets die oHG und deren Gesellschafter verklagen müsste, was zu einer nicht unerheblichen Kostenerhöhung führen würde. Somit kann A die Einrede der Verjährung nach § 204 Abs. 1 Nr. 1 BGB über § 129 Abs. 1 HGB nicht geltend machen. V hat daher gegen A einen Anspruch auf Zahlung des Kaufpreises nach § 128 S. 1 HGB, § 433 Abs. 2 BGB.

**Merksatz:** Der Gesellschafter einer oHG kann gegen die Inanspruchnahme wegen der persönlichen Haftung nach § 128 HGB sowohl die eigenen als auch die Einwendungen der oHG geltend machen.

#### *c) Rückgriffmöglichkeiten des in Anspruch genommenen Gesellschafters*

Die Erfüllung einer Verbindlichkeit der oHG durch einen Gesellschafter führt nicht dazu, dass dieser auch im Innenverhältnis allein für die Verbindlichkeit einzustehen hat. Vielmehr hat der Gesellschafter einen Anspruch aus § 110 HGB gegen die oHG auf **Ersatz der Aufwendungen**, die zur Erfüllung der Verbindlichkeit erforderlich waren (BGHZ 37, 299 (301); 39, 319 (324)). Darüber hinaus kann der Gesellschafter auch Rückgriff bei den übrigen Gesellschaftern nehmen, soweit die oHG den Aufwendungsersatzanspruch nicht erfüllen kann (→ Rn. 367 ff.). 364

*d) Prüfungsreihenfolge*

365 Abschließend ergibt sich somit folgendes **Prüfungsschema für die Haftung eines Gesellschafters einer oHG:**

366 **Prüfungsreihenfolge:**

**1. Entstehung und Bestand der Verbindlichkeit der oHG**
„reguläre" Prüfungsreihenfolge für Ansprüche unter Beachtung der Entstehung von Ansprüchen gegen die oHG, zB wirksame Entstehung der oHG (→ Rn. 317 ff.), deren wirksame Vertretung (→ Rn. 348 ff.) oder Zurechnungsprobleme (→ Rn. 249)

**2. Haftung des Gesellschafters für die unter 1. festgestellte Verbindlichkeit der oHG aus § 128 S. 1 HGB**
- Prüfung des wirksamen Beitritts (→ Rn. 391) oder fehlenden Austritts des jeweiligen Gesellschafters (→ Rn. 372 ff.) mit ggf. Prüfung einer Nachhaftung (→ Rn. 388)
- Bestimmung des Inhalts der Haftung (ggf. Umwandlung einer Sach- in eine Geldleistung, → Rn. 357) oder deren Ausschluss für Sozialverbindlichkeiten (→ Rn. 369)

**3. Durchsetzbarkeit der Gesellschafterhaftung**
a) Prüfung von Einreden und Einwendungen des Gesellschafters
b) Geltendmachung von Einreden und Einwendung der oHG durch den Gesellschafter (§ 129 Abs. 1 bis 3 HGB)

**Klausurhinweis:** Bei der Prüfung eines Haftungsanspruchs gegen den Gesellschafter einer oHG sollte als Anspruchsgrundlage neben § 128 HGB immer auch die Norm genannten werden, aus der sich die Verpflichtung der oHG ergibt. Denn § 128 HGB ordnet insofern nur an, dass die Gesellschafter für die Verbindlichkeiten der Gesellschaft haften und trifft keine Regelung darüber, wann eine solche Verbindlichkeit gegen die Gesellschaft besteht.

### 3. Haftung des Gesellschafters gegenüber anderen Gesellschaftern

367 Schließlich kann sich auch eine Haftung der Gesellschafter einer oHG untereinander ergeben. Dies ist zunächst dann denkbar, wenn ein Gesellschafter eine Verbindlichkeit der oHG gegenüber einem Gesellschaftsgläubiger erfüllt hat, bei der oHG aber nach § 110 HGB nicht erfolgreich Rückgriff nehmen kann, weil diese etwa **nicht über ausreichend Mittel zur Erfüllung dieser Forderung** verfügt (→ Rn. 364). Zudem ist denkbar, dass ein Gesellschafter über andere Ansprüche aus dem Gesellschaftsverhältnis verfügt, die von der oHG aufgrund einer fehlenden Leistungsfähigkeit nicht erfüllt werden können.

368 Häufig wird das Vermögen der oHG aber nicht ausreichen, um den Aufwendungsersatzanspruch des Gesellschafters zu erfüllen, so dass sich die Frage

stellt, inwieweit der leistende Gesellschafter auch die übrigen Gesellschafter in Anspruch nehmen kann. § 110 HGB muss dabei als Anspruchsgrundlage ausscheiden, da dieser nur einen Aufwendungsersatzanspruch gegen die oHG, nicht aber gegen die anderen Gesellschafter begründet. Da es sich bei der Haftung des Gesellschafters nach § 128 S. 1 HGB aber um eine gesamtschuldnerische Haftung handelt, kommt dem leistenden Gesellschafter ein solcher **Rückgriffanspruch nach § 426 Abs. 1 S. 1 BGB** zu. Dies setzt allerdings voraus, dass der Gesellschafter nicht schon nach § 110 HGB Rückgriff bei der oHG nehmen kann. Zudem muss er bei dem Anspruch nach § 426 Abs. 1 S. 1 BGB seinen eigenen Verlustanteil in Abzug bringen, so dass er in der Regel nicht vollständigen Rückgriff bei den übrigen Gesellschaftern nehmen kann (BGH ZIP 2002, 384; WM 1986, 906 (907) jeweils zur KG). **Keine Gesamtschuld besteht schließlich zwischen der oHG und ihren Gesellschaftern**. Daher findet insofern auch § 426 Abs. 2 BGB keine Anwendung.

Die Haftung des Gesellschafters nach § 128 S. 1 HGB erstreckt sich aber nur 369
auf sog. Drittgläubigerforderungen, die als solche von den sog. **Sozialverbindlichkeiten** abzugrenzen sind, für die § 128 S. 1 HGB nicht gilt (Röhricht/Graf von Westphalen/Haas/*Haas* § 128 Rn. 3; Baumbach/Hopt/*Roth* § 128 Rn. 22). Während letztere ihren Ursprung gerade im Gesellschaftsverhältnis (wie etwa der Anspruch auf Gewinnentnahme, → Rn. 330 oder der Aufwendungsersatzanspruch nach § 110 HGB, → Rn. 364) haben, beruhen Drittgläubigerforderungen auf anderen, außerhalb des Gesellschaftsverhältnis stehenden Verpflichtungsgründen. Die fehlende Erstreckung der Gesellschafterhaftung nach § 128 S. 1 HGB wird mit § 707 BGB begründet, wonach die Gesellschafter zur Erhöhung des vereinbarten Beitrags nicht verpflichtet sind (→ Rn. 334). Eine Ausnahme wird insofern aber für den Fall des Ausscheidens des Gesellschafters hinsichtlich seines Abfindungsanspruchs aus § 738 BGB angenommen (BGHZ 148, 201 (206 f.); Röhricht/Graf von Westphalen/Haas/*Haas* § 128 Rn. 3). Diese Ausnahme muss allerdings für alle Sozialverbindlichkeiten im Fall des Ausscheidens eines Gesellschafters bei fehlenden Leistungsfähigkeit der oHG gelten, da dieser ansonsten faktisch allein eine Beitragserhöhung vornimmt. In diesem Fall können die übrigen, in der oHG verbleibenden Gesellschafter eine eigene Inanspruchnahme nicht mit dem Verweis auf § 707 BGB ablehnen. Ein angemessener Ausgleich ist dabei darin zu suchen, dass der ausscheidende Gesellschafter zwar auch gegenüber den übrigen Gesellschaftern Rückgriff nehmen kann, sich dabei aber seine eigene Verlustbeteiligung anrechnen lassen muss.

**Beispielsfall:** A, B und C haben im Jahr 2010 die X-oHG gegründet, die in den Fol- 370
gejahren große Gewinne erwirtschaftet. Der Gesellschaftsvertrag sieht dabei vor, dass die Gewinne jedes Jahr in vollem Umfang an die Gesellschafter ausgeschüttet werden. Während A und B diese Gewinne jedes Jahr bezogen haben, ruft C diese bei der X-oHG nicht ab. Nach einem Streit zwischen den A, B und C kündigt C und scheidet

zum 31.12.2013 aus der X-oHG gegen die Zahlung einer angemessenen Abfindung aus. Nachdem C die Abfindung erhalten hat, wendet er sich an die X-oHG und verlangt Auszahlung seiner Gewinnansprüche aus den Vorjahren, die sich inzwischen auf 21.000 EUR belaufen. A und B lehnen dies ab, da die X-oHG inzwischen nicht mehr über genügend Mittel verfügt. Daraufhin wendet sich C an A und B und verlangt von diesen die Zahlung von 21.000 EUR. Zu Recht?

C könnte gegen A und B einen Anspruch auf Zahlung von 21.000 EUR aus § 128 S. 1 HGB iVm dem Gesellschaftsvertrag haben. Diese setzt zunächst voraus, dass ein Anspruch des C gegen die X-oHG in Höhe von 20.000 EUR besteht. Ein solcher ergibt sich vorliegend aus dem Gesellschaftsvertrag. Als Gesellschafter der X-oHG haften A und B grundsätzlich auch gegenüber dem C als Gläubiger des Anspruchs aus § 128 S. 1 HGB. Fraglich ist jedoch, ob sich die Haftung des § 128 S. 1 HGB auch auf Sozialansprüche erstreckt. Dies wird überwiegend mit dem Hinweis auf § 707 BGB abgelehnt, da anderenfalls eine Nachschusspflicht der Gesellschaft begründet werden würde. Dieses Argument erscheint bei der Geltendmachung einer Sozialverbindlichkeit eines ausscheidenden bzw. ausgeschiedenen Gesellschafters aber fragwürdig, da diesen ansonsten eine solche Nachschusspflicht treffen würde, da er letztlich seinen Anspruch nicht geltend machen könnte. Daher erscheint es sachgerechter, in einem solchen Fall § 707 BGB der Erfassung des Sozialanspruchs durch § 128 S. 1 BGB nicht entgegenstehen und die übrigen Gesellschafter aus § 128 S. 1 HGB haften zu lassen. Dabei muss sich der anspruchsstellende Gläubiger allerdings seine eigene Verlustbeteiligung anrechnen lassen, so dass der Anspruch vorliegend um ⅓ auf 14.000 EUR zu kürzen ist. C hat daher gegen A und B als Gesamtschuldner einen Anspruch auf Zahlung von 14.000 EUR aus § 128 S. 1 HGB iVm dem Gesellschaftsvertrag.

**Merksatz:** Der einem Gläubiger der offenen Gesellschaft gegenüber leistende Gesellschafter kann bei den übrigen Gesellschaftern Rückgriff nach § 426 BGB nehmen. Für Sozialverbindlichkeiten können die anderen Gesellschafter nur in Ausnahmefällen in Anspruch genommen werden.

## E. Wechsel von Gesellschaftern

371 Ebenso wir bei den übrigen Gesellschaftsformen kann sich der Wechsel von Gesellschaftern auch bei einer oHG durch das **Ausscheiden eines (alten) Gesellschafters** (→ Rn. 372 ff.), den **Eintritt eines (neuen) Gesellschafters** (→ Rn. 391) und die **Übertragung der Gesellschafterstellung** (→ Rn. 392) erfolgen.

### I. Ausscheiden eines Gesellschafters

372 Der Gesellschafter einer oHG kann zunächst aus dieser ausscheiden, wofür entweder eine **Änderung des Gesellschaftsvertrages** (→ Rn. 374), **der Tod des Gesellschafters** (§ 131 Abs. 3 Nr. 1 HGB, → Rn. 375 ff.), die **Insolvenz des Gesellschafters** (§§ 131 Abs. 3 Nr. 2 HGB, → Rn. 381), die **Ausübung**

**eines Kündigungsrechts** (§ 131 Abs. 3 Nr. 3 und 4 HGB, → Rn. 382 ff.) oder ein **Beschluss der (übrigen) Gesellschafter** (§ 131 Abs. 3 Nr. 6 HGB, → Rn. 386) notwendig ist. Damit ergibt sich für die Gründe eines Ausscheidens eines Gesellschafters aus einer oHG folgendes Bild:

373

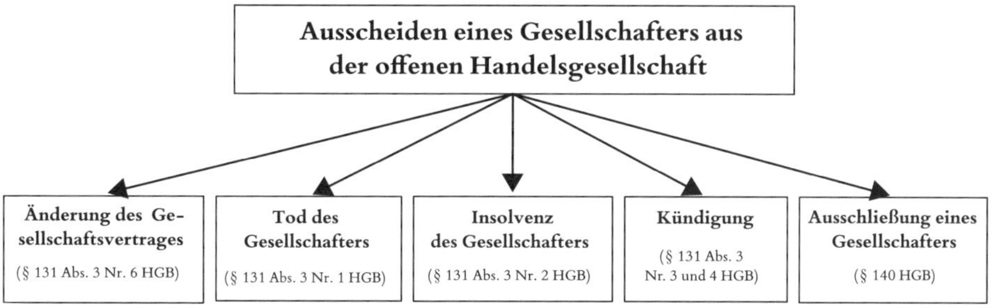


## 1. Änderung des Gesellschaftsvertrages

Für das Ausscheiden eines Gesellschafters besteht zunächst die **Möglichkeit der Änderung des Gesellschafsvertrages**, wofür ein einstimmiger Beschluss der Gesellschafter notwendig ist. Eine große praktische Bedeutung kommt dieser Variante des Ausscheidens aber nicht zu, die sie grundsätzlich nur im Konsens aller Gesellschafter erfolgen kann, woran es aber häufig fehlen wird. 374

## 2. Tod des Gesellschafters

Größere Bedeutung hat hingegen das Ausscheiden durch den **Tod eines Gesellschafters** (§ 131 Abs. 3 S. 1 Nr. 1 HGB). 375

Hintergrund dieser Regelung ist das – jedenfalls von den §§ 105 ff. HGB vorausgesetzte (→ Rn. 313 ff.) – **Näheverhältnis der Gesellschafter** zueinander, was sich unter anderem an den Geschäftsführungs-, Vertretungs- und Haftungsregelungen (→ Rn. 343 ff., 348 ff., 353 ff.) zeigt. Daher es ist den Gesellschafter grundsätzlich nicht zumutbar, die oHG mit einer anderen Person, auf deren Auswahl sie keinen Einfluss haben, fortzuführen. Diese Grundwertung der §§ 105 ff. HGB zeigt sich etwa auch an der gegenteilige Regelung zur KG in Form von § 177 HGB (→ Rn. 475).

Das Ausscheiden eines Gesellschafters durch dessen Tod stellt die oHG aber vor das nicht zu unterschätzende Problem, dass diese zur **Zahlung einer Abfindung** verpflichtet ist (→ Rn. 387 ff.). Diese kann insbesondere bei offenen Handelsgesellschaften mit nur sehr wenigen Gesellschaftern dazu führen, dass dieser in großem Umfang Kapital entzogen wird bzw. diese nach der Zahlung der Abfindung einem deutlichen Rückgang ihrer wirtschaftlichen Aktivitäten ausgesetzt ist. Daher wird im Gesellschaftsvertrag häufig eine von § 131 Abs. 3 S. 1 Nr. 1 HGB abweichende Regelung (sog. **Nachfolgeklausel**) dahingehend aufgenommen, dass die oHG mit den Erben fortgeführt wird. Die Erben werden dann gemäß ihrer Quote und dem Beteiligungsverhältnissen der oHG Gesellschafter von dieser. 376

377 **Beispielsfall:** A, B und C sind Gesellschafter der X-oHG, deren Gesellschaftsvertrag vorsieht, dass die X-oHG nach dem Tod eines Gesellschafters mit dessen Erben fortgeführt werden soll. A ist mit E verheiratet und hat gemeinsam mit dieser drei Kinder (M, N und O). Er verstirbt 2013, ohne ein Testament hinterlassen zu haben.

Aufgrund der Nachfolgeklausel im Gesellschaftsvertrag der X-oHG treten die Ehefrau E und die Kinder M, N und O in die X-oHG als Gesellschafter ein, so dass diese nunmehr über B, C, E, M, N und O als Gesellschafter verfügt. Während B und C weiter zu jeweils einem Drittel an der X-oHG beteiligt sind, muss das bisher auf A entfallene Drittel auf seine Erben aufgeteilt werden. Da die E als Ehefrau des verstorbenen A zu 50% als Erbe berufen ist (§§ 1371 Abs. 1, 1931 BGB), ist diese mit $1/6$ als Gesellschafter an der X-oHG beteiligt. M, N und O erben als Abkömmlinge zu gleichen Teilen (§ 1924 Abs. 4 BGB), so dass das verbleibende $1/6$ unter ihnen gleichmäßig aufgeteilt werden muss, so dass jeder von ihnen mit $1/18$ Gesellschafter der X-oHG wird.

378 Auch wenn die oHG somit keinen Substanzverlust durch Zahlung einer Abfindung erleidet, ist damit ein nicht unerhebliches Risiko für die Erben als eintretende Gesellschafter verbunden, da diese dann in vollem Umfang für die Verbindlichkeiten der oHG haften (→ Rn. 355 ff.). Aus diesem Grund sieht § 139 HGB die Möglichkeit der **Fortführung der oHG als KG** (→ Rn. 355 ff.) vor, bei die anderen Gesellschafter die Rolle der Komplementäre und die Erben des verstorbenen Gesellschafters die der Kommanditisten einnehmen. Voraussetzung dafür ist allerdings, dass der Gesellschaftsvertrag der oHG deren Fortführung für den Fall des Todes eines Gesellschafters überhaupt vorsieht. Fehlt es an einer solchen Nachfolgeklausel, bleibt es bei dem Ausscheiden des Gesellschafters und der Entstehung des Anspruchs auf Abfindung (→ Rn. 404 ff.). Zudem muss der Erbe sich innerhalb einer Frist von drei Monaten dahingehend erklären (§ 139 Abs. 3 HGB). Übt der Erbe sein Wahlrecht zugunsten der Einräumung einer Kommanditistenstellung aus, wird er in Höhe des bisherigen Kapitalanteils des verstorbenen Gesellschafters Kommanditist, der so behandelt wird, als hätte er seine Hafteinlage (und seine in diesem Fall gleich hohe Pflichteinlage) vollständig geleistet, so dass den *neuen* Kommanditisten grundsätzlich keine zusätzliche Haftung treffen kann (zur Kommanditistenhaftung → Rn. 437 ff.). Allerdings muss sich der *neue* Kommanditist etwaige vom verstorbenen Gesellschafter verbotswidrig entnommene Einlagen (→ Rn. 454 ff.) und vom verstorbenen Gesellschafter noch nicht erbrachte Einlagen anrechnen lassen (Staub/*Schäfer* § 139 Rn. 107; aA aber MüKoHGB/*Schmidt* § 139 Rn. 75 ff.), so dass er in der entsprechenden Höhe der Kommanditistenhaftung (→ Rn. 445 ff.) unterliegen kann. Soweit der verstorbene Gesellschafter schließlich noch Ansprüche gegen die oHG hatte, kann auch der Erbe diese als Gesamtrechtsnachfolger geltend machen.

**Beispielsfall:** A, B und C sind Gesellschafter der 2011 gegründeten X-oHG, deren Gesellschaftsvertrag vorsieht, dass die X-oHG nach dem Tod eines Gesellschafters mit dessen Erben fortgeführt werden soll. Während B und C die für alle Gesellschafter bestehende Einlageverpflichtung in Höhe von 25.000 EUR bereits erbracht haben, hat A bisher nur 10.000 EUR geleistet. A verstirbt 2013. Zu diesem Zeitpunkt weist dessen Kapitalkonto einen Betrag von 30.000 EUR aus. Darüber hinaus hatte A seinen Gewinnanspruch für 2012 in Höhe von 2.000 EUR noch nicht geltend gemacht. Einziger Erbe des A ist M, der gegenüber der X-oHG mit Erfolg die Einräumung einer Kommanditistenstellung fordert, so dass aus der X-oHG die X-KG wird, die auch ordnungsgemäß im Handelsregister eingetragen wird. Kurz darauf wendet sich Großhändler G an M und von diesem verlangt Zahlung von 15.000 EUR aufgrund eines Kaufvertrages, den dieser mit der X-oHG geschlossen hat. Zu Recht? 379

G könnte von M Zahlung von 15.000 EUR aus § 433 Abs. 2 BGB, § 171 Abs. 1 HGB verlangen. Voraussetzung dafür ist, dass ein Anspruch von G gegen die X-KG vorliegt und M als deren Kommanditist seine Einlage noch nicht vollständig geleistet hat. Ursprünglich hat G den Kaufvertrag mit der X-oHG geschlossen, so dass die X-oHG den Kaufpreis aus § 433 Abs. 2 BGB schuldete. Die X-oHG hat sich jedoch inzwischen in die X-KG umgewandelt, ohne dass dies aber der Bestand der Forderung auf Zahlung des Kaufpreises berührt hätte. Vielmehr haftet die X-KG für den gesamten Forderungsbestand der X-oHG. M ist auch Kommanditist der X-KG. Fraglich ist allerdings, ob M seine Einlage bereits vollständig erbracht hat. Soweit dies nicht der Fall ist, haftet er den Gläubigern der X-KG nach § 171 Abs. 1 HGB unmittelbar. Die Einlage wurde ursprünglich von A als persönlich haftender Gesellschafter der X-oHG in Höhe von 10.000 EUR geleistet, so dass noch eine Einlageverpflichtung von 15.000 EUR bestand. Allerdings wies das Kapitalkonto des A einen Betrag von 30.000 EUR aus. Bei der Begründung einer Kommanditistenstellung im Rahmen von § 139 HGB kommt es für die Haftung des neuen Kommanditisten aber nur darauf an, ob die Einlageverpflichtung des verstorbenen Gesellschafters vollständig erbracht wurde. Der Bestand des Kapitalkontos ist dabei unbeachtlich. Daher muss M die noch offene Einlageverpflichtung des verstorbenen Gesellschafters erfüllen und wird im Rahmen der Kommanditistenhaftung nach § 171 Abs. 1 HGB so behandelt, als hätte er diese noch nicht geleistet. G kann daher von M Zahlung von 15.000 EUR aus § 433 Abs. 2 BGB, § 171 Abs. 1 HGB verlangen.

Die Umwandlung der oHG in eine KG muss von den übrigen Gesellschaftern aber nicht widerspruchslos hingenommen werden. Diese haben vielmehr die Möglichkeit, den Antrag des Erben des verstorbenen Gesellschafters auf Einräumung einer Kommanditistenstellung nicht anzunehmen, was wiederrum den Erben des verstorbenen Gesellschafters zur **Kündigung der oHG** ohne Einhaltung einer Kündigungsfrist berechtigt (§ 139 Abs. 2 HGB), so dass entsprechend ein Abfindungsanspruch entsteht (→ Rn. 387 ff.). Für den Zeitraum zwischen dem Tod des Gesellschafters und der Umwandlung in eine Kommanditbeteiligung bzw. dem Ausscheiden aufgrund der Kündigung haftet der Kommanditist nach §§ 1967, 1975 BGB. 380

**Merksatz:** Im Falle des Todes eines Gesellschafters einer oHG können dessen Erben – bei Bestehen einer Nachfolgeklausel im Gesellschaftsvertrag – ihr Verbleiben in der Gesellschaft davon abhängig machen, dass diese in eine KG umgewandelt wird und sie in dieser als Kommanditisten vertreten sind.

### 3. Insolvenz des Gesellschafters

381 Zum Ausscheiden des Gesellschafters führt auch die Eröffnung des Insolvenzverfahrens über dessen Vermögen (§ 131 Abs. 3 Nr. 2 HGB). Dies hat seinen Grund darin, dass der Gesellschafter mit der Eröffnung des Insolvenzverfahrens über sein Vermögen die Verwaltungs- und Verfügungsbefugnis verliert (§ 80 InsO) und folglich der Insolvenzverwalter die Gesellschafterrechte geltend machen könnte. Dies widerspricht allerdings der persönlichen Bindung der Gesellschafter untereinander, so dass der Gesellschafter in einem solchen Fall ausscheidet. Der Insolvenzverwalter kann dann lediglich den **Abfindungsanspruch** (→ Rn. 387 ff.) geltend machen.

### 4. Kündigung

382 Darüber hinaus kann eine oHG auch gekündigt werden. Die Kündigung der oHG kann nach §§ 131 Abs. 3 Nr. 3, 132 HGB durch jeden **Gesellschafter** (→ Rn. 383 f.) und nach §§ 131 Abs. 3 Nr. 4, 135 HGB auch durch jeden **Privatgläubiger** (→ Rn. 383 f.) erklärt werden.

383 Die **Kündigung durch den Gesellschafter** ist für diesen jederzeit möglich. Dieses Kündigungsrecht wird lediglich bei auf unbestimmte Zeit eingegangene oHG dahingehend eingeschränkt, dass die Kündigung nur zum Schluss eines Geschäftsjahres erfolgen kann und mindestens sechs Monate vor diesem Zeitpunkt erklärt werden muss (§ 132 HGB). Der auf unbestimmte Zeit eingegangenen oHG wird nach § 134 HGB die auf Lebenszeit eines Gesellschafters oder nach dem Ablauf der für ihre Dauer bestimmten Zeit stillschweigend fortgesetzte oHG gleichgesetzt, so dass die Beschränkungen von § 132 HGB auch für diese gelten. Eine Besonderheit gilt schließlich bei der auf bestimmte Zeit eingegangene oHG, da diese – ebenso wie bei der GbR (→ Rn. 385) – nicht durch den Gesellschafter gekündigt werden kann.

384 Beim Kündigungsrecht des Gesellschafters unterscheiden die §§ 131 ff. HGB – entgegen der Rechtslage bei der GbR (→ Rn. 299 ff.) – nicht zwischen einem ordentlichen und einem außerordentlichen Kündigungsrecht. Vielmehr sehen die §§ 132, 134 HGB nur ein ordentliches Kündigungsrecht vor. Allerdings kann der Gesellschafter bei Vorliegen eines wichtigen Grundes nach § 133 HGB die Auflösung der oHG verlangen, was zwar nicht einem **außerordentlichem Kündigungsrecht** entspricht, diesem aber aus Sicht des Gesellschafters der Sache nach sehr nahe kommt. Denn auch wenn nach § 133 HGB nur die Auflösung der oHG angeordnet werden kann, stellt sich diese Möglichkeit für den betroffenen Gesellschafter im Ergebnis wie eine außer-

ordentliche Kündigung dar, da er die oHG gegen Auszahlung des statt einer Abfindung zu zahlenden Auflösungsüberschusses (→ Rn. 400) verlassen kann. Darüber hinaus ist der umgekehrte Fall des Ausschlusses eines Gesellschafters zu beachten, bei dem es aber nicht um das einer Kündigung zugrundeliegende freiwillige Ausscheiden eines Gesellschafters, sondern um dessen zwangsweises Ausscheiden unter Aufrechterhaltung der oHG geht (→ Rn. 386).

Zudem besteht nach § 135 HGB auch die Möglichkeit der **Kündigung** 385
**durch den Privatgläubiger eines Gesellschafters** der oHG. Hintergrund dieser Kündigungsmöglichkeit ist auch hier – ebenso wie bei der GbR (→ Rn. 301) – die ansonsten fehlende Zugriffsmöglichkeit des Privatgläubigers auf den Anteil des Gesellschafters an der oHG. Voraussetzung für eine Kündigung durch den Privatgläubiger ist, dass diese in den letzten sechs Monaten eine Zwangsvollstreckung in das bewegliche Vermögen des Gesellschafters ohne Erfolg versucht hat und aufgrund eines nicht bloß vorläufig vollstreckbaren Schuldtitels die Pfändung und Überweisung des Anspruchs auf dasjenige erwirkt, was dem Gesellschafter bei der Auseinandersetzung zukommt.

Die **praktische Bedeutung dieses Kündigungsrecht** ist relativ gering. Dies ergibt sich zum einen aus den hohen Anforderungen an die Kündigung, zum anderen aber auch daraus, dass es typischerweise vor der Kündigung durch den Privatgläubiger zu einer Einigung zwischen diesem und den Gesellschaftern der oHG kommen wird. Denn im Fall einer Kündigung durch den Privatgläubiger kann dieser wegen des Abfindungsanspruchs direkt in das Vermögen der oHG vollstrecken und damit in den meisten Fällen deren weitere wirtschaftliche Existenz nicht unerheblich gefährden. Daher werden die Gesellschafter regelmäßig versuchen, eine einvernehmliche Lösung mit dem Privatgläubiger (etwa in Form der Vereinbarung von Ratenzahlungen) zu erreichen.

**Merksatz:** Die oHG kann durch jeden Gesellschafter und durch deren Privatgläubiger erklärt werden. Darüber hinaus kann bei Vorliegen eines wichtigen Grundes die gerichtliche Auflösung der oHG verfolgt werden.

### 5. Ausschluss eines Gesellschafters

Schließlich kann ein Gesellschafter auch gegen seinen Willen aus der oHG 386
ausscheiden (§ 140 HGB). Dafür ist es aber erforderlich, dass in der Person des Gesellschafters ein **wichtiger Grund** iSv § 133 HGB vorliegt. Daran sind – wie auch bei § 133 HGB selbst (→ Rn. 382 ff.) – strenge Anforderungen zu stellen. Zudem kann der Ausschluss – entgegen der Rechtslage bei der GbR (→ Rn. 276 ff.) – nicht schon durch einen bloßen Beschluss der Gesellschafter herbeigeführt werden, sondern muss im Wege einer Gestaltungsklage verfolgt werden. Schließlich wird die Ausschlussklage auch nicht dadurch unzulässig, dass bei deren Erfolg nur noch ein Gesellschafter in der oHG verbleibt (§ 140 Abs. 1 S. 2 HGB). Hintergrund dieser Regelung ist, dass auch der Gesellschafter, bei dem als einzigen kein wichtiger Grund für einen Ausschluss vorliegt, die Ausschlussklage erheben kann.

Auch der Ausschluss von Gesellschaftern kann im **Gesellschaftsvertrag** abweichend von § 140 HGB geregelt werden. So wird dabei vor allem die Notwendigkeit der Erhebung einer Gestaltungsklage zugunsten einer bloßen Beschlussfassung der übrigen Gesellschafter abbedungen, wogegen grundsätzlich keine Bedenken bestehen (BGHZ 81, 263 (265 f.); 107, 351 (356)). Denn damit wird der ausgeschlossene Gesellschafter auch nicht schutzlos gestellt. Wird er aufgrund eines Gesellschafterbeschlusses aus der oHG ausgeschlossen, bleibt es ihm unbenommen die Rechtmäßigkeit dieses Ausschließungsbeschlusses im Wege der Feststellungsklage überprüfen zu lassen. Mit einer solchen Regelung ist allerdings eine nicht ganz unerhebliche Verschiebung der Machtverhältnisse verbunden. Denn während bei der in § 140 HGB vorgesehenen Ausschlussklage der Gesellschafter bis zur entsprechenden gerichtlichen Entscheidung Gesellschafter bleibt, muss er im Rahmen des Ausschlussbeschlusses durch die Feststellungsklage gegen seinen Ausschluss vorgehen.

### 6. Rechtsfolge des Ausscheidens

**387** Durch das Ausscheiden eines Gesellschafters einer oHG verliert diese seine Gesellschafterstellung und seinen Anteil am Gesellschaftsvermögen. Stattdessen erhält der Gesellschafter einen **Abfindungsanspruch**, für den die bei der GbR dargestellten Grundsätze gelten (→ Rn. 281).

**388** Beim Ausscheiden des Gesellschafters aus einer oHG muss zudem hinsichtlich der Rechtsfolgen für die persönliche Haftung unterschieden werden. Zunächst bleibt es – ebenso wie (Außen-)GbR (→ Rn. 280) – bei einer Haftung für die **vor dem Ausscheiden entstandenen Ansprüche**. Denn diese Ansprüche und die Haftung des Gesellschafters sind bereits vor dessen Ausscheiden entstanden und werden in ihrem Bestand durch das Ausscheiden nicht berührt. Besondere Schwierigkeiten ergeben sich im Rahmen von Dauerschuldverhältnissen, die vor dem Ausscheiden des Gesellschafters begründet wurden, sich aber auch noch für die Zeit nach seinem Ausscheiden fortsetzen. Denn zum einen hat der Vertragspartner des Dauerschuldverhältnisses diese im Vertrauen auf die Gesellschafterstellung des nun ausgeschiedenen Gesellschafters geschlossen. Zum anderen kann dieses Vertrauen aber nicht grenzenlos geschützt werden, da der Gesellschafter auch aus der oHG ausscheiden können muss. Das Recht der oHG versucht diese Problematik durch die Enthaftungsregelung in § 160 HGB zu adressieren, die allerdings in ihrer Formulierung verunglückt ist. Denn letztlich besagt § 160 HGB nur, dass die Haftung gegen den ausgeschiedenen Gesellschafter nach dem Ablauf von fünf Jahren nach seinem Ausscheiden nur dann geltend gemacht werden kann, wenn die Ansprüche nach der in § 160 HGB vorgesehenen Weise festgestellt wurden. Die praktische Bedeutung ist gleichwohl gering, da die regelmäßige Verjährung nur drei Jahre beträgt (§§ 195, 199 BGB), so dass es auf die Frage der Enthaftung nach § 160 HGB schon meist nicht ankommt. Die Enthaftung wird schließlich noch durch einen Freistellungsanspruch der ausscheidenden Gesellschafters gegen seine Mitgesellschafter flankiert (§§ 738 Abs. 1 S. 2 BGB, § 105 Abs. 3 HGB).

**Beispielsfall:** A, B und C haben 2005 die X-oHG zum Betrieb einer Kfz-Werkstatt gegründet. Zu diesem Zweck hat die X-oHG unter anderem ein Betriebsgrundstück ohne feste Vertragslaufzeit von Y für eine monatliche Miete von 500 EUR gemietet. Zudem hatte Mitte 2009 die X-oHG bei Z eine Maschine zum Preis von 10.000 EUR gekauft und von diesem geliefert bekommen. A möchte sich 2009 zurückziehen und kündigt die X-oHG wirksam zum 31. März 2010. Kurz darauf erwirbt die X-oHG eine weitere Maschine von W zum Preis von 7.000 EUR. Ende 2012 gerät die X-oHG in wirtschaftliche Schieflage. Da auch B und C über keine nennenswerten Vermögensgegenstände mehr verfügen, wenden sich Anfang 2013 Y an A und verlangt von diesem Zahlung der im Jahr 2012 angelaufenen Mietrückstände in Höhe von 3.000 EUR. Auch W und Z melden sich bei A und verlangen Zahlung des Kaufpreises für die Maschine. A wendet ein, dass er für diese Verbindlichkeit aufgrund seines Ausscheidens nicht haften könne, jedenfalls aber bei dem Mietverbindlichkeiten zu beachten sei, dass er auf die Dauer des Mietvertrages nach seinem Ausscheiden keinen Einfluss mehr gehabt habe. Zu Recht? 389

**I. Anspruch von Y gegen A auf Zahlung von 3.000 EUR aus § 535 Abs. 2 BGB, §§ 128, 160 HGB**

Y könnte gegen A einen Anspruch auf Zahlung von 3.000 EUR aus § 535 Abs. 2 BGB, §§ 128, 160 HGB haben. Dies setzt voraus, dass Y einen Anspruch auf Zahlung von 3.000 EUR aus § 535 Abs. 2 BGB gegen die X-oHG hat und A als Gesellschafter für deren Verbindlichkeiten haftet. Der Anspruch auf Zahlung von 3.000 EUR aus § 535 Abs. 2 BGB gegen die X-oHG ist wirksam entstanden. Fraglich ist allerdings, ob A auch als Gesellschafter für diese Verbindlichkeit haftet. Zwar war zum Zeitpunkt des Abschlusses des Mietvertrags noch Gesellschafter der X-oHG. Allerdings ist er vor der Entstehung der Mietforderungen im Jahr 2012 aus dieser ausgeschieden. Allerdings war der Mietvertrag zwischen der X-oHG und Y schon vor dem Ausscheiden des A aus der X-oHG geschlossen worden. Daher war die Verbindlichkeit iSd § 160 HGB schon vor dem Ausscheiden von A begründet und fällig geworden. Dem steht auch nicht entgegen, dass der Mietvertrag zeitlich nicht befristet war und A nach seinem Ausscheiden keinen Einfluss auf dessen Beendigung hatte. Zwar könnte man dahingehend argumentieren, dass nur die Mietforderungen bis zur frühstmöglichen Kündigung des Mietvertrags nach dem Ausscheiden des A erfasst werden. Dies steht aber im klaren Widerspruch zum Wortlaut von § 160 HGB. Y hat daher gegen A einen Anspruch auf Zahlung von 3.000 EUR aus § 535 Abs. 2 BGB, §§ 128, 160 HGB.

**II. Anspruch von Z gegen A auf Zahlung von 10.000 EUR aus § 433 Abs. 2 BGB, §§ 128, 160 HGB**

Z könnte gegen A einen Anspruch auf Zahlung von 3.000 EUR aus § 433 Abs. 2 BGB, §§ 128, 160 HGB haben. Dies setzt voraus, dass Z einen Anspruch auf Zahlung von 10.000 EUR aus § 433 Abs. 2 BGB gegen die X-oHG hat und A als Gesellschafter für deren Verbindlichkeiten haftet. Der Anspruch auf Zahlung von 10.000 EUR aus § 433 Abs. 2 BGB gegen die X-oHG ist wirksam entstanden. A war zum Zeitpunkt der Entstehung der Kaufpreisforderung durch Abschluss des Kaufvertrages auch Gesellschafter der X-oHG, so dass er grundsätzlich nach § 128 HGB für deren Verbindlichkeiten haftet. Allerdings könnte A gegen die Haftung nach § 129 Abs. 1 HGB die Einrede der Verjährung geltend machen. Die Kaufpreisforderung ist Mitte 2009 durch den Abschluss des Kaufvertrages entstanden und verjährt daher nach der regelmäßigen Verjährung am 31.12.2012. Da Z den Anspruch aber erst Anfang 2013 geltend macht, ist dieser bereits verjährt. Eine persönliche Haftung von A für den Anspruch scheidet daher aus. Z hat daher gegen A keinen Anspruch auf Zahlung von 10.000 EUR aus § 433 Abs. 2 BGB, §§ 128, 160 HGB.

**Klausurhinweis:** Soweit die Frage der Verjährung bei der Gesellschafterhaftung eine Rolle spielt, kommt es auf die Nachhaftung meist schon nicht mehr an, so dass auf diesen Aspekt dann auch nicht einzugehen ist. Daher sollte stets vor der Erörterung der Nachhaftung die Verjährung geprüft werden.

**III. Anspruch von Z gegen W auf Zahlung von 7.000 EUR aus § 433 Abs. 2 BGB, §§ 128, 160 HGB**

W könnte gegen A einen Anspruch auf Zahlung von 7.000 EUR aus § 433 Abs. 2 BGB, §§ 128, 160 HGB haben. Dies setzt voraus, dass W einen Anspruch auf Zahlung von 7.000 EUR aus § 433 Abs. 2 BGB gegen die X-oHG hat und A als Gesellschafter für deren Verbindlichkeiten haftet. Der Anspruch auf Zahlung von 7.000 EUR aus § 433 Abs. 2 BGB gegen die X-oHG ist wirksam entstanden. Allerdings war A zum Zeitpunkt der Entstehung der Kaufpreisforderung schon nicht mehr Gesellschafter der X-oHG und haftet daher auch nicht für diese Verbindlichkeit. W hat daher gegen A keinen Anspruch auf Zahlung von 7.000 EUR aus § 433 Abs. 2 BGB, §§ 128, 160 HGB.

**390** Die oHG wird – sofern nach dem Ausscheiden noch mindestens zwei Gesellschafter vorhanden sind – fortgeführt. Der Anteil des ausscheidenden Gesellschafters wächst den verbleibenden Gesellschaftern zu. Zudem muss das Ausscheiden des Gesellschafters im **Handelsregister** eingetragen werden (§ 143 Abs. 2 HGB), die auch in diesem Zusammenhang aber nur deklaratorische Wirkung hat. Scheidet hingegen der **vorletzte Gesellschafter** einer oHG aus dieser aus, führt dies zur Auflösung der oHG (→ Rn. 394 ff.).

## II. Eintritt in eine bestehende offene Handelsgesellschaft

**391** Darüber hinaus kann ein Gesellschafter der oHG auch beitreten, wofür die gleichen **Grundsätze wie bei der (Außen-)GbR** (→ Rn. 283 ff.) gelten. Dabei ordnet § 130 Abs. 1 HGB ausdrücklich an, dass der eintretende Gesellschafter wie die übrigen Gesellschafter der oHG auch für die vor seinem Eintritt in die oHG begründeten Forderungen nach §§ 128 f. HGB haftet. In Fortführung des Regelungsgedankens von § 128 S. 2 HGB (→ Rn. 355) ist eine entgegenstehende Regelung zwischen den Gesellschaftern nach § 130 Abs. 2 HGB unwirksam. Schließlich ist der Eintritt eines neuen Gesellschafters in die oHG nach § 107 HGB zur Eintragung im Handelsregister anzumelden.

## III. Übertragung der Gesellschafterstellung

**392** Ein Wechsel der Gesellschafter kann sich schließlich auch durch eine Übertragung der Gesellschafterstellung vollziehen, wofür die gleichen Grundsätze wie bei der (Außen-)GbR gelten (→ Rn. 286 ff.). Bei der oHG ist aber zusätzlich zu beachten, dass der Wechsel der Gesellschafter im **Handelsregister** einzutragen ist (§§ 107, 143 Abs. 2 HGB).

## F. Auflösung und Beendigung der offenen Handelsgesellschaft

Bei der Beendigung der oHG muss ebenso wie bei der GbR (→ Rn. 291 ff.) grundlegend zwischen der **Auflösung** (→ Rn. 394), der **Auseinandersetzung** (→ Rn. 400 f.) und der **(Voll-)Beendigung** (→ Rn. 402) unterschieden werden. 393

### I. Die Auflösung

Die Auflösung der oHG führt zunächst lediglich zu einer **Änderung des Gesellschaftszwecks**. Diese verfolgt fortan nicht mehr den Zweck einer werbenden Tätigkeit, sondern ist allein auf eine Auseinandersetzung gerichtet. Im Übrigen ergeben sich keine unmittelbaren Auswirkungen auf die oHG, auf die auch weiterhin die allgemeinen Vorschriften Anwendung finden (§ 156 HGB). Allerdings können die Ansprüche der Gesellschafter gegen die oHG nach der Auflösung nicht mehr selbständig geltend gemacht werden (→ Rn. 400), sondern werden nur noch als Rechnungsposten im Rahmen der Auseinandersetzung (→ Rn. 400) berücksichtigt (BGHZ 37, 299 (304); BGH NJW 1995, 188 (189); 1985 (1898)). Dies bedeutet allerdings nicht, dass die Ansprüche der Gesellschafter nicht erfüllt werden. Vielmehr erhöht sich der Überschuss des jeweiligen Gesellschafters um den Betrag der Anspruchshöhe, wenn die oHG über ausreichend Vermögen verfügt, alle Gläubiger zu befriedigen. 394

### II. Die Auflösungsgründe

Als **Gründe für die Auflösung** einer oHG kommen neben dem Zeitablauf (§ 131 Abs. 1 Nr. 1 HGB, → Rn. 396), der entsprechenden Beschlussfassung der Gesellschafter (§ 131 Abs. 1 Nr. 2 HGB, → Rn. 397), der Insolvenz der Gesellschaft (§ 131 Abs. 1 Nr. 3 HGB, → Rn. 398), die gerichtliche Entscheidung (§§ 131 Abs. 1 Nr. 1, 133 HGB, → Rn. 399) und unter Umständen die Kündigung in Betracht (→ Rn. 399). 395

In Betracht kommt zunächst, dass der Gesellschaftsvertrag für die Existenz der oHG einen **bestimmten Zeitraum** vorsieht, wovon in der gesellschaftsrechtlichen Praxis allerdings nur selten Gebrauch gemacht wird. Mit Ablauf dieses Zeitraum wird die oHG dann automatisch aufgelöst (§ 131 Abs. 1 Nr. 1 HGB). 396

Darüber hinaus können die Gesellschafter auch jederzeit eine Auflösung der oHG beschließen (§ 131 Abs. 1 Nr. 2 HGB), wofür im Grundsatz ein einstimmiger **Beschluss** notwendig ist. Der Gesellschaftsvertrag kann zudem auch ein abweichendes Mehrheitserfordernis vorsehen (→ Rn. 341). Im Rahmen der Beschlussfassung über die Auflösung der oHG können die Gesellschafter Bindungen aufgrund der Treuepflicht (→ Rn. 334) sowohl in der einen (BGH NJW-RR 1986, 256) als auch in der anderen (BGH NJW 1960, 434) Richtung unterliegen. 397

398 Weiterhin kommt es zu einer Auflösung der oHG, wenn über deren Vermögen das Insolvenzverfahren eröffnet wird (§ 131 Abs. 1 Nr. 3 HGB). In diesem Fall kommt es allerdings nicht zu einer gesellschafts- (→ Rn. 400 f.), sondern vielmehr zu einer insolvenzrechtlichen Auseinandersetzung im Rahmen des Insolvenzverfahrens (→ Rn. 403). Wird die **Eröffnung des Insolvenzverfahrens über das Vermögen der oHG** – etwa weil das Gesellschaftsvermögen voraussichtlich nicht ausreicht, um die im Insolvenzverfahren entstehenden Kosten abzudecken (§ 26 InsO) – hingegen abgelehnt, kommt es nicht zur Auflösung. Zu den Besonderheiten der Insolvenz → Rn. 403.

399 Schließlich kann die oHG auch durch gerichtliche Entscheidung aufgelöst werden (§ 131 Abs. 1 Nr. 4 HGB). Dies ist dann der Fall, wenn einer der Gesellschafter eine **Auflösungsklage** (§ 133 HGB) erhoben hat, die wiederum das Vorliegen eines wichtigen Grundes für die Auflösung der Gesellschaft voraussetzt (§ 133 Abs. 1 HGB). Die Auflösungsklage ersetzt dabei bei der oHG die Möglichkeit der außenordentlichen Kündigung wie sie etwa bei der GbR vorgesehen ist (→ Rn. 299 f.). An das Vorliegen eines wichtigen Grundes sind hohe Anforderungen zu stellen, da die Auflösung der oHG aufgrund der damit verbundenen Zerschlagung des Unternehmens immer nur eine *ultima ratio* darstellen kann. Daher ist ein wichtiger Grund immer nur dann anzunehmen, wenn eine weitere Fortführung der oHG für den klagenden Gesellschafter nach einer umfassenden Interessenabwägung unzumutbar ist (BGHZ 69, 160 (169); BGH WM 1966, 1051; NJW 1968, 430). Dies ist etwa bei einem tiefgreifenden Zerwürfnis der Gesellschafter, einem unredlichen Geschäftsgebaren eines Gesellschafters oder einer Unfähigkeit zur weiteren Mitarbeit in der oHG der Fall. Die Auflösungsklage kann entweder von einem Gesellschafter allein oder von mehreren Gesellschaftern als notwendige Streitgenossen (§ 62 Abs. 1 Alt. 2 ZPO) erhoben werden und richtet sich gegen alle Gesellschafter, die selbst nicht Kläger sind (BGHZ 30, 195 (197); BGH NJW 1998, 146). Die Möglichkeit der Erhebung einer Auflösungsklage kann durch den Gesellschaftsvertrag nicht ausgeschlossen oder beschränkt werden (§ 133 Abs. 3 HGB). Allerdings kann der Gesellschaftsvertrag statt einer Auflösungsklage ein Kündigungsrecht einräumen (BGHZ 31, 295 (300)).

## III. Das Auseinandersetzungsverfahren bis zur (Voll-)Beendigung der offenen Handelsgesellschaft

400 Der Auflösung der oHG folgt deren Auseinandersetzung, in deren Rahmen die oHG abgewickelt wird. Dies vollzieht sich nach dem gesetzlichen Leitbild durch die **Liquidation** (§§ 146 ff. HGB), bei der im Wesentlichen eine Beendigung der laufenden Geschäfte, die Einziehung der ausstehenden Forderungen, die Veräußerung des Gesellschaftsvermögens und die Erfüllung der Gesellschaftsschulden vorgenommen wird (§ 149 HGB). Diese Aufgaben werden von den so genannten Liquidatoren wahrgenommen, zu denen alle Gesellschafter und nicht

nur die vor der Auflösung als geschäftsführende Gesellschafter tätigen Gesellschafter gehören (§ 146 Abs. 1 HGB). Diese nehmen ihre Aufgaben gemeinsam wahr und verfügen dabei über Gesamtvertretungsmacht (§§ 149 f. HGB). Dabei können diese auch neue Verbindlichkeiten für die oHG begründen. Für die Auseinandersetzung sehen die §§ 146 ff. HGB keinen bestimmten Zeitrahmen vor, so dass sich diese auch über mehrere Jahre hinziehen kann. Dies ist insbesondere dann der Fall, wenn die oHG in langfristigen Verträgen gebunden ist, da diese auch bei der Auflösung der oHG weiter Bestand haben. Soweit das Vermögen der oHG schließlich nicht ausreicht, um alle Gläubiger der oHG zu befriedigen, können die Gläubiger eine Befriedigung nur durch eine Inanspruchnahme der Gesellschafter im Rahmen der Haftung nach § 128 HGB (→ Rn. 355 ff.) erreichen. Eine – wie etwa bei der (Außen-)GbR existierende (→ Rn. 304) – Nachschusspflicht besteht für die Gesellschafter der oHG gerade nicht (RGZ 40, 29 (31); BGHZ 24, 91 (93); 26, 126 (130)). Führt die Auseinandersetzung schließlich zu einem Überschuss, ist dieser unter den Gesellschaftern nach dem Verhältnis ihrer Kapitalanteile zu verteilen (§ 155 Abs. 1 HGB).

Der Gesellschaftsvertrag kann allerdings eine von der Liquidation abweichende Form der Auseinandersetzung vorsehen, wovon in der gesellschaftsrechtlichen Praxis regelmäßig Gebrauch gemacht wird, um eine (unkontrollierte) Zerschlagung des Unternehmens zu verhindern. Stattdessen wird häufig eine **Übernahme des Unternehmens durch einen der Gesellschafter** unter gleichzeitiger Abfindung der übrigen Gesellschafter oder die **Veräußerung des Unternehmens** an einen Dritten im Gesellschaftsvertrag vereinbart. Auf diese Weise lässt sich der Unternehmenswert, der regelmäßig höher als die Summe des Wertes der einzelnen Vermögensgegenstände ist, besser realisieren. Die Auseinandersetzung der oHG kann durch die Gesellschafter durch eine Beschlussfassung der Wiederaufnahme der werbenden Tätigkeit jederzeit wieder beendet werden (BGH NJW 1995, 2843 (2844)).

Das Auseinandersetzungsverfahren stellt sich somit folgendermaßen dar: **401**

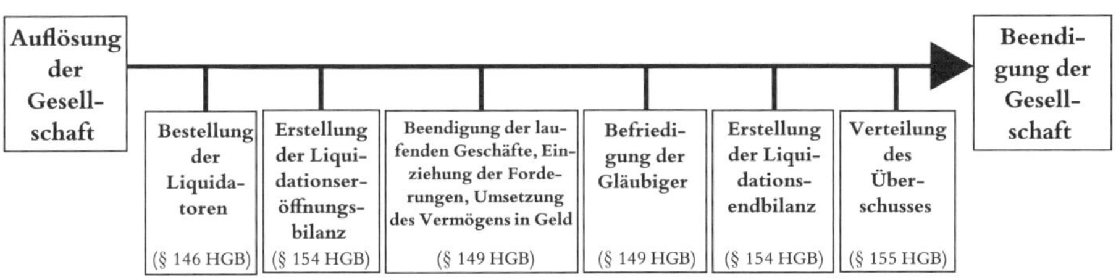


## IV. Die (Voll-)Beendigung der offenen Handelsgesellschaft

**402** Der Abschluss der Auseinandersetzung der oHG führt zu deren Vollbeendigung, womit das Ende der Existenz der oHG als Rechtsträger verbunden ist. Voraussetzung dafür ist allerdings die **vollständige Verteilung des Vermögens der oHG**. Wird die oHG beendet, obwohl noch Forderungen gegen diese bestehen, müssen sich die Gläubiger zur Befriedigung an die Gesellschafter wenden, deren Haftung zwar trotz der Beendigung der oHG noch fortbesteht, allerdings grundsätzlich der Sonderverjährung von fünf Jahren nach § 159 HGB unterliegt. Die Beendigung ist schließlich vom Liquidator im Handelsregister einzutragen (§ 157 HGB). Die Eintragung hat allerdings nur deklaratorische Wirkung, so dass die Vollbeendigung bereits automatisch mit dem Abschluss der Auseinandersetzung eintritt.

**Merksatz:** Die oHG wird erst dann vollbeendet, wenn diese das Auseinandersetzungsverfahren durchlaufen hat.

### V. Die Insolvenz der offenen Handelsgesellschaft

**403** Auch über das Vermögen einer oHG kann das Insolvenzverfahren eröffnet werden (§ 11 Abs. 2 Nr. 1 InsO). Dies hat bei der oHG deren **Auflösung** zur Folge (§ 131 Abs. 1 Nr. 3 HGB). Die Eröffnung des Insolvenzverfahrens führt dann typischerweise dazu, dass der Insolvenzverwalter die Gesellschafter im Rahmen von deren persönlicher Haftung (→ Rn. 355 ff.) in Anspruch nimmt. Die Gläubiger können während des Insolvenzverfahrens ihre Forderungen gegen die Gesellschafter nicht durchsetzen, da § 93 InsO diese Aufgabe allein dem Insolvenzverwalter zuweist. Insofern gelten die für die (Außen-)GbR dargestellten Grundsätze (→ Rn. 307).

## G. Wiederholung

### I. Zusammenfassung

1. Eine **oHG** zeichnet sich dadurch aus, dass
   - es sich um eine Gesellschaft handelt,
   - sie ein Handelsgewerbe betreibt,
   - sie unter einer gemeinschaftlichen Firma auftritt und
   - bei keinem der Gesellschafter die Haftung gegenüber den Gesellschaftsgläubigern beschränkt ist.
2. Die **Gründung** der oHG erfolgt erfordert
   - den Abschluss eines Gesellschaftsvertrags und
   - grundsätzlich keine Beachtung von Form- und Genehmigungsvorbehalten.
3. Der **Gesellschaftsvertrag** einer oHG
   - wird nach den allgemeinen Grundsätzen der §§ 133, 157 BGB ausgelegt und
   - unterliegt der Inhaltskontrolle nach §§ 138, 242 BGB nicht aber nach den §§ 305 ff. BGB.

4. Die Gesellschafter einer oHG haben das **Recht**,
   - sich von den Angelegenheiten der oHG persönlich zu unterrichten, die Handelsbücher und die Papiere der oHG einzusehen und sich aus ihnen eine Bilanz und einen Jahresabschluss anzufertigen,
   - am Gewinn und Verlust beteiligt zu werden und Entnahmen vorzunehmen,
   - Aufwendungsersatz zu verlangen

   und die **Pflicht**
   - die im Gesellschaftsvertrag vereinbarte Einlage zu leisten,
   - sich nicht treuwidrig zu verhalten und
   - nicht in Wettbewerb mit der oHG zu treten.
5. Zur **Geschäftsführung** einer oHG sind alle Gesellschafter einzeln berechtigt, soweit es um Handlungen geht, die der gewöhnliche Betrieb des Handelsgewerbes der oHG mit sich bringt.
6. Zur **Vertretung** der oHG ist jeder Gesellschafter berechtigt, soweit der Gesellschaftsvertrag nicht Gesamtvertretungsmacht vorsieht.
7. Für die **Verbindlichkeiten** der oHG haften
   - das Gesellschaftsvermögen und
   - die Gesellschafter nach §§ 128 f. HGB, soweit diese ihre Haftung nicht durch eine Individualabrede mit den Gläubigern beschränkt wurde.
8. Die Gesellschafter einer oHG können durch eine Änderung des Gesellschaftsvertrages, den Tod (§ 131 Abs. 3 Nr. 1 HGB), die Insolvenz (§§ 131 Abs. 3 Nr. 2 HGB), die Ausübung eines Kündigungsrechts (§ 131 Abs. 3 Nr. 3 und 4 HGB) oder einen gerichtliche Entscheidung (§ 140 HGB) ausscheiden.
9. Durch das **Ausscheiden eines Gesellschafters** kommt es zu
   - einem Verlust der Gesellschafterstellung,
   - einer Fortsetzung der oHG unter den übrigen Gesellschaftern,
   - einer (Nach-)Haftung des ausgeschiedenen Gesellschafters für die Verbindlichkeiten der oHG,
   - einem Anspruch des ausgeschiedenen Gesellschafters auf Befreiung von der Verbindlichkeiten der oHG und
   - einem Anspruch des ausgeschiedenen Gesellschafters auf Zahlung einer Abfindung.
10. Mit der **Auflösung der oHG** erfolgt deren Liquidation (Auseinandersetzung), an deren Ende die (Voll-)Beendigung der oHG steht.

## II. Kontrollfragen

1. Welche Vor- und Nachteile birgt die oHG als Beteiligungsform für das Projekt von A und B (→ Rn. 98) für die Gewinnung externer Investoren?

2. Welche Bedeutung hat die Handelsregistereintragung bei der Gründung einer oHG und was sind die Folgen einer fehlenden Eintragung?
3. Welche Vermögensrechte hat ein Gesellschafter einer oHG?
4. Wer ist bei der oHG zur Geschäftsführung und zu deren Vertretung berechtigt?
5. Wer haftet bei der oHG für deren Verbindlichkeiten?
6. Unter welchen Voraussetzungen kann ein Gesellschafter einer oHG seine Mitgesellschafter in Anspruch nehmen, wenn er eine Verbindlichkeit der oHG gegenüber einem Gläubiger erfüllt hat?
7. Für welche Verbindlichkeiten haftet ein Gesellschafter einer oHG nach seinem Ausscheiden?
8. Was ist eine Nachfolgeklausel und welche Möglichkeiten eröffnet diese für die Erben eines verstorbenen Gesellschafters einer oHG?
9. Welche Gründe führen bei einer oHG zu deren Auflösung und wie gestaltet sich das Abwicklungsverfahren?

# § 8. Die Kommanditgesellschaft

## A. Grundlagen

### I. Begriff und Konzeption

404 Bei der Kommanditgesellschaft **(KG)** handelt es sich nach § 161 Abs. 1 HGB um eine Gesellschaft, deren Zweck auf den Betrieb eines Handelsgewerbes unter gemeinschaftlicher Firma gerichtet ist und bei der bei einem oder bei einigen von den Gesellschaftern die Haftung gegenüber den Gesellschaftsgläubigern auf den Betrag einer bestimmten Vermögenseinlage beschränkt ist (*Kommanditist*), während bei dem anderen Teil der Gesellschafter (persönlich haftender Gesellschafter bzw. *Komplementär*) eine Beschränkung der Haftung nicht stattfindet. Damit handelt es sich bei der KG lediglich um eine **Sonderform der oHG** (→ Rn. 308 ff.) mit einem Unterschied hinsichtlich der Haftungsverhältnisse von wenigstens einem der Gesellschafter. Dieses Verhältnis zeigt sich auch an den Rechtsgrundlagen der KG. Denn auf diese finden nach § 161 Abs. 2 HGB die für die oHG geltenden Vorschriften Anwendung, soweit in den §§ 162 ff. nichts Abweichendes geregelt ist.

405 Mit der Möglichkeit der Haftungsbeschränkung stellt die KG eine zentrale Möglichkeit der **Beteiligung an einer Handelsgesellschaft ohne eigenes unbeschränktes wirtschaftliches Risiko** dar. Zwar wird diese Möglichkeit auch durch die GmbH (→ Rn. 526 ff.) eröffnet. Allerdings setzte diese bei der Schaffung des GmbH-Gesetzes von 1892 bzw. der Schaffung des HGB von 1900 einen deutlich höheren Mindestkapitaleinsatz voraus, so dass vielen Un-

ternehmen der Zugang zur GmbH faktisch verwehrt war. Berücksichtigt man einerseits die Beteiligung an einer GmbH und andererseits die Beteiligung an einem Handelsgewerbe in Form der stillen Gesellschaft (→ Rn. 480 ff.), wird schnell die Stellung deutlich, die der historische Gesetzgeber der KG zugewiesen hat. Denn während der Anleger bei der stillen Gesellschaft in keiner Weise nach außen und bei der GmbH gleichberechtigt neben den übrigen Gesellschaftern in Erscheinung tritt, räumt die KG ihm die Möglichkeit ein, sich sichtbar und mit einem wenn auch nicht unbeschränkten Verantwortlichkeit gegenüber Dritten an einem Unternehmen zu beteiligen. Der historische Gesetzgeber hat dem Kommanditisten – ähnlich wie dem stillen Gesellschafter (→ Rn. 502 ff.) – dabei die Rolle eines passiven Anlegers zugewiesen, was in den §§ 161 ff. HGB einerseits in Bezug auf die fehlende Einbindung des Kommanditisten in die Geschäftsführung und Vertretung (→ Rn. 434 ff.) und hinsichtlich der beschränkten Kontrollrechte (→ Rn. 435) und andererseits auch in der sprachlichen Bedeutung des Begriffs *Kommandit*gesellschaft (franz. *commanditer* – etwas finanzieren) deutlich wird. Die gesellschaftsrechtliche Praxis hat diese Rollenzuweisung des historischen Gesetzgebers allerdings nur bedingt aufgenommen und die KG aufgrund der im Personengesellschaftsrecht weitgehenden Gestaltungsfreiheit (→ Rn. 32) unterschiedlichen Verwendungszwecken angepasst, so dass heute nicht mehr von einer Art der KG, sondern von einer Vielzahl von Realtypen gesprochen werden muss.

**Merksatz:** Bei einer KG handelt es sich nach § 161 Abs. 1 HGB um eine Gesellschaft, deren Zweck auf den Betrieb eines Handelsgewerbes unter gemeinschaftlicher Firma gerichtet ist und bei der bei einem oder bei einigen von den Gesellschaftern die Haftung gegenüber den Gesellschaftsgläubigern auf den Betrag einer bestimmten Vermögenseinlage beschränkt ist (*Kommanditist*), während bei dem anderen Teil der Gesellschafter (persönlich haftender Gesellschafter bzw. *Komplementär*) eine Beschränkung der Haftung nicht stattfindet.

## II. Erscheinungsformen

Die KG stellt die **wichtigste Form der Personenhandelsgesellschaften** 406
dar, bleibt im Vergleich zu allen Gesellschaftsformen allerdings vor allem hinter der GmbH zurück. So waren Anfang 2013 in Deutschland ca. 245.000 Unternehmen in der Rechtsform der KG organisiert, was einem Anteil von ca. 17 % an der Gesamtzahl der Handelsgesellschaften entspricht (vgl. *Kornblum* GmbHR 2013, 693 ff.). Ein zentrales Charakteristikum der KG ist die in der Praxis vorkommende Gestaltungs- und Artenvielfalt, die auf die weitgehende Gestaltungsfreiheit im Personengesellschaftsrecht zurückzuführen ist. Denn auch wenn die §§ 161 ff. HGB scheinbar nur von einer Form der KG ausgehen, haben sich in der Praxis eine Reihe von Realtypen herausgebildet, die oftmals von anderen Regelungsregime in großem Umfang überlagert werden. Inso-

fern ist die **klassische, auf wenige natürliche Personen als Gesellschafter ausgerichtete KG** in der Praxis heutzutage eher die Ausnahme, was – ebenso wie bei der oHG (→ Rn. 313 ff.) – vor allem auf die damit verbundenen Haftungsgefahren zurückzuführen ist.

Die klassische KG stellt sich folgendermaßen dar:

407 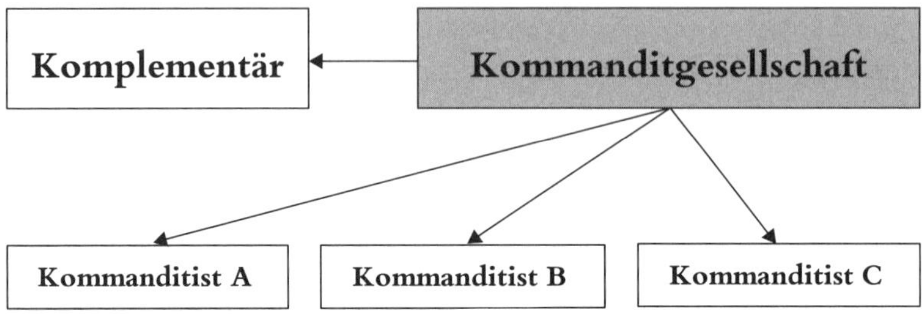


408 Die wichtigste Form bildet vielmehr die **Kapitalgesellschaft & Co. KG**, bei der anstelle einer natürlichen Person eine Kapitalgesellschaft als persönlich haftender Gesellschafter auftritt. Auch wenn die Komplementärstellung dabei meist von einer GmbH eingenommen und eine GmbH & Co. KG gebildet wird, ist dies nicht zwingend. Die Komplementärstellung kann etwa auch von einer Aktiengesellschaft oder sogar einer ausländischen Kapitalgesellschaft wie etwa einer englischen *private company limited by shares* eingenommen werden, was für diese Art der Vermischung der Gesellschaftsformen völlig neue Möglichkeiten eröffnet und diese dabei an ihre Grenzen führt. Die Kapitalgesellschaft & Co. KG zeichnet sich aber nicht allein dadurch aus, dass die Rolle des persönlich haftenden Gesellschafters von einer Kapitalgesellschaft eingenommen wird. Es kommt vielmehr zu einer teilweise äußert komplexen Wechselwirkung zwischen dem GmbH-Recht und den §§ 161 ff. HGB, was vor allem für den Bereich der Haftung der Gesellschaft und der Gesellschafter gegenüber den Gläubigern eine Reihe von Sonderfragen aufwirft (→ Rn. 437 ff.).

**Klausurhinweis:** Auch wenn die gesetzestypische KG in der Praxis bei weitem keine so große Rolle mehr spielt wie die Kapitalgesellschaft & Co. KG setzt sich die Klausurpraxis vor allem mit der gesetzestypischen KG auseinander. Dies ist vor allem darauf zurückzuführen, dass für eine Fallbearbeitung hinsichtlich der Kapitalgesellschaft & Co. KG in der Regel profunde Kenntnisse des Kapitalgesellschaftsrechts erforderlich sind, was in den meisten Bundesländern in dieser Intensität aber vom Pflichtfachstoff ausgenommen ist. Daher sollte das Recht der gesetzestypischen KG sicher beherrscht werden. Unabhängig von einer etwaigen Klausurrelevanz sollte auch nicht übersehen werden, dass eine Auseinandersetzung mit der in der Praxis viel wichtigeren Kapitalgesellschaft & Co. KG ohne ein Verständnis der gesetzestypischen KG letztlich nicht möglich ist.

409 Ein weiterer Realtyp der KG ist die sog. **Publikums-Kommanditgesellschaft**, die sich vor allem durch eine große Anzahl von Kommanditisten

auszeichnet, die sich weniger als eigentliche (aktive) Gesellschafter, sondern vielmehr als (passive) Anleger an der KG beteiligen, so dass die Ausübung der typischen Gesellschafterrechte bei diesen in den Hintergrund tritt. Diese sog. Publikums-Kommanditgesellschaften nähern sich damit sehr stark der Rechtsform der Aktiengesellschaft an, unterscheiden sich von dieser aber vor allem in steuerrechtlicher Hinsicht (vgl. Röhricht/Graf von Westphalen/Haas/*Haas/Mock* § 161 Rn. 4). Darüber hinaus hat vor allem der Prozess der Gewinnung neuer Anleger und die Ausübung von deren Rechten nach dem Beitritt zu der Publikums-KG ein nahezu völlig eigenständiges Sonderrechtsgebiet begründet, das sich zum einen am Aktienrecht als dem vom Gesetzgeber historisch vorgesehenen Gesellschaftstyp für große Kapitalsammelbecken und zum anderen am Kapitalmarktrecht orientiert.

In diesem Zusammenhang ist schließlich noch das **sog. Treuhandmodell** zu erwähnen, das sich zwar nicht allein auf die KG beschränkt, bei dieser aber die größte Verbreitung gefunden hat. Bei diesem Treuhandmodell verfügt die KG häufig über lediglich einen Kommanditisten in der Rechtsform einer Kapitalgesellschaft. Dieser sog. Treuhandkommanditist unternimmt es dann, Anleger für eine Investition in die KG zu gewinnen, die dann allerdings nicht selbst Kommanditisten werden, sondern lediglich einen Treuhandvertrag mit dem Treuhandkommanditisten abschließen. Im Rahmen dieses Treuhandvertrages verpflichtet sich der Anleger seine Einlage (an den Treuhandkommanditisten) zu leisten. Der Treuhandkommanditist verpflichtet sich im Gegenzug, die Einlage an die KG weiterzuleiten und den Anleger so zu stellen, als ob dieser selbst Kommanditist sei. Der zentrale Unterschied zwischen einer direkten Beteiligung an der KG und dieser mittelbaren Beteiligung über den Treuhandkommanditisten besteht darin, dass der Anleger nicht Gesellschafter wird und sein Verhältnis gegenüber dem Treuhandkommanditisten rein vertraglicher Natur ist, was mit einer deutlich größeren Gestaltungsfreiheit einhergeht. Insofern wird also Gesellschafts- mit Vertragsrecht ersetzt. Die Vorteile bei dieser Anlageform bestehen dabei typischerweise nicht für die Anleger, sondern sind vor allem bei der KG bzw. bei deren Initiatoren zu suchen, da die eigentliche KG gegenüber ihren Anlegern abgeschirmt wird (zu den Hintergründen dieses Anlagemodells vgl. Röhricht/Graf von Westphalen/Haas/*Haas/Mock* § 161 Rn. 204 ff.).

Die Struktur der KG im Treuhandmodell stellt sich folgendermaßen dar:

**410**

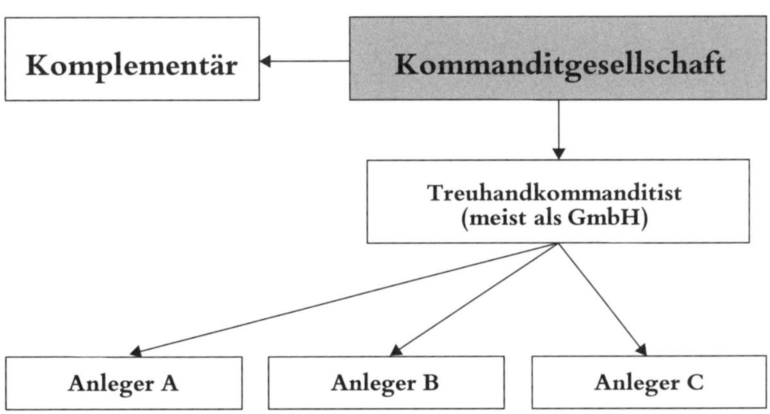

**Merksatz:** Die KG kennt verschiedene, weitgehend selbständige Realtypen. Dabei handelt es sich um die gesetzestypische KG, die Kapitalgesellschaft & Co. KG, die Publikums-KG und das sog. Treuhandmodell.

### III. Die Kommanditgesellschaft als Rechtssubjekt

411 Aufgrund des grundsätzlichen Verweises in § 161 Abs. 2 HGB auf das Recht der oHG ist die KG auch **selbst Rechtsubjekt** (§ 124 HGB), ohne dabei juristische Person zu sein (→ Rn. 87). Sie kann daher ebenso wie die oHG (→ Rn. 316) unter ihrer Firma Recht erwerben und Verbindlichkeiten eingehen, sowie Eigentum und andere dingliche Rechte an Grundstücken erwerben und schließlich vor Gericht klagen und verklagt werden (§ 124 Abs. 1 HGB).

## B. Gründung der Kommanditgesellschaft

412 Die Gründung der KG erfolgt – ebenso wie bei der oHG (→ Rn. 317 ff.) – durch den **Abschluss des Gesellschaftsvertrages** (→ Rn. 317) durch die Gesellschafter, wofür die dort genannten Grundsätze (→ Rn. 317 ff.) entsprechend gelten. Kommt es dabei zu einem fehlerhaften Abschluss des Gesellschaftsvertrages gelten auch bei der KG die **Grundsätze der fehlerhaften Gesellschaft** (→ Rn. 33 ff.). Die KG muss zudem – ebenso wie die oHG (→ Rn. 319) – im Handelsregister eingetragen werden (§ 162 HGB). Dabei sind die Kommanditisten als solche zu bezeichnen und der Betrag ihrer übernommenen – nicht aber tatsächlich geleisteten – Einlage auszuweisen (§ 162 Abs. 1 S. 1 HGB). Die Eintragung im Handelsregister hat allerdings auch bei der KG nur **deklaratorische Bedeutung**, so dass auch die KG schon mit Abschluss des Gesellschaftsvertrages entsteht. Etwas anderes gilt allerdings hinsichtlich der **Haftungsbeschränkung der Kommanditisten**, da diese in ihrer Haftung erst mit Eintragung als Kommanditist im Handelsregister beschränkt sind, sofern die KG mit Zustimmung der Kommanditisten vor der Eintragung ihre Geschäfte begonnen hat (§ 176 HGB, → Rn. 442 f.).

413 Auch bei einer KG müssen die Gesellschafter einen Beitrag leisten, der im Gesellschaftsvertrag festgelegt wird (→ Rn. 429). Dabei besteht ebenso wie bei der oHG Gestaltungsfreiheit, so dass neben einer Leistung einer Bareinlage auch eine Sacheinlage erfolgen kann. Für die Kommanditisten muss in diesem Zusammenhang zwischen der **Pflichteinlage und der Hafteinlage** unterschieden werden. Während es sich bei der Pflichteinlage um den Betrag im Gesellschaftsvertrag festgelegten Betrag handelt, stellt die Hafteinlage den Betrag dar, der im Handelsregister eingetragen ist und mit dem der Kommanditist im Außenverhältnis gegenüber den Gläubigern haftet (→ Rn. 445). Diese beiden Beträge müssen dabei nicht übereinstimmen, sondern können sogar erheblich

voneinander abweichen. Aus diesem Grund bedarf es bei der Einbringung von Sachen oder Rechten zur Erfüllung der Pflichteinlage auch keiner objektiven oder in einem bestimmten Verfahren ermittelten Überprüfung der Werthaltigkeit. Diese spielt lediglich im Rahmen der Überprüfung der Erbringung der Hafteinlage eine Rolle (→ Rn. 450).

Der Grund für die **unterschiedliche Festlegung von Haft- und Pflichteinlage** ist vor allem die Beschränkung der Haftung der Kommanditisten gegenüber den Gläubigern zu suchen. Denn häufig wird im Gesellschaftsvertrag vereinbart, dass der Kommanditist die Pflichteinlage nicht sofort erbringen muss. Würde man in einem solchen Fall für die Haft- und die Pflichteinlage den gleichen Betrag festsetzen, könnte der Kommanditist von den Gläubigern direkt in Anspruch genommen werden, da eine Vereinbarung einer späteren Leistung der Einlage nur im Verhältnis zur KG wirkt und die Haftung gegenüber den Gläubigern unberührt lässt (§§ 161 Abs. 2, 128 S. 2 HGB). Daher wird sehr häufig ein sehr geringer Betrag als Hafteinlage vorgesehen (→ Rn. 445).

Neben der Pflichteinlage können sich die Gesellschafter auch bei der KG 414 zur **Erbringung weiterer Leistungen wie etwa der Überlassung von Gegenständen oder die Gewährung von Darlehen** verpflichten. Dies erfolgt dabei häufig außerhalb des Gesellschaftsvertrages im Rahmen zusätzlich abgeschlossener schuldrechtlicher Verträge. Diese Verträge unterfallen dann grundsätzlich nicht den gesellschaftsrechtlichen Vorschriften, was vor allem für die Frage der Schlechterfüllung oder der Beendigung eine große Rolle spielt. Denn die schuldrechtlichen Vorschriften über die Schlechterfüllung und über die Beendigung von Verträgen finden auf diese Verträge uneingeschränkt Anwendung, während Gesellschaftsverträge in diesem Zusammenhang weitgehenden Einschränkungen unterliegen (→ Rn. 133). Die im Rahmen der Auslegung insofern notwendige Abgrenzung der Nebenleistungspflichten von den im Rahmen des Gesellschaftsvertrags übernommenen Pflichten kann vor allem dann Schwierigkeiten bereiten, wenn diese schuldrechtlichen Verträge parallel zum Gesellschaftsvertrag geschlossen werden. Ein entscheidendes Kriterium kann dabei sein, ob der die schuldrechtliche Nebenpflicht begründende Vertrag Bestandteil der Vertragsurkunde des Gesellschaftsvertrags ist (*Grunewald* § 3 Rn. 8). Bei der Gewährung von Darlehen ist es zudem entscheidend, ob der Gesellschafter dieses als Fremd- oder als Eigenkapital gewähren wollte.

Ein besonderes Problem stellt schließlich die Kombination von Einlagever- 415 pflichtungen und weiteren, sich aus weiteren (schuldrechtlichen) Verträgen ergebenden Pflichten dar. So ist vor allem bei Publikumspersonengesellschaft (→ Rn. 409) häufig der Fall, dass der Kommanditist der KG neben seiner Einlage noch ein einfaches Darlehen oder eine stille Beteiligung (→ Rn. 480 ff.) überlassen muss. Diese auch als **gesplittete Einlage** bezeichneten Kombinationen dieser beiden vermeintlich unterschiedlichen Verpflichtungsgründe hat seinen praktischen Nutzen darin, dass die Kommanditisten damit angeblich ein geringeres Risiko eingehen, da sie das Darlehen im Krisenfall kündigen, zurückgezahlt verlangen und somit ihren Kapitalverlust verringern können.

Diese Gestaltung stößt allerdings dann an ihre Grenzen, wenn die Auslegung des Gesellschaftsvertrages ergibt, dass die etwa durch das Darlehen zusätzlich zur Verfügung gestellten Mittel tatsächlich wie die Einlage selbst behandelt werden soll. Denn dann müssen sich die Gesellschafter daran festhalten lassen. Zentrale Folge ist dann, dass die Darlehensverträge nicht gekündigt und die Rückzahlung der überlassenen Mittel verlangt werden kann, da schon kein Darlehensvertrag vorliegt. Ist das Darlehen schon an den Kommanditisten zurückgezahlt worden, muss dieser es wieder an die KG zurückgewähren.

416 **Beispielsfall:** A und B wollen sich an dem Handelsgewerbe des Kaufmanns K beteiligen, so dass diese die K-KG gründen, bei der K als Komplementär und A und B als Kommanditisten auftreten. Als Beteiligung sollen A und B jeweils einen Betrag von 20.000 EUR aufbringen. Welche Gestaltungsmöglichkeiten stehen den Gesellschaftern offen?

Für die konkrete Ausgestaltung dieser Beteiligung ergeben sich für A, B und K nun verschiedene Möglichkeiten. Zunächst können sie eine Hafteinlage von jeweils 20.000 EUR im Gesellschaftsvertrag vereinbaren und im Handelsregister eintragen lassen. Dies hätte allerdings zur Folge, dass sie – bei einer fehlenden Erbringung der Einlage oder deren Rückgewähr (→ Rn. 454 ff.) – auch in dieser Höhe gegenüber den Gläubigern der K-KG haften. Daher können sie auch die Hafteinlage auf einen Betrag von etwa 100 EUR festlegen, im Gesellschaftsvertrag aber eine Pflichteinlage von 20.000 EUR vereinbaren, ohne dass für sie dabei das gleiche Haftungsrisiko wie bei der Festsetzung einer Hafteinlage von 20.000 EUR droht, auch wenn sie im Ergebnis den gleichen Betrag aufbringen müssen (→ Rn. 445). Schließlich können sie das Beteiligungskapital auch als gesplittete Einlage etwa im Verhältnis 50:50 erbringen, so dass eine Haft- oder Pflichteinlage von 10.000 EUR vereinbart und ein Darlehen von 10.000 EUR gewährt wird. Die genaue Ausgestaltung einer solchen Beteiligung als Kommanditist ist dabei von einer Reihe von Erwägungsgründen abhängig, die sich vor allem bei Publikums-Kommanditgesellschaften an den Interessen von deren Initiatoren ausrichten und nicht selten zu Lasten der Kommanditisten gehen. Letztlich ist aber vor allem die hier aufgezeigte Gestaltungsfreiheit einer der Hauptgründe für die Wahl der Rechtsform der KG, da das Kapitalgesellschaftsrecht vergleichsweise weniger Spielraum zulässt und strengere Haftungsfolgen etwa für die Darlehensgewährung vorsieht.

**Merksatz:** Bei der KG muss zwischen der Pflichteinlage und der Hafteinlage unterschieden werden. Bei der Pflichteinlage handelt es sich um den Betrag, zu dessen Leistung sich der Kommanditist im Gesellschaftsvertrag verpflichtet hat. Hingegen handelt es sich bei der Hafteinlage um den Betrag, der im Handelsregister eingetragen wird und in dessen Höhe der Kommanditist den Gläubiger unmittelbar haftet.

## C. Beziehungen der Gesellschafter untereinander (Innenverhältnis)

### I. Der Gesellschaftsvertrag

Der Gesellschaftsvertrag ist auch bei der KG – wie § 163 HGB noch einmal ausdrücklich klarstellt – das **Herzstück der Rechtsbeziehungen der Gesellschafter** untereinander. Für die notwendigen Bestandteile des Gesellschaftsvertrages einer KG gelten die für die (Außen-)GbR genannten Grundsätze (→ Rn. 177 ff.), so dass neben der gemeinschaftlichen Firma auch die von den Gesellschaftern zu leistenden Beiträge im Gesellschaftsvertrag festgelegt werden müssen (zur Einlageverpflichtung → Rn. 429). Zusätzlich muss beim Gesellschaftsvertrag der KG aber auch die beschränkte Haftung der Kommanditisten aufgenommen werden, wobei in diesem Zusammenhang auch die bloße Bezugnahme auf den Begriff des Kommanditisten ausreicht. **417**

In seiner konkreten Ausgestaltung unterliegt der Gesellschaftsvertrag einer **418** weitgehenden **Gestaltungsfreiheit**, die ihre Beschränkung allerdings in den auch für die (Außen-)GbR geltenden Grundsätzen findet (→ Rn. 177 ff.). Dies gilt in besonderem Maße für die Publikums-KG, da bei dieser ein erhöhtes Schutzbedürfnis für die Anleger besteht.

So werden die Rechte der Anleger als Kommanditisten bei der **Publikums-KG** häufig über Gebühr eingeschränkt und auf ein Mindestmaß beschränkt, so dass es den Anlegern nur eingeschränkt möglich ist, Stimm-, Kontroll- oder Informationsrechte auszuüben. Darüber hinaus favorisieren die Gesellschaftsverträge in diesem Zusammenhang in großem Umfang das Management die Geschäftsleitung der Publikums-KG, indem der Haftungsmaßstab herabgesenkt oder etwa die Verjährungsfrist für Ersatzansprüche erheblich verkürzt wird. Da die §§ 161 ff. HGB in diesem Zusammenhang kaum eigenständige Regelungen treffen und das übrige Recht der Personengesellschaften für Publikums-Kommanditgesellschaften nicht ausgelegt ist, wird in diesem Zusammenhang teilweise auf das Aktienrecht als Vergleichsmaßstab zurückgegriffen (vgl. BGHZ 67, 207 (220); 84, 383 (386); 87, 84 (87)), da die Aktiengesellschaft für diese Struktur einer Gesellschaft vom historischen Gesetzgeber vorgesehen wurde.

Hinsichtlich der **Auslegung des Gesellschaftsvertrages** muss zwischen **419** den einzelnen Realtypen (→ Rn. 406 ff.) der KG unterschieden werden. Während bei der klassischen KG die auch für die GbR (→ Rn. 182 f.) und die oHG (→ Rn. 321) geltenden Grundsätze zur Anwendung kommen, ergeben sich vor allem bei der Publikums-KG (→ Rn. 409) erhebliche Abweichungen. Denn diese weist im Gegensatz zur klassischen KG eine körperschaftliche Struktur auf, die sich auch bei der Auslegung niederschlagen muss. Daher erfolgt die Auslegung bei der Publikums-KG anhand von objektiven Maßstäben, so dass vor allem die subjektiven Vorstellungen der Gesellschafter bei Abschuss des Gesellschaftsvertrages unberücksichtigt bleiben (vgl. etwa BGH WM 1978, 87 (88); 1983, 1407 (1408)).

**Merksatz:** Die Auslegung des Gesellschaftsvertrages der KG richtet sich nach §§ 133, 157 BGB. Bei einer Publikums-KG erfolgt die Auslegung hingegen anhand von objektiven Maßstäben.

## II. Das Gesellschaftsvermögen

420 Hinsichtlich des Gesellschaftsvermögens ergeben sich bei der KG keine Unterschiede zur oHG (→ Rn. 322), so dass dieses bei diesem um ein **Gesamthandsvermögen** handelt, welche der KG zugewiesen wird.

## III. Die Rechte und Pflichten der Gesellschafter

### 1. Kontrollrechte der Gesellschafter

421 Nach § 166 Abs. 1 HGB kommt dem Kommanditisten ein **Kontrollrecht** zu, wonach er eine abschriftliche Mitteilung des Jahresabschlusses verlangen und dessen Richtigkeit durch Einsicht in die Bücher und Papiere der KG überprüfen kann. Daneben kann der Kommanditist nach § 166 Abs. 3 HGB nur bei Vorliegen eines wichtigen Grundes die Mitteilung einer Bilanz und/oder des Jahresabschlusses oder sonstige Aufklärungen sowie die Vorlegung der Bücher und Papiere verlangen. Damit bleibt der Kommanditist – wie auch § 166 Abs. 2 HGB und dessen Verweis auf § 118 HGB noch einmal deutlich macht – weit hinter den Rechten eines Komplementärs zurück, da ihm ein jederzeitiges Einsichts- und Kontrollrecht gerade nicht zukommt. Diese Beschränkungen erklärt sich aus der vom historischen Gesetzgeber dem Kommanditisten zugedachten Rolle als weitestgehend passiver Anleger (→ Rn. 405). Allerdings ist inzwischen allgemein anerkannt, dass die Beschränkungen zu weit gehen und den Kommanditisten insbesondere bei der Ausübung seiner Gesellschafterrechte über Gebühr beschränken. Aus diesem Grund kommt dem Kommanditisten ein über § 166 HGB hinausgehendes Auskunftsrecht zu, das sich insbesondere auf die Vornahme von Grundlagenschäften erstreckt (Röhricht/Graf von Westphalen/Haas/*Haas/Mock* § 166 Rn. 29 ff.).

### 2. Vermögensrechte der Gesellschafter

422 Die Vermögensrechte der Gesellschafter einer KG entsprechen weitestgehend denen der Gesellschafter einer oHG, so dass insofern zwischen dem **Verteilung von Gewinn und Verlust**, deren **Verbuchung** und dem **Entnahmerecht** unterschieden werden muss (→ Rn. 324). Hinsichtlich der Verteilung des Gewinns und des Verlusts gilt dabei zunächst in Übereinstimmung mit der Rechtslage bei der oHG, dass jeder Gesellschafter (unter Einschluss der Kommanditisten) einen Anteil von 4 % seines Kapitalanteils erhält (§§ 168 Abs. 1, 121 Abs. 1 HGB). Ein darüber hinausgehender Gewinn oder ein Verlust wird bei der KG dann aber nicht wie bei der oHG nach Köpfen, sondern vielmehr

anhand eines angemessenen Verhältnisses verteilt (§ 168 Abs. 2 HGB), was sich in der Regel anhand der relativen Anteile an der KG orientiert. Diese Grundsätze sollen an folgendem Beispiel veranschaulicht werden:

**Beispielsfall:** Die X-KG wurde im Jahr 2011 gegründet. An dieser sind A als Komplementär mit einer Einlage von 200 EUR und B und C als Kommanditisten mit einer Einlage von 150 EUR bzw. 50 EUR beteiligt. Während A und B ihre Einlagen vollständig geleistet haben, hat C bisher nur den Betrag von 25 EUR eingezahlt. Die Kapitalanteile der Gesellschafter stellen sich damit im Ausgangspunkt folgendermaßen dar: A = 200 EUR, B = 150 und C = 25 EUR. 423

**Variante 1:** Im Jahr 2013 macht die X-KG einen Gewinn von 100,00 EUR.

Nach §§ 168 Abs. 1, 121 Abs. 1 HGB entfällt auf jeden Gesellschafter ein Betrag von 4% seines Kapitalanteils, so dass A 8 EUR (4% von 200,00 EUR) und B 6 EUR (4% von 150,00 EUR) erhalten. C erhält allerdings aufgrund der unvollständigen Einlageleistung lediglich den Betrag von 1 EUR (4% von 25,00 EUR).

Damit verbleibt von dem Gewinn von ursprünglich 100,00 EUR ein Restbetrag von 85 EUR, der nun nach § 168 Abs. 2 HGB in einem angemessenen Verhältnis der Anteile zu verteilen ist. Da außer den Kapitalanteilen keine Anhaltspunkte gegeben sind, muss der Restgewinn von 85,00 EUR anhand dieser verteilt werden. Somit entfallen auf A aufgrund seines Kapitalanteils von 53,33% der Betrag von 45,33 EUR, auf B aufgrund seines Kapitalanteils von 40% der Betrag von 34,00 EUR und auf C aufgrund seines Kapitalanteils von 6,67% der Betrag von 5,67 EUR. Somit ergibt sich folgendes Gesamtbild:

A = 8 EUR + 45,33 EUR = <u>53,33 EUR</u>
B = 6 EUR + 34,00 EUR = <u>40,00 EUR</u>
C = 1 EUR + 5,67 EUR = <u>6,67 EUR</u>

**Variante 2:** Im Jahr 2013 macht die X-KG einen Verlust von 200,00 EUR.

Nach § 168 Abs. 2 HGB muss der Verlust in einem angemessenen Verhältnis verteilt werden. Da außer den Kapitalanteilen keine Anhaltspunkte gegeben sind, muss der Verlust von 200,00 EUR anhand dieser verteilt werden. Somit entfallen auf A aufgrund seines Kapitalanteils von 53,33% der Betrag von 106,66 EUR, auf B aufgrund seines Kapitalanteils von 40% der Betrag von 80,00 EUR und auf C aufgrund seines Kapitalanteils von 6,67% der Betrag von 13,34 EUR. Somit ergibt sich folgendes Gesamtbild:

A = 200 EUR – 106,66 EUR = <u>93,34 EUR</u>
B = 150 EUR – 80 EUR = <u>70 EUR</u>
C = 25 EUR – 13,34 EUR = <u>11,66 EUR</u>

Eine deutlich weitergehende Einschränkung erfährt der Kommanditist dann im Rahmen der **Verbuchung des ihm zugewiesenen Gewinns oder Verlusts**, was – jedenfalls nach der gesetzlichen Konzeption – dem Umstand geschuldet ist, dass der Kommanditist auch nur einer beschränkten Haftung unterliegt. Dies bedeutet zunächst, dass ein auf den Kommanditisten entfallener Gewinn seinem Kapitalanteil nur solange gutgeschrieben wird, als dieser den Betrag der vereinbarten Einlage erreicht (§ 167 Abs. 2 HGB). Daraus folgt, dass der Kapitalanteil des Kommanditisten nicht durch eine Gutschrift des Ge- 424 winns erhöht werden kann, während diese Beschränkung für den Komplementär gerade nicht besteht (§ 121 Abs. 3 HGB). Da der auf den Kommanditisten entfallene Gewinn aber bilanziell berücksichtigt werden muss, wird für diesen ein zweites Gesellschafterkonto geführt, auf dem der Gewinn gutgeschrieben wird. Umgekehrt nimmt der Kommanditist bei einem Verlust nur bis zum Betrag seines Kapitalanteils und seiner noch rückständigen Einlage teil (§ 167 Abs. 3 HGB), so dass sein Kapitalkonto nicht negativ werden kann. In Fortführung des in → Rn. 423 gebildeten Beispiels ergibt sich folgendes Bild:

425 **Fortsetzung Variante 1:** Im Jahr 2013 macht die X-KG einen Gewinn von 100,00 EUR, von dem auf A 53,33 EUR, auf B 40,00 EUR und auf C 6,67 EUR entfallen, die sich aus der Verzinsung des Kapitalanteils mit 4% (§§ 168 Abs. 1, 121 Abs. 1 HGB) und der Verteilung in einem angemessenen Verhältnis der Anteile (§ 168 Abs. 2 HGB) ergeben (→ Rn. 423).

Dieser auf die einzelnen Gesellschafter entfallene Gewinn wird nun auf verschiedene Weise auf deren Gesellschafterkonten gutgeschrieben. Während sich bei A aufgrund von dessen Komplementärstellung nach § 120 Abs. 2 HGB sein Kapitalanteil von 200,00 EUR auf 253,33 EUR erhöht, bleibt dieser aufgrund von § 167 Abs. 2 HGB bei B bei 150,00 EUR und somit gleich bzw. erhöht sich gerade nicht. Bei C wird der auf ihn entfallene Gewinn allerdings vollständig dem Kapitalanteil zugeschrieben, da dieser hinter dem Betrag der bedungenen Einlage zurückbleibt (§ 167 Abs. 2 HGB). Der Kapitalanteil des C beträgt daher dann 31,67 EUR (25,00 EUR + 6,67 EUR).

**Fortsetzung Variante 2:** Im Jahr 2013 macht die X-KG einen Verlust von 200,00 EUR, von dem auf A 106,66 EUR, auf B 80,00 EUR und auf C 13,34 EUR entfallen, was sich aus der Verteilung in einem angemessenen Verhältnis (§ 168 Abs. 2 HGB) ergibt (→ Rn. 423).

Der Verlust wirkt sich dahingehend auf die Kapitalanteile der Gesellschafter aus, dass sich der Kapitalanteil von A auf 93,33 EUR, der von B auf 70,00 EUR und der von C auf 11,66 EUR reduziert.

426 Eine weitere Einschränkung erfährt der Kommanditist gegenüber dem Komplementär hinsichtlich des **Entnahmerechts**. Denn während dem Komplementär nach § 122 HGB grundsätzlich ein Entnahmerecht in Höhe von 4% seines Kapitalanteils zukommt (→ Rn. 330), besteht ein solches für den Kommanditisten nach § 169 Abs. 1 S. 1 HGB nicht. Dieser ist vielmehr auf die Auszahlung des ihm zukommenden Gewinns beschränkt (§ 169 Abs. 1 S. 2 Hs. 1 HGB), was allerdings zusätzlich voraussetzt, dass sein Kapitalanteil durch einen Verlust nicht unter den auf die bedungene Einlage geleisteten Betrag herabgemindert wurde oder durch die Auszahlung unter diesen Betrag fallen würde (§ 169 Abs. 1 S. 2 Hs. 2 HGB). Daraus folgt, dass auch der Kommanditist, der seine Einlageverpflichtung nicht vollständig erbracht hat, nicht von einer möglichen Entnahme ausgeschlossen wird. Allerdings steht der KG in diesem Fall die Möglichkeit offen, mit dem noch offenen Einlageanspruch aufzurechnen. Soweit der Kommanditist einen Gewinn schließlich entnommen hat, kann dieser später nicht von ihm beim Eintritt von

Verlusten zurückverlangt werden (§ 169 Abs. 3 HGB). In Fortführung des in → Rn. 423 gebildeten Beispiels ergibt sich folgendes Bild:

**Fortsetzung Variante 1:** Im Jahr 2013 macht die X-KG einen Gewinn von 100,00 EUR, von dem auf A 53,33 EUR, auf B 40,00 EUR und auf C 6,67 EUR entfallen, die sich aus der Verzinsung des Kapitalanteils mit 4% (§§ 168 Abs. 1, 121 Abs. 1 HGB) und der Verteilung in einem angemessenen Verhältnis (§ 168 Abs. 2 HGB) ergeben (→ Rn. 425). Der Kapitalanteil von A beträgt danach 253,33 EUR und die von B und C 150,00 EUR bzw. 31,67 EUR. **427**

A kann im Folgejahr nach § 122 Abs. 1 HGB den Betrag von 53,33 EUR entnehmen, soweit dies nicht zum Schaden der X-KG gereicht. B kann seinen Gewinnanteil von 40,00 EUR entnehmen. Auch C kann seinen Gewinnanteil von 6,67 EUR entnehmen, da sein Kapitalanteil dadurch nicht unter den auf die bedungene Einlage geleisteten Betrag von 25,00 EUR herabgemindert wird. Der Umstand, dass er seine Einlage bisher nicht vollständig erbracht hat, steht dem nicht entgegen.

**Fortsetzung Variante 2:** Im Jahr 2013 hat die X-KG einen Verlust von 200,00 EUR. Dieser hat sich dahingehend auf die Kapitalanteile der Gesellschafter ausgewirkt, dass sich der Anteil von A auf 93,34 EUR, der von B auf 70 EUR und der von C auf 11,66 EUR reduziert hat (→ Rn. 423).

Nach § 122 Abs. 1 HGB ist A als Komplementär trotz des Verlusts berechtigt, den Betrag von 3,73 EUR zu entnehmen, da dies 4% seines Kapitalanteils im Vorjahr von 93,34 EUR entspricht. Aufgrund des fehlenden Gewinns im Vorjahr ist eine darüber hinausgehende Entnahme nur bei Verminderung des Kapitalanteils mit Zustimmung der übrigen Gesellschafter möglich (§ 122 Abs. 2 HGB). B kann hingegen keine Entnahme tätigen, da sein Kapitalanteil durch den Verlust unter den auf die bedungene Einlage geleisteten Betrag von 200,00 EUR herabgesunken ist (§ 169 Abs. 1 HGB). Aus dem gleichen Grund kann C keine Entnahme tätigen.

Diese Regelungen über die Gewinn- und Verlustverteilung, deren Verbuchung und das Entnahmerecht entsprechen allerdings häufig nicht den Anforderungen der Praxis und werden daher in der Regel durch die **Gesellschaftsverträge** nicht unerheblich modifiziert. Dies gilt in besonderem Maße für das Entnahmerecht, da der Ausweis eines Gewinns in keiner Weise indiziert, dass die KG über das notwendige Kapital verfügt, um den Entnahmeanspruch auch zu erfüllen. **428**

**Merksatz:** Hinsichtlich der Vermögensrechte der Gesellschafter einer KG muss zwischen der Verteilung von Gewinn und Verlust, deren Verbuchung und dem Entnahmerecht unterschieden werden.

### 3. Pflichten der Gesellschafter

Die Pflichten der Kommanditisten werden in den §§ 161 ff. HGB selbst kaum geregelt und ergeben sich in erster Linie aus dem Gesellschaftsvertrag (§ 163 HGB). An erster Stelle ist dabei die **Pflicht zur Erbringung der (Pflicht-) Einlage** (zur Abgrenzung zur Hafteinlage → Rn. 413) gegenüber der KG zu nennen. Die Höhe dieser (Pflicht-) Einlage wird dabei von den §§ 161 ff. HGB **429** nicht vorgegeben, so dass diese von den Gesellschaftern im Gesellschaftsvertrag frei bestimmt werden kann. Darin besteht – jedenfalls aus Sicht der Kommanditisten – ein wesentlicher Unterschied zur GmbH (→ Rn. 562). Denn auch wenn bei dieser die Höhe des Geschäftsanteils frei bestimmt werden kann, muss bei ihr insgesamt das Stammkapital von 25.000 EUR aufgebracht werden, soweit keine Unternehmergesellschaft haftungsbeschränkt (UG) (→ Rn. 583 ff.) gegründet wird. Für die Pflicht zur Erbringung der Einlage ergibt sich somit folgendes Prüfungsschema:

430 **Prüfungsreihenfolge:**

**1. Wirksame Gründung der bzw. wirksamer Beitritt zur KG**
„reguläre" Prüfungsreihenfolge für die Gründung der KG bzw. der Änderung des Gesellschaftsvertrags im Fall eines Beitritts (→ Rn. 469 f.) mit etwaiger Prüfung der Grundsätze der fehlerhaften Gesellschaft (→ Rn. 412)

**Rechtsfolge:** Entstehung der Einlageverpflichtung des Kommanditisten

**2. Untergang des Anspruchs**
- Prüfung einer tatsächlichen Erfüllung durch Leistung (→ Rn. 449), Aufrechnung (→ Rn. 451), Drittleistung (→ Rn. 449)
- Erlass der Einlageverpflichtung (→ Rn. 452)
- Ausschluss der Einlageverpflichtung nach § 275 BGB, aber: Prüfung eines Ersatzanspruchs nach §§ 283, 311a BGB

**Klausurhinweis:** Auch wenn sich die klassischen Klausursachverhalte eher mit der Frage der Haftung der Kommanditisten gegenüber den Gläubigern (→ Rn. 439 ff.) auseinandersetzen, kann auch die Einlagepflicht des Kommanditisten selbst Gegenstand einer Klausur sein. Dabei gilt es insbesondere zu beachten, dass das für die Haftung gegenüber den Gläubigern vorgesehene Wiederaufleben der Haftung im Falle einer Einlagenrückgewähr hinsichtlich der Einlagepflicht der Kommanditisten nur dann Eintreten kann, wenn dies im Gesellschaftsvertrag geregelt ist oder dessen Auslegung dies ergibt.

431 Darüber hinaus besteht aber auch bei der KG zwischen den Gesellschaftern eine **Treuepflicht**, die sich nach den für die übrigen Personengesellschaften geltenden Grundsätzen orientiert (→ Rn. 135). Eine Einschränkung ergibt sich allerdings hinsichtlich des **Wettbewerbsverbots**. Denn während insbesondere die Gesellschafter einer oHG den umfangreichen Schranken der §§ 112 f. HGB unterworfen sind (→ Rn. 335 ff.), ordnet § 165 HGB für den Kommanditisten an, dass diese auf ihn keine Anwendung finden. Hintergrund dieser Regelung ist, dass der historische Gesetzgeber den Kommanditisten vor allem als bloßen Kapitalgeber oder Investor betrachtet hat, bei dem schon der Sache nach keine Gefahr der Entstehung einer Wettbewerbssituation mit der KG besteht. Diese Einschätzung des historischen Gesetzgebers kann allerdings vor allem bei dem nicht gesetzestypischen Kommanditisten nicht abschließend überzeugen, so dass

auch dieser einem Wettbewerbsverbot unterliegen kann. Aufgrund der ausdrücklichen Anordnung von § 165 HGB kommt dafür allerdings eine Anwendung von §§ 112 f. HGB nicht in Betracht, so dass in diesem Zusammenhang vor allem auf die Treuepflicht zurückgegriffen werden muss. Diese ist insbesondere dann der Fall, wenn der Kommanditist aufgrund seiner im Gesellschaftsvertrag über den gesetzlichen Regelfall hinaus eingeräumten hinausgehend Informations- und Einflussmöglichkeiten (→ Rn. 421) auf die KG dieser **Geschäftschancen** nehmen kann (vgl. etwa BGH ZIP 2002, 479; 1989, 986 (987 f.)).

Schließlich gilt auch in der KG wie bei den übrigen Personengesellschaften 432
das **Gleichbehandlungsgebot**. Dieses muss allerdings der unterschiedlichen Stellung der Komplementäre und der Kommanditisten Rechnung tragen, da dieser in unterschiedlichem Maße am Risiko und Erfolg der KG beteiligt sind.

**Merksatz:** Für die Kommanditisten einer KG besteht die Pflicht zur Erbringung der (Pflicht-)Einlage. Zudem unterliegen sie der Treuepflicht, grundsätzlich aber nicht einem Wettbewerbsverbot.

## IV. Die Willensbildung der Gesellschafter (Beschlussfassung)

Die Willensbildung der Gesellschafter ist bei der KG ebenso rudimentär re- 433
gelt wie bei den übrigen Personengesellschaften (→ Rn. 142 ff., 208, 338 ff.) und folgt den gleichen Grundsätzen. Somit gilt auch bei der KG das **Einstimmigkeitsprinzip**, so dass stets eine Zustimmung aller Gesellschafter notwendig ist. Dabei kann der Gesellschaftsvertrag allerdings auch das Mehrheitsprinzip verankern, bei dem dann mangels abweichender Regelung im Gesellschaftsvertrag im Zweifel die Mehrheit der abgegebenen und nach Kapitalanteilen berechneten Stimmen maßgeblich ist. Die Fehlerhaftigkeit der Beschlussfassung kann bei der KG ebenso wie bei den übrigen Personengesellschaften (→ Rn. 146, 208, 342) im Rahmen einer Feststellungsklage geltend gemacht werden.

Während die fehlende Regelung der Beschlussfassung bei dem **gesetzlichen Leitbild der KG** weitgehend unproblematisch ist, stellt dieser Aspekt insbesondere bei der Publikums-KG ein großes Problem dar, das im Wesentlichen durch umfangreiche Regelungen im Gesellschaftsvertrag adressiert wird. Die Streitigkeiten über die Wirksamkeit von Beschlüssen sind dann in der Regel mit der Gesellschaft selbst und mit Wirkung für alle (übrigen) Gesellschafter im Rahmen einer Feststellungsklage auszutragen. Aufgrund der Vergleichbarkeit der Publikums-KG mit der Aktiengesellschaft wurde versucht, eine analoge Anwendung der §§ 241 ff. AktG zu begründen, die sich allerdings in der Rechtsprechung nicht durchsetzen konnte.

## V. Die Geschäftsführung

Die Geschäftsführung obliegt bei der KG allein dem Komplementär (§§ 161 434
Abs. 2, 114 ff. HGB), da die **Kommanditisten** nach § 164 S. 1 Hs. 1 HGB von dieser ausdrücklich ausgeschlossen sind. Hintergrund dieser Regelung ist er-

neut die Vorstellung des historischen Gesetzgebers, dass der Kommanditist sich an der Gesellschaft lediglich als passiver Anleger beteiligt und seine Beteiligung an der Geschäftsführung schon nicht notwendig ist. Allerdings ist § 164 S. 1 Hs. 1 HGB nicht zwingend, so dass der Gesellschaftsvertrag auch die Beteiligung der Kommanditisten an der Geschäftsführung vorsehen kann. Räumt der Gesellschaftsvertrag den Kommanditisten dabei eine Geschäftsführungsbefugnis ein, ohne diese näher zu bestimmen, richten sich deren Einzelheiten wie auch beim Komplementär nach den §§ 114 ff. HGB. Die Beteiligung des Kommanditisten an der Geschäftsführung muss allerdings nicht zwangsläufig im Rahmen des Gesellschaftsvertrages erfolgen. Dieser kann vielmehr auch im Rahmen eines Dienstvertrages Geschäftsführungsbefugnisse übertragen bekommen, die sich dann allerdings nicht nach den §§ 114 ff., 161 Abs. 2 HGB richten, da diese nur die organschaftliche Geschäftsführung betreffen (zur Unterscheidung → Rn. 59 ff.). Die Übertragung der Geschäftsführungsbefugnis setzt auch nicht zwingend voraus, dass eine (Rest-)Geschäftsführungsbefugnis beim Komplementär verbleibt. Dieser kann vielmehr auch vollständig von der (organschaftlichen) Geschäftsführung ausgeschlossen werden, solange diese jedenfalls auf einen Kommanditisten übertragen wird (vgl. BGHZ 17, 394; 51, 198 (201)), da der Grundsatz der Selbstorganschaft (→ Rn. 90) auch bei der KG gilt. Die Übertragung von Geschäftsführungsbefugnissen auf den Kommanditisten lässt dessen beschränkte Haftung schließlich unberührt (→ Rn. 439 ff.).

**435** Das gesetzliche Leitbild der fehlenden Beteiligung des Kommanditisten an der Geschäftsführung der Gesellschaft findet eine nicht unerhebliche Einschränkung durch das **Widerspruchsrecht des § 164 S. 1 Hs. 2 HGB**. Danach kann der Kommanditist Handlungen des Komplementärs widersprechen, wenn diese über den gewöhnlichen Betrieb des Handelsgewerbes der Gesellschaft hinausgehen. Insofern wird der Kommanditist in dieser Hinsicht den Gesellschaftern einer oHG gleichgestellt (→ Rn. 345). Dies gilt nach § 164 S. 2 HGB auch hinsichtlich der Bestellung von Prokuristen, die sich auch bei der KG nach § 116 Abs. 3 HGB richtet. Da das Widerspruchsrecht nicht zuletzt aufgrund der nicht mehr klar bestimmbaren Voraussetzungen für das Vorliegen eines Grundlagengeschäfts eine nicht zu unterschätzende Unsicherheit für den Komplementär begründet, wird dieses häufig im Gesellschaftsvertrag abbedungen (zur Zulässigkeit des Abbedingens vgl. BGH WM 1983, 18 (23)).

**Merksatz:** Die Kommanditisten einer KG sind von deren Geschäftsführung ausgeschlossen. Diese obliegt allein dem Komplementär, soweit der Gesellschaftsvertrag keine abweichende Regelung enthält. Zudem haben die Kommanditisten ein Widerspruchsrecht bei Handlungen, die über den gewöhnlichen Betrieb des Handelsgewerbes der Gesellschaft hinausgehen.

## D. Beziehungen zu Dritten (Außenverhältnis)

### I. Vertretung der Gesellschaft durch die Gesellschafter

In der KG ist allein der Komplementär zur Vertretung der Gesellschaft ermächtigt (§ 170 HGB). Ebenso wie bei der Geschäftsführungsbefugnis (→ Rn. 434 f.) folgen die Regelungen zur KG auch in diesem Zusammenhang dem Leitbild eines Kommanditisten als lediglich passiver Anleger (→ Rn. 405). Dieser Ausschluss der Kommanditisten von der Vertretung der KG erstreckt sich allerdings nur auf die organschaftliche Vertretungsmacht, so dass dem Kommanditisten ohne weiteres jede andere Form der Vertretungsmacht erteilt werden kann (BGHZ 17, 392 (395)). Daher kann dem Kommanditisten auch eine **Prokura** eingeräumt werden. Zur Absicherung der damit verbundenen Vertretungsmacht kann der Gesellschaftsvertrag auch vorsehen, dass die Prokura in Abweichung von § 52 Abs. 1 HGB nur bei Vorliegen eines wichtigen Grundes wieder entzogen werden kann, was einer Entziehung mit Wirkung im Außenverhältnis allerdings nicht entgegensteht. Ein solcher unbegründeter Entzug begründet allerdings einen Anspruch des Kommanditisten auf erneute Erteilung der Prokura und kann zu einer Schadenersatzpflicht der geschäftsführenden Gesellschafter führen, wenn der KG dadurch etwa konkrete Geschäftschancen entgangen sind. Die Einräumung von Vertretungsmacht für den Kommanditisten lässt dessen beschränkte Haftung schließlich unberührt (→ Rn. 439 ff.). 436

**Merksatz:** Bei der KG ist allein der Komplementär zu deren Vertretung ermächtigt. Die Kommanditisten sind von dieser ausgeschlossen.

### II. Haftungsverhältnisse in der Kommanditgesellschaft

Ebenso wie bei der oHG (→ Rn. 354) haftet auch bei der KG zunächst das Gesellschaftsvermögen für deren Verbindlichkeiten. Daneben können aber auch die Gesellschafter der KG für deren Verbindlichkeiten haften. Während der Komplementär aus § 128 HGB (→ Rn. 355 ff.) einer persönlichen, unmittelbaren und unbeschränkten Haftung unterliegt, ist die Haftung des Kommanditisten gegenüber den Gläubigern auf den Betrag einer bestimmten Vermögenseinlage beschränkt (§ 161 Abs. 1 HGB). Zentrales Charakteristikum der KG ist somit, dass diese über zwei unterschiedliche Arten von Gesellschaftern nämlich dem **Kommanditisten** als beschränkt haftenden und dem **Komplementär** als unbeschränkt haftenden Gesellschafter verfügt. Der unbeschränkt haftende Gesellschafter wird zwar in § 161 Abs. 1 HGB nicht als Komplementär, sondern als „persönlich haftender Gesellschafter“ bezeichnet, allerdings hat sich auch für diesen die Bezeichnung als Komplementär eingebürgert. 437

438 Die generelle Beschränkung der Haftung des Kommanditisten wird auch nicht durch den Umstand tangiert, dass diesem Geschäftsführungsbefugnisse und/oder Vertretungsmacht eingeräumt werden. Etwas anderes ergibt sich auch nicht aus dem **Grundsatz der Einheit von Vertretung und Haftung** (→ Rn. 90 f.). Diese Grundsätze lassen andere Haftungstatbestände allerdings unberührt. Neben einer eigenständigen vertraglichen Haftung des Kommanditisten kann dieser etwa auch nach Rechtsscheingrundsätzen haften, wenn er gegenüber Dritten den Anschein erweckt hat, dass er für die Verbindlichkeiten der KG persönlich unbeschränkt haftet. An einen derartigen Rechtsschein sind allerdings hohe Anforderungen zu stellen, die in dem wohl eher theoretischen Fall als erfüllt angesehen werden müssen, dass der Kommanditist tatsächlich mit der Behauptung auftritt, er sei als organschaftlicher Vertreter der KG vertretungsbefugt (MüKoHGB/*Grunewald* § 170 Rn. 14; weitergehend aber *Kübler/Assmann* § 8 II 3 b).

439 Bei der Haftung des Kommanditisten unterscheiden die §§ 161 ff. HGB zwischen **vier verschiedenen Haftungstatbeständen bzw. -konstellationen**. So kann der Kommanditist bis zur Eintragung der KG (→ Rn. 412) zunächst einer unbeschränkten Haftung unterliegen (→ Rn. 442 ff.). Wurde die KG hingegen im Handelsregister eingetragen, muss hinsichtlich der dann beschränkten Haftung danach unterschieden werden, ob der Kommanditist seine Einlage bereits geleistet hat (→ Rn. 445 ff., 448 ff.) oder ob sie ihm zurückgewährt wurde (→ Rn. 454 ff.). Neben diesen Haftungstatbeständen können allerdings noch zusätzlich weitere Haftungstatbestände außerhalb des Gesellschaftsrechts treten, wenn für den Kommanditisten ein eigenständiger Verpflichtungsgrund – wie etwa aufgrund der Übernahme einer Bürgschaft für die Verbindlichkeit der KG gegenüber einem Dritten (§ 765 Abs. 1 BGB) – besteht.

440

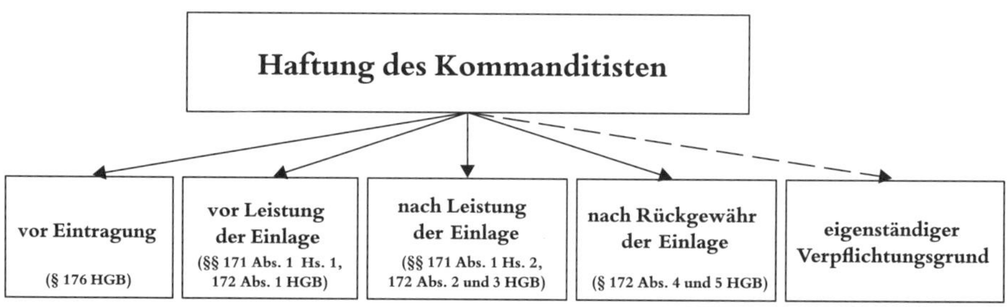


441 Die praktische Bedeutung der unmittelbaren Haftung der Kommanditisten darf allerdings nicht überschätzt werden. Denn auch wenn dem Gläubiger einer KG aufgrund der unmittelbaren Haftung des Kommanditisten zwei verschiedene Schuldner zur Verfügung stehen können, ist das Bestehen einer unmittelbaren Außenhaftung für den Gläubiger oft mit eine Reihe von Unsicherheiten verbunden, die er meist nicht abschließend aufklären kann. So sehen die §§ 171 f. HGB für den Gläubiger gerade **kein Auskunftsrecht** gegen die KG

oder den Kommanditisten vor, so dass er nicht abschließend aufklären kann, ob die unmittelbare Haftung des Kommanditisten noch besteht (→ Rn. 445 ff.) oder wieder aufgelebt ist (→ Rn. 454 ff.). Ersteres kann er zwar wegen des Ausweises der Einlageverpflichtung des Kommanditisten in der Bilanz der KG aus dieser ablesen. Allerdings sind Handelsgesellschaften – außerhalb des Publizitätsgesetzes – nicht verpflichtet, ihren Jahresabschluss offenzulegen. Und selbst wenn der Gläubiger Zugriff auf einen Jahresabschluss erhält, müssen die dort enthaltenen Informationen inzwischen nicht mehr zutreffend sein, so dass auch der Jahresabschluss keine endgültige Sicherheit bietet. Auch wenn der Gläubiger somit auf eine eigenständige Informationsgewinnung hinsichtlich der Verhältnisses in der KG angewiesen ist, wird er jedenfalls für den Fall der Eröffnung des Insolvenzverfahrens über das Vermögen der KG weitergehender geschützt, da in diesem Fall der Insolvenzverwalter nicht nur die Kommanditistenhaftung umfassend wahrnimmt (→ Rn. 447), sondern die dafür notwendigen Informationen ohne weiteres von der KG erhalten kann.

### 1. Die Haftung des Kommanditisten vor Eintragung der Kommanditgesellschaft im Handelsregister (§ 176 HGB)

Da für die **Entstehung der KG** deren Eintragung im Handelsregister nicht **442**
konstitutiv ist (→ Rn. 412), stellt sich zunächst die Frage nach der Haftung des Kommanditisten von der Entstehung der KG bis zu deren Eintragung. Für diesen Fall ordnet § 176 Abs. 1 S. 1 HGB, dass jeder Kommanditist, der dem Geschäftsbeginn zugestimmt hat, wie in Komplementär gegenüber den Gläubigern haftet. Dies gilt allerdings nicht gegenüber den Gläubigern, die von der Kommanditisteneigenschaft Kenntnis hatten (§ 176 Abs. 1 S. 1 letzter Hs. HGB). Ebenso wenig findet § 176 Abs. 1 S. 1 HGB bei Gesellschaften Anwendung, die kein Handelsgewerbe betreiben (§ 176 Abs. 1 S. 2 HGB). Hintergrund dieser Regelung ist, dass der Rechtsverkehr vor der beschränkten Haftung des Kommanditisten geschützt werden soll. Denn der Rechtsverkehr soll sich vielmehr darauf verlassen können, dass jeder Gesellschafter einer Personenhandelsgesellschaft unbeschränkt haftet, solange die beschränkte Haftung nicht im Handelsregister eingetragen oder dem jeweiligen Gläubiger gegenüber kommuniziert wurde bzw. dieser anderweitig Kenntnis davon hatte. Da es sich somit um einen Vertrauenstatbestand handelt, kann dieser auch nicht in Bezug auf deliktische Forderungen zur Anwendung kommen (BGHZ 82, 215). Dies führt allerdings zu einer nicht unproblematischen Privilegierung des Kommanditisten gegenüber dem Gesellschafter einer GbR, der nicht nur auch für die deliktische Forderungen der Gesellschaft haftet, sondern dessen Haftung auch dann nicht ausgeschlossen ist, wenn der Gläubiger Kenntnis von einer beabsichtigten Eintragung der GbR als KG hat.

443 **Beispielsfall:** A, B und C entschließen sich, eine Kfz-Werkstatt zu betreiben und gründen dazu die K-KG, bei der C als Komplementär und A und B jeweils als Kommanditisten beteiligt sind. Als Hafteinlage wurde für die Kommanditisten ein Betrag von 50.000 EUR für A und von 10.000 EUR für B festgesetzt. Um keine Zeit zu verlieren, soll die K-KG ihre Geschäfte sofort aufnehmen, womit alle Gesellschafter einverstanden sind. Kurz darauf erwirbt die K-KG bei Großhändler G Waren zum Preis von 25.000 EUR. Erst danach wird die K-KG im Handelsregister mit A und B als Kommanditisten eingetragen. Als der Kaufpreis von der K-KG nicht gezahlt wird, wendet sich G an A und B verlangt von diesen Zahlung. Zu Recht?

**I. Anspruch von G gegen A auf Zahlung von 25.000 EUR aus § 433 Abs. 2 BGB, §§ 128, 161 Abs. 2, 176 HGB**

G könnte gegen A einen Anspruch auf Zahlung von 25.000 EUR aus § 433 Abs. 2 BGB, §§ 128, 161 Abs. 2, 176 HGB haben. Voraussetzung dafür ist, dass G einen entsprechenden Anspruch gegen die K-KG hat und A als Kommanditist für die Verbindlichkeit haftet. Der Anspruch auf Zahlung von 25.000 EUR aus § 433 Abs. 2 BGB ist durch den Abschluss des Kaufvertrages zwischen G und der K-KG wirksam entstanden. Fraglich ist allerdings, ob A als Kommanditist auch für die Verbindlichkeit haftet. Eine solche Haftung könnte sich aus §§ 128, 161 Abs. 2, 176 HGB ergeben. Dafür wäre es allerdings Voraussetzung, dass die K-KG ihre Geschäfte vor der Eintragung im Handelsregister begonnen hat und A dem zugestimmt hat. Dies ist vorliegend der Fall. Auch ist die Verbindlichkeit von G gegen die K-KG vor der Eintragung begründet worden. Somit haftet A gleich einem persönlich haftenden Gesellschafter. Daher bestimmt sich seine Haftung nach §§ 161 Abs. 2, 128 HGB, deren Voraussetzungen ebenfalls vorliegen. G kann daher von A Zahlung von 25.000 EUR aus § 433 Abs. 2 BGB, §§ 128, 161 Abs. 2, 176 HGB verlangen.

**II. Anspruch von G gegen B auf Zahlung von 25.000 EUR aus § 433 Abs. 2 BGB, §§ 128, 161 Abs. 2, 176 HGB**

G könnte gegen B einen Anspruch auf Zahlung von 25.000 EUR aus § 433 Abs. 2 BGB, §§ 128, 161 Abs. 2, 176 HGB haben. Voraussetzung dafür ist, dass G einen entsprechenden Anspruch gegen die K-KG hat und B als Kommanditist für die Verbindlichkeit haftet. Der Anspruch auf Zahlung von 25.000 EUR aus § 433 Abs. 2 BGB ist durch den Abschluss des Kaufvertrages zwischen G und der K-KG wirksam entstanden. Fraglich ist allerdings, ob B als Kommanditist auch für die Verbindlichkeit haftet. Eine solche Haftung könnte sich aus §§ 128, 161 Abs. 2, 176 HGB ergeben. Dafür wäre es allerdings Voraussetzung, dass die K-KG ihre Geschäfte vor der Eintragung im Handelsregister begonnen hat und B dem zugestimmt hat. Dies ist vorliegend der Fall. Auch ist die Verbindlichkeit von G gegen die K-KG vor der Eintragung begründet worden. Somit haftet B gleich einem persönlich haftenden Gesellschafter. Daher bestimmt sich seine Haftung nach §§ 161 Abs. 2, 128 HGB, deren Voraussetzungen ebenfalls vorliegen. Dagegen kann B auch nicht einwenden, dass sich seine Hafteinlage nur auf 10.000 EUR beläuft, da die Haftung nach § 161 Abs. 2, 128, 176 Abs. 1 HGB der Höhe nach unbeschränkt ist. G kann daher auch von B Zahlung von 25.000 EUR aus § 433 Abs. 2 BGB, §§ 128, 161 Abs. 2, 176 HGB verlangen.

**Hinweis:** Auch wenn vorliegend die unterschiedliche Höhe der Hafteinlage für die Haftung gegenüber G keine Rolle gespielt hat, kann diese im Rahmen eines möglichen Regresses eine Rolle spielen.

Die Problematik des nicht im Handelsregister eingetragenen Kommanditisten kann sich aber nicht nur bei der Gründung der KG stellen, da der KG auch später weitere Kommanditisten beitreten können (→ Rn. 469 f.). Da sich dann die gleiche Situation wie bei § 176 Abs. 1 HGB stellen kann, ordnet § 176 Abs. 2 HGB dessen entsprechende Anwendung für den **Zeitraum zwischen dem Eintritt und der Eintragung** im Handelsregister an. Das Haftungsrisiko ist dabei für den Kommanditisten allerdings ungleich höher. Denn eine bereits existierende KG begründet typischerweise fortlaufend eine Reihe neuer Verbindlichkeiten im allgemeinen Geschäftsverlauf, der aufgrund des Beitritts des Kommanditisten auch nicht bis zu dessen Eintragung im Handelsregister unterbrochen werden kann, zumal dieser Zeitraum mehrere Wochen oder sogar Monate betragen kann. Um diesem Aspekt Rechnung zu tragen, wird der Beitritt des Kommanditisten zur KG unter der aufschiebenden Bedingung der Handelsregistereintragung erklärt, um somit eine Anwendung von § 176 Abs. 2 HGB auszuschließen (BGHZ 82, 209 (212); Röhricht/Graf von Westphalen/Haas/*Haas/Mock* § 176 Rn. 43). Für den Fall der **Übertragung einer Kommanditbeteiligung** → Rn. 471 ff. 444

### 2. Die Haftung des Kommanditisten vor der Leistung der Einlage (§§ 171 Abs. 1 Hs. 1, 172 Abs. 1 HGB)

Mit der Eintragung der KG ins Handelsregister (→ Rn. 412) kommt der Kommanditist in den Genuss der Beschränkung seiner Haftung gegenüber den Gesellschaftsgläubigern auf den Betrag einer bestimmten Vermögenseinlage (§ 161 Abs. 1 HGB). Dieser in § 161 Abs. 1 HGB allgemein aufgestellte Grundsatz wird durch § 171 Abs. 1 Hs. 1 HGB dahingehend konkretisiert, dass der Kommanditist gegenüber den Gläubigern der KG **unmittelbar** haftet. Diese unmittelbare Haftung folgt – mit Ausnahme ihrer Beschränkung auf die Höhe der Einlage – den Grundsätzen, die auch für die Haftung des Komplementärs gelten (→ Rn. 355 ff.). Daher kann der Kommanditist insbesondere nicht erfolgreich einwenden, dass sich der Gläubiger der KG zunächst an deren Vermögen oder den Komplementär zu wenden habe. Die in § 171 Abs. 1 Hs. 1 HGB vorgesehene Beschränkung der Haftung auf die Höhe der Einlage bedarf dabei einer Präzisierung. Denn auch wenn § 171 Abs. 1 Hs. 1 HGB den allgemeinen Begriff der „Einlage" verwendet, ist in diesem Zusammenhang – wie § 172 Abs. 1 HGB deutlich macht – tatsächlich die ***Haft*einlage** gemeint (Röhricht/Graf von Westphalen/Haas/*Haas/Mock* § 171 Rn. 9). Dabei handelt es sich um den Betrag, der auch im Handelsregister eingetragen wird (§ 172 Abs. 1 HGB). Dieser ist abzugrenzen von der ***Pflicht*einlage**, bei der es sich um den Betrag handelt, dessen Erbringung der Kommanditist im Gesellschaftsvertrag versprochen hat. Grundsätzlich können beide Beträge zwar gleich sein. Zwingend ist dies aber nicht. So wird häufig ein deutlich höherer Betrag für die Pflichteinlage vereinbart, während die Hafteinlage auf einen Minimalbetrag reduziert wird. Dies hat für den Kommanditisten den Vorteil, dass ihn 445 die Gesellschaftsgläubiger nur mit einem sehr beschränkten Betrag direkt in Anspruch nehmen kann. Dieser Vorteil wird freilich dadurch erreicht, dass der über das Handelsregister gegenüber dem Handelsrechtsverkehr kommunizierte Umfang der Hafteinlage gering ausfällt. Die gesellschaftsrechtliche Praxis hat allerdings – vor allem im Rahmen des GmbH-Rechts – gezeigt, dass die Höhe einer solchen Hafteinlage für den Handelsrechtsverkehr keine wirklich entscheidende Bedeutung hat. Vielmehr sichern sich Gläubiger typischerweise auf andere Weise – wie etwa durch die Bestellung von Sicherheiten durch die Gesellschafter für die Verbindlichkeiten der KG – ab.

446 **Beispielsfall:** A, B und C entschließen sich, eine Kfz-Werkstatt zu betreiben und gründen dazu die K-KG, bei der C als Komplementär und A und B jeweils als Kommanditisten beteiligt sind. Die Eintragung im Handelsregister erfolgt kurz darauf. Für B wird als Hafteinlage ein Betrag von 100 EUR und für A ein Betrag von 20.000 EUR festgesetzt und im Handelsregister eingetragen. Im Gesellschaftsvertrag wird zudem für B eine Pflicht zur Leistung einer Pflichteinlage von 30.000 EUR aufgenommen. Weder A noch B leisten die Einlage. Kurz darauf erwirbt die K-KG bei Großhändler G Waren zum Preis von 25.000 EUR. Als der Kaufpreis von der K-KG nicht gezahlt wird, wendet sich G an A, B und C verlangt von diesen Zahlung. Zudem macht C gegenüber B im Namen der K-KG die Zahlung der Pflichteinlage geltend. Zu Recht?

**I. Anspruch von G gegen A auf Zahlung von 25.000 EUR aus § 433 Abs. 2 BGB, §§ 171 Abs. 1 Hs. 1, 172 Abs. 1 HGB**

G könnte gegen A einen Anspruch auf Zahlung von 25.000 EUR aus § 433 Abs. 2 BGB, §§ 171 Abs. 1 Hs. 1, 172 Abs. 1 HGB haben. Voraussetzung dafür ist, dass G einen entsprechenden Anspruch gegen die K-KG hat und A als Kommanditist für die Verbindlichkeit haftet. Der Anspruch auf Zahlung von 25.000 EUR aus § 433 Abs. 2 BGB ist durch den Abschluss des Kaufvertrages zwischen G und der K-KG wirksam entstanden. Fraglich ist allerdings, ob A als Kommanditist auch für die Verbindlichkeit haftet. Eine solche Haftung könnte sich aus §§ 171 Abs. 1 Hs. 1, 172 Abs. 1 HGB ergeben. Dafür wäre es allerdings Voraussetzung, dass A als Kommanditist im Handelsregister eingetragen ist und seine Einlage noch nicht geleistet hat. Dies ist vorliegend der Fall. A haftet daher nach §§ 171 Abs. 1 Hs. 1, 172 Abs. 1 HGB gegen G unmittelbar. Die Höhe der Haftung beschränkt sich allerdings auf die Höhe seiner Einlage und damit auf 20.000 EUR. G kann daher von A Zahlung von 20.000 EUR aus § 433 Abs. 2 BGB, §§ 171 Abs. 1 Hs. 1, 172 Abs. 1 HGB verlangen.

**II. Anspruch von G gegen B auf Zahlung von 25.000 EUR aus § 433 Abs. 2 BGB, §§ 171 Abs. 1 Hs. 1, 172 Abs. 1 HGB**

G könnte gegen B einen Anspruch auf Zahlung von 25.000 EUR aus § 433 Abs. 2 BGB, §§ 171 Abs. 1 Hs. 1, 172 Abs. 1 HGB haben. Voraussetzung dafür ist, dass G einen entsprechenden Anspruch gegen die K-KG hat und B als Kommanditist für die Verbindlichkeit haftet. Der Anspruch auf Zahlung von 25.000 EUR aus § 433 Abs. 2 BGB ist durch den Abschluss des Kaufvertrages zwischen G und der K-KG wirksam entstanden. Fraglich ist allerdings, ob B als Kommanditist auch für die Verbindlichkeit haftet. Eine solche Haftung könnte sich aus §§ 171 Abs. 1 Hs. 1, 172 Abs. 1 HGB ergeben. Dafür wäre es allerdings Voraussetzung, dass B seine Einlage noch nicht geleistet hat. Dies ist zwar vorliegend der Fall. Fraglich ist aber, auf welchen Betrag vorliegend abzustellen ist. Denn einerseits könnte man auf die im Handelsregister eingetragene Hafteinlage von 100 EUR und andererseits auf die vereinbarte Pflichteinlage von 30.000 EUR abstellen. Im Rahmen der Haftung von §§ 171 Abs. 1 Hs. 1, 172 Abs. 1 HGB kommt es aber nur auf die Höhe der Haft- und nicht der Pflichteinlage an. Dem steht auch nicht entgegen, dass diese beiden Beträge vorliegend erheblich voneinander abweichen. Denn den Gesellschaftern einer KG ist es unbenommen auch nur einen sehr geringen Betrag als Hafteinlage auszuweisen, zumal für die KG insgesamt kein Mindesthaftkapital vorgesehen ist. Die Haftung des B beschränkt sich daher auf die noch nicht geleistete Mindesteinlage von 100 EUR. G kann daher von B Zahlung von 100 EUR aus § 433 Abs. 2 BGB, §§ 171 Abs. 1 Hs. 1, 172 Abs. 1 HGB verlangen.

**III. Anspruch von G gegen C auf Zahlung von 25.000 EUR aus § 433 Abs. 2 BGB, §§ 161 Abs. 2, 128 HGB**

G könnte gegen C einen Anspruch auf Zahlung von 25.000 EUR aus § 433 Abs. 2 BGB, §§ 161 Abs. 2, 128 HGB haben. Voraussetzung dafür ist, dass G einen entsprechenden Anspruch gegen die K-KG hat und C als Komplementär für die Verbindlichkeit haftet. Der Anspruch auf Zahlung von 25.000 EUR aus § 433 Abs. 2 BGB ist durch den Abschluss des Kaufvertrages zwischen G und der K-KG wirksam entstanden. C muss als Komplementär für diese Verbindlichkeit auch aus §§ 161 Abs. 2, 128 HGB haften. G hat daher gegen C einen Anspruch auf Zahlung von 25.000 EUR aus § 433 Abs. 2 BGB, §§ 161 Abs. 2, 128 HGB.

**IV. Anspruch der K-KG gegen B auf Zahlung von 30.000 EUR aus dem Gesellschaftsvertrag**

Die K-KG könnte gegen B einen Anspruch auf Zahlung von 30.000 EUR aus dem Gesellschaftsvertrag haben. Dies setzt den Abschluss des Gesellschaftsvertrags voraus, was vorliegend der Fall ist. Mangels entgegenstehender Vereinbarungen ist die Pflichteinlage auch sofort fällig (§ 271 BGB). Die K-KG hat daher gegen B einen Anspruch auf Zahlung von 30.000 EUR aus dem Gesellschaftsvertrag.

Soweit B den Anspruch von G (II.) aber tatsächlich erfüllt, reduziert sich der Anspruch der K-KG entsprechend.

**Hinweis:** Der vorliegende Fall macht deutlich, dass die Festsetzung einer geringen Haft- und einer hohen Pflichteinlage für die KG weitergehend irrelevant ist, für die Haftung der Kommanditisten und damit auch für die Gläubiger aber sehr bedeutsam sein kann. Ein Anreiz für die Gesellschafter, eine möglichst hohe Hafteinlage zu vereinbaren, besteht nicht bzw. beschränkt sich darauf, dass den Gläubigern durch die Eintragung im Handelsregister dadurch der Anschein vermittelt wird, dass die KG über viel Kapital verfügt. Dieser Aspekt ist allerdings – wie sich vor allem bei der ähnlichen Problematik im Kapitalgesellschaftsrecht zeigt (→ Rn. 562) – in der heutigen Zeit kaum noch von Bedeutung.

Die unmittelbare Haftung des Kommanditisten gegenüber den Gläubigern der KG nach §§ 171 Abs. 1 Hs. 1, 172 Abs. 1 HGB gestaltet sich vor allem bei einer **Eröffnung des Insolvenzverfahrens über das Vermögen der KG** als schwierig. Denn in einem solchen Fall entsteht zwischen den einzelnen Gläubigern der KG ein Wettbewerb dahingehend, wer den Kommanditisten als erster erfolgreich in Anspruch nehmen kann. Diese erfolgreiche Inanspruchnahme **447** des Kommanditisten hängt dabei oftmals von einer Reihe von Zufälligkeiten ab, die mit dem im Insolvenzrecht geltenden Grundsatz der Gläubigergleichbehandlung (*par conditio creditorum*) nur schwer in Einklang zu bringen sind. Um dieses auch als Windhundrennen-Problem bezeichnete Phänomen zu lösen, ordnet § 171 Abs. 2 HGB – in Anlehnung an den für die unmittelbare Haftung des Komplementärs geltenden § 93 InsO (→ Rn. 403) – an, dass die unmittelbare Haftung des Kommanditisten gegenüber den Gläubigern der KG während der Dauer des Insolvenzverfahrens über das Vermögen der KG nur deren Insolvenzverwalter geltend gemacht werden kann (vgl. Röhricht/Graf von Westphalen/Haas/*Haas/Mock* § 171 Rn. 60 ff.). Dies hat zur Folge, dass die Gläubiger während des Insolvenzverfahrens über das Vermögen der KG ihre Ansprüche gegen den Kommanditisten nicht geltend machen können (sog. **Sperrwirkung**) und dass die Haftung aus §§ 171 Abs. 1 Hs. 1, 172 Abs. 1 HGB nur vom Insolvenzverwalter durchgesetzt werden kann (sog. **Ermächtigungswirkung**). Dadurch wird sichergestellt, dass die Haftung des Kommanditisten nach §§ 171 Abs. 1 Hs. 1, 172 Abs. 1 HGB geltend gemacht und im Anschluss unter allen Gläubigern gleichmäßig verteilt wird.

**Merksatz:** Nach Eintragung im Handelsregister aber vor Leistung der Einlage haften die Kommanditisten gegenüber den Gläubiger bis zur Höhe ihrer Hafteinlage nach §§ 171 Abs. 1, 172 Abs. 1 HGB. Hinsichtlich der Pflichteinlage haften sie nur gegenüber der KG.

### 3. Die Haftung des Kommanditisten nach der Leistung der Einlage (§§ 171 Abs. 1 Hs. 2, 172 Abs. 2 und 3 HGB)

**448** Soweit der Kommanditist seine Einlageverpflichtung in Höhe der Hafteinlage geleistet hat, ist eine Inanspruchnahme durch die Gläubiger der KG ausgeschlossen (§ 171 Abs. 1 Hs. 2 HGB). Hintergrund dieser Regelung ist, dass die **Interessen der Gläubiger** durch die Leistung der Hafteinlage an die KG hinreichend geschützt sind. Denn auch wenn sie den Kommanditisten dadurch nicht mehr selbst unmittelbar in Anspruch nehmen können, ist der KG der entsprechende Betrag in das Vermögen zugeflossen. Damit ist allerdings keine Garantie verbunden, dass dieses Kapital bei der KG auch tatsächlich noch vorhanden ist, wenn die Gläubiger Zugriff auf deren Vermögen nehmen wollen. Denn dieses kann insbesondere durch die unternehmerische Tätigkeit der KG verbraucht worden und somit nicht mehr verfügbar sein. Vor diesem Risiko werden die Gläubiger durch die §§ 171 Abs. 1 Hs. 2, 172 Abs. 2 und 3 HGB gerade nicht geschützt. Lediglich für den Fall, dass das eingezahlte Kapital nicht verbraucht, sondern vielmehr an die Kommanditisten zurückgezahlt wird, sieht § 172 Abs. 4 und 5 HGB einen Schutz der Gläubiger vor, indem die unmittelbare Haftung der Kommanditisten wieder auflebt (→ Rn. 454 ff.).

**449** Der Einlageverpflichtung kann der Kommanditist zunächst durch eine einfache Geldzahlung nachkommen. Die gesellschaftsrechtliche Praxis zeichnet sich allerdings in der Regel durch eine größere Komplexität aus. So ist der Kommanditist häufig auch auf andere Weise gegenüber der KG verpflichtet, so dass sich zunächst die Frage stellen kann, auf welche Verbindlichkeit der Kommanditist überhaupt geleitet hat. Dies ist durch Auslegung der meist **konkludent abgegebenen Tilgungsbestimmung** zu ermitteln. Fehlt es an einer solchen, ist zudem § 366 Abs. 2 BGB zu beachten. Die Rechtsbeziehungen des Kommanditisten zur KG können aber auch wechselseitige Ansprüche begründen. Soweit dies der Fall ist, kann der Kommanditist seiner Einlagepflicht auch im Wege nach Aufrechnung nachkommen. Eine Einschränkung erfährt die Möglichkeit der Aufrechnung allerdings in den Fällen, in denen der Kommanditist mit einem Erstattungsanspruch gegen die KG aufrechnen will, der sich aus der Erfüllung einer Verbindlichkeit der KG gegenüber einem von deren Gläubiger ergibt. Denn auch wenn dem Kommanditist in einem solchen Fall einen Erstattungsanspruch (§§ 161 Abs. 2, 110 HGB) zukommt, kann die **Aufrechnung** aufgrund der Verletzung des Gesellschaftsvertrages der KG ausgeschlossen sein, da der Kommanditist im Regelfall gerade von der Geschäftsführung und der Vertretung der KG ausgeschlossen ist (*Grunewald* § 3 Rn. 36).

Darüber hinaus werden die Einlageverpflichtungen häufig nicht in Form **450**
von Barmitteln, sondern durch die **Einbringung bestimmter Sachen oder von Rechten** erfüllt. Von dieser Möglichkeit kann der Kommanditist aber zunächst nur dann Gebrauch machen, wenn der Gesellschaftsvertrag eine derartige Erbringung der Sacheinlage überhaupt gestattet. Daneben stellt sich die Frage der angemessenen Bewertung der Sacheinlage. Dieses Erfordernis ergibt sich zunächst zum Schutz der Gläubiger. Denn anderenfalls wäre die Kommanditistenhaftung nach §§ 171 Abs. 1 Hs. 2, 172 Abs. 2 und 3 HGB weitgehend inhaltlos, wenn die Kommanditisten und die KG Sacheinlage frei bewerten könnten, da somit selbst sehr hohe Hafteinlage ohne weiteres erfüllt werden könnten. Aus diesem Grund ist bei der Einbringung einer Sacheinlage nicht der zwischen Kommanditist und der KG vereinbarte, sondern vielmehr deren wahrer Wert maßgeblich (BGHZ 101, 123 (127); Röhricht/Graf von Westphalen/Haas/*Haas/Mock* § 171 Rn. 46). Nehmen der Kommanditist und die KG daher eine Überbewertung vor, wird im Rahmen von §§ 171 Abs. 1 Hs. 2, 172 Abs. 2 und 3 HGB lediglich der wahre Wert der Sacheinlage berücksichtigt. Neben der Überbewertung kann es aber auch zu einer Unterbewertung der Sacheinlage kommen. Leidtragende sind in diesem Fall nicht die Gläubiger, sondern die leistenden Kommanditisten, da sie trotz Leistung einer höherwertigen Einlage eine Haftungsbefreiung nur in Höhe des vereinbarten (niedrigeren) Wertes erhalten. Aus diesem Grund ist auch in diesem Fall der wahre Wert der Sacheinlage maßgeblich, soweit die Auslegung des Gesellschaftsvertrages ergibt, dass im Zweifel der wahre Wert der Sacheinlage die Höhe der Hafteinlage festlegen soll (BGHZ 101, 123 (127)). Schließlich gilt die generelle Beschränkung, dass nur Sachen und Rechte als Sacheinlage eingebracht werden

können, wenn diese überhaupt sacheinlagefähig sind. Mit diesem Kriterium sollen diejenigen Sachen und Rechte von vornherein ausgeschlossen werden, die keinen tatsächlich feststellbaren wirtschaftlichen Wert haben, weil sie etwa nicht übertragbar oder durchsetzbar sind. Soweit dies der Fall ist, wird die Ermittlung des wahren Werts dieser Sacheinlage schon dazu führen, dass es zu keiner tatsächlichen Haftungsbefreiung nach § 171 Abs. 1 Hs. 2 HGB kommt, so dass diesem Kriterium keine eigenständige Bedeutung zukommt.

**451** Die Einlage kann zudem auch von einem **Dritten** erbracht werden, indem dieser die Einlage für den Kommanditisten leistet (§ 267 BGB). Eine derartige Leistung für den Kommanditisten kann auch durch den Komplementär erfolgen. Dem steht auch nicht entgegen, dass dadurch die für die Gläubiger verfügbar Haftungsmasse insgesamt kleiner wird, da die Haftungsbefreiung des Kommanditisten mit einer Verringerung des Haftungsvermögens des Komplementärs verbunden ist. Denn der bloße Umstand der unbeschränkten Haftung des Komplementärs (→ Rn. 437) begründet für die Gläubiger keine Sicherheit dahingehend, dass ein einmal beim Komplementär vorhandenes Vermögen bis zu dessen Inanspruchnahme auch tatsächlich bestehen bleibt (BGH 93, 246 (249 f.); Oetker/*Oetker* § 171 Rn. 52).

**452** Schließlich betrifft die durch § 171 Abs. 1 Hs. 2 HGB angeordnete Haftungsbefreiung nur das **Haftungsverhältnis der Kommanditisten gegenüber den Gläubigern** und lässt die Einlageverpflichtung gegenüber der KG in dem Umfang unberührt, in dem die Höhe der Pflichteinlage die Höhe der Hafteinlage übersteigt (zur Abgrenzung → Rn. 413). Diese Trennung der beiden Haftungsverhältnisse wird auch § 172 Abs. 3 HGB zum Ausdruck gebracht, indem eine Vereinbarung zwischen den Gesellschaftern zur Stundung oder über den Erlass der Einlageverpflichtung gegenüber den Gläubigern unwirksam ist. Auf den umgekehrten Fall der Erhöhung der Hafteinlage können sich die Gläubiger aber nur berufen, wenn die Erhöhung der Hafteinlage im Handelsregister eingetragen wurde oder aber in handelsüblicher Weise kundgemacht oder ihnen die anderer Weise von der Gesellschaft mitgeteilt worden ist (§ 172 Abs. 2 HGB). Die Leistung der Einlage verhindert schließlich nicht, dass der Kommanditist von der KG bzw. deren Insolvenzverwalter auf Leistung des die Höhe der Hafteinlage übersteigenden Betrags der Pflichteinlage in Anspruch nimmt. Die Gläubiger der KG sind in einem solchen Fall auf die Inanspruchnahme des Komplementärs und/oder der KG selbst angewiesen, was allerdings nicht ausschließt, dass sie aus der noch offenen Einlageforderung der KG gegen den Kommanditisten nach einer erfolgreichen Zwangsvollstreckung in das Vermögen der KG vorgehen können.

**Beispielsfall:** A, B und C entschließen sich, eine Kfz-Werkstatt zu betreiben und gründen dazu die K-KG, bei der C als Komplementär und A und B jeweils als Kommanditisten beteiligt sind. Die Eintragung im Handelsregister erfolgt kurz darauf. Als Einlage wird für A und B ein Betrag von jeweils 20.000 EUR vereinbart und im Handelsregister eingetragen. Der Gesellschaftsvertrag sieht vor, dass B die Einlage durch die Übereignung seines Kleintransporters an die K-KG erbringen soll, die diesen für ihre unternehmerische Tätigkeit benötigt. Tatsächlich hat der Kleintransporter aber nur einen Wert von 10.000 EUR, was A, B und C auch bewusst ist. A soll als Einlage die Werkstatteinrichtung an die K-KG übereignen, die einen tatsächlichen Wert von 40.000 EUR hat. Nach der Übereignung des Kleintransporters und der Werkstatteinrichtung an die K-KG erwirbt diese von Großhändler G Materialien zum Kaufpreis von 25.000 EUR. Als der Kaufpreis von der K-KG nicht gezahlt wird, wendet sich G an A und B verlangt von diesen Zahlung. Zu Recht? Welche Ansprüche hat die K-KG gegen A wegen des geringeren Wertes des Kleintransporters. 453

**I. Anspruch von G gegen A auf Zahlung von 25.000 EUR aus §§ 171 Abs. 1 Hs. 1, 172 Abs. 1 HGB**

G könnte gegen A einen Anspruch auf Zahlung von 25.000 EUR aus §§ 171 Abs. 1 Hs. 1, 172 Abs. 1 HGB haben. Voraussetzung dafür ist, dass G einen entsprechenden Anspruch gegen die K-KG hat und A als Kommanditist für die Verbindlichkeit haftet. Der Anspruch auf Zahlung von 25.000 EUR aus § 433 Abs. 2 BGB ist durch den Abschluss des Kaufvertrages zwischen G und der K-KG wirksam entstanden. Fraglich ist allerdings, ob A als Kommanditist auch für die Verbindlichkeit haftet. Eine solche Haftung könnte sich aus §§ 171 Abs. 1 Hs. 1, 172 Abs. 1 HGB ergeben. Danach müsste A bis zur Höhe seiner Einlage – also bis zum Betrag von 20.000 EUR – unmittelbar haften. Allerdings ist die Haftung nach § 171 Abs. 1 Hs. 2 HGB ausgeschlossen, wenn die Einlage vollständig geleistet wurde. A hat vorliegend die Einlage durch die im Gesellschaftsvertrag vereinbarte Übereignung und Übergabe des Kleintransporters geleistet. Bei einer solchen Sacheinlage kann allerdings nur der wahre Wert der jeweiligen Sacheinlage angerechnet werden. Da der Kleintransporter tatsächlich nur einen Wert von 10.000 EUR hatte, kann die Haftung des nach § 171 Abs. 1 Hs. 2 HGB auch nur in dieser Höhe ausgeschlossen sein. Für die vorgenommene Überbewertung bleibt es daher bei der Haftung nach §§ 171 Abs. 1 Hs. 1, 172 Abs. 1 HGB. G hat daher gegen A einen Anspruch auf Zahlung von 10.000 EUR aus §§ 171 Abs. 1 Hs. 1, 172 Abs. 1 HGB.

**II. Anspruch von G gegen B auf Zahlung von 25.000 EUR aus §§ 171 Abs. 1 Hs. 1, 172 Abs. 1 HGB**

G könnte gegen B einen Anspruch auf Zahlung von 25.000 EUR aus §§ 171 Abs. 1 Hs. 1, 172 Abs. 1 HGB haben. Voraussetzung dafür ist, dass G einen entsprechenden Anspruch gegen die K-KG hat und B als Kommanditist für die Verbindlichkeit haftet. Der Anspruch auf Zahlung von 25.000 EUR aus § 433 Abs. 2 BGB ist durch den Abschluss des Kaufvertrages zwischen G und der K-KG wirksam entstanden. Fraglich ist allerdings, ob B als Kommanditist auch für die Verbindlichkeit haftet. Eine solche Haftung könnte sich aus §§ 171 Abs. 1 Hs. 1, 172 Abs. 1 HGB ergeben. Danach müsste B bis zur Höhe seiner Einlage – also bis zum Betrag von 20.000 EUR – unmittelbar haften. Allerdings ist die Haftung nach § 171 Abs. 1 Hs. 2 HGB ausgeschlossen, wenn die Einlage vollständig geleistet wurde. B hat vorliegend die Einlage durch die im Gesellschaftsvertrag vereinbarte Übereignung und Übergabe der Werkstatteinrichtung geleistet. Bei einer solchen Sacheinlage kann allerdings nur der wahre Wert der jeweiligen Sacheinlage angerechnet werden. Da die Werkstatteinrichtung tatsächlich einen Wert von 40.000 EUR hatte, ist die Haftung des B nach §§ 171 Abs. 1 Hs. 1, 172 Abs. 1 HGB in Höhe von 20.000 EUR vollständig nach § 171 Abs. 1 Hs. 2 HGB ausgeschlossen. G hat daher gegen B keinen Anspruch auf Zahlung von 25.000 EUR aus §§ 171 Abs. 1 Hs. 1, 172 Abs. 1 HGB.

**III. Anspruch der K-KG gegen A auf Zahlung von 10.0000 EUR aus dem Gesellschaftsvertrag**

Die K-KG könnte gegen A einen Anspruch auf Zahlung von 10.0000 EUR aus dem Gesellschaftsvertrag haben. Dies setzt zunächst dessen wirksamen Abschluss voraus, was vorliegend der Fall ist. Fraglich ist allerdings, ob der Gesellschaftsvertrag für den Fall der Überbewertung tatsächlich einen solchen Anspruch vorsieht. Ein solcher ist zunächst nicht vereinbart. Er ergibt sich aber auch nicht im Wege der ergänzenden Vertragsauslegung. Denn den Gesellschaftern war der geringere Wert des Kleintransporters durchaus bewusst. Zudem bestehen gegen die Überbewertung der Sacheinlage in diesem Zusammenhang auch keine Bedenken, da vorliegend nur das Innenverhältnis der Gesellschafter betroffen ist. Die K-KG hat daher keinen Anspruch gegen A auf Zahlung von 10.000 EUR.

**Merksatz:** Die Pflicht der Kommanditisten zur Leistung der Einlage kann sowohl als Bar- oder als Sacheinlage ausgestaltet sein. Die Sacheinlage kann dabei frei bewertet werden, wird im Rahmen der Kommanditistenhaftung gegenüber den Gläubigern aber nur mit ihrem wahren Wert berücksichtigt.

### 4. Die Haftung des Kommanditisten nach Rückgewähr der Einlage (§ 172 Abs. 4 und 5 HGB)

454 Durch die durch die Erbringung der Einlage gewährte Haftungsbefreiung des Kommanditisten (§ 171 Abs. 1 Hs. 2 HGB) birgt für die Gläubiger der KG die Gefahr, dass die Einlage nach deren Erbringung wieder an die Kommanditisten zurückgewährt wird und somit für die Gläubiger bei einer möglichen Inanspruchnahme der KG ohne Gegenleistung verlorengeht. Aus diesem Grund ordnet § 172 Abs. 4 S. 1 HGB an, dass die unmittelbare Haftung der Kommanditisten bei einer Rückgewähr der Einlage wieder auflebt. Diese Anordnung des Wiederauflebens der unmittelbaren Haftung des Kommanditisten durch § 172 Abs. 4 S. 1 HGB ist allerdings nicht unproblematisch. Denn insofern kann nicht schon jede Zahlung der KG an die Kommanditisten ein Wiederaufleben begründen, da dies einerseits eine **Beteiligung des Kommanditisten den dem wirtschaftlichen Erfolg der KG** unmöglich macht und andererseits den Grundsatz der Haftungsbeschränkung des Kommanditisten erheblich einschränken würde. Aus diesem Grund sehen § 172 Abs. 4 und 5 HGB die zwei folgenden Einschränkungen vor:

455 Zunächst ist es nach § 172 Abs. 4 S. 1 HGB erforderlich, dass die Leistung der KG an den Kommanditisten tatsächlich eine **Rückgewähr der Hafteinlage** darstellt. Daher können dem Kommanditisten – jedenfalls vor dem Hintergrund von § 172 Abs. 4 HGB – jederzeit die von ihm über die Hafteinlage

hinaus gewährten Leistungen zurückgewährt werden (BGHZ 84, 383 (387); BGH NZG 2008, 506). Schwierigkeiten bereitet § 172 Abs. 4 HGB aber vor allem in den Fällen, in denen der Kommanditist mit der KG neben seiner Stellung als Kommanditist auf andere Weise wie etwa durch eine Reihe von Austauschverträgen verbunden ist. Denn dieser kann etwa im Rahmen eines Geschäftsführungsvertrages mit der KG verbunden sein und im Rahmen dieses Vertrages eine überhöhte Vergütung erhalten (vgl. MüKoHGB/*Schmidt* §§ 171, 172 Rn. 68). Die Frage der Rückgewähr der Einlage kann sich aber auch bei anderen Austauschverträgen stellen, bei denen der Kommanditist etwas erhält, ohne dass dies von der jeweiligen außergesellschaftsrechtlichen Vertragsgrundlage abgedeckt ist. Dies geschieht etwa bei einem Verkauf einer Sache oder eines Rechts durch den Kommanditisten an die KG, die dafür dann einen überhöhten Kaufpreis zahlt. Ebenso stellt die Rückzahlung eines vom Kommanditisten an die KG gewährten Darlehens eine Einlagenrückgewähr dar, wenn die KG das Darlehen aufgrund ihrer schlechten wirtschaftlichen Lage eigentlich nicht zurückzahlen kann (BGHZ 112, 31).

Besonders problematisch ist zudem die Auszahlung von Gewinnen an den **456** Kommanditisten, da es sich dabei in der Regel gerade nicht um eine Einlagenrückgewähr handelt bzw. beide Aspekte nicht zwingend in Wechselwirkung zueinander stehen. Dies zeigt sich etwa an dem nach § 169 Abs. 1 S. 2 Hs. 2 HGB fehlenden **Entnahmerecht des Kommanditisten**, wenn sein Kapitalanteil aufgrund eines Verlusts unter den auf die bedungene Einlage geleisteten Betrags herabgemindert ist oder durch die Auszahlung herabgemindert werden würde. Allerdings kann die KG dem Kommanditisten in diesem Fall dennoch seinen Gewinnanteil auszahlen, da § 169 Abs. 1 S. 2 Hs. 2 HGB nur das Forderungsrecht des Kommanditisten ausschließt. Kommt es dennoch zur Gewinnauszahlung ordnet § 172 Abs. 4 S. 2 HGB an, dass dies eine Einlagerückgewähr darstellt. Voraussetzung dafür ist allerdings, dass durch die Auszahlung auch die Haftsumme angreift (BGHZ 109, 334 (339 f.)).

**Beispielsfall:** A, B und C entschließen sich, eine Kfz-Werkstatt zu betreiben und **457** gründen dazu die K-KG, bei der C als Komplementär und A und B jeweils als Kommanditisten beteiligt sind. Die Eintragung im Handelsregister erfolgt kurz darauf. Als Einlage wird für A und B ein Betrag von jeweils 20.000 EUR vereinbart und im Handelsregister eingetragen. Sowohl A als auch B zahlen jeweils 20.000 EUR an die K-KG. Da A kurz darauf finanzielle Probleme hat und er kurz vor der Eröffnung des Insolvenzverfahrens über sein Vermögen steht, gewährt ihm diese kurzerhand ein zinsloses Darlehen in Höhe von 20.000 EUR und zahlt ihm diesen Betrag aus. Kurz darauf erwirbt die K-KG von Großhändler G Materialien zum Kaufpreis von 25.000 EUR. Als der Kaufpreis von der K-KG nicht gezahlt wird, wendet sich G an A verlangt von ihm Zahlung des Kaufpreises. Zu Recht?

G könnte gegen A einen Anspruch auf Zahlung von 25.000 EUR aus §§ 171 Abs. 1 Hs. 1, 172 Abs. 1, 4 HGB, § 433 Abs. 2 BGB haben. Voraussetzung dafür ist, dass G einen entsprechenden Anspruch gegen die K-KG hat und A als Kommanditist für die Verbindlichkeit haftet. Der Anspruch auf Zahlung von 25.000 EUR aus § 433 Abs. 2 BGB ist durch den Abschluss des Kaufvertrages zwischen G und der K-KG wirksam entstanden. Fraglich ist allerdings, ob A als Kommanditist auch für die Verbindlichkeit haftet. Eine solche Haftung könnte sich aus §§ 171 Abs. 1 Hs. 1, 172 Abs. 1 HGB ergeben. Danach müsste A bis zur Höhe seiner Einlage – also bis zum Betrag von 20.000 EUR – unmittelbar haften. Allerdings ist die Haftung nach § 171 Abs. 1 Hs. 2 HGB ausgeschlossen, wenn die Einlage vollständig geleistet wurde. A hat seine Einlageverpflichtung gegenüber der K-KG erfüllt, so dass seine Haftung nach § 171 Abs. 1 Hs. 2 HGB ausgeschlossen ist. Allerdings könnte die Haftung wieder nach § 172 Abs. 4 HGB aufgelebt sein. Dies wäre dann der Fall, wenn A seine Einlage zurückgewährt wurde. Vorliegend hat A zwar die 20.000 EUR zurückerhalten. Diese Rückgewähr erfolgte aber im Rahmen eines Darlehensvertrags, so dass die K-KG einen Darlehensrückzahlungsanspruch gegen A aus § 488 Abs. 1 S. 2 BGB hat. Auch wenn es sich somit um ein sog. Drittgeschäft des Kommanditisten mit der KG handelt, liegt ein Fall einer Einlagenrückgewähr nach § 172 Abs. 4 HGB vor. Denn A hat als Darlehensnehmer letztlich keine angemessene und vollwertige Gegenleistung geleistet. Das an ihn gewährte Darlehen ist zum einen zinslos und zum anderen an ihn gewährt worden, obwohl er selbst kurz vor der Eröffnung des Insolvenzverfahrens steht und somit eine tatsächliche Rückzahlung des Darlehens faktisch ausgeschlossen ist. Durch die somit vorliegende Einlagenrückgewähr ist die Haftung des A nach §§ 171 Abs. 1 Hs. 1, 172 Abs. 1 HGB wieder aufgelebt (§ 172 Abs. 4 S. 1 HGB). Der Haftungsausschluss nach § 171 Abs. 1 Hs. 2 HGB ist somit nicht gegeben. G hat daher gegen A einen Anspruch auf Zahlung von 20.000 EUR aus §§ 171 Abs. 1 Hs. 1, 172 Abs. 1, 4 HGB.

**Merksatz:** Die Haftung des Kommanditisten gegenüber den Gläubiger besteht nach § 172 Abs. 4 S. 1 HGB auch nach einer vollständigen Leistung der Einlage fort, wenn dem Kommanditisten diese wieder zurückgewährt wurde.

**458** Zudem wird der Kommanditist durch § 172 Abs. 5 HGB für den Fall geschützt, dass er zwar seine Einlage teilweise zurückbehalten hat, diese aber als **(Schein-)Gewinn** aufgrund einer in gutem Glauben errichteten Bilanz in gutem Glauben erhalten hat. Die Anforderungen an diesen Ausschluss des Wideraufiebens der Haftung sind dabei aber relativ hoch. Denn zum einen muss die den Scheingewinn ausweisende Bilanz in gutem Glauben errichtet worden sein, so dass alle daran mitwirkenden Personen gutgläubig gewesen sein müssen. Zum anderen muss der Kommanditist auch selbst – soweit er nicht schon selbst bei der Aufstellung der Bilanz mitgewirkt hat – in gutem Glauben sein. Der genaue Maßstab an die Gutgläubigkeit ist dabei meist nur schwer zu bestimmen, zumal nicht jeder Kommanditist ohne weiteres über Kenntnisse des Bilanzrechts verfügt. Soweit aber anerkannte Bilanzierungsgrundsätze vorsätzlich verletzt werden, ist eine Gutgläubigkeit ausgeschlossen (BGHZ 84, 383 (385 f.)). Der Schutz des Kommanditisten erstreckt sich dabei aber nur auf eine unmittelbare Haftung gegenüber den Gläubigern, so dass durch § 172 Abs. 5 HGB nicht auch eine Rückforderung des Scheingewinns durch die KG nach § 812 Abs. 1 S. 1 Alt. 1 BGB ausgeschlossen wird (Röhricht/Graf von Westphalen/Haas/*Haas/Mock* § 172 Rn. 54; aA aber MüKoHGB/*Schmidt* §§ 171, 172 Rn. 94).

**Beispielsfall:** A, B und C entschließen sich, eine Kfz-Werkstatt zu betreiben und gründen dazu die K-KG, bei der C als Komplementär und A und B jeweils als Kommanditisten beteiligt sind. Die Eintragung im Handelsregister erfolgt kurz darauf. Als Einlage wird für A und B ein Betrag von jeweils 20.000 EUR vereinbart und im Handelsregister eingetragen. Sowohl A als auch B zahlen jeweils 20.000 EUR an die K-KG. Deren Geschäfte laufen allerdings äußerst schlecht. Um die beiden Kapitalgeber A und B aber nicht zu enttäuschen, fälscht C für das Jahr 2013 die Bilanz der K-KG, die daraufhin einen Gewinn ausweist, von dem nach dem Gesellschaftsvertrag auf A und B jeweils 5.000 EUR entfallen. Da A private Geldsorgen hat, lässt er sich die 5.000 EUR auch sofort auszahlen. Tatsächlich hat die K-KG einen großen Verlust erwirtschaftet. Kurz darauf erwirbt die K-KG von Großhändler G Materialien zum Kaufpreis von 25.000 EUR. Als der Kaufpreis von der K-KG nicht gezahlt wird, wendet sich G an A verlangt von ihm Zahlung des Kaufpreises. Zu Recht? 459

G könnte gegen A einen Anspruch auf Zahlung von 25.000 EUR aus §§ 171 Abs. 1 Hs. 1, 172 Abs. 1, 4 HGB haben. Voraussetzung dafür ist, dass G einen entsprechenden Anspruch gegen die K-KG hat und A als Kommanditist für die Verbindlichkeit haftet. Der Anspruch auf Zahlung von 25.000 EUR aus § 433 Abs. 2 BGB ist durch den Abschluss des Kaufvertrages zwischen G und der K-KG wirksam entstanden. Fraglich ist allerdings, ob A als Kommanditist auch für die Verbindlichkeit haftet. Eine solche Haftung könnte sich aus §§ 171 Abs. 1 Hs. 1, 172 Abs. 1 HGB ergeben. Danach müsste A bis zur Höhe seiner Einlage – also bis zum Betrag von 20.000 EUR – unmittelbar haften. Allerdings ist die Haftung nach § 171 Abs. 1 Hs. 2 HGB ausgeschlossen, wenn die Einlage vollständig geleistet wurde. A hat seine Einlageverpflichtung gegenüber der K-KG erfüllt, so dass seine Haftung nach §§ 171 Abs. 1 Hs. 1, 172 Abs. 1 HGB nach § 171 Abs. 1 Hs. 2 HGB ausgeschlossen ist. Allerdings könnte die Haftung wieder nach § 172 Abs. 4 HGB aufgelebt sein. Dies wäre dann der Fall, wenn A seine Einlage zurückgewährt wurde. Vorliegend hat A zwar die 5.000 EUR zurückerhalten. Diese Zahlung wäre aber in jedem Fall keine Rückgewähr nach § 172 Abs. 4 HGB, wenn ein Fall des § 172 Abs. 5 HGB vorliegt. Danach muss ein Kommanditist dasjenige, was er aufgrund einer in gutem Glauben errichteten Bilanz als Gewinn erhalten hat, nicht zurückgewähren. Voraussetzung dafür ist allerdings, dass alle an der Auf- und Feststellung der Bilanz mitwirkenden Personen in gutem Glauben gewesen sind. Aufgrund der bewussten Bilanzfälschung durch C fehlt es daran allerdings schon. Dem steht auch nicht entgegen, dass A selbst keinerlei Kenntnis von der Bilanzfälschung gehabt hat. Damit liegt ein Fall der Einlagenrückgewähr nach § 172 Abs. 4 S. 1 HGB vor, so dass der Haftungsausschluss nach § 171 Abs. 1 Hs. 2 HGB in dieser Höhe nicht eingreift, so dass sich A so behandeln lassen muss, als hätte er erst 15.000 EUR seiner Einlageverpflichtung erfüllt. G hat daher gegen A einen Anspruch auf Zahlung von 5.000 EUR aus §§ 171 Abs. 1 Hs. 1, 172 Abs. 1, 4 HGB.

**Klausurhinweis:** Die Inanspruchnahme von A durch G aufgrund der erfolgten Einlagenrückgewähr ist allerdings nur ein Aspekt des Falles. Denn die Aufstellung der gefälschten Bilanzen durch C stellt eine Pflichtverletzung von dessen Geschäftsführung dar. Ein Schadenersatzanspruch wird A daraus aber in der Regel nicht ableiten können, da es ihm an einem individuellen Schaden fehlt. Allerdings könnte A den Schadenersatzanspruch der K-KG im Wege der *actio pro socio* durchsetzen (→ Rn. 229 ff.)

**Merksatz:** Wenn die KG in ihrer Bilanz einen Gewinn ausweist und alle an der Auf- und Feststellung der Bilanz mitwirkenden Gesellschafter gutgläubig gewesen sind, führt der Bezug dieses Gewinns nicht zu einer Einlagenrückgewähr, auch wenn es sich bei dem Gewinn nur um einen Scheingewinn handelt.

### 5. Rückgriffsmöglichkeiten für den Kommanditisten

460 Die Inanspruchnahme des Kommanditisten durch einen Gläubiger nach den dargestellten Haftungstatbeständen bedeutet allerdings nicht, dass der Kommanditist nach der Erfüllung des Anspruchs gegen den Gläubiger keinen Rückgriff bei den übrigen Gesellschaftern nehmen kann. Insofern gelten auch bei der KG die gleichen Grundsätze wie bei der oHG, so dass auch der Kommanditist einen Erstattungs- oder **Freistellungsanspruch nach § 110 HGB** hat (ausführlich → Rn. 364). Diesen Erstattungsanspruch wird der Kommanditist dann in der Regel dazu nutzen, mit dem gegen ihn bestehenden Anspruch auf Einlageleistung aufzurechnen.

### 6. Prüfungsaufbau

461 Abschließend ergibt sich somit folgendes **Prüfungsschema für die Haftung eines Kommanditisten einer KG gegenüber deren Gläubigern:**

462 **Prüfungsreihenfolge:**

1. **Entstehung und Bestand der Verbindlichkeit der KG**
   „reguläre" Prüfungsreihenfolge für Ansprüche unter Beachtung der Entstehung von Ansprüchen gegen die KG, zB wirksame Entstehung der KG (→ Rn. 412 ff.), deren wirksame Vertretung (→ Rn. 436) oder Zurechnungsprobleme (→ Rn. 249)
2. **Haftung des Kommanditisten für die unter 1. festgestellte Verbindlichkeit der KG**
   – Prüfung des wirksamen Beitritts (→ Rn. 469 ff.) oder fehlenden Austritts des jeweiligen Gesellschafters (→ Rn. 464 ff.) mit ggf. Prüfung einer Nachhaftung (→ Rn. 468)
   – Prüfung des Vorliegens eines Haftungsgrunds
   + Haftung nach §§ 176, 128 HGB bei fehlender oder nicht rechtzeitiger Eintragung (→ Rn. 442 ff.) oder
   + Haftung nach §§ 171 Abs. 1 Hs. 1, 172 Abs. 1 HGB bei fehlender Leistung der Einlage (→ Rn. 445 ff.) oder
   + Haftung nach §§ 171 Abs. 1 Hs. 2, 172 Abs. 2 und 3 HGB nach Leistung der Einlage (→ Rn. 448 ff.) oder
   + Haftung nach § 172 Abs. 4 und 5 HGB nach Rückgewähr der Einlage (→ Rn. 454 ff.) oder
   + Haftung aus einem eigenständigen Verpflichtungsgrund

- Bestimmung des Inhalts der Haftung (ggf. Umwandlung einer Sach- in eine Geldleistung (→ Rn. 357) oder deren Ausschluss für Sozialverbindlichkeiten (→ Rn. 369)

**3. Durchsetzbarkeit der Gesellschafterhaftung**
a) Prüfung von Einreden und Einwendungen des Gesellschafters
b) Geltendmachung von Einreden und Einwendung der KG durch den Gesellschafter (§§ 161 Abs. 2, 129 Abs. 1 bis 3 HGB)

**Klausurhinweis:** Bei der Prüfung der Haftung des Kommanditisten sollte als Anspruchsgrundlage neben den §§ 171 f., 176 HGB immer auch die Norm genannten werden, aus der sich die Verpflichtung der KG ergibt. Denn die §§ 171 f., 176 HGB ordnen insofern nur an, dass die Gesellschafter für die Verbindlichkeiten der KG haften und treffen keine Regelung darüber, wann eine solche Verbindlichkeit gegen die KG besteht. Zudem ist zu beachten, dass bei der Haftung nach § 176 HGB zusätzlich § 128 HGB als Anspruchsgrundlage genannt werden sollte, da § 176 HGB für die Haftung des Kommanditisten auf die Vorschriften zur Haftung des Komplementärs verweist.

## E. Wechsel von Gesellschaftern

Ebenso wir bei den übrigen Gesellschaftsformen kann sich der Wechsel von Gesellschaftern auch bei einer KG durch das **Ausscheiden eines (alten) Gesellschafters** (→ Rn. 464 ff.), den **Eintritt eines (neuen) Gesellschafters** (→ Rn. 465 ff.), die **Übertragung der Kommanditistenstellung** (→ Rn. 471 ff.) und die **Nachfolge von Todes wegen** (→ Rn. 475) erfolgen. Dabei gilt zunächst zu beachten, dass für diese Tatbestände beim Komplementär die Grundsätze der oHG gelten (→ Rn. 371 ff.). Lediglich für den Wechsel des Kommanditisten sehen die §§ 161 ff. HGB teilweise abweichende Regelung vor. 463

### I. Ausscheiden eines Kommanditisten

Der Kommanditist kann zunächst aus der KG ausscheiden, wofür entweder eine **Änderung des Gesellschaftsvertrages durch Beschluss aller Gesellschafter** (§ 131 Abs. 3 Nr. 6 HGB), die **Insolvenz des Kommanditisten (§§ 131 Abs. 3 Nr. 2, 161 Abs. 2 HGB)**, die **Ausübung eines Kündigungsrechts** (§ 131 Abs. 3 Nr. 3 und 4 HGB) oder eine **gerichtliche Entscheidung** (§§ 140, 161 Abs. 2 HGB) notwendig ist. Kein Grund für ein Ausscheiden des Kommanditisten ist aber dessen **Tod** (§ 177 HGB, → Rn. 475). Die **Übertragung der Kommanditbeteiligung** führt ebenfalls zu einem Ausscheiden aus der KG, auch wenn diese Möglichkeit nicht ausdrücklich vorgesehen ist (→ Rn. 471 ff.). Damit ergibt sich für die Gründe eines Ausscheidens eines Kommanditisten aus einer KG folgendes Bild: 464

465

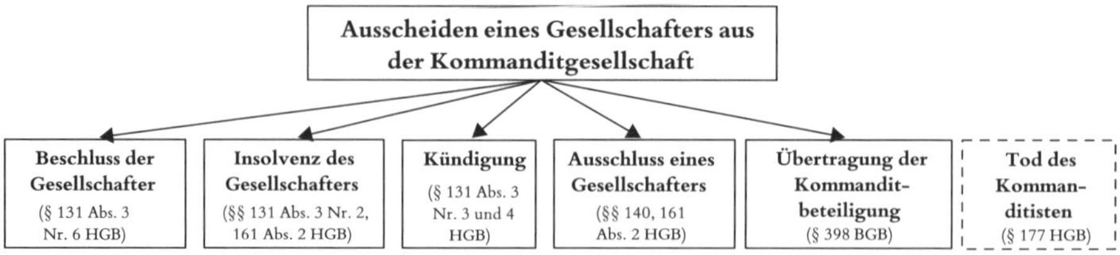


466 In jedem Fall muss das Ausscheiden des Kommanditisten im Handelsregister eingetragen werden (§ 162 Abs. 3 HGB), was allerdings nur deklaratorische Wirkung hat. Die **fehlende oder falsche Eintragung des Ausscheidens eines Kommanditisten** kann für diesen weitreichende Haftungsfolgen auslösen, da § 15 HGB auch dahingehend Anwendung findet. Dies ist allerdings nicht unproblematisch, da § 162 Abs. 2 HGB die Anwendbarkeit von § 15 HGB jedenfalls für die Bekanntmachung der Eintragung von Kommanditisten ausschließt. Daraus ist nun teilweise gefolgert worden, dass § 15 HGB auch für die Eintragung insgesamt und nicht nur für deren Bekanntmachung nicht gelten solle (so vor allem *K. Schmidt* ZIP 2002, 413 (417 f.); *Mattheus/Schwab* ZGR 2008, 65 (84)). Dem kann allerdings nicht gefolgt werden, da damit eine erhebliche Einschränkung der Funktion des Handelsregisters verbunden wäre und sich § 162 Abs. 2 HGB ausdrücklich nur auf die Bekanntmachung und nicht auch die Eintragung bezieht.

467 **Beispielsfall:** A, B und C entschließen sich, eine Kfz-Werkstatt zu betreiben und gründen dazu die K-KG, bei der C als Komplementär und A und B jeweils als Kommanditisten beteiligt sind. Die Eintragung im Handelsregister erfolgt kurz darauf. Als Einlage wird für A und B ein Betrag von jeweils 20.000 EUR vereinbart und im Handelsregister eingetragen. Während B seine Einlage sofort leistet, bleibt A untätig. A verliert schnell das Interesse an der K-KG und kündigt zum 31.12.2012. Da A schon keine Einlage geleistet hatte, kommen die Gesellschafter überein, dass er diese auch nicht mehr zahlen muss, dafür aber auch keine Abfindung erhält. Aus Unachtsamkeit wird das Ausscheiden von A im Handelsregister nicht eingetragen. Kurz darauf erwirbt die K-KG von Großhändler G Materialien zum Kaufpreis von 25.000 EUR, ohne dass dem G dabei von dem Austritt des A etwas bekannt war. Als der Kaufpreis von der K-KG nicht gezahlt wird, wendet sich G an A verlangt von ihm Zahlung des Kaufpreises. Zu Recht?

G könnte von A Zahlung von 25.000 EUR aus § 433 Abs. 2 BGB, §§ 15, 171 Abs. 1 Hs. 1, 172 Abs. 1 HGB verlangen. Voraussetzung dafür ist, dass G einen entsprechenden Anspruch gegen die K-KG hat und A als Kommanditist für die Verbindlichkeit haftet. Der Anspruch auf Zahlung von 25.000 EUR aus § 433 Abs. 2 BGB ist durch den Abschluss des Kaufvertrages zwischen G und der K-KG wirksam entstanden. Fraglich ist allerdings, ob A als Kommanditist auch für die Verbindlichkeit haftet. Denn zum Zeitpunkt der Entstehung der Kaufpreisforderung war A schon nicht mehr Kommanditist, sondern aus der K-KG ausgeschieden, so dass eine Haftung ausgeschlossen wäre. Allerdings könnte sich G aufgrund der fehlenden Eintragung des Ausscheidens von A im Handelsregister nach § 15 Abs. 1 HGB darauf berufen, dass A noch als Kommanditist der K-KG behandelt wird. Bei dem Ausscheiden auf einer KG handelt es sich um eine eintragungspflichtige Tatsache (§ 162 Abs. 1 HGB). Diese Rechtslage im Handelsregister (Kommanditistenstellung von A) weicht auch von der wahren Rechtslage (Austritt des A aus der K-KG zum 31.12.2012) ab. G hatte von dem Ausscheiden des A aus der K-KG auch keine Kenntnis. Auch wenn somit die Voraussetzungen von § 15 Abs. 1 HGB vorliegen, erscheint es fraglich, ob dieser überhaupt Anwendung findet. Denn § 162 Abs. 2 Hs. 2 HGB ordnet an, dass § 15 HGB keine Anwendung finden soll. Der Ausschluss von § 15 HGB in § 162 Abs. 2 Hs. 2 HGB bezieht sich aber nur auf die Bekanntmachung und lässt die Anwendung von § 15 HGB für den Fall einer fehlenden Eintragung im Handelsregister unberührt. G kann sich daher darauf berufen, A so zu behandeln, als wenn er noch Kommanditist der K-KG wäre. A hat als Kommanditist seine Einlage auch noch nicht geleistet. A haftet daher nach §§ 171 Abs. 1 Hs. 1, 172 Abs. 1 HGB gegen G unmittelbar. Die Höhe der Haftung beschränkt sich allerdings auf die Höhe seiner Einlage und damit auf 20.000 EUR. G kann daher von A Zahlung von 20.000 EUR aus § 433 Abs. 2 BGB, §§ 171 Abs. 1 Hs. 1, 172 Abs. 1 HGB verlangen.

Aufgrund des Ausscheidens hat der ausgeschiedene Kommanditist bzw. **468** dessen Erben einen **Anspruch auf Abfindung** (§ 738 BGB, §§ 105 Abs. 3, 161 Abs. 2 HGB), deren Höhe nach den gleichen Grundsätzen wie bei der oHG (→ Rn. 387) bzw. der (Außen-)GbR (→ Rn. 281) ermittelt wird. Die Zahlung der Abfindung an den ausgeschiedenen Kommanditisten bzw. an dessen Erben stellt allerdings immer eine Einlagenrückgewähr dar, die nach § 172 Abs. 4 HGB die unmittelbare Haftung des Kommanditisten wieder aufleben lassen kann. Diese unmittelbare Haftung gilt aber nur gegenüber den Gläubigern, die noch vor der Eintragung des Ausscheidens im Handelsregister Gläubiger geworden sind (BGHZ 71, 296 (304)). Im Übrigen gelten auch für den Kommanditisten die Grundsätze der Nachhaftung des § 160 HGB (→ Rn. 388).

## II. Beitritt in eine bestehende Kommanditgesellschaft

Für ein Beitritt eines (neuen) Kommanditisten gelten die gleichen Grundsätze **469** wie bei den übrigen Personengesellschaften (→ Rn. 283 ff., 391). Daher bedarf auch bei der KG der Betritt eines neuen Kommanditisten der **Änderung des Gesellschaftsvertrages**. Zudem kann auch bei der KG jeder Gesellschafter nur ein Kommanditist oder ein Komplementär sein. Eine Kombination beider Gesellschaftertypen oder die **Personenidentität mehrerer Kommanditisten** ist nicht möglich, da dies bei einer Personengesellschaft generell ausgeschlossen ist. Ebenso wie bei der Gründung muss der (neue) Kommanditist nach seinem Betritt schließlich in das Handelsregister eingetragen werden (§ 162 Abs. 3 HGB), was aber nur deklaratorische Wirkung hat. Hinsichtlich der Haftung des neu eingetretenen Kommanditisten ordnet § 173 HGB die Erstreckung der §§ 171 f. HGB auf die **Altverbindlichkeiten** an, wovon die Gesellschafter auch nicht mit Wirkung gegenüber Dritten abweichen können (§ 173 Abs. 2 HGB). Darüber hinaus unterliegt der Kommanditist zwischen dem Betritt in die KG und seiner Eintragung in das Handelsregister der unbeschränkten Haftung des § 176 HGB (→ Rn. 442 f.), was in der Praxis typischerweise aber durch einen durch die Handelsregistereintragung aufschiebend bedingten Beitritt verhindert wird. Hinsichtlich der nach dem Beitritt entstehenden **(Neu-) Verbindlichkeiten** gelten die allgemeinen Grundsätze, so dass die §§ 171 f. HGB (→ Rn. 445 ff.) zur Anwendung kommen.

470 Darüber hinaus kann aber auch ein **Komplementär der KG** beitreten. Für diesen gelten dann die für den Beitritt eines Gesellschafters zu einer oHG dargestellten Grundsätze (→ Rn. 391).

## III. Übertragung der Kommanditistenstellung

471 Eine besondere Problematik stellt die Übertragung der Kommanditistenstellung dar, da dieser in der Praxis äußerst häufig vorkommende Fall in den §§ 161 ff. HGB nicht nur nicht normative nachgezeichnet wird, sondern diesen – jedenfalls bei einer dahingehenden Auslegung (→ Rn. 419) – sogar unnötig erschwert. Die Übertragung der Kommanditistenstellung muss zunächst vom Fall des **gleichzeitigen Eintretens und Ausscheidens eines Kommanditisten** unterschieden werden. Denn während der neu eintretende Kommanditist bei seinem Eintritt aufgrund der notwendigen Änderung des Gesellschaftsvertrages mit allen Gesellschaftern eine Übereinkunft treffen muss, tritt der die Kommanditistenstellung eines anderen übernehmende Gesellschaft ohne weiteres in die KG ein, ohne dass es bei dieser zu einer Änderung des Gesellschaftsvertrages kommt. Voraussetzung ist aber auch bei der KG, dass der Gesellschaftsvertrag die Übertragung gestattet. Auch wenn die §§ 161 ff. HGB die Übertragung eines Kommanditanteils im Wege der Abtretung (§§ 398 ff. BGB) nicht ausdrücklich gestatten, bestehen an der generellen Zulässigkeit keine Zweifel mehr (BGHZ 81, 82 (85)). Hinsichtlich der konkreten Rechtsfolgen einer solchen Übertragung gelten die bei der (Außen-)GbR dargestellten Grundsätze (→ Rn. 286 ff.).

472 In einer solchen Übertragung des Kommanditanteils ist auch **keine Rückgewähr der Einlage iSv § 172 Abs. 4 HGB** zu sehen, da die Vermögensverhältnisses der KG durch die Übertragung schon in keiner Weise berührt werden. Eine Einlagenrückgewähr nach § 172 Abs. 4 HGB an den Altgesellschafter liegt auch dann nicht vor, wenn eine solche an den Neugesellschafter erfolgt. Insofern könnten zwar insbesondere die Gläubiger, die ihre Forderungen schon vor der Übertragung des Kommanditanteils begründet haben, geltend machen, dass sie sich auf eine Haftung des Altgesellschafters für den Fall der Einlagenrückgewähr verlassen haben. Allerdings kann § 172 Abs. 4 HGB ein solches Vertrauen nicht begründen, da der Tatbestand der Einlagenrückgewähr bei dem Altgesellschafter gerade nicht verwirklicht wurde und die Gläubiger zudem jederzeit mit einer Übertragbarkeit des Kommanditanteils und dem damit verbundenen Austausch des Haftungsschuldners im Fall einer Einlagen-

rückgewähr rechnen mussten. Umgekehrt kommt dem Neugesellschafter auch die Einlageleistung des Altgesellschafters zugute, so dass sich auch der Neugesellschafter nach seiner ordnungsgemäßen Eintragung im Handelsregister auf den **Einwand des §§ 171 Abs. 1 Hs. 2, 172 Abs. 1 HGB** (→ Rn. 445) berufen kann und somit kein dahingehendes Haftungsrisiko trifft (BGHZ 81, 82 (85)).

Auf den Neugesellschafter findet in diesem Zusammenhang schließlich § 176 Abs. 2 HGB (→ Rn. 442 ff.) keine Anwendung (Baumbach/Hopt/*Roth* § 176 Rn. 11; Röhricht/Graf von Westphalen/Haas/*Haas/Mock* § 176 Rn. 35; MüKoHGB/*Schmidt* § 176 Rn. 26; aA BGH WM 1983, 651 (651 f.)). Zwar stellt die Übertragung eines Kommanditanteils tatsächlich einen Eintritt eines neuen Kommanditisten in die KG dar. Allerdings regelt § 176 Abs. 2 HGB nur den Fall des Eintritts und nicht des gleichzeitigen Austritt, wie er für die Übertragung des Kommanditanteils gerade typisch ist. Zudem würde eine Anwendung von § 176 Abs. 2 HGB auf den Neugesellschafter im Fall der Übertragung des Kommanditanteils eine nicht gerechtfertigte Haftungserweiterung zugunsten der Gläubiger bedeuten, da diese nicht nur auf eine mögliche Kommanditistenhaftung des Altgesellschafter, sondern zusätzlich auch auf den **Neugesellschafter als Komplementär** zugreifen könnten, zumal diese aufgrund der Eintragung von lediglich einem Kommanditisten im Handelsregister darauf nicht vertrauen können. Dieser Problematik wird in der Praxis allerdings durch den aufschiebend bedingten Beitritt des neuen Kommanditisten begegnet (→ Rn. 444). 473

**Beispielsfall:** A, B und C entschließen sich, eine Kfz-Werkstatt zu betreiben und gründen dazu die K-KG, bei der C als Komplementär und A und B jeweils als Kommanditisten beteiligt sind. Die Eintragung im Handelsregister erfolgt kurz darauf. Als Einlage wird für A und B ein Betrag von jeweils 20.000 EUR vereinbart und im Handelsregister eingetragen. Die Einlage wird durch A und B sofort geleistet. Kurz darauf verliert A das Interesse an der K-KG und überträgt seinen Kommanditanteil an D. Noch bevor D als neuer Kommanditist im Handelsregister eingetragen und A ausgetragen wird, erwirbt die K-KG von Großhändler G Materialien zum Kaufpreis von 25.000 EUR, ohne dass G dabei der Gesellschafterwechsel bekannt war. Als der Kaufpreis von der K-KG nicht gezahlt wird, wendet sich G an D verlangt von ihm Zahlung des Kaufpreises. Zu Recht? Welche Rechtsfolgen ergeben sich aus der Übertragung der Kommanditbeteiligung? 474

**I. Anspruch von G gegen D auf Zahlung von 25.000 EUR aus § 433 Abs. 2 BGB, §§ 128, 161 Abs. 2, 176 Abs. 1 und 2 HGB**

G könnte von D Zahlung von 25.000 EUR aus § 433 Abs. 2 BGB, §§ 128, 161 Abs. 2, 176 Abs. 1 und 2 HGB verlangen. Voraussetzung dafür ist, dass G einen entsprechenden Anspruch gegen die K-KG hat und A als Kommanditist für die Verbindlichkeit haftet. Der Anspruch auf Zahlung von 25.000 EUR aus § 433 Abs. 2 BGB ist durch den Abschluss des Kaufvertrages zwischen G und der K-KG wirksam entstanden. Fraglich ist allerdings, ob D auch für die Verbindlichkeit haftet.

Eine Haftung könnte sich zunächst aus §§ 171 Abs. 1 Hs. 1, 172 Abs. 1 HGB ergeben. Voraussetzung dafür wäre allerdings, dass D die Einlage noch nicht oder nicht vollständig geleistet hat. Zwar hat vorliegend nicht D, sondern A die Einlage geleistet. Allerdings kann er sich D als Rechtsnachfolger von A auf die Einlageleistung ebenso berufen (§ 171 Abs. 1 Hs. 2 HGB). Eine Haftung nach §§ 171 Abs. 1 Hs. 1, 172 Abs. 1 HGB scheidet daher aus.

Allerdings könnte sich eine Haftung des D für die Kaufpreisforderung des G gegen die K-KG aus § 176 Abs. 1 und 2 HGB ergeben. Voraussetzung dafür wäre, dass D als Kommanditist in eine bestehende Handelsgesellschaft eingetreten ist, da dann § 176 Abs. 1 HGB für die in der Zeit zwischen seinem Eintritt und dessen Eintragung in das Handelsregister begründeten Verbindlichkeiten der Gesellschaft entsprechende Anwendung findet (§ 176 Abs. 2 HGB). D ist in die K-KG als Kommanditist eingetreten. Auch wurde die Kaufpreisforderung im Zeitraum zwischen seinem Eintritt und seiner Eintragung im Handelsregister begründet. Auch wenn D somit für die Kaufpreisforderung wie ein persönlich haftender Gesellschafter haften müsste (§ 176 Abs. 1 HGB), kann § 176 Abs. 2 HGB vorliegend keine Anwendung finden, da dadurch für G eine ungerechtfertigte Haftungserweiterung eintreten würde. Denn G kann schon auf die Kommanditistenhaftung des A zurückgreifen, die vorliegend aufgrund der vollständigen Einlageleistung durch A ausgeschlossen ist. Durch die Übertragung der Kommanditbeteiligung von A auf D ist aber kein weiterer Kommanditist hinzugekommen. G konnte daher zu keinem Zeitpunkt darauf vertrauen, dass möglicherweise ein weiterer Kommanditist vorhanden ist, den er im Rahmen der Kommanditistenhaftung oder der Haftung nach § 176 Abs. 2 HGB in Anspruch nehmen kann. Diese fehlende Anwendung von 176 Abs. 2 HGB auf den Fall der Übertragung der Kommanditbeteiligung widerspricht auch nicht dem Regelungszweck, da der historische Gesetzgeber von einer fehlenden Übertragbarkeit von Kommanditbeteiligungen ausgegangen ist. § 176 Abs. 2 HGB findet daher vorliegend keine Anwendung.

G kann daher von D keine Zahlung von 25.000 EUR aus § 433 Abs. 2 BGB, §§ 128, 161 Abs. 2, 176 Abs. 1 und 2 HGB verlangen.

**II. Rechtsfolgen der Übertragung der Kommanditbeteiligung**

Die Rechtsfolgen ergeben sich aus folgender Übersicht:

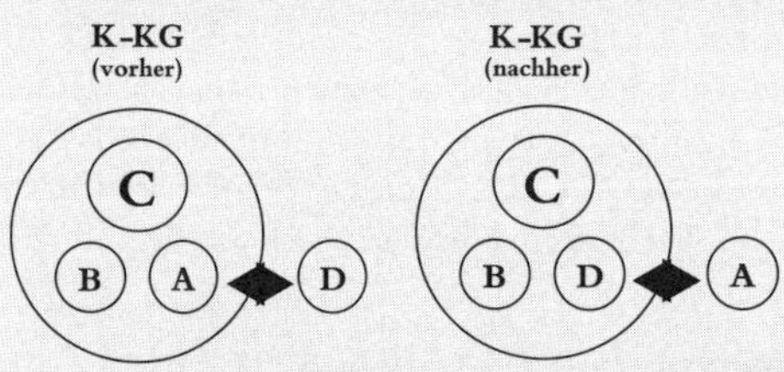


**Rechtsfolgen:**
- Fortsetzung der K-KG unter C, B und D
- Begründung der Kommanditistenstellung für D mit allen Rechten und Pflichten
- keine Begründung einer Einlagepflicht für D
- Haftung des D für die bisherigen Verbindlichkeiten der K-KG
- Verlust der Kommanditistenstellung für A
- kein Anspruch des A auf Zahlung einer Abfindung

## IV. Tod eines Gesellschafters

475 Beim **Tod des Komplementärs** der KG finden die Grundsätze des Rechts der oHG Anwendung (→ Rn. 375 ff.). Für den **Tod des Kommanditisten** besteht allerdings die Besonderheit, dass dieser gerade nicht zur Auflösung der KG führt, sondern diese mit den Erben des Kommanditisten fortgeführt wird (§ 177 HGB). Damit wird bei der KG die Rechtsfolge gesetzlich angeordnet,

die bei der GbR (→ Rn. 278) und der oHG (→ Rn. 376) typischerweise durch Nachfolgeklauseln erreicht wird. Soweit der Kommanditanteil an mehrere Personen vererbt wird, besteht die Besonderheit, dass diese nicht als Erbengemeinschaft in die Position des Erblassers einrücken, sondern vielmehr jeder einzelne mit seiner individuellen Erbquote im Verhältnis zur Höhe des vererbten Kommanditanteils Kommanditist wird (BGH NZG 2012, 385 (386)). Der Erbe rückt in die Stellung des Erblassers als Kommanditist ein, ohne dass dabei die §§ 173, 176 Abs. 2 HGB zur Anwendung kommen, da es sich beim Erbfall nicht um einen Beitritt im Sinne dieser Vorschriften handelt (BGH NJW 1989, 3152; NZG 2012, 385 für 176 Abs. 2 HGB).

## F. Auflösung, Beendigung und Insolvenz der Kommanditgesellschaft

Für die Auflösung und Beendigung der KG gelten die gleichen Grund- 476
sätze wie bei der oHG (ausführlich → Rn. 393 ff.). Bei den Auflösungsgründen besteht allerdings die Besonderheit, dass der **Tod des Kommanditisten** (→ Rn. 375 ff.) gerade nicht zur Auflösung der KG führt. Hintergrund dieser Regelung ist, dass der Kommanditist – jedenfalls nach dem gesetzlichen Leitbild nur ein Anleger mit eingeschränkten Mitwirkungsbefugnissen ist, so dass eine Fortführung mit den Erben des Kommanditisten den übrigen Gesellschaftern zuzumuten ist. Den Gesellschaftern steht es allerdings – ebenso wie bei der oHG (ausführlich → Rn. 394 ff.) frei, eine abweichende vertragliche Klausel in den Gesellschaftsvertrag aufzunehmen. Eine solche kann etwa vorsehen, dass der Kommanditist mit seinem Tod zwingend ausscheidet **(Ausscheidungsklausel)** oder aber nur durch bestimmte Personen (etwa Familienangehörige) ersetzt werden kann **(qualifizierte Nachfolgeklausel)**. Eine weitere Besonderheit stellt das **Ausscheiden des letzten Kommanditisten** dar. In diesem Fall wird die (bisherige) KG als oHG fortgeführt, sofern noch mindestens zwei Gesellschafter in dieser verbleiben. Kommt es zum Ausscheiden des vorletzten Gesellschafters, gelten die bei der oHG dargestellten Grundsätze (→ Rn. 390). Die Auflösungsgründe stellen sich somit folgendermaßen dar:

477

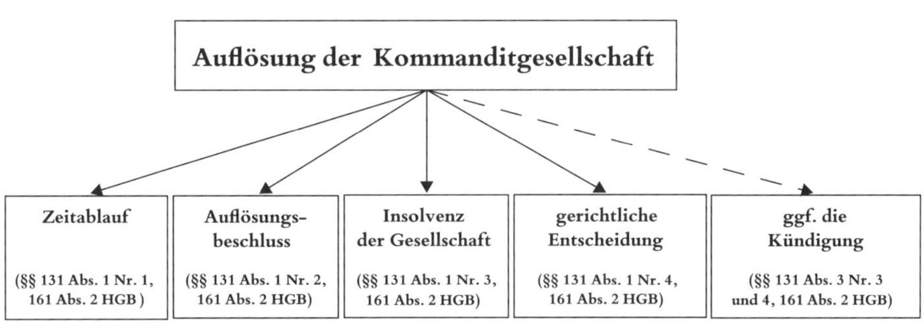

# G. Wiederholung

## I. Zusammenfassung

1. Eine **KG** zeichnet sich dadurch aus, dass
   – es sich um eine Gesellschaft handelt,
   – sie ein Handelsgewerbe betreibt,
   – sie unter einer gemeinschaftlichen Firma auftritt und
   – bei mindestens einem der Gesellschafter die Haftung gegenüber den Gesellschaftsgläubigern beschränkt ist.
2. Die wichtigsten **Erscheinungsformen** der KG sind
   – die gesetzestypische KG,
   – die Kapitalgesellschaft & Co. KG,
   – die Publikums-KG und
   – das sog. Treuhandmodell.
3. Hinsichtlich der **Einlageverpflichtung** der Kommanditisten muss unterschieden werden zwischen:
   – das Hafteinlage,
   – der Pflichteinlage
   – und der gesplitteten Einlage.
4. Die Gesellschafter einer KG haben das **Recht**,
   – eine abschriftliche Mitteilung des Jahresabschlusses zu verlangen und dessen Richtigkeit durch Einsicht in die Bücher und Papiere der KG zu überprüfen,
   – am Gewinn und Verlust beteiligt zu werden und Entnahmen vorzunehmen,

   und die **Pflicht**
   – die im Gesellschaftsvertrag vereinbarte Einlage zu leisten und
   – sich nicht treuwidrig zu verhalten, was im Einzelfall auch zu einem Wettbewerbsverbot führen kann.
5. Zur **Geschäftsführung** einer KG sind die Kommanditisten nicht berechtigt. Allerdings haben sie ein Widerspruchsrecht soweit es um Handlungen geht, die über den gewöhnlichen Betrieb des Handelsgewerbes der KG hinausgehen.
6. Zur **Vertretung** der KG ist nur der Komplementär, nicht aber der Kommanditist berechtigt. Diesem kann allerdings eine Vollmacht oder eine Prokura erteilt werden.
7. Für die **Verbindlichkeiten** der oHG haften
   – das Gesellschaftsvermögen und
   – der Komplementär nach §§ 161 Abs. 2, 128 f. HGB und
   – die Kommanditisten nach §§ 171, 172, 176 HGB.

8. Hinsichtlich der **Haftung der Kommanditisten** ist zwischen den Zeiträumen
   - vor Eintragung der KG,
   - vor Leistung der Einlage,
   - nach Leistung der Einlage und
   - nach Rückgewähr der Einlage zu unterscheiden.
9. Der Kommanditist kann durch eine **Änderung des Gesellschaftsvertrages** (§ 131 Abs. 3 Nr. 6 HGB), seine **Insolvenz** (§§ 131 Abs. 3 Nr. 2, 161 Abs. 2 HGB), die Ausübung eines **Kündigungsrechts** (§ 131 Abs. 3 Nr. 3 und 4 HGB), eine **gerichtliche Entscheidung** (§§ 140, 161 Abs. 2 HGB) oder eine **Übertragung** der Kommanditbeteiligung aus der KG **ausscheiden**.
10. Durch das **Ausscheiden eines Gesellschafters** kommt es zu
    - einem Verlust der Gesellschafterstellung,
    - einer Fortsetzung der KG unter den übrigen Gesellschaftern,
    - einer (Nach-)Haftung des ausgeschiedenen Gesellschafters für die Verbindlichkeiten der KG,
    - einem Anspruch des ausgeschiedenen Gesellschafters auf Befreiung von den Verbindlichkeiten der KG und
    - einem Anspruch des ausgeschiedenen Gesellschafters auf Zahlung einer Abfindung.
11. Mit der **Auflösung der KG** erfolgt deren Liquidation (Auseinandersetzung), an deren Ende die (Voll-)Beendigung der KG steht.

## II. Klausurfall 1 (Hotelanlage Alsterblick KG)

Bearbeitungszeit: 300 Minuten

### Sachverhalt 478

Die „Hotelanlage Alsterblick KG" ist eine KG, die in Hamburg eine große Hotelanlage betreibt. Gesellschafter der Hotelanlage Alsterblick KG sind X als Komplementär und 200 Kommanditisten mit einer vollständig geleisteten Einlage von jeweils 10.000,00 EUR, zu denen auch der A gehört. Der Gesellschaftsvertrag der Hotelanlage Alsterblick KG räumt jedem Gesellschafter ein Stimmrecht von einer Stimme ein und enthält zudem unter anderem folgende Regelungen:

**§ 16. Gegenstand der Gesellschafterversammlung**

1. Die Gesellschafterversammlung ist insbesondere für folgende Beschlussfassungen zuständig:

   …

   f) Änderungen des Gesellschaftsvertrags

   …

2. Soweit Beschlüsse nach lit. a, c, f, g, j, k, und l gefasst werden, bedarf es einer Mehrheit der anwesenden Stimmen. Sind 75 % der Gesellschaftsanteile auf fünf oder weniger Personen vereinigt, tritt an die Stelle der ¾-Mehrheit die 9/10-Mehrheit. Sind 90 % oder mehr der Gesellschaftsanteile auf fünf oder weniger Personen vereinigt, sind die vorgenannten Beschlüsse einstimmig zu fassen.

**§ 17. Beschlussfassung**
1. Beschlüsse können in Gesellschafterversammlungen oder im Wege der schriftlichen Abstimmung gefasst werden.
2. … Ein Beschluss im Wege der schriftlichen Abstimmung kommt nur zu Stande, wenn mindestens 10 % der Stimmen aller Gesellschafter an der Abstimmung teilnehmen.
3. Beschlüsse der Gesellschafterversammlung bedürfen grundsätzlich der einfachen Mehrheit der abgegebenen Stimmen, sofern nicht in diesem Vertrag oder durch Gesetz etwas anderes bestimmt ist. Stimmenthaltungen gelten als nicht abgegebene Stimmen; bei Stimmengleichheit gilt ein Antrag als abgelehnt.

Da die von der Hotelanlage Alsterblick KG betriebene Hotelanlage einer dringenden Renovierung bedarf, die Hotelanlage Alsterblick KG allerdings über nicht ausreichend Kapital für eine solches Vorhaben verfügt, möchte X das erforderliche Kapital über die Aufnahme neuer Kommanditisten beschaffen. Um diesen Vorgang zeitlich möglichst schnell abzuschließen, wendet sich X mit einem Anschreiben am 1.8.2011 an alle Kommanditisten und unterbreitet diesen in schriftlicher Abstimmung mit einer Frist bis zum 31.8.2011 den Vorschlag, den Gesellschaftsvertrag so zu ändern, dass insgesamt 100 neue Kommanditisten mit einer Einlage von jeweils 10.000,00 EUR aufgenommen werden können. X stößt mit diesem Vorschlag bei den bisherigen Kommanditisten auf eine geteilte Resonanz. Insgesamt antworten nur 100 Kommanditisten, von denen 24 gegen und 76 für eine Änderung des Gesellschaftsvertrags stimmen. X selbst hat auf eine Teilnahme an der Abstimmung verzichtet, da dies ursprünglich seine Idee war und er diese Entscheidung daher nur den Kommanditisten überlassen wollte. Daraufhin teilt X allen Kommanditisten der Hotelanlage Alsterblick KG mit, dass die Änderung des Gesellschaftsvertrags angenommen wurde. Kurz darauf beginnt X bereits die ersten Investoren zu einem Eintritt in die Hotelanlage Alsterblick KG als Kommanditisten zu bewegen.

Bei seinen Bemühungen zahlungskräftige Investoren für die Hotelanlage Alsterblick KG zu finden, trifft X zufällig auf seinen alten Schulfreund B, der als Antiquitätenhändler tätig ist. Da die Geschäfte des B schlecht laufen und X ihm gern unter die Arme greifen will, vereinbaren diese, dass X eine antike Kommode aus dem Inventar der Hotelanlage im Namen der Hotelanlage Alsterblick KG an B zum Preis von 50,00 EUR verkauft, obwohl diese einen Wert von 5.000,00 EUR hat. B ist sofort von diesem „Plan" begeistert und zahlt die 50,00 EUR an X. Als B die Kommode abtransportiert, wird er in einen Unfall verwickelt, bei dem die Kommode völlig zerstört wird.

Kommanditist A, der gerade von einer halbjährigen Weltreise zurückgekehrt ist und über diese Vorkommnisse unterrichtet wird, ist über diese sehr verärgert, da er die Renovierung der Hotelanlage für überflüssig hält und auch keine neuen Gesellschafter aufnehmen möchte. Da er das Schreiben des X von 1.8.2011 erst nach seiner Rückkehr und Ablauf der Abstimmungsfrist erhalten hat, macht er geltend, dass der Gesellschaftsvertrag der Hotelanlage Alsterblick KG nicht wirksam geändert worden sei. Dies ergäbe sich daraus, dass er an der Abstimmung nicht hätte teilnehmen können. Jedenfalls sei aber die nach § 16 des Gesellschaftsvertrags erforderliche ¾-Mehrheit nicht zustande gekommen, da insgesamt nur 100 Kommanditisten abgestimmt hätten. X bestreitet dies und weist A darauf hin, dass zum einen nach § 17 Nr. 3 des Gesellschaftsvertrages bereits eine einfache Mehrheit ausreichend sei und zum anderen die Mehrheitserfordernisse in jedem Fall gewahrt worden seien, da nur die Gesellschafter berücksichtigt werden dürften, die auf das Schreiben des X reagiert hätten. Als A den X schließlich auf den Verkauf der Kommode anspricht und ihn auffordert, der Gesellschaft den aus diesem Geschäft entstandenen Schaden zu ersetzen, entgegnet dieser nur, dass er als Komplementär allein entscheide und diese Sache den A nichts anginge.

A wendet sich daher an Sie und bittet Sie um eine umfassende gutachterliche Stellungnahme zu folgenden Punkten:

I. Ist die Änderung des Gesellschaftsvertrags der Hotelanlage Alsterblick KG wirksam?

II. Welche Ansprüche hat die Hotelanlage Alsterblick KG gegen X und B und welche Möglichkeiten hat A, eine Geltendmachung dieser Ansprüche im eigenen Namen durchzusetzen?

## Lösungsskizze 479

Die Klausur setzt sich im Wesentlichen aus zwei Schwerpunkten bzw. Problemkreisen zusammen. In der ersten Fallfrage geht es um die Wirksamkeit der Änderung eines Gesellschaftsvertrages einer Publikums-KG im Rahmen eines so genannten Umlaufbeschlusses. Die Schwierigkeit besteht dabei darin, zum einen das richtige Mehrheitserfordernis und zum anderen die richtige Bezugsgröße für eine Abstimmung im Umlaufverfahren zu bestimmen. Dem Sachverhalt liegt ein Urteil des II. Zivilsenats des BGH vom 19.7.2011 – II ZR 209/09, WM 2011, 1851) zugrunde, das allerdings bei den Kandidaten kaum bekannt sein dürfte, da es hauptsächlich um eine Auslegungsfrage eines Gesellschaftsvertrages ging. Der Schwierigkeitsgrad dieser Problematik ist relativ hoch einzuschätzen, so dass im Ergebnis von den Kandidaten im Wesentlichen eine logische Gliederung und Herangehensweise und eine Auslegung des Gesellschaftsvertrags mit entsprechender Argumentation erwartet werden muss. Die zweite Fallfrage beschäftigt sich hingegen mit den Standardproblemen der Haftung des geschäftsführenden Gesellschafters und der Geltendmachung im

Wege der *actio pro socio*. In der Gewichtung nimmt der erste Teil ca. 60 % und der zweite Teil ca. 40 % ein.

## I. Ist die Änderung des Gesellschaftsvertrags der Hotelanlage Alsterblick KG wirksam?

Der Gesellschaftsvertrag der Hotelanlage Alsterblick KG wurde wirksam geändert, wenn ein entsprechender Beschluss der Gesellschafterversammlung wirksam zustande gekommen ist.

### 1. Zulässigkeit der Beschlussfassung im schriftlichen Umlaufverfahren

Problematisch ist zunächst, dass der Änderungsbeschluss nicht in einer Gesellschaftsversammlung, sondern vielmehr in einem schriftlichen Umlaufverfahren zustande gekommen ist. Da § 17 Nr. 1 des Gesellschaftsvertrags der Hotelanlage Alsterblick KG dies aber ausdrücklich zulässt, bestehen insofern keine Bedenken. § 17 Nr. 1 des Gesellschaftsvertrags der Hotelanlage Alsterblick KG erwähnt insofern zwar nur die schriftliche Abstimmung, so dass insofern auch angenommen werden könnte, dass damit die schriftliche Abstimmung auf einer Gesellschafterversammlung gemeint ist. Da § 17 Nr. 1 des Gesellschaftsvertrags der Hotelanlage Alsterblick KG aber alternativ auf die Beschlussfassung in einer Gesellschafterversammlung hinweist, muss der Verweis auf die schriftliche Abstimmung als schriftliches Umlaufbeschlussverfahren verstanden werden.

Die Regelung des schriftlichen Umlaufverfahrens in § 17 Nr. 1 des Gesellschaftsvertrags der Hotelanlage Alsterblick KG ist auch zulässig und widerspricht insbesondere nicht den §§ 161 Abs. 2, 119 HGB, da das Personenhandelsgesellschaftsrecht für die Beschlussfassung der Gesellschafter – im Gegensatz zum Kapitalgesellschaftsrecht – nicht zwingend eine Gesellschafterversammlung voraussetzt und den Gesellschaftern insofern einen Gestaltungsspielraum lässt (vgl. dazu nur Staub/*Schäfer* § 119 Rn. 5 f.)

Da X schließlich auch alle Gesellschafter zur Abstimmung aufgefordert, diesen eine angemessene Frist von ca. vier Wochen gesetzt hat und dabei auch das erforderliche Quorum von 10 % aller Gesellschafter (§ 17 Nr. 2 des Gesellschaftsvertrags der Hotelanlage Alsterblick KG) erreicht wurde, bestehen auch im Übrigen keine Bedenken hinsichtlich der Durchführung des schriftlichen Umlaufbeschlussverfahrens.

### 2. Wirksame Beschlussfassung

Für eine wirksame Beschlussfassung ist es weiterhin erforderlich, dass der Beschluss zur Änderung des Gesellschaftsvertrags mit der dafür notwendigen Mehrheit gefasst wurde.

**Klausurhinweis:** Die Bestimmung des richtigen Mehrheitserfordernisses ist vorliegend aber Schwierigkeiten ausgesetzt, da der Gesellschaftsvertrag in zweierlei Hinsicht unklar formuliert ist. Zum einen ist nicht eindeutig, ob für eine Änderung des Gesellschaftsvertrags nach § 16 Nr. 2 eine einfache oder eine ¾-Mehrheit erforderlich ist. Darüber hinaus lässt § 16 Nr. 2 des Gesellschaftsvertrags offen, ob bei einer schriftlichen Abstimmung im Umlaufverfahren die anwesenden Stimmen nur diejenigen sind, die bei der Abstimmung teilgenommen haben oder ob dafür auf alle Gesellschafter abgestellt werden muss. Diese Problematik ist relativ verborgen, mit den Hinweisen am Ende des Sachverhalts allerdings erkennbar. Kandidaten, die zwischen dem Mehrheitserfordernis einerseits und der Problematik der Bestimmung der anwesenden Gesellschafter andererseits unterscheiden, ist dies in der Bewertung besonders zu honorieren.

**a) Bestimmung des Mehrheitserfordernisses**

Problematisch ist zunächst die Bestimmung des für die Änderung des Gesellschaftsvertrags notwendigen Mehrheitserfordernisses. Zunächst setzt § 17 Nr. 3 S. 1 des Gesellschaftsvertrags der Hotelanlage Alsterblick KG eine einfache Mehrheit (50 % + eine Stimme) fest, soweit keine abweichenden Regelungen im Gesellschaftsvertrag der Hotelanlage Alsterblick KG oder im Gesetz enthalten sind. Da die §§ 105 ff., 161 ff. HGB, §§ 705 ff. BGB keine Mehrheitserfordernisse für die Änderung von Gesellschaftsverträgen aufstellen, können sich diese nur aus dem Gesellschaftsvertrag selbst ergeben.

Eine solche abweichende Regelung könnte in § 16 Nr. 2 des Gesellschaftsvertrags der Hotelanlage Alsterblick KG enthalten sein. § 16 Nr. 2 S. 2 des Gesellschaftsvertrags der Hotelanlage Alsterblick KG legt zwar nur eine ¾-bzw. eine 9/10-Mehrheit bzw. eine Einstimmigkeit unter bestimmten – hier nicht vorliegenden – Voraussetzungen fest, allerdings stellt sich die Frage, welche Mehrheit in § 16 Nr. 2 S. 1 des Gesellschaftsvertrags der Hotelanlage Alsterblick KG gemeint ist. Denn nach § 16 Nr. 2 S. 2 des Gesellschaftsvertrags der Hotelanlage Alsterblick KG soll an die Stelle der ¾-Mehrheit die 9/10-Mehrheit bzw. eine Einstimmigkeit treten. Insofern bedarf § 16 Nr. 2 S. 1 und 2 des Gesellschaftsvertrags der Hotelanlage Alsterblick KG der Auslegung, die – da es sich um eine Publikumsgesellschaft handelt – objektiv zu erfolgen hat (BGH v. 19.3.2007 – II ZR 73/06, ZIP 2007, 812; v. 11.1.2011 – II ZR 187/09, ZIP 2011, 322; v. 1.3.2011 – II ZR 16/10, ZIP 2011, 957 und v. 19.7.2011 – II ZR 209/09, WM 2011, 1851). Aufgrund der Bezugnahme auf die ¾-Mehrheit in § 16 Nr. 2 S. 2 des Gesellschaftsvertrags der Hotelanlage Alsterblick KG ist im Ergebnis von dem Erfordernis einer ¾-Mehrheit und nicht einer einfachen Mehrheit nach § 17 Nr. 3 S. 1 des Gesellschaftsvertrags der Hotelanlage Alsterblick KG auszugehen. Denn anderenfalls würde die Bezugnahme in § 16 Nr. 2 S. 2

des Gesellschaftsvertrags der Hotelanlage Alsterblick KG ins Leere gehen. Darüber hinaus nennt § 16 Nr. 2 S. 1 des Gesellschaftsvertrags der Hotelanlage Alsterblick KG nur bestimmte Beschlussgegenstände, so dass davon auszugehen ist, dass nicht alle Beschlussgegenstände den gleichen Mehrheitserfordernissen unterliegen sollen. Da aber § 17 Nr. 3 S. 1 des Gesellschaftsvertrags der Hotelanlage Alsterblick KG bereits die einfache Mehrheit für die Beschlussfassung festlegt, kann es sich bei § 16 Nr. 2 S. 1 des Gesellschaftsvertrags der Hotelanlage Alsterblick KG nur um eine von diesem Grundsatz abweichende Mehrheit handeln. Schließlich spricht auch der Umstand, dass es sich bei der Hotelanlage Alsterblick KG um eine Publikumsgesellschaft handelt dafür, eher eine ¾-Mehrheit als eine einfache Mehrheit für eine Satzungsänderung anzunehmen, da es sich dabei um eine Strukturentscheidung handelt.

Für einen Beschluss zur Änderung des Gesellschaftsvertrags der Hotelanlage Alsterblick KG war daher eine ¾-Mehrheit erforderlich.

**b) Erreichen der erforderlichen ¾-Mehrheit**

Fraglich ist jedoch, ob diese ¾-Mehrheit bei der Abstimmung auch tatsächlich erreicht wurde. Denn laut Sachverhalt haben lediglich 76 von insgesamt 201 Gesellschaftern (200 Kommanditisten und ein Komplementär) für eine Änderung des Gesellschaftsvertrages gestimmt. Allerdings haben aber nur 100 Gesellschafter an der Abstimmung teilgenommen. Berücksichtigt man daher alle Gesellschafter fehlt es an einer ¾-Mehrheit, während diese erreicht ist, soweit man lediglich die an der Abstimmung teilnehmenden Gesellschafter berücksichtigt. Der Gesellschaftsvertrag der Hotelanlage Alsterblick KG enthält zu dieser Frage keine eindeutige Regelung, sondern verweist in § 16 Nr. 2 S. 1 des Gesellschaftsvertrags der Hotelanlage Alsterblick KG lediglich darauf, dass es einer (¾-) Mehrheit der anwesenden Stimmen bedarf. Daher bedarf der Begriff der anwesenden Stimmen der Auslegung, die auch in diesem Zusammenhang objektiv zu erfolgen hat (→ I. 2. a.).

Für eine Berücksichtigung der nur an der Abstimmung teilnehmenden Gesellschafter spricht vor allem das in § 17 Nr. 3 des Gesellschaftsvertrags der Hotelanlage Alsterblick KG enthaltene Quorum von 10 %, denn dieses wäre letztlich überflüssig, wenn immer eine Mehrheit von wenigstens 50 % + ein Gesellschafter bzw. 75 % + ein Gesellschafter erforderlich wäre. Darüber hinaus würde ein Abstellen auf alle Gesellschafter an die Beschlussfassung im Umlaufverfahren ungleich höhere Mehrheitserfordernisse als bei der Abstimmung in der Gesellschafterversammlung stellen, was mit der in § 17 Nr. 1 des Gesellschaftsvertrags der Hotelanlage Alsterblick KG vorgesehenen Gleichwertigkeit beider Abstimmungsarten aber nicht vereinbar wäre. Derartige höhere Mehrheitsanforderungen für die Beschlussfassung im Umlaufverfahren können auch nicht damit begründet werden, dass bei der Beschlussfassung im Umlaufverfahren im Gegensatz zur Beschlussfassung in der Gesellschafterversammlung keine Erörterung des Beschlussvorschlags unter den Gesellschaftern stattfindet. Denn diesen Bedenken trägt bereits das Quorumserfordernis in § 17 Nr. 1 des Gesellschaftsvertrags der Hotelanlage Alsterblick KG ausreichend Rechnung. Schließlich spricht für eine Berücksichtigung aller Gesellschafter auch nicht der Umstand, dass bei einer Beschlussfassung im Umlaufverfahren die teilnehmenden Stimmen immer den abgegebenen Stimmen entsprechen. Denn auch bei einer Beschlussfassung im Umlaufverfahren können sich die Gesellschafter der Stimme enthalten (§ 17 Nr. 3 S. 2 des Gesellschaftsvertrags der Hotelanlage Alsterblick KG).

Im Ergebnis ist daher in diesem Zusammenhang lediglich auf die abgegebenen Stimmen abzustellen. Da von diesen (insgesamt 100) Stimmen 76 für eine Änderung des Gesellschaftsvertrags der Hotelanlage Alsterblick KG gestimmt haben, wurde die erforderliche ¾-Mehrheit erreicht

**c) Zwischenergebnis**

Der Beschluss zur Änderung des Gesellschaftsvertrags der Hotelanlage Alsterblick KG wurde mit der dafür notwendigen ¾-Mehrheit gefasst.

**3. Ergebnis**

Der Gesellschaftsvertrag der Hotelanlage Alsterblick KG wurde wirksam geändert.

**II. Welche Ansprüche hat die Hotelanlage Alsterblick KG gegen X und B und welche Möglichkeiten hat A, eine Geltendmachung dieser Ansprüche durchzusetzen?**

**1. Ansprüche der Hotelanlage Alsterblick KG gegen X**

**a) Anspruch aus § 280 Abs. 1 BGB iVm dem Gesellschaftsvertrag**

Die Hotelanlage Alsterblick KG könnte gegen X einen Anspruch aus § 280 Abs. 1 BGB iVm dem Gesellschaftsvertrag auf Schadenersatz in Höhe von 4.950,00 EUR haben.

aa) Schuldverhältnis

Dies setzt zunächst ein Schuldverhältnis voraus. Dieses besteht vorliegend in dem Gesellschaftsverhältnis zwischen der Hotelanlage Alsterblick KG und X, das durch den Gesellschaftsvertrag der Hotelanlage Alsterblick KG begründet wurde.

bb) Pflichtverletzung

Weiterhin ist eine Pflichtverletzung erforderlich. X ist als Komplementär der Hotelanlage Alsterblick KG zur Verfolgung des Gesellschaftszwecks durch den Betrieb des Handelsgewerbes verpflichtet. Dabei ist ihm in unternehmerischen Entscheidungen grundsätzlich auch ein Ermessensspielraum zuzubilligen (vgl. nur MüKoHGB/*Rawert* § 114 Rn. 56). Die Veräußerung der Kommode zu einem viel zu geringen Preis, um damit die Geschäfte des B zu unterstützen, ist dabei klar pflichtwidrig.

cc) Verschulden

X hat dabei auch schuldhaft gehandelt.

dd) Schaden

Der Schaden der Hotelanlage Alsterblick KG besteht vorliegend in dem Verlust der Kommode abzüglich des dafür erhaltenen Kaufpreises. Somit hat die Hotelanlage Alsterblick KG einen Verlust von 4.950,00 EUR erlitten.

ee) Ergebnis

Die Hotelanlage Alsterblick KG hat gegen X einen Anspruch aus § 280 Abs. 1 BGB iVm dem Gesellschaftsvertrag auf Schadenersatz in Höhe von 4.950,00 EUR.

**b) Anspruch aus § 826 BGB**

Die Hotelanlage Alsterblick KG könnte gegen X einen Anspruch aus § 826 BGB in Höhe von 4.950,00 EUR haben. Da X durch den Verkauf der Kommode zu einem völlig unverhältnismäßigen Preis der Hotelanlage Alsterblick KG vorsätzlich einen Schaden zugefügt hat, ist ein entsprechender Anspruch gegeben. Die erforderliche Sittenwidrigkeit der Schädigung ist ebenfalls anzunehmen

**c) Anspruch aus § 823 Abs. 2 BGB iVm § 266 StGB**

Die Hotelanlage Alsterblick KG könnte gegen X einen Anspruch aus § 823 Abs. 2 BGB iVm § 266 StGB in Höhe von 4.950,00 EUR haben. Der Schutzgesetzcharakter von § 266 StGB liegt ebenso wie die übrigen Voraussetzungen vor, so dass ein entsprechender Anspruch gegeben ist.

**d) Ergebnis**

Die Hotelanlage Alsterblick KG hat gegen X einen Anspruch auf Schadenersatz in Höhe von 4.950,00 EUR aus § 280 Abs. 1 BGB iVm dem Gesellschaftsvertrag, aus § 826 BGB und schließlich auch aus § 823 Abs. 2 BGB iVm § 266 StGB.

**2. Ansprüche der Hotelanlage Alsterblick KG gegen B**

**a) Anspruch aus § 826 BGB**

Die Hotelanlage Alsterblick KG könnte gegen B einen Anspruch aus § 826 BGB in Höhe von 4.950,00 EUR haben. Da X durch den Verkauf der Kommode zu einem völlig unverhältnismäßigen Preis der Hotelanlage Alsterblick KG vorsätzlich einen Schaden zugefügt hat, ist ein entsprechender Anspruch gegeben. Die erforderliche Sittenwidrigkeit der Schädigung ist ebenfalls anzunehmen.

**b) Ergebnis**

Die Hotelanlage Alsterblick KG hat gegen B einen Anspruch auf Schadenersatz in Höhe von 4.950,00 EUR aus § 826 BGB.

**Klausurhinweis:** Grundsätzlich könnte in diesem Zusammenhang noch erörtert werden, ob X und B Gesamtschuldner nach § 840 Abs. 1 BGB sind. Da dies für die Falllösung aber nicht relevant ist, sind dahingehende Ausführungen überflüssig.

**3. Möglichkeiten der Geltendmachung des A im eigenen Namen**

**a) Ansprüche gegen X**

A könnte die Schadenersatzansprüche gegen X im Namen der Hotelanlage Alsterblick KG nach den Grundsätzen der *actio pro socio* im eigenen Namen geltend machen.

aa) Anwendbarkeit bei der Publikums-KG

Die Grundsätze der *actio pro socio* sind für die Personenhandelsgesellschaften höchstrichterlich anerkannt und finden als solche auch auf die Publikums-KG Anwendung.

bb) Gesellschafterstellung des A und des X

Weiterhin müssten A und X Gesellschafter der Hotelanlage Alsterblick KG sein, was vorliegend der Fall ist.

cc) Sozialansprüche

Zudem müsste sich bei den durch A geltend zu machenden Ansprüchen um Sozialansprüche handeln. Bei Sozialansprüchen kann es sich sowohl um Einlage- oder Beitragsforderungen als auch um Ansprüche aus der Verletzung der Geschäftsführungspflichten handeln. Da A vorliegend Ansprüche aus der Verletzung der Geschäftsführungspflichten gegen X geltend machen will (→ II. 1.), ist auch diese Voraussetzung gegeben.

dd) Erfolglose Aufforderung zur Geltendmachung durch die zuständigen Gesellschaftsorgane

Schließlich bedarf es einer erfolglosen Aufforderung an die zuständigen Gesellschaftsorgane zur Geltendmachung des Anspruchs. A hat X vorliegend aufgefordert, den Anspruch geltend zu machen. Dem ist X allerdings nicht nachgekommen. Insofern bedarf die Frage, ob eine entsprechende Aufforderung überhaupt wegen des Interessenkonfliktes des X notwendig war, keiner Erörterung.

ee) Ergebnis

A kann die Schadenersatzansprüche gegen X im Namen der Hotelanlage Alsterblick KG nach den Grundsätzen der *actio pro socio* im eigenen Namen geltend machen.

**b) Ansprüche gegen B**

A könnte die Schadenersatzansprüche gegen B im Namen der Hotelanlage Alsterblick KG nach den Grundsätzen der *actio pro socio* im eigenen Namen geltend machen. Da es sich bei den Ansprüchen gegen B aber nicht um Sozialansprüche handelt, scheidet eine Geltendmachung nach den Grundsätzen der *actio pro socio* im eigenen Namen vorliegend aus.

## III. Kontrollfragen

1. Welche Vor- und Nachteile birgt die KG als Beteiligungsform für das Projekt von A und B (→ Rn. 98) für die Gewinnung externer Investoren?
2. Worauf müssen Kommanditisten bei der Gründung einer KG aus Haftungsgründen besonders achten?
3. Was ist der Unterschied zwischen der Hafteinlage und der Pflichteinlage?
4. Welche Vermögensrechte hat ein Kommanditist?
5. Welchen Einfluss haben die Kommanditisten auf die Geschäftsführung und die Vertretung einer KG?
6. Welche generellen Haftungstatbestände können für einen Kommanditisten bestehen?
7. Was ist eine Einlagenrückgewähr und welche Folgen hat sie?
8. Was ist ein Scheingewinn und welche Folgen hat er?
9. Unter welchen Voraussetzungen scheidet ein Gesellschafter aus der KG aus?
10. Wie überträgt man eine Kommanditbeteiligung und welche Folgen sind damit verbunden bzw. wie lassen sich diese verhindern?

# § 9. Die stille Gesellschaft

## A. Begriff und Konzeption

**480** Für die Beteiligung an einem Handelsgewerbe sieht das deutsche Gesellschaftsrecht nicht nur die KG (→ Rn. 404 ff.), sondern auch die sog. stille Gesellschaft vor, die in den §§ 230 ff. HGB geregelt ist. Dabei beteiligt sich der sog. stille Gesellschafter mit einer Vermögenseinlage an einem von einem anderen betriebenen Handelsgewerbe in der Weise, dass die Vermögenseinlage in das Vermögen des Inhabers des Handelsgewerbes übergeht (§ 230 Abs. 1 HGB). Der zentrale Unterschied zur KG ist dabei, dass der stille Gesellschafter gerade **kein Gesellschafter des Inhabers des Handelsgewerbes** wird und als solcher auch nicht außen in Erscheinung tritt. Die Beteiligung des stillen Gesellschafters ist vielmehr dem Rechtsverkehr grundsätzlich unbekannt, was vor allem bei Fragen der Haftung des stillen Gesellschafters einen zentralen Unterschied im Vergleich zum Kommanditisten ausmacht. Der stille Gesellschafter und der Inhaber des Handelsgewerbes bilden vielmehr selbst eine Gesellschaft in Form einer (Innen-)GbR (→ Rn. 113 ff.). Diese fehlende direkte Gesellschafterstellung des stillen Gesellschafters hat sich auch sprachlich darin niedergeschlagen, dass die stille Gesellschaft häufig auch als stille Beteiligung bezeichnet wird, wobei es sich lediglich um ein Synonym für die stille Gesellschaft handelt.

Die stille Gesellschaft hat in den §§ 230 ff. HGB eine **eigenständige Regelung** erfahren, die allerdings nicht abschließend ist. Neben den §§ 230 ff. HGB kommen vielmehr noch die §§ 705 ff. BGB zur Anwendung. Dies wird für die stille Gesellschaft – etwa im Gegensatz zu § 105 Abs. 3 HGB für die oHG – nicht ausdrücklich angeordnet, ergibt sich aber aus dem Umstand, dass es sich bei der stillen Gesellschaft um eine (Innen-)GbR handelt. Insofern kommen die §§ 705 ff. BGB immer dann zur Anwendung, soweit die §§ 230 ff. HGB keine abweichende Regelung treffen (*lex specialis derogat legi generali*). 481

Sinn und Zweck der Bildung einer stillen Gesellschaft ist auf Seiten des Inhabers des Handelsgewerbes die **Finanzierung seines Unternehmens**. Für den stillen Gesellschafter steht die **Beteiligung an dem Unternehmen und an dessen Gewinnen** im Vordergrund. Die Investition in ein Unternehmen in Form der stillen Gesellschaft hat für die Beteiligten verschiedene Vor- und Nachteile. Für den Inhaber des Handelsgewerbes besteht der Vorteil vor allem darin, dass der Investor als stiller Gesellschafter keine unmittelbaren Eingriffsbefugnisse als Gesellschafter erhält (→ Rn. 505); er sich sozusagen als ein weitgehend passiver Investor darstellt. Dies lässt sich zwar grundsätzlich auch durch eine Fremdkapitalfinanzierung in Form eines Darlehens bewerkstelligen. Allerdings hat die stille Gesellschaft – in ihrer gesetzestypischen Form – gegenüber einem einfachen Darlehen den Vorteil, dass die Verzinsung (meist) von dem tatsächlichen Entstehen von Gewinnen abhängig ist, so dass dementsprechend keine Zahlungen an den stillen Gesellschafter erfolgen müssen, solange keine Gewinne anfallen. Die Vorteile des stillen Gesellschafters bestehen bei der stillen Gesellschaft darin, dass er im Vergleich zu einer Darlehensvergabe an den Inhaber des Handelsgewerbes nicht nur einen Festzinssatz, sondern eben eine Gewinnbeteiligung erhält, er also am Erfolg des Unternehmens direkt beteiligt ist (→ Rn. 503 f.). Darüber hinaus kann der stille Gesellschafter seine Einlage und damit seinen Kapitaleinsatz – bei einer fehlenden Verlustbeteiligung (→ Rn. 503) – bei einer Beendigung der stillen Gesellschaft in voller Höhe zurückerhalten, während etwa ein Kommanditist bei einem Ausscheiden lediglich eine Abfindung (→ Rn. 468) erhält, die – bei entsprechenden negativen wirtschaftlichen Entwicklung der KG – auch deutlich geringer als der ursprüngliche Kapitaleinsatz ausfallen kann. Schließlich wird der stille Gesellschafter im Insolvenzfall als einfacher Insolvenzgläubiger behandelt und somit vor den Eigenkapitalgebern befriedigt (→ Rn. 519 ff.). Diese Privilegien des stillen Gesellschafters sind allerdings mit sehr geringen 482

Einflussnahmemöglichkeiten auf den Inhaber des Handelsgewerbes verbunden (→ Rn. 502 ff.), so dass der stille Gesellschafter ein größeres Risiko trägt, dass seine Investition unsachgemäß verwendet wird.

**483** Die fehlende unmittelbare Gesellschafterstellung des stillen Gesellschafters beim Inhaber des Handelsgewerbes wirft die schwierige Frage der Abgrenzung der stillen Gesellschaft von anderen Rechtsinstituten auf. Im Vordergrund stehen dabei die sog. **partiarischen Rechtsverhältnisse**, die sich ebenfalls durch eine Gewinnbeteiligung auszeichnen, darüber hinaus aber lediglich reine schuldrechtliche Verträge darstellen. Die Abgrenzung kann dabei immer nur durch Auslegung des (Gesellschafts-)Vertrages erfolgen. Maßgebliches Kriterium ist dabei, ob die Anwendung der §§ 705 ff. BGB, §§ 230 ff. HGB oder die Anwendung des Vorschriften des allgemeinen Vertrags- und Schuldrechts eher den Interessen der Parteien entspricht. Zentraler Unterschied zwischen diesen beiden Rechtsgebieten und damit maßgebliches Kriterium für die Abgrenzung sind die Beendigungsmöglichkeiten und -folgen. Denn während sich die im allgemeinen Vertrags- und Schuldrecht nach den Kündigungsvorschriften mit anschließender Rückgewähr richtet, kommt bei der stillen Gesellschaft nur eine Kündigung mit anschließender Auseinandersetzung (→ Rn. 513 ff.) in Betracht. Weitere Anhaltspunkte, die eher für eine stille Gesellschaft als ein partiarisches Rechtsverhältnis sprechen, sind das Bestehen von Kontrollrechten, die Vereinbarung einer Verlustbeteiligung, das Fehlen von Sicherheiten und eine langfristige Bindung des Kapitals (BGHZ 127, 176 (177 f.); Röhricht/Graf von Westphalen/Haas/*Mock* § 230 Rn. 56 ff., MüKoHGB/*K. Schmidt* § 230 Rn. 54 ff.). Die Bezeichnung des Vertrages spielt dabei ebenfalls eine Rolle, wobei in diesem Zusammenhang die Interessenlage der Parteien bei Abschluss dazu führen kann, dass eine Falschbezeichnung vorliegt.

**484** Schließlich setzt § 230 Abs. 1 HGB ausdrücklich voraus, dass die stille Beteiligung zwischen dem stillen Gesellschafter und einem Inhaber eines Handelsgewerbes begründet wird. Somit ist eine stille **Beteiligung an einer Gesellschaft, die kein Handelsgewerbe betreibt**, ausgeschlossen. Dies bedeutet allerdings nicht, dass eine Beteiligung in diesen Fällen nicht möglich ist. Es kommt dann vielmehr zu einer (ausschließlichen) Anwendung der §§ 705 ff. BGB, da es sich dann immer noch um eine (Innen-)GbR handelt. Dabei ist im Zweifel auf die Grundwertungen der §§ 230 ff. HGB zurückzugreifen (Röhricht/Graf von Westphalen/Haas/*Mock* § 230 Rn. 32), da die Beschränkung der stillen Gesellschaft auf Beteiligungen an Handelsgewerben weniger gesellschaftsrechtliche Gründe hat, sondern eher dem Regelungsstandort im HGB geschuldet ist.

**Merksatz:** Bei einer stillen Gesellschaft beteiligt sich der sog. stille Gesellschafter mit einer Vermögenseinlage an einem von einem anderen betriebenen Handelsgewerbe in der Weise, dass die Vermögenseinlage in das Vermögen des Inhabers des Handelsgewerbes übergeht.

## B. Erscheinungsformen

Die **wirtschaftliche Bedeutung und Verbreitung** der stillen Gesellschaft ist nicht zu unterschätzen, auch wenn aufgrund der fehlenden Eintragung im Handelsregister (→ Rn. 491) tatsächlich belastbare Daten und Erhebungen fehlen. Die stille Gesellschaft ist eine wichtige Finanzierungsform für den Mittelstand, da sie – jedenfalls in ihrer gesetzestypischen Form – dem stillen Gesellschafter ermöglicht, die Rolle eines fremdkapitalfinanzierenden Dritten mit einer gesellschafterähnlichen Position zu kombinieren (→ Rn. 482). In jüngerer Zeit hat die stille Gesellschaft zudem im Bereich des *crowd funding* an Bedeutung gewonnen. **485**

Die dargestellten Vor- und Nachteile der stillen Gesellschaft (→ Rn. 482) sind allerdings nicht zwingend, da auch bei der stillen Gesellschaft weitgehende Vertragsfreiheit herrscht, von der in der Praxis in der Regel in großem Umfang Gebrauch gemacht wird. So ist die gesetzestypische, sich also an den §§ 230 ff. HGB orientierende stille Gesellschaft nur selten anzutreffen. Meist werden dem stillen Gesellschafter aufgrund von dessen wirtschaftlicher Verhandlungsmacht deutlich weiterreichende Befugnisse eingeräumt, so dass insofern von einer **atypischen stillen Gesellschaft** in Abgrenzung zur typischen, weil den §§ 230 ff. HGB folgenden stillen Gesellschaft gesprochen wird. Bei Vorliegen einer atypischen stillen Gesellschaft kommt es zu einer Einschränkung bei der Anwendung der §§ 230 ff. HGB, da diese auf der Prämisse eines (typischen) stillen Gesellschafters mit einem beschränkten Umfang an Befugnissen aufbauen. Dies gilt insbesondere für § 236 HGB bei der Insolvenz des Inhabers des Handelsgewerbes (→ Rn. 519 ff.). **486**

Zudem kann die stille Beteiligung auch mit anderen Beteiligungsformen kombiniert werden. Dies ist etwa bei der KG der Fall, wenn ein Kommanditist auch eine stille Beteiligung hält. Der Hintergrund dieser als **gesplittete Einlage** bezeichneten Kombination dieser Beteiligungsformen ist, dass der Kommanditist nicht mit dem gesamten Umfang seiner Investition dem Regelungsregime des KG-Rechts unterworfen sein will, sondern auch die Vorzüge des Rechts der stillen Gesellschaft nutzen möchte. Auch wenn dies auf den ersten Blick vor dem Hintergrund der Vertragsfreiheit unproblematisch zu sein scheint, ergeben sich in diesem Zusammenhang nicht unwesentliche Beschränkungen. Denn beide Beteiligungsformen können auch nur dann getrennt behandelt werden, wenn die Auslegung des Gesellschaftsvertrages der KG bzw. des Vertrages über die Begründung einer stillen Gesellschaft auch tatsächlich ergibt, dass beide Formen unabhängig sein sollen. Wird hingegen auch die stille Beteiligung im Ergebnis den gleichen Regelungen wie die Kommanditbeteiligung unterworfen, werden beide einheitlich als Kommanditbeteiligung behandelt (BGHZ 69, 160 (170); BGH WM 1980, 332; 1981, 761; dazu Röhricht/Graf von Westphalen/Haas/*Mock* § 230 Rn. 78 ff.; MüKoHGB/*Schmidt* § 230 Rn. 90 f.), was vor allem in der Insolvenz der KG als Inhaberin des Handelsgewerbes große Bedeutung hat (→ Rn. 519 ff.). **487**

488 Schließlich lässt sich bei der stillen Gesellschaft noch eine Unterscheidung hinsichtlich der Anzahl der stillen Gesellschafter und deren Organisation vornehmen. Während die §§ 230 ff. HGB im Prinzip bei der stillen Gesellschaft von einem Zweipersonenverhältnis ausgehen, bei dem auf der einen Seite der Inhaber des Handelsgewerbes und auf der anderen Seite der stille Gesellschafter steht, wird die stille Gesellschaft in der gesellschaftsrechtlichen Praxis nicht selten als Instrument der massenhaften Einwerbung von Anlegern genutzt. Soweit die stillen Gesellschafter dabei untereinander verbunden sind – was nicht zwingend der Fall sein muss – und sich vertraglich verpflichtet haben, ihre Rechte nur einheitlich auszuüben, spricht man von einer **mehrgliedrigen stillen Gesellschaft**. Der Vorteil einer solchen Gestaltung liegt vor allem auf Seiten des Inhabers des Handelsgewerbes, da sich dieser nicht mit den einzelnen stillen Gesellschaftern, sondern nur mit deren Gesamtheit auseinandersetzen muss. Typischerweise wird dabei eine – oftmals vom Inhaber des Handelsgewerbes selbst gehaltene – Servicegesellschaft eingeschaltet, die die Angelegenheiten der Gesamtheit der stillen Gesellschafter organisiert.

Dieser Aufbau der mehrgliedrigen stillen Gesellschaft stellt sich im Grundsatz dabei folgendermaßen dar:

489

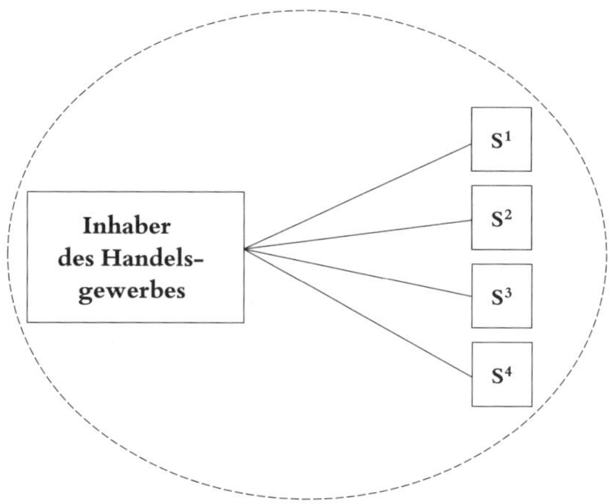


„echte“ mehrgliedrige stille Gesellschaft mit rechtlicher Selbständigkeit der einzelnen stillen Gesellschafter aber Einbindung im Rahmen einer Innen-GbR zur Wahrnehmung ihrer Rechte als stille Gesellschafter unter Einschluss des Inhabers des Handelsgewerbes

490

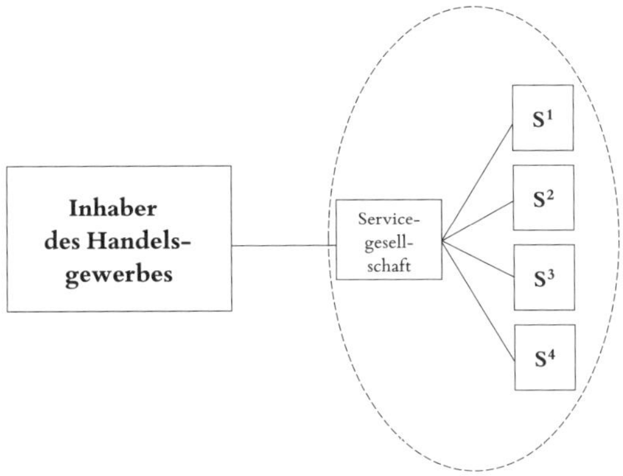


(uneigentliche) mehrgliedrige stille Gesellschaft mit Einbindung der Anleger in einer Außen-GbR, die an dem Inhaber des Handelsgewerbes als stiller Gesellschafter beteiligt ist und bei der die Geschäftsführer der Service-Gesellschaft die Geschäftsleitung wahrnehmen

**Merksatz:** Bei der stillen Gesellschaft muss zwischen der typischen stillen Gesellschaft und der atypisch stillen Gesellschaft unterschieden werden. Während sich erstere nach dem Leitbild der §§ 230 ff. HGB richtet, zeichnet sich letztere dadurch aus, dass der (atypisch) stille Gesellschafter weitergehende Rechte erhält und inhaltlich der Stellung eines regulären Gesellschafters des Inhabers des Handelsgewerbes angeglichen wird.

## C. Die Gründung der stillen Gesellschaft

Für die Gründung einer stillen Gesellschaft ist lediglich der **Abschluss des Gesellschaftsvertrages** notwendig. Da es sich bei der stillen Gesellschaft um eine reine (Innen-)GbR handelt, kann diese nicht im Handelsregister eingetragen werden, so dass sich auch insofern keine zusätzlichen Wirksamkeitserfordernisse ergeben können. Eine Ausnahme gilt insofern nur für die Begründung einer stillen Beteiligung an einer Aktiengesellschaft, da dann zusätzlich die Vorschriften über Unternehmensverträge (§§ 292 f., 294 Abs. 2 AktG) zur Anwendung kommen (BGHZ 156, 38 (43); BGH ZIP 2005, 254 (255 f.)). Soweit der Gesellschaftsvertrag fehlerhaft zustande kommt, richten sich die Folgen der Fehlerhaftigkeit nach den Grundsätzen der fehlerhaften Gesellschaft (→ Rn. 33 f.). 491

Für den Inhaber des Handelsgewerbes handelt es sich für die Personenhandelsgesellschaften um ein **Grundlagengeschäft**, so dass der Abschluss des Gesellschaftsvertrages der stillen Gesellschaft der Zustimmung der Gesellschafter bedarf. Besondere Formerfordernisse bestehen für den Abschluss des Vertrages nicht. Soweit einer der Vertragsparteien minderjährig ist, muss danach unterschieden werden, ob es sich dabei um den Inhaber des Handelsgewerbes oder den stillen Gesellschafter handelt. Ist der Inhaber des Handelsgeschäfts minderjährig, bedarf dieser der Zustimmung seiner gesetzlichen Vertreter 492

(§§ 1626, 1629 BGB), nicht aber der Zustimmung des Familiengerichts, da der **Minderjährige** als Inhaber des Handelsgewerbes bereits ein Erwerbsgeschäft iSd § 1822 Nr. 3 BGB betreibt. Soll sich hingegen der Minderjährige als stiller Gesellschafter an einem Handelsgewerbe beteiligen, bedarf es jedenfalls dann einer Zustimmung des Familiengerichts, wenn die Verlustbeteiligung nicht ausgeschlossen ist (BGH NJW 1957, 672; Röhricht/Graf von Westphalen/Haas/*Mock* § 230 Rn. 31; aA aber *Grunewald* § 4 Rn. 11). Die Beteiligung Minderjähriger als stille Gesellschafter ist dabei keine Seltenheit, da auf diese Weise vor allem in familiär geprägten Gesellschaften Erbfolgefragen schon zu Lebzeiten gestaltet werden können.

493 Bei Abschluss des Gesellschaftsvertrages können zudem die allgemeinen **Formerfordernisse** zu beachten sein, wenn sich der stille Gesellschafter etwa zur Einbringung eines Grundstücks (§ 311b Abs. 1 BGB) oder eines GmbH-Anteils (§ 15 Abs. 3 GmbHG) verpflichtet. Eine besondere Problematik stellt zudem die Geltung der Vorschriften des Schenkungsrechts bei der Gründung der stillen Gesellschaft darf. Denn möchte der Inhaber des Handelsgewerbes die stille Beteiligung dem stillen Gesellschafter schenkweise zuwenden – wie dies etwa bei Familiengesellschaften häufig der Fall ist – dann muss auch das Formerfordernis des § 518 BGB beachtet werden. Das Fehlen der notariellen Beurkundung ist aber jedenfalls im Fall der Zuwendung einer bereits bestehenden stillen Gesellschaft oder einer Einbuchung vom Konto eines Handelsgesellschafter unbeachtlich, da in der Begründung der stillen Gesellschaft sogleich der **Vollzug der Schenkung** gesehen werden muss, so dass die Formfehlerhaftigkeit nach § 518 Abs. 2 BGB geheilt wird (Röhricht/Graf von Westphalen/Haas/*Mock* § 230 Rn. 78; MüKoHGB/*K. Schmidt* § 230 Rn. 100 ff.; aA aber zuletzt BGH NZG 2012, 222 (225)). Daraus folgt, dass die Begründung einer stillen Gesellschaft durch einfache Einbuchung auf Kosten des Unternehmensträgers keine Heilung iSv § 518 Abs. 2 BGB darstellen kann und der Gesellschaftsvertrag somit formnichtig ist.

494 **Beispielsfall:** Kaufmann A möchte seiner Tochter T zu deren 18. Geburtstag eine stille Beteiligung an seinem Handelsgewerbe im Wege der Schenkung zuwenden. Zu diesem Zweck setzt er einen stillen Beteiligungsvertrag auf, in dem er der T eine stille Beteiligung in Höhe von 100.000 EUR mit einem Gewinnrecht von 5 % einräumt, ohne dass T dafür eine Gegenleistung zu erbringen hat. A und T unterzeichnen den Vertrag. Wenig später herrscht zwischen A und T Streit, woraufhin T wirksam den Gesellschaftsvertrag kündigt. Hat T Anspruch auf Auszahlung ihres Guthabens als stiller Gesellschafter?

T könnte gegen A einen Anspruch aus § 235 HGB auf Auszahlung ihres Guthabens haben. Dies setzt zunächst voraus, dass zwischen A und T eine stille Beteiligung begründet wurde. A und T haben sich in ihrem Gesellschaftsvertrag zwar über alle wesentlichen Punkte geeinigt, allerdings könnte der Gesellschaftsvertrag wegen eines Verstoßes gegen §§ 125, 518 Abs. 1 BGB formnichtig sein. Das Formerfordernis von § 518 Abs. 1 BGB findet dann auf stille Gesellschaft insbesondere dann Anwendung, wenn die stille Beteiligung durch den Inhaber des Handelsgewerbes unentgeltlich an den stillen Gesellschafter zugewendet wird. Die Formnichtigkeit könnte allerdings nach § 518 Abs. 2 BGB durch die Bewirkung der Leistung geheilt worden sein. Worin die Bewirkung der Leistung bei der Begründung einer stillen Beteiligung zu sehen liegt, ist umstritten. Während die Rechtsprechung und Teile des Schrifttums die bloße Umbuchung aufgrund des Fehlens eines tatsächlichen nach außen erkennbaren Vollzugs der Schenkung nicht ausreichen lassen, wird ein solcher Vollzug von Teilen des Schrifttums hingegen angenommen. Berücksichtigt man den Regelungszweck von § 518 Abs. 2 BGB in Form des Übereilungsschutzes des Schenkers und der Beweis- und Nachvollziehbarkeit der Schenkung kann von einem Vollzug jedenfalls dann noch nicht ausgegangen werden, wenn die stille Beteiligung lediglich in der Buchführung des Kaufmanns berücksichtigt wurde, da dies nur einen rein internen Vorgang darstellt. Damit wurde die stille Gesellschaft aufgrund der Heilung des Formmangels nicht wirksam gegründet. T hat somit keinen Anspruch aus Auszahlung des Guthabens.

**Merksatz:** Die stille Gesellschaft wird durch Abschluss des Gesellschaftsvertrags gegründet, ohne dass dieser grundsätzlich besonderen Formanforderungen oder Genehmigungsvorbehalten unterliegt. Eine Eintragung im Handelsregister erfolgt grundsätzlich nicht.

## D. Die fehlerhafte stille Gesellschaft

Der Abschluss des Gesellschaftsvertrags kann schließlich ebenso wie bei den übrigen Gesellschaftsformen (→ Rn. 187 f., 317, 412) fehlerhaft sein, so dass sich die Frage nach der **Anwendung der Grundsätze der fehlerhaften Gesellschaft** stellt. Dies ist bei der stillen Gesellschaft aber nicht unproblematisch, da die Rechtfertigung für deren Anwendung in Form der fehlenden Rückabwicklungsmöglichkeit (→ Rn. 35) bei der jedenfalls typischen stillen Gesellschaft im Zweipersonenverhältnis nicht durchgreifen kann. Denn letztlich kann die fehlerhaft begründete stille Gesellschaft durch eine einfache Rückzahlung der gegebenenfalls schon geleisteten Einlage rückabgewickelt werden. Dennoch werden die Grundsätze der fehlerhaften Gesellschaft auch auf die stille Gesellschaft angewendet (vgl. zuletzt BGHZ 199, 104 = NZG 2013, 1422; Röhricht/Graf von Westphalen/Haas/*Mock* § 230 Rn. 18 ff.; MüKoHGB/*K. Schmidt* § 230 Rn. 127 ff.). Zur Begründung wird dabei zunehmend darauf hingewiesen, dass mit der Rückabwicklung eine einseitige und nicht akzeptable Zuweisung des mit dem Handelsgewerbe verbundenen Risikos aber auch der Chancen an den Inhaber des Handelsgeschäfts oder an den stillen Gesellschafter verbunden wäre (vgl. zuletzt BGHZ 199, 104 = NZG 2013, 1422). 495

Dieses Argument basiert auf der Kontrollüberlegung, dass bei einer fehlenden Beseitigung der fehlerhaften Begründung des stillen Beteiligungsverhältnisses beide Seiten im Grundsatz stets die Rückabwicklung geltend machen könnten, was der stille Gesellschafter nur bei einem schlechten und der Inhaber des Handelsgewerbes nur bei einem guten Geschäftsverlauf machen würde. Damit wären beide Beteiligten bei einer für sie günstigen Entwicklung stets der Gefahr ausgesetzt, diese nicht realisieren zu können, da sich der jeweils andere auf die Fehlerhaftigkeit berufen kann. Tatsächlich überzeugen kann diese

Argumentation allerdings nicht. Denn der Inhaber des Handelsgewerbes kann sich in der Regel gerade nicht auf die Fehlerhaftigkeit berufen, da diese meist von ihm ausgeht. Dies ist etwa dann der Fall, wenn er den stillen Gesellschafter über die Attraktivität der Anlage oder generell Aspekte seines Handelsgewerbes täuscht und damit den Tatbestand von § 123 Abs. 1 BGB erfüllt, der ihn als Täuschender (und nicht als Getäuschter [!]) gerade nicht zur Anfechtung ermächtigt. Hinzu kommt, dass sich darüber hinaus ergebende Verwerfungen durch die allgemeinen zivilrechtlichen Instrumente der Verwirkung bzw. der Einrede des § 814 S. 1 BGB beheben ließen. Die **tatsächliche Begründung für die Anwendbarkeit der Grundsätze der fehlerhaften Gesellschaft** besteht daher darin, dass man der stillen Beteiligung als Form der Unternehmensfinanzierung generell eine das Rückabwicklungsinteresse des stillen Gesellschafters verdrängende ordnungspolitische Bedeutung zumisst (dazu *Mock* DStR 2014, 536 (537)). Denn ohne die Anwendung der Grundsätze der fehlerhaften Gesellschaft könnte von einer stillen Beteiligung wegen des Risikos der Rückabwicklung kein Gebrauch mehr gemacht werden.

**496** Geht man nun von der Anwendbarkeit der Grundsätze der fehlerhaften Gesellschaft bei der stillen Gesellschaft aus, ist neben dem Abschluss des Gesellschaftsvertrages eine **Invollzugsetzung der stillen Gesellschaft** erforderlich, die immer schon dann anzunehmen ist, wenn der stille Gesellschafter seine Einlage leistet (BGH ZIP 1992, 1552 (1554); 2005, 254 (255) und 759 (760)). Rechtsfolge ist dann, dass eine Rückabwicklung nach den allgemeinen zivilrechtlichen Grundsätzen ausgeschlossen ist. Vielmehr sind die Gesellschafter dann auf die Möglichkeit einer außerordentlichen Kündigung beschränkt, an die sich die Auseinandersetzung der stillen Gesellschaft anschließt (→ Rn. 518). Dabei gelten – ebenso wie bei den übrigen Gesellschaftsformen (→ Rn. 35) – die allgemeinen Einschränkungen aufgrund höherrangiger Interessen Einzelner oder der Allgemeinheit.

**497** **Beispielsfall:** S möchte sich im Jahr 2013 an dem Handelsgewerbe des Kaufmanns I mit einer Einlage von 10.000 EUR und einer Gewinn- und Verlustbeteiligung von 5 % als stiller Gesellschafter für einen Zeitraum von fünf Jahren beteiligen. Zu diesem Zweck schickt S dem I einen von ihm aufgesetzten und bereits unterzeichneten Vertrag, bei dem S allerdings versehentlich eine Gewinn- und Verlustbeteiligung von 10 % statt der beabsichtigen 5 % einträgt. Direkt nach dem Eintreffen des Gesellschaftsvertrages wird dieser von I unterzeichnet. S leistet daraufhin die Einlage von 10.000 EUR. Nachdem I für das Jahr 2014 einen Verlust in Höhe von 20.000 EUR erzielt hat und dem S mitteilt, dass auf ihn ein Verlust von 2.000 EUR entfällt, stellt S seinen Fehler fest. S will von der stillen Beteiligung nichts mehr wissen und verlangt die sofortige Rückzahlung der 10.000 EUR. Kann S von I Rückzahlung von 10.000 EUR verlangen?

**I. Anspruch auf Zahlung von 10.000 EUR auf § 812 Abs. 1 S. 1 Alt. 1 BGB**

S könnte gegen I einen Anspruch auf Zahlung von 10.000 EUR auf § 812 Abs. 1 S. 1 Alt. 1 BGB haben. Auch wenn in der Einzahlung der Einlage in Höhe von 10.000 EUR eine Leistung von S an I zu sehen ist, erscheint es fraglich, ob diese Leistung auch ohne Rechtsgrund erfolgt ist. Als Rechtsgrund kommt vorliegend der Gesellschaftsvertrag einer stillen Gesellschaft in Betracht. Diese wurde zwischen S und I 2013 wirksam abgeschlossen, könnte aber aufgrund der Rückzahlungsaufforderung des S gegenüber I erfolgreich nach §§ 119 Abs. 1 Alt. 2, 142 BGB wegen eines Erklärungsirrtums angefochten worden sein. Dies setzt allerdings voraus, dass die Anfechtung des Gesellschaftsvertrages wegen eines Erklärungsirrtums überhaupt zulässig ist. Nach den Grundsätzen der fehlerhaften Gesellschaft scheidet eine Anfechtung einer Willenserklärung auf Abschluss eines Gesellschaftsvertrags aus, soweit die Gesellschaft bereits in Vollzug gesetzt wurde. Ein solcher Vollzug wird bei der stillen Gesellschaft schon in der Leistung der Einlage durch den stillen Gesellschafter gesehen, so dass diese Voraussetzung vorliegt. Eine Anfechtung wegen eines Erklärungsirrtums nach §§ 119 Abs. 1 Alt. 2, 142 BGB ist daher ausgeschlossen. Somit hat S die Leistung mit Rechtsgrund erbracht. Ein Anspruch auf Zahlung von 10.000 EUR auf § 812 Abs. 1 S. 1 Alt. 1 BGB ist somit nicht gegeben.

**II. Anspruch auf Zahlung von 10.000 EUR auf § 235 Abs. 1 HGB**

S könnte gegen I einen Anspruch auf Zahlung von 10.000 EUR auf § 235 Abs. 1 HGB haben. S und I haben wirksam eine stille Gesellschaft gegründet. Diese wurde auch durch die Aufforderung des S gegenüber I zur sofortigen Rückzahlung der Einlage wirksam gekündigt, da dem S aufgrund des Erklärungsirrtums durch I bei Abschluss des Vertrags über die stille Gesellschaft nach den Grundsätzen der fehlerhaften Gesellschaft ein außerordentliches Kündigungsrecht zukommt. Der Auseinandersetzungsanspruch des S muss dabei neben der bereits geleisteten Einlage aber auch dessen Gewinn- und Verlustbeteiligung für den Zeitraum des Bestehens der stillen Gesellschaft berücksichtigen. Aufgrund der vereinbarten Verlustbeteiligung von 10 % muss sich S einen Verlust von 2.000 EUR anrechnen lassen, so dass sich sein Auseinandersetzungsguthaben auf 8.000 EUR reduziert. S hat daher einen Anspruch gegen I auf Zahlung von 8.000 EUR auf § 235 Abs. 1 HGB.

**Hinweis:** Daneben kommt ein Anspruch von I gegen S aus § 122 BGB in Betracht, der allerdings nur auf Ersatz der Kosten für den Vertragsabschluss gerichtet ist.

Diese Grundsätze erfahren allerdings eine nicht unerhebliche Einschränkung **498**
für den Fall, dass der stille Gesellschafter aufgrund eines **Prospektmangels oder einer Verletzung der Aufklärungspflicht** durch den Inhaber des Handelsgewerbes bei Abschluss des Beteiligungsvertrages getäuscht wurde, was vor allem bei der massenhaften Einwerbung von stillen Gesellschaftern (→ Rn. 485 ff.) nicht selten vorkommt. Da dem stillen Gesellschafter dann in der Regel ein Schadenersatzanspruch zukommt, stellt sich die Frage, ob ein solcher ebenfalls von den Grundsätzen der fehlerhaften Gesellschaft ausgeschlossen ist, da dieser – ebenso wie etwa eine erfolgreiche Irrtumsanfechtung – zu einer faktischen Rückabwicklung der stillen Beteiligung führt. Obwohl durch einen solchen Schadenersatzanspruch die gleiche Rechtsfolge wie bei einer Rückabwicklung erreicht werden kann, hat die Rechtsprechung gleichwohl eine Anwendbarkeit der Grundsätze der stillen Gesellschaft ausgeschlossen (BGH ZIP 2004, 1706 (1707); 2005, 254 (255); 759 (760) und 2060 (2062 f.); zuletzt auch BGHZ 199, 104 = NZG 2013, 1422). Hintergrund dieser Rechtsprechung ist, dass die fehlende Aufklärung des stillen Gesellschafters in der Regel nicht vom Inhaber des Handelsgeschäfts selbst, sondern vielmehr von Anlagevermittlern vorgenommen wurde. Die Anwendung der Grundsätze der fehlerhaften Gesellschaft würde dann dazu führen, dass die stillen Gesellschafter keine Rückabwicklung ihrer

Beteiligung vornehmen könnten auf die Schadenersatzansprüche gegenüber den Anlagevermittlern angewiesen wären, die diese häufig aufgrund des massenweisen Vertriebs von stillen Beteiligungen und der damit verbundenen großen Anzahl von Anspruchsstellern nicht erfüllen können.

499 **Beispielsfall:** Im Jahr 2013 schließen S und der Kaufmanns I einen Vertrag über eine stille Beteiligung des S am Handelsgewerbe des I, wonach sich dieser mit einer Einlage von 10.000 EUR und einer Gewinn- und Verlustbeteiligung von 10% als stiller Gesellschafter für einen Zeitraum von fünf Jahren beteiligen soll. S war dabei als stiller Gesellschafter nicht von I selbst, sondern von dem auf Provisionsbasis tätigen Anlagevermittler A geworben worden, der dazu von I beauftragt und für diesen den stillen Beteiligungsvertrag als Stellvertreter von I unterzeichnete. Obwohl I dem A ausdrücklich mitgeteilt und um Unterrichtung der potentiellen stillen Gesellschafter gebeten hatte, dass er aufgrund eines gerade erst entdeckten Konstruktionsfehlers der von I hergestellten und vertriebenen Maschinen umfangreichen Rückforderungsansprüchen von seinen Hauptkunden ausgesetzt sein wird, die bisher aufgrund ihrer erst kürzlichen Entdeckung noch keinen Eingang in den Jahresabschlüssen gefunden haben, verzichtete A darauf, dies dem S mitzuteilen, da dieser den stillen Beteiligungsvertrag ansonsten nicht unterzeichnet hätte. Aufgrund dieser Rückforderungsansprüche erwirtschaftet I für das Jahr 2014 einen Verlust von 80.000 EUR. Nachdem I dem S mitteilt hat, dass auf ihn ein Verlust von 8.000 EUR entfällt, teilt I dem S auf dessen Nachfrage den Grund für den hohen Verlust mit. S will von der stillen Beteiligung nun nichts mehr wissen und verlangt die sofortige Rückzahlung der 10.000 EUR. Welche Ansprüche hat S von I und A?

**I. Ansprüche des S gegen I**

**1. Anspruch auf Zahlung von 10.000 EUR aus § 812 Abs. 1 S. 1 Alt. 1 BGB**

S könnte gegen I einen Anspruch auf Zahlung von 10.000 EUR aus § 812 Abs. 1 S. 1 Alt. 1 BGB haben. Auch wenn in der Einzahlung der Einlage in Höhe von 10.000 EUR eine Leistung von S an I zu sehen ist, erscheint es fraglich, ob diese Leistung auch ohne Rechtsgrund erfolgt ist. Als Rechtsgrund kommt vorliegend der Gesellschaftsvertrag einer stillen Gesellschaft in Betracht. Diese wurde zwischen S und I 2013 wirksam abgeschlossen, könnte aber aufgrund der Rückzahlungsaufforderung des S gegenüber I erfolgreich nach §§ 123 Abs. 1, 142 BGB wegen einer arglistigen Täuschung angefochten worden sein. Die Voraussetzungen einer arglistigen Täuschung sind vorliegend aufgrund der fehlenden Kenntnis des I von der Täuschung des S durch A (§ 123 Abs. 2 BGB) nicht gegeben. Eine Anfechtung wegen einer arglistigen Täuschung nach §§ 123 Abs. 1, 142 BGB ist daher ausgeschlossen. Somit hat S die Leistung mit Rechtsgrund erbracht. Ein Anspruch auf Zahlung von 10.000 EUR auf § 812 Abs. 1 S. 1 Alt. 1 BGB ist somit nicht gegeben.

**2. Anspruch auf Zahlung von 10.000 EUR aus § 235 Abs. 1 HGB**

S könnte gegen I einen Anspruch auf Zahlung von 10.000 EUR aus § 235 Abs. 1 HGB haben. S und I haben wirksam eine stille Gesellschaft gegründet. Fraglich ist allerdings, ob diese auch wirksam gekündigt wurde. Der Kündigungsgrund könnte sich vorliegend aus den Grundsätzen der fehlerhaften Gesellschaft ergeben, wenn dadurch andere Möglichkeiten für die Geltendmachung der fehlerhaften Begründung der stillen Gesellschaft ausgeschlossen wären. Dies ist aber vorliegend gerade nicht der Fall. Denn aufgrund der Tatsache, dass I selbst nichts von der fehlenden Aufklärung von S durch A wusste, besteht für S aufgrund von § 123 Abs. 2 BGB gerade nicht die Möglichkeit einer Anfechtung wegen arglistiger Täuschung (→ I.1.). Ein Kündigungsgrund liegt somit nicht vor. Die stille Gesellschaft wurde daher auch nicht wirksam gekündigt. S hat daher gegen I keinen Anpruch auf Zahlung von 10.000 EUR aus § 235 Abs. 1 HGB.

**3. Anspruch auf Zahlung von 10.000 EUR aus §§ 311 Abs. 2 Nr. 1, 280 Abs. 1 BGB**

S könnte gegen I einen Anspruch auf Zahlung von 10.000 EUR aus §§ 311 Abs. 2 Nr. 1, 280 Abs. 1 BGB haben. Durch die Vertragsverhandlungen über die Begründung einer stillen Beteiligung ist zwischen S und I ein vorvertragliches Schuldverhältnis entstanden. Dem steht auch nicht entgegen, dass A mit S verhandelt hat, da A als Stellvertreter des I aufgetreten ist. Im Rahmen dieses vorvertraglichen Schuldverhältnisses hätte I über die aufkommenden Schwierigkeiten über die Konstruktionsfehler und die Schadenersatzansprüche der Kunden unterrichten müssten, da dieser Aspekt für den S wesentliche Bedeutung hatte. Allerdings hat nicht I, sondern vielmehr A diese Pflichtverletzung vorsätzlich begangen. Dies muss sich I nach § 278 BGB aber zurechnen lassen, so dass ein Schadenersatzanspruch des S gegen I gegeben ist. Denn I hat den A zur Erfüllung seiner Aufklärungspflichten gegenüber S eingeschaltet. Dem Anspruch auf Zahlung von 10.000 EUR auf §§ 311 Abs. 2 Nr. 1, 280 Abs. 1 BGB stehen auch nicht die Grundsätze der fehlerhaften Gesellschaft entgegen, da dieser den Bestand der (fehlerhaften) Gesellschaft unberührt lässt.

**4. Ansprüche auf Zahlung von 10.000 EUR aus § 826 BGB und § 823 Abs. 2 BGB iVm § 263 StGB**

Ansprüche auf Zahlung von 10.000 EUR aus § 826 BGB und § 823 Abs. 2 BGB iVm § 263 StGB sind nicht gegeben, da es insofern schon an den subjektiven Voraussetzungen auf Seiten des I fehlt.

**5. Ergebnis**

S hat gegen I einen Anspruch auf Zahlung von 10.000 EUR aus § 311 Abs. 2 Nr. 1, 280 Abs. 1 BGB.

**II. Ansprüche des S gegen A**

Darüber hinaus hat S einen Anspruch gegen A auf Zahlung von 10.000 EUR aus § 826 BGB und § 823 Abs. 2 BGB iVm § 263 StGB.

**Merksatz:** Auf die stille Gesellschaft finden die Grundsätze der fehlerhaften Gesellschaft Anwendung, obwohl es sich bei dieser um eine reine Innengesellschaft handelt. Die notwendige Invollzugsetzung erfolgt durch die Leistung der Einlage durch den stillen Gesellschafter.

## E. Die Beziehung der Gesellschafter untereinander (Innenverhältnis)

### I. Der Gesellschaftsvertrag

Der Gesellschaftsvertrag der stillen Gesellschaft wird zwischen dem Inhaber des Handelsgewerbes und dem stillen Gesellschafter geschlossen. **Notwendiger Bestandteil des Gesellschaftsvertrages** ist dabei vor allem die 500

Vereinbarung einer Einlageleistung durch den stillen Gesellschafter. Dabei können die Parteien auch die Leistung einer Sacheinlage vereinbaren, die sie ohne Einschränkungen frei bewerten können. Der stille Gesellschafter setzt sich dabei – im Gegensatz zum Kommanditisten (→ Rn. 450) – auch nicht der Gefahr einer unmittelbaren Haftung gegenüber den Gläubigern des Inhabers des Handelsgewerbes, da für den stillen Gesellschafter eine solche Haftung schon grundsätzlich nicht besteht (→ Rn. 509 f.). Die **Auslegung des Gesellschaftsvertrages** richtet sich nach den allgemeinen Grundsätzen des Personengesellschaftsrechts (→ Rn. 182 f.), da es sich bei der stillen Gesellschaft um eine (Innen-)GbR handelt. Etwas anderes gilt nur für den Fall der mehrgliedrigen stillen Gesellschaft (→ Rn. 488), da bei dieser aufgrund des massenhaften Begründung von stillen Beteiligungsverhältnissen auf das individuelle Verhältnis zwischen dem Inhaber des Handelsgewerbes und dem einzelnen stillen Gesellschafter keine Rücksicht genommen werden kann (BGH ZIP 2001, 243 (244); 2004, 2095 (2096)). Für die **Inhaltskontrolle des Gesellschaftsvertrages** gelten ebenso die allgemeinen Grundsätzen des Personengesellschaftsrechts (→ Rn. 124 f.). Insofern kommt es vor allem nicht zur Anwendung der AGB-Kontrolle, da § 310 Abs. 4 BGB auch auf die stille Gesellschaft Anwendung findet (BGHZ 127, 176 (183 ff.); Röhricht/Graf von Westphalen/Haas/*Mock* § 230 Rn. 16; aA aber MüKoHGB/*K. Schmidt* § 230 Rn. 124).

## II. Das (fehlende) Gesellschaftsvermögen

501 Da es sich bei der stillen Gesellschaft um eine reine (Innen-)GbR handelt, bildet diese auch **kein Gesellschaftsvermögen** (→ Rn. 126). Die Einlage des stillen Gesellschafters geht vielmehr in der Vermögen des Inhabers des Handelsgewerbes über (§ 230 Abs. 1 HGB aE).

## III. Die Rechte und Pflichten der Gesellschafter

502 Die Rechte und Pflichten der Gesellschafter einer stillen Gesellschaft bestimmen sich zunächst nach dem **Gesellschaftsvertrag** (→ Rn. 500), in dem typischerweise in großem Umfang von der bestehenden Gestaltungsfreiheit Gebrauch gemacht wird. Soweit dies nicht der Fall ist, bestimmen sich die Rechte der Parteien nach den §§ 230 ff. HGB selbst.

503 Danach kommt dem stillen Gesellschafter zunächst zwingend ein Gewinnrecht zu (§ 231 Abs. 2 HGB). Die Höhe des Gewinnrechts bestimmt sich dabei nach dem Gesellschaftsvertrag und wenn dieser keine entsprechende Regelung enthält nach dem Maßstab der Angemessenheit (§ 231 Abs. 1 HGB). Der stille Gesellschafter kann aber auch am Verlust beteiligt werden (§ 231 Abs. 2 Hs. 1 HGB), was aber nicht zwingend der Fall sein muss (§ 231 Abs. 2 Hs. 2 HGB). Ebenso wie bei der KG (→ Rn. 422 ff.) muss auch bei der stillen Gesellschaft

zwischen der **Feststellung des Gewinns oder Verlusts**, deren **Verbuchung** und der **Ausschüttung** unterschieden werden. Hinsichtlich der Feststellung des Gewinns treffen die §§ 230 ff. HGB keine Regelung, da sich dieser Aspekt nach dem Recht richtet, das auf den Inhaber des Handelsgewerbes Anwendung findet. In seiner Konzeption geht § 232 Abs. 1 HGB davon aus, dass der stille Gesellschafter seinen Gewinn am Ende eines jeden Jahres ausbezahlt bekommt. Aufgrund des damit verbundenen Kapitalabflusses wird dieses Forderungsrecht des stillen Gesellschafters meist aber vertraglich ausgeschlossen. Stattdessen wird der Gewinn dann dem Gesellschafterkonto des stillen Gesellschafters gutgeschrieben. Dabei gilt – ebenso wie bei der KG (§ 167 HGB, → Rn. 456), dass eine ein nicht abgezogener Gewinn des stillen Gesellschafters seine Einlage nicht erhöht (§ 232 Abs. 3 HGB), da dem stillen Gesellschafter anderenfalls – eine positive Geschäftsentwicklung des Inhabers des Handelsgeschäfts vorausgesetzt – eine stetig wachsende Gewinnbeteiligung zukommen würde. Wird beim Inhaber des Handelsgeschäfts hingegen ein Verlust ausgewiesen, reduziert sich die Einlage des stillen Gesellschafters, soweit er am Verlust beteiligt ist, was aber nicht bedeutet, dass der stille Gesellschafter einen in den Vorjahren bezogenen Gewinn wieder zurückzahlen muss (§ 232 Abs. 2 S. 2 Hs. 1 HGB). Das Einlagekonto erhöht sich aber durch einen späteren Gewinn bis es seinen ursprünglichen Betrag wieder erreicht hat (§ 232 Abs. 2 S. 2 HGB). Die Verlustbeteiligung führt also nicht dazu, dass der stille Gesellschafter mehr als seine ursprüngliche Einlage leisten oder bezogene Gewinn zurückzahlen muss. Ist die Einlage durch laufende Verluste vollständig aufgebraucht, führt dies bei der Auseinandersetzung der stillen Gesellschaft zu einem entsprechend reduzierten Rückzahlungsanspruch (→ Rn. 522). Dabei können sich zusätzlich noch Besonderheiten in der Insolvenz des Inhabers des Handelsgeschäfts ergeben (→ Rn. 519 ff.). Diese Grundsätze der Gewinn- und Verlustbeteiligung sollen an folgendem Beispiel illustriert werden:

**Beispielsfall:** S hat im Jahr 2011 mit dem Kaufmann I eine stille Beteiligung an dessen Handelsgewerbe begründet und vertragsgemäß eine Einlage von 10.000 EUR geleistet. Dafür ist er mit 10 % am Gewinn oder Verlust des Handelsgewerbes beteiligt. Die stille Beteiligung hat eine Laufzeit von zehn Jahren. 504

**Variante 1:** Im Jahr 2012 weist die Bilanz des I einen Gewinn von 20.000 EUR aus.

Da der Gesellschaftsvertrag ausdrücklich regelt, dass S mit 10 % an dem Gewinn des I beteiligt ist, muss nicht auf § 231 Abs. 1 HGB abgestellt werden. Die 10 %-ige Beteiligung am Gewinn des I führt zu einer Gewinnbeteiligung von 2.000 EUR. Daher hat S einen Anspruch gegen I auf Zahlung von 2.000 EUR. Macht S diesen Anspruch nicht geltend, wird dieser auf dem Gesellschafterkonto von S gutgeschrieben. Das Einlagekonto wird nach § 232 Abs. 3 HGB davon nicht berührt und bleibt mit einem Saldo von 10.000 EUR gleich.

**Variante 2:** Im Jahr 2012 weist die Bilanz des I einen Verlust von 20.000 EUR aus.

Da der Gesellschaftsvertrag ausdrücklich regelt, dass S mit 10% an dem Verlust des I beteiligt ist, muss nicht auf § 231 Abs. 1 HGB abgestellt werden. Die 10%-ige Beteiligung am Verlust des I führt zu einer Verlustbeteiligung von 2.000 EUR. Diesen Betrag muss S aber nicht an I zahlen, sondern vielmehr wird dieser auf seinem Einlagenkonto berücksichtigt, so dass dieses nunmehr einen Saldo von 8.000 EUR aufweist. Ein Zahlungsanspruch von S gegen I besteht nicht.

**Fortsetzung Variante 1:** Im Jahr 2013 weist die Bilanz des I einen Gewinn von 40.000 EUR aus.

S wird an diesem Gewinn erneut mit 10% beteiligt, so dass auf ihn 4.000 EUR entfallen. S kann somit nunmehr insgesamt die Zahlung von 6.000 EUR (2.000 EUR von seinem Gesellschafterkonto + 4.000 EUR aufgrund seiner Gewinnbeteiligung für das Jahr 2014) von I verlangen.

**Fortsetzung Variante 2:** Im Jahr 2013 weist die Bilanz des I einen Gewinn von 40.000 EUR aus.

S wird an diesem Gewinn mit 10% beteiligt, so dass auf ihn 4.000 EUR entfallen. Da sein Einlagenkonto nur einen Saldo von 8.000 EUR aufweist, werden nach § 232 Abs. 2 S. 2 Hs. 2 HGB 2.000 EUR auf diesem Konto gutgeschrieben, so dass dieses wieder die vereinbarte Höhe der Einlage von 10.000 EUR aufweist. Für die übrigen 2.000 EUR kann S von I Zahlung aus § 232 Abs. 1 HGB verlangen.

**weitere Fortsetzung von Variante 2:** Im Jahr 2014 weist die Bilanz des I einen Verlust von 30.000 EUR aus.

S wird an diesem Verlust mit 10% beteiligt, so dass auf ihn 3.000 EUR entfallen. Dieser Betrag wird von seinem Einlagekonto in Abzug gebracht, so dass dieses nunmehr einen Saldo von 7.000 EUR aufweist. S kann daher erneut keine Zahlung von I verlangen. Allerdings kann I aufgrund von § 232 Abs. 2 S. 2 Hs. 1 HGB auch keine Rückzahlung für die Gewinnauszahlung des Jahres 2013 in Höhe von 2.000 EUR verlangen.

**Merksatz:** Der stille Gesellschafter ist zwingend am Gewinn, nicht aber notwendigerweise am Verlust zu beteiligen.

505 Weiterhin kommt dem stillen Gesellschafter nach § 233 HGB ein **Informationsrecht** zu, das im Wesentlichen mit dem des Kommanditisten übereinstimmt (dazu ausführlich → Rn. 421). Diese äußerst eingeschränkten Rechte entsprechen aber häufig nicht den Vorstellungen der stillen Gesellschafter, so dass diese in der Regel teilweise erheblich erweitert werden, was bei einer massiven Erweiterung in Kombination mit Zustimmungs- oder Widerspruchsrechten dazu führen kann, dass es sich tatsächlich um eine atypische stille Gesellschaft (→ Rn. 486) handelt.

506 Die zentrale Pflicht des stillen Gesellschafters ist die **Leistung der Einlage** an den Inhaber des Handelsgewerbes. Die des Inhabers des Handelsgewerbes ist dessen Führung und die Beteiligung des stillen Gesellschafters am Gewinn. Darüber

hinaus unterliegen die Gesellschafter aber auch – ebenso wie bei den übrigen Personengesellschaften (→ Rn. 135) – wechselseitig der **Treuepflicht** (BGHZ 3, 75 (81); BGH WM 1963, 1209 (1210); ZIP 1987, 1316 (1318); MüKoHGB/*K. Schmidt* § 230 Rn. 140). Dies wird insbesondere dann relevant, wenn der Inhaber des Handelsgewerbes Vermögensabflüsse auf seinem Vermögen vornimmt, um damit den Wert der stillen Beteiligung zu senken (so etwa bei BGH ZIP 1987, 1316). Eine besondere Ausformung erlangt die Treuepflicht zudem im Zusammenhang mit dem Wettbewerbsverbot. Dabei gilt, dass jedenfalls der Inhaber des Handelsgewerbes einem Wettbewerbsverbot dahingehend unterliegt, dass die Interessen des stillen Gesellschafters an der Unternehmensbeteiligung nicht durch Konkurrenztätigkeit beeinträchtigt werden dürfen (Röhricht/Graf von Westphalen/Haas/*Mock* § 230 Rn. 99). Insofern darf er zu seinem Handelsgewerbe gehörende Geschäfte nicht auf andere Gesellschaften auslagern oder von diesen wahrnehmen lassen, um damit die Gewinnbeteiligung des stillen Gesellschafters zu umgehen. Der stille Gesellschafter unterliegt hingegen – ähnlich wie der Kommanditist (→ Rn. 431) – keinem Wettbewerbsverbot. Davon ist nur für den Fall eine Ausnahme zu machen, dass der stille Gesellschafter im Gesellschaftsvertrag umfangreiche Informations- und Einflussnahmemöglichkeiten eingeräumt bekommt, da er diese nur unter Beachtung seiner Treuepflicht ausüben darf.

**Merksatz:** Der stille Gesellschafter ist zur Leistung der Einlage verpflichtet. Zudem trifft ihn die Treuepflicht.

## IV. Die Beschlussfassung

Eine Beschlussfassung erfolgt zwischen den Gesellschaftern einer stillen Gesellschaft – jedenfalls bei einer nur aus einem Inhaber des Handelsgeschäfts und einem stillen Gesellschafter bestehenden stillen Gesellschaft – nicht, da für eine derartige Koordination schon **kein Bedarf** besteht. Die stille Gesellschaft zeichnet sich vielmehr durch eine bloße wechselseitige Geltendmachung von Ansprüchen aus. Etwas anderes gilt aber für die sog. **mehrgliedrige stille Gesellschaft** (→ Rn. 488), bei der im Gesellschaftsvertrag typischerweise eigenständige Regelungen zur Willensbildung der stillen Gesellschafter enthalten sind. Dies hat für den Inhaber des Handelsgewerbes den entscheidenden Vorteil, dass er sich nicht mit den stillen Gesellschaftern einzelnen auseinandersetzen muss, sondern diese ihm nur *en bloc* gegenübertreten. 507

## V. Die Geschäftsführung

Auch die Geschäftsführung hat bei der stillen Gesellschaft **keine eigenständige Bedeutung**. Denn der Inhaber des Handelsgewerbes wird durch die aus seinem Betrieb geschlossenen Geschäfte allein berechtigt und verpflichtet (§ 230 Abs. 2 HGB). 508

## F. Die Beziehungen zu Dritten (Außenverhältnis)

509 Da es sich bei der stillen Gesellschaft um eine reine Innengesellschaft handelt (→ Rn. 500) tritt diese nicht nach außen mit dem Rechtsverkehr in Verbindung. Daher wird der Inhaber des Handelsgewerbes durch die Begründung einer stillen Gesellschaft auch nicht in seinen **Befugnissen zur Vertretung** eingeschränkt. Durch die Begründung einer stillen Gesellschaft führt der Inhaber des Handelsgewerbes dieses nunmehr auf gemeinsame Rechnung mit dem stillen Gesellschafter, was durch dessen Gewinn- und ggf. dessen Verlustbeteiligung zum Ausdruck kommt. Allerdings können im Gesellschaftsvertrag auch Widerspruchsrechte für den stillen Gesellschafter vereinbart werden, damit sich dieser vor besonders für ihn nachteiligen Geschäfte durch den Inhaber des Handelsgewerbes schützen kann. Darüber hinaus können sich aber auch aus der Treuepflicht Einschränkungen für den Inhaber des Handelsgewerbes ergeben (→ Rn. 506), so dass dieser sein Unternehmen etwa nicht vollständig veräußern oder einstellen darf (BGH WM 1963, 1209 (1210)). Auch andere unternehmerische Entscheidungen, die zu einer **erheblichen wirtschaftlichen Umgestaltung des Unternehmens** führen, bedürfen der Zustimmung des stillen Gesellschafters (BGHZ 127, 176 (179 f.); MüKoHGB/*Schmidt* § 230 Rn. 178), deren fehlende Beachtung aber keine Wirkungen um Außenverhältnis hat, sondern lediglich zu einer Schadenersatzpflicht des Inhabers des Handelsgewerbes führt. Ansonsten kommt dem Inhaber des Handelsgewerbes grundsätzlich ein weites Ermessen bei der Geschäftsführung zu, weswegen in den Gesellschaftsverträgen typischerweise umfangreiche Regelungen zu Zustimmungs- oder Widerspruchsrechten enthalten sind, die dabei allerdings oftmals auch eine atypische stille Gesellschaft (→ Rn. 486) begründen.

510 Für den stillen Gesellschafter besteht schließlich auch – im Gegensatz zum Kommanditisten (→ Rn. 439 ff.) – **keine unmittelbare Haftung gegenüber den Gläubigern**. Diese können sich immer nur an den Inhaber des Handelsgewerbes halten. Eine eigenständige Haftung des stillen Gesellschafters kommt nur dann in Betracht, wenn dafür ein eigenständiger Haftungsgrund wie etwa die Übernahme einer Bürgschaft vorliegt.

**Merksatz:** Der stille Gesellschafter hat keine Geschäftsführungs- und Vertretungsbefugnisse für den Inhaber des Handelsgeschäfts und tritt für den Inhaber des Handelsgewerbes im Außenverhältnis nicht auf.

## G. Der Wechsel von Gesellschaftern

511 Für den Wechsel der Gesellschafter gelten die für die (Innen-)GbR dargestellten Grundsätze, so dass ein Wechsel der Gesellschafter nur möglich ist, wenn der Gesellschaftsvertrag dies vorsieht oder alle Gesellschafter zustimmen.

Vor allem hinsichtlich des stillen Gesellschafters sehen Gesellschaftsverträge oftmals eine Übertragbarkeit vor, da die Person des stillen Gesellschafters aufgrund seiner eingeschränkten Rechte und Befugnisse für den Inhaber des Handelsgewerbes meist nicht von entscheidender Bedeutung ist. Die **Übertragung der stillen Beteiligung** erfolgt dann nicht im Wege der Abtretung, sondern erfordert eine Vertragsübernahme, an der neben dem alten und dem neuen stillen Gesellschafter vor allem der Inhaber des Handelsgeschäfts mitwirken müssen. Ein Wechsel des Inhabers des Handelsgewerbes ist grundsätzlich auch denkbar, vollzieht sich dann aber durch eine Beendigung der stillen Gesellschaft mit dem alten Inhaber des Handelsgeschäfts und die Begründung einer (neuen) stillen Gesellschaft mit dem neuen Inhaber des Handelsgeschäfts. Auch in diesem Fall ist eine allein durch den neuen und den alten Inhaber des Handelsgeschäfts vorgenommene Übertragung der stillen Beteiligung nicht möglich.

## H. Beendigung der stillen Gesellschaft

Da es sich bei der stillen Gesellschaft um eine (Innen-)GbR handelt **512**
(→ Rn. 500), führt deren Auflösung zugleich zu deren **Vollbeendigung**, so dass es – im Gegensatz zu den übrigen Personengesellschaften (→ Rn. 303 ff., 400 f., 476) – insbesondere kein eigenständiges Auflösungsverfahren gibt. Allerdings sieht § 235 HGB eine gesonderte Auseinandersetzung vor (→ Rn. 518).

### I. Auflösungsgründe

Die Auflösungsgründe für die stille Gesellschaft ergeben sich zunächst vor **513**
allem aus dem Recht der GbR. Daher wird die stille Gesellschaft bei **Erreichung oder Unmöglichwerden des Zwecks** (§ 727 BGB), durch einen **Auflösungsbeschluss** oder die **Insolvenz eines Gesellschafters** (§ 727 Abs. 1 BGB) aufgelöst (ausführlich → Rn. 173). Ebenso wird die stille Gesellschaft durch **Zeitablauf** aufgelöst. Dieser Auflösungsgrund spielt bei der stillen Gesellschaft typischerweise eine deutlich größere Rolle als bei den übrigen Personengesellschaften, da das mit der stillen Beteiligung durchgeführte Investment des stillen Gesellschafters dem Inhaber des Handelsgewerbes nur für einen bestimmten Zeitraum zur Verfügung stehen soll, zumal bei sehr langen Zeiträumen die Bestimmung einer angemessenen Gewinn- oder Verlustbeteiligung für die Parteien nahezu unmöglich ist. Darüber hinaus ist auch die **Kündigung durch einen Gesellschafter** Auslösungsgrund, wobei sich das Kündigungsrecht nicht allein § 723 BGB, sondern aufgrund der Sonderweisung in § 234 Abs. 1 HGB zusätzlich aus den Vorschriften zur oHG ergibt (§§ 132, 134 f. HGB, → Rn. 382 ff.). Eine Modifikation erfahren die Kündigungsvorschriften für die (Innen-)GbR zudem für den Fall der **Kündigung durch einen Gläu-**

**biger eines Gesellschafters**, da dieses Kündigungsrecht nur für die Gläubiger des stillen Gesellschafters vorgesehen ist (§ 725 Abs. 1 BGB, § 234 Abs. 1 S. 1 HGB). Diese Beschränkung ergibt sich daraus, dass ein Kündigungsrecht der Gläubiger des Inhabers des Handelsgewerbes schon nicht notwendig ist, da diese im Rahmen der Zwangsvollstreckung Zugriff auf das Vermögen des Inhabers des Handelsgewerbes inklusive einer möglicherweise noch nicht oder nicht vollständig geleisteten Einlageforderung gegen den stillen Gesellschafter haben und daher durch eine Kündigung der stillen Gesellschaft keinen Zugriff auf neue Vermögenswerte begründen können.

**514** Auflösungsgrund ist zudem auch der **Tod des Inhabers des Handelsgewerbes** (§ 728 BGB), der allerdings in der Praxis meist keine Rolle spielt, da dieser nur bei der Begründung einer stillen Beteiligung an dem Handelsgewerbes einer natürlichen Person eine Rolle spielen kann. Kein Auflösungsgrund ist aber – wie auch aufgrund von § 177 HGB beim Kommanditisten (→ Rn. 475) – der **Tod des stillen Gesellschafters** (§ 234 Abs. 2 HGB), was darauf zurückzuführen ist, dass die Person des stillen Gesellschafters jedenfalls nach dem Leitbild der §§ 230 ff. HGB für den Inhaber des Handelsgewerbes nicht von entscheidender Bedeutung ist, so dass diesem beim Tod des stillen Gesellschafters auch eine Fortführung mit dessen Erben zumutbar ist. Ebenso wie bei der KG (→ Rn. 475) ist auch diese Regelung disponibel, so dass die Parteien davon im Gesellschaftsvertrag abweichen können.

**515** Die **fehlende Rentabilität des Inhabers des Handelsgewerbes** stellt keinen eigenständigen Auflösungsgrund dar, auch wenn damit die Zielsetzung des stillen Gesellschafters in Form der Beteiligung an den Gewinnen des Inhabers des Handelsgewerbes nicht mehr erreicht werden kann. Dies ist jedoch das wirtschaftliche Risiko des stillen Gesellschafters, so dass insofern insbesondere kein Fall der fehlenden Zweckerreichung (§ 727 BGB) vorliegt. Daher ist in diesem Fall auch kein außerordentliches Kündigungsrecht des stillen Gesellschafters (§ 234 Abs. 1 S. 2 HGB, § 723 BGB) gegeben. Dem stillen Gesellschafter ist es aber unbenommen, von seinem ordentlichen Kündigungsrecht Gebrauch zu machen (§ 234 HGB), was allerdings nur besteht, wenn die stille Gesellschaft auf unbestimmte Zeit oder auf Lebenszeit eines Gesellschafters (§§ 134, 234 Abs. 1 S. 1 HGB) eingegangen wurde. Die **einzelnen Auflösungsgründe** einer lediglich aus einem Inhaber des Handelsgewerbes und einem stillen Gesellschafter stellen sich daher folgendermaßen dar:

516

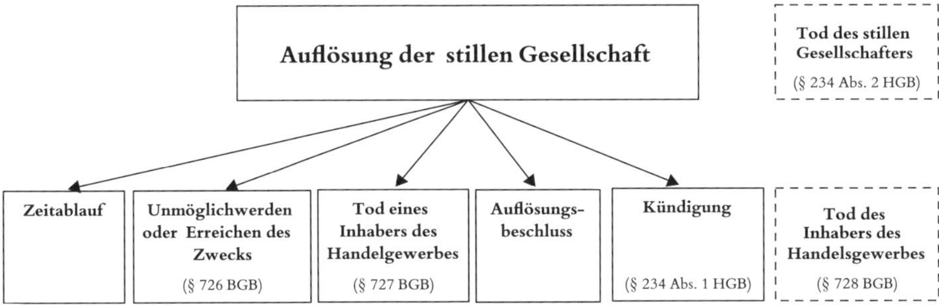


Soweit die stille Gesellschafter schließlich über **mehrere stille Gesellschafter** verfügt, führt auch die Insolvenz eines stillen Gesellschafters, die Kündigung eines stillen Gesellschafters und ein Beschluss der (übrigen) Gesellschafter zum Ausschluss eines stillen Gesellschafters zu einer Auflösung der stillen Gesellschaft. Allerdings sehen die Gesellschaftsverträge für diese Fälle typischerweise abweichende Regelungen vor, so dass es lediglich zu einem Ausscheiden des jeweiligen stillen Gesellschafters kommt. 517

## II. Auseinandersetzung

Durch die Auflösung der stillen Gesellschaft erfolgt bei dieser die Auseinandersetzung (§ 235 HGB). Dazu muss vom Inhaber des Handelsgewerbes eine Schlussrechnung erstellt werden, bei der die Höhe des **Auseinandersetzungsguthabens** des stillen Gesellschafters ermittelt wird. Dabei werden noch offene Einlageverpflichtungen des stillen Gesellschafters sowie seine Beteiligung an noch schwebenden Geschäften (§ 235 Abs. 2 HGB) miteinander saldiert und ein Endbetrag errechnet. Da die gesetzlichen Vorgaben in Form des § 235 HGB in diesem Zusammenhang äußerst vage sind, wird die Auseinandersetzung in Gesellschaftsverträgen typischerweise umfangreich geregelt. Dabei wird der stille Gesellschafter häufig wie ein Gesamthänder an dem Unternehmen beteiligt, so dass sich der Auseinandersetzungsanspruch dann wie bei der GbR berechnet (→ Rn. 303 ff.). 518

## III. Insolvenz (des Inhabers des Handelsgeschäfts)

Die stille Gesellschaft ist als reine Innengesellschaft selbst nicht insolvenzfähig, so dass über deren (fehlendes) Vermögen auch **kein Insolvenzverfahren** eröffnet werden kann. Zwar sieht § 11 Abs. 2 Nr. 1 InsO auch die Insolvenzfähigkeit der GbR vor, bezieht sich dabei allerdings nur auf die (Außen-)GbR (→ Rn. 307). 519

Eine Besonderheit besteht bei der stillen Gesellschaft allerdings im Fall der Insolvenz des Inhabers des Handelsgeschäfts. Denn in diesem Fall wird der stille Gesellschafter sozusagen in doppelter Weise privilegiert. Zunächst kann er seine 520

Einlage als **einfache Insolvenzforderung** geltend machen (§ 236 Abs. 1 HGB). Diese vor allem im Vergleich zu einem regulären Gesellschafter des Inhabers des Handelsgewerbes rechtfertigt sich aus dem Umstand, dass der stille Gesellschafter in noch stärkerem Maße als der Kommanditist (→ Rn. 482) die Rolle eines bloßen passiven Investors einnimmt und damit eher dessen Gläubigern als dessen Gesellschaftern nahekommt. Zwar verfügen der stille Gesellschafter und der Kommanditist nach dem gesetzlichen Leitbild der §§ 166, 233 HGB weitgehend über die gleichen Informationsrechte (→ Rn. 421 und 505); allerdings kommt dem Kommanditisten in größerem Maße als dem stillen Gesellschafter ein Widerspruchsrecht zu (→ Rn. 421 und 505). Die durch § 236 HGB angeordnete Privilegierung des stillen Gesellschafters sei an folgendem Beispiel veranschaulicht:

521 **Beispielsfall 1:** S hat im Jahr 2011 mit dem Kaufmann I eine stille Beteiligung an dessen Handelsgewerbe begründet und vertragsgemäß eine Einlage von 10.000 EUR geleistet. Dafür ist er mit 10 % am Gewinn oder Verlust des Handelsgewerbes beteiligt. Am 1.1.2014 wird über das Vermögen des I das Insolvenzverfahren eröffnet. Die verteilungsfähige Insolvenzmasse reicht dabei aus, um 50 % der Forderungen der Gläubiger zu befriedigen.

Nach § 236 Abs. 1 HGB nimmt S als stiller Gesellschafter an dem Insolvenzverfahren als einfacher Insolvenzgläubiger (§ 38 InsO) teil, so dass seine Forderung in Höhe von 10.000 EUR zu 50 % befriedigt. Er erhält also einen Betrag von 5.000 EUR.

**Beispielsfall 2:** S hat im Jahr 2011 zusammen mit I eine KG gegründet, bei der I der Komplementär und S der Kommanditist ist. S leistet vertragsgemäß die Einlage von 10.000 EUR und ist mit 10 % am Gewinn oder Verlust beteiligt. Am 1.1.2014 wird über das Vermögen der KG das Insolvenzverfahren eröffnet. Die verteilungsfähige Insolvenzmasse reicht dabei aus, um 50 % der Forderungen der Gläubiger zu befriedigen.

Als Kommanditist nimmt S nicht als Insolvenzgläubiger am Insolvenzverfahren über das Vermögen der KG teil. Er hat vielmehr als Kommanditist lediglich einen Anspruch nach § 199 S. 2 InsO, wonach er lediglich an dem Überschuss beteiligt wird, der nach der vollständigen Befriedigung aller Gläubiger und der Kosten des Insolvenzverfahrens verbleibt. Ein solcher Überschuss entsteht vorliegend aber nicht, da es schon nicht zu einer vollständigen Befriedigung aller Gläubiger kommt. S geht somit leer aus.

522 Darüber hinaus muss der stille Gesellschafter die **noch nicht geleistete Einlage** nur noch bis zu dem Betrag leisten, wie dieser zur Deckung seines Anteils am – während der Existenz der stillen Gesellschaft entstandenen – (Gesamt-)Verlust notwendig ist (§ 236 Abs. 2 HGB).

523 **Beispielsfall:** S hat im am 1.1.2011 mit dem Kaufmann I eine stille Beteiligung an dessen Handelsgewerbe begründet und eine Einlageverpflichtung von 10.000 EUR übernommen. Dafür ist er mit 10 % am Gewinn oder Verlust des Handelsgewerbes beteiligt. Am 1.1.2014 wird über das Vermögen des I das Insolvenzverfahren eröffnet. Die verteilungsfähige Insolvenzmasse reicht dabei aus, um 50 % der Forderungen der Gläubiger zu befriedigen. Der Verlust des Inhabers des Handelsgewerbes vom 1. Januar 2011 bis zum 31. Dezember 2013 betrug insgesamt 40.000 EUR

**Variante 1:** S hat von seiner Einlageverpflichtung in Höhe von 10.000 EUR bereits 10.000 EUR geleistet.

Da die Einlage des S nicht rückständig ist, kann dieser nicht zu weiteren Zahlungen an den Insolvenzverwalter verpflichtet werden. Aufgrund von § 236 Abs. 1 HGB nimmt S als einfacher Insolvenzgläubiger teil und erhält 3.000 EUR, da von der geleisteten Einlage in Höhe von 10.000 EUR der Verlust in Höhe von 4.000 EUR abzuziehen ist. Von den verbleibenden 6.000 EUR bleiben bei einer Insolvenzquote von 50% 3.000 EUR übrig.

Der wirtschaftliche Gesamtverlust des S beträgt daher **7.000 EUR** (ursprüngliche Zahlung von 10.000 EUR auf die Einlage – Erhalt von 3.000 EUR als Insolvenzgläubiger).

**Variante 2:** S hat von seiner Einlageverpflichtung in Höhe von 10.000 EUR bereits 5.000 EUR geleistet.

Aufgrund der Verlustbeteiligung von S in Höhe von 10% entfällt von dem Gesamtverlust im Zeitraum des Bestehens der stillen Gesellschaft auf ihn der Betrag von 4.000 EUR. Da die geleistete Einlage größer ist, muss S keine Zahlung vornehmen (§ 236 Abs. 2 HGB). Wegen des verbleibenden Betrages von 1.000 EUR erhält S im Insolvenzverfahren 500 EUR, da die Quote 50% beträgt.

Der wirtschaftliche Gesamtverlust des S beträgt daher **4.500 EUR** (ursprüngliche Zahlung von 5.000 EUR auf die Einlage – Erhalt von 500 EUR als Insolvenzgläubiger).

**Variante 3:** S hat von seiner Einlageverpflichtung in Höhe von 10.000 EUR bisher nichts geleistet.

Aufgrund der Verlustbeteiligung von S in Höhe von 10% entfällt von dem Gesamtverlust im Zeitraum des Bestehens der stillen Gesellschaft auf ihn der Betrag von 4.000 EUR. Daher muss S an den Insolvenzverwalter nach § 236 Abs. 2 HGB nur diesen Betrag leisten, obwohl er seine Einlageverpflichtung in Höhe von 10.000 EUR noch nicht erfüllt hat. Eine Teilnahme des S am Insolvenzverfahren als einfacher Insolvenzgläubiger scheidet aus, da die Einlage noch nicht geleistet hat, so dass § 236 Abs. 1 HGB keine Anwendung findet.

Der wirtschaftliche Gesamtverlust des S beträgt daher **4.000 EUR** aufgrund der Zahlung an den Insolvenzverwalter.

Auch wenn dieses Beispiel indiziert, dass der stille Gesellschafter bei einer vollständig fehlenden Leistung der Einlage am besten steht, lässt sich dieses Ergebnis in der Praxis kaum erreichen, da der Inhaber des Handelsgewerbes auf die Leistung der Einlage in der Regel bestehen wird, da diese für ihn der eigentliche **Zweck der Begründung einer stillen Gesellschaft** ist. **524**

Da die dargestellte Privilegierung des stillen Gesellschafters ihre Rechtfertigung in dessen Rolle als bloßer passiver Investor findet (→ Rn. 482), kann § 236 HGB dann nicht zur Anwendung kommen, wenn der Gesellschaftsvertrag dem stillen Gesellschafter diese Rolle gerade nicht zuweist, sondern diesem umfangreiche Einsichts- und Kontrollrechte einräumt. In diesem Fall der **atypischen stillen Gesellschaft** (→ Rn. 486) wird der stille Gesellschafter **525** aufgrund der fehlenden Anwendung von § 236 HGB wie ein echter Gesellschafter des Inhabers des Handelsgewerbes behandelt, so dass dieser im Insolvenzverfahren lediglich den Anspruch nach § 199 S. 2 InsO geltend machen und der Insolvenzverwalter eine gegebenenfalls noch offene Einlage noch einfordern kann (BGHZ 104, 33 (38 ff.); BGH WM 1981, 761 f.; Röhricht/Graf von Westphalen/Haas/*Mock* § 236 Rn. 21).

**Merksatz:** Der stille Gesellschafter wird in der Insolvenz des Inhabers des Handelsgewerbes dahingehend privilegiert, dass er mit seiner Einlage als einfacher Insolvenzgläubiger am Insolvenzverfahren teilnimmt.

# I. Wiederholung

## I. Zusammenfassung

1. Eine **stille Gesellschaft** zeichnet sich dadurch aus, dass sich der stille Gesellschafter mit einer Vermögenseinlage an einem von einem anderen betriebenen Handelsgewerbe in der Weise beteiligt. Die Vermögenseinlage geht dabei in das Vermögen des Inhabers des Handelsgewerbes über.
2. Die wichtigsten **Erscheinungsformen** der stillen Gesellschaft sind
   - die typische stille Gesellschaft,
   - die atypische stille Gesellschaft und die
   - die mehrgliedrige stille Gesellschaft.
3. Auf die stille Gesellschaft finden die **Grundsätze der fehlerhaften Gesellschaft** Anwendung. Die notwendige Invollzugsetzung der fehlerhaften stillen Gesellschaft ist dabei in der Regel die Leistung der Einlage durch den stillen Gesellschafter.
4. Bei der stillen Gesellschaft handelt es sich um eine reine Innengesellschaft, die weder ein **Gesellschaftsvermögen** bildet, noch am **Rechtsverkehr** teilnimmt.
5. Der stille Gesellschafter hat das **Recht,**
   - eine abschriftliche Mitteilung des Jahresabschlusses verlangen und dessen Richtigkeit durch Einsicht in die Bücher und Papiere der KG zu überprüfen,
   - am Gewinn und Verlust beteiligt zu werden

   und die **Pflicht**
   - die im Gesellschaftsvertrag vereinbarte Einlage zu leisten und
   - sich nicht treuwidrig zu verhalten.
6. Zur **Vertretung** des Inhabers des Handelsgewerbes ist der stille Gesellschafter nicht berufen.
7. Für die **Verbindlichkeiten** des Inhabers des Handelsgewerbes haftet dieser allein.

8. Die Gesellschafter einer stillen Gesellschaft können durch eine Änderung des Gesellschaftsvertrags oder durch Beschluss der übrigen Gesellschafter bei Vorliegen eines wichtigen Grundes **ausscheiden**. Die Kündigung, der Tod oder die Insolvenz eines Gesellschafters führen zur Auflösung der stillen Gesellschaft. Darüber hinaus wird die stille Gesellschaft durch Zeitablauf, das Unmöglichwerden oder Erreichen des Zwecks der Gesellschaft oder durch Beschlussfassung der Gesellschafter aufgelöst.
9. Die Auflösung der stillen Gesellschaft führt zu deren **Vollbeendigung**.
10. Der stille Gesellschafter wird in der **Insolvenz des Inhabers des Handelsgewerbes** dadurch privilegiert, indem er seine Einlage als einfache Insolvenzforderung geltend machen kann und die offene Einlageverpflichtung nur in dem Umfang noch erfüllen muss, als sie zur Deckung seines Verlustanteils erforderlich ist.

## II. Kontrollfragen

1. Welche Vor- und Nachteile birgt die stille Gesellschaft als Beteiligungsform für das Projekt von A und B (→ Rn. 98) für die Gewinnung externer Investoren?
2. Worin unterscheiden sich die typische und die atypische stille Gesellschaft?
3. Worin besteht bei einer stillen Gesellschaft der gemeinsame Zweck, den deren Gesellschafter verfolgen?
4. Was ist eine mehrgliedrige stille Gesellschaft?
5. Welche Besonderheiten sind bei der Gründung einer stillen Gesellschaft zu beachten?
6. Welche Folgen hat die fehlerhafte Gründung einer stillen Gesellschaft, wenn der stille Gesellschafter seine Einlage geleistet hat?
7. Welche Rechte und Pflichten hat der stille Gesellschafter?
8. Tritt die stille Gesellschaft im Rechtsverkehr auf?
9. Welche Gründe führen zur Auflösung der stillen Gesellschaft?
10. Auf welche Weise wird der stille Gesellschafter in der Insolvenz des Inhabers des Handelsgewerbes privilegiert?

# Kapitel 3. Die Gesellschaft mit beschränkter Haftung

## § 10. Grundlagen

### A. Begriff und Konzeption

526 Im Gegensatz zu den Handelsgesellschaften des HGB (→ Rn. 308, 404 und 480) wird die Gesellschaft mit beschränkter Haftung **(GmbH)** im GmbHG nicht eindeutig definiert. Vielmehr werden die für die GmbH typischen Eigenschaften im GmbHG an verschiedenen Stellen definiert bzw. festgestellt. Dabei lassen sich im Wesentlichen die **vier folgenden Wesenszüge der GmbH** ausmachen.

527 Eine zentrale Eigenschaft der GmbH ist zunächst deren **Rechtsfähigkeit**. Diese wird in § 13 Abs. 1 GmbHG ausdrücklich angeordnet, ergibt sich aber auch aus § 11 Abs. 1 GmbHG, wonach die GmbH mit der Eintragung im Handelsregister ihre Rechtsfähigkeit erwirbt. Schließlich ergibt sich die Rechtsfähigkeit auch aus dem Umstand, dass es sich bei der GmbH um eine juristische Person handelt (arg. § 13 GmbHG).

528 Die GmbH kann durch eine oder mehrere Personen gegründet werden (§ 1 GmbHG). Damit ist für die GmbH – im Gegensatz zu den Personengesellschaften (→ Rn. 309) – auch eine **Einpersonen-GmbH** möglich. Die Zulässigkeit einer solchen Einpersonen-GmbH ergibt sich dabei letztlich aus dem Umstand, dass es sich bei der GmbH um eine juristische Person handelt, so dass diese eine eigene Rechtspersönlichkeit hat und insofern unabhängig neben ihren/ihrem Gesellschafter(n) steht. Zu den Erscheinungsformen → Rn. 530 f.

Darüber hinaus gilt die GmbH als **Handelsgesellschaft** (§ 13 Abs. 3 GmbHG). Damit ist sie ebenso wie die oHG (→ Rn. 310) und die KG (→ Rn. 404) Formkaufmann nach § 6 Abs. 1 HGB.

529 Schließlich haftet bei der GmbH deren Gläubigern nur das Gesellschaftsvermögen, so dass eine **Haftung** der Gesellschafter grundsätzlich ausgeschlossen ist. Diese fehlende Haftung der Gesellschafter wird in der Konzeption des GmbHG unter anderem durch das Erfordernis der Bildung eines Stammkapitals kompensiert, das in die Geschäftsanteile zerlegt ist (§ 5 GmbHG).

**Merksatz:** Bei der GmbH handelt es sich um eine rechtsfähige Handelsgesellschaft, die von einer oder mehreren Personen gegründet werden kann und bei der den Gläubigern grundsätzlich nur das Gesellschaftsvermögen haftet.

## B. Erscheinungsformen

Die GmbH ist in Deutschland die mit Abstand am **häufigsten vorkommende Gesellschaftsform**. So existieren ist Deutschland ca. eine Million GmbH, womit die GmbH ca. 80 % aller Handelsgesellschaften ausmacht (*Kornblum* GmbHR 2013, 693 ff.). Diese Beliebtheit bzw. Bedeutung der GmbH ist vor allem darauf zurückzuführen, dass diese unter relativ einfachen Voraussetzungen gegründet werden kann (→ Rn. 534 ff.) und dabei die Möglichkeit des Ausschlusses einer persönlichen Haftung für die Gesellschafter bietet (→ Rn. 554 ff.). 530

Die Rechtsform der GmbH erfährt im GmbH-Recht allerdings äußerst **verschiedene Ausprägungen**. So sieht das GmbHG selbst letztlich zwei verschiedene Typen in Form der „regulären" GmbH und der Unternehmergesellschaft haftungsbeschränkt (UG) vor. Zwar handelt es sich auch bei der Unternehmergesellschaft haftungsbeschränkt (UG) um eine GmbH iSd GmbHG, allerdings gelten für diese vor allem im Rahmen der Gründung (→ Rn. 534) und der Finanzverfassung (→ Rn. 583 ff.) eine Reihe von Sonderregelungen. Darüber hinaus hat sich in der gesellschaftsrechtlichen Praxis eine Reihe von Realtypen für die GmbH herausgebildet, die das auf sie anwendbare Recht teilweise erheblich prägen. Dies gilt vor allem für die sog. Einmann-GmbH oder die GmbH, die im Rahmen einer Unternehmensgruppe als Tochtergesellschaft gegründet wird. 531

**Klausurhinweis:** Auch wenn die GmbH die mit Abstand wichtigste Gesellschaftsform in Deutschland ist, spielt sie in der Klausurpraxis der Prüfungsämter meist eine eher untergeordnete Rolle. Dies ist zum einen darauf zurückzuführen, dass viele für die gesellschaftsrechtliche Praxis relevanten Fragen des GmbH-Rechts außerhalb des Pflichtfachstoffes liegen und damit jedenfalls im Pflichtfachbereich nicht geprüft werden können. Zum anderen hat sich aber auch das Personengesellschaftsrecht bei den Prüfungsämter als Prüfungsgegenstand fest etabliert und ist – nicht zuletzt vor dem Hintergrund der zahlreichen Klausursachverhalte – nur schwer zu verdrängen. Die gegenüber dem Personengesellschaftsrecht verhältnismäßig geringere Rolle des GmbH-Rechts sollte allerdings nicht dahingehend missverstanden werden, dass Kenntnisse der Grundstruktur des GmbH-Rechts nicht notwendig sind.

**Merksatz:** Das GmbHG unterscheidet zwischen der „regulären" GmbH und der Unternehmergesellschaft haftungsbeschränkt (UG), bei denen es sich jeweils um Gesellschaften mit beschränkter Haftung handelt. Der Unterschied besteht lediglich in den Anforderungen an die Gründung und die Finanzverfassung, für die teilweise abweichende Regelungen vorgesehen sind.

## C. Grundstruktur

532 Unabhängig von ihrer konkreten Ausgestaltung verfügt die GmbH im Ausgangspunkt über die folgende **Grundstruktur**.

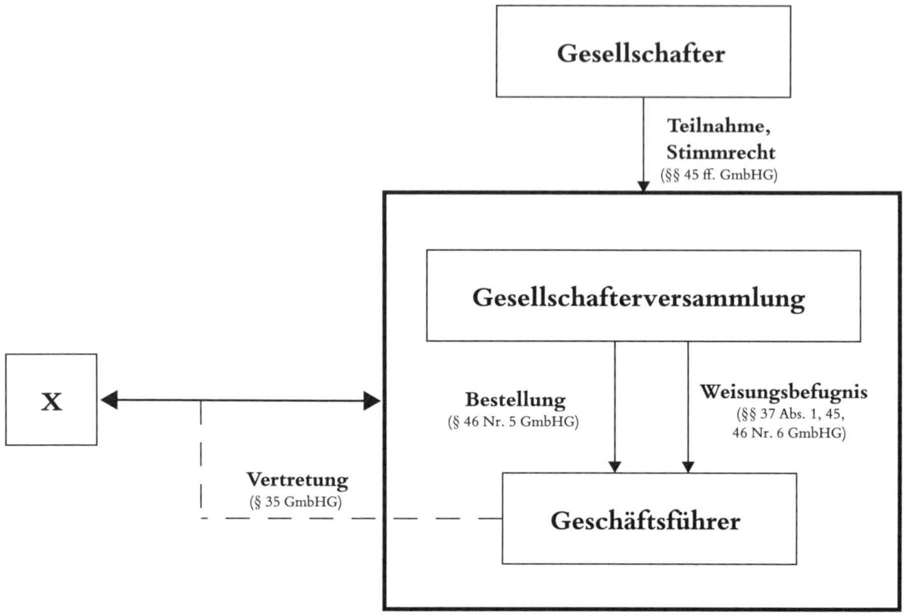


533 Zentrale Organe sind daher neben dem **Geschäftsführer** vor allem die **Gesellschafterversammlung**, die sich aus den einzelnen **Gesellschaftern** zusammensetzt, ohne dass diese selbst Organ der GmbH sind. Darüber hinaus besteht aber die Möglichkeit, weitere Organe durch den Gesellschaftsvertrag zu schaffen. Zu den einzelnen Rechten und Pflichten der Organe ausführlich → Rn. 593 ff. und 598 ff.

**Merksatz:** Bei den Organen der GmbH handelt es sich um den Geschäftsführer und die Gesellschafterversammlung. Die Gesellschafter selbst sind kein Organ der GmbH, können jedoch zusammen die Gesellschafterversammlung bilden.

# § 11. Gründung

## A. Von der Vorgründungsgesellschaft über die Vorgesellschaft zur eigentlichen GmbH

534 Während die Personengesellschaften durch einen einfachen Vertragsschluss gegründet werden können, stellt sich die Gründung einer GmbH als deutlich komplexer dar. Die Gesellschafter einer GmbH durchlaufen dabei im Wesentlichen **drei verschiedene Stadien**, in denen jeweils eigenständige Gesellschaften entstehen, die teilweise nur bedingt etwas mit der späteren GmbH zu tun haben. Diese Grundsätze gelten dabei sowohl für die reguläre GmbH als auch für die Unternehmergesellschaft haftungsbeschränkt (UG). Diese drei Stadien stellen sich folgendermaßen dar:

535

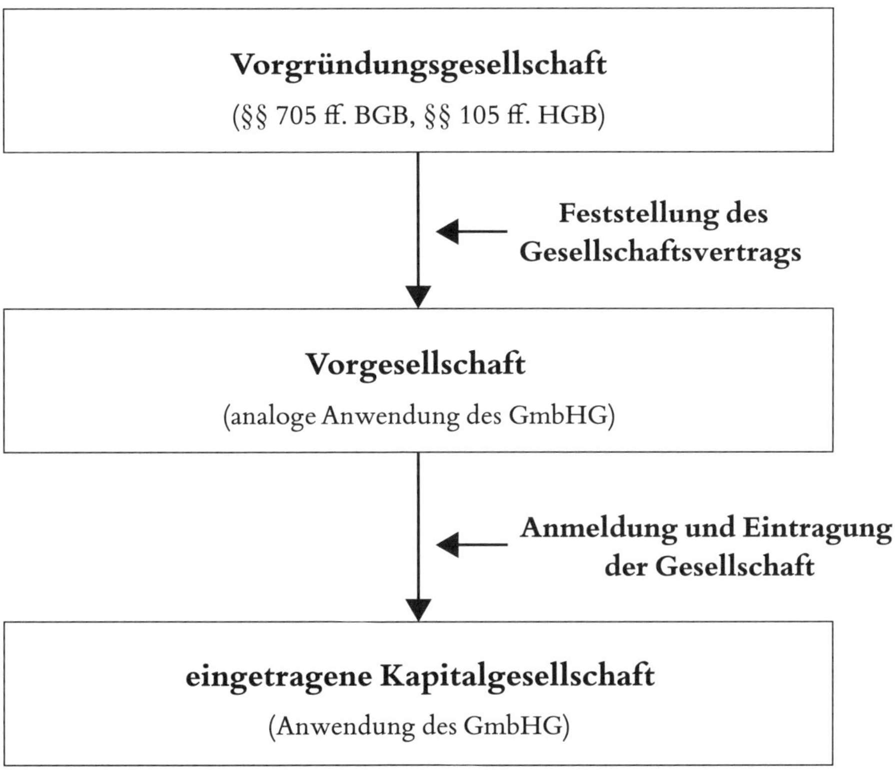


**Merksatz:** Im Rahmen der Gründung einer GmbH muss zwischen der Vorgründungsgesellschaft, der Vorgesellschaft und der eingetragenen GmbH unterschieden werden.

**Klausurhinweis:** Die Gründung einer GmbH wirft eine Vielzahl von Rechtsfragen auf, die sich sehr gut in Klausursachverhalten einbauen lassen. Daher spielt dieser Regelungskomplex in der Praxis der Prüfungsämter traditionell eine große Rolle. In der gesellschaftsrechtlichen Praxis ist dieser Themenkomplex gleichwohl von geringerer Bedeutung, was vor allem darauf zurückzuführen ist, dass das Verfahren zur Gründung einer GmbH in den vergangenen Jahren erheblich vereinfacht wurde und heute deutlich weniger Zeit in Anspruch nimmt. Dadurch kommt es häufig schon nicht zu einer Aufnahme des Geschäftsbetriebs durch die Gesellschafter bzw. die Vorgründungs- oder Vorgesellschaft, so dass sich die damit verbundenen Rechtsfragen schon nicht stellen.

## I. Vorgründungsgesellschaft

536 Ausgangspunkt bei der Gründung einer GmbH ist zunächst die sog. **Vorgründungsgesellschaft**. Dabei kommen die Gesellschafter einer künftigen GmbH verbindlich überein, eine solche gründen zu wollen. Da es sich insofern um einen Zusammenschluss mehrerer Personen zur Verfolgung eines gemeinsamen Zwecks handelt, liegt eine (Außen-)GbR (→ Rn. 175 ff.) bzw. – bei Betrieb eines Handelsgewerbes – eine oHG (→ Rn. 308 ff.) vor, sofern diese bereits am Rechtsverkehr teilnimmt (BGH NJW 1984, 2164; ZIP 2004, 1208). Fehlt es daran, handelt es sich hingegen lediglich um eine (Innen-)GbR. Bei der Gründung einer solchen Vorgründungsgesellschaft ist allerdings das Formerfordernis von § 2 Abs. 1 S. 1 GmbHG zu beachten, da mit der Eingehung der Vorgründungsgesellschaft die Begründung der Verpflichtung zur Gründung einer GmbH verbunden ist (BGH NJW-RR 1998, 288). Zudem muss der Gesellschaftsvertrag der Vorgründungsgesellschaft bereits die spätere Satzung in Grundzügen wiedergeben. Auch wenn die GmbH mit der Gründung der Vorgründungsgesellschaft noch nicht existiert, kann diese aber bereits am Rechtsverkehr als (Außen-)GbR oder als oHG teilnehmen. Für die von den Gesellschaftern dann für die Vorgründungsgesellschaft begründeten Verbindlichkeiten gilt die Haftungsverfassung der (Außen-)GbR (→ Rn. 251 ff.) bzw. der oHG (→ Rn. 355 ff.). Die Vorgründungsgesellschaft wird mit der Feststellung des Gesellschaftsvertrages aufgelöst, da dann deren Zweck erreicht ist (§ 726 BGB).

Da sich die Gesellschafter einer künftigen GmbH für deren Gründung stets zu einem Notar begeben müssen und dort der Gesellschaftsvertrag festgestellt werden muss (→ Rn. 538), existiert die Vorgründungsgesellschaft meist nur für eine logische Sekunde. Denn in der Regel wird es den Gesellschaftern zuvor bei der Verabredung zur Gründung der GmbH an einem Rechtsbindungswillen fehlen. Aber selbst wenn ein solcher angenommen werden kann, fehlt es meist an einer notariellen Beurkundung des Gesellschaftsvertrags, so dass dieser nach § 125 BGB formnichtig ist. Diese Formnichtigkeit kann zwar wiederrum nach den Grundsätzen der fehlerhaften Gesellschaft (→ Rn. 33 f.) zunächst unbeachtlich sein. Allerdings sind solche Fälle in der gesellschaftsrechtlichen Praxis sehr selten und spielen nur eine untergeordnete Rolle. Aufgrund der Vermengung einer großen Zahl von allgemeinen Problem des (Personen-)Gesellschaftsrecht sind derartige Konstellationen bei den Prüfungsämtern aber sehr beliebt, wie etwa der folgende Fall zeigt.

**Beispielsfall:** A und B sind alte Freunde und haben gemeinsam die Idee für ein neues alkoholfreies Getränk auf Mate-Basis entwickelt. Um diese Geschäftsidee umzusetzen, wollen sie eine M-GmbH gründen, bei der A als Geschäftsführer fungieren sollen. Sie vereinbaren daher mündlich, eine Getränke-GmbH zu gründen und einigen sich dabei auf alle wesentlichen Punkte. Da sie erst einen Notartermin in einigen Wochen erhalten, solange aber auf den Beginn ihrer Geschäftstätigkeit nicht warten wollen, vereinbaren sie, ihr Unternehmen bereits vorher zu starten. Zu diesem Zweck erwirbt A beim Computerhändler C einen Laptop für 1.000 EUR im Namen der M-GmbH. Von wem kann C die Zahlung des Kaufpreises von 1.000 verlangen? **537**

**I. Anspruch von C gegen die M-GbR auf Zahlung von 1.000 EUR aus § 433 Abs. 2 BGB**

C könnte gegen die M-GbR einen Anspruch auf Zahlung von § 433 Abs. 2 BGB haben. Voraussetzung dafür wäre, dass C und A im Namen der M-GbR diese durch den Abschluss eines Kaufvertrages wirksam verpflichtet haben. Vorliegend haben C und A im Namen der M-GmbH einen Kaufvertrag abgeschlossen. Fraglich ist allerdings, ob A die M-GmbH überhaupt wirksam verpflichten konnte. Denn diese ist bisher noch nicht wirksam gegründet worden. Allerdings könnte bereits eine (Außen-)GbR (die M-GbR) entstanden sein. A und B haben vereinbart, die M-GmbH zu gründen und haben sich bereits auf alle wesentlichen Bestandteile des Gesellschaftsvertrages geeinigt. Somit haben A und B eine (Außen-)GbR in Form der M-GbR gegründet. Diese könnte allerdings aufgrund von § 125 BGB, § 2 Abs. 1 S. 1 GmbHG analog formnichtig sein. Die Gründung einer Vorgründungsgesellschaft bedarf bereits aufgrund der damit verbundenen Eingehung einer Verpflichtung zur Gründung einer GmbH der notariellen Form (§ 2 Abs. 1 S. 1 GmbHG analog). Diese Form haben A und B nicht beachtet, so dass die M-GbR nicht wirksam gegründet wurde. Allerdings könnte der Formmangel nach den Grundsätzen der fehlerhaften Gesellschaft unbeachtlich sein. Voraussetzung dafür ist, dass der Gesellschaftsvertrag der M-GbR (fehlerhaft) geschlossen wurde, diese bereits in Vollzug gesetzt wurde und keine höherrangigen Interessen der Allgemeinheit oder die Schutzbedürftigkeit bestimmter Personen entgegenstehen. Der Gesellschaftsvertrag wurde geschlossen. Auch wurde die M-GbR durch den Abschluss des Kaufvertrages mit C und der damit verbundenen Teilnahme am Rechtsverkehr in Vollzug gesetzt. Höherrangige Interessen der Allgemeinheit oder die Schutzbedürftigkeit bestimmter Personen sind vorliegend nicht erkennbar. Die M-GbR wurde daher wirksam gegründet. Insofern konnte A nur die M-GbR und nicht die noch nicht existierende M-GmbH verpflichten. Dem steht auch nicht entgegen, dass A im Namen der (nicht existierenden) M-GmbH aufgetreten ist. Denn insofern kommen die Grundsätze des unternehmensbezogenen Geschäfts zur Anwendung, so dass der wahre Träger des Unternehmens durch das Handeln von A – also die M-GbR – verpflichtet wurde. Unbeachtlich ist zudem, dass A allein und nicht mit B gemeinsam gehandelt hat. Denn auch wenn bei einer (Außen-)GbR Gesamtvertretung besteht (→ Rn. 239 ff.), haben A und B vorliegend vereinbart, dass A allein für die Gesellschaft auftreten soll. C hat daher mit A im Namen der M-GbR einen Kaufvertrag über den Laptop abgeschlossen. C kann daher von der M-GbR die Zahlung von 1.000 EUR aus § 433 Abs. 2 BGB verlangen.

**II. Anspruch von C gegen A auf Zahlung von 1.000 EUR aus § 433 Abs. 2 BGB, § 128 HGB analog**

C könnte gegen A einen Anspruch auf Zahlung von § 433 Abs. 2 BGB, § 128 HGB analog haben. Voraussetzung dafür wäre, dass C einen Anspruch auf Zahlung gegen die M-GbR hat und A als Gesellschafter für deren Verbindlichkeiten haftet. Ein Kaufpreisanspruch von C gegen die M-GbR wurde begründet (→ I.). Weiterhin müsste A als Gesellschafter der M-GbR auch für deren Verbindlichkeiten haften. A ist Gesellschafter der M-GbR. Er haftet auch für deren Verbindlichkeiten nach der Akzessorietätstheorie nach § 128 HGB analog. C hat daher gegen A einen Anspruch auf Zahlung von § 433 Abs. 2 BGB, § 128 HGB analog.

**III. Anspruch von C gegen die B auf Zahlung von 1.000 EUR aus § 433 Abs. 2 BGB, § 128 HGB analog**

C könnte gegen B einen Anspruch auf Zahlung von § 433 Abs. 2 BGB, § 128 HGB analog haben. Dabei gelten die für A gemachten Ausführungen (→ II.). Einer Haftung von B für die Kaufpreisforderung von C gegen die M-GbR aus § 433 Abs. 2 BGB steht auch nicht entgegen, dass B weder Geschäftsführungs- noch Vertretungsmacht hat, da nach der Akzessorietätstheorie im Rahmen von § 128 HGB analog alle Gesellschafter einer (Außen-)GbR für deren Verbindlichkeiten haften. C hat daher gegen B einen Anspruch auf Zahlung von § 433 Abs. 2 BGB, § 128 HGB analog.

**Klausurhinweis:** Im Rahmen der Prüfung des Anspruchs von C gegen die M-GbR könnte man auch überlegen, ob es sich bei dieser nicht um eine oHG handelt. Die Annahme des dafür erforderlichen Handelsgewerbes begegnet allerdings Schwierigkeiten, da A und B bei der Gründung der Vorgründungsgesellschaft keine eindeutige Rechtsform bestimmt haben und daher sowohl eine (Außen-)GbR als auch eine oHG vorliegen könnte. Insofern kommt es darauf an, ob die Gesellschaft tatsächlich ein Handelsgewerbe betreibt, was sich vor allem im Hinblick auf § 1 Abs. 2 HGB aber nicht abschließend klären lässt, da der Sachverhalt dahingehend keine abschließenden Angaben enthält. Da die Haftungsverfassung der (Außen-)GbR und der oHG inzwischen aber weitestgehend angeglichen ist (→ Rn. 251 ff.), ergeben sich insofern keine unterschiedlichen Ergebnisse. Für die Falllösung sollte der Einfachheit halber von einer (Außen-)GbR ausgegangen werden.

## II. Vorgesellschaft

538 Der nächste Schritt in der Gründung einer GmbH ist nach der Feststellung des Gesellschaftsvertrags die Unterzeichnung durch alle Gesellschafter (§ 2 Abs. 1 S. 2 GmbHG). Zudem bedarf der Gesellschaftsvertrag nach § 2 Abs. 1 S. 1 GmbHG der notariellen Form. Mit der **Unterzeichnung des Gesellschaftsvertrags** (zu dessen inhaltlichen Anforderungen → Rn. 587) entsteht sogleich die sog. Vorgesellschaft (auch als Vor-GmbH bezeichnet) unter gleichzeitiger Auflösung der Vorgründungsgesellschaft (→ Rn. 536 f.), da deren Zweck in Form der Gründung einer GmbH durch die Gründung der Vorgesellschaft bereits erreicht wird. Der Zweck der Vorgesellschaft besteht hingegen in der Herbeiführung der Eintragung. Wird die nach § 2 Abs. 1 S. 1 GmbHG vorgesehene notarielle Form nicht eingehalten, ist die Vorgesellschaft aufgrund der Nichtigkeit des Gesellschaftsvertrages nach § 125 BGB, § 2 Abs. 1 S. 1 GmbHG nicht wirksam entstanden, was allerdings dann unbeachtlich ist, wenn sie dennoch etwa am Rechtsverkehr teilnimmt, da dann die Grundsätze der fehlerhaften Gesellschaft (→ Rn. 33 ff.) zur Anwendung kommen.

Im Gegensatz zur Vorgründungsgesellschaft ist die Vorgesellschaft keine (Außen-)GbR oder eine oHG (→ Rn. 536), sondern vielmehr eine **eigenständige Rechtsfigur**, die bereits rechtsfähig ist (BGHZ 80, 212 (214); 120, 103 (105); BGH NJW 1993, 459 (460); vgl. auch Baumbach/Hueck/*Fastrich* § 11 Rn. 6). Aus diesem Grund ist sie auch grundbuchfähig, beteiligungsfähig, wechsel- und scheckfähig, parteifähig, firmenrechtsfähig und insolvenzrechtsfähig. Die Vorgesellschaft tritt im Rechtsverkehr zwar schon mit der Bezeichnung GmbH auf, macht ihre noch fehlende Eintragung im Handelsregister aber mit dem Zusatz „i.Gr." deutlich (zB *„Mock Getränke GmbH i.Gr."*). 539

**Merksatz:** Mit der Unterzeichnung des Gesellschaftsvertrags durch alle Gesellschafter und der Beachtung der notariellen Form entsteht die Vorgesellschaft. Die Vorgründungsgesellschaft wird aufgrund der damit verbundenen Zweckerreichung nach § 726 BGB aufgelöst.

### 1. Organisationsverfassung

Hinsichtlich der **Organisationsverfassung** gelten für die Vorgesellschaft weitgehend die Vorschriften des GmbHG, was weitestgehend den Interessen der Gesellschafter entspricht. Eine Ausnahme gilt allerdings für die Änderung des Gesellschaftsvertrages vor allem hinsichtlich des Ein- und Austritts von Gesellschaftern, der dem Einstimmigkeitsgrundsatz unterliegt (BGH NZG 2005, 263). Auch kann die Mitgliedschaft in der Vorgesellschaft nach § 723 Abs. 1 S. 2, 3 Nr. 1 BGB gekündigt werden (BGH NZG 2007, 20; vgl. Baumbach/Hueck/*Fastrich* § 11 Rn. 8). Die Geschäftsführer werden bei der Vorgesellschaft nach der im Gesellschaftsvertrag bzw. GmbHG vorgesehenen Weise bestellt (BGHZ 80, 212 (214)) und sind gegenüber der Gesellschafterversammlung weisungsgebunden (BGH WM 1986, 789). Hinsichtlich der Vertretungsmacht gilt § 35 GmbHG (→ Rn. 605 ff.). 540

### 2. Haftung für die Verbindlichkeiten der Vorgesellschaft

Weitaus schwieriger ist hingegen die Frage nach der **Haftung für die Verbindlichkeiten der Vorgesellschaft** zu beantworten. Dabei gilt zunächst, dass die Vorgesellschaft selbst für ihre Verbindlichkeiten haftet. 541

Darüber hinaus haften aber auf die **Gründer der GmbH** für die Verbindlichkeiten der Vorgesellschaft im Rahmen der sog. Differenz- oder Verlustdeckungshaftung (BGHZ 80, 129 = NJW 1981, 1373; BGHZ 134, 333 (336) = NJW 1997, 1507; vgl. auch Baumbach/Hueck/*Fastrich* § 11 Rn. 23 ff.). Danach haften die Gründer für die Verluste, die die Vorgesellschaft bis zu ihrer Eintragung erlitten hat, so dass die GmbH mit der Eintragung über das erforderliche Stammkapital (→ Rn. 560 ff.) verfügt. Dies bedeutet, dass das Vermögen und die Verbindlichkeiten der Vorgesellschaft gegenübergestellt werden müssen und dabei ein Betrag in Höhe des Stammkapitals verbleiben muss. Wird dieser Betrag nicht erreicht, ergibt sich aus dem Differenz die Höhe des Anspruchs auf Differenz- oder Verlustdeckungshaftung. 542

Dieses Haftungskonzept ist dabei allerdings nicht selbstverständlich und wurde erst spät von der höchstrichterlichen Rechtsprechung übernommen. Ausgangspunkt war zunächst das sog. Vorbelastungsverbot, wonach die GmbH im Zeitpunkt ihrer Entstehung mit Verbindlichkeiten, die keinen direkten Bezug zur Gründung hatten (Gründungskosten), nicht belastet sein durfte und diese auch nicht automatisch auf die spätere GmbH mit Eintragung übergehen konnten. Auch wenn dieser Ansatz den Anforderungen des Kapitalschutzsystems durchaus entgegenkam, trug er nicht hinreichend dem Umstand Rechnung, dass die Gründung einer GmbH sehr lange dauerte und es oftmals notwendig war, schon vor deren Eintragung die Geschäftstätigkeit aufzunehmen. Daher ging die höchstrichterliche Rechtsprechung zum Konzept der sog. Differenz- oder Verlustdeckungshaftung über und schuf somit eine Art Kompromisslösung zwischen dem Erfordernis der Absicherung des Nennkapitals, der faktischer Anerkennung der Gründungsdauer der Gesellschaft und der Notwendigkeit des vorherigen Beginns der wirtschaftlichen Tätigkeit.

543 Diese Differenz- oder Verlustdeckungshaftung ist allerdings als reine **Innenhaftung** ausgestaltet, so dass die Gründer nur gegenüber der Vorgesellschaft bzw. der späteren GmbH (zum Übergang des Vermögens und der Verbindlichkeiten der Vorgesellschaft auf die spätere GmbH → Rn. 552), nicht aber gegenüber den Gläubigern selbst haften (BGHZ 134, 333 (336) = NJW 1997, 1507; vgl. auch Baumbach/Hueck/*Fastrich* § 11 Rn. 24). Diese bloße Innenhaftung trägt dem Umstand Rechnung, dass mit der Entstehung der Vorgesellschaft bereits eine körperschaftliche Struktur vorhanden ist, die auch von den Gläubigern im Rahmen der Durchsetzung ihrer Ansprüche respektiert werden muss. Eine Ausnahme wird insofern nur für den Fall gemacht, dass die Vorgesellschaft völlig vermögenslos ist, da es dann schon nicht zu einer Eröffnung des Insolvenzverfahrens und damit nicht zu einer kollektiven Durchsetzung der Ansprüche kommen kann (BGHZ 134, 333 (341) = NJW 1997, 1507; *Grunewald*, § 13 Rn. 46). In diesem Fall können die Gläubiger vielmehr direkt gegen die Gesellschafter vorgehen.

Der Unterschied zwischen Innen- und Außenhaftung stellt sich folgendermaßen dar:

544 **Innenhaftung**

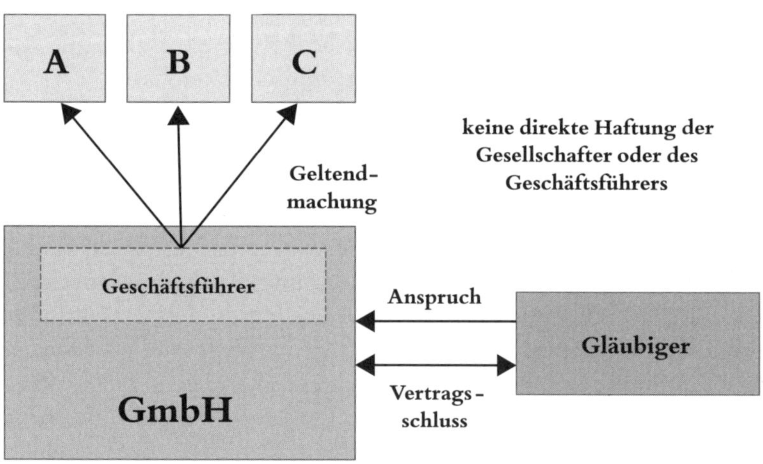

**Außenhaftung** **545**

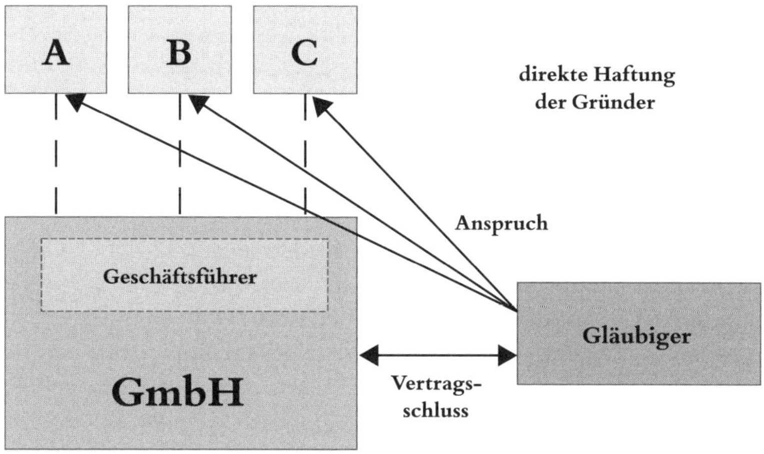


**Klausurhinweis:** Die von der höchstrichterlichen Rechtsprechung entwickelte Differenz- oder Verlustdeckungshaftung stellt eine Rechtsfortbildung dar, so dass es keine direkte Anspruchsgrundlage in diesem Zusammenhang gibt. Daher sollte bei einer Prüfung eines solchen Anspruchs als Anspruchsgrundlage die Grundsätze der Differenz- oder Verlustdeckungshaftung genannt und die Problematik dargestellt werden.

Für die **Prüfung eines Anspruchs** nach den Grundsätzen der Differenz- oder Verlustdeckungshaftung ergibt sich folgender Aufbauhinweis: **546**

**Prüfungsreihenfolge:** **547**

1. **Aktivlegitimation des Anspruchstellers**
   Beschränkung des Anspruchs aus Differenz- oder Verlustdeckungshaftung auf die Gläubiger der Vorgesellschaft aufgrund von deren Ausgestaltung als Innenhaftung
2. **Wirksame Entstehung der Vorgesellschaft**
   Prüfung des Gründung der Vorgesellschaft unter Beachtung der erforderlichen Form (→ Rn. 538); mögliche Unbeachtlichkeit eines Formmangels nach den Grundsätzen der fehlerhaften Gesellschaft (→ Rn. 538)
3. **Entstehung einer Verbindlichkeit für die Vorgesellschaft**
   „reguläre" Prüfungsreihenfolge für Ansprüche unter Beachtung der Entstehung von Ansprüchen gegen die Vorgesellschaft, zB deren wirksame Vertretung (→ Rn. 541) oder Zurechnungsprobleme (→ Rn. 541)
4. **Vorliegen eines Verlusts der Vorgesellschaft im Zeitpunkt der Eintragung**
   Gegenüberstellung des Vermögens und der Verbindlichkeiten der Vorgesellschaft unter Berücksichtigung des Stammkapitals

**Klausurhinweis:** Der Umgang mit der Differenz- oder Verlustdeckungshaftung fällt den Studierenden in Klausuren typischerweise schwer, da es insofern an einer ausformulierten Anspruchsgrundlage fehlt. Der dargestellte Anspruchsaufbau soll den Umgang mit der Differenz- oder Verlustdeckungshaftung erleichtern, versteht sich dabei aber – wie jeder Aufbauhinweis – nicht als abschließend. Bei der Prüfung eines Anspruchs aus Differenz- oder Verlustdeckungshaftung ist zudem zu beachten, dass sich dieser gegen jeden (!) Gesellschafter richtet und dieser verschuldensunabhängig ist.

**548** Neben der Differenz- oder Verlustdeckungshaftung kommt aber auch eine Haftung des für die Vorgesellschaft Handelnden nach § 11 Abs. 2 GmbHG in Betracht, wonach die für die Vorgesellschaft **Handelnden** für deren Verbindlichkeiten persönlich und gemeinschaftlich haften. Dabei handelt es sich – im Gegensatz zur Differenz- oder Verlustdeckungshaftung – um eine Außenhaftung, so dass die Gläubiger die Handelnden direkt in Anspruch nehmen können.

Diese Haftung hat praktisch jedoch keine große Bedeutung, was vor allem darauf zurückzuführen ist, dass die für die Vorgesellschaft Handelnden meist nicht über das zur Erfüllung der Ansprüche notwendige Vermögen verfügen. Zudem werden diejenigen, die ein wirtschaftliches Interesse an einem Beginn der unternehmerischen Tätigkeit der GmbH vor deren Eintragung haben, nicht erfasst. Denn der Handelnde ist meist gerade nicht der Gesellschafter und zwar auch dann nicht, wenn er den Beginn der unternehmerischen Tätigkeit der GmbH vor deren Eintragung gebilligt hat. Auch wenn mit § 11 Abs. 2 GmbHG ein Haftungstatbestand für den Fall des Beginns der unternehmerischen Tätigkeit der GmbH vor deren Eintragung gegeben ist, steht dieser nicht der Differenz- oder Verlustdeckungshaftung entgegen.

**549** Die Haftungsverhältnisse bei der Vorgesellschaft stellen sich daher wie folgt dar:

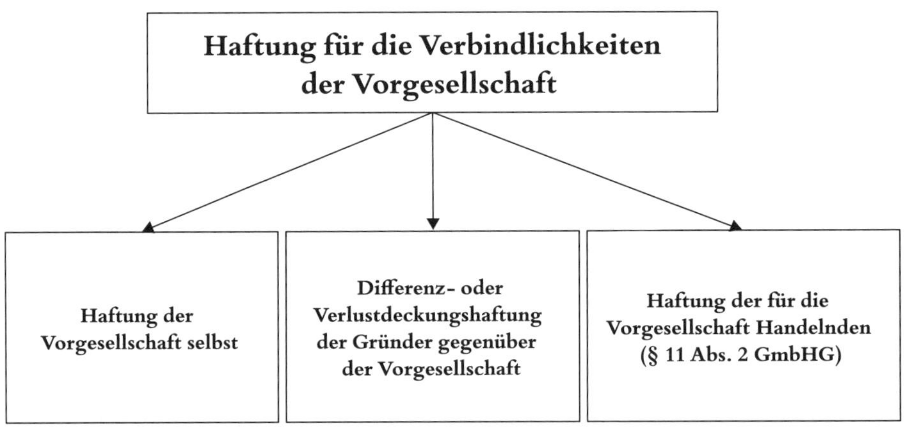

**Beispielsfall:** A und B sind alte Freunde und haben gemeinsam die Idee für ein neues alkoholfreies Getränk auf Mate-Basis entwickelt. Um diese Geschäftsidee umzusetzen, wollen sie eine M-GmbH mit einem Stammkapital von 25.000 EUR gründen, bei der A als Geschäftsführer fungieren sollen. Sie vereinbaren daher mündlich, eine Getränke-GmbH zu gründen und einigen sich dabei auf alle wesentlichen Punkte. Kurz darauf unterzeichnen A und B den Gesellschaftsvertrag beim Notar N und dieser stellt den Antrag auf Eintragung der M-GmbH beim Handelsregister. Da A und B für den Start ihres Unternehmens nicht bis zur Eintragung warten wollen, vereinbaren sie, dieses bereits vorher zu beginnen. Die Einlage von jeweils 12.500 EUR wird von A und B vollständig erbracht. Um ihr Unternehmen zu starten, erwirbt A beim Computerhändler C einen Laptop für 1.000 EUR im Namen der M-GmbH i.Gr. Von wem kann C die Zahlung des Kaufpreises von 1.000 verlangen? Welche Ansprüche hat die M-GmbH i.Gr. im Zeitpunkt ihrer Eintragung gegen A und B, wenn bis zum Zeitpunkt der Eintragung keine weiteren Geschäfte getätigt werden? 550

**I. Anspruch von C gegen die M-GmbH i.Gr. auf Zahlung von 1.000 EUR aus § 433 Abs. 2 BGB**

C könnte gegen die M-GmbH i.Gr. einen Anspruch auf Zahlung von § 433 Abs. 2 BGB haben. Voraussetzung dafür wäre, dass C und A im Namen der M-GbR einen Kaufvertrag abgeschlossen haben. Vorliegend haben C und A im Namen der M-GmbH i.Gr einen Kaufvertrag abgeschlossen. Die Kaufpreisforderung ist auch fällig (§ 271 BGB). C hat daher gegen die M-GmbH i.Gr. einen Anspruch auf Zahlung von § 433 Abs. 2 BGB.

**II. Ansprüche von C gegen A**

**1. Anspruch von C gegen A auf Zahlung von 1.000 EUR aus § 11 Abs. 2 GmbHG**

C könnte gegen A einen Anspruch auf Zahlung von § 11 Abs. 2 GmbHG haben. Voraussetzung dafür wäre, dass C einen Anspruch gegen die M-GmbH i.Gr. und A im Namen der M-GmbH vor deren Eintragung gehandelt hat. Ein Anspruch von C gegen die M-GmbH i.Gr. liegt vor (→ I.). A hat auch im Namen der M-GmbH i.Gr. vor deren Eintragung gehandelt. C hat daher gegen A einen Anspruch auf Zahlung von 1.000 EUR, § 11 Abs. 2 GmbHG.

**2. Anspruch von C gegen A auf Zahlung von 1.000 EUR nach den Grundsätzen der Differenz- oder Verlustdeckungshaftung**

C könnte gegen A einen Anspruch auf Zahlung von 1.000 EUR nach den Grundsätzen der Differenz- oder Verlustdeckungshaftung haben. Ein solcher Anspruch scheidet allerdings schon an der fehlenden Aktivlegitimation von C. Denn Inhaber eines solchen als Innenhaftung ausgestalteten Anspruchs ist grundsätzlich nur die Vorgesellschaft und nicht deren Gläubiger. C hat daher gegen A keinen Anspruch auf Zahlung von 1.000 EUR nach den Grundsätzen der Differenz- oder Verlustdeckungshaftung.

**Klausurhinweis:** Grundsätzlich könnte man in diesem Zusammenhang noch einen Anspruch von C gegen A aus §§ 280 Abs. 1, 311 Abs. 3 BGB prüfen, was aber daran scheitert, dass A vorliegend kein Eigeninteresse verfolgt hat. Da dies in derartigen Fällen offensichtlich ist, sollte von einer Prüfung eines solchen Anspruchs auch Abstand genommen werden. Dies gilt ebenso für deliktische Ansprüche.

### III. Ansprüche von C gegen B

#### 1. Anspruch von C gegen B auf Zahlung von 1.000 EUR aus § 11 Abs. 2 GmbHG

C könnte gegen B einen Anspruch auf Zahlung von § 11 Abs. 2 GmbHG haben. Voraussetzung dafür wäre, dass C einen Anspruch gegen die M-GmbH i.Gr. und B im Namen der M-GmbH vor deren Eintragung gehandelt hat. Vorliegend fehlt es schon an einem Handeln des B, da lediglich A für die M-GmbH i.Gr. aufgetreten ist. Der bloße Umstand der Billigung der Aufnahme des Geschäftsbetriebs der Vorgesellschaft vor der Eintragung der GmbH ist im Rahmen von § 11 Abs. 2 GmbHG nicht ausreichend. C hat daher gegen B keinen Anspruch auf Zahlung von 1.000 EUR, § 11 Abs. 2 GmbHG.

#### 2. Anspruch von C gegen B auf Zahlung von 1.000 EUR nach den Grundsätzen der Differenz- oder Verlustdeckungshaftung

C könnte gegen B einen Anspruch auf Zahlung von 1.000 EUR nach den Grundsätzen der Differenz- oder Verlustdeckungshaftung haben. Ein solcher Anspruch scheitert aber an der fehlenden Aktivlegitimation von C (→ II. 2.). C hat daher gegen B keinen Anspruch auf Zahlung von 1.000 EUR nach den Grundsätzen der Differenz- oder Verlustdeckungshaftung.

### IV. Anspruch der M-GmbH i.Gr. gegen A auf Zahlung von 1.000 EUR nach den Grundsätzen der Differenz- oder Verlustdeckungshaftung

Die M-GmbH i.Gr. könnte gegen A einen Anspruch auf Zahlung von 1.000 EUR nach den Grundsätzen der Differenz- oder Verlustdeckungshaftung haben. Voraussetzung dafür wäre, dass durch den Geschäftsführer für die M-GmbH i.Gr. vor deren Eintragung bereits Verbindlichkeiten begründet wurden und dadurch das Mindeststammkapital von 25.000 EUR nicht mehr vollständig erreicht wird. A hat für die M-GmbH i.Gr. eine Verbindlichkeit in Form der Kaufpreisforderung des C begründet. Da die M-GmbH i.Gr. über kein sonstiges Vermögen verfügt, wird durch diese Verbindlichkeit auch das Stammkapital angegriffen. A ist als Gesellschafter der M-GmbH i.Gr. daher der Differenz- oder Verlustdeckungshaftung ausgesetzt. Die Höhe des Anspruchs richtet sich danach, wieviel Kapital notwendig ist, um das Stammkapital im Zeitpunkt der Eintragung wieder vollständig aufzufüllen. Im Zeitpunkt der Eintragung verfügt die M-GmbH i.Gr. über ein Vermögen von 25.000 EUR in Form der von den Gesellschaftern erbrachten Einlagen. Dem steht allerdings die Verbindlichkeit gegenüber C in Form der Kaufpreisforderung in Höhe von 1.000 EUR gegenüber. Damit fehlen der M-GmbH i.Gr. 1.000 EUR, um im Zeitpunkt der Eintragung über das notwendige Stammkapital von 25.000 EUR zu verfügen. Die Höhe des Anspruchs aus Differenz- oder Verlustdeckungshaftung beläuft sich daher auf 1.000 EUR. Die M-GmbH i.Gr. hat daher gegen A einen Anspruch auf Zahlung von 1.000 EUR nach den Grundsätzen der Differenz- oder Verlustdeckungshaftung.

### V. Anspruch der M-GmbH i.Gr. gegen B auf Zahlung von 1.000 EUR nach den Grundsätzen der Differenz- oder Verlustdeckungshaftung

Die M-GmbH i.Gr. könnte gegen B einen Anspruch auf Zahlung von 1.000 EUR nach den Grundsätzen der Differenz- oder Verlustdeckungshaftung haben. Für den Anspruch gegen B gelten die Ausführungen unter IV. entsprechend. Die M-GmbH i.Gr. hat daher gegen B einen Anspruch auf Zahlung von 1.000 EUR nach den Grundsätzen der Differenz- oder Verlustdeckungshaftung.

### 3. Aufgabe der Eintragungsabsicht

Der bei der Vorgesellschaft vollzogene Vorgriff auf die Vorschriften des GmbHG steht bei dieser aber stets unter der Prämisse, dass die Gesellschafter die Eintragung der Gesellschaft im Handelsregister auch noch betreiben. Geben diese die Eintragung auf und verfolgen sie nicht länger, handelt es sich bei der Vorgesellschaft um eine (Außen-)GbR (→ Rn. 175 ff.) bzw. – bei Betrieb eines Handelsgewerbes – um eine oHG (→ Rn. 308 ff.), die dann aber nur noch die Auseinandersetzung zum Ziel hat (→ Rn. 303 ff. und 401 f.). Eine solche Gesellschaft wird auch als **unechte Vorgesellschaft** bezeichnet (Baumbach/Hueck/*Fastrich* § 11 Rn. 32 f.). **551**

## III. Entstehung der eigentlichen GmbH durch Eintragung

Der letzte Schritt im Rahmen der Gründung einer GmbH ist deren **Eintragung im Handelsregister**. Durch die Eintragung entsteht die eigentliche GmbH und die Vorgesellschaft endet. Deren Vermögen und deren Verbindlichkeiten gehen im Wege der Gesamtrechtsnachfolge auf die GmbH über (BGHZ 80, 129 (137 f.) und 182 (183); *Grunewald* § 13 Rn. 50). Für die Eintragung muss der Geschäftsführer versichern, dass das aufzubringende Stammkapital abzüglich der Gründungskosten vorhanden ist (§ 8 Abs. S. 1 GmbHG). Dabei können auch Ansprüche aus der Differenz- oder Verlustdeckungshaftung einbezogen werden, sofern an deren Durchsetzbarkeit jedenfalls keine offensichtlichen Zweifel bestehen. Zur Prüfung der Beachtung der Kapitalaufbringungsregeln ausführlich → Rn. 563 ff. **552**

Mit der **Eintragung der GmbH** im Handelsregister ist zugleich die **Bekanntmachung der Eintragung** verbunden, so dass dann auch die Vorschriften zur Handelsregisterpublizität (§ 15 HGB) zur Anwendung kommen. Aus dem Handelsregister kann dann die Firma und der Sitz der GmbH (§ 3 Abs. 1 Nr. 1 GmbHG), die inländische Geschäftsanschrift (§ 8 Abs. 4 Nr. 1 GmbHG, § 15a HGB), der Gegenstand des Unternehmens (§ 3 Abs. 1 Nr. 2 GmbHG) und die Höhe des Stammkapitals (§ 3 Abs. 1 Nr. 3 GmbHG), die Adresse und das Geburtsdatum der Geschäftsführer (§ 43 Nr. 4 HRV) und die Vertretungsverhältnisse entnommen werden (§ 10 GmbHG). **553**

# § 12. Finanzverfassung der GmbH

Die Finanzverfassung der GmbH unterscheidet sich maßgeblich von derjenigen der Personengesellschaften. Ausgangspunkt ist dabei die grundsätzlich alleinige Haftung des Gesellschaftsvermögens für die Verbindlichkeiten der GmbH (§ 13 Abs. 2 GmbHG) und die damit verbundene fehlende Haftung der Gesellschafter. Diese Haftungsprivilegierung der Gesellschafter ist allerdings nicht unproblematisch, da damit das Risiko des wirtschaftlichen Scheiterns der **554**

GmbH einseitig den Gläubigern zugewiesen wird, während den Gesellschaftern einseitig ein etwaiger Erfolg zugutekommt. Dies sei an folgendem stark vereinfachten Beispiel verdeutlicht:

555 **Beispielsfall:** A und B sind alte Freunde und haben gemeinsam die Idee für ein neues alkoholfreies Getränk auf Mate-Basis entwickelt. Um diese Geschäftsidee umzusetzen, haben sie die M-GmbH mit einem Stammkapital von 25.000 EUR gegründet. Um den Geschäftsbetrieb zu beginnen, nehmen sie bei der B-Bank einen Kredit von 100.000 EUR auf. Diese 100.000 EUR investieren sie in verschieden Maschinen, Personal usw.

**Variante 1:** Das Geschäftsmodell der M-GmbH ist ein voller Erfolg. Nach zwei Jahren hat die M-GmbH erhebliche Gewinne erwirtschaftet und verfügt über ein Vermögen von 1.000.000 EUR. Einzige Verbindlichkeit der M-GmbH ist das Darlehen bei der B-Bank.

In diesem Fall kann die M-GmbH das Darlehen an die B-Bank zurückzahlen und hat dann noch unter Ausblendung einer Verzinsung des Darlehens ein Restvermögen von 900.000 EUR. A und B könnten ihre M-GmbH daher zunächst auflösen und würden – unter Ausblendung der Kosten für die Abwicklung – jeweils 450.000 EUR erhalten. Darüber hinaus können sie die M-GmbH auch weiter betreiben und sich die erwirtschafteten Gewinne auszahlen. Schließlich könnten sie die M-GmbH auch an einen Investor verkaufen (sog. *Exit*).

**Variante 2:** Das Geschäftsmodell der M-GmbH ist ein voller Misserfolg. Nach zwei Jahren hat die M-GmbH erhebliche Verluste erwirtschaftet und verfügt über Verbindlichkeiten von 1.000.000 EUR. Vermögen ist nicht mehr vorhanden.

In diesem Fall kann die M-GmbH das Darlehen nicht an die B-Bank zurückzahlen und fällt somit aus. A und B haften als Gesellschafter der M-GmbH nicht für deren Verbindlichkeiten. Somit bleibt es für die B-Bank dabei, dass sie ihren Anspruch auf Rückzahlung des Darlehens nicht durchsetzen kann und dieser nicht erfüllt wird. Der Verlust für A und B beschränkt sich hingegen auf ihren ursprünglichen Kapitaleinsatz von jeweils 12.500 EUR.

**Hinweis:** Zwar könnte diese möglicherweis Ansprüche gegen A und B wegen Insolvenzverschleppung geltend machen (→ Rn. 578 ff.). Deren tatsächliche Durchsetzbarkeit ist allerdings immer Unsicherheiten hinsichtlich der Leistungsfähigkeit von A und B ausgesetzt, so dass es im Zweifel bei der fehlenden Erfüllung des Anspruchs bleibt.

Dieser Beispielsfall macht deutlich, wie unterschiedlich das Risiko und die Chancen des Geschäftsmodells der M-GmbH den Gesellschaftern und den Gläubigern zugewiesen werden. Denn für die Gesellschafter besteht im schlechtesten Fall nur die Gefahr des endgültigen Verlusts der bei der Gründung der M-GmbH aufgebrachten 25.000 EUR. Dagegen profitieren sie im besten Fall uneingeschränkt von einem möglichen Erfolg der M-GmbH. Die B-Bank kann hingegen im besten Fall nur von einer Rückzahlung des Darlehens nebst Zinsen ausgehen, was im schlechtesten Fall aber gerade nicht geschehen wird.

556 Die einseitige Risikozuweisung an die Gläubiger macht es notwendig, diese zu schützen. Dabei kommen grundsätzlich verschiedene Regelungsansätze in Betracht, die in der folgenden Übersicht dargestellt sind.

557

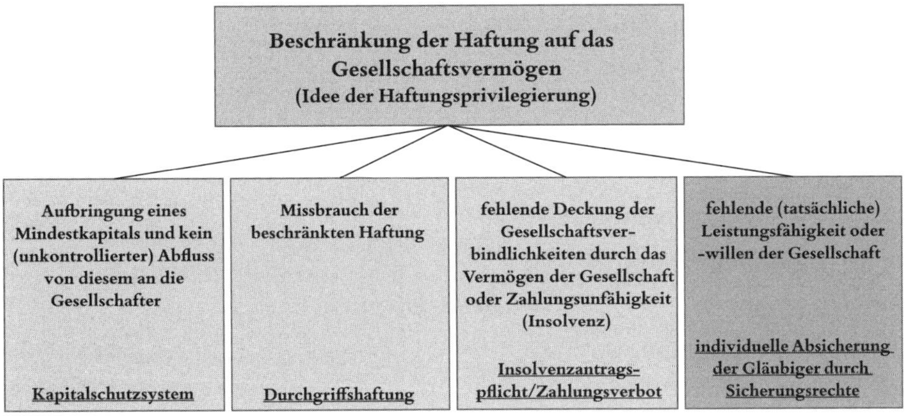


Das (Kapital-)Gesellschaftsrecht beschäftigt sich dabei nur mit den drei linken Säulen und versucht einen Gläubigerschutz durch das **Kapitalschutzsystem** (→ Rn. 560 ff.), die **Durchgriffshaftung** (→ Rn. 575 ff.) und die **Insolvenzantragspflicht** und **das Zahlungsverbot** (→ Rn. 578 ff.) sicherzustellen. Keine primäre Aufgabe des (Kapital-)Gesellschaftsrecht ist hingegen die eigenständige Absicherung der Gläubiger, die im Wesentlichen Gegenstand des **Kreditsicherungsrechts** ist. Auch wenn die drei gesellschaftsrechtlichen Regelungskonzepte einen Gläubigerschutz sicherstellen sollen, sind sie konzeptionellen Grenzen ausgesetzt. Daher verlassen sich die Gläubiger einer GmbH auch nicht allein auf diese, sondern sichern sich zusätzlich – soweit ihre Verhandlungsmacht ihnen das ermöglicht – durch das Kreditsicherungsrecht ab. 558

**Beispielsfall:** A und B sind alte Freunde und haben gemeinsam die Idee für ein neues alkoholfreies Getränk auf Mate-Basis entwickelt. Um diese Geschäftsidee umzusetzen, haben sie die M-GmbH mit einem Stammkapital von 25.000 EUR gegründet. Um den Geschäftsbetrieb aufnehmen zu können, benötigen sie 100.000 EUR. Sie fragen daher (im Namen der M-GmbH) bei der B-Bank an, ob sie von dieser einen Kredit in Höhe von 100.000 EUR erhalten können. 559

In einem solchen Fall ist es in der Bankpraxis nahezu ausgeschlossen, dass die M-GmbH dieses Darlehen ohne weitere Sicherheiten erhält. Da die M-GmbH über kein Vermögen außer den durch A und B als Einlage geleisteten 25.000 EUR verfügt, kann sie keine Sicherheiten stellen. Insofern müssten A und B als Gesellschafter diese aufbringen oder einen Dritten dafür gewinnen. Als Sicherheiten kämen etwa Grundpfandrechte oder Bürgschaften in Betracht. Dadurch wird die Grundidee des GmbH-Rechts in Form der alleinigen Haftung des Gesellschaftsvermögens für die Verbindlichkeiten der GmbH und die damit verbundene fehlende Haftung der Gesellschafter zwar letztlich stark relativiert. Dies ist aber hinzunehmen, da der Umstand der alleinigen Haftung des Gesellschaftsvermögens für die Verbindlichkeiten der GmbH und die damit verbundene fehlende Haftung der Gesellschafter keinen Gläubiger oder Vertragspartner zwingen kann, sich darauf einzulassen.

## A. Das Kapitalschutzsystem

560 Zentraler Baustein des GmbH-Rechts ist das Kapitalschutzsystem, dass im GmbHG in vielfältiger Weise normativen Niederschlag gefunden hat. Das Kapitalschutzsystem besteht dabei aus den folgenden zwei Komponenten:

561

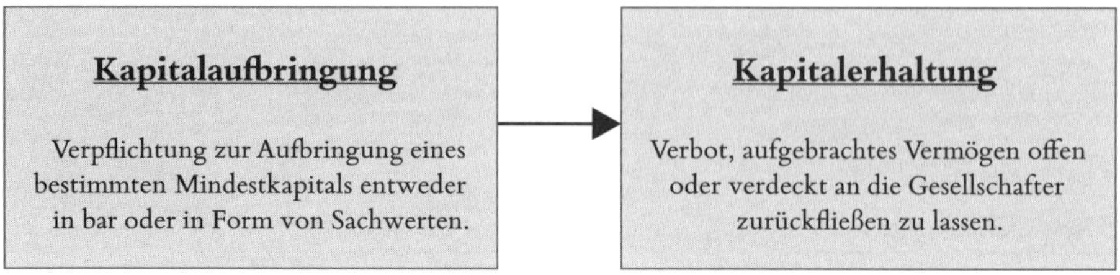


562 Der **Grundsatz der Kapitalaufbringung** besagt, dass zur Gründung einer GmbH ein Mindeststammkapital von 25.000 EUR (§ 5 Abs. 1 GmbHG) aufgebracht werden muss (zur Abweichung bei der Unternehmergesellschaft haftungsbeschränkt (UG) → Rn. 583 ff.). Durch den **Grundsatz der Kapitalerhaltung** wird dann sichergestellt, dass dieses Kapital nicht wieder offen oder verdeckt an die Gesellschafter zurückfließt.

Das Kapitalschutzsystem ist dabei allerdings nicht unumstritten, da vor allem hinsichtlich seiner tatsächlichen Leistungsfähigkeit nicht unerhebliche Zweifel bestehen. Diese ergeben sich vor allem aus dem Umstand, dass durch das Kapitalschutzsystem lediglich ein Abfluss von Vermögensgegenständen verhindert wird, die auch bilanziell erfasst werden. Daher ist es den Gesellschaftern einer GmbH grundsätzlich unbenommen, bilanziell nicht erfasste Vermögensgegenstände zu transferieren, ohne dabei gegen die Vorgaben des Kapitalschutzsystems zu verstoßen. Ein weiterer Kritikpunkt am Kapitalschutzsystem besteht dahingehend, dass diese nicht hinreichend den Verbrauch des Kapitals und die sich daraus meist ergebende Insolvenz der GmbH verhindern kann. Auch wenn beide Kritikpunkte im Kern berechtigt sind, muss allerdings beachtet werden, dass diese beiden Aspekte teilweise durch die Durchgriffshaftung (→ Rn. 575 ff.) und die Insolvenzverschleppungshaftung (→ Rn. 578 ff.) adressiert werden, so dass sich keine unmittelbaren Schutzlücken ergeben. Hauptkritikpunkt des Kapitalschutzsystems ist allerdings die für die GmbH vorgesehene Höhe des Stammkapitals von 25.000 EUR, da es für die Erforderlichkeit dieses Betrages keine tatsächlichen empirischen Nachweise gibt und dieser letztlich willkürlich gewählt ist. Denn so sind viele Unternehmen denkbar, die kein Startkapital von 25.000 EUR benötigen. Umgekehrt werden die 25.000 EUR oftmals aber auch nicht ausreichen, um das Unternehmen auch nachhaltig zu betreiben. Das für die GmbH vorgesehene Stammkapital von 25.000 EUR hat vielmehr lediglich die Aufgabe einer Art Seriositätsschwelle, da dadurch Gründungen verhindert werden, die über ein nur sehr geringes Kapital verfügen und bei denen eine – gleichwohl bis heute nicht empirisch nachgewiesene – höhere Wahrscheinlichkeit des Scheiterns besteht. Die somit für die GmbH bestehende Seriositätsschwelle wird allerdings durch die Möglichkeit der Gründung einer Unternehmergesellschaft haftungsbeschränkt (UG) (→ Rn. 583 ff.) wieder erheblich relativiert.

## I. Kapitalaufbringung

Die Gesellschafter müssen zunächst 25.000 EUR bei der Gründung der GmbH aufbringen (§ 5 Abs. 1 GmbHG). Anspruchsgrundlage ist dabei der Gesellschaftsvertrag der GmbH selbst, da diese individuelle Pflicht des Gesellschafters im GmbHG nicht noch einmal ausdrücklich geregelt wird. Diese **Einlageleistung** muss dabei vor der Anmeldung der GmbH erfolgen und zur freien Verfügung des Geschäftsführers geleistet werden (arg. § 8 Abs. 2 S. 1 GmbHG). Dabei ist es aber schon ausreichend, wenn ein Gesellschafter ein Viertel des auf ihn entfallenden Nennbetrags leistet, solange insgesamt jedenfalls die Hälfte des Mindestkapitals eingezahlt wird (§ 7 Abs. 2 GmbHG). Von dieser Pflicht zur Aufbringung der Einlage können die Gesellschafter auch nicht befreit werden (§ 19 Abs. 2 S. 1 GmbHG). Auch wenn der Gesellschafter der GmbH die Leistung der Einlage schuldet, kann diese nicht ohne weiteres vom Geschäftsführer geltend gemacht werden. Dafür ist vielmehr ein Beschluss der Gesellschaftsversammlung erforderlich (§ 46 Nr. 2 GmbHG). 563

Die Einlage muss von den Gesellschaftern allerdings nicht zwingend durch eine Geldzahlung erfolgen, sondern kann auch durch eine sog. **Sacheinlage** geleistet werden. Die GmbH erhält dann nicht einen bestimmten Geldbetrag, sondern einen konkreten Gegenstand oder ein Recht, auf dessen Einbringung sich die Gesellschafter im Gesellschaftsvertrag geeinigt haben müssen (§ 5 Abs. 4 S. 1 GmbHG). Um einen ausreichenden Gläubigerschutz sicherzustellen, können als Sacheinlage aber nur Gegenstände und Rechte eingebracht werden, die einen feststellbaren wirtschaftlichen Wert haben (§ 27 Abs. 2 S. 1 AktG analog). Zudem muss für die Einbringung einer Sacheinlage ein Sachgründungsbericht erstellt werden (§ 5 Abs. 4 S. 2 GmbHG). Haben die Gesellschafter für die Sacheinlage einen zu hohen Wert angesetzt, haften sie der GmbH auf den Differenzbetrag (§ 9 GmbHG). Zudem kann das Registergericht im Fall einer nicht unwesentlichen Überbewertung die Eintragung ablehnen (§ 9c GmbHG). 564

**Beispielsfall:** A und B sind alte Freunde und haben gemeinsam die Idee für ein neues alkoholfreies Getränk auf Mate-Basis entwickelt. Um diese Geschäftsidee umzusetzen, haben sie die M-GmbH mit einem Stammkapital von 25.000 EUR gegründet, das jeweils zur Hälfte von A und B aufgebracht werden soll. A soll als Geschäftsführer fungieren. A erbringt seine Einlage in Höhe von 12.500 EUR in bar. B verfügt allerdings nicht über einen solchen Betrag. Um die Gründung der M-GmbH dennoch durchführen zu können, sieht der Gesellschaftsvertrag vor, dass B stattdessen seinen Laptop in die Gesellschaft einbringt. Dieser hat einen Wert von 500 EUR. Welche Ansprüche hat die M-GmbH gegen B? 565

Die M-GmbH könnte von B Zahlung von 12.000 EUR aus § 9 Abs. 1 GmbHG verlangen. Voraussetzung dafür wäre, dass B eine Sacheinlage erbracht hat und deren wahrer Wert im Zeitpunkt der Anmeldung der Gesellschaft zur Eintragung im Handelsregister nicht den Nennbetrag des dafür übernommenen Geschäftsanteils erreicht. Der Gesellschaftsvertrag sieht vor, dass B seine Einlageverpflichtung in Höhe von 12.500 EUR durch die Einbringung des Laptops leisten kann. Dieser hat aber nur einen Wert von

500 EUR. Daher muss B die Differenz zwischen seiner Einlageverpflichtung in Höhe von 12.500 EUR und dem Wert des Laptops in Höhe 500 EUR in bar leisten. Die M-GmbH kann daher von B Zahlung von 12.000 EUR aus § 9 Abs. 1 GmbHG verlangen.

**Klausurhinweis:** Dieser Fall zeigt, dass die Möglichkeit der Erbringung von Sacheinlagen großes Missbrauchspotential birgt und daher eines Korrektivs durch die Haftung nach § 9 Abs. GmbHG bedarf. Dabei darf allerdings nicht übersehen werden, dass der Anspruch nach § 9 Abs. 1 GmbHG der GmbH und nicht deren Gläubigern zusteht und auch durchgesetzt werden muss. An einer solchen Durchsetzung wird A aufgrund seines Näheverhältnisses zu B freilich kein Interesse haben. Insofern werden diese Ansprüche in der Praxis häufig auch nicht geltend gemacht. Lediglich der in einem späteren Insolvenzverfahren über das Vermögen der GmbH bestellte Insolvenzverwalter macht diese Ansprüche regelmäßig geltend, wenn sie bis dahin nicht schon verjährt sind. Die Verjährungsfrist beträgt dabei zehn Jahre seit Eintragung der GmbH im Handelsregister (§ 9 Abs. 2 GmbHG).

566 Die Vorschriften zur Sacheinlage werden von den Gründern einer GmbH oftmals aber als zu schwerfällig und kompliziert empfunden. Als Alternative dazu hat sich in der gesellschaftsrechtlichen Praxis die sog. **verdeckte Sacheinlage** entwickelt. Dabei wird gerade keine Sacheinlage vereinbart. Der Gesellschafter verpflichtet sich vielmehr zur Leistung einer Bareinlage, die er dann auch zunächst erbringt. Sodann wird aber zwischen ihm und der GmbH ein Kaufvertrag über den Gegenstand abgeschlossen, der eigentlich als Sacheinlage eingebracht werden sollte. Damit erreicht man wirtschaftlich das gleiche Ergebnis wie bei einer Einbringung des Gegenstands im Wege der Sacheinlage. Diese Praxis birgt die Gefahr, dass letztlich Gegenstände deutlich über ihrem Wert an die GmbH verkauft und dieser damit das Kapital wieder entzogen wird. Die im Rahmen der regulären Sacheinlage bestehende Haftungsnorm des § 9 GmbHG (→ Rn. 564) ist dann gerade nicht anwendbar. Um auch in diesem Zusammenhang einen ausreichenden Gläubigerschutz sicherzustellen, ordnet § 19 Abs. 4 GmbHG an, dass der Gesellschafter bei Vornahme einer verdeckten Sacheinlage nicht von seiner Bareinlageverpflichtung befreit wird (§ 19 Abs. 4 S. 1 GmbHG), die Verträge über die verdeckte Sacheinlage aber wirksam sind (§ 19 Abs. 4 S. 2 GmbHG). Um der im Rahmen der verdeckten Sacheinlage von dem Gesellschafter vorgenommenen Leistung des entsprechenden Gegenstandes aber Rechnung zu tragen, wird der tatsächliche Wert der verdeckten Sacheinlage im Zeitpunkt der Anmeldung der GmbH zur Eintragung im Handelsregister auf die Bareinlageverpflichtung angerechnet (§ 19 Abs. 4 S. 3 GmbHG).

567 **Beispielsfall:** A und B sind alte Freunde und haben gemeinsam die Idee für ein neues alkoholfreies Getränk auf Mate-Basis entwickelt. Um diese Geschäftsidee umzusetzen, wollen sie die M-GmbH mit einem Stammkapital von 25.000 EUR gründen, das jeweils zur Hälfte von A und B aufgebracht werden soll. A soll als Geschäftsführer fungieren. A erbringt seine Einlage in Höhe von 12.500 EUR in bar. B verfügt aller-

dings nicht über einen solchen Betrag. Um die Gründung der M-GmbH dennoch durchführen zu können, vereinbaren A und B, dass B zunächst die – kurzfristig bei A geliehenen – 12.500 EUR einzahlt und die M-GmbH einen Laptop des B zum Preis von 12.500 EUR von B kauft und B diesen an die M-GmbH übergibt und übereignet. Danach soll B die zurückerhaltenen 12.500 EUR wieder an A zahlen. Der Wert des Laptops beläuft sich auf 500 EUR. Welche Ansprüche hat die M-GmbH gegen B und welche Ansprüche hat B gegen die M-GmbH nach der Umsetzung der Absprache?

### I. Anspruch der M-GmbH gegen B auf Zahlung von 12.500 EUR aus dem Gesellschaftsvertrag

Die M-GmbH könnte gegen B einen Anspruch auf Zahlung von 12.500 EUR aus dem Gesellschaftsvertrag haben. Voraussetzung dafür wäre, dass der Gesellschaftsvertag eine Einlagepflicht von B vorsieht und B dieser noch nicht nachgekommen ist. Im Gesellschaftsvertrag der M-GmbH ist eine Einlagepflicht für jeden Gesellschafter in Höhe von 12.500 EUR vorgesehen. Dieser Anspruch der M-GmbH könnte allerdings durch die Zahlung dieses Betrags durch B erloschen sein. Das wäre nach § 19 Abs. 4 S. 1 GmbHG dann nicht der Fall, wenn die Zahlung im Rahmen einer verdeckten Sacheinlage erfolgt ist. Dies setzt wiederrum voraus, dass die Zahlung der 12.500 EUR durch B aufgrund einer im Zusammenhang mit der Übernahme der Geldeinlage getroffenen Abrede als Sacheinlage zu bewerten ist. Vorliegend haben A und B vereinbart, die geleistete Einlage sofort wieder im Rahmen eines Kaufvertrages über einen Laptop an ihn zurückfließen zu lassen. Der erforderliche Zusammenhang liegt somit vor. B hat daher durch die Zahlung der 12.500 EUR an die M-GmbH aufgrund von § 19 Abs. 4 S. 1 GmbHG seine Einlageverpflichtung nicht erfüllt. Auf die Einlageverpflichtung von B muss allerdings der Wert des Laptops angerechnet werden (§ 19 Abs. 4 S. 3 GmbHG), so dass sich die Einlageverpflichtung um 500 EUR auf 12.000 EUR verringert. Die M-GmbH hat daher gegen B einen Anspruch auf Zahlung von 12.000 EUR aus dem Gesellschaftsvertrag.

### II. Anspruch von B gegen die M-GmbH auf Herausgabe des Laptops aus § 985 BGB

B könnte gegen die M-GmbH einen Anspruch auf Herausgabe des Laptops aus § 985 BGB haben. Voraussetzung dafür wäre, dass B Eigentümer des Laptops, die M-GmbH deren Besitzerin und die M-GmbH kein Recht zum Besitz hat. Ursprünglich war B Eigentümer des Laptops. B könnte sein Eigentum an dem Laptop aber durch die Übergabe und Übereignung an die M-GmbH verloren haben. Die Übergabe und Übereignung wurden durchgeführt. Fraglich ist allerdings, ob die Übereignung wirksam ist. Denn diese könnte nach § 134 BGB iVm § 5 GmbHG nichtig sein. Allerdings schließt § 19 Abs. 4 S. 2 GmbHG eine mögliche Unwirksamkeit im Zusammenhang mit der vorliegend vorgenommenen verdeckten Sacheinlage (s. Rn. 566) aus. B hat daher durch die Übergabe und Übereignung des Laptops an die M-GmbH sein Eigentum an diesem verloren. Er ist somit kein Eigentümer mehr. B hat daher gegen die M-GmbH keinen Anspruch auf Herausgabe des Laptops aus § 985 BGB.

**Klausurhinweis:** In der gesellschaftsrechtlichen Praxis und auch in den meisten in diesem Zusammenhang gestellten Klausuren fehlt es an einer klaren Absprache der Gesellschafter zur Vornahme der verdeckten Sacheinlage bzw. ist diese nicht beweisbar. Daher muss der nach § 19 Abs. 4 S. 1 GmbHG erforderliche Zusammenhang zwischen der Übernahme der Geldeinlage und der spätere Rückgewähr im Rahmen eines schuldrechtlichen Vertrages gesondert begründet werden.

568 Somit ergibt sich für die **Prüfung eines typischerweise im Zusammenhang mit der verdeckten Sacheinlage auftretenden Anspruchs auf Leistung der Einlage** folgender Aufbau:

569 **Prüfungsreihenfolge: Anspruch der GmbH auf Zahlung des Betrags X (Höhe des Nennbetrags des Geschäftsanteils des Gesellschafters) gegen den Gesellschafter**

1. **Wirksame Entstehung der GmbH**
   Prüfung der wirksamen Gründung der GmbH (→ Rn. 247 ff.)
2. **Vereinbarung einer Bareinlageverpflichtung für den Gesellschafter**
3. **Erlöschen der Bareinlageverpflichtung durch Leistung des entsprechenden Betrages an die GmbH**
4. **Ausschluss der Befreiung von der Bareinlageverpflichtung (→ Rn. 566) nach § 19 Abs. 4 GmbHG**
   – Bewertung der Bareinlage und des nachfolgenden schuldrechtlichen Vertrages zur Rückzahlung der Bareinlage als verdeckte Sacheinlage – Erfordernis eines Zusammenhangs bei wirtschaftlicher Betrachtungsweise
   – Anrechnung des Wertes der verdeckten Sacheinlage (§ 19 Abs. 4 S. 3 GmbHG)

570 Eine mit der verdeckten Sacheinlage verwandte Problematik ist das sog. **Hin- und Herzahlen**. Dabei verfügt der Gesellschafter in der Regel nicht über das erforderliche Kapital, seine durch die Gründung der GmbH entstehende Einlageverpflichtung zu erfüllen. Aus diesem Grund wird die Einlage zwar zunächst gezahlt, dann aber sofort meist im Rahmen eines Darlehensvertrages an den Gesellschafter zurückgewährt. Damit gelangt die Einlage wieder an den Gesellschafter. Dieser muss zwar das Darlehen irgendwann zurückzahlen. Allerdings sehen die Darlehensverträge häufig geringe Zinssätze und lange Laufzeiten vor. Da diese Vorgehensweise mit dem Grundsatz der Kapitalaufbringung nicht vereinbar sein kann, sieht § 19 Abs. 5 S. 1 GmbHG vor, dass der Gesellschafter bei einer solchen Vorgehensweise von seiner Einlageverpflichtung nur dann befreit wird, wenn die Leistung durch einen vollwertigen Rückgewähranspruch gedeckt ist, der jederzeit fällig ist oder durch fristlose Kündigung durch die GmbH fällig werden kann. Darüber hinaus muss eine solche Vereinbarung oder Leistung bei der Anmeldung der GmbH zum Handelsregister angegeben werden (§§ 8, 19 Abs. 5 S. 2 GmbHG).

**Beispielsfall:** A und B sind alte Freunde und haben gemeinsam die Idee für ein neues alkoholfreies Getränk auf Mate-Basis entwickelt. Um diese Geschäftsidee umzusetzen, wollen sie die M-GmbH mit einem Stammkapital von 25.000 EUR gründen. A soll als Geschäftsführer fungieren. A erbringt seine Einlage in Höhe von 12.500 EUR in bar. B verfügt allerdings nicht über einen solchen Betrag, sondern steht vielmehr kurz vor der Eröffnung des Insolvenzverfahrens über sein Vermögen. Um die Gründung der M-GmbH dennoch durchführen zu können, vereinbaren A und B folgendes. B nimmt bei A ein Darlehen von 12.500 EUR auf. Diesen Betrag nutzt B dann um seine Einlageverpflichtung zu erfüllen. Danach schließt A im Namen der M-GmbH mit B einen Darlehensvertrag, wonach die M-GmbH dem B ein zinsloses Darlehen für einen Zeitraum von 15 Jahren gewährt. Nachdem B die 12.500 EUR von der M-GmbH zurückerhalten hat, gibt er dieser an A zurück. Welche Ansprüche hat die M-GmbH gegen B nach der Umsetzung der Absprache? 571

Die M-GmbH könnte gegen B einen Anspruch auf Zahlung von 12.500 EUR aus dem Gesellschaftsvertrag haben. Voraussetzung dafür wäre, dass der Gesellschaftsvertrag eine Einlagepflicht von B vorsieht und B dieser noch nicht nachgekommen ist. Im Gesellschaftsvertrag der M-GmbH ist eine Einlagepflicht für jeden Gesellschafter in Höhe von 12.500 EUR vorgesehen. Dieser Anspruch der M-GmbH könnte allerdings durch die Zahlung dieses Betrags durch B erloschen sein. Das wäre nach § 19 Abs. 5 S. 1 GmbHG dann nicht der Fall, wenn die Zahlung im Rahmen eines sog. Hin- und Herzahlens erfolgt ist. Dies setzt wiederrum voraus, dass vor der Leistung der Einlage deren wirtschaftliche Rückzahlung vereinbart wurde. Dies ist vorliegend der Fall. B hat sein Kapital unmittelbar nach der Einzahlung wieder zurückerhalten. Dem steht auch nicht entgegen, dass diese Rückzahlung im Rahmen eines Darlehensvertrages erfolgt ist, da es nach § 19 Abs. 5 S. 2 GmbHG nur auf eine wirtschaftliche Rückzahlung ankommt. Eine solche Rückzahlung würde einer Befreiung des leistenden Gesellschafters von der Einlageverpflichtung aber nur dann entgegenstehen, wenn die Leistung nicht durch einen vollwertigen Rückgewähranspruch gedeckt ist, der jederzeit fällig ist oder durch fristlose Kündigung durch die Gesellschaft fällig werden kann. Dies ist vorliegend aber nicht der Fall, da B insolvent ist und den Darlehensrückzahlungsanspruch daher nicht erfüllen können wird. B hat daher durch die Zahlung der 12.500 EUR an die M-GmbH aufgrund von § 19 Abs. 5 S. 1 GmbHG seine Einlageverpflichtung nicht erfüllt. Die M-GmbH hat daher gegen B einen Anspruch auf Zahlung von 12.500 EUR aus dem Gesellschaftsvertrag.

## II. Kapitalerhaltung

Der Grundsatz der Kapitalaufbringung wird durch den der Kapitalerhaltung abgerundet. Danach darf das einmal aufgebrachte Kapital nicht wieder ungehindert an die Gesellschafter abfließen. Im GmbH-Recht wird dies durch die §§ 30 ff. GmbHG normativ verankert. Zentraler Tatbestand ist dabei § 30 Abs. 1 GmbHG. Danach darf das zur **Erhaltung des Stammkapitals** erforderliche Vermögen der Gesellschaft an die Gesellschafter nicht ausgezahlt werden. Dieses Verbot wird dabei durch die Bilanz der GmbH umgesetzt, was an folgendem Beispiel verdeutlicht werden soll. 572

573 **Beispielsfall:** A und B sind alte Freunde und haben gemeinsam die Idee für ein neues alkoholfreies Getränk auf Mate-Basis entwickelt. Um diese Geschäftsidee umzusetzen, haben sie die M-GmbH mit einem Stammkapital von 25.000 EUR gegründet. Für die M-GmbH wurde dabei folgende Bilanz aufgestellt:

| **Aktiva** | | **Passiva** | |
|---|---|---|---|
| • Anlagevermögen | 200.000 | • Stammkapital | 25.000 |
| • Umlaufvermögen | 300.000 | • Verbindlichkeiten | 250.000 |
| | | • Jahresüberschuss | 225.000 |
| | **500.000** | | **500.000** |

Um den Anforderungen von § 30 Abs. 1 GmbHG zu entsprechen, muss in der M-GmbH nach einer Ausschüttung an deren Gesellschafter mindestens ein Betrag von 275.000 verbleiben. Dies bedeutet vorliegend, dass die M-GmbH an A und B einen Betrag von 225.000 EUR ausschütten kann, ohne die Anforderungen von § 30 Abs. 1 GmbHG zu verletzen. Daher ist die M-GmbH darauf beschränkt, den Jahresüberschuss in Höhe von 225.000 EUR auszuschütten. Diese weitgehenden Ausschüttungsmöglichkeiten zeigen, dass der durch das Kapitalschutzsystem vermittelte Schutz relativ schwach ausgestaltet ist. Denn wenn die M-GmbH an A und B den Betrag von 225.000 EUR ausschüttet, wird der GmbH nahezu die Hälfte ihres bilanziellen Vermögens entzogen, was aus betriebswirtschaftlicher Sicht äußerst fragwürdig ist. Dahingehend will das Kapitalschutzsystem die Gesellschafter einer GmbH aber auch nicht schützen.

**Klausurhinweis:** Auch wenn § 30 Abs. 1 GmbHG die Ausschüttung von 225.000 EUR nicht verbietet, wäre eine solche Maßnahme wenig sinnhaft und würde letztlich dazu führen, dass die M-GmbH insolvent wird, da sie im Anschluss daran meist nicht mehr über ausreichend Liquidität verfügen wird.

574 Zentrale **Rechtsfolge eines Verstoßes** gegen § 30 Abs. 1 GmbHG ist, dass die Gesellschafter ihre empfangenen Leistungen wieder an die GmbH zurückerstatten müssen (§ 31 Abs. 1 GmbHG). Soweit einer der Gesellschafter dazu nicht in der Lage ist, müssen die übrigen Gesellschafter diese Verpflichtung erfüllen, wenn dies zur Befriedigung der Gläubiger erforderlich ist (§ 31 Abs. 3 GmbHG).

## B. Die Durchgriffshaftung

575 Weitere zentrale Säule des Gläubigerschutzes bei der GmbH ist die sog. Durchgriffshaftung. Darunter wird im Allgemeinen die Möglichkeit verstanden, nicht nur die GmbH selbst, sondern auch deren Gesellschafter haftungsrechtlich in Anspruch zu nehmen. Ein solches Haftungsinstitut hat im

deutschen GmbH-Recht keine ausdrückliche Regelung gefunden und wurde stets als allgemeines Rechtsinstitut entwickelt.

Das deutsche Kapitalgesellschaftsrecht kann in diesem Zusammenhang auf eine sehr wechselvolle Geschichte zurückblicken (vgl. im Überblick etwa Baumbach/Hueck/*Fastrich* § 13 Rn. 43 ff.). So wurde unter anderem versucht, das Problem des Missbrauchs der beschränkten Haftung durch das Konzept der sog. (qualifizierten) materiellen Unterkapitalisierung zu lösen, wonach eine persönliche Haftung der Gesellschafter angenommen werden sollte, wenn die Kapitalgesellschaft klar erkennbar mit einer unzureichenden Eigenkapitalbasis ausgestattet war, die mit überwiegender Wahrscheinlichkeit einen Misserfolg des Unternehmens zu Lasten der Gläubiger eintreten ließ. Das Problem dieses Konzepts war, dass die Frage der richtigen Kapitalausstattung für eine Kapitalgesellschaft letztlich nicht bestimmt werden kann, so dass mit diesem Ansatz nur Extremfälle erfasst werden, bei denen ohnehin eine Lösung über § 826 BGB möglich gewesen wäre. Daneben wurde das Konzept der sog. Vermögens- oder Sphärenvermischung vertreten, wonach der Gesellschafter einer Kapitalgesellschaft für deren Verbindlichkeiten persönlich in Anspruch genommen werden konnte, wenn dieser sein privates Vermögen nicht hinreichend von dem der Kapitalgesellschaft getrennt hatte, was vor allem bei Einmanngesellschaften der Fall ist (BGHZ 125, 366 (368) = NJW 1994, 1801; BGHZ 95, 330 (333 f.) = NJW 1986, 188; Baumbach/Hueck/*Fastrich* § 13 Rn. 45 f.). In diesem Fall wurde argumentiert, dass der Gesellschafter das Privileg der beschränkten Haftung verloren hat, da dieses nur bei einer hinreichenden Trennung der beiden Vermögensmassen gewährt werden kann.

Zentraler Ansatzpunkt für die Durchgriffshaftung ist inzwischen die sog. **576**
**Existenzvernichtungshaftung**, die durch die höchstrichterliche Rechtsprechung in § 826 BGB verortet wird (grundlegend BGHZ 173, 246 = NJW 2007, 2689; BGH NZG 2012, 667 und 1070 (1071); 2013, 827 (829); Baumbach/Hueck/*Fastrich* § 13 Rn. 54 ff.). Danach trifft die Gesellschafter einer GmbH die Pflicht, Eingriff in das Gesellschaftsvermögen zu vermeiden, die die Existenz der GmbH bedrohen. Ausgangspunkt dieses Konzepts ist es, dass das Gesellschaftsvermögen der Kapitalgesellschaft einer Zweckbindung unterliegt, die dann verletzt wird, wenn das Gesellschaftsvermögen durch offene oder verdeckte Entnahmen vermindert wird, ohne dass es sich dabei um die Verwirklichung des üblichen unternehmerischen Risikos handelt. Die typischen Anwendungsbeispiele sind dabei die sog. Aschenputtelgesellschaften, bei denen die Vermögensgegenstände auf eine andere Gesellschaft übertragen werden, um dann die mit den Verbindlichkeiten belastete Aschenputtelgesellschaft abzuwickeln. Rechtsfolge der Existenzvernichtungshaftung ist eine Schadenersatzpflicht des Gesellschafters, der den existenzvernichtenden Eingriff vorgenommen hat oder daran beteiligt war. Für die Existenzvernichtungshaftung gilt zudem die Einschränkung, dass es sich dabei nur um eine reine Innenhaftung der Gesellschafter gegenüber der Gesellschaft handelt (→ Rn. 544), so dass die Gläubiger die Gesellschafter nicht direkt in Anspruch nehmen können.

577 **Beispielsfall:** A und B sind alte Freunde und haben gemeinsam die Idee für ein neues alkoholfreies Getränk auf Mate-Basis entwickelt. Um diese Geschäftsidee umzusetzen, haben sie die M-GmbH mit einem Stammkapital von 25.000 EUR gegründet. A soll als Geschäftsführer fungieren. Der Geschäftsbetrieb der M-GmbH entwickelt sich in den ersten Jahren zunächst sehr positiv und die M-GmbH hat hohe Absatzzahlen. Allerdings haben sich über die Jahre auch sehr hohe Verbindlichkeiten bei den Lieferanten und den Banken angesammelt. Diese werden zwar noch durch das Vermögen der M-GmbH gedeckt. Allerdings wollen A und B das Vermögen der M-GmbH nicht für deren Gläubiger verwenden, sondern lieber in den Ausbau des Geschäftsbetriebs investieren. Aus diesem Grund gründen A und B zunächst die N-GmbH, bei der A Geschäftsführer wird. Sodann überträgt A als Geschäftsführer der M-GmbH im Rahmen eines Kaufvertrags alle bei der M-GmbH bestehenden Vermögensgegenstände im Wert von 2.000.0000 EUR auf die N-GmbH zu einem Preis von 1 EUR. Zudem kann A alle Abnehmer der M-GmbH überzeugen, die Lieferverträge auf die N-GmbH zu übertragen. Nachdem diese Maßnahmen abgeschlossen sind, fehlt der M-GmbH ein Betrag von 1.000.000 EUR, um alle Gläubiger zu befriedigen. Welche Ansprüche hat die M-GmbH gegen B?

Die M-GmbH könnte gegen B einen Anspruch auf Zahlung von 1.000.000 EUR aus § 826 BGB iVm den Grundsätzen der Existenzvernichtungshaftung haben. Voraussetzung dafür wäre zunächst, dass B einen existenzvernichtenden Eingriff in das Vermögen der M-GmbH vorgenommen hat. Dies ist immer schon dann der Fall, wenn das Gesellschaftsvermögen durch offene oder verdeckte Entnahmen vermindert wird, ohne dass es sich dabei um die Verwirklichung des üblichen unternehmerischen Risikos handelt. Vorliegend haben A und B gemeinsam das Vermögen der M-GmbH gezielt auf die neue N-GmbH übertragen, um es dem Zugriff der Gläubiger der M-GmbH zu entziehen. Bei diesem Vermögensabfluss handelt es sich auch nicht um einen Fall der Verwirklichung des unternehmerischen Risikos, da die Vermögensgegenstände im Wert von 2.000.000 EUR für lediglich 1 EUR übertragen wurden. B hatte von diesen Transaktionen auch positive Kenntnis und war durch die Beteiligung an der N-GmbH auch aktiv an diesen beteiligt. Die Höhe des Schadens beläuft sich auf den Betrag, um den sich die Befriedigungsaussichten der Gläubiger im Vergleich zur Situation vor der Vornahme des existenzvernichtenden Eingriffs verringert haben. Während die Gläubiger vor der Vornahme des existenzvernichtenden Eingriffs eine vollständige Befriedigung zu erwarten hatten, drohen diese nach dessen Vornahme nun, in Höhe von 1.000.000 EUR auszufallen. Die M-GmbH hat daher gegen B einen Anspruch auf Zahlung von 1.000.000 EUR aus § 826 BGB iVm den Grundsätzen der Existenzvernichtungshaftung.

**Klausurhinweis:** Der dargestellte Sachverhalt ist stark vereinfacht und würde sich in der Praxis kaum so stellen. Denn typischerweise wird am Ende der Trennung von Vermögen und Verbindlichkeiten auf die neue GmbH und die Aschenputtelgesellschaft der Insolvenzantrag für letztere gestellt, so dass der Insolvenzverwalter diesen Anspruch geltend macht, wenn das Insolvenzverfahren auch eröffnet wird. Da die Aschenputtelgesellschaften aber häufig nicht einmal so viel Vermögen haben, um die Kosten des Insolvenzverfahrens zu decken, kommt es nicht selten gerade nicht zu einer Eröffnung des Insolvenzverfahrens. Damit unterbleibt dann meist auch die Durchsetzung dieses Anspruchs.

## C. Die Insolvenzantragspflicht und das Zahlungsverbot

Der Schutz der Gläubiger durch das Kapitalschutzsystem (→ Rn. 560 ff.) und die Durchgriffshaftung (→ Rn. 575 ff.) ist lückenhaft. Denn beide Konzepte stellen nicht sicher, dass in der GmbH genügend Kapital verbleibt, um die Ansprüche der Gläubiger auch tatsächlich zu erfüllen. Dieser Aspekt wird vielmehr durch die Insolvenzantragspflicht (→ Rn. 579) und das Zahlungsverbot (→ Rn. 582) adressiert. **578**

Bei der **Insolvenzantragspflicht nach § 15a Abs. 1 InsO** besteht für den Geschäftsführer einer GmbH die Pflicht, für diese innerhalb von drei Wochen einen Insolvenzantrag zu stellen, wenn die GmbH überschuldet (§ 19 InsO) oder zahlungsunfähig (§ 17 InsO) ist. Hintergrund dieser Regelung ist, dass das Vermögen der GmbH dann nicht mehr ausreicht, um alle Gläubiger zu befriedigen, so dass zwischen diesen ein Wettlauf einsetzt, bei dem die Gläubiger typischerweise nicht gleichmäßig befriedigt werden. Mit der Eröffnung des Insolvenzverfahrens soll dies hingegen sichergestellt werden, dass die Gläubiger ihre Rechte dann nicht mehr individuell durchsetzen können, sondern der Insolvenzverwalter das Vermögen sichert und gegebenenfalls an die Gläubiger gleichmäßig verteilt. Die Insolvenzantragspflicht kann darüber hinaus auch die Gesellschafter einer GmbH treffen, wenn diese führungslos ist (§ 15a Abs. 3 InsO). **579**

Zentrale Rechtsfolge der Verletzung der Insolvenzantragspflicht ist neben einer möglichen Strafbarkeit (§ 15a Abs. 4 InsO) vor allem eine Haftung nach § 823 Abs. 2 BGB, da es sich bei § 15a InsO um ein Schutzgesetz iSv § 823 Abs. 2 BGB handelt (BGHZ 29, 100 (102 ff.); 75, 96 (106) = NJW 1979, 1823; BGHZ 126, 181 (190) = NJW 1994, 2220; BGHZ 138, 211 (214) = NJW 1998, 2667; vgl. auch Baumbach/Hueck/*Haas* § 64 Rn. 109 ff.). Bei dem **Schadenersatzanspruch** muss allerdings zwischen den sog. Alt- und den Neugläubigern unterschieden werden (BGHZ 126, 181 (192 ff.) = NJW 1994, 2220; vgl. auch Baumbach/Hueck/*Haas* § 64 Rn. 127 ff.). Die Altgläubiger – also die Gläubiger, die im Zeitpunkt des Eintritts der Insolvenzantragspflicht schon Gläubiger waren – erhalten nur den sog. Quotenschaden, also den Schaden, der sich aus der Verringerung ihrer Befriedigungsquote ergibt. Den Neugläubiger – also den Gläubigern, die erst nach Eintritt der Insolvenzantragspflicht Gläubiger wurden – wird hingegen der Vertrauensschaden ersetzt. Diese grundsätzliche Unterscheidung sei an folgendem Beispiel verdeutlicht: **580**

**Beispielsfall:** A und B sind alte Freunde und haben gemeinsam die Idee für ein neues alkoholfreies Getränk auf Mate-Basis entwickelt. Um diese Geschäftsidee umzusetzen, haben sie die M-GmbH mit einem Stammkapital von 25.000 EUR gegründet. A soll als Geschäftsführer fungieren. Der Geschäftsbetrieb der M-GmbH entwickelt sich allerdings sehr negativ. Am 1.1.2014 kauft die M-GmbH von Großhändler G Material zum Preis von 10.000 EUR. Zu diesem Zeitpunkt verfügt die M-GmbH noch über genug Kapital, um alle Gläubiger zu befriedigen. Am 1.3.2014 muss A aber feststellen, dass **581**

die M-GmbH überschuldet ist. Hätte er an diesem Tag den Insolvenzantrag gestellt, wäre der Kaufpreisanspruch von G vollständig erfüllt worden. Dennoch führt er die Geschäfte der M-GmbH weiter, da sich zunächst ein Investor bereit erklärt, sich an der M-GmbH zu beteiligen. Diese Möglichkeit zerschlägt sich am 22.3.2014. Am 1.5.2014 kauft A für die M-GmbH Materialien zum Preis von 20.000 EUR bei H, die auch sofort geliefert werden. Bei den Materialien handelt es sich um Standardware, die H selbst für 15.000 EUR erworben hat. Wenn H die Ware nicht an die M-GmbH verkauft hätte, hätte er sie jederzeit an ein anderes Unternehmen zum gleichen Preis verkaufen können. Nachdem die M-GmbH weder die Ansprüche des G noch des H erfüllt hat, wenden sich diese an A und B und verlangen Zahlung des Kaufpreises. Zu Recht?

Für die Lösung des Falles ist zu unterstellen, dass am 1.3.2014 die Überschuldung eingetreten ist und zu diesem Zeitpunkt für die Gläubiger eine Befriedigungsquote von 100 % bestand. Diese Befriedigungsquote hat sich mit Ablauf der Dreiwochenfrist zum 22.3.2014 auf 80 % und zum 1.5.2014 schließlich auf 60 % reduziert und ist seitdem unverändert. Damit stellt sich der Sachverhalt folgendermaßen dar:

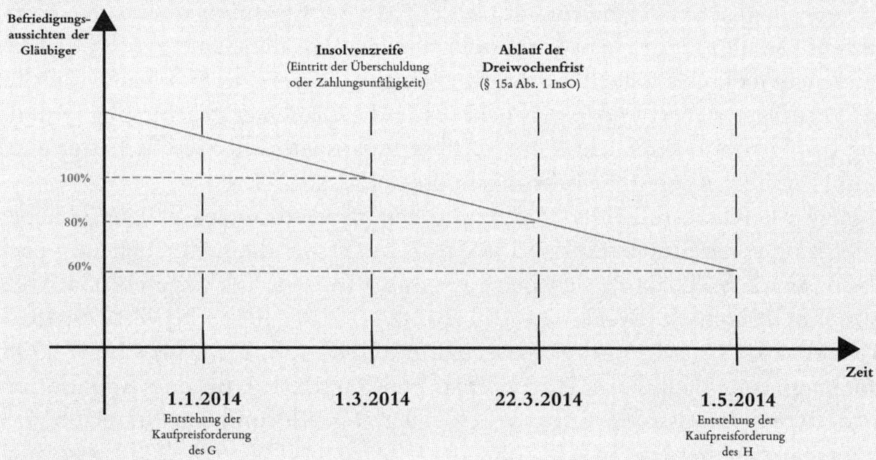


## I. Ansprüche von G

### 1. Anspruch von G gegen A auf Zahlung von 10.000 EUR aus § 823 Abs. 2 BGB iVm § 15a Abs. 1 InsO

G könnte von A Zahlung von 10.000 EUR aus § 823 Abs. 2 BGB iVm § 15a Abs. 1 InsO verlangen. Voraussetzung dafür wäre zunächst, dass es sich bei § 15a Abs. 1 InsO um ein Schutzgesetz iSv § 823 Abs. 2 BGB handelt. § 15a Abs. 1 BGB schützt nicht nur die Allgemeinheit, sondern vielmehr die Gläubiger individuell, so dass ein Schutzgesetz vorliegt. Dieses müsste auch tatbestandlich verwirklicht worden sein. Bei der M-GmbH handelt es sich um eine juristische Person. Diese ist auch überschuldet, so dass A spätestens aber zum 22.3.2014 nach Ablauf der Dreiwochenfrist des § 15a Abs. 1 InsO den Insolvenzantrag hätte stellen müssen. Zwar war die M-GmbH schon zum 1.3.2014 überschuldet. Allerdings kann der Geschäftsführer der GmbH die in § 15a Abs. 1 InsO bestehende Dreiwochenfrist für die Insolvenzantragstellung ausnutzen, wenn ernsthafte Sanierungsaussichten bestehen. Dies ist vorliegend aufgrund der Verhandlungen mit dem Investor der Fall. A hätte daher zum 22.3.2014 einen Insolvenzantrag für die

M-GmbH stellen müssen. Der Tatbestand des § 15a Abs. 1 InsO ist somit erfüllt. Weiterhin müsste A ein kausaler Schaden entstanden sein. Im Rahmen von § 823 Abs. 2 BGB iVm § 15a Abs. 1 InsO wird allerdings bei den Altgläubiger nur der sog. Quotenschaden ersetzt, der sich aus der Verringerung der Befriedigungsquote für den Gläubiger ergibt. Der Kaufpreisanspruch von G gegen die M-GmbH wurde schon vor dem Eintritt der Insolvenzantragspflicht mit Ablauf der Dreiwochenfrist zum 22.3.2014 begründet, so dass es sich bei ihm um einen Altgläubiger handelt. Sein Schaden besteht darin, dass seine Kaufpreisforderung von der M-GmbH nunmehr nur noch in Höhe von 60% befriedigt werden kann, während dies zum 22.3.2014 zu 80% möglich gewesen wäre. Damit beläuft sich sein Schaden auf eine Quotenreduzierung in Höhe von 20% und damit auf 2.000 EUR. A handelte schließlich auch schuldhaft. G kann daher von A Zahlung von 2.000 EUR aus § 823 Abs. 2 BGB iVm § 15a Abs. 1 InsO verlangen.

### 2. Anspruch von G gegen B auf Zahlung von 10.000 EUR aus § 823 Abs. 2 BGB iVm § 15a Abs. 1 InsO

G könnte von B Zahlung von 10.000 EUR aus § 823 Abs. 2 BGB iVm § 15a Abs. 1 InsO verlangen. Voraussetzung dafür wäre zunächst, dass es sich bei § 15a Abs. 1 InsO um ein Schutzgesetz iSv § 823 Abs. 2 BGB handelt. § 15a Abs. 1 BGB schützt nicht nur die Allgemeinheit, sondern vielmehr die Gläubiger individuell, so dass ein Schutzgesetz vorliegt. Dieses müsste auch tatbestandlich verwirklicht worden sein. B war allerdings nicht der Geschäftsführer der M-GmbH und nur dessen Gesellschafter. Diesen kann zwar nach § 15a Abs. 3 InsO auch eine Insolvenzantragspflicht treffen. Allerdings setzt dies Führungslosigkeit voraus, was vorliegend nicht gegeben ist. G kann daher von B keine Zahlung von 10.000 EUR aus § 823 Abs. 2 BGB iVm § 15a Abs. 1 InsO verlangen.

## II. Ansprüche von H

### 1. Anspruch von H gegen A auf Zahlung von 20.000 EUR aus § 823 Abs. 2 BGB iVm § 15a Abs. 1 InsO

H könnte von A Zahlung von 20.000 EUR aus § 823 Abs. 2 BGB iVm § 15a Abs. 1 InsO verlangen. Voraussetzung dafür wäre zunächst, dass es sich bei § 15a Abs. 1 InsO um ein Schutzgesetz iSv § 823 Abs. 2 BGB handelt. § 15a Abs. 1 BGB schützt nicht nur die Allgemeinheit, sondern vielmehr die Gläubiger individuell, so dass ein Schutzgesetz vorliegt. Dieses müsste auch tatbestandlich verwirklicht worden sein. Bei der M-GmbH handelt es sich um eine juristische Person. Diese ist auch überschuldet, so dass A zum 1.3.2014 spätestens aber zum 22.3.2014 nach Ablauf der Dreiwochenfrist des § 15a Abs. 1 InsO den Insolvenzantrag hätte stellen müssen. Der Tatbestand des § 15a Abs. 1 InsO ist somit erfüllt. Weiterhin müsste A ein kausaler Schaden entstanden sein. Im Rahmen von § 823 Abs. 2 BGB iVm § 15a Abs. 1 InsO wird allerdings bei den Neugläubiger nur der Vertrauensschaden ersetzt, der sich daraus ergibt, dass der Gläubiger gegenüber der bereits überschuldeten GmbH noch einen Anspruch durch den Abschluss eines Vertrages begründet hat. Er muss daher so gestellt werden, wie er stehen würde, wenn der Insolvenzantrag rechtzeitig gestellt worden wäre. H hätte bei einer rechtzeitigen Insolvenzantragstellung durch A den Vertrag mit der M-GmbH nicht mehr geschlossen und das Material an ein anderes Unternehmen verkauft. Damit hätte H die Materialien zum einen nicht an die M-GmbH übereignet und damit einen Verlust von 15.00 EUR nicht erlitten und zum anderen mit dieser bei einem anderen Unternehmen einen Gewinn von 5.000 EUR gemacht. Daher beläuft sich der Schaden von H auf 20.000 EUR. A handelte schließlich auch schuldhaft. H kann daher von A Zahlung von 20.000 EUR aus § 823 Abs. 2 BGB iVm § 15a Abs. 1 InsO verlangen.

**2. Anspruch von H gegen B auf Zahlung von 20.000 EUR aus § 823 Abs. 2 BGB iVm § 15a Abs. 1 InsO**

H könnte von B Zahlung von 20.000 EUR aus § 823 Abs. 2 BGB iVm § 15a Abs. 1 InsO verlangen. Voraussetzung dafür wäre zunächst, dass es sich bei § 15a Abs. 1 InsO um ein Schutzgesetz iSv § 823 Abs. 2 BGB handelt. § 15a Abs. 1 BGB schützt nicht nur die Allgemeinheit, sondern vielmehr die Gläubiger individuell, so dass ein Schutzgesetz vorliegt. Dieses müsste auch tatbestandlich verwirklicht worden sein. B war allerdings nicht der Geschäftsführer der M-GmbH und nur dessen Gesellschafter. Diesen kann zwar nach § 15a Abs. 3 InsO auch eine Insolvenzantragspflicht treffen. Allerdings setzt dies Führungslosigkeit voraus, was vorliegend nicht gegeben ist. H kann daher von B keine Zahlung von 20.000 EUR aus § 823 Abs. 2 BGB iVm § 15a Abs. 1 InsO verlangen.

**Klausurhinweis:** Auch dieser Sachverhalt ist stark vereinfacht und würde sich in der Praxis kaum so stellen. Typischerweise würde das Insolvenzverfahren tatsächlich beantragt werden, so dass sich dann die Frage stellt, wer die Ansprüche geltend machen kann. Während für die Altgläubiger insofern § 92 InsO zur Anwendung kommt und nur der Insolvenzverwalter deren Ansprüche geltend machen kann, bleibt es bei den Ansprüchen der Neugläubiger bei einer individuellen Durchsetzungsmöglichkeit gegen den Geschäftsführer. Hinzu kommt, dass die dargestellten Ansprüche voraussetzen, dass die Insolvenzgründe der Zahlungsunfähigkeit und Überschuldung teilweise in zeitlicher Hinsicht sehr präzise bestimmt werden, was in der Praxis meist unmöglich ist.

582 Neben der Insolvenzantragspflicht besteht für die Geschäftsführer einer GmbH auch das sog. **Zahlungsverbot nach § 64 S. 1 GmbHG**. Danach sind die Geschäftsführer gegenüber der GmbH verpflichtet, Ersatz für alle Zahlungen zu leisten, die nach Eintritt der Zahlungsunfähigkeit oder nach Feststellung der Überschuldung noch geleistet werden. Im Gegensatz zur zivilrechtlichen Sanktionierung der Insolvenzantragspflicht können die Gläubiger daraus selbst keinen Anspruch ableiten, da es sich lediglich um einen Anspruch der GmbH handelt.

**Merksatz:** Die Geschäftsführer einer GmbH müssen nach § 15a InsO bei Vorliegen einer Überschuldung oder einer Zahlungsunfähigkeit für diese innerhalb von drei Wochen einen Insolvenzantrag stellen. Bei einer Verletzung dieser Pflicht haften sie gegenüber den Gläubigern der GmbH nach § 823 Abs. 2 BGB, wobei zwischen Alt- und Neugläubigern unterschieden werden muss.

## D. Die Unternehmergesellschaft haftungsbeschränkt (UG)

583 Die bei der GmbH vorgesehene Aufbringung der 25.000 EUR bei deren Gründung stellt für viele Gründer oftmals ein erhebliches Hindernis dar. Diese können dann als **Alternative zur GmbH** eine Unternehmergesellschaft haftungsbeschränkt (UG) gründen, bei der es sich um eine GmbH handelt, für die allerdings eine Reihe von Sonderregelungen gilt.

Die Unternehmergesellschaft haftungsbeschränkt (UG) ist auf Entwicklungen im europäischen Gesellschaftsrecht zurückzuführen. Nachdem der EuGH seine Rechtsprechung zur Niederlassungsfreiheit im Hinblick auf das internationale Gesellschaftsrecht geändert hatte (→ Rn. 19 ff.), kam es zu einer vermehrten Gründung von ausländischen Kapitalgesellschaften, die ihren tatsächlichen Verwaltungssitz in Deutschland hatten, allerdings einem ausländischen Kapitalgesellschaftsrecht unterworfen waren. In den meisten Fällen wurden dabei englische Kapitalgesellschaften (Private Limited Company) gegründet, da diese einfacher, schneller und kostengünstiger als die seinerzeitige deutsche GmbH gegründet werden konnten. Der deutsche Gesetzgeber sah sich daher gezwungen, auf diese Entwicklung zu reagieren und eine eigene Alternative anzubieten. Da man sich nicht zu einer Aufgabe des Stammkapitals für die GmbH durchringen konnte, wurde durch das MoMiG von 2008 die Unternehmergesellschaft haftungsbeschränkt (UG) eingeführt, die seither eine hohe Verbreitung erfahren hat. So wurden bisher ca. 80.000 EUR Unternehmergesellschaften haftungsbeschränkt (UG) gegründet (*Kornblum* GmbHR 2013, 693, 702).

Im Gegensatz zur GmbH muss die Unternehmergesellschaft haftungsbe- 584
schränkt (UG) nicht über ein Mindestkapital von 25.000 EUR verfügen, sondern kann dieses auch unterschreiten (§ 5a Abs. 1 GmbHG), so dass auch ein **Mindestkapital von nur einem Euro** möglich ist. Dieses Kapital muss dann bei der Gründung allerdings stets vollständig eingezahlt werden (§ 5a Abs. 2 S. 1 GmbHG) und kann nicht durch Sacheinlagen (→ Rn. 564) erbracht werden (§ 5a Abs. 2 S. 2 GmbHG). Die geringen Anforderungen an das Stammkapital sollen allerdings nur die Gründung der Gesellschaft erleichtern. Daher sieht § 5a Abs. 3 GmbHG ein Ansparmodell für das Stammkapital der Unternehmergesellschaft haftungsbeschränkt (UG) dergestalt vor, dass diese in jedem Jahr in ihrer Bilanz eine Rücklage in Höhe 25 % des Jahresüberschusses bilden bzw. erhöhen muss. Dadurch soll – jedenfalls nach der Vorstellung des Gesetzgebers – die gesetzliche Rücklage schließlich bis auf einen Betrag anwachsen, der dem Stammkapital von 25.000 EUR entspricht. Wenn dieser Betrag erreicht ist, kann die Unternehmergesellschaft haftungsbeschränkt (UG) in eine reguläre GmbH mit einem Stammkapital von 25.000 EUR mit der Folge umgewandelt werden, dass dann die Pflicht zur Bildung der Rücklage nicht mehr besteht.

**Beispielsfall:** A und B sind alte Freunde und haben gemeinsam die Idee für ein neues 585
alkoholfreies Getränk auf Mate-Basis entwickelt. Um diese Geschäftsidee umzusetzen, haben sie zum 1.1.2011 die M-Unternehmergesellschaft (haftungsbeschränkt) mit einem Stammkapital von 1.000 EUR gegründet. A soll als Geschäftsführer fungieren. Nach der Gründung entwickeln sich die Geschäfte hervorragend und die M-Unternehmergesellschaft (haftungsbeschränkt) weist in ihren Bilanz für die Jahre 2011–2014 jeweils einen Jahresüberschuss aus. Damit ergibt sich für die nach § 5a Abs. 3 GmbHG zu bildende gesetzliche Rücklage folgendes Bild:

| | 2011 | 2012 | 2013 | 2014 |
|---|---|---|---|---|
| **Höhe des Stammkapitals** | 1.000 EUR | 1.000 EUR | 1.000 EUR | 1.000 EUR |
| | | | | |
| **Jahresüberschuss** | 28.000 EUR | 20.000 EUR | 40.000 EUR | 36.000 EUR |
| **Pflicht zur Bildung einer gesetzlichen Rücklage in Höhe von 25 % des Jahresüberschusses** | 7.000 EUR | 5.000 EUR | 10.000 EUR | 9.000 EUR |
| **ausschüttbarer Gewinn** | 21.000 EUR | 15.000 EUR | 30.000 EUR | 27.000 EUR |
| | | | | |
| **Höhe der gesetzlichen Rücklage (kumuliert)** | 7.000 EUR | 12.000 EUR | 22.000 EUR | 31.000 EUR |

Durch die nach § 5a Abs. 3 GmbHG bestehende Pflicht zur Erhöhung der gesetzlichen Rücklage bleibt die Höhe des Stammkapitals der M-Unternehmergesellschaft (haftungsbeschränkt) unberührt. Es erhöht sich lediglich die gesetzliche Rücklage um 25 % des Jahresüberschusses. Soweit der Betrag von 25.000 EUR erreicht oder überschritten ist, können die Gesellschafter die M-Unternehmergesellschaft (haftungsbeschränkt) auch in eine reguläre GmbH umwandeln, indem sie eine Kapitalerhöhung aus Gesellschaftsmitteln durchführen und dadurch die gesetzliche Einlage in Stammkapital umwandeln. Dies hat für sie den Vorteil, dass sie die gesetzliche Rücklage nach § 5a Abs. 3 GmbH nicht mehr bilden müssen und somit mehr Kapital ausschütten können. Verzichten sie hingegen auf eine Umwandlung der Rücklage, bleibt die Pflicht zur Rücklagenbildung bestehen.

**Merksatz:** Bei der Unternehmergesellschaft haftungsbeschränkt handelt es sich um eine GmbH, bei der das Stammkapital von 25.000 EUR unterschritten werden kann und die einen eigenständigen Rechtsformzusatz in der Firma führen muss.

# § 13. Beziehungen der Gesellschafter untereinander (Innenverhältnis)

## A. Der Gesellschaftsvertrag

Bei der GmbH ist der Gesellschaftsvertrag das **Herzstück der Gesellschaft**. 586
Auch wenn das GmbHG den Begriff des Gesellschaftsvertrages verwendet, wird dieser oftmals auch als Satzung bezeichnet. Obwohl dieser Begriff dem AktG und dem GenG vorbehalten ist, hat er sich als Oberbegriff für die Kapitalgesellschaften eingebürgert. Daher kann auch im Rahmen des GmbH-Rechts von einer Satzung gesprochen werden, wenn gleich die Verwendung des Begriffs Gesellschaftsvertrag vor dem Hintergrund des GmbHG präziser ist.

### I. Anforderungen an den Gesellschaftsvertrag

Dabei gilt auch im GmbH-Recht der Grundsatz der Vertragsfreiheit. Dieser 587
findet allerdings eine erste Einschränkung hinsichtlich bestimmter zwingender Bestandteile, die im Gesellschaftsvertrag aufgenommen werden müssen. Diese **zwingenden Bestandteile des Gesellschaftsvertrags** sind in § 3 GmbHG aufgezählt. Dazu zählen vor allem die Firma und der Sitz der GmbH (§ 3 Abs. 1 Nr. 1 GmbHG), der Unternehmensgegenstand (§ 3 Abs. 1 Nr. 2 GmbHG), der Betrag des Nennkapitals (§ 3 Abs. 1 Nr. 3 GmbHG) und die Zahl und die Nennbeträge der Geschäftsanteile, die jeder Gesellschafter übernimmt (§ 3 Abs. 1 Nr. 4 GmbHG). Eine weitere Einschränkung findet die Vertragsfreiheit hinsichtlich der **zwingenden Vorschriften** des GmbHG, die sich vor allem im Zusammenhang mit der Finanzverfassung (→ Rn. 554 ff.) ergeben.

Darüber hinaus ist es den Gesellschaftern unbenommen, weitere Vereinbarungen in ihrem individuellen Verhältnis zu treffen. Solche nicht korporativen Bestimmungen können dabei auch in den Gesellschaftsvertrag aufgenommen werden, was für die Gesellschafter vor allem den Vorteil hat, dass auch Rechtsnachfolger der Gesellschafter an diese gebunden sind. Werden derartige Vereinbarungen allerdings außerhalb des Gesellschaftsvertrages geschlossen, handelt es sich um sog. schuldrechtliche Nebenabreden, die dann nur im individuellen Verhältnis der Gesellschafter gelten und damit vor allem Rechtsnachfolger nicht binden.

Der Gesellschaftsvertrag bedarf der **notariellen Form** (§ 2 Abs. 1 GmbHG). 588
Da dies einerseits bei einer umfangreichen Vertragsgestaltung und -beratung kostenintensiv sein kann und andererseits häufig ohnehin eine Standardversion eines Gesellschaftsvertrages verwendet wird, kann die GmbH auch in einem vereinfachten Verfahren gegründet werden, wofür dann die in Anlage 1 zum GmbHG enthaltene Mustersatzung zu verwenden ist. Dies ist aber nur dann möglich, wenn die Gesellschaft maximal nur drei Gesellschafter und einen

Geschäftsführer hat (§ 2 Abs. 2 S. 1 GmbHG). Zudem darf von Mustersatzung nicht abgewichen werden (§ 2 Abs. 2 S. 2 GmbHG).

**Merksatz:** Der Gesellschaftsvertrag einer GmbH unterliegt der Vertragsfreiheit, muss aber die im GmbHG vorgesehenen zwingenden Bestandteile enthalten und kann nicht von den zwingenden Vorschriften abweichen.

## II. Auslegung

**589** Der Gesellschaftsvertrag einer GmbH bedarf regelmäßig der Auslegung. Dabei gelten in Abweichung zum Personengesellschaftsrecht (→ Rn. 122 ff.) aber nicht die §§ 133, 157 BGB, sondern der Grundsatz der **objektiven Auslegung** (BGH NJW 1987, 1890 (1891); 1992, 892 (893); ZIP 1999, 1263 (1265); 2003, 116 (120); NZG 2011, 1420; Baumbach/Hueck/*Fastrich* § 2 Rn. 29 ff.). Daher sind die Vorstellungen der Gesellschafter bei der Gründung der GmbH nicht maßgeblich, auch wenn diese – was oftmals nicht der Fall ist – noch zu ermitteln sind. Hintergrund dieser objektiven Auslegung des Gesellschaftsvertrags ist, dass es sich bei der GmbH um eine Körperschaft handelt und diese als solche unabhängig von ihrem Mitgliederbestand ist (→ Rn. 88). Eine an §§ 133, 157 BGB orientierte Auslegung würde diesem Umstand nicht hinreichend Rechnung tragen. Von diesem Grundsatz wird allerdings dann eine Ausnahme gemacht, wenn der Gesellschafterbestand seit der Schaffung der jeweiligen Regelung im Gesellschaftsvertrag unverändert geblieben ist.

**Merksatz:** Der Gesellschaftsvertrag einer GmbH ist grundsätzlich objektiv und damit ohne Rückgriff auf die Vorstellungen der Gründer der GmbH auszulegen.

## III. Inhaltskontrolle

**590** Auch bei der GmbH kann der Gesellschaftsvertrag der Inhaltskontrolle nach den Vorschriften des allgemeinen Zivilrechts unterliegen. Insofern kann der Gesellschaftszweck zunächst ein **Verstoß gegen ein gesetzliches Verbot (§ 134 BGB)** darstellen. Darüber hinaus erlangt die **Inhaltskontrolle über § 138 Abs. 1 BGB** große Bedeutung. Der Vergleichsmaßstab ist dabei weniger die allgemeine Sittenwidrigkeit, sondern vielmehr eine Verletzung elementarer Grundsätze und Mindeststandards des Gesellschaftsrechts. Keine Bedeutung hat schließlich die **AGB-Inhaltskontrolle**, da das Gesellschaftsrecht insgesamt nach § 310 Abs. 4 BGB vom AGB-Recht ausgenommen ist.

**Merksatz:** Der Gesellschaftsvertrag einer GmbH kann der Inhaltskontrolle nach §§ 134, 138 BGB unterliegen. Die Inhaltskontrolle im Rahmen des AGB-Rechts ist nach § 310 Abs. 4 BGB ausgeschlossen.

## B. Die Rechte und Pflichten der Gesellschafter

Die Rechte und Pflichten der Gesellschafter einer GmbH entsprechen in den Grundzügen denen eines Gesellschafters einer Personengesellschaft, haben allerdings im GmbH-Recht eine detailliertere Regelung erfahren. Zentrale Pflicht eines GmbH-Gesellschafters ist zunächst die **Erbringung der Einlage** (dazu ausführlich → Rn. 563 ff.). Darüber hinaus unterliegen auch die GmbH-Gesellschafter einer **Treuepflicht** gegenüber der GmbH selbst und gegenüber den übrigen Gesellschaftern, deren Umfang sich maßgeblich nach der Struktur der GmbH richtet (BGH ZIP 2007, 268; 2009, 2195 (2198); Baumbach/Hueck/*Fastrich* § 13 Rn. 20 ff.). 591

**Klausurhinweis:** Auch im GmbH-Recht ist die Treuepflicht nicht ausdrücklich geregelt und stellt die Studierenden im Rahmen einer Klausurlösung daher meist vor Probleme. Da der Umfang und die inhaltliche Ausgestaltung der Treuepflicht nicht abstrakt bestimmt werden können, sondern sich stets nach der Struktur der GmbH richten, sollte bei einer Prüfung eines möglichen Treuepflichtverstoßes auch intensiv auf diesen Aspekt eingegangen werden. Auch dabei gilt, dass der Weg das Ziel ist.

Hinsichtlich der Rechte des GmbH-Gesellschafters muss zwischen **Vermögens- und Verwaltungsrechten** unterschieden werden. Zentrales Vermögensrecht des GmbH-Gesellschafters ist der Anspruch auf den Jahresüberschuss (§ 29 GmbHG). Darüber hinaus haben die Gesellschafter ein Auskunfts- und Einsichtsrecht (§ 51a GmbHG), das jederzeit geltend gemacht werden kann. Danach haben die Geschäftsführer jedem Gesellschafter auf Verlangen unverzüglich Auskunft über die Angelegenheiten der Gesellschaft zu geben und die Einsicht der Bücher und Schriften zu gestatten. Schließlich haben die Gesellschafter ein Stimmrecht und das Recht, an der Gesellschafterversammlung teilzunehmen (→ Rn. 593 ff.). 592

## C. Die Willensbildung

Die Willensbildung der Gesellschafter erfolgt auf der Gesellschaftsversammlung, deren **Kompetenzen** im Wesentlichen in § 46 GmbHG niedergelegt sind. Zentrale Kompetenzen sind dabei vor allem die Bestellung und die Abberufung des Geschäftsführers und dessen Überwachung bzw. die Prüfung der Geschäftsführung (§ 46 Nr. 5, 6 GmbHG). Darüber hinaus entscheidet die Gesellschaftsversammlung etwa auch über die Verwendung des Ergebnisses (§ 46 Nr. 1 GmbHG). Die Gesellschafterversammlung wird durch die Geschäftsführer einberufen (§ 49 GmbHG) 593

Auf der Gesellschafterversammlung gewährt jeder Euro eines Geschäftsanteils ein **Stimmrecht** (§ 47 Abs. 2 GmbHG), so dass der auf jeden Geschäftsanteil 594 entfallende Nennbetrag von entscheidender Bedeutung ist. Die Stimmabgabe ist – ebenso wie im Personengesellschaftsrecht (→ Rn. 144) – Willenserklärung.

595 Die auf der Gesellschafterversammlung gefassten Beschlüsse unterliegen nach § 47 Abs. 1 GmbHG dem **Mehrheitsprinzip**, wobei es auf die Mehrheit der abgegebenen (und nicht der existierenden) Stimmen ankommt. Von diesem Grundsatz wird allerdings für einzelne Beschlussgegenstände abgewichen. So kann etwa eine Änderung des Gesellschaftsvertrags oder die Auflösung der GmbHG nur durch eine Dreiviertelmehrheit beschlossen werden (§ 53 Abs. 2 bzw. § 60 Abs. 1 Nr. 2 GmbHG). Die Beschlüsse können grundsätzlich formfrei gefasst werden, können aber etwa im Fall der Änderung des Gesellschaftsvertrages eine notarielle Beurkundung und eine Eintragung im Handelsregister erfordern (§§ 53 Abs. 2, 54 Abs. 1 GmbHG).

596 Das **Beschlussmängelrecht** ist im GmbH-Recht nicht geregelt. Zur Schließung dieser Lücke werden im Grundsatz die §§ 241 ff. AktG analog angewendet.

## D. Das Gesellschaftsvermögen

597 Auch die GmbH bildet ein Gesellschaftsvermögen, das – im Gegensatz zu den Personengesellschaften (→ Rn. 190 ff.) – aber keiner gesamthänderischen Bindung unterliegt, sondern vielmehr allein der GmbH als solcher zugewiesen ist.

## E. Die Geschäftsführung

598 Die Geschäftsführung wird im GmbH-Recht durch die **Geschäftsführer** wahrgenommen, so dass die Gesellschafter von dieser ausgenommen sind. Dies bedeutet allerdings nicht, dass nicht auch Gesellschafter zum Geschäftsführer bestellt werden können. Zwingend ist dies allerdings nicht. Im Gegensatz zum Personengesellschaftsrecht ist bei der GmbH die Gesellschafterstellung keine Voraussetzung für die Bestellung zum Geschäftsführer, da der Grundsatz der Selbstorganschaft (→ Rn. 90) kraft ausdrücklicher Anordnung in § 6 Abs. 3 S. 1 GmbHG insofern keine Anwendung findet. Dafür sieht das GmbH-Recht aber besondere Anforderungen für den Geschäftsführer vor. Bei diesem muss es sich nicht nur um eine natürliche, unbeschränkt geschäftsfähige Person handeln (§ 6 Abs. 2 S. 1 GmbHG), sondern diese darf insbesondere nicht wegen bestimmter Straftaten verurteilt worden sein (§ 6 Abs. 2 S. 2 Nr. 3 GmbHG).

### I. Unterscheidung zwischen Anstellungs- und Bestellungsverhältnis

599 Zentrales Merkmal der Geschäftsführerstellung bei der GmbH ist die Unterscheidung zwischen dem **Bestellungs- und dem Anstellungsverhältnis**.

600

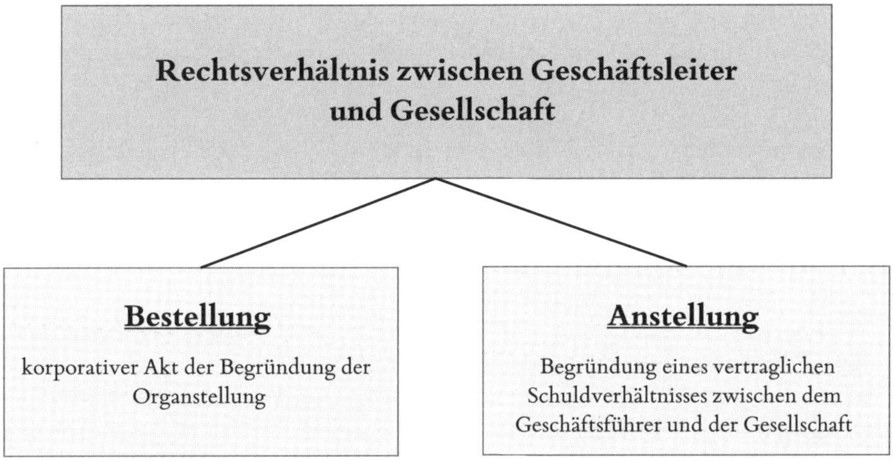


Das **Bestellungsverhältnis** beschreibt lediglich das organschaftliche Rechtsverhältnis zwischen dem Geschäftsführer und der GmbH und wird durch die Wahl des Geschäftsführers durch die Gesellschafterversammlung und der Annahme der Wahl durch diesen begründet. Zusätzlich muss die Bestellung des Geschäftsführers im Handelsregister eingetragen werden (§ 39 GmbHG), wobei die Eintragung nur deklaratorische Wirkung hat. Die Beendigung dieses Bestellungsverhältnisses richtet sich allein nach den gesellschaftsrechtlichen Vorgaben, so dass der Geschäftsführer jederzeit ohne Angabe von Gründen abberufen werden kann (§§ 38 Abs. 1, 46 Nr. 5 GmbHG). Mit der Beendigung des Bestellungsverhältnisses endet auch die organschaftliche Geschäftsführungs- und Vertretungsmacht des Geschäftsführers. Auch die Abberufung des Geschäftsführers bedarf der Eintragung im Handelsregister (§ 39 GmbHG). 601

Das **Anstellungsverhältnis** wird hingegen durch den Abschluss eines Dienstvertrages zwischen dem Geschäftsführer und der GmbH begründet, bei dem die GmbH durch die Gesellschafter vertreten wird. Dadurch wird der Geschäftsführer aber nicht zum Arbeitnehmer im arbeitsrechtlichen Sinne. Dies schließt aber nicht aus, dass etwa das AGG Anwendung finden kann (BGH NZG 2012, 777; Baumbach/Hueck/*Fastrich* § 6 Rn. 8). Die Beendigung des Anstellungsverhältnisses richtet sich nach den §§ 620 ff. BGB, so dass eine befristete Anstellung des Geschäftsführers vor dem Ablauf der vertraglich vereinbarten Zeit nur durch eine außerordentliche Kündigung beendet werden kann (§§ 620, 626 BGB). Handelt es sich hingegen um einen zeitlich unbefristeten Dienstvertrag, kann auch eine ordentlichen Kündigung erfolgen (§ 622 BGB). Keine Anwendung findet schließlich das Kündigungsschutzgesetz (§ 14 KSchG), dessen Anwendung aber vertraglich vereinbart werden kann. Keine Auswirkungen auf das Anstellungsverhältnis hat schließlich die Beendigung des Bestellungsverhältnisses. Umgekehrt hat die Beendigung des Anstellungs- 602 verhältnisses auch keine Auswirkungen auf das Bestellungsverhältnis, wobei in einer Kündigung des Geschäftsführers meist auch eine Abberufung gesehen werden kann.

**Merksatz:** Bei den Geschäftsführern einer GmbH ist zwischen dem Bestellungs- und Anstellungsverhältnis zu unterscheiden.

## II. Haftung des Geschäftsführers

603 Der Geschäftsführer einer GmbH kann bei einer Verletzung seiner Geschäftsführerpflichten dieser gegenüber zum Schadenersatz verpflichtet sein. Dafür sieht § 43 Abs. 2 GmbHG einen gesonderten Haftungstatbestand vor, der insofern abschließend ist und auch einem möglichen Schadenersatzanspruch wegen einer Pflichtverletzung aus dem Anstellungsverhältnis (§§ 280, 611 BGB) vorgeht (BGH NJW-RR 1989, 1255 (1256)). Für die Schadenersatzpflicht des Geschäftsleiters gilt allerdings der **gesonderte Sorgfaltsmaßstab des § 43 Abs. 1 GmbHG**, wonach die Geschäftsführer in den Angelegenheiten der Gesellschaft die Sorgfalt eines ordentlichen Geschäftsmannes anzuwenden haben, so dass ihnen dahingehend ein unternehmerisches Ermessen zukommt (dazu schon → Rn. 224 ff.). Zur möglichen Haftung des Geschäftsführers gegenüber den Gläubigern der GmbH → Rn. 610 ff.

604 **Beispielsfall:** A und B sind alte Freunde und haben gemeinsam die Idee für ein neues alkoholfreies Getränk auf Mate-Basis entwickelt. Um diese Geschäftsidee umzusetzen, haben sie die M-GmbH mit einem Stammkapital von 25.000 EUR gegründet. Als Geschäftsführer haben sie den C gewonnen, der auf der Gesellschafterversammlung ordnungsgemäß bestellt wird und mit dem ein vierjähriger Dienstvertrag abgeschlossen wird, der eine monatliche Vergütung für C von 3.000 EUR vorsieht. Nach einigen Monaten kommt es zwischen A, B und C zum Streit hinsichtlich der wirtschaftlichen Ausrichtung der M-GmbH. A und B berufen daher C als Geschäftsführer ab und bestellen stattdessen A zum neuen Geschäftsführer. Dabei kümmert sich allerdings niemand um die Eintragung der Abberufung von C im Handelsregister. Dieser schließt kurz darauf mit Unternehmensberater U einen Vertrag über eine Imageberatung für die M-GmbH, für die U einen Betrag von 20.000 EUR erhalten soll. Als U sich an die M-GmbH wendet und seine Imageberatung anbietet, will A davon nichts wissen. Kurz darauf wendet sich U an die M-GmbH und verlangt Zahlung von 20.000 EUR, was von A aber verweigert wird. Zudem wendet sich C an die M-GmbH und verlangt Zahlung seiner Vergütung für den vergangenen Monat in Höhe von 3.000 EUR. Auch dies lehnt A für die M-GmbH ab. Können U und C Zahlung von der M-GmbH verlangen? Hat die M-GmbH umgekehrt gegen C einen Schadenersatzanspruch?

**I. Anspruch von U gegen die M-GmbH auf Zahlung von 20.000 EUR aus § 611 Abs. 1 BGB**

U könnte gegen die M-GmbH einen Anspruch auf Zahlung von 20.000 EUR aus § 611 Abs. 1 BGB haben. Dies setzt voraus, dass zwischen der M-GmbH und U ein Dienstvertrag zustande gekommen ist. Ein solcher Vertrag wurde aber nur zwischen U und

C geschlossen. Die M-GmbH könnte sich aber die Willenserklärung des C nach § 35 Abs. 1 GmbHG zurechnen lassen. Voraussetzung dafür wäre allerdings, dass C auch Geschäftsführer der M-GmbH gewesen ist. Zum Zeitpunkt des Vertragsschlusses mit U war er allerdings schon als Geschäftsführer abberufen und hatte somit keine Vertretungsmacht mehr. Auf diesen Umstand kann sich die M-GmbH allerdings aufgrund von § 15 Abs. 1 HGB nicht berufen, da die Abberufung von C im Handelsregister nicht eingetragen worden war und U dahingehend gutgläubig gewesen ist. Somit kann sich die M-GmbH nicht darauf berufen, dass C keine Vertretungsmacht hatte. Daher ist zwischen U und der M-GmbH ein Dienstvertrag geschlossen worden. Der sich daraus ergebende Vergütungsanspruch in Höhe von 20.000 EUR ist auch fällig, da sich die M-GmbH durch die Erklärung des A, die Leistungen des U nicht in Anspruch nehmen zu wollen, im Annahmeverzug befunden hat (§§ 614, 615 BGB). U kann daher von der M-GmbH Zahlung von 20.000 EUR aus § 611 Abs. 1 BGB verlangen.

**II. Anspruch von C gegen die M-GmbH auf Zahlung von 3.000 EUR aus § 611 Abs. 1 BGB**

C könnte gegen die M-GmbH einen Anspruch auf Zahlung von 3.000 EUR aus § 611 Abs. 1 BGB haben. Dies setzt voraus, dass zwischen der M-GmbH und C ein Dienstvertrag zustande gekommen ist. Ein solcher Vertrag wurde vorliegend geschlossen. Fraglich ist allerdings, ob dieser bereits beendet wurde. Zwar wurde vorliegend der C als Geschäftsführer der M-GmbH abberufen. Dadurch endet aber noch nicht das Anstellungsverhältnis. Dies vorliegend auf Zeit eingegangene Dienstverhältnis endet erst mit Ablauf der vereinbarten Zeit (§ 620 Abs. 1 BGB). Auch eine vorzeitige Beendigung aufgrund einer außerordentlichen Kündigung nach § 626 BGB scheidet aus, da ein dafür notwendiger wichtiger Grund nicht ersichtlich ist. Die bloßen Meinungsverschiedenheiten zwischen den Gesellschaftern und C reichen insofern nicht. C hat daher gegen die M-GmbH einen Anspruch auf Zahlung von 3.000 EUR aus § 611 Abs. 1 BGB.

**III. Anspruch der M-GmbH gegen C auf Zahlung von 20.000 EUR aus § 43 Abs. 2 GmbHG**

Die M-GmbH könnte gegen C einen Anspruch auf Zahlung von 20.000 EUR aus § 43 Abs. 2 GmbHG haben. Dies setzt voraus, dass C als Geschäftsführer der M-GmbH seine dieser gegenüber bestehenden Pflichten verletzt hat. Zum Zeitpunkt des insofern relevanten Abschlusses des Dienstvertrages mit U war C aber nicht mehr Geschäftsführer der M-GmbH. Ein Anspruch aus auf Zahlung von 20.000 EUR aus § 43 Abs. 2 GmbHG scheidet daher aus. Die M-GmbH hat daher gegen C keinen Anspruch auf Zahlung von 20.000 EUR aus § 43 Abs. 2 GmbHG.

**IV. Anspruch der M-GmbH gegen C auf Zahlung von 20.000 EUR aus §§ 611 Abs. 1, 280 Abs. 1 BGB**

Die M-GmbH könnte gegen C einen Anspruch auf Zahlung von 20.000 EUR aus §§ 611 Abs. 1, 280 Abs. 1 BGB haben. Dies setzt voraus, dass zwischen der M-GmbH und C ein Dienstvertrag zustande gekommen ist. Ein solcher Vertrag wurde vorliegend geschlossen und war zum Zeitpunkt des Vertragsschlusses mit U auch noch nicht beendet (→ II.). Ein möglicher Anspruch aus §§ 611 Abs. 1, 280 Abs. 1 BGB wird auch nicht durch die Sonderregelung des § 43 GmbHG ausgeschlossen, da letzterer nur für Pflichtverletzungen gilt, die der Geschäftsführer im Rahmen des Bestellungsverhältnisses begangen hat. Vorliegend hat C den Vertrag mit U aber nach seiner Abberufung geschlossen. Weiterhin müsste C eine Pflichtverletzung begangen haben. Eine solche könnte in dem

Vertragsschluss mit U gesehen werden. Zum Zeitpunkt des Vertragsschlusses war C als Geschäftsführer der M-GmbH bereits abberufen. Auch wenn das Anstellungsverhältnis dadurch nicht berührt wird, ändert sich dessen Inhalt dadurch dahingehend, dass der abberufene Geschäftsführer grundsätzlich nicht mehr für die Gesellschaft handeln darf. Gegen diese Pflicht hat C schuldhaft verstoßen. Fraglich ist allerdings, ob der M-GmbH dadurch ein Schaden entstanden ist. Durch den Vertragsschluss muss die M-GmbH zwar 20.000 EUR an U leisten, erhält aber auch dessen Beratungsleistungen, für deren fehlende Werthaltigkeit es keine Anzeichen gibt. Der Umstand, dass A diese Leistungen für die M-GmbH für nicht sinnvoll erachtet, ist insofern unbeachtlich. Daher fehlt es schon an einem Schaden der M-GmbH. Die M-GmbH hat daher gegen C keinen Anspruch auf Zahlung von 20.000 EUR aus §§ 611 Abs. 1, 280 Abs. 1 BGB.

## § 14. Beziehungen zu Dritten (Außenverhältnis)

### A. Vertretung der GmbH

605 Die GmbH wird von den **Geschäftsführern** (→ Rn. 598 ff.) organschaftlich vertreten (§ 35 GmbHG). Dabei kann die GmbH über einen oder auch über mehrere Geschäftsführer verfügen. Wurden mehrere Geschäftsführer bestellt, liegt Gesamtvertretungsmacht (→ Rn. 47 ff.) vor, soweit der Gesellschaftsvertrag keine abweichende Regelung enthält.

606 Die Vertretungsmacht der Geschäftsführer ist unbeschränkt und kann auch nicht mit Wirkung für das Außenverhältnis beschränkt werden (§ 37 Abs. 2 GmbHG). Soweit der Gesellschaftsvertrag eine entsprechende **Beschränkung der Vertretungsmacht** vorsieht, ist der Geschäftsführer daran aber im Innenverhältnis gebunden und kann sich bei der Überschreitung dieser Beschränkung gegebenenfalls schadenersatzpflichtig machen.

607 Eine Besonderheit stellt sich bei der Vertretung einer GmbH durch deren Geschäftsführer, wenn dieser zugleich deren alleiniger Gesellschafter ist. Denn in diesem Fall ist es oftmals notwendig, dass dieser mit der GmbH in eine rechtsgeschäftliche Beziehung tritt, was allerdings ein **Insichgeschäft** darstellt und nach § 181 BGB die Nichtigkeitsfolge eintritt. Aber auch in anderen Fällen ist es oftmals notwendig, dass der Geschäftsführer in seiner Funktion mit der GmbH rechtsgeschäftlich handelt und § 181 BGB zur Anwendung kommt. Aus diesem Grund sehen die Gesellschaftsverträge typischerweise eine Befreiung von § 181 BGB vor, die auch im Handelsregister als Vertretungsregelung (§ 10 Abs. 1 S. 2 GmbHG) eingetragen werden kann (BGHZ 87, 59 = NJW 1983, 1676; BGHZ 114, 167 (170) = NJW 1991, 1731; Baumbach/Hueck/*Zöllner/Noack* § 35 Rn. 128 ff.).

**Merksatz:** Die Geschäftsführer sind organschaftliche Vertreter der GmbH und haben als solche unbeschränkte Vertretungsmacht. Für die Vornahme eines Insichgeschäfts bedarf es allerdings einer Befreiung von § 181 BGB.

## B. Haftungsverhältnisse der GmbH

Auch wenn die Haftungsverhältnisse bei der GmbH im Wesentlichen durch **608** die **Beschränkung der Haftung gegenüber den Gläubigern auf das Gesellschaftsvermögen** charakterisiert wird (→ Rn. 609), können darüber hinaus auch die Geschäftsführer (→ Rn. 610 ff.) und die Gesellschafter gegenüber den Gläubigern (→ Rn. 618) haften.

### I. Haftung der GmbH gegenüber den Gläubigern

Den Gläubigern steht zunächst das **Gesellschaftsvermögen** (→ Rn. 597) **609** als Haftungsmasse uneingeschränkt zur Verfügung. Dies gilt dabei sowohl für Verbindlichkeiten aus vertraglichen als auch aus gesetzlichen Schuldverhältnissen, soweit die GmbH bei letzteren auch selbst Schuldner wird. Wichtigste **Zurechnungsnorm** im Rahmen des Deliktsrechts ist dabei § 31 BGB, der auf den Geschäftsführer analoge Anwendung findet.

### II. Haftung der Geschäftsführer gegenüber den Gläubigern

Grundsätzlich haftet der Geschäftsführer einer GmbH gegenüber den Ge- **610** sellschaftsgläubigern nicht, da er im Namen der GmbH und nicht im eigenen Namen auftritt. Dies schließt jedoch eine deliktische Haftung des Geschäftsführers nicht aus (→ Rn. 615). Darüber hinaus kann sich eine Haftung des Geschäftsführers gegenüber den Gesellschaftsgläubigern daraus ergeben, dass bei seinem Auftreten nicht hinreichend deutlich wird, dass er für eine GmbH handelt oder wenn er bei seinem Auftreten ein persönliches Vertrauen in Anspruch genommen hat.

Daraus ergibt sich für die Haftung des Geschäftsführers gegenüber den Gesellschaftsgläubigern folgende **Übersicht**:

611

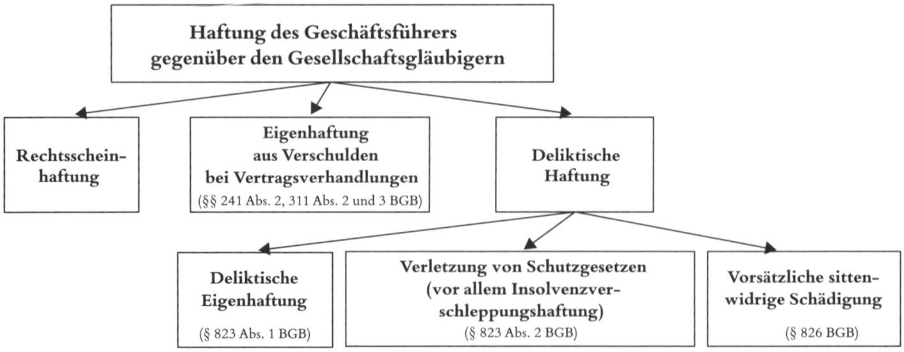


612 Eine Haftung des Geschäftsführers gegenüber den Gesellschaftsgläubigern kann sich zunächst daraus ergeben, dass er beim Auftreten im Rechtsverkehr den Anschein setzt, nicht für die GmbH, sondern als Einzelkaufmann oder für eine Personengesellschaft aufzutreten. Wenn dadurch das Vertrauen erweckt wird, dass mindestens eine natürliche Person für die vom Geschäftsführer begründeten Verbindlichkeiten haftet, kann der Geschäftsführer aufgrund des von ihm gesetzten **Rechtsschein des Bestehens einer persönlichen Haftung** direkt in Anspruch genommen werden (BGH NJW 1996, 2645; NZG 2007, 426; Baumbach/Hueck/*Zöllner/Noack* § 43 Rn. 69).

613 **Beispielsfall:** A und B sind alte Freunde und haben gemeinsam die Idee für ein neues alkoholfreies Getränk auf Mate-Basis entwickelt. Um diese Geschäftsidee umzusetzen, haben sie die M-GmbH mit einem Stammkapital von 25.000 EUR gegründet. A wurde zum Geschäftsführer bestellt. A bestellt per E-Mail bei Großhändler G erstmals Ware zum Preis von 50.000 EUR im Namen des M-Unternehmens. Dabei wird in der E-Mail in keiner Weise die M-GmbH erwähnt. Vielmehr wird lediglich A als Geschäftsführer für M erwähnt. Später kann die M-GmbH aufgrund der Eröffnung des Insolvenzverfahrens den Kaufpreis nicht vollständig zahlen und G wendet sich an A und verlangt Zahlung von 50.000 EUR. Zu Recht?

**I. Anspruch von G gegen A auf Zahlung von 50.000 EUR aus § 433 Abs. 2 BGB**

G könnte von A Zahlung von 50.000 EUR aus § 433 Abs. 2 BGB verlangen. Dies setzt voraus, dass zwischen G und A ein Kaufvertrag zustande gekommen ist. M hat vorliegend aber nicht im eigenen Namen, sondern im Namen des M gehandelt. Dem steht auch nicht entgegen, dass bei der Verwendung des Begriffs M keine Rechtsform angegeben wurde. Durch dessen Verwendung ist hinreichend zum Ausdruck gekommen, dass A jedenfalls nicht im eigenen Namen handeln wollte. Somit fehlt es schon an einem Vertragsschluss zwischen G und A. G kann von A daher keine Zahlung von 50.000 EUR aus § 433 Abs. 2 BGB verlangen.

**II. Anspruch von G gegen A auf Zahlung von 50.000 EUR aus § 433 Abs. 2 BGB iVm den Grundsätzen der Rechtsscheinhaftung**

G könnte von A Zahlung von 50.000 EUR aus § 433 Abs. 2 BGB iVm den Grundsätzen der Rechtsscheinhaftung verlangen. Dies setzt voraus, dass A einen ihm zurechenbaren

Rechtsschein gesetzt hat, für einen Einzelkaufmann oder für eine Personengesellschaft gehandelt zu haben und dass bei G das Vertrauen begründet wurde, dass jedenfalls eine natürliche Person für die sich aus dem Kaufvertrag ergebenden Verbindlichkeit haftet. Durch die Verwendung des Begriffs M hat A zunächst deutlich gemacht, dass er nicht im eigenen Namen handeln will. Darüber hinaus hat er keine Angaben darüber gemacht, dass bei M die Haftung auf das Gesellschaftsvermögen oder auf andere Weise beschränkt ist. Dem steht auch nicht entgegen, dass durch die Verwendung des Begriffs M keine Rechtsformangabe verwendet wurde. Denn wenn es an einem die Haftung einschränkenden Rechtsformzusatz fehlt, ist im Grundsatz immer von einer unbeschränkten Haftung einer natürlichen Person auszugehen. A hat daher den Rechtsschein gesetzt, nicht für eine GmbH, sondern als Einzelkaufmann oder für eine Personengesellschaft aufzutreten. G hatte von der wahren Rechtsform der M-GmbH auch keine Kenntnis. A kann daher direkt von G in Anspruch genommen werden. G kann daher von A Zahlung von 50.000 EUR aus § 433 Abs. 2 BGB iVm den Grundsätzen der Rechtsscheinhaftung verlangen.

Darüber hinaus kann der Geschäftsführer einer GmbH auch aus ***culpa in contrahendo*** (§§ 280, 311 Abs. 2 und 3 BGB) in Anspruch genommen werden. Dies ist allerdings nur dann der Fall, wenn der Geschäftsführer bei den Vertragspartnern der GmbH ein persönliches, über das normale Verhandlungsvertrauen hinausgehende Vertrauen in Anspruch genommen hat oder wenn er ein unmittelbares eigenes wirtschaftliches Interesse an dem Vertragsschluss hat (BGHZ 126, 181 (183) = NJW 1994, 2220; BGHZ 129, 136 (170) = NJW 1995, 1739; BGH NJW 2002, 208 (212); Baumbach/Hueck/*Zöllner/Noack* § 43 Rn. 70 ff.). An beide Fallgruppen sind allerdings hohe Anforderungen zu stellen, da anderenfalls die bei der GmbH bestehende Beschränkung der Haftung auf das Gesellschaftsvermögen umgangen werden würde. **614**

So fordert die höchstrichterliche Rechtsprechung für die erste Fallgruppe in der Regel eine Erklärung im Vorfeld einer **Garantiezusage**, was etwa dann der Fall ist, wenn der Geschäftsführer erklärt, dass er für die Erfüllung der Verbindlichkeit persönlich gerade stehen werde (BGHZ 126, 181 (189) = NJW 1994, 2220). Bei der zweiten Fallgruppe muss das Eigeninteresse etwa darin bestehen, dass der Geschäftsführer einen unmittelbaren direkten Vorteil – wie etwa die bei Vertragsschluss schon geplante persönliche Verwendung der vom Vertragspartner der GmbH erbrachten Leistungen – erhält. Nicht ausreichend ist hingegen die **eigene Beteiligung an der GmbH** (arg. § 13 Abs. 2 GmbHG – BGH NJW 1986, 586 (587); Baumbach/Hueck/*Zöllner/Noack* § 43 Rn. 72) oder die **Gewährung von Sicherheiten** für Verbindlichkeiten der GmbH (BGHZ 126, 181 (187) = NJW 1994, 2220).

Zudem trifft die Geschäftsführer einer GmbH eine persönliche Haftung im Rahmen von eigenen **deliktischen Handlungen nach § 823 Abs. 1 BGB**. Dies wird auch nicht durch den Umstand berührt, dass die GmbH daneben ebenfalls für die vom Geschäftsführer begangenen deliktischen Handlungen haftet, da sie sich diese nach § 31 BGB analog zurechnen lassen muss. Der Geschäftsführer hat dann aber einen Freistellungsanspruch gegen die GmbH (zu dieser Problematik schon → Rn. 270). **615**

**Merksatz:** Für die von einem Geschäftsführer einer GmbH selbst begangenen deliktischen Handlungen haftet dieser selbst. Darüber hinaus haftet aber auch die GmbH, wenn sich diese die Handlungen des Geschäftsführers nach § 31 BGB analog zurechnen lassen muss.

**616** Darüber hinaus kann sich auch eine Haftung des Geschäftsführers gegenüber den Gläubiger bzw. Vertragspartnern der GmbH aus § 823 Abs. 2 BGB wegen der **Verletzung von Schutzgesetzen** ergeben. Wichtigster Fall dieser Haftung ist die **Insolvenzverschleppungshaftung** (ausführlich → Rn. 578 ff.). Darüber hinaus kommen aber auch andere Schutzgesetze wie etwa wie die Vermögensstraftatbestände (§§ 263, 266, 266a, 266c, 283 ff. StGB) in Betracht. Im Unterschied zur deliktischen Haftung nach § 823 Abs. 1 BGB (→ Rn. 615) besteht bei diesen Ansprüchen in der Regel eine alleinige deliktsrechtliche Verantwortlichkeit des Geschäftsführers und gerade keine daneben tretende Haftung der GmbH.

**617** Schließlich kann sich auch eine **Haftung des Geschäftsführers aus § 826 BGB** gegenüber den Gesellschaftsgläubigern ergeben, wenn der Geschäftsführer gegenüber den Vertragspartnern wider besseren Wissens die Leistungsfähigkeit der GmbH behauptet und der Vertragspartner dadurch geschädigt wird (BGH NJW-RR 1991, 1312 (1314 f.); 1992, 1061 (1062); Baumbach/Hueck/*Zöllner/Noack* § 43 Rn. 86). In Abgrenzung zur Insolvenzverschleppungshaftung gewinnt diese Fallgruppe vor allem dann an Bedeutung, wenn ein Insolvenzgrund noch nicht vorliegt, es zum Zeitpunkt des Vertragsschlusses aber schon absehbar ist, dass die GmbH die Verbindlichkeit gegenüber dem Vertragspartner nicht erfüllen können wird.

## III. Haftung der Gesellschafter gegenüber den Gläubigern

**618** Schließlich können auch die Gesellschafter gegenüber den Gläubigern haften. Dies ist für die GmbH allerdings nur dann denkbar, wenn diese führungslos (→ Rn. 579) ist und die Gesellschafter von einer Zahlungsunfähigkeit oder Überschuldung Kenntnis haben, da dann auch sie eine **Insolvenzantragspflicht** nach § 15a Abs. 3 InsO trifft (ausführlich → Rn. 579). Im Rahmen der **Existenzvernichtungshaftung** können die Gesellschafter zwar auch auf Schadenersatz in Anspruch genommen werden. Allerdings handelt es sich dabei um eine bloße Innenhaftung (→ Rn. 576), so dass die Gläubiger die Gesellschafter nicht direkt in Anspruch nehmen können.

## C. Die Unternehmergesellschaft haftungsbeschränkt (UG)

Die dargestellten Grundsätze für die Beziehung der GmbH zu Dritten gelten auch für die Unternehmergesellschaft haftungsbeschränkt (UG). Insofern ist aber zu beachten, dass die Unternehmergesellschaft haftungsbeschränkt (UG) beim Auftreten im Rechtsverkehr einen von der GmbH **abweichenden Rechtsformzusatz in ihrer Firma** verwenden muss (§ 5a Abs. 1 GmbHG). Diese muss als „Unternehmergesellschaft (haftungsbeschränkt)" oder als „UG (haftungsbeschränkt)" auftreten. Dadurch soll der Rechtsverkehr erkennen können, dass es sich nicht um eine reguläre GmbH, sondern lediglich um eine Unternehmergesellschaft haftungsbeschränkt (UG) handelt. Auch wenn sowohl bei der Unternehmergesellschaft haftungsbeschränkt als auch bei der GmbH die Haftung der Gesellschafter für die Verbindlichkeiten der Gesellschaft ausgeschlossen sind, können sich bei einer fehlerhaften Firmierung Haftungsfolgen ergeben (dazu Klausurfall → Rn. 629). **619**

# § 15. Wechsel von Gesellschaftern

Ebenso wir bei den übrigen Gesellschaftsformen kann sich der Wechsel von Gesellschaftern auch bei einer GmbH durch das **Ausscheiden eines (alten) Gesellschafters** (→ Rn. 621), den **Eintritt eines (neuen) Gesellschafters** (→ Rn. 626a f.) und die **Übertragung der Gesellschafterstellung** (→ Rn. 627 f.) erfolgen. **620**

## A. Ausscheiden eines Gesellschafters

Der Gesellschafter kann durch die Einziehung seines Geschäftsanteils (§ 34 GmbHG, → Rn. 623 f.), durch dessen Ausschließung (§ 140 HGB analog, → Rn. 625) und den Austritt aus der GmbH ausscheiden. Die Insolvenz des Gesellschafters oder dessen Tod sind hingegen keine Gründe für ein Ausscheiden. Vielmehr wird die GmbH fortgeführt, wobei beim Tod eines Gesellschafters der Geschäftsanteil in den Nachlass fällt. Im Gegensatz zu den Personengesellschaften gibt es bei der GmbH kein ausdrückliches Kündigungsrecht, das aber durch die Möglichkeit des Austritts (→ Rn. 626) weitgehend nachgezeichnet wird. Damit ergibt sich folgendes Bild: **621**

622

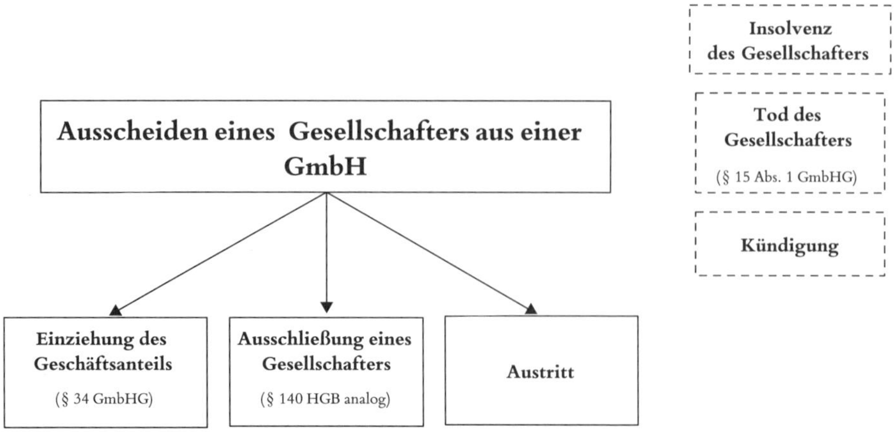


## I. Einziehung des Geschäftsanteils

623 Der Geschäftsanteil eines Gesellschafters kann nach § 34 GmbHG eingezogen werden **(Amortisation)**. Voraussetzung dafür ist, dass diese Möglichkeit im Gesellschaftsvertrag vorgesehen ist. Die Einziehung kann dabei mit oder ohne die Zustimmung des Inhabers des Anteils erfolgen, wobei letzteres nur dann möglich ist, wenn die Voraussetzungen bereits vor dem Erwerb des Geschäftsanteils im **Gesellschaftsvertrag** festgesetzt waren. Darüber hinaus erfordert die Einziehung einen Beschlusse der Gesellschafter (§ 46 Nr. 4 GmbHG), so dass diese Maßnahme also nicht vom Geschäftsführer getroffen werden kann.

Die praktische Bedeutung der Einziehungsmöglichkeit besteht vor allem darin, ein **Hinzutreten neuer Gesellschafter** zu verhindern. Denn dies droht vor allem beim Tod des Gesellschafters, bei der Eröffnung des Insolvenzverfahrens über sein Vermögen oder bei einer Pfändung des Geschäftsanteils. Aber auch andere Umstände in der Person des Gesellschafters können es oftmals notwendig machen, dass dieser aus der GmbH ausscheidet, ohne dass sein Geschäftsanteil an eine andere Person übergeht. Allerdings besteht bei einer solchen Einziehungsklausel im Gesellschaftsvertrag immer die Gefahr, dass der GmbH durch die notwendige Zahlung einer Abfindung notwendiges Kapital entzogen wird.

624 **Rechtsfolge** der Einziehung ist zunächst, dass sich die Nennbeträge der übrigen Geschäftsanteile entsprechend erhöhen, so dass diese in der Summe wieder dem im Gesellschaftsvertrag festgesetzten Stammkapital entsprechen. Zudem entsteht mit der Einziehung ein Abfindungsanspruch des betroffenen Gesellschafters, der allerdings nicht unter Verletzung des Kapitalerhaltungsgrundsatzes an den Gesellschafter gezahlt werden darf (§§ 34 Abs. 3, 30 Abs. 1 GmbHG). Soweit im Zeitpunkt der Beschlussfassung der Gesellschafter schon feststeht, dass die Abfindung nur unter Verstoß von § 30 Abs. 1 GmbHG gezahlt werden kann, ist der Beschluss nichtig (BGH ZIP 2011, 1104). Allerdings

kann der Verlust der Gesellschafterstellung auch unabhängig von dem Zeitpunkt der Zahlung der Abfindung im Gesellschaftsvertrag festgesetzt werden (BGH NZG 2009, 221).

## II. Ausschließung eines Gesellschafters

Darüber hinaus kann ein Gesellschafter auch bei der GmbH aus dieser aus- 625
geschlossen werden. Zwar sieht das GmbHG diese Möglichkeit selbst nicht vor. Allerdings kommt insoweit § 140 HGB analog zur Anwendung. Voraussetzung ist daher das Vorliegen eines **wichtigen Grundes**, der erst dann gegeben ist, wenn der Gesellschafter durch seine Person oder durch sein Verhalten die Erreichung des Gesellschaftszwecks unmöglich macht oder erheblich gefährdet oder sein Verhalten sein Verbleiben in der Gesellschaft untragbar erscheinen lassen (*K. Schmidt* § 35 IV 2 b). Aufgrund der analogen Anwendung von § 140 HGB kann der Ausschluss auch nicht schon allein durch einen Gesellschafterbeschluss erfolgen, sondern setzt zusätzlich eine entsprechende Gestaltungsklage voraus. Auch der ausgeschlossene Gesellschafter hat einen Anspruch auf Abfindung.

## III. Austritt

Schließlich kann der Gesellschafter auch aus der GmbH austreten, auch 626
wenn dieser Fall im GmbHG nicht ausdrücklich geregelt ist (dazu Baumbach/Hueck/*Fastrich* § 34 Anh. Rn. 18 ff.). Dieses Austrittsrecht folgt aber aus dem Grundsatz der Privatautonomie. Der Austritt bedarf aber stets eines **wichtigen Grundes**, da anderenfalls vor allem Vinkulierungsklauseln (→ Rn. 627) ohne weiteres umgangen werden können (*K. Schmidt* § 35 IV 3). Der Austritt erfolgt durch eine Erklärung gegenüber der GmbH. Der austretende Gesellschafter hat dann einen Anspruch auf Zahlung einer Abfindung Zug um Zug gegen Abtretung des Geschäftsanteils an die GmbH oder einen Dritten.

## IV. Kein Ausscheiden des Gesellschafters

Kein Grund für ein Ausscheiden des Gesellschafters ist zunächst die **Insol-** 626a
**venz des Gesellschafters**. Durch die Insolvenz wird die GmbH nicht berührt, da sie von ihrem Mitgliederbestand grundsätzlich unabhängig ist (→ Rn. 92). Allerdings veräußert der Insolvenzverwalter den GmbH-Geschäftsanteil des insolventen Gesellschafters meist an einen der anderen Gesellschafter. Der Erlös aus der Veräußerung fließt dann in die Insolvenzmasse und kommt somit den Gläubigern des insolventen Gesellschafters zugute.

Auch der **Tod des Gesellschafters** lässt die GmbH unberührt. Da der Ge- 626b
schäftsanteil vererblich ist (§ 15 Abs. 1 GmbHG), geht dieser im Rahmen der Universalsukzession an die Erben des verstorbenen Gesellschafters über. Han-

delt es sich dabei um mehrere Erben, steht diesen der GmbH-Geschäftsanteil gemeinschaftlich zu.

626c Kein Grund für ein Ausscheiden ist schließlich die **Kündigung der GmbH** durch einen Gesellschafter, da ein solches Kündigungsrecht – im Gegensatz zur Rechtslage bei den Personengesellschaften (→ Rn. 174, 278 für die GbR und → Rn. 382 ff. für die oHG) – schon gesetzlich nicht vorgesehen ist. Allerdings ist es auch für das GmbH-Recht anerkannt, dass der Gesellschafter den Austritt aus der GmbH erklären kann (→ Rn. 626).

## B. Übertragung der Gesellschafterstellung

627 Schließlich kann die Gesellschafterstellung auch übertragen werden. Dafür ist lediglich die Übertragung des Geschäftsanteils erforderlich, ohne dass der übertragende Gesellschafter dafür die Zustimmung der GmbH oder der übrigen Gesellschafter bedarf (§ 15 Abs. 1 GmbHG). Allerdings kann der Gesellschaftsvertrag weitere **Voraussetzungen für die Übertragung eines Geschäftsanteils** vorsehen (§ 15 Abs. 5 GmbHG), was vor allem dann erfolgt, wenn der Gesellschafterbestand keinen eigenmächtigen Veränderungen durch einzelne Gesellschafter ausgesetzt sein soll. § 15 Abs. 5 GmbHG erwähnt in diesem Zusammenhang beispielhaft das Genehmigungserfordernis der Gesellschaft **(Vinkulierung)**, wonach die Übertragung des Geschäftsanteils erst wirksam wird, wenn die GmbH dieser zugestimmt hat.

Mit der Aufnahme einer Vinkulierungsklausel im Gesellschaftsvertrag unterwerfen sich die Gesellschafter einer **umfassenden Bindung**, da von dem Grundsatz der freien Übertragbarkeit des GmbH-Geschäftsanteils (§ 15 Abs. 1 GmbHG) abgewichen wird. Dies ist vor allem für Familiengesellschaften oder für eine GmbH mit einer besonderen persönlichen Bindung der Gesellschafter sinnvoll, kann sich in der weiteren Entwicklung der GmbH aber schnell zum Problem entwickeln. Denn die fehlende Genehmigung zu einer Übertragung des Geschäftsanteils führt letztlich dazu, dass die Gesellschafter miteinander in der GmbH verbunden bleiben, obwohl dies oftmals nicht mehr sinnvoll ist. Daher sehen die Vinkulierungsklauseln meist auch konkrete Voraussetzungen vor, unter denen die Genehmigung erteilt werden muss. Liegen diese Voraussetzungen vor, kann der betroffene Gesellschafter die Zustimmung der GmbH bzw. seiner Mitgesellschafter auch gerichtlich durchzusetzen.

628 Die Übertragung des Geschäftsanteils erfolgt – wie bei den Gesellschaftsanteilen bei den übrigen Gesellschaftsformen (→ Rn. 286, 392 und 471) – durch **Abtretung nach § 398 BGB**. Dabei bedürfen sowohl das Verpflichtungsgeschäft als auch die Abtretung der **notariellen Form** (§ 15 Abs. 3 und 4 GmbHG). Allerdings wird das formnichtige Verpflichtungsgeschäft durch die unter Beachtung der Formerfordernisse vorgenommene Abtretung nach § 15 Abs. 4 S. 2 GmbHG geheilt.

# § 16. Wiederholung

## A. Zusammenfassung

1. Eine **GmbH** zeichnet sich dadurch aus, dass
   – sie rechtsfähig ist,
   – über mindestens einen oder mehrere Gesellschafter verfügt,
   – als Handelsgesellschaft gilt und
   – den Gläubigern nur das Gesellschaftsvermögen haftet.
2. Im Rahmen der **Gründung** der GmbH gibt es drei Gründungsstadien in Form
   – der Vorgründungsgesellschaft,
   – der Vorgesellschaft und
   – der eingetragenen GmbH.
3. Im Rahmen der **Vorgründungsgesellschaft** verpflichten sich die Gesellschafter, eine GmbH zu gründen. Die Eingehung dieser Verpflichtung bedarf der notariellen Form (§ 2 Abs. 1 GmbHG analog). Auf die Vorgründungsgesellschaft finden die §§ 705 ff. BGB bzw. die §§ 105 ff. HGB Anwendung.
4. Die **Vorgesellschaft** entsteht mit der Feststellung des Gesellschaftsvertrages und ist bereits im Grundsatz wie die spätere GmbH organisiert. Für die **Verbindlichkeiten der Vorgesellschaft** haften:
   – die Vorgesellschaft selbst,
   – die Gründer im Rahmen der Differenz- oder Verlustdeckungshaftung und
   – die für die Vorgesellschaft Handelnden.
5. Die GmbH selbst entsteht mit **Eintragung im Handelsregister**.
6. Bei der GmbH haftet den Gläubigern im Grundsatz nur das Gesellschaftsvermögen und nicht die Gesellschafter. Die **fehlende Haftung der Gesellschafter** wird kompensiert durch
   – das Kapitalschutzsystem,
   – die Durchgriffshaftung,
   – die Insolvenzantragspflicht und das Zahlungsverbot und
   – das Kreditsicherungsrecht.
7. Das **Kapitalschutzsystem im GmbH-Recht** besagt, dass
   – die Gesellschafter zur Gründung einer GmbH 25.000 EUR aufbringen müssen (Grundsatz der Kapitalaufbringung) und
   – dieses Kapital weder offen noch versteckt an die Gesellschafter zurückfließen darf (Grundsatz der Kapitalerhaltung).

8. Im Rahmen der **Existenzvernichtungshaftung** tritt die Gesellschafter einer GmbH die Pflicht, Eingriff in das Gesellschaftsvermögen zu vermeiden, die die Existenz der GmbH bedrohen. Rechtsfolge einer Verletzung dieser Pflicht ist eine Schadenersatzpflicht des Gesellschafters, der den existenzvernichtenden Eingriff vorgenommen hat oder daran beteiligt war, gegenüber der GmbH.
9. Bei der **Insolvenzantragspflicht** nach § 15a Abs. 1 InsO besteht für den Geschäftsführer einer GmbH die Pflicht, für diese innerhalb von drei Wochen einen Insolvenzantrag zu stellen, wenn die GmbH überschuldet (§ 19 InsO) oder zahlungsunfähig (§ 17 InsO) ist. Bei der Verletzung dieser Pflicht haften die Geschäftsführer den Altgläubigern auf den Quoten- und den Neugläubigern auf den Vertrauensschaden.
10. Bei der **Unternehmergesellschaft haftungsbeschränkt** handelt es sich um eine Form der GmbH, die bereits mit einem Stammkapital von einem Euro gegründet werden kann und bei der eine Pflicht zur Bildung einer gesetzlichen Rücklage in Höhe von einem Viertel des Jahresüberschusses besteht.
11. Der Gesellschaftsvertrag einer GmbH bedarf der **notariellen Beurkundung** und wird objektiv ausgelegt.
12. Die GmbH wird durch die **Geschäftsführer** vertreten, die von der Gesellschafterversammlung bestellt und abberufen werden.
13. Für den Geschäftsführer einer GmbH kann sich gegenüber den Gläubigern bzw. Vertragspartnern der GmbH eine **Haftung** ergeben
    – nach den Grundsätzen der Rechtsscheinhaftung,
    – aus *culpa in contrahendo* (§§ 280, 311 Abs. 2 und 3 BGB),
    – aus § 823 Abs. 1 BGB
    – aus § 832 Abs. 2 BGB iVm einem Schutzgesetz und
    – aus § 826 BGB.
14. Bei der Übertragung eines GmbH-Geschäftsanteils bedürfen sowohl das Verpflichtungs- als auch das Verfügungsgeschäft der notariellen Form.

## B. Klausurfall 2 (Bauunternehmer UG (haftungsbeschränkt))

Bearbeitungszeit: 300 Minuten

### 629 Sachverhalt

X möchte sich als kleiner Bauunternehmer selbständig machen, scheut allerdings die unbeschränkte Haftung. Aus diesem Grund gründet er ordnungsgemäß die „Bauunternehmer UG (haftungsbeschränkt)" mit einem Stammkapital von 100,00 EUR und bestellt sich selbst zum Geschäftsführer. Er mietet für die „Bauunternehmer UG (haftungsbeschränkt)" ein kleines Ladenlokal in seiner Nachbarschaft an. Da die Geschäfte als Bauunternehmer gerade am Anfang schlecht laufen, entschließt sich X, dass die „Bauunternehmer UG (haftungsbeschränkt)" nicht nur Baudienstleistungen, sondern auch Baumaterialien anbieten soll. K, der gern das Dach seines Einfamilienhauses erneuern möchte, wird auf das neue Geschäft aufmerksam, sucht dieses auf und bittet den X ihm ein Angebot für den Kauf von 100 m² Dachziegel zu unterbreiten. Daraufhin übermitttelt der X dem K ein Angebot auf dem Briefpapier der „Bauunternehmer UG (haftungsbeschränkt)". Dabei verwendet X, der sich in derartigen Angelegenheiten kaum auskennt, die Bezeichnung „U-GmbH. u.G. (i.G.)". Da das Angebot sehr günstig ist, nimmt K dieses bereits kurze Zeit später schriftlich an. Kurz darauf werden die Dachziegel geliefert, die K zusammen mit einigen Freunden selbst verlegt.

Nach ca. einem Jahr zeigen sich an den Dachziegeln allerdings erhebliche Mängel, die darauf zurückzuführen sind, dass diese bei der Herstellung in der Fabrik des Z nicht mit der richtigen Temperatur gebrannt wurden. Dies war weder dem X noch dem K aufgefallen. K wendet sich daraufhin an X und verlangt die Lieferung neuer (mangelfreier) Dachziegel, den Ausbau der alten und die Verlegung der neuen Dachziegel innerhalb der nächsten vier Wochen. X lehnt dies umgehend ab, da er für diese Mängel nicht verantwortlich sei. Daraufhin erwirbt K mangelfreie Dachziegel bei der Y-GmbH und beauftragt diese auch mit der Entfernung der mangelhaften (und damit völlig wertlosen) und der Verlegung der neuen Dachziegel. Die Y-GmbH stellt dem K dafür einen Betrag von 31.000,00 EUR in Rechnung. Dieser Betrag setzt sich aus 15.000,00 EUR für die neuen Dachziegel, 6.000,00 EUR für die Entfernung der alten Dachziegel und 10.000,00 EUR für die Verlegung der neuen Dachziegel zusammen.

**I.** Kann K von der „Bauunternehmer UG (haftungsbeschränkt)" Zahlung von 31.000,00 EUR verlangen?

**II.** Kann K von X die Zahlung von 31.000,00 EUR verlangen?

## Lösungsskizze 630

Die Klausur setzt sich im Wesentlichen aus zwei Schwerpunkten bzw. Problemkreisen zusammen und wurde von Herrn Dr. Sebastian Mock vom Seminar für Handelsrecht der Universität Hamburg konzipiert. In der ersten Fallfrage geht es um die Frage der Reichweite der Nacherfüllung und deren Verhältnis zu den anderen Mängelgewährleistungsrechten. Diese Problematik ist für den Verbrauchsgüterkauf durch die Entscheidung des EuGH v. 16.6.2011 – C-65/09, C-87/09, NJW 2011, 2269 und die nachfolgende Entscheidung des BGH v. 21.12.2011 – VIII ZR 70/08, NJW 2012, 1073 entschieden worden. Da es sich dabei um eine grundlegende Problematik des neuen Schuldrechts handelt, ist davon auszugehen, dass diese den Kandidaten bekannt und daher eher im mittleren Schwierigkeitsgrad einzuordnen ist. Der zweiten Fallfrage liegt die Entscheidung des BGH v. 12.6.2012 – II ZR 256/11, NJW 2012, 2871 zugrunde. Im Mittelpunkt steht dabei die Rechtsscheinhaftung, die der II. Zivilsenat in dieser Entscheidung im Rahmen einer analogen Anwendung von § 179 BGB verortet hat. Die Besonderheit besteht dabei in den Unterschieden zwischen der Unternehmergesellschaft und einer „regulären" GmbH und der Frage, welche Folgen das Firmieren einer Unternehmergesellschaft als GmbH für Folgen hat. Die Entscheidung ist in der Literatur teilweise scharf kritisiert worden (vgl. *Altmeppen* NJW 2012, 2833) und lässt daher im Rahmen der Falllösung Raum für alternative Ergebnisse bzw. Begründungsansätze. Auch wenn es sich bei der Rechtsscheinproblematik um eine als bekannt einzustufende Problematik des Handels- und Gesellschaftsrechts handelt, dürfte diese Entscheidung nur wenigen Kandidaten bekannt sein. Hinzu kommt, dass sich die Problematik durch ein relativ hohes Schwierigkeitsniveau auszeichnet, was bei der Benotung berücksichtigt werden sollte. In der Gewichtung sind beide Fallfragen als gleichwertig einzustufen.

## I. Kann K von der „Bauunternehmer UG (haftungsbeschränkt)" Zahlung von 31.000,00 EUR verlangen?

### 1. Anspruch von K gegen Bauunternehmer UG (haftungsbeschränkt) Zahlung von 31.000,00 EUR aus §§ 437 Nr. 1, 439 BGB

#### a) Abschluss eines Kaufvertrages

K hat mit der Bauunternehmer UG (haftungsbeschränkt) einen wirksamen Kaufvertrag geschlossen, bei dem diese durch deren Geschäftsführer X vertreten wurde.

#### b) Mangelhaftigkeit der Dachziegel bei Gefahrübergang

Die Dachziegel waren bei der Lieferung an K auch mangelhaft, da sie sich nicht für eine gewöhnliche Verwendung eignen (§ 434 Abs. 1 S. 1 Nr. 2 BGB).

#### c) Inhalt des Anspruchs aus §§ 437 Nr. 1, 439 BGB

Problematisch ist allerdings, ob der Nacherfüllungsanspruch auch einen Schadenersatzanspruch umfassen kann. Dies wurde von der Rechtsprechung und auch der Literatur ursprünglich abgelehnt, da der Verkäufer durch die Nacherfüllung das Recht zur zweiten Andienung erhalten sollte. Durch die oben genannte Rechtsprechung des EuGH umfasst der Nacherfüllungsanspruch allerdings nicht mehr nur die Nachlieferung oder die Nachbesserung, sondern beinhaltet neben der Pflicht des Verkäufers zur Lieferung einer mangelfreien Sache auch die (verschuldensunabhängige) Pflicht zur Übernahme des Einbaus der neuen Sache und des Ausbaus der alten (mangelhaften) Sache. Da diese Rechtsprechung auf der Auslegung der Verbrauchsgüterkaufrichtlinie basiert, kann diese auch nur auf einen Verbrauchsgüterkauf angewendet werden, der vorliegend aber gegeben ist. Der nach der Rechtsprechung nunmehr erweiterte

Nacherfüllungsanspruch umfasst dabei allerdings nicht einen Schadenersatzanspruch, wenn der Käufer ein Deckungsgeschäft vornimmt und den Ein- und Ausbau von einem anderen Unternehmen durchführen lässt.

Allerdings hat der BGH in seiner oben genannten Entscheidung im Rahmen des Nacherfüllungsanspruchs nach § 439 Abs. 1 BGB das Recht des Verkäufers angenommen, die Nacherfüllung zu verweigern, wenn die Ersatzlieferung unverhältnismäßig hohe Kosten verursachen würde. In diesem Fall muss der Verkäufer dem Käufer einen angemessenen Betrag zahlen, dessen genaue Voraussetzungen vom BGH allerdings weitgehend offen gelassen wurden. Da sich somit auch aus § 439 Abs. 1 BGB ein Zahlungsanspruch des K ergeben kann, ist zu prüfen, ob ein Fall unverhältnismäßig hoher Kosten für die Ersatzlieferung vorliegt. Dies ist im Ergebnis zu verneinen, da die Bauunternehmer UG (haftungsbeschränkt) dies nicht geltend macht und im Sachverhalt keine weiteren Angaben dazu gemacht werden. In diesem Zusammenhang kann vor allem nicht auf die von der Y-GmbH in Rechnung gestellten Kosten abgestellt werden, da nicht klar ist, ob diese Kosten auch für die Bauunternehmer UG (haftungsbeschränkt) entstanden wären. Insofern scheidet die Annahme eines Zahlungsanspruchs in diesem Zusammenhang aus.

**d) Zwischenergebnis**

K hat keinen Anspruch gegen die Bauunternehmer UG (haftungsbeschränkt) auf Zahlung von 31.000,00 EUR aus §§ 437 Nr. 1, 439 BGB.

**2. Anspruch von K gegen die Bauunternehmer UG (haftungsbeschränkt) auf Zahlung von 31.000,00 EUR aus §§ 437 Nr. 3, 281, 280 BGB**

**a) Abschluss eines Kaufvertrages (→ I. 1.)**

**b) Pflichtverletzung der Bauunternehmer UG (haftungsbeschränkt)**

Weiterhin müsste die Bauunternehmer UG (haftungsbeschränkt) eine Pflichtverletzung begangen haben. Dabei handelt es sich vorliegend um die fehlende Erfüllung des Nacherfüllungsanspruchs (→ I.), da die Bauunternehmer UG (haftungsbeschränkt) danach zur Lieferung neuer, mangelfreier Dachziegel und zum Ein- und Ausbau verpflichtet gewesen wäre.

**c) Erfolglose Nachfristsetzung oder deren Entbehrlichkeit**

Weiterhin müsste K der Bauunternehmer UG (haftungsbeschränkt) eine Nachfrist gesetzt haben, die erfolglos abgelaufen ist. Da X als Geschäftsführer der Bauunternehmer UG (haftungsbeschränkt) eine Nacherfüllung aber sofort ablehnt, ist die Nachfristsetzung nach § 281 Abs. 2 BGB aber entbehrlich.

d) **Verschulden**

Zudem müsste die Bauunternehmer UG (haftungsbeschränkt) schuldhaft gehandelt haben. Diese hat zwar nicht selbst gehandelt, muss sich allerdings das Verschulden des X über § 31 BGB analog zurechnen lassen. Ein Verschulden des X ist dabei in Form des Vorsatzes anzunehmen, da dieser die Pflichten aus dem Nacherfüllungsanspruch ausdrücklich nicht erfüllen wollte. Auf ein Verschulden hinsichtlich der Mangelhaftigkeit der Dachziegel kommt es dabei nicht an, da Anknüpfungspunkt für das Verschulden die Pflichtverletzung in Form der fehlenden Erfüllung des Nacherfüllungsanspruchs ist. Diese Unterscheidung ist nach der Rechtsprechung zum Umfang bzw. zur Natur des Nacherfüllungsanspruchs entscheidend und muss von den Kandidaten erkannt werden.

e) **Schaden**

Dem K ist durch die Pflichtverletzung der Bauunternehmer UG (haftungsbeschränkt) auch ein Schaden entstanden, da er diese Pflicht von einem anderen Unternehmen erfüllen lassen musste. Da der Nacherfüllungsanspruch neben der Nachlieferung fehlerfreier Dachziegel auch den Ein- und Ausbau erfasst, sind die auch die gesamten Kosten von 31.000,00 EUR als Schaden zu betrachten. Soweit ein Kandidat die – nach der Rechtsprechung des EuGH und des BGH wohl nur schwer zu begründende – Ansicht vertritt, dass sich der Nacherfüllungsanspruch nur auf die Lieferung mangelfreier Dachziegel beschränkt, muss dann konsequenterweise ein geringerer Schaden angenommen werden. Denn dann fehlt es für die Ein- und Ausbaukosten schon an dem erforderlichen Verschulden der Bauunternehmer UG (haftungsbeschränkt), da die Dachziegel beim Hersteller falsch produziert wurden.

Der Anspruch reduziert sich auch nicht dadurch, dass die Bauunternehmer UG (haftungsbeschränkt) die alten, mangelhaften Dachziegel nicht zurückerhalten hat, da diese laut Sachverhalt völlig wertlos sind und eine Anrechnung ausgeschlossen ist.

f) **Ergebnis**

Anspruch von K gegen die Bauunternehmer UG (haftungsbeschränkt) auf Zahlung von 31.000,00 EUR aus §§ 437 Nr. 3, 281, 280 BGB

3. **Anspruch von K gegen die Bauunternehmer UG (haftungsbeschränkt) auf Zahlung von 31.000,00 EUR aus § 823 Abs. 1 BGB**

Ein Anspruch aus § 823 Abs. 1 BGB scheidet vorliegend aus, da es sich bei dem Schaden des K um einen reinen Vermögensschaden handelt, der von § 823 Abs. 1 BGB nicht ersetzt wird.

4. **Anspruch von K gegen die Bauunternehmer UG (haftungsbeschränkt) auf Zahlung von 31.000,00 EUR aus § 823 Abs. 2 BGB**

Ein Anspruch aus § 823 Abs. 2 BGB scheidet vorliegend aus, da kein Schutzgesetzt ersichtlich ist, dass verletzt worden sein könnte.

**5. Anspruch von K gegen die Bauunternehmer UG (haftungsbeschränkt) auf Zahlung von 31.000,00 EUR aus § 826 BGB**

Schließlich scheidet auch ein Anspruch aus § 826 BGB aus, da eine sittenwidrige Schädigung nicht erkennbar ist.

**6. Ergebnis**

K hat einen Anspruch gegen die Bauunternehmer UG (haftungsbeschränkt) auf Zahlung von 31.000,00 EUR aus §§ 437 Nr. 3, 281, 280 BGB.

**II. Kann K von X die Zahlung von 31.000,00 EUR verlangen?**

**1. Anspruch von K gegen X auf Zahlung von 31.000,00 EUR aus §§ 437 Nr. 3, 281 BGB**

**a) Abschluss eines Kaufvertrages zwischen K und X**

Dies setzt zunächst voraus, dass ein Kaufvertrag zwischen K und X geschlossen wurde. Da X aber als Geschäftsführer der Bauunternehmer UG (haftungsbeschränkt) aufgetreten ist, ist der Kaufvertrag nur zwischen der Bauunternehmer UG (haftungsbeschränkt) und K zustande kommen. Ein Vertragsverhältnis zwischen K und X wurde daher nicht begründet.

**b) Zwischenergebnis**

K hat keinen Anspruch gegen X auf Zahlung von 31.000,00 EUR aus §§ 437 Nr. 3, 281 BGB

**2. Anspruch von K gegen X auf Zahlung von 31.000,00 EUR aus § 179 BGB (analog)**

**a) Anwendbarkeit der Grundsätze der Rechtsscheinhaftung**

Der BGH hat in der oben genannten Entscheidung die Grundsätze der Rechtsscheinhaftung nunmehr in § 179 BGB bzw. dessen analoger Anwendung verankert und dabei nicht nur auf den Fall beschränkt, dass ein Rechtsformzusatz bei der Firmierung völlig weggelassen wird. Vielmehr finden die Grundsätze der Rechtsscheinhaftung auch dann Anwendung, wenn ein anderer Firmenzusatz verwendet wird. Denn durch die Verwendung eines Rechtsformzusatzes soll der Rechtsverkehr vertrauen können, dass die jeweiligen Haftungsverhältnisse auch tatsächlich vorliegen, da daran in der Regel Dispositionen genknüpft werden.

Die Verankerung dieser Grundsätze der Rechtsscheinhaftung in § 179 BGB (analog) ist dabei allerdings nicht zwingend, so dass es auch ausreichend ist, wenn die Kandidaten diese Grundsätze „allgemein" anwenden, ohne diese in § 179 BGB zu verorten.

**b) Inhalt der Rechtsscheinhaftung**

Das Problem des Falles liegt darin, dass X die Bezeichnung „U-GmbH. u.G. (i.G.)" verwendet hat, obwohl § 5a Abs. 1 GmbHG für den Rechtsformzusatz der Unternehmergesellschaft lediglich die Bezeichnungen „Unternehmergesellschaft (haftungsbeschränkt)“ oder „UG (haftungsbeschränkt)“ zulässt. Dabei ist zunächst zu diskutieren, ob die von X verwendete Bezeichnung „U-GmbH. u.G. (i.G.)“ einen hinreichenden Rechtsschein gesetzt hat, dass es sich bei der Gesellschaft um eine GmbH handelt. Dies wurde vom BGH vorliegend angenommen, ist aufgrund der Relativierung des GmbH-Zusatzes durch die anderen Angaben aber letztlich nicht zwingend. Sofern davon ausgegangen wird, dass der Rechtsschein des Bestehens einer GmbH gesetzt wurde, ist zu diskutieren, welche Folgen sich daraus ableiten. Der BGH hat vorliegend den Schluss gezogen, dass der Rechtsverkehr dann darauf vertrauen kann, dass eine Kapitalgesellschaft mit mindestens 25.000,00 EUR vorliegt und derjenige, der den Rechtsschein gesetzt hat, dann auf die Differenz des Stammkapitals der Unternehmergesellschaft und der 25.000,00 EUR haftet. Diese Sichtweise ist freilich nicht zwingend und wird im Schrifttum auch teilweise heftig angegriffen. Denn auch bei einer GmbH ist nicht sicher, dass die 25.000,00 EUR Stammkapital auch noch tatsächlich vorhanden sind. Dies hat der BGH zwar auch erkannt, ist diesem Einwand allerdings mit der Begründung entgegengetreten, dass das Stammkapital zum einen auch noch vorhanden sein kann und zum anderen der Rechtsverkehr vor einer missbräuchlichen Verwendung des Rechtsformzusatzes „GmbH“ geschützt werden müsste. Von den Kandidaten wird erwartet, dass sie diese Problematik erkennen und mit eigenen Argumenten sich für die eine oder andere Ansicht entscheiden.

**Klausurhinweis:** Besonders positiv ist zu bewerten, wenn Kandidaten auf den Umstand eingehen, dass der von X verwendete Rechtsformzusatz auch „i. Gr.“ beinhaltet, womit wohl in Gründung gemeint sein soll. Die damit zum Ausdruck kommende Gründungsnähe der Gesellschaft spricht – jedenfalls nach Auffassung des BGH – für das Vorhandensein des Stammkapitals, da die Gesellschaft sozusagen noch nicht viel Zeit hatte, ihr gesamtes Kapital zu verbrauchen.

### c) Entkräftung des Rechtsscheins

Der durch den X gesetzte Rechtsschein wird auch nicht durch die ordnungsgemäße Eintragung der Bauunternehmer UG (haftungsbeschränkt) nach § 15 Abs. 2 HGB entkräftet. Denn die Grundsätze der Rechtscheinhaftung stellen einen Spezialtatbestand gegenüber den allgemeinen Rechtsscheinwirkungen des Handelsregisters dar und finden somit nach dem Spezialitätsgrundsatz Anwendung.

**d) Umfang des Anspruchs**

Problematisch ist schließlich der Umfang des Anspruchs des K gegen X. Denn der X hat vorliegend nur einen Rechtschein des Bestehens einer regulären GmbH gesetzt, deren Grundkapital sich auf 25.000,00 EUR beläuft. Da die Bauunternehmer UG (haftungsbeschränkt) selbst über ein Stammkapital von 100,00 EUR verfügt, kann sich der Anspruch nur auf die Differenz und damit auf 24.900,00 EUR belaufen. Denn wenn X tatsächlich eine GmbH gegründet hätte, hätte er lediglich diesen Mehrbetrag aufbringen müssen. Diese Beschränkung hat der BGH in der oben genannten Entscheidung zwar nicht aufgestellt, da in dem Verfahren lediglich ein Anspruch von ca. 11.000,00 EUR geltend gemacht wurde. Allerdings ergibt sich diese Beschränkung aus dem Umstand, dass derjenige, der einen Rechtsschein setzt, nur so behandelt werden darf, als wenn die dem von ihm gesetzten Rechtsschein zugrundliegenden Umstände tatsächlich vorlägen. In diesem Fall würde eine GmbH mit einem Mindestkapital von 25.000,00 EUR vorliegen, was zwar auch höher sein kann. Für ein höheres Stammkapital hat X aber keinen Rechtsschein gesetzt.

Der Anspruch reduziert sich auch nicht dadurch, dass X bzw. die Bauunternehmer UG (haftungsbeschränkt) die alten, mangelhaften Dachziegel nicht zurückerhalten hat, da diese laut Sachverhalt völlig wertlos sind und eine Anrechnung somit ausgeschlossen ist.

Keiner Erörterung bedarf die Frage, ob X gegenüber K oder allen Gläubigern gegenüber auf 25.000,00 EUR haftet, da vorliegend nur ein Gläubiger angegeben ist. Diese Frage hat auch der BGH offengelassen, da sie nicht entschieden werden musste.

**e) Ergebnis:**

K hat gegen X einen Anspruch auf Zahlung von 24.900,00 EUR aus § 179 BGB (analog)

## C. Kontrollfragen

1. Welche Vor- und Nachteile birgt die GmbH als Beteiligungsform für das Projekt von A und B (→ Rn. 98) und für die Gewinnung externer Investoren?
2. Welche Organe hat eine GmbH?
3. Welche Gründungsstadien werden bei einer Gründung einer GmbHG durchlaufen?
4. Was ist der Unterschied zwischen einer Vorgründungs- und einer Vorgesellschaft?
5. Wer haftet für die Verbindlichkeiten einer Vorgesellschaft?

6. Wodurch zeichnen sich der Grundsatz der Kapitalaufbringung und der Grundsatz der Kapitalerhaltung bei der GmbH aus?
7. Was ist eine verdeckte Sacheinlage und welche Folgen hat sie?
8. Worum handelt es sich bei der Existenzvernichtungshaftung?
9. Was ist die Insolvenzantragspflicht und welche Folgen hat ihre Verletzung?
10. Nach welchen Grundsätzen wird ein Gesellschaftsvertrag einer GmbH ausgelegt?
11. Was bedeutet die Unterscheidung zwischen Bestellungs- und Anstellungsverhältnis beim Geschäftsführer einer GmbH?
12. Was sind die wesentlichen Unterschiede zwischen einer regulären GmbH und einer Unternehmergesellschaft haftungsbeschränkt?

# Antworten zu den Kontrollfragen

## I. Kapitel 1 – § 5

Frage 1 Bei einer Gesellschaft handelt es sich grundsätzlich um einen privatrechtlichen, freiwilligen Zusammenschluss mehrerer Personen zur Verfolgung eines gemeinsamen Zwecks. Das Gesellschaftsrecht setzt sich dabei mit den verschiedenen Rechtsverhältnissen auseinander, die bei einer Gesellschaft auftreten. Zentrale Aspekte sind dabei die Frage nach dem anwendbaren Gesellschaftsrecht, die Gründung und die rechtliche Anerkennung von Gesellschaften, das Auftreten der Gesellschaft im Rechtsverkehr, das Innenverhältnis der Gesellschaft, die Fortentwicklung der Gesellschaft durch den Wechsel der Gesellschafter, die Besteuerung der Gesellschaft und der Gesellschafter und die Abwicklung, Beendigung und Insolvenz der Gesellschaft.

Frage 2 Im Rahmen der Gründung einer Gesellschaft stellt sich generell die Frage, welche Voraussetzungen an die Gründung gestellt werden und wann die Gesellschaft tatsächlich entsteht. Darüber hinaus ist die Gestaltungsfreiheit und deren Grenzen ein zentraler Aspekt, der sich unter anderem in Form des Grundsatzes des *numerus clausus* stellen kann. Schließlich stellt sich im Gesellschaftsrecht das Problem der Behandlung fehlerhaft gegründeter Gesellschaften, die aber trotz ihrer fehlerhaften Gründung bereits am Rechtsverkehr teilgenommen haben.

Frage 3 Das Innenverhältnis einer Gesellschaft wird zunächst maßgeblich von der Frage der Geschäftsführung also der Frage nach der Kompetenz zur Leitung der Gesellschaft dominiert. In einem unmittelbaren Zusammenhang damit stehen die möglichen Folgen für eine fehlerhafte Leitung und einer sich daraus ergebenden Schädigung der Gesellschaft. Weiterhin wird das Innenverhältnis von verschiedenen Pflichten und Rechten der Gesellschafter geprägt, die bei den einzelnen Gesellschaftsformen unterschiedlich ausgestaltet sein können. Schließlich stellt sich bei jeder Gesellschaft die Frage nach der Ausgestaltung der Willensbildung bzw. Beschlussfassung der Gesellschafter.

Frage 4 Das Problem des Reflexschadens beschreibt den Schaden in Form eines Wertverlusts, der sich für einen Gesellschafter daraus ergibt, dass jemand die Gesellschaft schädigt. Grundsätzlich ist der Reflexschaden nicht ersatzfähig. Vielmehr ist der Gesellschafter darauf beschränkt, dass die zuständigen Gesellschaftsorgane den Schädiger der Gesellschaft in Anspruch nehmen, wodurch der Wertverlust für den Gesellschafter – jedenfalls bei einer erfolgreichen Inanspruchnahme – ausgeglichen wird. Von diesem Grundsatz wird allerdings bei mitgliedschaftsbezogenen Eingriffen eine Ausnahme gemacht. In diesem Fall kann der Gesellschafter direkt gegen den Schädiger der Gesellschaft vorgehen.

Frage 5 Auflösung, Abwicklung und Vollbeendigung sind Begrifflichkeiten im Zusammenhang mit der Beendigung einer Gesellschaft, die verschiedene Stadien beschreiben. Die Auflösung beschreibt den Vorgang, in dem sich der werbende Zweck der Gesellschaft dahingehend ändert, dass diese fortan auf eine Abwicklung ausgerichtet ist. Bei der Abwicklung handelt es sich hingegen um das Verfahren, in dem die Rechtsbeziehungen der Gesellschaft beendet, die Gläubiger befriedigt und das dann gegebenenfalls bestehende Restvermögen an die Gesellschafter verteilt wird. Dem schließt sich die Vollbeendigung an, wodurch die Gesellschaft aufhört zu existieren.

Frage 6 Die verschiedenen Gesellschaftsformen lassen sich zunächst anhand ihrer rechtlichen Selbstständigkeit typisieren. Insofern lassen sich (reine) Innengesellschaften, rechtsfähige Personengesellschaften und juristische Personen (Körperschaften) unterscheiden. Darüber hinaus kann aber auch zwischen Gesellschaften (im engeren Sinne) und Körperschaften differenziert werden. Diese unterscheiden sich dann hinsichtlich der Selbst- und Fremdorganschaft, der Haftung für die Verbindlichkeiten der Gesellschaft, der Abhängigkeit vom Personenbestand, der Mehrheitsanforderungen bei Gesellschafterbeschlüssen und der Besteuerung. Allerdings können diese Merkmale durch eine entsprechende Gestaltungspraxis oftmals miteinander kombiniert werden, so dass diese Klassifizierung durchbrochen werden kann.

Frage 7 Die Wahl der richtigen Rechtsform hängt in erster Linie entscheidend von den individuellen Verhältnissen und Bedürfnissen der Gesellschafter ab. Für diese stellt sich in diesem Zusammenhang die Frage nach der eigenen Risikobereitschaft, des eigenen Einflusses bei der Gesellschaft und der eigenen kurz- und langfristigen Ziele mit der Gesellschaft. Darüber hinaus müssen aber auch schon die Interessen möglicher künftiger Gesellschafter berücksichtigt werden.

## II. Kapitel 2 – § 6 B.

Frage a) Die (Innen-)GbR ist für A und B von keinerlei Nutzen, da diese schon nicht selbst am Rechtsverkehr teilnimmt. Insofern könnten A und B ihr Projekt nur als Einzelkaufleute durchführen und diese Tätigkeit über eine (Innen-)GbR koordinieren. Damit wäre aber eine persönliche Haftung für die im Zusammenhang mit dem Projekt entstehenden Verbindlichkeiten verbunden. Hinzu kommt, dass eine reine (Innen-)GbR für die Gewinn externer Investoren nicht geeignet ist, solange es sich dabei nicht um eine stille Gesellschaft handelt (→ Rn. 480 ff.).

Frage b) Die GbR kann für eine Reihe verschiedener Zwecke eingesetzt werden und zeichnet sich daher nicht durch ein typisches Erscheinungsbild aus. In ihrer rechtlichen Struktur lassen sich allerdings die (Innen-)Gesellschaften bürgerlichen Rechts von den (Außen-)Gesellschaften bürgerlichen Rechts abgrenzen. Während die (Innen-)GbR nicht am Rechtsverkehr teilnimmt und auch nicht rechtsfähig ist, zeichnet sich die (Außen-)GbR gerade durch eine Teilnahme am Rechtsverkehr aus, die dabei unternehmerisch ausgestaltet sein kann. Darüber hinaus kann sowohl die (Innen-)GbR als auch die (Außen-)GbR über ein Gesellschaftsvermögen verfügen, das bei beiden Erscheinungsformen der gesamthänderischen Bindung unterliegt.

Frage c) Die Grundsätze der fehlerhaften Gesellschaft setzen neben der fehlerhaften Gründung einer Gesellschaft deren Invollzugsetzung voraus, da aufgrund der Invollzugsetzung die Rückabwicklung der danach vorgenommenen Rechtsgeschäfte typischerweise faktisch unmöglich ist bzw. an Grenzen stößt. Dieses Tatbestandsmerkmal der Invollzugsetzung kann allerdings bei einer (Innen-)GbR nicht erfüllt werden.

Frage d) Die Auslegung eines Gesellschaftsvertrages eine (Innen-)GbR richtet sich nach den §§ 133, 157 BGB. Darüber hinaus spielen die Grundsätze der ergänzenden Vertragsauslegung für die (Innen-)GbR eine große Rolle.

Frage e) Die zentrale Pflicht eines Gesellschafters einer (Innen-)GbR ist die Leistung der im Gesellschaftsvertrag versprochenen Beiträge. Darüber hinaus trifft den Gesellschafter die Treuepflicht. Der Gesellschafter einer (Innen-)GbR hat zudem ein Einsichts- und Auskunftsrecht sowie ein Stimmrecht. Darüber hinaus kann sich der Gesellschafter auf das Gleichbehandlungsgebot berufen.

Frage f) Der Gesellschafter einer (Innen-)GbR kann durch eine Änderung des Gesellschaftsvertrages, die Ausübung eines Kündigungsrechts (§§ 723 ff. BGB) oder aufgrund eines Beschlusses der (übrigen) Gesellschafter (§ 737 BGB) aus dieser ausscheiden. Der Tod des Gesellschafters (§ 727 BGB), die Eröffnung des Insolvenzverfahrens über sein Vermögen (§ 728 Abs. 2 BGB) und die Kündigung der Gesellschaft (§§ 723 ff. BGB) führen bei der (Innen-)GbR zu deren Auflösung, sofern der Gesellschaftsvertrag keine abweichende Regelung enthält.

Frage g) Die Auflösung der (Innen-)GbR führt automatisch zu deren Vollbeendigung, da die (Innen-)GbR nicht am Rechtsverkehr teilnimmt, so dass es keiner eigenständigen Abwicklung bedarf. Dem steht auch nicht entgegen, dass die (Innen-) GbR ein Gesellschaftsvermögen bilden kann, da die (Innen-)GbR selbst nicht Rechtsträger dieses Gesellschaftsvermögen ist.

## III. Kapitel 2 – § 6 C.

Frage a) Die (Außen-)GbR eignet sich grundsätzlich für das Projekt von A und B. Denn mit der (Außen-)GbR können A und B am Rechtsverkehr unternehmerisch teilnehmen und das Projekt gemeinsam verfolgen. Allerdings ergibt sich bei der (Außen-)GbR auch eine Reihe von Nachteilen. Diese bestehen vor allem hinsichtlich der persönlichen und unbeschränkten Haftung gegenüber den Gläubiger der (Außen-)GbR. Auch wenn A und B zu diesem Risiko bereit sind, dürfte es zukünftig Schwierigkeiten bereiten, weitere Investoren zu gewinnen. Denn diese müssten dann entweder selbst Gesellschafter werden und sich der Gefahr der persönlichen Haftung aussetzen oder sich auf eine passive Rolle als Darlehensgeber oder stiller Gesellschafter zurückziehen. Schließlich birgt die fehlende Registerpublizität der (Außen-)GbR für A und B den Nachteil, dass ihre Beteiligungsstruktur gegenüber den Vertragspartnern nur individuell nachgewiesen werden kann, weswegen einige potentielle Vertragspartner von der Begründung einer Vertragsbeziehung mit der (Außen-)GbR aus Gründen der Rechtssicherheit Abstand nehmen werden.

Frage b) Bei der (Außen-)GbR finden die Grundsätze der fehlerhaften Gesellschaft Anwendung, so dass die fehlerhafte Gründung einer (Außen-)GbR deren wirksamen Entstehung dann nicht entgegensteht, wenn diese in Vollzug gesetzt wurde, was typischerweise dann der Fall ist, wenn die (Außen-)GbR beginnt, am Rechtsverkehr teilzunehmen. Schließlich dürfen keine höherrangigen Interessen der Allgemeinheit oder die Schutzbedürftigkeit bestimmter Personen entgegenstehen.

Frage c) Zur Geschäftsführung sind bei der (Außen-)GbR alle Gesellschafter im Rahmen der Gesamtgeschäftsführung berufen, soweit die Gesellschafter keine davon abweichende Regelung getroffen haben. Bei der Geschäftsführung müssen die geschäftsführenden Gesellschafter im Interesse der (Außen-)GbR handeln und darüber hinaus alle allgemeinen rechtlichen Vorgaben beachten. Verletzt ein geschäftsführenden Gesellschafter diese Vorgaben, kann ihm grundsätzlich die Geschäftsführungsbefugnis entzogen werden, er aus der Gesellschaft ausgeschlossen werden, er im Rahmen der Geltendmachung eines Leistungs- oder Unterlassungsanspruchs zu entsprechenden Handlungen angehalten werden und schließlich der (Außen-)GbR auf Schadenersatz haften. Diese Maßnahmen hängen dabei von der Schwere der Pflichtverletzung und gegebenenfalls noch von weiteren Voraussetzungen ab.

Frage d) Bei der *actio pro socio* handelt es sich um einen Fall der Durchbrechung der Zuständigkeitsordnung einer (Außen-)GbR, da danach auch der nicht geschäfts- und vertretungsberechtigte Gesellschafter Ansprüche der (Außen-)GbR im eigenen Namen mit Leistung an die (Außen-)GbR geltend machen kann. Diese Möglichkeit besteht aber nur für Sozialansprüche und setzt voraus, dass die Geltendmachung nicht gegen die Treuepflicht verstößt, was dann der Fall ist, wenn der nicht geschäfts- und vertretungsberechtigte Gesellschafter die (Außen-)GbR vergeblich zur Geltendmachung aufgefordert hat und keine sachliche Rechtfertigung für die Untätigkeit des geschäftsführenden Gesellschafters besteht.

Frage e) Die (Außen-)GbR wird im Rechtsverkehr durch die geschäftsführungsberechtigten Gesellschafter vertreten. Die Vertretungsmacht kann daher als Gesamt- oder Einzelvertretung ausgestaltet sein. Zudem kann die (Außen-)GbR auch eine Vollmacht erteilen.

Frage f) Für die Verbindlichkeiten einer (Außen-)GbR haften neben dem Gesellschaftsvermögen selbst nach §§ 128 ff. HGB und den Grundsätzen der Akzessorietätstheorie auch alle Gesellschafter.

Frage g) Wenn ein Gesellschafter einer (Außen-)GbR deren Verbindlichkeiten erfüllt, kann er zunächst bei der (Außen-)GbR selbst nach § 110 HGB analog Rückgriff nehmen. Darüber hinaus kommt aber auch ein Rückgriff gegen die übrigen Gesellschafter nach § 426 BGB in Betracht.

Frage h) Durch die Übertragung einer Gesellschafterstellung im Wege der Abtretung wird die (Außen-)GbR fortgesetzt und eine Gesellschafterstellung für denen neuen Gesellschafter ohne Beitragspflicht begründet. Darüber hinaus, haftet der neue Gesellschafter für alle Verbindlichkeiten der (Außen-)GbR. Der alte Gesellschafter verliert seine Gesellschafterstellung und hat keinen Anspruch auf Rückgewähr seiner als Einlage geleisteten Gegenstände und hat auch keinen Anspruch auf Zahlung einer Abfindung.

Frage i) Während die Auflösung bei der (Innen-)GbR automatisch zu deren Vollbeendigung führt, schließt sich bei der (Außen-)GbR zunächst die Abwicklung an, in deren Verlauf die Rechtsbeziehungen der (Außen-)GbR beendet, deren Verbindlichkeiten erfüllt und das Restvermögen unter den Gesellschaftern verteilt wird. Erst mit Abschluss dieser Maßnahmen kann die (Außen-)GbR vollbeendet werden.

## IV. Kapitel 2 – § 7

Frage 1 Die oHG ist nur von eingeschränktem Nutzen für das Projekt von A und B. Denn A und B könnten dabei nur als persönlich haftende Gesellschafter auftreten und müssten damit das Risiko tragen, dass ihr gesamtes Privatvermögen für den wirtschaftlichen Misserfolg ihres Projekts haftbar gemacht werden könnte. Darüber hinaus wäre die Beteiligung der externen Investoren als Gesellschafter nahezu unmöglich, da diese ebenfalls unbeschränkt persönlich haften würden, wozu ein externer Investor in der Regel nicht bereits sein wird. Allerdings könnte der externe Investor auch zunächst eine GmbH gründen und sich mit dieser als

Gesellschafter an der oHG beteiligen. Darüber hinaus hätte der externe Investor als Gesellschafter der oHG einen umfassenden Einfluss auf den Geschäftsbetrieb und wäre – bei Fehlen einer abweichenden Regelung im Gesellschaftsvertrag – sogar zur Vertretung der oHG berechtigt, was dem Anliegen von A und B, den Investor möglichst auf eine passive Rolle zu beschränken, zuwiderlaufen würde. Als Vorteil der oHG wäre zu nennen, dass das von den Gesellschaftern investierte Kapital langfristig in der Gesellschaft gebunden werden kann, sofern man das Kündigungsrecht im Gesellschaftsvertrag entsprechend einschränkt.

Frage 2 Die Handelsregistereintragung hat bei der oHG grundsätzlich nur deklaratorische Wirkung. Diese entsteht vielmehr schon mit dem Abschluss des Gesellschaftsvertrages. Eine Ausnahme besteht insofern nur für die Gesellschaften, die unter § 1 Abs. 2 HGB fallen oder nur eigenes Vermögen verwalten. Soweit dies der Fall ist, hat die Eintragung im Handelsregister konstitutive Wirkung.

Frage 3 Die Vermögensrechte eines Gesellschafters einer oHG unterteilen sich im Wesentlichen in das Recht auf Beteiligung am Gewinn und das Recht auf Entnahme. Darüber hinaus hat der Gesellschafter Anspruch auf Ersatz von Aufwendungen, die er in Angelegenheiten der oHG tätigt.

Frage 4 Im Recht der oHG gilt der Grundsatz der Einzelgeschäftsführungsbefugnis, so dass jeder Gesellschafter zur Geschäftsführung berechtigt ist. Die Einzelgeschäftsführungsbefugnis der Gesellschafter erstreckt sich jedoch nur auf Handlungen, die der gewöhnliche Betrieb des Handelsgewerbes der oHG mit sich bringt. Von der Einzelgeschäftsführungsbefugnis kann im Gesellschaftsvertrag auch abgewichen und etwa eine Gesamtgeschäftsführungsbefugnis vereinbart werden. Zur Vertretung der oHG ist jeder Gesellschafter berechtigt (Einzelvertretung). Davon kann im Gesellschaftsvertrag aber auch zugunsten einer Gesamtvertretung oder einer gemischten Gesamtvertretung abgewichen werden.

Frage 5 Bei der oHG haftet den Gläubigern zunächst deren Vermögen. Darüber hinaus besteht aber auch eine unmittelbare, primäre, gesamtschuldnerische und unbeschränkte Haftung der Gesellschafter.

Frage 6 Ein Rückgriff eines Gesellschafters einer oHG gegen einen anderen Gesellschafter kann sich aus § 426 Abs. 1 BGB ergeben. Aus § 110 HGB und § 128 HGB kann sich eine Haftung eines Gesellschafters gegenüber einem anderen Gesellschafter aber nicht ergeben. Eine Ausnahme gilt im Zusammenhang mit § 128 HGB aber für den Abfindungsanspruch nach § 738 BGB.

Frage 7 Der aus einer oHG ausgeschiedene Gesellschafter haftet für die Verbindlichkeiten, die vor seinem Ausscheiden begründet wurden. Allerdings kann es nach § 160 HGB zu einer Enthaftung kommen. Danach kann die Haftung gegen den ausgeschiedenen Gesellschafter nach dem Ablauf von fünf Jahren nach seinem Ausscheiden nur dann geltend gemacht werden, wenn die Ansprüche nach der in § 160 HGB vorgesehenen Weise festgestellt wurden.

Frage 8 Durch eine Nachfolgeklausel kann im Gesellschaftsvertrag bestimmt werden, dass die oHG nach dem Tod eines Gesellschafters mit den Erben fortgeführt wird. Den Erben steht dann nach § 139 HGB die Möglichkeit offen, ihre Verbleiben in der Gesellschaft davon abhängig zu machen, dass ihnen die Stellung eines Kommanditisten eingeräumt wird.

Frage 9 Als Gründe für die Auflösung einer oHG kommen neben dem Zeitablauf (§ 131 Abs. 1 Nr. 1 HGB), der entsprechenden Beschlussfassung der Gesellschafter (§ 131 Abs. 1 Nr. 2 HGB), der Insolvenz der Gesellschaft (§ 131 Abs. 1 Nr. 3 HGB), die gerichtliche Entscheidung (§§ 131 Abs. 1 Nr. 1, 133 HGB) und unter Umständen die Kündigung in Betracht. Im Rahmen der Abwicklung der oHG kommt es zunächst zur Bestellung von Liquidatoren, die im Wesentlichen eine Beendigung der laufenden Geschäfte, die Einziehung der ausstehenden Forderungen, die Veräußerung des Gesellschaftsvermögens und die Erfüllung der Gesellschaftsschulden vornehmen. Nach der Verteilung des Überschusses kommt es dann in der Regel zu einer Vollbeendigung der oHG.

## V. Kapitel 2 – § 8

Frage 1 Die KG ist nur von eingeschränktem Nutzen für das Projekt von A und B. Denn A und B müssten dabei als Komplementäre auftreten oder aber zunächst gemeinsam eine GmbH gründen und diese dann als Komplementär fungieren lassen und somit eine GmbH & Co. KG gründen. Darüber hinaus wäre die Beteiligung der externen Investoren als Kommanditisten nicht unproblematisch. Denn auch wenn die externen Investoren als Kommanditisten nur eingeschränkten Einfluss auf die Geschäftstätigkeit hätten, wären sie jedoch an der Steigerung des Unternehmenswertes direkt beteiligt und müssten bei einem späteren Verkauf des Unternehmens oder bei einem Ausscheiden über das Abfindungsrecht beteiligt werden. Vorteilhaft wäre hingegen, dass den Kommanditisten ein nur sehr eingeschränktes Einsichtsrecht zukommt, so dass eine Offenlegung der Betriebsgeheimnisse gegenüber Dritten durch die Kommanditisten in nur geringem Maße droht. Ein Vorteil der KG wäre zudem, dass das von den Kommanditisten investierte Kapital langfristig in der Gesellschaft gebunden wäre, sofern man das Kündigungsrecht der Kommanditisten im Gesellschaftsvertrag entsprechend einschränkt.

Frage 2 Auch wenn die Handelsregistereintragung bei der KG nur deklaratorische Wirkung hat und diese schon durch Abschluss des Gesellschaftsvertrages entsteht, führt die fehlende Handelsregistereintragung nach § 176 HGB zu einer unbeschränkten Haftung des Kommanditisten, wenn dieser der Aufnahme der Geschäftstätigkeit vor der Handelsregistereintragung bereits zugestimmt hat.

Frage 3 Bei der Hafteinlage handelt es sich um den Betrag, der im Handelsregister eingetragen ist und in dessen Höhe der Kommanditist gegenüber den Gläubigern der KG unmittelbar haftet. Bei der Pflichteinlage handelt es sich hingegen um den im Gesellschaftsvertrag festgelegten Betrag, zu dessen Leistung sich der Kommanditist gegenüber der KG verpflichtet hat. Beide Beträge können identisch sein, können aber auch erheblich voneinander abweichen.

Frage 4 Der Kommanditist hat das Recht auf Beteiligung am Gewinn sowie das Recht auf Entnahme. Diese Rechte werden im Gesellschaftsvertrag typischerweise aber im Einzelnen geregelt.

Frage 5 Bei der KG obliegt die Geschäftsführung allein dem Komplementär. Die Kommanditisten sind von dieser ausgeschlossen. Allerdings haben die Kommanditisten ein Widerspruchsrecht, wonach der Kommanditist Handlungen des Komplementärs widersprechen kann, wenn diese über den gewöhnlichen Betrieb des Handelsgewerbes der Gesellschaft hinausgehen.

Frage 6 Bei der Haftung des Kommanditisten gegenüber den Gläubigern der KG muss zwischen dem Zeitraum vor der Eintragung (§ 176 HGB), dem Zeitraum vor der Leistung der Einlage (§§ 172 Abs. 1 Hs. 1, 172 Abs. 1 HGB), dem Zeitraum nach der Leistung der Einlage (§§ 171 Abs. 1 Hs. 2, 172 Abs. 2 und 3 HGB) und dem Zeitraum nach Rückgewähr der Einlage (§ 172 Abs. 4 und 5 HGB) unterschieden werden. Unabhängig davon kann sich aber auch ein eigenständiger Verpflichtungsgrund für die Haftung des Kommanditisten ergeben.

Frage 7 Durch die Rückgewähr der Einlage lebt die Kommanditistenhaftung wieder auf, so dass er von den Gläubigern der KG wieder unmittelbar in Anspruch genommen werden kann (§ 172 Abs. 4 HGB).

Frage 8 Mit einem Scheingewinn wird der Gewinn bezeichnet, den die Bilanz der KG ausweist, obwohl dieser in Wirklichkeit nicht besteht. Bezieht ein Kommanditist einen solchen Gewinn in gutem Glauben, ist er nicht zur Rückzahlung verpflichtet (§ 172 Abs. 5 HGB).

Frage 9 Der Kommanditist kann zunächst aus der KG ausscheiden, wofür entweder eine Änderung des Gesellschaftsvertrages durch einen Beschluss aller Gesellschafter (§ 131 Abs. 3 Nr. 6 HGB), die Insolvenz des Kommanditisten (§§ 131 Abs. 3 Nr. 2, 161 Abs. 2 HGB), die Ausübung eines Kündigungsrechts (§ 131 Abs. 3 Nr. 3 und 4 HGB) oder eine gerichtliche Entscheidung (§§ 140, 161 Abs. 2 HGB) notwendig ist. Kein Grund für ein Ausscheiden des Kommanditisten ist aber dessen Tod (§ 177 HGB). Die Übertragung der Kommanditbeteiligung führt ebenfalls zu einem Ausscheiden aus der KG, auch wenn diese Möglichkeit nicht ausdrücklich vorgesehen ist.

Frage 10 Die Kommanditistenstellung wird im Wege der Abtretung nach §§ 398 ff. BGB übertragen. Dabei findet nach der höchstrichterlichen Rechtsprechung § 176 Abs. 2 HGB Anwendung, so dass der Erwerber des Kommanditanteils bis zu seiner Eintragung im Handelsregister wie ein Komplementär haftet. Diese Rechtsfolge lässt sich allerdings durch einen bis zur Eintragung im Handelsregister aufschiebend bedingten Beitritt des neuen Kommanditisten begegnen.

## VI. Kapitel 2 – § 9

Frage 1 Die Gewinnung von Investoren als stille Gesellschafter stellt sich für A und B als vielversprechend dar, da ihr Interesse als sog. Start-up-Unternehmen vor allem darauf gerichtet ist, Investoren keinen zu großen Einfluss auf ihre Gesellschaft zu gewähren. Der Umstand, dass sie den stillen Gesellschaftern dabei eine Gewinnbeteiligung einräumen müssen, stellt sich für A und B nicht als problematisch dar, da sie die Investoren als stille Gesellschafter ohnehin nur zu Beginn ihrer Geschäftstätigkeit benötigen und das Unternehmen vor allem auf einen Wertzuwachs ausgerichtet ist, der durch einen späteren Verkauf an einen Großinvestor gerichtet ist. Problematisch ist die stille Gesellschafter allerdings, da für die stillen Gesellschafter Einsichtsrechte bestehen und A und B befürchten, dass einzelne Investoren dieses dazu nutzen könnten, später selbst ein ähnliches Getränk auf den Markt zu bringen. Die stille Gesellschaft birgt schließlich die Gefahr, dass A und B nach dem Ablauf von deren Vertragslaufzeit das gesamte von den stillen Gesellschaftern investierte Kapital an diese zurückzahlen müssen, sofern sich die Investoren nicht bereit erklären, eine Verlustbeteiligung zu übernehmen. Dem kann zwar durch lange Vertragslaufzeiten begegnet werden, was allerdings auch eine entsprechend lange Gewinnbeteiligung begründet.

Frage 2 Die typische stille Gesellschaft zeichnet sich dadurch aus, dass sich sie in ihrer konkreten Ausgestaltung weitgehend an den Vorgaben der §§ 230 ff. HGB orientiert. Bei der atypischen stillen Gesellschaft weicht der Gesellschaftsvertrag hingegen stark von diesen Vorgaben ab, indem dem stillen Gesellschafter umfangreiche Mitwirkungsrechte eingeräumt werden.

Frage 3 Der von den Gesellschafter einer stillen Gesellschaft gemeinsam verfolgte Zweck besteht in der Finanzierung des Unternehmens des Inhabers des Handelsgewerbes.

Frage 4 Bei einer mehrgliedrigen stillen Gesellschaft beteiligen sich mehrere stille Gesellschafter an einem Handelsgewerbe und sind dabei im Rahmen einer GbR gebunden.

Frage 5 Da es sich bei der stillen Gesellschaft um eine bloße (Innen-)GbR handelt, reicht für deren Gründung der Abschluss des Gesellschaftsvertrages. Besonderheiten können sich vor allem dann ergeben, wenn die Einräumung der stillen Beteiligung im Rahmen einer Schenkung erfolgt, da dann das Formerfordernis von § 518 Abs. 1 BGB zu beachten ist. Darüber hinaus sind bei einer Beteiligung eines Minderjährigen die familienrechtlichen Zustimmungserfordernisse zu beachten.

Frage 6 Auf die stille Gesellschaft finden die Grundsätze der fehlerhaften Gesellschaft Anwendung. Die dafür erforderliche Invollzugsetzung der stillen Gesellschaft erfolgt dabei schon durch die Leistung der Einlage durch den stillen Gesellschafter, so dass der stille Gesellschafter die stille Gesellschaft nur noch kündigen kann. Dies schließt aber nicht einen Schadenersatzanspruch des stillen Gesellschafters nach §§ 280 Abs. 1, 311 Abs. 3 BGB aufgrund eines Prospektmangels oder einer Verletzung der Aufklärungspflicht durch den Inhaber des Handelsgewerbes bei Abschluss des Beteiligungsvertrages aus.

Frage 7 Dem stillen Gesellschafter kommt ein Gewinn- und ein Informationsrecht zu. An der Geschäftsführung beim Inhaber des Handelsgewerbes ist der stille Gesellschafter aber nicht beteiligt. Zentrale Pflicht des stillen Gesellschafters ist die Leistung der Einlage an den Inhaber des Handelsgewerbes. Darüber hinaus trifft den stillen Gesellschafter eine Treuepflicht.

Frage 8 Bei der stillen Gesellschaft handelt es sich um eine reine (Innen-)GbR, so dass diese nicht am Rechtsverkehr teilnimmt.

Frage 9 Die stille Gesellschaft wird bei Erreichung oder Unmöglichwerden des Zwecks (§ 727 BGB), durch Zeitablauf, durch einen Auflösungsbeschluss, die Insolvenz eines Gesellschafters (§ 727 Abs. 1 BGB), den Tod des Inhabers des Handelsgewerbes (§ 728 BGB) oder durch Kündigung (§ 234 Abs. 1 HGB) aufgelöst. Der Tod des stillen Gesellschafters führt hingegen nicht zur Auflösung (§ 234 Abs. 2 HGB).

Frage 10 Der stille Gesellschafter kann in der Insolvenz des Inhabers des Handelsgewerbes seine Einlage als einfache Insolvenzforderung geltend machen (§ 236 Abs. 1 HGB). Darüber hinaus muss der stille Gesellschafter die noch nicht geleistete Einlage nur noch bis zu dem Betrag leisten, wie dieser zur Deckung seines Anteils am Verlust notwendig ist (§ 236 Abs. 2 HGB).

## VII. Kapitel 3 – § 16

Frage 1 Die GmbH ist für das Projekt von A und B sehr gut geeignet. Denn diese bietet ihnen die Möglichkeit, ihr Projekt umzusetzen, ohne dabei selbst der Gefahr einer unbeschränkten persönlichen Haftung ausgesetzt zu sein. Zudem bietet die GmbH zahlreiche Möglichkeiten für eine Beteiligung externer Investoren. Diese könnten sich etwa selbst als Gesellschafter beteiligen, ohne selbst persönlich zu haften. Ein Nachteil der GmbH ist allerdings, dass A und B das erforderliche Stammkapital aufbringen müssen und sie dieses erst nach einer Liquidation der GmbH zurückerhalten können. Diesen Nachteil können sie allerdings durch die Gründung einer Unternehmergesellschaft haftungsbeschränkt ausgleichen, bei der sie das Stammkapital frei festsetzen können. Diese hat aber den Nachteil einer oftmals schlechten Reputation, die die Aufnahme eines Geschäftsbetriebs erschweren könnte. Die GmbH hat zudem den Nachteil, dass A und B bei etwaigen Entnahmen aus dem Gesellschaftsvermögen den Bindungen des Kapitalschutzsystems unterliegen und damit gegenüber den Personengesellschaften deutlich eingeschränkt sind. Außerdem müssen A und B – sofern sie beide Geschäftsführer werden – stets darauf achten, dass ihre GmbH nicht überschuldet oder zahlungsunfähig wird, da sie dann für diese einen Insolvenzantrag stellen müssen und sich der Gefahr der Insolvenzverschleppungshaftung aussetzen. Ein Vorteil der GmbH ist schließlich, dass A und B ihr Unternehmen problemlos durch eine Übertragung der Geschäftsanteile veräußern können, ohne dass ihnen dabei haftungsrechtlichen Folgen drohen.

Frage 2 Bei den Organen der GmbH handelt es sich um die Gesellschafterversammlung und den oder die Geschäftsführer. Die Gesellschafter selbst sind kein Organ der Gesellschaft. Darüber hinaus können aber weitere Organe wie etwa ein Aufsichtsrat durch den Gesellschaftsvertrag geschaffen werden.

Frage 3 Bei der Gründung einer GmbH kann es zunächst zur Entstehung einer Vorgründungsgesellschaft kommen. Dem schließt sich die Entstehung einer Vorgesellschaft an, bevor die eigentliche GmbH entsteht.

Frage 4 Bei der Vorgründungsgesellschaft handelt es sich um eine GbR bzw. – bei Betrieb eines Handelsgewerbes – um eine oHG, deren Zweck auf die Gründung einer GmbH gerichtet ist. Bei der Vorgesellschaft handelt es sich hingegen um eine eigene Rechtsfigur, die mit der Feststellung des Gesellschaftsvertrags durch Unterzeichnung durch alle Gesellschafter entsteht. Mit der Entstehung der Vorgesellschaft wird die Vorgründungsgesellschaft aufgrund der damit verbundenen Zweckerreichung nach § 726 BGB aufgelöst.

Frage 5 Für die Verbindlichkeiten der Vorgesellschaft haftet zunächst deren Gesellschaftsvermögen. Darüber hinaus besteht für die Gesellschafter eine Differenz- oder Verlustdeckungshaftung gegenüber der Vorgesellschaft. Schließlich haften die für die Vorgesellschaft handelnden Personen nach § 11 Abs. 1 GmbHG.

Frage 6 Der Grundsatz der Kapitalaufbringung besagt, dass zur Gründung einer GmbH ein Mindeststammkapital von 25.000 EUR (§ 5 Abs. 1 GmbHG) aufgebracht werden muss. Durch den Grundsatz der Kapitalerhaltung wird dann sichergestellt, dass dieses Kapital nicht wieder offen oder verdeckt an die Gesellschafter zurückfließt. Für die Unternehmergesellschaft haftungsbeschränkt besteht dabei die Besonderheit, dass bei dieser das Stammkapital auch auf einen geringen Betrag festgesetzt werden kann.

Frage 7 Bei einer verdeckten Sacheinlage besteht für den Gesellschafter einer GmbH eine Bareinlageverpflichtung, die dieser zunächst gegenüber der GmbH erbringt. Diese geleistete Bareinlage wird aber dann von der GmbH genutzt, um von dem Gesellschafter einen Gegenstand oder ein Recht zu erwerben. Eine verdeckte Sacheinlage liegt dabei immer dann vor, wenn zwischen der Leistung der Bareinlage und dem nachfolgenden schuldrechtlichen Vertrag zur Rückzahlung der Bareinlage bei wirtschaftlicher Betrachtungsweise ein Zusammenhang besteht (§ 19 Abs. 4 S. 1 GmbHG). Durch die Vornahme einer verdeckten Sacheinlage wird der Gesellschafter nicht von der Bareinlageverpflichtung befreit, kann sich auf diese aber den Wert des übertragenden Gegenstandes bzw. Rechts anrechnen lassen (§ 19 Abs. 4 S. 3 GmbHG). Die Verträge zur Veräußerung des Gegenstands bzw. Rechts an die GmbH sind wirksam (§ 19 Abs. 4 S. 2 GmbHG).

Frage 8 Bei der Existenzvernichtungshaftung handelt es sich um Rechtsinstitut der Durchgriffshaftung, wonach das Gesellschaftsvermögen der GmbH einer Zweckbindung unterliegt, die dann verletzt wird, wenn das Gesellschaftsvermögen durch offene oder verdeckte Entnahmen vermindert wird, ohne dass es sich dabei um die Verwirklichung des üblichen unternehmerischen Risikos handelt. Die Verletzung dieser Pflicht durch einen Gesellschafter hat dessen Haftung gegenüber der GmbH nach § 826 BGB zur Folge. Da es sich dabei um eine Binnenhaftung handelt, können die geschädigten Gläubiger den Gesellschafter nicht direkt in Anspruch nehmen.

Frage 9 Der Geschäftsführer muss nach § 15a Abs. 1 InsO für die GmbH innerhalb von drei Wochen einen Insolvenzantrag zu stellen, wenn die GmbH überschuldet (§ 19 InsO) oder zahlungsunfähig (§ 17 InsO) ist. Wird diese Pflicht verletzt können die Altgläubiger ihren Quoten- und die Neugläubiger ihren Vertrauensschaden im Rahmen von § 823 Abs. 2 BGB geltend machen.

Frage 10 Der Gesellschaftsvertrag einer GmbH ist grundsätzlich objektiv und damit ohne Rückgriff auf die Vorstellungen der Gründer der GmbH auszulegen. Eine Ausnahme ist davon nur für den Fall zu machen, wenn sich der Gesellschafterbestand seit der Gründung der GmbH nicht verändert hat.

Frage 11 Das Bestellungsverhältnis beschreibt lediglich das organschaftliche Rechtsverhältnis zwischen dem Geschäftsführer und der GmbH und wird durch die Wahl des Geschäftsführers durch die Gesellschafterversammlung und der Annahme der Wahl durch diesen begründet. Das Anstellungsverhältnis wird hingegen durch den Abschluss eines Dienstvertrages zwischen dem Geschäftsführer und der GmbH begründet, bei dem die GmbH durch die Gesellschafter vertreten wird.

Frage 12 Während die GmbH über ein Stammkapital von mindestens 25.000 EUR verfügen muss, kann dieses bei der Unternehmergesellschaft haftungsbeschränkt unterschritten werden (§ 5a Abs. 1 GmbHG). Dafür muss dieses bei der Unternehmergesellschaft haftungsbeschränkt im Gegensatz zur Rechtslage bei der GmbH bei der Anmeldung der Gesellschaft zum Handelsregister voll eingezahlt werden (§ 5a Abs. 2 S. 1 GmbHG). Zudem sind bei der Unternehmergesellschaft haftungsbeschränkt Sacheinlagen ausgeschlossen (§ 5a Abs. 2 S. 2 GmbHG). Zudem besteht bei der Unternehmergesellschaft haftungsbeschränkt die Pflicht zur Bildung einer gesetzlichen Rücklage, in die ein Viertel des um einen Verlustvortrag aus dem Vorjahr geminderten Jahresüberschusses einzustellen ist (§ 5a Abs. 3 GmbHG). Außerdem muss die Gesellschafterversammlung bei der Unternehmergesellschaft haftungsbeschränkt schon bei drohender Zahlungsunfähigkeit einberufen werden (§ 5a Abs. 4 GmbHG). Schließlich müssen die Unternehmergesellschaft haftungsbeschränkt und die GmbH unterschiedliche Rechtsformzusätze bei der Firmenbildung verwenden.

# Sachregister

Die Zahlen verweisen auf die Randnummern des Buches.